中外哲學典籍大全

總主編　李鐵映　王偉光

中國哲學典籍卷

宋元明清哲學類

張九成集（上）

〔宋〕張九成　著

李春穎　點校

中國社会科學出版社

圖書在版編目（CIP）數據

張九成集：全二册／（宋）張九成著；李春穎點校．—北京：中國社會科學出版社，2020.12
（中外哲學典籍大全．中國哲學典籍卷）
ISBN 978-7-5203-7626-6

Ⅰ.①張… Ⅱ.①張…②李… Ⅲ.①張九成（1092-1159）—文集
Ⅳ.①Z424.42

中國版本圖書館CIP數據核字（2020）第254158號

出版人　趙劍英
項目統籌　王　茵
責任編輯　韓國茹
責任校對　李凱凱
責任印製　王　超

出　版　中国社会科学出版社
社　址　北京鼓樓西大街甲158號
郵　編　100720
網　址　http://www.csspw.cn
發行部　010-84083685
門市部　010-84029450
經　銷　新華書店及其他書店

印　刷　北京君昇印刷有限公司
裝　訂　廊坊市廣陽區廣增裝訂廠
版　次　2020年12月第1版
印　次　2020年12月第1次印刷

開　本　710×1000　1/16
印　張　76.75
字　數　799千字
定　價　278.00元（全二册）

中外哲學典籍大全

學術委員會

「中國哲學典籍卷」

學術委員會

主　任　陳　來　趙汀陽　謝地坤　李存山　王　博

委　員（按姓氏拼音排序）

白　奚　陳壁生　陳　静　陳立勝　陳少明　陳衛平　陳　霞　丁四新　馮顔利

干春松　郭齊勇　郭曉東　景海峰　李景林　李四龍　劉成有　劉　豐　王中江

王立勝　吴　飛　吴根友　吴　震　向世陵　楊國榮　楊立華　張學智　張志强

鄭　開

項目負責人　張志强

提要撰稿主持人　劉　豐　趙金剛

提要英譯主持人　陳　霞

中外哲學典籍大全

總序

中外哲學典籍大全的編纂，是一項既有時代價值又有歷史意義的重大工程。

中華民族經過了近一百八十年的艱苦奮鬥，迎來了中國近代以來最好的發展時期，迎來了奮力實現中華民族偉大復興的時期。中華民族祇有總結古今中外的一切思想成就，才能並肩世界歷史發展的大勢。爲此，我們須編纂一部匯集中外古今哲學典籍的經典集成，爲中華民族的偉大復興、爲人類命運共同體的建設、爲人類社會的進步，提供哲學思想的精粹。

哲學是思想的花朵，文明的靈魂，精神的王冠。一個國家、民族，要興旺發達，擁有光明的未來，就必須擁有精深的理論思維，擁有自己的哲學。哲學是推動社會變革和發展的理論力量，是激發人的精神砥石。哲學解放思維，净化心靈，照亮前行的道路。偉大的時代需要精邃的哲學。

一　哲學是智慧之學

哲學是什麽？這既是一個古老的問題，又是哲學永恒的話題。追問哲學是什麽，本身就是「哲學」問題。從哲學成爲思維的那一天起，哲學家們就在不停追問中發展、豐富哲學的篇章，給出一個又一個答案。每個時代的哲學家對這個問題都有自己的詮釋。哲學是什麽，是懸疑在人類智慧面前的永恒之問，這正是哲學之爲哲學的基本特點。

哲學是全部世界的觀念形態，精神本質。人類面臨的共同問題，是哲學研究的根本對象。本體論、認識論、世界觀、人生觀、價值觀、實踐論、方法論等，仍是哲學的基本問題和生命力所在！哲學研究的是世界萬物的根本性、本質性問題。人們可以給哲學做出許多具體定義，但我們可以嘗試用「遮詮」的方式描述哲學的一些特點，從而使人們加深對何爲哲學的認識。

哲學不是玄虛之觀。哲學來自人類實踐，關乎人生。哲學對現實存在的一切追根究底、「打破砂鍋問到底」。它不僅是問「是什麽」(being)，而且主要是追問「爲什麽」(why)，特別是追問「爲什麽的爲什麽」。它關注整個宇宙，關注整個人類的命運，關注人生。它關心柴米油鹽醬醋茶和人的生命的關係，關心人工智能對人類社會的挑戰。哲學是對一切實踐經驗的理論升華，它關心具體現象背後的根據，關心人類如何會更好。

哲學是在根本層面上追問自然、社會和人本身，以徹底的態度反思已有的觀念和認識，從價值理想出發把握生活的目標和歷史的趨勢，展示了人類理性思維的高度，凝結了民族進步的智慧，寄託了人們熱愛光明、追求真善美的情懷。道不遠人，人能弘道。哲學是把握世界、洞悉未來的學問，是思想解放、自由的大門！

古希臘的哲學家們被稱爲「望天者」，亞里士多德在形而上學一书中説，「最初人們通過好奇—驚讚來做哲學」。如果説知識源於好奇的話，那麽産生哲學的好奇心，必須是大好奇心。這種「大好奇心」衹爲一件「大事因緣」而來，所謂大事，就是天地之間一切事物的「爲什麽」。哲學精神，是「家事、國事、天下事，事事要問」，是一種永遠追問的精神。

哲學不衹是思維。哲學將思維本身作爲自己的研究對象，對思想本身進行反思。哲學不是一般的知識體系，而是把知識概念作爲研究的對象，追問「什麽才是知識的真正來源和根據」。哲學的「非對象性」的思想方式，不是「純形式」的推論原則，而有其「非對象性」之對象。哲學之對象乃是不斷追求真理，是一個理論與實踐兼而有之的過程，是認識的精粹。哲學追求真理的過程本身就顯現了哲學的本質。天地之浩瀚，變化之奥妙，正是哲思的玄妙之處。

哲學不是宣示絶對性的教義教條，哲學反對一切形式的絶對。哲學解放束縛，意味著從一切思想教條中解放人類自身。哲學給了我們徹底反思過去的思想自由，給了我們深刻洞察未來的思想能力。哲學就是解放之學，是聖火和利劍。

哲學不是一般的知識。哲學追求「大智慧」。佛教講「轉識成智」，識與智相當於知識與哲學的關係。一般知識是依據於具體認識對象而來的、有所依有所待的「識」，而哲學則是超越於具體對象之上的「智」。

公元前六世紀，中國的老子說，「大方無隅，大器晚成，大音希聲，大象無形，道隱無名。夫唯道，善貸且成」。又說，「反者道之動，弱者道之用。天下萬物生於有，有生於無」。對道的追求就是對有之爲有、無形無名的探究，就是對天地何以如此的探究。這種追求，使得哲學具有了天地之大用，具有了超越有形有名之有限經驗的大智慧。這種大智慧、大用途，超越一切限制的籬笆，達到趨向無限的解放能力。

哲學不是經驗科學，但又與經驗有聯繫。哲學從其作爲學問誕生起，就包含於科學形態之中，是以科學形態出現的。哲學是以理性的方式、概念的方式、論证的方式來思考宇宙人生的根本問題。在亞里士多德那裏，凡是研究實體（ousia）的學問，都叫作「哲學」。而「第一實體」則是存在者中的「第一個」。研究第一實體的學問稱爲「神學」，也就是「形而上學」，這正是後世所謂「哲學」。一般意義上的科學正是從「哲學」最初的意義上贏得自己最原初的規定性的。哲學雖然不是經驗科學，卻爲科學劃定了意義的範圍、指明了方向。哲學最後必定指向宇宙人生的根本問題，大科學家的工作在深層意義上總是具有哲學的意味，牛頓和愛因斯坦就是這樣的典範。

哲學不是自然科學，也不是文學藝術，但在自然科學的前頭，哲學的道路展現了；在文學藝術的山頂，哲學的天梯出現了。哲學不斷地激發人的探索和創造精神，使人在認識世界的過程中，不斷達到新境界，在改造世界中從必然王國到達自由王國。

哲學不斷從最根本的問題再次出發。哲學史在一定意義上就是不斷重構新的世界觀、認識人類自身的歷史。哲學的歷史呈現，正是對哲學的創造本性的最好説明。哲學史上每一位哲學家對根本問題的思考，都在爲哲學添加新思維、新向度，猶如爲天籟山上不斷增添一隻隻黄鸝翠鳥。

如果説哲學是哲學史的連續展現中所具有的統一性特徵，那麽這種「一」是在「多」個哲學的創造中實現的。如果説每一種哲學體系都追求一種體系性的「一」的話，那麽每種「一」的體系之間都存在着千絲相聯、多方組合的關係。這正是哲學史昭示於我們的哲學多樣性的意義。多樣性與統一性的依存關係，正是哲學尋求現象與本質、具體與普遍相統一的辯證之意義。

哲學的追求是人類精神的自然趨向，是精神自由的花朵。哲學是思想的自由，是自由的思想。

中國哲學，是中華民族五千年文明傳統中，最爲内在的、最爲深刻的、最爲持久的精神追求和價值觀表達。中國哲學已經化爲中國人的思維方式、生活態度、道德準則、人生追求、精神境界。中國人的科學技術、倫理道德，小家大國、中醫藥學、詩歌文學、繪畫書法、武術拳法、鄉規民俗，乃至日常生活也都浸潤着中國哲學的精神。華夏文化雖歷經磨難而能够透魄醒神，堅韌屹立，正是來自於中國哲學深邃的思維和創造力。

先秦時代，老子、孔子、莊子、孫子、韓非子等諸子之間的百家争鳴，就是哲學精神在中國的展現，是中國人思想解放的第一次大爆發。兩漢四百多年的思想和制度，是諸子百家思想在争鳴過程中大整合的結果。魏晋之際，玄學的發生，則是儒道冲破各自藩籬，彼此互動互補的結果，形成了儒家獨尊的態勢。隋唐三百年，佛教深入中國文化，又一次帶來了思想的大融合和大解放，禪宗的形成就是這一融合和解放的結果。兩宋三百多年，中國哲學迎來了第三次大解放。儒釋道三教之間的互潤互持日趨深入，朱熹的理學和陸象山的心學，就是這一思想潮流的哲學結晶。

與古希臘哲學强調沉思和理論建構不同，中國哲學的旨趣在於實踐人文關懷，它更關注實踐的義理性意義。中國哲學當中，知與行從未分離，中國哲學有着深厚的實踐觀點和生活觀點，倫理道德觀是中國人的貢獻。馬克思説，「全部社會生活在本質上是實踐的」，實踐的觀點、生活的觀點也正是馬克思主義認識論的基本觀點。這種哲學上的契合性，正是馬克思主義能够在中國扎根並不斷中國化的哲學原因。

「實事求是」是中國的一句古話。今天已成爲深邃的哲理，成爲中國人的思維方式和行爲基準。實事求是就是解放思想，解放思想就是實事求是。實事求是毛澤東思想的精髓，是改革開放的基石。只有解放思想才能實事求是。實事求是就是中國人始終堅持的哲學思想。實事求是就是依靠自己，走自己的道路，反對一切絶對觀念。所謂中國化就是一切從中國實際出發，一切理論必須符合中國實際。

二　哲學的多樣性

實踐是人的存在形式，是哲學之母。實踐是思維的動力、源泉、價值、標準。人們認識世界、探索規律的根本目的是改造世界，完善自己。哲學問題的提出和回答，都離不開實踐。馬克思有句名言：「哲學家們只是用不同的方式解釋世界，而問題在於改變世界！」理論只有成爲人的精神智慧，才能成爲改變世界的力量。

哲學關心人類命運。時代的哲學，必定關心時代的命運。對時代命運的關心就是對人類實踐和命運的關心。人在實踐中産生的一切都具有現實性。哲學的實踐性必定帶來哲學的現實性。哲學的現實性就是强調人在不斷回答實踐中各種問題時應該具有的態度。

哲學作爲一門科學是現實的。哲學是一門回答並解釋現實的學問，哲學是人們聯繫實際、面對現實的思想。可以説哲學是現實的最本質的理論，也是本質的最現實的理論。哲學始終追問現實的發展和變化。哲學存在於實踐中，也必定在現實中發展。哲學的現實性要求我們直面實踐本身。

哲學不是簡單跟在實踐後面，成爲當下實踐的「奴僕」，而是以特有的深邃方式，關注着實踐的發展，提升人的實踐水平，爲社會實踐提供理論支撑。從直接的、急功近利的要求出發來理解和從事哲學，無異於向哲學提出它本身不可能完成的任務。哲學是深沉的反思，厚重的智慧，事物的抽象，理論的把握。哲學是人類把握世界最深邃的理論思維。

哲學是立足人的學問，是人用於理解世界、把握世界、改造世界的智慧之學。「民之所好，好之，民之所惠，惠之。」哲學的目的是爲了人。用哲學理解外在的世界，理解人本身，也是爲了用哲學改造世界、改造人。哲學研究無禁區，無終無界，與宇宙同在，與人類同在。

存在是多樣的，發展是多樣的，這是客觀世界的必然。宇宙萬物本身是多樣的存在，多樣的變化。歷史表明，每一民族的文化都有其獨特的價值。文化的多樣性是自然律，是動力，是生命力。各民族文化之間的相互借鑒，補充浸染，共同推動著人類社會的發展和繁榮，這是規律。對象的多樣性、複雜性，決定了哲學的多樣性；即使對同一事物，人們也會産生不同的哲學認識，形成不同的哲學派别。哲學觀點、思潮、流派及其表現形式上的區别，來自於哲學的時代性、地域性和民族性的差异。世界哲學是不同民族的哲學的薈萃，如中國哲學、西方哲學、阿拉伯哲學等。多樣性構成了世界，百花齊放形成了花園。不同的民族會有不同風格的哲學。恰恰是哲學的民族性，使不同的哲學都可以在世界舞臺上演繹出各種「戲劇」。即使有類似的哲學觀點，在實踐中的表達和運用也會各有特色。

人類的實踐是多方面的，具有多樣性、發展性，大體可以分爲：改造自然界的實踐，改造人類社會的實踐，完善人本身的實踐，提升人的精神世界的精神活動。人是實踐中的人，實踐是人的生命的第一屬性。實踐的社會性决定了哲學的社會性，哲學不是脱離社會現實生活的某種遐想，而是社會現實生活的觀念形態，是文明進步的重要標誌，是人的發展水平的重要維度。哲學的發展狀况，反映着一個社會人的理性成熟程度，反映著這個社會的文明程度。

哲學史實質上是自然史、社會史、人的發展史和人類思維史的總結和概括。自然界是多樣的，社會是多樣的，人類思維是多樣的。所謂哲學的多樣性，就是哲學基本觀念、理論學説、方法的異同，是哲學思維方式上的多姿多彩。哲學的多樣性是哲學的常態，是哲學進步、發展和繁榮的標誌。哲學是人的哲學，哲學是人對事物的自覺，是人對外界和自我認識的學問，也是人把握世界和自我的學問。哲學的多樣性，是哲學的常態和必然，是哲學發展和繁榮的内在動力。一般是普遍性，特色也是普遍性。從單一性到多樣性，從簡單性到複雜性，是哲學思維的一大變革。用一種哲學話語和方法否定另一種哲學話語和方法，這本身就不是哲學的態度。

多樣性並不否定共同性、統一性、普遍性。物質和精神，存在和意識，一切事物都是在運動、變化中的，是哲學的基本問題，也是我們的基本哲學觀點！

當今的世界如此紛繁複雜，哲學多樣性就是世界多樣性的反映。哲學是以觀念形態表現出的現實世界。哲學的多樣性，就是文明多樣性和人類歷史發展多樣性的表達。多樣性是宇宙之道。

哲學的實踐性、多樣性，還體現在哲學的時代性上。哲學總是特定時代精神的精華，是一定歷史條件下人的反思活動的理論形態。在不同的時代，哲學具有不同的内容和形式，哲學的多樣性，也是歷史時代多樣性的表達。哲學的多樣性也會讓我們能够更科學地理解不同歷史時代，更爲内在地理解歷史發展的道理。多樣性是歷史之道。

哲學之所以能發揮解放思想的作用，在於它始終關注實踐，關注現實的發展；在於它始終關注著科學技術的進步。哲學本身没有絶對空間，没有自在的世界，只能是客觀世界的映象，觀念形態。没有了現實性，哲學就遠離人，就離開了存在。哲學的實踐性，説到底是在説明哲學本質上是人的哲學，是人的思維，是爲了人的科學！哲學的實踐性、多樣性告訴我們，哲學必須百花齊放、百家争鳴。哲學的發展首先要解放自己，解放哲學，就是實現思維、觀念及範式的變革。人類發展也必須多塗並進，交流互鑒，共同繁榮。采百花之粉，才能釀天下之蜜。

三　哲學與當代中國

中國自古以來就有思辨的傳統，中國思想史上的百家争鳴就是哲學繁榮的史象。哲學是歷史發展的號角。中國思想文化的每一次大躍升，都是哲學解放的結果。中國古代賢哲的思想傳承至今，他們的智慧已浸入中國人的精神境界和生命情懷。

中國共産黨人歷來重視哲學，毛澤東在一九三八年，在抗日戰爭最困難的條件下，在延安研究哲學，創作了實踐論和矛盾論，推動了中國革命的思想解放，成爲中國人民的精神力量。

中華民族的偉大復興必將迎來中國哲學的新發展。當代中國必須有自己的哲學，當代中國的哲學必須要從根本上講清楚中國道路的哲學道理。中華民族的偉大復興必須要有哲學的思維，必須要有不斷深入的反思。發展的道路，就是哲思的道路，文化的自信，就是哲學思維的自信。哲學是引領者，可謂永恒的「北斗」，哲學是時代的「火焰」，是時代最精緻最深刻的「光芒」。從社會變革的意義上説，任何一次巨大的社會變革，總是以理論思維爲先導。理論的變革，總是以思想觀念的空前解放爲前提，而「吹響」人類思想解放第一聲「號角」的，往往就是代表時代精神精華的哲學。社會實踐對於哲學的需求可謂「迫不及待」，因爲哲學總是「吹響」這個新時代的「號角」。「吹響」中國改革開放之

「號角」的，正是「解放思想」「實踐是檢驗真理的唯一標準」「不改革死路一條」等哲學觀念。「吹響」新時代「號角」的是「中國夢」，「人民對美好生活的向往，就是我們奮鬥的目標」。發展是人類社會永恒的動力，變革是社會解放的永遠的課題，思想解放，解放思想是無盡的哲思。中國正走在理論和實踐的雙重探索之路上，搞探索没有哲學不成！

中國哲學的新發展，必須反映中國與世界最新的實踐成果，必須反映科學的最新成果，必須具有走向未來的思想力量。今天的中國人所面臨的歷史時代，是史無前例的。十三億人齊步邁向現代化，這是怎樣的一幅歷史畫卷！是何等壯麗、令人震撼！不僅中國歷史上亘古未有，在世界歷史上也從未有過。當今中國需要的哲學，是結合天道、地理、人德的哲學，是整合古今中西的哲學，只有這樣的哲學才是中華民族偉大復興的哲學。

當今中國需要的哲學，必須是適合中國的哲學。無論古今中外，再好的東西，也需要再吸收，再消化，必須要經過現代化和中國化，才能成爲今天中國自己的哲學。哲學是解放人的，哲學自身的發展也是一次思想解放，也是人的一个思維升華、羽化的過程。中國人的思想解放，總是隨著歷史不斷進行的。歷史有多長，思想解放的道路就有多長；發展進步是永恒的，思想解放也是永無止境的，思想解放就是哲學的解放。

習近平説，思想工作就是「引導人們更加全面客觀地認識當代中國、看待外部世界」。這就需要我們確立一種「知己知彼」的知識態度和理論立場，而哲學則是對文明價值核心最精練和最集中的深邃性表達，有助於我們認識中國、認識世界。立足中國、認識中國，需要我們審視我們走過的道路，立足中國、認識世界，需要我們觀察和借鑒世界歷史上的不同文化。中國「獨特的文化傳統」、中國「獨特的歷史命運」、中國「獨特的基本國情」，「決定了我們必然要走適合自己特點的發展道路」。一切現實的，存在的社會制度，其形態都是具體的，都是特色的，都必須是符合本國實際的。抽象的制度，普世的制度是不存在的。同時，我們要全面客觀地「看待外部世界」。研究古今中外的哲學，是中國認識世界、認識人類史，認識自己未來發展的必修課。今天中國的發展不僅要讀中國書，還要讀世界書。不僅要學習自然科學、社會科學的經典，更要學習哲學的經典。當前，中國正走在實現「中國夢」的「長征」路上，這也正是一條思想不斷解放的道路！要回答中國的問題，解釋中國的發展，首先需要哲學思維本身的解放。哲學的發展，就是哲學的解放，這是由哲學的實踐性、時代性所決定的。哲學無禁區、無疆界。哲學是關乎宇宙之精神，是關乎人類之思想。哲學將與宇宙、人類同在。

四　哲學典籍

中外哲學典籍大全的編纂，是要讓中國人能研究中外哲學經典，吸收人類精神思想的精華；是要提升我們的思維，讓中國人的思想更加理性、更加科學、更加智慧。

中國有盛世修典的傳統。中國古代有多部典籍類書（如「永樂大典」「四庫全書」等），在新時代編纂中外哲學典籍大全，是我們的歷史使命，是民族復興的重大思想工程。

只有學習和借鑒人類精神思想的成就，才能實現我們自己的發展，走向未來。中外哲學典籍大全的編纂，就是在思維層面上，在智慧境界中，繼承自己的精神文明，學習世界優秀文化。這是我們的必修課。

不同文化之間的交流、合作和友誼，必須達到哲學層面上的相互認同和借鑒。哲學之間的對話和傾聽，才是從心到心的交流。中外哲學典籍大全的編纂，就是在搭建心心相通的橋樑。

我們編纂這套哲學典籍大全，一是中國哲學，整理中國歷史上的思想典籍，濃縮中國思想史上的精華；二是外國哲學，主要是西方哲學，吸收外來，借鑒人類發展的優秀哲學成果；三是馬克思主義哲學，展示馬克思主義哲學中國化的成就；四是中國近現代以來的哲學成果，特別是馬克思主義在中國的發展。

編纂這部典籍大全，是哲學界早有的心願，也是哲學界的一份奉獻。中外哲學典籍大全總結的是書本上的思想，是先哲們的思維，是前人的足迹。我們希望把它們奉獻給後來人，使他們能够站在前人肩膀上，站在歷史岸邊看待自己。

中外哲學典籍大全的編纂，是以「知以藏往」的方式實現「神以知來」；中外哲學典籍大全的編纂，是通過對中外哲學歷史的「原始反終」，從人類共同面臨的根本大問題出發，在哲學生生不息的道路上，綵繪出人類文明進步的盛德大業！

發展的中國，既是一個政治、經濟大國，也是一個文化大國，也必將是一個哲學大國、思想王國。人類的精神文明成果是不分國界的，哲學的邊界是實踐，實踐的永恒性是哲學的永續綫性，打開胸懷擁抱人類文明成就，是一個民族和國家自强自立，始終佇立於人類文明潮頭的根本條件。

擁抱世界，擁抱未來，走向復興，構建中國人的世界觀、人生觀、價值觀、方法論，這是中國人的視野、情懷，也是中國哲學家的願望！

李鐵映

二〇一八年八月

「中國哲學典籍卷」

序

中國古無「哲學」之名，但如近代的王國維所説，「哲學爲中國固有之學」。「哲學」的譯名出自日本啓蒙學者西周，他在一八七四年出版的百一新論中説：「將論明天道人道，兼立教法的philosophy譯名爲哲學。」自「哲學」譯名的成立，「philosophy」或「哲學」就已有了東西方文化交融互鑒的性質。

「philosophy」在古希臘文化中的本義是「愛智」，而「哲學」的「哲」在中國古經書中的字義就是「智」或「大智」。孔子在臨終時慨嘆而歌：「泰山壞乎！梁柱摧乎！哲人萎乎！」（史記孔子世家）「哲人」在中國古經書中釋爲「賢智之人」，而在「哲學」譯名輸入中國後即可稱爲「哲學家」。

哲學是智慧之學，是關於宇宙和人生之根本問題的學問。對此，中西或中外哲學是共同的，因而哲學具有世界人類文化的普遍性。但是，正如世界各民族文化既有世界的普遍性，也有民族的特殊性，所以世界各民族哲學也具有不同的風格和特色。如果説「哲學」是個「共名」或「類稱」，那麼世界各民族哲學就是此類中不同的「特例」。這是哲學的普遍性與多樣性的統一。

在中國哲學中，關於宇宙的根本道理稱爲「天道」，關於人生的根本道理稱爲「人道」，中國哲學的一個貫穿始終的核心問題就是「究天人之際」。一般説來，天人關係問題是中外哲學普遍探索的問題，而中國哲學的「究天人之際」具有自身的特點。

亞里士多德曾説：「古今來人們開始哲學探索，都應起於對自然萬物的驚異……這類學術研究的開始，都在人生的必需品以及使人快樂安適的種種事物幾乎全都獲得了以後。」「這些知識最先出現於人們開始有閒暇的地方。」這是説的古希臘哲學的一個特點，是與當時古希臘的社會歷史發展階段及其貴族階層的生活方式相聯繫的。與此不同，中國哲學是產生於士人在社會大變動中的憂患意識，爲了求得社會的治理和人生的安頓，他們大多「席不暇暖」地周遊列國，宣傳自己的社會主張。這就決定了中國哲學在「究天人之際」

中首重「知人」，在先秦「百家争鳴」中的各主要流派都是「務爲治者也，直所從言之異路，有省不省耳」（史記太史公自序）。

中國哲學與其他民族哲學所不同者，還在於中國數千年文化一直生生不息而未嘗中斷，中國文化在世界歷史的「軸心時期」所實現的哲學突破也是采取了極温和的方式。這主要表現在孔子的「祖述堯舜，憲章文武」，删述六經，對中國上古的文化既有連續性的繼承，又經編纂和詮釋而有哲學思想的突破。因此，由孔子及其後學所編纂和詮釋的上古經書就以「先王之政典」的形式不僅保存下來，而且在此後中國文化的發展中居於統率的地位。

據近期出土的文獻資料，先秦儒家在戰國時期已有對「六經」的排列，「六經」作爲一個著作群受到儒家的高度重視。至漢武帝「罷黜百家，表章六經」，遂使「六經」以及儒家的經學確立了由國家意識形態認可的統率地位。漢書藝文志著録圖書，爲首的是「六藝略」，其次是「諸子略」「詩賦略」「兵書略」「數術略」和「方技略」，這就體現了以「六經」統率諸子學和其他學術。這種圖書分類經幾次調整，到了隋書經籍志乃正式形成「經、史、子、集」的四部分類，此後保持穩定而延續至清。

中國傳統文化有「四部」的圖書分類，也有對「義理之學」「考據之學」「辭章之學」和「經世之學」等的劃分，其中「義理之學」雖然近於「哲學」但並不等同。中國傳統文化没有形成「哲學」以及近現代教育學科體制的分科，但是中國傳統文化確實固有其深邃的哲學思想，它表達了中華民族的世界觀、人生觀，體現了中華民族的思維方式、行爲準則，凝聚了中華民族最深沉、最持久的價值追求。

清代學者戴震説：「天人之道，經之大訓萃焉。」（原善卷上）經書和經學中講「天人之道」的「大訓」，就是中國傳統的哲學；不僅如此，在圖書分類的「子、史、集」中也有講「天人之道」的「大訓」，這些也是中國傳統的哲學。「究天人之際」的哲學主題是在中國文化上下幾千年的發展中，伴隨著歷史的進程而不斷深化、轉陳出新、持續探索的。

中國哲學首重「知人」，在天人關係中是以「知人」爲中心，以「安民」或「爲治」爲宗旨的。在記載中國上古文化的尚書皋陶謨中，就有了「知人則哲，能官人；安民則惠，黎民懷之」的表述。在論語中，「樊遲問仁，子曰：『愛人。』問知（智），子曰：『知人。』」（論語顏淵）「仁者愛人」是孔子思想中的最高道德範疇，其源頭可上溯到中國文化自上古以來就形成的崇尚道德的優秀傳統。孔子説：「未能事人，焉能事鬼？」「未知生，焉知死？」（論語先進）「務民之義，敬鬼神而遠之，可謂知矣。」（論語雍也）「智者知人」，在孔子的思想中雖然保留了對「天」和鬼神的敬畏，但他的主要關注點是現世的人生，是「仁者愛人」「天下有道」的價值取向，由此確立了中國哲學以「知人」爲中心的思想範式。西方現代哲學家雅斯貝爾斯在大哲學家一書中把蘇格拉底、佛陀、孔子和耶穌作爲「思想範式的創造者」，而孔子思想的特點就是「要在世間建立一種人道的秩序」，「在現世的可能性之中」，孔子「希望建立一個新世界」。

中國上古時期把「天」或「上帝」作爲最高的信仰對象，這種信仰也有其宗教的特殊性。如梁啓超所説：「各國之尊天者，常崇之於萬有之外，而中國則常納之於人事之中，此吾中華所特長也。……其尊天也，目的不在天國而在世界，受用不在未來（來世）而在現在（現世）。是故人倫亦稱天倫，人道亦稱天道。記曰：『善言天者必有驗於人。』此所以雖近於宗教，而與他國之宗教自殊科也。」由於中國上古文化所信仰的「天」不是存在於與人世生活相隔絶的「彼岸世界」，而是與地相聯繫（中庸所謂「郊社之禮，所以事上帝也」，朱熹中庸章句注：「郊，祀天；社，祭地。不言后土者，省文也。」），具有道德的、以民爲本的特點（尚書所謂「皇天無親，惟德是輔」，「天視自我民視，天聽自我民聽」，「民之所欲，天必從之」），所以這種特殊的宗教性也長期地影響著中國哲學對天人關係的認識。相傳「人更三聖，世經三古」的易經，其本爲卜筮之書，但經孔子「觀其德義而已」之後，則成爲講天人關係的哲理之書。四庫全书總目易類序說：「聖人覺世牖民，大抵因事以寓教……易則寓於卜筮。故易之爲書，推天道以明人事者也。」不僅易經是如此，而且以後中國哲學的普遍架構就是「推天道以明人事」。

春秋末期，與孔子同時而比他年長的老子，原創性地提出了「有物混成，先天地生」（老子二十五章），天地並非固有的，在天地產生之前有「道」存在，「道」是產生天地萬物的總根源和總根據。「道」内在於天地萬物之中就是「德」，「孔德之容，惟道是從」（老子二十一章），「道」與「德」是統一的。老子說：「道生之，德畜之，物形之，勢成之。是以萬物莫不尊道而貴德。道之尊，德之貴，夫莫之命而常自然。」（老子五十一章）老子的價值主張是「自然無爲」，而「自然無爲」的天道根據就是「道生之，德畜之……是以萬物莫不尊道而貴德」。老子所講的「德」實即相當於「性」，孔子所罕言的「性與天道」，在老子哲學中就是講「道」與「德」的形而上學。實際上，老子哲學確立了中國哲學「性與天道合一」的思想，而他從「道」與「德」推出「自然無爲」的價值主張，這就成爲以後中國哲學「推天道以明人事」普遍架構的一個典範。雅斯貝爾斯在大哲學家一書中把老子列入「原創性形而上學家」，他說：「從世界歷史來看，老子的偉大是同中國的精神結合在一起的。」他評價孔、老關係時説：「雖然兩位大師放眼於相反的方向，但他們實際上立足於同一基礎之上。兩者間的統一在中國的偉大人物身上則一再得到體現……」這裏所謂「中國的精神」「立足於同一基礎之上」，就是説孔子和老子的哲學都是爲了解決現實生活中的問題，都是「務爲治者也」。

在老子哲學之後，中庸説：「天命之謂性」，「思知人，不可以不知天」。孟子説：「盡其心者知其性也，知其性則知天矣。」（孟子盡心上）此後的中國哲學家雖然對天道和人性有不同的認識，但大抵都是講人性源於天道，知天是爲了知人。一直到宋明理學家講「天者理也」，「性即理也」，「性與天道合一存乎誠」。作爲宋明理學之開山著作的周敦頤太極圖說，是從「無極而太極」講起，至「形既生矣，神發知矣，五性感動而善惡分，萬事出矣」，這就是從天道講到人事，而其歸結爲「聖人定之以中正仁義而主静，立人極焉」，這就是從天道、人性推出人事應該如何，「立人極」就是要確立人事的價值準則。可以説，中國哲學的「推天道以明人事」最終指向的是人生的價值觀，這也就是要「爲天地立心，爲生民立命，爲往聖繼絶學，爲萬世開太平」。在作爲中國哲學主流的儒家哲學中，價值觀又是與道德修養的工夫論和道德境界相聯繫。因此，天人合一、真善合一、知行合一成爲中國哲學的主要特點。

中國哲學經歷了不同的歷史發展階段，從先秦時期的諸子百家争鳴，到漢代以後的儒家經學獨尊，而實際上是儒道互補，至魏晋玄學乃是儒道互補的一個結晶；在南北朝時期逐漸形成儒、釋、道三教鼎立，從印度傳來的佛教逐漸適應中國文化的生態環境，至隋唐時期完成中國化的過程而成爲中國文化的一個有機組成部分；宋明理學則是吸收了佛、道二教的思想因素，返而歸於「六經」，又創建了論語孟子大學中庸的「四書」體系，建構了以「理、氣、心、性」爲核心範疇的新儒學。因此，中國哲學不僅具有自身的特點，而且具有不同發展階段和不同學派思想内容的豐富性。

一八四〇年之後，中國面臨着「數千年未有之變局」，中國文化進入了近現代轉型的時期。在甲午戰敗之後的一八九五年，「哲學」的譯名出現在黄遵憲的日本國志和鄭觀應的盛世危言（十四卷本）中。此後，「哲學」以一個學科的形式，以哲學的「獨立之精神，自由之思想」推動了中華民族的思想解放和改革開放，中、外哲學會聚於中國，中、外哲學的交流互鑒使中國哲學的發展呈現出新的形態，馬克思主義哲學在與中國的歷史文化傳統、中國具體的革命和建設實踐相結合的過程中不斷中國化而産生新的理論成果。中華民族的偉大復興必將迎來中國哲學的新發展，在此之際，編纂中外哲學典籍大全，中國哲學典籍第一次與外國哲學典籍會聚於此大全中，這是中國盛世修典史上的一個首創，對於今後中國哲學的發展、對於中華民族的偉大復興具有重要的意義。

李存山

二〇一八年八月

「中國哲學典籍卷」

出版前言

社會的發展需要哲學智慧的指引。在中國浩如煙海的文獻中，哲學典籍占據著重要地位，指引著中華民族在歷史的浪潮中前行。這些凝練著古聖先賢智慧的哲學典籍，在新時代仍然熠熠生輝。

收入我社「中國哲學典籍卷」的書目，是最新整理成果的首次發布，按照內容和年代分爲以下幾類：先秦子書類、兩漢魏晋隋唐哲學類、佛道教哲學類、宋元明清哲學類、近現代哲學類、經部（易類、書類、禮類、春秋類、孝經類）等，其中以經學類占多數。本次整理皆選取各書存世的善本爲底本，制訂校勘記撰寫的基本原則以確保校勘品質。全套書采用繁體豎排加專名綫的古籍版式，嚴守古籍整理出版規範，並請相關領域專家多次審稿，整理者反復修訂完善，旨在匯集保存中國哲學典籍文獻，同時也爲古籍研究者和愛好者提供研習的文本。

文化自信是一個國家、一個民族發展中更基本、更深沉、更持久的力量。對中國哲學典籍進行整理出版，是文化創新的題中應有之義。中國社會科學出版社秉持「傳文明薪火，發時代先聲」的發展理念，歷來重視中華優秀傳統文化的研究和出版。「中國哲學典籍卷」樣稿已在二〇一八年世界哲學大會、二〇一九年北京國際書展等重要圖書會展亮相，赢得了與會學者的高度讚賞和期待。

點校者、審稿專家、編校人員等爲叢書的出版付出了大量的時間與精力，在此一並致謝。由於水準有限，書中難免有一些不當之處，敬請讀者批評指正。

趙劍英

二〇二〇年八月

本書點校説明

張九成（1092—1159），字子韶，號橫浦居士、無垢居士，祖先涿郡范陽人[一]，後移居開封，至其祖父張士壽時又移居杭州鹽官。其家世代書香，以德行聞名鄉里。張九成自幼受父親教導，學習儒家經典，父親在清貧中保持高貴和自立的品格，常踐行對他人疾苦的關切和樂善好施的德行，深刻影響了張九成。張九成晚年回憶兒時的生活，自述道：「予家世業儒，頗以清德顯。」[二]

張九成自幼聰慧過人，夙學天成，六歲開始讀書，八歲即能默誦六經，通經大旨。一次父親會客，張九成在旁，客人以經疑問難，八歲的張九成毫不驚慌，一一作答。答畢放

[一] 宋史張九成傳言其祖先爲開封人，應爲後移居至開封。此處涿郡范陽人依據張榕横浦先生家傳所載。

[二] 心傳録卷中，第32頁前。

下手中書卷，整理衣襟，恭敬地説：「精粗本末無二致，勿謂區區紙上語不足多，下學上達，某敢以聖言爲法。」〔二〕辭氣不群，出人意表，在座賓客無不驚歎其才華，稱道張九成爲奇童子。張九成十歲就頗具文采，令同輩折服。十四歲入鄉校，他嚴於律己，勤奮勵學，不論寒暑，終日在閣樓上苦讀。同學中有好奇者，從屋縫中觀察，見他斂膝危坐，專心研讀，若與神明爲伍，同門愈发敬佩。張九成晚年曾向學生講述自己少年時的讀書經歷，告訴學生對經史的熟識、理解和貫通必須以勤奮讀書爲基礎。他正是通過遍覽經史，苦心研讀，才慢慢形成了自己的解經特色，構建了完整的心學思想體系和堅定的人生信念。

因爲家境貧寒，張九成十八歲開始教學鄉里，「聚束脯，歸贍家」，一直持續到進士及第前。他樂於傳道授業，晚年曾言：「予見人家子弟醇謹及俊敏者，愛之不啻如常人之愛寶，唯恐其埋没及傷損之，必欲使之在尊貴之所。故教人家子弟不敢萌一點欺心，其鄙下刻薄，亦爲勸戒太息而感誘之，此平生所樂爲者。」〔三〕渾然忠厚之氣躍然紙上。張九成一生

〔二〕横浦先生家傳，載於宋刊本横浦先生文集。
〔三〕心傳録卷中，第32頁後。

講學不輟，後來他仕途坎坷，多次被罷免，但人品德行受士人敬仰，每次辭官回鄉，都有四方學者趕來求學。他以「講明經術，景行前修，庶幾克盡忠孝」爲原則教導弟子篤實爲學，修養德性。

宣和七年，張九成三十四歲，以經學魁薦，游學京師，受到時人讚譽。其間從學於程門高足楊時，拓寬了學問規模。向楊時問仁一事，張九成總結道：「自此漸覺於仁上無拘礙，真良藥也，甚中此病。」〔二〕在京師，張九成結交多位學人，如胡安國父子、沈元用等，都是他日後相互問學、砥礪切磋的朋友。當時有一位權貴欲招攬籠絡天下名士，向張九成許以高官厚禄，他嚴辭拒絕：「王良羞與嬖奚乘，平日立身行己，乃爲今日游貴客耶？」〔三〕雖然生活清苦，張九成卻不爲名禄折腰，節操如後凋之松柏，頗爲時人敬重。

不久金兵攻打北宋，張九成親歷了靖康之難。戰火後他返回家鄉鹽官，仍以教書爲業。宋高宗紹興二年（1132），張九成進士第一。他篤信聖學，躬行踐履，百折不回，兒時便

〔二〕心傳録卷上，第8頁後。

〔三〕橫浦先生家傳，載於宋刊本橫浦先生文集。

表現出異常的稟賦，少年時學冠同輩，一生堅信學者貴於自得而躬行，然後可以爲天下國家所用，因而不肯趨炎附勢，拒絕附會當時作爲科舉標準的王安石新學，所以長時間未能考取功名。直至高宗意識到南宋積弊，改變科舉取士的文風，張九成所學才得到認可，省試、殿試均爲第一。這年張九成四十一歲，人生大半已經在讀書和教書的貧困生活中度過。青年時期是人對實現夢想，對自我能力得到認可最爲渴求的時期，也是最容易爲此迷茫和改變方向的時期。張九成從少年才俊到中年平平，二十幾年的困頓生活並没有讓他屈從世俗，甚至没能讓他陷入迷惘。晚年他解釋自己爲什麼能安然對待生活中種種不堪的境遇，僅用三個字「早聞道」，確實如此。對儒學的體認使他具備了剛毅的品格和堅定的信念，不爲榮辱所動，不爲得喪所屈，真正做到了儒門的中立而不倚。

張九成的狀元策在當時影響非常大。經歷了靖康之難，朝廷倉促南遷，金兵步步緊逼，南宋政局不穩。爲圖中興，高宗希望以科舉來作成人才，以爲國家社稷所用，因此科舉考試一改此前以詩賦和經義取士的慣例，提倡士人對時務提出見解和對策。張九成的狀元策正代表了這一時期科舉文風的變化。在策論中他言及對金之戰、國庫虧空、兵多冗籍、吏員貪腐、民心不穩等多項當時急務，文勢宏偉，言辭懇切、針砭時弊。高宗大爲感動，言：「士人初進，便須别其忠佞，九成上自朕躬，下至百執事，言之無所畏避。」[二]這道狀元策在當時廣爲傳閱，時人交口稱頌。楊時在書信中稱讚張九成「廷對自更科以來未之有，非剛大之氣不爲得喪回屈，不能爲也。」[三]

紹興二年（1132），授張九成鎮東軍簽判。紹興五年（1135）元月，由趙鼎舉薦，除太常博士，同年改著作佐郎。紹興六年（1136）遷著作郎。同年八月，除直徽猷閣待制，提點浙東路刑獄公事，張九成以「秩卑職重，非所宜受」爲由辭而不受。十月，改除直秘閣。紹興八年（1138）三月，除中正少卿。六月，權禮部侍郎兼掌秋官。八月，兼經筵侍講，進講春秋，張九成勸高宗内自警醒，外施仁政，高宗感觸頗深。紹興十年（1140）八月，因屢次拒絶秦檜拉攏，反對與金議和，張九成遭秦檜一黨陷害，出知邵州，未幾落職。紹興十三年（1143），張九成再次遭到秦檜一黨陷害，誣陷他與高僧大慧宗杲議論朝

[二] 宋會要輯稿，選舉八之三。
[三] 楊時：龜山集卷二十二。

政，張九成謫南安軍居住，大慧宗杲被剥奪僧籍，流放衡州。張九成在南安期間，生活條件艱苦，物質極度匱乏，他不願接受友人重金饋贈，親自耕種，安貧樂道。由於地處偏遠，又是貶謫之人，謫居南安十四年，除了極少數的書信往來，張九成幾乎没有師友交流。他以經史爲伴，長期就光倚柱讀書，在地上留下了兩個清晰的腳印。他自嘲道：「予平生嗜書，老來目病，執書就明於此者十四年矣。倚立積久，雙趺隱然，可一笑也。」[一]紹興二十五年（1155），秦檜死。二十六年（1156）正月，張九成復秘閣修撰，知温州。初到任，他便整頓吏治，減輕賦税，免酒禁而行喪葬之禮；當地習俗粗鄙，他制訂鄉約，勉勵百姓相互監督，民俗大變。他還詢訪州縣中的隱士賢哲，親自致書當地有名的學者，以此敦促激勵學風。可惜現實中他並没有足夠的時間來匡正時弊，不久，户部派遣官吏到各地督促軍糧，對百姓逼迫甚緊。張九成移書力陳其弊，敍述百姓生活困苦，不堪重擾。然而當時官場腐敗，户部持之不報，執事者依舊横征暴斂。以張九成一人之力，無法改變局勢。當年初秋，他以病求去，百姓挽車遮道，揮淚送行。

[一] 横浦先生家傳，載於宋刊本横浦先生文集。

紹興二十九（1159）年六月六日，張九成病逝，享年六十八歲。訃至朝廷，高宗爲之悼惜，詔復敷文閣待制，贈左朝請大夫。宋理宗寶慶元年（1225），贈太師，追封崇國公，謚文忠。

作爲楊時門人，二程再傳弟子，張九成是南宋初期重要的思想家。他一生篤信儒學，思想醇厚，爲人剛正耿直，得到時人的贊譽和敬仰。張九成的思想在當時流傳頗廣，被譽爲羽翼聖門、渡江大儒，他著述豐厚，對諸經多有訓解，時人家置其書。張九成治學雖守程門理學，重在闡釋天理、性善、慎獨等思想，但其思想規模開闊，並不拘泥所學，結合自身的思考和經歷，對洛學頗有損益，提出「心即理，理即心」、「仁即是覺，覺即是仁」等思想，開啓宋代心學一脈。

宋代儒學是中國思想史上一個高峰，儒學經歷了隋、唐、五代漫長的沉寂和衰頹，在北宋重新興起，並在本體論、心性論、工夫論、境界論等多方面達到新的高度。北宋五子，尤其是二程和張載，他們對傳統儒學中的固有概念進行新的詮釋，以期在現實生活中重塑儒家正統地位，使儒學思想根植於人之内心，進而融入生活的方方面面。二程和張載開啓的新儒學，由門人繼承發展，至兩宋之際，呈現出不同學派的雛形。加之金兵入侵，朝廷南遷，在戰亂和遷移過程中，儒學内部逐漸形成了不同分支。程門高足謝良佐、楊時，以及先後求學於張載和二程的吕大臨，三人思想各有側重，爲學工夫也存在差異。私淑洛學的胡安國、胡宏父子及其開啓的湖湘學派，學問亦有獨到之處。張九成求學於楊時，屬道南一脈，他將道南體驗未發的思想推進一步，肯定本心與天理的一致性，在洛學中開出了心學路徑。宋元學案將其列爲横浦學案，主要門人有韓元吉、汪應辰、方疇、于恕、劉荀、淩景夏、徐椿年等。

張九成哲學思想主要涉及氣論、心論，在工夫論上主張存養於未發已發之間。張九成認同張載的氣論，認爲天地間一氣流行感通，氣化而爲萬物。他進一步引申張載氣論，認爲，既然人與萬物都是氣化而成，那麽人與人、人與萬物、人與天地同源同質，自然可以相互感通，息息相系，共同构成一個密不可分的整体。人的所想所爲，不但會影響自身和家人，還會與周圍其他事物發生感通，進而影響天地之氣。通過氣的感通作用，人無時無刻不在參與天地造化，因而更要戒慎恐懼，不愧屋漏。心之官則思，人的一切思維和決斷來源於心，心是人身體的主宰，也是天地間的發竅處。所謂心即理，理即心，人與天地本是一貫，心中所存之理即是天地之理。存養本心，不使走作放失，不使慾妄蒙蔽，内心全然天理。依此心良知而行，便是依天理而行，便是與天地爲一。

張九成語録日新是宋本諸儒鳴道集中收録的最後一部道學著作，可見在當時士人看來，張九成是兩宋之際道學傳承過程中的一位重要代表。他的思想和人格，既是對北宋以來道學大儒的繼承，也是朝廷南渡之後，對南宋道學思想的開啓。在南宋初期衰頹沮喪、腐敗懦弱的氛圍中，張九成剛大醇厚的思想品格，無疑是一個高貴的精神楷模，激勵了一批年輕學者。在道學發展過程中，南宋初期張九成和另一位大儒胡宏在致力培養道學傳統方面作出了重大貢獻。較之稍後的心學代表陸九淵，張九成歷經了個人和國家的患難，久經磨礪，思想更爲渾厚。他有一種極强的思索精神，在貫徹儒家思想的同時，有一種深造自得的闡發。孟子傳被認爲是張九成醇厚思想的代表，清代編纂四庫全書時，雖然孟子傳中多處抨擊外族入侵，但他仍被譽爲醇儒。

張九成出生並成長於北宋，不惑之年經歷了靖康之難，稍後成爲南宋第二位狀元。狀元的榮耀並没有改變他勤奮而節儉的生活方式，他一生守貧處約，勤於研經，嚴於修身。因公然抵制秦檜與金議和，他經歷了長達十四年的流放。長期的生活困窘並没有使他産生絲毫懈怠和動摇，反而磨礪了他堅韌的品格和剛大的内心。在經歷人生種種跌宕起伏時，寵辱不驚，處之泰然。雖然他自幼便以聖學爲宗，但經歷磨難榮辱之後的堅持，更加難能可貴。他這種披荆斬棘一路向前的意志、剛毅的品格，即使在九百年之後，依然讓後輩仰望和崇敬。他的生活與他的思想相互印證，他一生的踐履正是他内心堅守的完美注解。

張九成的著作包括横浦先生文集、張狀元孟子傳、中庸説、横浦日新、無垢先生横浦心傳録五部著作和十一篇佚文，此前大都是單本刊行，此次點校將其合爲張九成集一書。

本書點校，横浦先生文集取中國國家圖書館藏宋刊本横浦先生文集爲底本，以明萬曆甲寅（1614）新安吴惟明原刻本、四庫全書本爲校本，同時參校明萬曆乙卯（1615）海昌方士騏重刊横浦先生文集。

孟子傳取海鹽張氏涉園照存吴縣潘氏滂憙齋藏宋刊本張狀元孟子傳爲底本，以四庫全書本爲校本。宋刊本與四庫本孟子傳同殘存二十九卷，缺盡心篇上、盡心篇下。

中庸説原本六卷，殘存三卷，取海鹽張氏涉園照存日本京都東福寺藏宋刊本爲底本，參校朱熹雜學辨中對張九成中庸説的引文。

無垢先生横浦心傳録，取明萬曆甲寅（1614）吴惟明刊本爲底本。張元濟曾見明抄本無垢張狀元心傳録，次行結銜爲「皇朝太師崇國文忠公」，當自宋本出。張元濟曾就明萬曆甲寅本與明抄本作校勘。此次點校參考了張元濟的校勘記。

横浦日新，取上海圖書館藏宋端平二年（1235）黄壯猷修補本諸儒鳴道集中收録的横浦日新爲底本，以明萬曆甲寅（1614）吴惟明刊本爲校本。

張九成佚文十一篇集自宋代學者文集、地方志及佛教典籍，如唯室集、紹定吴郡志、武林梵志等，作爲本書的附録一。

宋刊本横浦先生文集中附張榕撰寫的横浦先生家傳，于有成撰寫的序，于恕撰無垢先生横鋪心傳録序，刁駿撰心傳録後序，張元濟撰孟子傳跋、中庸説跋，均放在附録二中。

張九成傳記相關材料中，選取了：宋史張九成傳，續藏經張子韶傳，五燈會元侍郎張九成居士，共三篇。另外，點校者在宋元學案横浦學案的基礎上補充部分材料，即張九成師友及門人，可供讀者了解張九成思想交流及傳承的概貌。以上四篇放在附録四中。

施德操撰施先生孟子發題一卷，原附於横浦先生文集後，本次點校將其放在附録三中。

以上諸書中出現的宋代避諱字，如桓、玄、貞、恒、胤、睿、慎等均已改正，抬頭空格處均已去掉。出現的引文，均依原書做了校勘，如尚書、詩經、禮記、資治通鑑等。

限於水準，本書整理工作中難免會有疏誤之處，敬請讀者多加指正。

點校者李春穎

二〇二〇年九月二十二日

横浦先生文集

目録

卷三

絶句……五七

卷八

卷九……一一八

卷十……一三一

卷十一……一四一

卷十六

贊

銘

卷二十

張狀元孟子傳

中庸説

無垢先生横浦心傳録

横浦日新

附録

附録二……一〇七一

横浦先生文集

横浦先生文集卷之一

門人郎曄編

古賦

述志賦

伊余生之好修兮，紛溷濁而獨清。朝飲藍橋之雲液兮，夕飡月殿之落英。〔二〕製芙蓉以爲裳兮，紉蘭芷以爲佩。躡天風余上征兮，將以朝于玉帝。朝發軔于泰華兮，夕余叩乎天閽。覽瑶臺珠閣之突兀兮，驂蒼虬綵鳳以駿奔。吾與群僊遨遊兮，曰蓬瀛乎此焉處。既徘

〔二〕「伊」及「雲」，被章所遮，字跡不清，據四庫全書本定。

徊而四顧，日與月爲吾侶。豐隆列闕其先驅兮，欃槍招摇爲吾掃除。廓氛埃而下視兮，塊五嶽其尊罍。攬四溟而一瀉兮，宴王母乎崑崙之隈。忽憑几而坐寤兮，知萬事其如夢。聊與此世而婆娑兮，長笛呼風而三弄。憫屈平之懷沙兮，笑子雲之投閣。已攬袂而欻起兮，悵星移而月落。

謫居賦

嗟余之生兮，西湖之濵。煙雲爲家兮，風月爲鄰。一行作吏兮，喪厥真。筮仕會稽兮，繼命奉常。著作東觀兮，出持刑章。未及佩印兮，讒口傷。世路險巇兮，人情澆薄。拂衣歸來兮，求志獨樂。温詔三下兮，辭不獲。卿宗正兮，侍玉座。談堯舜兮，上甚果。小宗伯兮，義則可。知難而退兮，奉偏親。庭闈之樂兮，如三春。奇禍作兮，湘江奔。天忽崩兮，骨欲折。心糜潰兮，目流血。日月馳兮，成永訣。禍又作兮，事更危。天心仁兮，哀憐之。免余死兮，竄江西。維兹地兮，古横浦。嶺之北兮，江之滸。團瘴煙兮，飛霧雨。七年于兹兮，無與晤語。俗目並觀兮，吾何以處。惟吾早聞道兮，傳孔孟。用聖心兮，履聖行。曰君子謹獨兮，無愧怍。聖人樂天兮，無適莫。夏葛冬裘兮，何用美？飢食渴飲兮，無求備。神明昌兮，窮不諱。道義重兮，物偕逝。優哉游哉，聊以卒歲。

古詩

客觀余孝經傳感而有作

古人文瑩理，後人工作文。文工理愈暗，紙札何紛紛。君看六藝學，天葩吐奇芬。詩書分體製，禮樂造乾坤。千岐更萬轍，要以一理存。如何臻至理，當從踐履論。跋涉經險阻，衝冒邮寒温。孝弟作選鋒，道德嚴中軍。仰觀精俯察，萬象入見聞。不勞施斧鑿，筆下生煙雲。高以君堯舜，下以覺斯民。君如不我鄙，時來對爐熏。

見柿樹有感

兹山余初來，掩冉柿葉青。相去未三月，柿花亦已零。及兹尋去路，纍纍滿空庭。人生豈無情，睿睿不忍行。嚴霜八九月，百草不復榮。唯君粲丹實，獨掛秋空明。寄語看園翁，勿使墮秋風。願比櫻桃春，置之大明宫。

魯直上東坡古風坡和之因次其韻

幽蘭如君子，閑雅翰墨場。春風曉畦暖，斜日半窻光。竟夕澹相對，菲菲吐暗香。掩關清杖屨，簾卷度修廊。釵玉莖分紫，官梅花更黄。豈惟堪紉佩，試伴菊英嘗。退處深林好，休移庭户傍。自同凡草茂，無事莫相傷。

又

浮筠雲海上，時作鐘磬聲。政似月中桂，不比首陽苓。蓬萊日月長，頃刻已千齡。群僊集其下，談笑得長生。回首看塵世，秋瓜易落蔕。青鸞何時來，欲作飛升計。衆真問平安，此詩煩送似。

癸亥初到嶺下寄汪聖錫

人物苦難得，閉眼不敢看。孤芳擢荒穢，秀色出榛菅。懷我同心友，正在天一端。文字妙入聖，操履到所難。美玉經三煆，貞松過凝寒。憐我竄庾嶺，色慘顔不歡。書來每慰薦，苦語餘辛酸。不上泰山頂，安知天地寬。相思暮煙起，片月過前灘。

正月二十日出城

春風驅我出，騎馬到江頭。出門日已暮，獨遊無獻疇。江山多景物，春色滿汀洲。隔岸花繞屋，斜陽明戍樓。人家漸成聚，炊煙天際浮。日落霧亦起，群山定在不。江柳故撩人，縈帽不肯休。風流乃如此，一笑忘百憂。隨行亦有酒，無地可遲留。聊寫我心耳，長歌思悠悠。

二十六日復出城

杜門不肯出，既出不忍歸。借問胡爲爾，江山棲落暉。濯濯漱寒主，青青入煙霏。柳色明沙岸，花枝作四圍。玉塔天外小，漁舟雲際微。興遠俗情斷，心閑人事稀。我本江湖人，誤落市朝機。計拙物多忤，身臞道則肥。所以此勝概，一見不我違。吟餘尚多思，白鳥背人飛。

十二日出城見隔江茅舍可愛

茅屋臨江上，四面惟柴荊。緑陰繞籬落，窻几一以明。門前灘水急，日與白鷗盟。不知何隱士，居此復何營。朝來四山碧，晚際沙鳥鳴。碁聲度竹静，江深琴調清。終携一尊酒，造門相對傾。心期羲皇上，安用知姓名。

客至

客有叩門者，冠劒何巍巍。登堂各就坐，疇答好言詞。中席客軒眉，揚袂論是非。紛紛亂我耳，擾擾敗人思。主人默無語，仰看孤鴻飛。須臾進盤饌，勸客酒一巵。謂言西山好，爽氣入吾扉。客思亦沉寂，爐熏自霏霏。

食苦筍

吾鄉苦筍佳，出處惟石屋。玉肌膩新酥，黄衣緣深緑。林深恐人知，頭角互出縮。煙雨養春姿，此物未成熟。三月臘酒香，開罇慰[一]幽獨。烹庖入盤俎，點醬真味足。未湏五鼎牛，聊稱一囊粟。朅來庾嶺下，歲月去何速。經冬又七春，未分窮途哭。今朝好事者，惠我生一束。頭髡甲爛斑，味惡韻麤俗。兒童不慣嘗，嚱噫驚媪僕。老妻念鄉味，放箸淚盈目。丈夫志有在，何事校口腹。呼奴更傾酒，一笑風生谷。

示兩兒

余性便静素，於世寡所諧。惟餘黄卷裏，聊與古人偕。古人不可期，古心尚可窺。當其會意時，悠然忘渴飢。可憐朝市人，大與古相違。所得眇何有，所亡無町畦。嗟乎寓此生，惟善爲可爲。舍善亦何樂，至死有餘悲。晤此聊自警，亦以警吾兒。

有客

春雨止復作，閉門無與居。童奴告予言，有客叩吾廬。束帶出見之，頎然一丈夫。手

〔一〕「慰」，原闕，據四庫全書本補。

携一尊酒，辭氣何晏如。謂言久聞名，曾未瞻簪裾。天寒宜飲酒，一盃聊以娱。盤飧亦草草，蔬果間溪魚。顏色温勝玉，言談貫如珠。豈期有道者，而來警我愚。酒酣意兩適，心閑樂有餘。四海元有人，君勿輕荒區。

讀梅聖俞詩

吾生前輩後，不及識諸公。每讀諸公集，想見其音容。聖俞仁廟時，歐公最相知。春風一盃酒，夜坐數章詩。雍容長者風，忠厚君子辭。格律從正始，句法自鑪錘。衮衮嗚山泉，款款語親闈。試一涉其流，超然忘百憂。後輩亦有作，豈曰不冥搜。雕琢傷正氣，磔裂無全牛。堙鬱暗大理，矜夸墮輕浮。所以聖俞詩，把玩不能休。死者如可作，吾其與之游。

菖蒲

石盆養寒翠，六月如三冬。勿云數寸碧，意若千丈松。勁節凌孤竹，虬根蟠老龍。傲霜滋正氣，泣露泫春容。座有江湖趣，眼無塵土蹤。終朝澹相對，澆我磊魂胸。

三月晦到大庾

我登超然臺，積雨久不止。臺下柳成行，柳下滿塘水。環塘率喬木，照影弄清泚。恍如在故鄉，西湖古寺裏。氣象極幽深，景物盡蒼翠。十年勞夢想，一夕居眼底。獨坐不能去，頽然起深思。鍾鳴主人歸，燭光何煒煒。笑語復移時，夜久余當起。歸路夫何如，江聲寒玉碎。

勾漕送建茶

我謫庾嶺下，年年餉焦坑。味雖輕且嫩，越宿苦還生。分甘嘗此品，敢望建溪烹。勾公道義重，不與炎凉并。持節漕七閩，風采照百城。寃苦盡昭雪，草木亦欣榮。得新未肯嘗，包封寄柴荆。罪罟敢當此，自碾供百靈。捧盃啜其餘，雲腴徹頂清。爽氣生几席，清飈起簷楹。頓覺凡骨蜕，疑在白玉京。整冠朝金闕，鳴佩謁東皇。須臾還舊觀，坐見百慮平。

五月十七日冒暑報謁

炎熱不可觸，報謁當及時。登車汗如洗，黽勉將何之。城隅行詰屈，路轉沿江湄。仰看山列黛，俯瞰水淪漪。心寬天地大，思遠雲霧披。猶如塵土中，忽見元紫芝。暑氣眇何許，清涼今在兹。客子且休轡，與汝同此嬉。人生貴自適，奔走亦奚爲。

九月七夜喜新涼

晚來天宇陰，便有如許涼。衣襟不作苦，燈火耿寒光。青編如故人，入眼興未央。憶昔炎歊日，蒸鬱如揚湯。百事懶不支，何暇考短長。念此深自喜，拂窗浄琴張。老來縱眵昏，閉目自焚香。心清神亦正，聖賢儼在傍。此意勿輕語，此景吾弗忘。

十一月忽見雪片居此七年未嘗見也

寒色遽如許，神清瘦不禁。瓦溝聲礫索，珠琲亂衣襟。斯須忽復變，玉片墮前林。風勁勢回旋，飄零蔽遥岑。落此炎瘴地，七年到于今。不見六花飛，况聞寒玉音。今年盈尺瑞，天以慰吾心。呼兒具盃盤，開樽湏滿斟。更製白雪辭，入我緑綺琴。

庚午正月七夜自詠

余性寡所諧，平生惟自得。談名頸深縮，論利面作赤。文不貴雕蟲，詩尤惡鈎摘。麄豪真所畏，機巧非予匹。所以常閉門，千載求知識。黄卷有可人，爲之忘寢食。亦復愛山水，策杖無與適。看雲獨忘歸，聽泉常永日。内樂萬事休，中虚衆妙入。欲以語斯人，此事吾無力。道喪亦久矣，無言三歎息。

偶題

道立神自昌，心閑氣常正。平生飽此味，不與時俗競。得失了不關，榮辱任無定。君看富貴人，表裏互馳聘。雍容若恬澹，笑語多陷穽。見此輒自喜，魂夢亦清凈。告我同學者，謹勿落此徑。

課書

汲汲我何事，愛此窗日光。北門終日開，風透軒檻凉。貧病何以療，六經真古方。榮辱頓爾失，太山亦毫芒。呼兒來讀書，絃誦驚滿堂。仕途有捷徑，掩口笑我狂。

讀書

伊余生三吴，竄逐落荒外。大目試環顧，四海等一芥。誰能於其間，清濁分涇渭。含菽亦飽滿，食虀有餘味。不羡嵇叔夜，左右持酒蟹。大哉黄卷中，日與聖賢對。

又

横浦非吾土，久寓亦何聊。不學元相國，百斛貯胡椒。飢寒何以遣，唯以文字消。方其得意處，捽茹亦逍遥。頓忘物我情，天地本寬饒。告爾二三子，我歌汝其謡。

罷禄

嗟余命偏奇，一生墮枯槁。雖無青菁飯，顏色亦自好。富貴點污人，修絜終可保。居處既悠悠，衣食亦草草。静觀天寶間，脂澤逞淫姣。冰山赫日來，隨例須崩倒。所得無纖毫，所喪不到老。施施若無事，憂心惄如擣。

偶成

冒熱不安寢，整冠常夙興。清風入我懷，睿睿如有情。嗟彼朝市人，正與膏火争。藏機入鈎鈐，肆辯紛縱横。所得無幾何，所嗟無一誠。往來各有趣，南北自分朋。明德天所相，欺誣禍所嬰。猶如赴火蛾，纏緜尚營營。悟此澹無作，不與炎凉并。居閑苦無事，驅馬出南城。登山猿不避，皷棹鷗靡驚。誰知瘴嵐中，談笑適此生。祥鳳非矯矯，高鴻本冥冥。請君少安坐，此詩殊可聽。

遊塵外亭呈妙喜老師陳元器鄭叔茂沈季誠

我本山中人，推出塵寰裏。鳥囚不忘飛，今日乃來此。長江流吾前，列岫環其趾。豁然萬古心，攬之不盈袂。同來二三友，秀句粲玉齒。中有奇道人，機鋒如建水。此境到吾徒，成一段奇事。

紹興丙子二月廿一日

横浦先生文集卷之二

古詩

寄端硯與樊茂實因作詩以遺之

端谿石硯天下奇，紫光夜半吐虹霓。不同凡石追時好，要與日月争光輝。韜藏久矣不敢用，惟恐翰墨污染之。樊子文章有餘地，汪汪萬頃誰敢窺。贈君此硯勿輕棄，經史妙處其發揮。飛流濺沫滿天下，要使咳唾皆珠璣。

懷汪聖錫

美玉藏精璞，明珠媚深淵。天清氣或明，光景露涓涓。或者輙按劍，奇才歎難全。之子英傑人，聲名何軒軒。妙齡魁四海，終始皆稱賢。過眼不再讀，晤心非口傳。文真黐手成，識超餘子先。森森列五嶽，浩浩朝百川。謂年未三十，當握造化權。陶甄到唐虞，修絜偕淵騫。誰云一戢翅，沉滯十二年。衆論今未諧，子心方藐然。磨礱盡箭鏃，刮洗成混圓。上造羲軒外，下極宣政前。討論分本末，鈎賾窮由緣。遥遥數千載，恍然落眼邊。斯文天其興，子能常蹎顛。試看桃李花，三春何暄妍。未及瞬息間，飄零墮風煙。青青喬松枝，霜雪彌貞堅。子如識此理，聊卧白雲巔。

送鄭仲遠

仲遠英俊人，落筆驚飛電。來自神僊中，風姿冰雪盥。我謫天南陲，君來適相見。憶昔我與君，射策麒麟殿。君時氣橫秋，九萬摶風便。文辭灑星斗，議論倒江漢。便宜上玉堂，不爾登蓬館。别來二十年，青衫尚州縣。蘭薰麝所忌，玉絜女多怨。嗟我正衰遲，何階往論薦。豈有如此人，而得長貧賤。朝廷方急賢，珠璧聯清貫。去去行勿遲，九天春晝暖。

次陳一鶚韻

大道若坦塗，踐履何早晚。榛荆蔽不掃，日夜勞勤墾。聖門一以披，即日到堂梱。但辦不已心，此道誰云遠。譬如積水陂，萬頃才一建。胡爲不勇决，長年成連蹇。百事皆已餘，一心正吾本。人欲如火聚，急避勿繾綣。超然領斯會，故鄉今已返。嗟我困不學，終日徒衮衮。羨子有淵源，浚治令深穩。斯文付諸公，容我老息偃。

多雨偶成

謫居天南陲，終年寡儔侶。四月山氣行，淋漓滿城雨。獨坐北窻下，蕭然無一語。睡起復何如，雞鳴已亭午。

即事

梅天喜蒸潤，江國飽雨澤。況我謫逐人，窮巷宜閴寂。今夕復何夕，門有此佳客。貧家亦效勤，草草具一食。高興良未盡，奈此短景迫。微言若發蒙，喜獲此三益。人生務明德，餘景不足惜。區區名利人，長年竟何得。使我市朝心，一掃便無迹。懷君如古人，每事三歎息。

十二月二十四夜賦梅花

我來嶺下已七年，梅花日日鬬清妍。詩才有限思無盡，空把花枝歎晚煙。頗怪此花嵐瘴裏，獨抱高絜何娟娟。苦如靈均佩蘭芷，遠如元亮當醉眠。真香秀色看不足，雪花冰霰相後先。平生明明復皦皦，一嗅霜蘂知其天。固安冷落甘蠻蜑，不務輕舉巢神僊。它年若許中原去，攜汝同住西湖邊。更尋和靖廟何許，相與澹泊春風前。

辛未閏四月即事

閑居喜無事，冠櫛每晨興。今朝鳩喚夢，疑是大雨徵。萬事雖顛沛，此兆常可憑。湏臾倒江湖，一掃蠻瘴腥。雨罷有何好，環江數峰青。蛟龍得時横，長堤豁然崩。衰老甘寢寐，半夜聞雷聲。連岡萬株松，漂零一毛輕。雨意疑未已，浮浮晚雲蒸。咄哉造化兒，徒勞竟何成。

又

窮居不擇交，賢否那復辨。似人輒已喜，況復曾半面。相見且寒溫，不問風雨變。晚來無與遊，澄江喜如練。携笻信步行，屈曲隨山轉。數日雨不止，衝波頹激箭。舊雨已不來，今雨誰復見。甕頭香滿屋，吾計今已辦。豈復思故鄉，無事且彊飯。

又

相馬須相骨，探水須探源。君如識此理，知人若神僊。可以千歲下，坐照萬古前。有時陰求人，得意初無言。如聞失一士，每食不下咽。人才何其尠，求一於百千。豈獨今世歟，自古皆已然。我欲授此法，其誰可與傳。

又

平時罕啓門，愛此月色佳。倚杖看未厭，戍樓已鳴笳。須臾星斗稀，河漢亦横斜。餘生知幾何，短髮今已華。且盡此盃酒，未用輒興嗟。乾坤真轉磨，羲娥互奔車。

又

種槿已五載，入門幽逕深。拒霜偶然植，亦解成清陰。晚凉新浴罷，松風披我襟。終日岸巾坐，閴無人見尋。浩然媚幽獨，發興付瑶琴。

又

寓居城中寺，蕭然如深山。終年客不到，終日門亦關。晨朝香火罷，去履脱危冠。飽讀古人書，會意有餘歡。客有饋荔枝，薦以碧玉盤。吟哦更咀嚼，未羨朱兩轓。絞綃作紅皺，護此冰肌寒。

又

横浦亦何好，人煙眇荒墟。所以常閉門，九年唯讀書。余幼好奇服，玉佩而瓊琚。念往復推來，薰然樂有餘。客有不知者，笑我長勤渠。目昏心則瑩，道腴形自枯。千載陶淵明，簞瓢常晏如。譬彼雞群中，有此海鶴孤。

有感

日月不知久，優游蕭寺居。臘月三十日，方驚歲又除。如此度九年，終朝樂有餘。後圃剩寒菜，水南多美魚。飯罷亦何爲，北窻工讀書。興來或意倦，玉軸時卷舒。傍人多失笑，謂我何迂踈。巍然王公門，胡不曳長裾。

十九日雜興

不是南方熱，愛此有永日。人事斷經過，蕭然空一室。風驚窻外竹，聲如清廟瑟。西塘荷已花，北户棗亦實。仕途非所長，進寸輙退尺。所以入市朝，悉苦甘首疾。謫來已九年，底事無憂色。山林興甚長，湖海情何極。

又

物理情不齊，人生各有好。所好儻不獲，亦各騁奇巧。淺者不及門，深者入堂奧。名利工欺人，市朝徒膠膠。所得無幾何，舌焦唇亦燥。其間狹劣者，不售輙復躁。亦有操金珠，侯門致私禱。莆萄得凉州，所求輒復効。舐痔或嘗糞，車服夸新好。吾唯戒妻奴，酒熟宜予告。

和施彦執懷姚進道葉先覺韻

西湖十里山，春風一盃酒。兹興良不淺，何日落吾手。我讀君和詩，襟期一何厚。同生上下宇，共閲古今宙。死生何足云，餘年付美酎。佩印還故鄉，衣錦昡春晝。一時正兒嬉，千歲墮塵垢。所以賢達人，中懷元有守。試看窻日中，野馬互奔驟。區區竟何成，尚誇舌在口。宿習猶未除，新詩漫懷舊。環顧天地間，四海惟三友。兩老雖未死，二妙已先踣。生者豈其巧，死者亦非謬。君如悟斯契，萬事可懷袖。銅錢自如山，金印自如斗。只今定何間，腐骨久已朽。籬菊師淵明，庭草悲王胄。彼已升層霄，此猶鑿户牖。浩歌君其聆，相看都皓首。

彦執賞予詩

年來百念灰，求友良未已。一昨竄逐來，萬事風過耳。忽得故人書，驚喜或不寐。人生等行客，斯會姑小憇。吟詩本不工，信口何足貴。譬彼蜩螗蟲，時時一鳴沸。自唯儘喑默，何以玩浮世。不煩更咀嚼，欲聽已漂逝。胡爲不解事，異好仍偏嗜。從來不求名，遊戲聊卒歲。

擬古

平居自相樂，忽焉成別離。君居天之南，我墮海之涯。四海豈不大，非君誰我知。狡兔營三窟，鷦鷯安一枝。勿云千里遠，相見無遲緩。精誠儻可通，指日日猶反。毋爲浪相思，我老尚能飯。

又

夭矯山頂松，葱蒨門前柳。高低邈不同，日日滿窻牖。窮通端似之，盡入乾坤手。願爲深閨女，勿學商人婦。閨女老彌貞，商婦多失守。

又

昔我竄橫浦，佳致未易陳。偶經弦頭宿，谿山妙入神。煙波橫小艇，疑是古玄真。逝言或生還，孤志良一申。別來已十載，念此渴生塵。何當携我輩，徑往莫問津。謹勿思高官，驚憂可悲辛。

又

平生澹無營，生計亦草草。吾廬儘有餘，懶問長安道。楚澤驚屈平，書空咤殷[一]浩。願君且休矣，沈憂令人老。

又

余生本無用，頽然落澗阿。飢食山頂薇，寒編松上蘿。豈敢怨明時，貧賤固其宜。原憲樂窮巷，屈平愁深陂。度量何相越，道在胡速遲。屈子則已矣，原子有餘輝。

又

願隨春陽和，不隨秋草萎。光陰瞬息耳，憂悲亦何爲。蘭蕙生深林，時有朝露滋。清

〔一〕「殷」，原作「商」，據四庫全書本改。

香隨春風，邈若有所思。我亦慕明德，杖藜往從之。林深不可見，相遇終有時。

又

蕭騷老蠶婦，窈窕深閨女。閨女曳羅裳，老婦勤機杼。夜深燈火微，那復淒寒雨。辛勤貢王宮，棄擲乃如許。一縷不著身，含愁誰敢語。

又

促裝何喧喧，西笑都門道。出門何所見，王孫媚春草。綠鬢仍朱顔，未信人間老。去去謹勿遲，功名苦不早。君看郭令公，書二十四考。丈夫自足珍，珠金何用寶。

又

山色翠挼藍，盃中酒如玉。飲酒彈瑶琴，漫奏流水曲。音徵澹無味，絃緩軫不促。不須苦求知，古人有遺躅。推琴一長嘯，清風振吾屋。

又

喬松列萬行，知是誰人墓。龜趺表山岡，石馬夾山路。漻漻瀑水秋，蕭蕭白楊暮。蒼黄愁殺人，何物能超寤。人命極危脆，不殊花上露。秦皇死則已，規與山河固。一朝禍事發，所掘無尺度。想見冥漠中，自歎平生誤。遺臭千萬年，至今汙尺素。

又

少小有高志，思與古人親。二十學文史，三十窮典墳。坐觀世間事，抱火厝積薪。此心雖炯然，不敢以告人。君門深九重，欲陳諒何因。

又

已往不足念，未至復何憂。今辰天氣佳，駕言聊出遊。欲識斜川時，佳處只在兹。穆王宴瑶池，黜爲達者嗤。鍾子今亡矣，難與古人期。

又

夜月冷如冰，朝霞燦成綺。借問孰爲之，大化自然爾。斲月爲酒壺，裁霞爲寢被。酣眠九天上，此意誰能解。要與同心人，情話當及此。

橫浦先生文集卷之三

古詩

贈樊茂實鐵照

吾篋有鐵鏡，其光常炯炯。有時置堂中，千妖百怪都潛影。今以贈吾子，吾子其試聽。謹勿以照人〔二〕，百鬼聞之怒生癭。不如照汝心，非心邪意令遠屏。闇室何妨日月明，闤闠方知天地静。它年相見打破鏡，吾當大笑君其領。

〔二〕「怪」及「人」，被章所遮，字跡不清，據四庫全書本定。

子集弟寄江蟹

吾鄉十月間，海錯賤如土。尤思鹽白蟹，滿殼紅初吐。薦酒欻空尊，侑飯饞如虎。別來九年矣，食物那可睹。蠻煙瘴雨中，滋味更荼苦。池魚腥徹骨，江魚骨無數。每食輒嘔噦，無辭知罪罟。新年庚運通，此物登盤俎。先以供祖先，次以宴賓侶。其餘及妻子，咀嚼話江浦。骨滓不敢擲，念帶煙江雨。手足義可量，封寄無辭屢。

嘉祐寺

曳屣出南郭，招提在高岡。誰言林樾中，乃有此寶坊。甘泉溢中庭，修桂蔭層廊。三秋此花開，清香駐高堂。試問紅塵中，那得六月涼。門外江聲急，堂中松韻長。古殿儼像設，佛燈龕夜光。不見堂中人，斗覺心悲傷。人生本無定，樂處是吾鄉。吟餘復何事，月落山蒼蒼。

讀東坡謫居三適輒次其韻

旦起理髮

憶昔叨從班，入朝大明宫。五更催上馬，夢裏過萬松。想見天竺山，九重吟清風。頭垢不暇梳，爬搔常靡通。今來幸閑放，櫛比肯忽忽。清晨解絛辮，千梳復重重。不羡列禦寇，散髮摇風鬉。氣舒兩目明，頓與離朱同。此樂豈易得，快意適相逢。再拜復再拜，深恩荷天公。

午窻坐睡

年老目飛花，心化柳生肘。萬事元一夢，古今復何有。六月苦夜短，午晝何其久。頽然北窻下，竹几休兩手。昏昏不復知，酣適如中酒。睡鄉日月長，椿靈未爲壽。形存若蟬蜕，質槁如木朽。榮辱漫紛紛，正夢那復受。有夢尚有思，無夢真無垢。欲呼李太白，醉眠成二叟。

夜卧濯足

夏日乏絺葛，冬來無衾裯。況復竄炎荒，令人生百憂。空城舞狐狸，深林鳴鵂鶹。此邦無足戀，聊爲薪水留。枯枝煑寒泉，大竈聲颼颼。老盆深注湯，徐以雙骹投。沃久意痛快，縶維今脱韝。湏臾膏液上，兩踝暖氣浮。平生苦寒痺，一洗皆已瘳。登山不湏扶，跳梁逐狙猴。

秋興

秋意入茅屋，杖策登平原。落日啣西山，一川頓明鮮。蕭蕭江上竹，溜溜巖下泉。我生本閑放，胡爲此拘拳。身世兩相違，于今六十年。勇退未爲怯，鋭進豈其賢。

又

半夜驚夢回，桐葉紛索索。杖藜視天宇，雨罷雲收脚。清風拂襟裾〔一〕，片月墮籬落。嗟我遊已倦，悵此久淹泊。豆畦今已花，稻壠行可穫。飆思黄卷中，古人誰可作。田園愛

〔一〕「裾」，原作「据」，據四庫全書本改。

潛歸，簞瓢識顏[一]樂。譬彼鶺鴒心，平生在叢薄。

又

月落在樓角，驚烏連夜啼。門前蟬噪急，牀下蛩亦悲。豈不念節物，清霜殞華姿。況我有鴒原，九年此生離。時亦詠歸去，緬焉久無期。爲善天所相，何以報吾施。大明生於東，皎月生於西。兹理儻不昧，胡爲浪嗟咨。

七月十二日偶成

今夕起鄉心，何日歸漁釣。欲歸定何所，無言獨長嘯。君意復何如，老少不同調。此生吾自斷，天道自難料。

又

塘南蓮吐錦，塘北樹成幄。夜來已秋風，朝見一葉落。呼酒玩餘景，行見紛索索。人生如寄耳，何苦不行樂。

[一] 「顏」，原闕，據四庫全書本補。

秋晴

秋空極清快，偶值數日陰。造物果何意，成此三日霖。晚來風色轉，天邊露遥岑。無言若有得，古人知我心。

中秋

陰雲不見日，何處有秋天。今夕復何夕，青山滿簷前。況是中秋夜，翫月不知眠。盃盤同勝友，此事記年年。

聞桂香

清晨未盥櫛，桂香遞秋風。不知此花意，何爲惱衰翁。舉頭復何有，燕鴈書晴空。景物如此好，誰云吾道窮。

喜晴

今辰日色佳，一洗數夕陰。開門翫秋色，愛此佳山林。人事端可絶，俗慮莫相侵。緑綺奏流水，門外無知音。

桂

清香不復聞，雪英驚滿地。尚餘青青葉，濃陰猶可庇。我欲營茅屋，示此惜花意。兹謀未易言，俗士寡清致。

擬歸田園

朝市良可厭，不如歸故山。故山山色好，别來知幾年。威鳳翔高岡，神龍潛深淵。黄鵠志千里，皓鶴戀芝田。吾意亦如此，志在山水間。千峰列溪上，修竹滿簷前。樵唱歸落照，僧鐘鳴曉煙。晚來閑覽鏡，白髮冠頽顛。回思人間事，百計不如閑。吾言奚激烈，此事非偶然。

又

聖賢乃準的，仁義即羈靮。遨遊君子場，邪私不入想。時與顔閔徒，結交尚來往。稂莠日以消，稻粱日以長。荆棘頓披除，大道何其廣。猶恐忽戒謹，失計成鹵莽。

又

所居極幽深，事簡人迹稀。乘興或登山，興盡輒復歸。芝术足吾糧，薜蘿富吾衣。一生澹無營，百事不我違。

又

不必効沮溺，聊與世相娱。荒山無鄰里，人煙在村墟。所以近城市，幽處卜吾居。門前草三徑，堂下柳五株。雖無羊酪羹，簞瓢亦晏如。在我儻知足，清貧樂有餘。子雲作甘泉，相如賦子虚。嗟我懶此學，篋中一字無。

又

安得我輩人，一盃叙心曲。肝膽已相知，吾事一生足。長日何以消，忘言書一束。夜闌相對語，松膏勝華燭。衮衮不知眠，窻明天已旭。

又

出門何所見，桃李漫阡陌。東風自有情，萬物各有適。驅馳喪我真，塵垢投其隙。可憐漫不知，終日常役役。及其蓋棺時，平生無寸績。達人深了此，名利終無益。

讀東坡疊嶂圖有感因次其韻

虯鬚英武喧天淵，當時功臣畫凌煙。漢家驍騎才三萬，北攻稽落書燕然。勲名鼎鼎磨星斗，百年衰落歸黄泉。人間萬事都如夢，不如掛冠神武尋山川。我昔曾登會稽頂，超遥疑在羲皇前。下覩濤江卷飛雪，旁看秦望森摩天。祖龍定是同鮑臭，鴟夷卻得携妖妍。悠然會意不復出，荷鋤便欲耕春田。君不見淵明歸去傳圖畫，伯時妙手垂千年。我藏東絹今拂拭，正欲寫此春江浩渺山連娟。更要元龍湖海士，百尺樓中相對眠。玉京蓬島置勿問，人間今是地行僊。岷江寥寥三峽遠，此心欲往知何緣。煩君斵取來方丈，徑入東坡疊嶂篇。

聞彦執熙仲有辣螺詩聊復有作

乾坤中空繞滄溟，千奇百怪鬪露形。鯨鯢黿鼉突相撑，蚶蜃蚌蛤角介獰。是中有物入眼生，羊腸蟻垤紛縱横。入口小辛美且清，薦酒百盞壺更傾。有如汲直官漢京，諫諍雖切心本平。肩吾作詩飜手成，士龍筆力敵相勍。嗟我材短誰敢賡，欲往侑坐愁頡羮。句澁韻梗君莫輕，雄豪似勝蒼蠅鳴。

有感

江天之南有一士，自稱聖世無知子。辛勤讀書欲有爲，平生未曾用一字。憔悴而今白髮翁，天地之間誰復似。胸中卻有最佳處，一息遨遊三萬里。

楊榦致仕

黄鍾毁棄鳴瓦釜，古來才智賤如土。楊公浩歌聲可憐，巢居知風穴知雨。憐君面色瑩有光，未似相君便飲乳。胡爲决去不少留，别意慇懃辭更苦。丁寧戒我宜退藏，静中得路何湏語。酒酣意氣尚爾豪，拔劍高歌爲予舞。君今去矣且加飯，我亦從兹不出户。莫嗟糟糠食牢筴，終勝繡衣登鼎俎。

所見

兩肘横奮何翩翩，中欲高舉外則然。想見胸次開闤闠，一談名利如火然。君知古人著意處，君且少聽先彈冠。人生百年如逝川，那用如此争後先。

六月晦送孫少劉

三年相處如弟兄，它時當以名節稱。文章爛若蜀江錦，行義清勝萬壑冰。龜山先生今往矣，我於吾子見典刑。青衫半百官嶺下，衆論稱屈氣甚平。乃知胸中萬鈞重，此外真成一髮輕。道如未央神明臺，雖高自可階級登。卷之不殊方寸小，舒之足以蘇疲氓。我衰退縮如蝸螺，愛子對我懷抱清。平生艱苦今已老，空歎白首都無成。看公權奇非凡骨，努力吾道謹其行。

横浦先生文集卷之四

律詩 五言

竹

簾外誰家竹，涼風日日生。凌霜驚節老，帶月出雲明。色映罇罍緑，聲傳鐘磬清。葛陂看變化，甘雨滿寰瀛。

遊南路菩提寺次刁文叔韻

高僧居物外，有户晝常扃。海闊知天大，泉甘識地靈南路有烏龍井。一簾春月静，數點列〔二〕山青。便卜歸歟計，移文休勒銘。

雙秀峰

且向城西去，休驚雨濺空。亂山明滅外，古刹有無中。笑指雙峰翠，迴看落日紅。中興喜無事，歌管莫怱怱。

送單普赴肇慶節推

歲窮情錯莫，吾子欲何之。庾嶺梅今見，端谿石自奇。瘴深宜飲酒，公退好哦詩。莫謂無征鴈，而忘酌别時。

過報恩寺

籃輿訪蕭寺，煙瞑漲春空。遠樹樓頭緑，殘霞山外紅。昏鍾發林杪，人語段橋東。回

〔二〕「列」，原作「别」，據明萬曆刻本及四庫全書本改。

首都無迹，人生真夢中。

雨

已止還復作，瀉簷聲更長。苔錢添晚翠，梅子試新黄。屋裏圖書潤，庭前蘭芷香。倚欄閑覓句，水閣夜生凉。

三月晦城門晚景

雨漲春江浪，沄沄日夜奔。群山落雲裏，萬壑吼巖根。沙際人呼渡，煙中牧入村。蕭然何處士，終日掩柴門。

題竹軒

老僧真好事，種竹繞禪房。月出窻扉静，風來巾屨凉。清香泛蘭芷，幽韻噎笙簧。何日林間去，歸歟興未忘。

又

聽説竹軒趣，清幽盡此房。春禽一聲杳，夏簟五更涼。落雪鳴寒玉，啼螿泣古簧。因君詩意到，欲罷不能忘。

又

平生酷愛竹，日日到齋房。高節霜松老，清陰璧月涼。朝來宿煙雨，夜半奏笙簧。隱几如有得，塵凡一笑忘。

夜雨

春陰正愁絶，夜雨復淋漓。楚客南冠日，湘纍去國時。千山花盡落，萬壑水東之。脉脉燈前意，夫君知不知。

次單推韻

執别動經歲，年光挽莫留。壯心今已老，雅志自無求。白日將詩遣，生涯著醉酬。頹然煙瘴裏，一飽更何憂。

又

庾嶺三江外，相過車馬勤。孤吟清廟瑟，愁思楚江雲。寂寞林逋宅，凄凉伍相墳。何時定歸去，摸索斷碑文。

又

每思鄉里秀，日日聽新除。愁苦千行淚單喪偶，清貧一束書。端谿元秀爽，梅蘂正蕭疏。公事多餘暇，簞瓢亦晏如。

到白石寺次壁間鄭如圭韻

寺古僧多老，雲深水自流。鳥聲驚客夢，山色到江樓。落日千林迥，清風一逕幽。幽懷終未已，歸去輒回頭。

七月十二日出城

一水去縈繞，四山來周遭。夷猶聊適意，登降自忘勞。五嶺煙雲古，三江氣象豪。此邦真蕞爾，形勝助風騷。

八月十四日偶成

物情猶惝恍，門户更蕭然。勿念客來往，何妨吾醉眠。北園肥菜甲，南浦鱠魚鮮。一酌餘妻子，此生休問天。

二月二十四日即事

春來尋勝事，此興亦何窮。夜雨亂江渌，朝花褪日紅。雷聲驚嶺北，雲氣漲溪東。蓑笠衝泥去，誰知與我同。

三月十一日不出

老罷慵人事，柴門盡日扃。春江入幽想，夜雨漲前汀。何日當晴霽，西山雲眇冥。江頭無限好，見説柳深青。

晚興

雨罷陰雲過，綠苔生滿齋。清詩哦晚思，遠興動幽懷。自恨無與適，誰云寡所諧。茅簷有餘爽，點滴在空堦。

即事

幽事晚山色，幽齋春雨餘。亂紅欹澗水，浮綠漲郊墟。北牖迸新筍，西園生野蔬。槿籬繞茅屋，已分老樵漁。

三月二十四日出城

數日雨不止，今辰晴已還。江頭看濁浪，窻外見青山。白鷺投前浦，輕舟漾遠灘。罇中有餘酒，一酌注頽顔。

喜晴

今夕何清快，風光勝去年。水南無宿靄，天末有孤煙。老矣休荷橐，歸歟掛錦韉。西湖多樂事，感慨舊山川。

悼王侍郎

氣郁芝蘭秀，心虛水鏡明。訏謨三代學，獻納萬人英。未遂平生志，空餘後世名。江湖添老淚，落日照銘旌。

悼玉溪

聞名四十載，兹地忽相逢。每聽談前事，相看淚滿胸。干戈今偃息，詩酒曷從容。寂寞千秋恨，新阡植萬松。

又

長年聞老病，終日擁柴門。冷落田文飯，凄凉北海罇。功名看似夢，術業付諸孫。慷慨臨終語，精誠徹九閽。

夏日即事

拂袖歸來好，親朋語笑真。山高多爽氣，溪迥只清淪。簾幕深無暑，琴罇静照人。短衫吴縠細，團扇越羅新。翠竹書千卷，滄波釣一輪。身閑人自遠，心净世無塵。月出千峰外，風生萬壑濵。庾公樓上興，曾點舞雩春。高論傾今古，長歌動鬼神。勳名吾已判，朝市任紛綸。

雨晴到江上

今朝山色好，不似未晴時。路轉沙汀出，橋回欅柳移。群山來衮衮，積水去披披。雲葉多奇態，蘋花弄晚姿。人家機杼急，野寺鼓鐘遲。欲去不得去，冥搜足此詩。

律詩　七言

山蟬

浴罷風來玉宇凉，山蟬吟詠送斜陽。長繅獨繭來還去，九折升車短更長。窈眇笙簫雲漢冷，凄清風露月華香。看君定是神僊侶，且擇高枝深處藏。

惠聲伯窻前孤桐

只期翠影在窻櫳，豈謂年餘到碧空。自笑襟期惟我似，飽諳霜雪與君同。千巖夜月雙溪外，一曲晚天横笛中。且向幽齋伴清致，會看廊廟奏薰風。

聞沈元用帥南海喜而有作

與公相别五經年，憂患流離理固然。悵望故園江渚外，還驚横浦瘴煙邊。喜聞金節專南海，行看鋒車上九天。顧我不才仍老矣，只思歸棹五湖船。

寄故人施彦執

百念都忘萬事休，一觴一詠自賡酬。坐看庾嶺當南斷，又送横江轉北流。已覺摧頽侵兩鬢，更無術畫補前旒。何時把醆西湖上，笑數浮生歲幾周。

次施彦執韻

新詩宛見故人面，思入江山氣象雄。幾歲不堪青草瘴，今朝還喜鯉魚風。高秋木落鴈爲伴，久雨江深吾欲東。他日罇前如把臂，莫驚我已白頭翁。

見菊花呈諸名勝

勿謂重陽把一枝，嗟予何限古人思。靈均自著離騷日，元亮長歌歸去時。未曉只疑猶泫露，開門忽見滿踈籬。要呼四海平生友，來醉花前金屈巵。

再用前韻

野澗江灣三兩枝，一時清絶破愁思。纖纖弄蘂霜秋裏，滴滴開花葉落時。借問哦詩記幽夢，何如把酒對東籬。不然採向林逋廟，并與寒泉薦一巵。

又

憑誰爲斵鳳凰枝，欲寄朱紘寫我思。著葉浪同煙雨裏，開花獨向晚霜時。羞隨燕麥争春色，故伴喬松棲敗籬。唤取老嵇揮數弄，不辭滿引帳前巵。

倅車送海棠

瘴雨蠻煙西復東，海棠嶺下占春風。清肌本自同梅澤，暈臉應知是酒紅。澹著燕脂春未透，半勻胡粉日初烘。此花不與凡花並，桃李休矜造化工。

客有談嘉祐間事者一客瞪目不應及聞介甫新事則心目開明殊可怪也聊作詩以紀之

吾道何衰只憒神，六經文字變儀秦。魏侯酷喜聽新樂，中尉生來好殺人。海鳥錯將金奏眩，葉公元愛畫龍真。不逢伯樂休驤首，忽遇長沮莫問津。

次單推韻

七載離家夢亦驚，春來又是聽倉庚。熟諳世味心如水，忽見吾人眼尚明。青鏡不堪看白髮，長鑱何處覓黃精。只思歸去西湖上，飽喫東坡玉糝羹。

柑花

群芳落盡只青青，獨有柑花照眼明。已許江梅來結友，未容巖桂擅清名。芬芬蘭麝三春底，濯濯冰霜一座傾。更待秋風資爽氣，垂黄籬落伴金橙。

詠梅

策馬尋梅過小橋，江邊驛路正迢迢。靈均清勁餘騷雅，夷甫風姿墮寂寥。半吐暗驚雲插月，横枝忽見雪封條。徘徊未忍輕歸去，樓上何人調玉簫。

又

已知節物向春榮，籬下溪邊照眼明。夜雪壓枝生冷艷，曉寒入骨耿飛英。長條直上姿尤媚，斜朶横來思更清。疑是玉皇傳詔急，群妃委佩赴僊京。

松棚

炎炎暑氣若爲當，旋買松枝庇草堂。一望翠陰何爽快，暫來吾室變清凉。直疑僊去冰壺裏，豈是生居汾水陽。向晚薰風香入座，爲君一再奏文王。

題大庾新樓呈鄭仲遠年契

憶昔衡門不勝愁，忽驚甍棟半空浮。朝披爽氣山圍坐，夜些清吟月滿樓。公事早休簾迴晝，圓扉常静草連溝。已聞名姓傳天上，行看騎鯨隘九州。

十二月初七日述懷

謫居寂寞歲將闌，几案凝塵酒盞乾。落落雨聲簷外過，愔愔雪意座中寒。孤飛隻影人誰念，萬里長途心自安。世事悠悠君莫問，雪芽初碾試嘗看。

十一日詠梅

一年勝事又相親，數樹寒香巧鬭新。擁鼻獨來江上晚，行吟忽見渡頭春。孤標不入千花伴，冷艷初無一點塵。䶒笑淵明太多可，千秋作好菊花人。

六月十四日觀雲有作

深深蕭寺足幽居，寢飯行藏亦自如。仰識白雲天外意，俯看青史古人書。摩挲方寸生無愧，周覽山川氣有餘。不用棹舟江海去，清風明月是吾廬。

悼吕居仁舍人

精識高標不世才，泉臺一掩悵難回。詞源斷是詩書力，句法端從履踐來。西掖北門聊耳耳，春風秋月亦悠哉。問君身後遺何物，只有窻間水一盃。

某還故里過括倉謝景思少卿示及諸公和詩次韻爲謝

朝隨落月東郊去，暮逐歸雲北浦還。豈但勞農勤稼穡，要知爲郡足清閑。家傳詩句東山謝，學到精微陋巷顔。今日倚欄聊解帶，欲看煙雨四邊山。

前日偕〔一〕長文赴大庾飯坐中見黄菊盛開故有前作新詩既三復矣最後乃云黄菊尚未之見間有一二株白菊耳且有閑傍短籬尋嫩蘂忽驚孤蝶繞幽籬之句黄花豈得無語輒發一笑

曾向華筵折數枝，不知心正阿誰思。卻憐弄玉吹簫伴，忘了小橋同醉時。和淚盈盈凄曉露，含情脉脉怨東籬。孫郎風味年來減，且對西風罰滿巵。

〔一〕「偕」，原闕，據四庫全書本補。

絶句

夜起

昔日嘗驚墮俗塵，今朝始覺是閑人。夜窻睡起無人見，萬里青天月一輪。

出城

不出柴門近兩旬，江邊柳眼已窺人。卻思歸去西湖上，剩把長條醉幾春。

元夕

前年元夕宴譙門，萬朶紅燈鬧早春。誰謂今宵頓寥落，長天獨擁一冰輪。

午睡

深杏小桃喧午晝，遊絲飛絮攪長空。覺來一枕軒窻靜，鷰子雙雙西又東。

丙寅正月

常年正月未全春，春色今年輒去人。試上小樓南北望，紅英滿地綠粼粼。

嶺下桃花作澹紅色絶可愛因作絶句

江北桃花色頗穠，不堪凡陋也春風。誰知嶺下新來樣[一]，故作宮粧澹水紅。

憶北軒菊

長憶故園秋色好，滿籬霜菊炫宮黄。無聊卻向横江畔，笑倚西風覔暗香。

憶天竺桂

湖上北山天竺寺，滿山桂子月中秋。黄英六出非凡種，肯許天香過别州。天竺種他州無本。

〔一〕「樣」，明萬曆刻本作「漾」。

酴醾

蜀錦年來可作衣，西園春色故芳菲。天工成此新氄樣，翡翠機中玉唾飛。

又

昨夜姮娥到萬山，更攜青女散山間。天明欲去歸不得，化作此花來破顔。

三月五日

陰陰簾幕作輕寒，蔌蔌花飛已滿欄。困思不忺嘗美酒，卻憐山色倚欄看。

出城

凌晨江畔倚笻行，正見横雲冉冉生。失卻前山尋不得，雙尖微向日邊明。

元宵

萬疊燈山輥繡毬，怕寒騎馬著駝裘。要看十里紅蓮滿，須上譙門最上頭。

夏日即事

寂寂柴門可設羅，唯餘柳色許相過。重簾半卷鳥聲樂，閑看爐煙篆髻螺。

又

心瑩是非都不入，神清魂夢亦無多。年來借問生何似，梅雨寒塘颭露荷。

又

萱草榴花照眼明，冰廳水閣晚風清。蕭然終日無人到，簾外時聞下子聲。

清暑

碧紗燈照素屏風，滿院凉生秋意濃。誰信人間五六月，清寒如在玉壺中。

雨中海棠

玉脆紅輕不耐寒，無端風雨苦相干。曉來試捲珠簾看，萩萩飛香滿畫欄。

三月六日出城

春來多病懶尋山，送客今朝漫出關。楊柳江頭無限思，欲携罇酒暖衰顏。

喜晴

數日陰霖氣不舒，江流作漲吾其魚。晚來風起雲頭散，夜半星辰滿太虛。

夏日即事

陰陰庭院静無聲，只有黄鸝遶樹鳴。午睡覺來何所見，玉爐風細碧煙横。

又

日長廊迴思悠悠，自視真如不繫舟。欲趂好風河漢去，玉樓銀闕剩遨遊。

又

日長院落迴無人，忽悟猶餘此老身。只擬一時都忘了，放教桃李四時春。

又

雲開日出四窻明，恰到齋餘夢自生。一枕覺來人寂寂，時聞兒子讀書聲。

惜花

數日生寒緊杜門，今朝步屧到前村。可憐桃李都飛盡，細雨斜風更斷魂。

二月八日偶成

今年春色可勝嗟，二月山中未見花。長憶去年今夜月，海棠花影到窻紗。

又

春寒滲滲越常年，桃李枝頭尚悄然。數日長陰君莫歎，人人道是養花天。

又

庭院無端作許寒，好花無處壓欄竿。東君今歲知何意，勒住群花不得看。

六月十二日偶成

閑居百事不關心，只有多情尚苦吟。午睡覺來何所樂，鄰雞一唱柳垂陰。

又

目昏數日不觀書，閉眼無言意自如。忽笑子綦云喪我，仰天何事尚長吁。

題郡齋壁

吏散兵休文案静，數竿修竹隔疎簾。嗟予老矣欲歸去，肯對江山歎滯淹。

横浦先生文集卷之五

論

少儀論

聖人之道本無小大，於其中有辨之不精者。此予〔一〕所以不得無説。大矣哉，聖人之論禮也！其曰：「禮〔二〕之以少爲貴者，以其内心也。德産之致也精微。觀天下之物，無可以稱其德者，如此，則得不以少爲貴乎？故君子謹其獨也。」禮在於是，則寂然不動之時

〔一〕「予」，被章所遮，字跡不清，據四庫全書本定。
〔二〕「禮」，被章所遮，字跡不清，據四庫全書本定。

也，喜怒哀樂未發之時也，易所謂「敬以直内」也，孟子所謂「盡其心，知其性」也。有得於此，未可已也。釋氏疑近之矣，然止於此而不進，以其乍脱人欲之營營而入天理之大，其樂無涯，遂認廓然無物者爲極致。是故以堯、舜、禹、湯、文、武之功業爲塵垢，以父子、君臣、夫婦、長幼爲贅疣，以天地日月、春夏秋冬爲夢幻，離天人，絶本末，决内外，煢煢無偶。其視臣弑君，子弑父，兵革擾攘，歲時荒歉，皆其門外事。枯槁索寞，無滋潤之氣，如秋冬之時，萬木凋落，離睽敗絶，無復有婆娑庇覆之狀。又烏知夫「冠者五六人，童子六七人，浴乎沂，風乎舞雩，詠而歸」之氣象也乎？殆將滅五常絶三綱，有孤高之絶體，無敷榮之大用，此其所以得罪於聖人也。

「禮之以多爲貴者，德發揚，詡萬物，大理物博，如此，則得不以多爲貴乎？故君子樂其發也。」禮在於是，則感而遂通之時也，發而中節之時也，易所謂「義以方外」也，孟子所謂「存其心，養其性」也。自内心之貴進而得於此，則爲堯、舜、禹、湯、文、武之功業，爲父子、君臣、夫婦、長幼、朋友之大倫，爲天地日月、春夏秋冬之照用，兼天人，通本末，合内外，循環往復，無有不可。譬之於木，從元生本，從本立根，從根立榦，從榦發枝，從枝敷條，從條出葉。以枝葉而觀本元，相去遠矣，然枝枝葉葉皆元氣也。有元氣而無枝葉，不足以見元氣之功；有内心無外心，則無以見禮之大用。由是而推一葉之黄，一枝之瘁，皆本根之病也；一拜之不酬，一言之不中，皆内心之不充也。昔堯、舜性之，則不勉不思，内外兼得矣。湯、武反之，則觸人欲而知反矣。然而其反也，有力量之淺深焉。昔顔子三月不違，其餘日月至焉，猶未如湯、武之一反而不復起也。蓋湯、武之反，反於禮而已。以禮爲反，則動容周旋皆中於禮矣。皆中於禮，則一唯一諾、一起一止、一進一退、一取一捨無不合於禮者，此其所以爲聖人也。

先儒訓「少」爲小，其意以謂所記者小節爾。以此爲小，孰能爲大？殊不知小即大也。是「少」，當有副意，如太師之有少師，則少者所以副其大，是儀者所以副其禮也。有大無小，何以見其用哉？猶成象之謂乾，效法之謂坤，則儀者所以效法於禮也，是以謂之少焉。伊川先生曰：「灑掃應對，即形而上者之事。」豈不信哉？

且夫釋氏之學，以歸根反本爲至極，豈知惻隱之心爲仁之端，羞惡之心爲義之端，辭遜之心爲禮之端，是非之心爲智之端乎？予請舉一端爲諸君明。聖人之教，推惻隱之心於天下，則如春風，如和氣，遇花則花紅，遇葉則葉青，遇草則草緑，油然巧妙，非刻畫雕琢所能致也，豈不優矣哉？若夫釋氏則如雪霜凛冽，萬木秃立，誰復承其庇覆乎？昔子思明此道矣，曰：「大哉聖人之道，洋洋乎！發育萬物，峻極于天。」此明内心之理矣。又曰：「優優大哉！禮儀三百，威儀三千，待其人然後行。」此又明内心而進於外心之禮矣。此少儀之意也。

諸君誠有意於斯道，當自喜怒哀樂未發之前，求其所謂内心儻有得焉，勿止也，當求夫發而中節之用，使進退起居、飲食寢處不學而入於鄉黨之篇，則合内外之道，可與論聖人矣。儻其於威儀之間齟齬未合，盍亦求内心之所以爲未至者乎？若夫不得乎此，徒有事於進退盤辟、儀章度數，是俗儒而已矣，君子肯爲之乎？

四端論

昔孟子抱堯、舜、禹、湯、文、武、周、孔之道，歷聘齊、梁之間，於梁惠則一去不復介意，至於齊宣則眷眷不忍舍去，其故何也？蓋孟子有節於内，合其節者，可與論堯、舜、禹、湯、文、武、周、孔之道也；不合其節，雖爵以公卿，禄以土田，不復回首，將浩然長往矣。所謂節者何也？其曰仁乎？人而不仁，則我飽而忘天下之饑，我暖而忘天下之寒，我逸而忘天下之勞，惟知有我而已，天下四海雖血肉傷殘、溝壑流殍，不恤也。是謂血脉斷絶，猶人之肢體不知痛癢，醫家謂之不仁，蓋以其血脉不通也。知有我而不知天下四海，非血脉不通而何？「梁惠以土地之故，糜爛其民而戰之，大敗，將復之，恐不能勝，又驅其所愛子弟以殉之。」惠王知愛土地而已，雖付斯民於死地，不恤也；未快其意，又付所愛子弟於死地，亦不恤也。血脉斷絶如此，故孟子曰：「不仁哉，梁惠王也！仁者以其所愛及其所不愛，不仁者以其所不愛及其所愛。」惠王如此，是與孟子之節不合矣，決然而去，何足怪乎？

齊宣王好勇、好貨、好色、好今之樂，庸鄙如此，孟子何爲而眷戀哉？蓋嘗聞其以羊易牛也。齊宣王坐於堂上，有牽牛而過堂下者，王見之曰：「牛何之？」對曰：「將以釁鍾。」王曰：「捨之！吾不忍其觳觫，若無罪而就死地。」夫見牛赴死而其心惻然有不忍之意，是堯、舜、禹、湯、文、武、周、孔之心也，是孟子所存之節也。好勇、好貨、好色、好今之樂，儻推不忍之心於其間，決不爲一己而與民同之也。故孟子指以示人曰：「是心足以王矣。」孟子即齊宣王不忍之心游泳其間，眷眷不去，蓋謂此也。

嗚呼！人者天地之心也，其誰無不忍之心哉？但不忍之心一起而輒斷，此所以爲愚人也。若聖人者，其心常在，緜緜不絶，施之於身，則耳目聰明，血氣和平；施之於家，則父子篤，夫婦睦，兄弟和；施之於朝廷，則君君臣臣，賡歌迭和；施之於政教禮樂之間，使四海九州之民咸被其澤；猶未已也，垂法天下，使後之人舉其心以行其法，傳其仁心，使億萬斯年而不已，何所存之遠乎！

子産，惠人也，然惠而不知爲政。至於「先王有不忍人之心，斯有不忍人之政矣」，非所謂惠而不知爲政也。夫有不忍人之心而不能行不忍人之政，是其思慮之狹小，識見之卑陋也。孟子曰：「今有仁心仁聞，而民不被其澤，不可法於後世者，不行先王之道也。」子産不知先王之道，故有仁心仁聞而所濟不遠矣。且以一事觀之，子産憫溱洧之人深冬涉水，乃以其乘輿濟之。是其心之不忍與堯、舜、禹、湯、文、武、周、孔之心同也。然而焉得人人而濟之乎？故孟子推其失曰：「爲政者每人而悦之，日亦不足矣。」若孟子之心，先王之道，則思慮廣大，識見深遠，不爲目前之給，而爲萬世之利。故人之涉水也，則每歲十一月徒杠成，徒杠者，人徒所行之橋也。十二月輿梁成，輿梁者，車馬所涉之橋也。橋有兩道，人車不相妨，而往來者受其利，免冬寒之苦，而有億萬斯年之福。所謂政者，類如此。即此一事以觀之，則先王有不忍人之政，皆可以心喻而默識矣。以不忍人之心行不忍人之政，使事事皆如徒杠、輿梁之利，豈不治天下可運之掌上乎？

然而人皆有是心也，何獨先王乎？何以見人皆有是心哉？有人於此，其心本無一事也，倏然見有孺子者將入於井，則其心將如何哉？必於無事心中肅然而起怵惕惻隱之狀，期乎疾走救之而後已。當是時也，其幾迅速，間不容息，思慮不及，知識不致，何暇較計內交於孺子之父母乎？亦何暇較計要譽於鄉黨朋友乎？又何暇較計惡其聲而然乎？是其天理決然，遇事而發，欲罷不能也。若夫釋、老之學，豈知此耶？彼已視世間如夢幻，一彭殤爲齊物，孺子死生何所介其心哉？是未知天理之運用也。

予嘗聞吳給先生之論此矣，曰：「孟子云『乍見孺子』，『乍見』字極有意義。」予笑而領之，今日試爲諸君明之。世有從事於兵革之間者，朝殺數千，暮殺數萬，至有置嬰兒於鋒刃以爲戲玩之具，彼豈無不忍之心哉？以其慣習於殺人爾。使其端居靜慮，忽見孺子入井，將有不忍之心瞥然而著其心矣。「乍」字之意豈在是乎？孟子憫天下之故，揭以告之曰：「惻隱之心，仁之端也；羞惡之心，義之端也；辭遜之心，禮之端也；是非之心，智之端也。」惻隱之心，予前論之，諸君已默識矣。所謂羞惡者，大凡羞而不肯爲，惡而不肯作，此心即義也；所謂辭遜者，大凡辭而不肯受，遜而不肯争者，此心即禮也；所謂是非者，大凡是而喜之，非而惡之，此心即智也。諸公試以心體之，坦然明白，誰可眩惑？

雖然有是四端，而不知學問，不能辨識者，則其心無所節。行惻隱於所不當行，故有不愛其親而愛他人者；行羞惡於所不當行，故有不惡小人而惡君子者；行辭遜於所不當行，故有遜位於子之而召亂者；行是非於所不當行，故有非君子而是小人者。此其所以不可不學也。此四者之心因事而起，隨即變滅者，是其端耳。有四端如人之有手足也，可以運用，可以行止。若釋氏則無手足，徒有腹心爾，安知運用行止之理哉？故明道先生斥之曰：「言爲無所不周，實則礙於倫理；自謂窮神知化，而不足以開物成務。」謂其無手足也。孟子曰：「人之有是四端也，猶其有四體也」，其真知言者歟！蓋有是四端，則有父子之愛，有君臣之義，有夫婦之别，有兄弟之懿。無是四端，則如死灰，如槁木，無君臣，無父子，無兄弟、夫婦，枯死瘠絶，何足以知宗廟之美、百官之富乎？

然人之自棄者多矣，其棄人者亦多矣。故有是四端不能體認而舉行之者，自賊者也；謂人君不能當此而不肯告之者，賊其君者也。故孟子斷之曰：「凡有四端於我者，知皆擴而充之矣，若火之始然，泉之始達。」夫「知」之一字，在我而不在人。知者，體認之意。今惻隱之狀愀然怛然，是吾仁也。吾既知其狀矣，則推而達之於人事之間，使血脉流通，則擴而充之，即所謂推也。夫知之非艱，而推之爲艱。知也，猶火之始然，泉之始達也。知之而不推，是必有人欲以礙之也。人欲礙之，是滅始然之火，而窒始達之泉也，豈有照用灌溉之功哉？知而推之，惻隱、羞惡、辭遜、是非見幾而作，不俟終日。其心何事哉？惟有四端而已。所以本根深固，枝葉婆娑，游泳乎君臣、父子、夫婦、兄弟之間，如聽絲竹笙簧，如觀文章黼黻，何其甚樂也！故曰「苟能充之，足以保四海」，以謂血脉疏通也。苟不充之，雖父母且不知矣，况君臣、兄弟、夫婦乎？血脉斷絶，不仁之人也。學者儻觀予少儀之説以審其内，觀予四端之説以行其外，則聖人之心亦思過半矣。

鄉黨統論

予觀鄉黨一篇，每讀一事，必爲三歎。其歎者何也？歎群弟子之學夫子，不在言語之末，而察於無聲無形之中也。中庸曰：「鳶飛戾天，魚躍于淵，言其上下察也。」古人之學，其精深也如此。夫至於察鳶之飛，察魚之躍，其故何哉？夫子乃曰：「君子之道，造端乎夫婦，及其至也，察乎天地。」察之之妙如此。群弟子於孔子可謂察之之深矣。夫夫子鄉黨、燕居、宗廟、朝廷、飲食、寢處、言語、應對一皆天理，初未嘗有一毫私意介于其間也。亦不知群弟子陰觀默記，詳備纖悉，察之乃至於此也。使夫子彊勉爲之，得於彼者或失於此，合於始者或悖於終。今彼此始終無一步之跌[一]，一節之差，則天理之全爲可知也。

今予端心一意，以眇眇之思追當時之事，如入洙、泗之中，與群弟子之列，親見夫子

〔一〕「跌」，四庫全書本作「失」。

之顏色威儀，親聞夫子之音旨訓誨，使人心醉而意消，則當時群弟子之所得又可知矣。夫夫子之動也天，其發於音聲，見於步趨，形於衣服，著於寢處，具於飲食，無非天也，雖使皇天上帝居處人間，亦不過如夫子而已。其靜也天，音聲未發，步趨未見，衣服未形，寢處未著，飲食未具，亦無非天也，雖上天之載無聲無臭，亦不過如斯而已矣。夫子之動也，是天理之應於用也，群弟子即其動處而察之；夫子之靜也，是天理之全其體也，群弟子即其靜處而察之。且動者天也，察之者誰乎？天也。靜者天也，察之者誰乎？亦天也。夫何故？夫子之動，吾之察處亦動；夫子之靜，吾之察處亦靜。夫子日日示此，群弟子日日見此；夫子念念出此，群弟子念念用此。吁！何不於此而徑入乎？或動或靜，皆出天理；或見或寂，亦出天理。

彼夫子有何聲色臭味以悅人，使群弟子察之至於此哉？墮於人欲者，志氣紛亂，思慮飄盈，曷肯一念專靜，深觀夫子於俄頃乎？以是逆知群弟子之所得矣。此道滅絕，學者例失其宗。其高者談天説道、空虛窈眇，而不經於世用；其下者慱聞彊記、絺句繪章，以投合世俗之耳目。求億載於旦暮，求江海於蹄涔，邈乎其無有此學也。是故孔子之心盡發於鄉黨，孔子之用盡著於春秋。不學鄉黨無以知春秋之用，不學春秋無以知鄉黨之神。吾儕幸得享此大羹元酒之味，聞此朱絃疏越之音，如因陶匏以見上帝，如因掃地以見皇天，可不自慶自幸知聖門之可入乎！儻惟懷疑惑之心，起世俗之見，是終無以望聖人之門牆，而入聖人之閫奥也。醉生夢死，雖名爲人，實異物也，嗚呼！

横浦先生文集卷之六

書傳統論

堯典論

堯典之名，乃舜時史官所立也。舜，大聖人也，其史官豈司馬遷、班固流哉？余味此名，乃知當時史官識慮之高遠也。何以言之？孔安國曰：「少昊、顓頊、高辛、唐、虞之書謂之五典，言常道也。」是典之爲義，特載帝堯常事而已。今觀其所載，皆後世人主勉彊勞苦，終未能彷彿其萬一者，而曰常道，則其意所責於後世人主者，其亦不淺也。夫其所載者，「欽明文思」以下，以言堯之德如此，豈常事哉？「克明俊德」以下，以言堯之用賢如此，豈常事哉？「乃命羲和」以下，以見堯之同天，亦豈常事耶？「疇咨若時」

以下，以見堯之知人，此亦豈常事耶？「朕在位七十載」以下，以見堯之識變，此亦豈常事耶？顧此數事，皆光明雋偉，超詣碩大，卓卓乎群聖之上而不可及。乃以謂常道，意欲後世人主讀此書者，味此名者，撫心自問曰：吾之德果如堯乎？吾之用賢果如堯乎？同天如堯乎？知人識變如堯乎？審曰能之，不足高也，特人主常道爾。如未能焉，宜如何哉？余以是知舜之史官決非司馬遷、班固流也。

學之爲王者事，其已久矣。吾儕讀書，當學堯、舜。堯之德、堯之用賢、堯之同天、堯之知人、堯之識變，果何自而來哉？當亦知所主也。盍深思其所以然，他日以堯、舜之道輔吾聖君，則亦有所據矣。若乃止資爲博物洽聞之具，此非堯、舜，非史官所望於後世者。戒之哉！

舜典論

舜典一篇所載〔二〕，載舜之德，舜之歷試，舜之攝位，舜之察天，舜之祭祀，舜之朝覲，

〔二〕「載」，明萬曆刻本及四庫全書本作「紀」。

舜之巡狩，以至分州、定山川、謹刑罰、去四凶、盡下情、戒諸侯、命九官、北三苗，皆朝廷之大務，天下之偉觀。自匹夫而登廟堂，其規爲矩畫，有足以聳動天下，若素所更練者，此豈常道也哉？而史官亦稱之爲典，以是知人主之職不易爲也。堯、舜之盛，僅免過而已矣，謂之常道，豈無意哉？後世有天下者，其可少肆乎！

大禹謨論

余讀此篇，舜、禹、皋陶、益之言雜然並著，而作史者獨以大禹謨名篇。孔子序書亦不聞有所刊正，何也？曰：堯放勳，舜重華，禹文命。勳出而成華，華著而成文，其曰文命，以言言語見之於文也。大禹平生所學所得，止在「后克艱厥后，臣克艱厥臣，政乃乂，黎民敏德」數語而已。故力行克艱厥臣之言於下，盡力溝洫而不憚；力陳克艱厥后之事於上，使舜念德而不忘。作史者名之以謨，正以其平生所學所得在此而言也。孔子存之，豈以是乎？

然則誠如此說，止載一二章足矣，又何必盡入諸人之言，以充足其數乎？曰此一篇意義纍纍若貫珠，豈可去也？禹一唱此謨於上，而舜以堯證之，益又證之，禹又證之。益又廣克艱之意以爲戒，禹又廣克艱之意以爲九功之説，舜又稱述禹功而致禪位之意，禹又陳述皐陶之功，念哉之言，舜又稱皐陶之功，皐陶又稱舜之德，舜又稱皐陶，而終禪位之語于禹。舜又傳爲天下當執厥中之法于禹，禹又徂征有苗，益又使禹自克，此皆大禹唱克艱之言，而君臣之間言語往復以廣此意，至于數疊而後已，要皆謀之大者也。此所以總名之曰大禹謨，以言此篇之謀出於禹之唱也。想史官作書之際，愛此一節事，故收拾排比於此篇，而因「文命」之稱以敷述焉。其經營用意可得之於萬世之下。嗚呼！此意微矣，豈遷、固所能萬一哉？此所以爲唐、虞之史官也。

皐陶謨論

此一篇所載皆皐陶所言，其目爲皐陶之謨不疑矣。然而大禹平生之謀止在「克艱」，而皐陶平生之謀止在「允迪厥德」。其曰「謨明弼諧」，以言允迪厥德之效也。蓋皐陶平生所學所得止在允迪厥德、謨明弼諧兩語而已。其散爲知人之術，典禮德刑之説者，皆自允迪厥德而推廣之也。人之學問，皆自有所入。大禹自克艱而入，皋陶自履踐而入。顧其所入雖不同，要皆足以謀天下萬世之常理，此所以獨稱謨也。後之學者因禹克艱之言，皋陶允迪之言，心體而力行之，見天下萬事、往來今古皆不出於克艱、允迪之中，則大禹、皋陶之心見矣。學不如是，其讀帝主之書徑何用乎？余故悉力而言之。

益稷論

益、稷未嘗有一言而乃以名篇，何也？曰此史官之意，以謂禹之所以成功者，以益、稷同心爲之佐也。同心恊贊得以名篇，使後世之士知功不必争，名不必擅。儻吾懷至公之心，共成天下之務，如益、稷者，亦自不廢於唐虞之時，至列名於禹、皋陶之後，則忌嫉之心，彊愎之意，庶幾其少瘳乎！益助禹以刊木而奏鮮食，稷助禹以濬川而奏艱食、鮮食，二人與同其勞苦，共成此大功。三人之心一而無間，史官以其一也，故以益、稷名篇，而附於禹、皋陶之後焉。至於論安汝止以動上帝，作股肱耳目，以至治庶頑讒説，反覆辨論，至於賡歌，皆禹昌言之所及也，故因以附焉，其主則在益、稷而已。觀書者宜詳焉。

禹貢論

此一篇以爲史官所紀耶？而其間治水曲折，固非史官所能知也。竊意「禹敷土，隨山刊木，奠高山大川」，此史辭也。「禹錫玄圭，告厥成功」，此史辭也。若夫自「冀州」至訖于「四海」，皆禹具述治水本末，與夫山川之主名，草木之生遂，貢賦之高下，土色之黑白，山之首尾，川之分派，其所以弼成五服聲教，訖于四海者，盡載以奏于上，藏之史官，略加删潤，叙結成書，取以備一代之制作，而謂之夏書。然其間稱「祇台德先，不距朕行」，此豈史辭哉？此禹之自言也。自稱祇我之德，不違我之行，而不知退讓，安在其爲不矜伐哉！曰古之所謂不矜伐者，非如後世心夸大而外辭遜也。其不矜伐者在心，其色理情性退然如無能之人，不言而天下知其爲聖賢。至於辭語之間，當叙述而陳白者，亦不可切切然校計防閑，如後世之巧詐彌縫也。使其如後世之人，中外不相應，豈能變移造化，成此大功哉？余因以發之。

然此書所紀事亦衆矣，而謂之禹貢，其間言篚賦亦詳矣，乃不略及之，何哉？曰此史官名書之深意也。其意以謂昔者洪水茫茫，九州不辨，民皆昏墊，今一旦平定四海，使民安居樂土，自然懷報上之心，以其土地所有獻于上，若人子具甘旨温凊之奉於慈親焉，此民喜悦之心也。名篇之意，其在兹乎？不及賦篚，以言名雖曰賦篚，亦非彊爲科率，使民不聊生也。其喜悦願輸亦若貢物然，此所以揔名之曰「貢」也，意其深哉！嗚呼，山川道里，水土細微，事亦大矣，而某名篇乃以民心爲言，則聖賢之心蓋可知矣。其意如此，豈班、馬所能及哉？

甘誓論

堯禪舜，舜禪禹，其俗成矣。「大道之行，天下爲公，選賢與能。」至禹乃傳其子，雖曰天命，而德自此衰矣。是「大道既隱，天下爲家」，大人世及，以爲禮之時也。然謳歌、訟獄、朝覲者，不之益而之啓，曰：「吾君之子也。」其間豈無不平之人乎？史記云：「有扈氏，禹之後。」又曰：「啓立，有扈氏不服，故伐之。」此所謂不平之人也。啓乃親至其國，以兵臨之，又至於大戰，比堯舜揖遜而治，大相遠矣。誓，所以約信也。兵事貴嚴，故誓以賞罰，猶祀五帝之有誓戒，祀事亦貴嚴故也。事至於此，天下亦可知矣。

五子之歌論

嗚呼！禹方一傳，而太康遽失國，以是知天下之難保也。禹之功大矣，挈天下墊溺之民，人人置於安平之地。啓方即位，有扈不服而至於用兵。太康繼啓，一出畋獵，便至失國，使孤母衆弟悽然暴露洛水之上，無所歸赴，豈非天下難保乎？雖大禹平生之功，不能蓋此畋獵之過也。爲人君者其可少肆乎？予意有天下者，當書此歌置之座右，以警放肆之心，其庶幾知免乎。

胤征論

東坡按史記及春秋傳晉魏绛〔一〕、吴伍員所説，以見征羲、和出於羿擅國政時，非仲康

〔一〕「绛」，原無，據四庫全書本補。

之意。其説詳明，信不誣矣。且史記云：「帝太康崩，弟帝中康立。中康崩，子帝相立。帝相崩，子少康立。」羿既逐太康，太康崩，其弟仲康立，而羿執政，是仲康名雖爲君，其賞罰之柄則在羿而已。如漢曹操、魏司馬懿是也。孔穎達云：「左傳云：『羿因夏氏以代夏政』，羿於其後篡天子之位，仲康不能殺羿，必是羿握其權。據五子之歌，仲康當是其一。仲康必賢於太康，但形勢既衰，故政由羿爾。羿在夏世爲一代大賊。」其説是矣。仲康崩，其子相立，羿遂篡位，國是有窮，相依斟灌、鄩氏，二國蓋夏之同姓也。羿淫于原獸，棄武羅等，而用寒浞爲相。浞虞羿于田家，衆殺之。浞取其國家，淫于羿室，生澆及豷，使澆滅代二斟，且殺帝相。相之后曰緡，方娠，逃於有仍，有仍蓋后緡之國也。以生少康。少康爲有仍牧正。澆又欲殺少康，少康奔有虞。有虞思夏德，於是妻之二女，而邑之於綸，有田一成，有衆一旅。夏之遺臣曰靡，「當羿死時奔于有鬲，自有鬲收二國之燼」。少康遂收夏衆，撫其官職，遂滅有過，復禹之績，祀夏配天，不失舊物。
東坡曰：「以此考之，則太康失國之後，至少康祀夏之時，皆羿、浞專政僭位之年。胤征之事蓋出於羿，非仲康所能專。羲、和湎淫之臣也，而貳於羿，蓋忠於夏也。如王凌、諸葛誕之叛晉，尉遲迥之叛隋。故羿假仲康之命，以命胤侯而往征之。何以知其然也？曰胤侯數羲、和之罪，至於殺無赦，然其實狀止於酣酒不知日食而已。此一法吏所辨爾，何至以六師取之乎？夫酒荒厥職之人，豈復有渠魁脅從之事？是彊國得衆者也。」讀書如東坡之見，可謂過人矣。孔穎達知之而不敢斷者，以孔子叙此書而不删也。然余考之，羿挾天子以令諸侯，羲、和在朝，知必將篡位，稍出智慮必爲有羿所圖，故一付於酒，如竹林諸子之處魏末晉初也，以智求免，將有所待耳。明知日食而不告者，其意以謂吾夏臣也，乃盡職於羿朝，何爲乎？以酒自污，使羿不疑。一旦軒然歸國，知日食之禍，當有篡位之舉，故嚴兵起師，將以圖羿而復夏氏也。胤侯蓋羿腹心之臣，故遣往征之爾。功之不成，天也。羲、和之心，非東坡其誰與明哉？至其淫湎事，偶未深辨，故余表而出之。

湯誓論

余讀堯、舜二典以還，初見甘誓而悵然曰：去堯、舜未遠而有此舉，堯、舜之風不復有矣。既又讀胤征則又異焉，去堯、舜未遠，已有簒弑、挾天子令諸侯之事。使章懷讀之，必不忍聞；使賈誼讀之，必至於痛哭流涕。尚有説者曰：羿，凶人也，安知義理？今讀湯誓，乃公然以臣伐君，取天下而有之，其驚駭耳目，震動心志，益又甚矣！伊尹、成湯皆聖人也，聖人而爲此舉，此所以愈可怪駭也。嗚呼！使啓知太康不肖，擇聖賢而授之，使堯、舜之風相踵不絶，安得有胤征、湯誓之事乎？此余所以深悲也。

仲虺論

湯之伐桀，非湯本心也，伊尹爲之謀主也。桀既奔南巢，湯歸至大坰，其心以謂：桀，君也；我，臣也。以臣放君乃自我始，得無慚乎？且啓後世亂臣賊子之心，以謂臣皆可以放君也，其慚豈有既乎？仲虺以謂，事既往矣，天下已歸我矣，儻湯念不釋如此，其何以思惟新之政，以號令天下乎？故作誥，首言桀之得罪于天，次言桀必害己，次稱湯之盛德，次戒湯之謹終于始，永保天命之意，以安慰湯之心。此臣子忠愛之至也。東坡曰：「湯之所慚，來世口實之病。仲虺終不敢謂無也。夫君臣之分，放弑之名，雖其臣子有不敢蓋[一]，況萬世之後乎？」真格言哉！

湯誥論

成湯聽伊尹之説，脗然與其心合，故其誥諸侯也，一以仲虺之意而不少異焉。先稱上帝愛民，人君當體天意以愛民，而夏王作威敷虐以失天意。次言萬方諸侯並告無辜于天，天已降黜之矣。次言我體萬方之意，以請罪于有夏，與伊尹戮力請命于天，今夏王已黜服矣。次言吾有天下，兢懼如此，此又慚德之發見也。次戒諸侯「無從匪彝，無即慆淫，各守爾典，以承天休」。此所以安慰天下諸侯之慚德也。至其「弗敢蔽」，「弗敢自赦」，「在予一人」，「無以爾萬方」之語，皆慚德在心，不得不爲此悲苦之言也。讀之使人凄然。況當時諸侯有懷慚德者，其敢少肆乎？嗚呼！湯亦可謂不幸矣。處危亂之時，行放君之事，人見其尊臨天下，位居九五，而不知其憔悴無聊，與猰犴之人等也。其亦可謂不幸矣！彼爾莽、卓，及爾操、懿，偃然不慚，真天下凶人也。借湯爲口實，是益重湯之慚德爾。吁可痛哉！

[一]「敢蓋」，東坡書傳作「能文」。

横浦先生文集卷之七

書傳統論

伊訓論

此一篇乃太甲即位之初，伊尹以太甲繼湯之後，其任甚重，其責〔二〕亦重，一失其機，天下事去矣。而吾乃成湯謀臣，相與伐桀，有天下者也。其憂不得不深，其防不得不預，故於告廟之際，侯甸群后之前，稱説夏之先君有德如此，而桀弗率，遂亡天下；湯伐桀有天下，以寬除其虐。猶秦苛法，而漢祖入關，止約法三章，以收天下之心也。太甲守

〔二〕「責」，原作「貴」，據明萬曆刻本及四庫全書本改。

成，當以愛敬爲主。湯如此盛德，猶從諫好古，故爲君爲臣皆盡其道，而以忠恕爲歸，所以有天下。又爲子孫無窮之計，所以敷求明哲之士以輔相之，又制官刑，使群臣匡正之。先王之意如此，太甲宜自愛重。况天之福善禍淫如此，而吾之善惡所係如此，其可少忽乎？

余深味其言，諄諄如富家老翁，惟恐其子孫忘其平生勞苦，而失其基業也。夫成王即位，周公作立政；太甲即位，伊尹作伊訓，伊、周之見，其過人遠矣！想見伊、周見太甲、成王皆非有天下之姿，特以天下不可無主，祖宗不可無嗣，故立之爾。心知太甲必不義，成王必聽讒，故於即位，首訓以祖宗之業，首告以知人之事，亦心知太甲必悔過，成王必悔寤，故斷然立之。使其有過，或放于桐以救藥之，或居東以款待之，終無不如其意者。其規模造化爲如何哉？使學者不至伊、周，其殆矣夫！

太甲論上

嗚呼，傳子之弊乃至是哉！禹再傳而得太康，太康以畋遊失邦；湯一傳而得太甲，太甲以縱欲被放。使啓與湯復舉堯、舜故事，擇天下大聖賢而授之，安得有此危事哉？噫！太甲非伊尹，事其去矣。蓋君天下自有君天下之姿，如太康、太甲，其姿乃如世禄之家不肖之子耳，豈有君天下之器局乎？然傳子之法既行，雖伊尹亦無如之何，特在聖賢於其間造化之耳。伊尹知太甲姿質下中，非人君之質，然亦知其有善端，可引而納之於善，故於即位之始，當祖宗、群后、百官前，以伊訓一篇警動之。又有肆命之篇，又有徂后之篇，是皆開大其爲善之路，而徂止其爲惡之機也。太甲善端淺薄，惡氣閎大，不能自還，故於伊尹之言漠然不省。伊尹又陳先王求賢之説以感發之，又陳越命自覆之言以震動之，而太甲又不省。夫其所以不省者，惡氣也。然而善端融融，非困於心衡於慮不能作，非證於色發於聲不能喻，此伊尹所以放於桐宫以造化之，使其屏遠小人以殺其惡，密邇先王以大其善，悲辛感愴，惡念崩殂，此所以克終允德，而卒爲有商之賢君也。嗚呼，伊尹其巧妙哉！其亦不幸矣哉！首相湯以放桀，終攝位而逐君，使其有一毫姦心，天下其肯帖首安尾，以聽其所欲爲而無異辭乎？古之人其過人遠矣，此余所以三歎而不能自已也。

太甲論中

此一篇載伊尹以太甲克終允德，以冕服奉之以歸，又作書以慶太甲之改過；太甲又自陳往昔失路，而今日自新之意。伊尹又陳允德必有實效，如先王子惠困窮，而民悅之，鄰邦徯之。其所以望太甲者無已。既又指允德之實在孝恭聰明，使上念祖宗，下念臣民，所見遠大而不爲一時快意之計，所聽仁義而不聽悖道害德之言，則允德協于下，而爲明明之君矣，豈不休哉？嗚呼！天下樂事，其復有過人主改過復歸朝廷，百官群后皆退就諸臣之位，以聽新政者乎？此余所以想見商家君臣有無窮之樂也。

太甲論下

嗚呼！伊尹愛君之心，豈有紀極哉？伊尹於伊訓、肆命、徂后、太甲上、太甲中，其所以開導太甲亦至矣。今下篇方申誥以敬、仁、誠之説，其要欲太甲修德不已，而所以修德者，正在於用君子。虔虔懇懇，如富家老翁所以詔告其子孫者，丁寧再三，喋喋不已，其愛君之心可謂極矣。且又使太甲修德當有其漸，不可陵節躐等以自欺也。第聽君子之苦言，而絶小人之美語，使深思力行，一到元良之地，則萬國正矣。萬國正可以已乎？學豈有止法哉？默而成之，不言而信，存乎德行，豈在多談哉？申公曰：「治道無多談，顧力行如何爾」，故戒「以辯言亂舊政」。伊尹之心期於太甲悔過修德法先王而已。使太甲元良，而萬國皆正，則伊尹之職辦矣。成功不去，此貪位也。故又自誓以「罔以寵利居成功」。君臣兩盡其道，則湯之天下國家，其太平豈有紀極哉？伊尹拳拳之意，真可爲臣子之法。

咸有一德論

此伊尹告歸，留遺意以告太甲也，其拳拳於宗廟社稷，可謂至矣，其忠愛太甲，亦可謂極矣。蓋德者，得也。一德者，其所得終不可亂也。儻非真有所得，其能不亂乎？記曰：「人生而静，天之性也」，是人生本自有得也。又曰：「感於物而後動，性之欲也」，是感物而動已墮於欲，而非本體也。天下有真能得其天性者，則有感而應，應而不流，人欲每不能爲吾害，雖千變萬化，而吾所得元不亂也，此一德之謂也。非篤信好學，超然自有開痞者，其能彊爲之哉？

夫「天難諶，命靡常」，天命不可保如此。吾有一德，天在此，命亦在此，誰謂不可保乎？吾德不一，是墮於人欲矣。嗚呼，人欲何所不至乎？適爲亡國之資而已。夏桀不識此德，故不知幽有鬼神，又不能知明有民人，墮於人欲，爲慢、爲虐，使皇天弗保，而鑒觀四方，開導有命可以當歷數者。當歷數者其惟一德乎？有一德則可以爲天地神明之主。惟伊尹與成湯君臣之間，皆超然真有所得，上當天心，可以受歷數而君九有，革夏正。夫一德之所在，天之所在，民心之所在也。有此一德，天必佑之，民必歸之，猶影之隨形，響之逐聲也。豈天私於我，我求於民哉？德之所在，理固然耳。夫成湯、伊尹咸有一德而至得天下，夏桀弗克庸德而至失天下，然則，吉凶在人，災祥在德，復何怨尤哉？

太甲新復君位，可不知躬求一德以爲君？又可不於任官左右亦求一德哉？自「惟新厥德」至「時乃日新」，此使太甲〔二〕自求一德也。自「任官惟賢才」至「惟和惟一」，此

〔二〕「甲」，原作「中」，據明萬曆刻本及四庫全書本改。

使太甲求一德之臣也。太甲悔過，乃憤而啓，乃悱而發，不可謂無所得矣，然又不可止此以自足也。既有所得，當廣大之，日新之。故既有所得之後，方且主善爲師而無常師，此蓋所謂廣大之，日新之也。然而廣大、日新之則可，捨吾當時所得則不可，故曰：「善無常主，協于克一。」欲識一德之效，使萬姓聞吾號令不期而皆曰：「大哉王言！」又因吾言以行其善政，又皆曰：「一哉王心！」如此則一德可見矣，其感寤天下也深矣！然後可以上安天王〔一〕，下活蒸民，如此可以已乎？曰：未〔二〕也。七世之廟尚可以觀德，萬夫之長尚可以觀政，况君民相湏，其可不留意乎？夫聖人之道，夫婦之愚可以與知，夫婦之不肖可以能行焉。儻以一德自止，以夫婦爲愚不肖，不足與有言，此非真有所得也。真有所得者，必廣大，必日新。使匹夫匹婦不得自盡，此少有所得而忽天下之人也，非一德之本也。惟日新而不已者，然後可與論一德。詩曰：「維天之命，於穆不已」，蓋曰天之所以爲天也；「文王之德之純」，蓋曰文王之所以爲文也。純亦不已，天不已，文王亦不

〔一〕「王」，明萬曆刻本及四庫全書本作「位」。
〔二〕「未」，原作「木」，據明萬曆刻本及四庫全書本改。

已，則一德之不已復何疑哉？伊尹以告歸，故歷舉傳心之法以付太甲，猶堯之禪舜，舜之禪禹，以一言相付曰：「允執厥中」是也。「中」即伊尹所謂「一德」也，若天下之法止於此而已矣，可不念哉？

盤庚論上

異哉！商家之君皆以遷都爲家法。夫遷都豈細事哉？周有天下八百餘年，后稷封于有邰，太王避狄居于岐，文王徙于豐，平王避狄遷于洛，不過三遷而已。而商自契至于成湯八遷，自仲丁至盤庚又五遷，朝廷宗廟煩費勞動，人民生業經營破壞，何苦而爲此舉耶？蓋商自有玄鳥之祥，其家法頗信神怪，往往如西漢夏賀良陳陽九之厄，東漢楊厚豫言三百五年之厄，故有遷都之説以攘其禍乎？何以知其然哉？自亳有桑穀之祥，太戊一傳至仲丁，即有䇳之遷，再傳至河亶甲，見殷復衰，故有相之遷，又一傳至祖乙，有耿之遷。太史公曰：「自仲丁以來，廢適而更立諸弟子，弟子或争相代立，比九世亂，於是諸侯莫朝。」陽甲〔一〕崩，盤庚立，盤庚復遷于殷。九世之亂，事幾亡國，而遷都紛紛，皆桑穀之祥也。豈商家君臣見商緒漸衰，而桑穀生朝，將有亡國之禍，故爲遷都以應其變乎？

其間又有造化之意，試一言之。自湯以前，雖爲諸侯，所遷不過百里之内，其事爲輕。自仲丁以來，以至盤庚，已有天下矣。王者以天下爲家，京師爲室，其遷爲重。蓋朝廷、宗廟、百官、人民一動勞費，公私皆然。其所以區區如此者，蓋宅都既久，風俗寖衰，事勢寖大，恭儉久而奢侈生，勤勞久而簡慢起。以德率之既未易化，以法齊之又拂人情，非大有以勞動之，使之一變其心術，一易其耳目，未可以言治也。惟是遷都，上下勞動，跋履山川，升降險阻，風餐而水宿，露居而野處。耄艾既欲其安也，孩幼又欲其適也，憂驚迫乎内，紛紜變乎外，一家之情如此，況上自天子，下至小民，散漫乎山澤，交横乎道路，薪水之給，其能如所求乎？器用之資，其能必所願乎？此特其塗路之苦爾。至於已至新都，山川異處，風土異宜，昔時之處所便安者今亡矣，昔時之所往來勞苦者今變矣。上下一切失其故步，奢侈變而爲恭儉，簡慢蹙而爲勤勞，以德率之則易以從，以法齊之則

〔一〕「甲」，原闕，據四庫全書本補。

無不聽，此商家祖宗以遷都一變弊俗之意也。至於盤庚不特俗弊，又有圮毀之患，因時而遷，其意在此。

然遷都太數，上自百官，下至庶民，無不憚勞而怨咨者。余以董卓遷都事觀之，盤庚亦可謂賢君矣。董卓謂楊彪曰：「百姓何足與議？若有前卻，我以大兵驅之，可令詣滄海。」嗚呼，此盜賊之説也，豈可施之廟堂哉？且盤庚人主也，福威在我，生殺在我，欲遷則遷，欲止則止，有何不可？而三篇之意，丁寧反復，詳盡周悉，言禍亂將臨而新都之可樂，必使上下之心皆通暢快適，曉然知利害所在而後已。其與賊卓所爲，豈止霄壤哉？

上篇之意大抵主在群臣，其意以謂，自先王以來，皆灼見天命即有遷都之法，豈我私意創爲此舉哉？儻當遷不遷，將有非常之禍。今我此遷，乃延將絶之命于永久也。盤庚之教既出矢言，又斆于民，委曲盡情，不爲暴厲，以謂斆民當自在位始。今群臣乃不循商家舊事，不禀祖宗法度，不從君命，不聽人言，而私圖適意，豈臣下之道哉？使此時復生一董卓，則斯民其殆矣。惟聖王之心，憫時俗之衰敝，矜愚下之無知，委曲周全，諄復訓諭，猶父母之於子，于再于三而不以爲病。又命衆悉至于庭，其意專主於群臣而已。蓋唱爲浮言以摇撼衆心者，群臣也。故呼之使前曰：予告汝訓，汝等謀黜私僻之心，無傲而不聽上命，無從康而不肯遷都。我念先王所與共政，惟圖任舊人而已。舊人能與先王同心，凡先王播告之下，舊人能宣其指意，使民曉然知上之心，是以先王每事不敢慢易，出言不敢輕忽。遷都之命一下，民皆變動而爲行計。今汝等乃不然，乃不體上心，聒聒喧啾，起造無根之語，不知訟誰之短也。非我自大此德以遂此行，則爲汝中輟矣。今不有以警動，惟汝等是含容，使汝不畏人主，是我觀火之燎原而不撲滅也。如此不已，是我拙謀已成汝過也。汝不悛此心，我將誅汝矣。必使汝等知君臣之分，如網之在綱，知它日安定之功，如農之力田而後已。汝等能黜此私僻之心，毋爲譁言以取虚譽，其務遷都，以實利施于民，以至于爾親屬。果能如此，我方敢對衆大言，稱汝有積累之德，非一日造作以要虚名也。乃不畏人主，不聽我命，是傲上也，是施大害于遠邇之民。使皆傲上不肯遷都，是惰農自安以從康也。不昏作勞，不服田畝，使皆怠惰從康也。農不力田，罔有黍稷，將饑而死矣；今不遷都，罔有安利，將自喪其生矣。

汝等今造險膚，不和吉言于百姓，是乃汝自生毒害，自入禍敗姦軌，以斷汝命，以受誅罰，自災于厥身。汝自先以惡率民，罪有所歸，汝受誅罰之痛，雖悔何及哉？觀此憸民小人，以口舌爲事，汝等頗似之。然憸民聞箴言尚知畏懼，蓋箴言既來，儻不改，懼其禍敗之發，有過於口舌之傾覆者。箴言尚可畏，矧予有生殺之權，能制汝短長之命，乃不知畏乎？汝等所見有未便於心者，汝何不別白爲我言之，而造此浮言，恐動沈溺于衆人，汝何心乎？我觀汝浮言胥動，相煽而起，若火之燎于原，雖不可嚮邇，然而豈不可撲滅乎？事至撲滅則亦已矣，無可救矣。豈有好爲苛虐哉？則惟汝衆自作非謀，非我之衆〔二〕也。

顧汝等所爲如此，宜速擯絶矣。然念古人有「人惟求舊」之語，故我未敢自決。又有「器非求舊，惟新」之語，故我決欲遷都。又念我先王及汝祖汝父，相與同其勞逸，今一旦敢動用非罰，遽戮其子孫乎？是以我世選爾家之功勞，不掩汝等之善，汝豈不見大享乎〔三〕先王時，汝祖皆得配享乎？然我作福作災，一循天理，雖念汝祖父，不敢動用非罰及

〔二〕「衆」，四庫全書本作「咎」。
〔三〕「乎」，四庫全書本作「於」。

其子孫。而汝等自作弗靖，亦豈得動用非德而妄貸汝等乎？我告爾遷都之難，不可輕易，若射之有志，審詳參訂，一發破的，可也。今朝廷老成人，知先王典故，皆以謂當遷，汝不肯遷，是侮老成人也。孤兒幼子，待父兄以有生，汝不肯遷，是弱孤有幼也。汝等不可顧目前所居之利，各〔二〕謀所居長久之利。長久之利無若遷都，胡不勉出汝力，無或從康，聽予一人之作猷，無或傲上。顧汝等所爲私僻，如此不已，有死之道，我當有以勸沮之。今無有遠邇親踈，有罪即攻之，不養汝至於死地；有德即彰之，必使汝興於善道。如此遷都而善則是汝衆之力，遷都而不善則是我有餘罰。盤庚自任如此，必其所見出乎群臣之上也。凡爾衆臣，其致我此意，遍告斯民，使下民通曉上意，無或以爾浮言疑惑民心。

太史公曰：「自仲丁以來，比九世亂，諸侯莫朝。」盤庚之立，適當其時。是時風俗衰敗，無復知君臣之分，亦不聞賢哲之風。各弛慢職事，各紊亂名位，各喧嚻多口，故盤庚揔其過而目之曰：自今至於後日，各恭爾事而不可弛慢，各齊乃位而不可紊亂，各度

〔二〕「各」，四庫全書本作「不」。

乃口而不可喧囂。儻或不循，罰及爾身，其可悔哉！嗚呼，觀盤庚丁寧勤苦如此，亦費辭矣。余於諄複之中，獨見先王忠厚之心。商鞅變法，志在必行；項羽行兵，盡坑秦衆。夫民心未曉，當委曲詳盡以告戒訓諭之，使之心安氣平，可也。不是之問，曰：我君也，汝臣也，我所欲爲，汝當聽命，汝何人而敢疑？何事而敢與？有不吾聽命，殺之坑之耳。此以犬彘草菅[一]視民也。哀哉！董卓曰：「天下之事豈不由我？我欲爲之，誰敢不從！」盗賊之言，類皆如此。盤庚爲臣下如此傲憚，乃從容訓諭，略無忿疾之心。與多士、多方之篇相爲照映，乃知聖王之心在此而不在彼矣。東坡先生曰：「不仁者鄙慢其民，曰：『民可與樂成，難與慮始。』故爲一切之政，若雷霆鬼神。然使民不知其從出，其肯敷心腹腎腸以與民謀哉？」可謂深見先王之心、後世之暴矣，故并録之。

[一]「菅」，原作「管」，據文意改。

横浦先生文集卷之八

書傳統論

盤庚論中

此盤庚將遷，又恐民當道塗跋履，艱難辛苦，將有怨咨吁歎之事，故先委曲開喻，使之忘其勤勞而曉其志意也。自「盤庚作」至「登進厥民」，皆史官形容其當日之舉，并與精神而傳録之也。言盤庚之去耿，非玩遊逸豫也，惟涉河以民遷而已。又以善言誘弗率之民，大告本心，用誠其有衆。蓋衆心爲浮言所動，務爲閉匿，多不以誠際〔二〕上。今盤庚

〔二〕「際」，四庫全書本作「事」。

布腹心以起其誠心，使衆皆尊嚴其心，毋敢輕易。列在庭下也，則又登之使升，進之使前，委曲告之曰：汝明聽我之訓誨，我有命令，汝毋或荒失以取禍咎也。則又嗟歎而語之曰：古我先王以心相傳，無不以敬民爲心，而先王之民亦以保君爲心。上下一心，相與同其憂感。故凡一動一作，少有不視天時而行止者。浮如物之浮水，一聽水之行止，亦如先王動作之順天時，一聽天時之行止，豈敢容心於其間哉？自太戊有桑穀之祥，是天亦降大虐于商也。故仲丁以來，隨天時以行止，而不以舊邑爲懷，故至于今五遷也。然其所作豈快一己之嗜慾哉？一視民所利而遷耳。汝今何不念我先王之事所以聞于後世者，惟以敬民爲心。故其遷都，意使汝民相與底於喜慶康寧之地，非如有罪而投諸四裔之比也。我所以如此呼召汝衆懷此新邑者，非我自快耳目之玩也，亦以汝民之故而已。蓋汝民之志，志在喜慶康寧。今此邦將有蕩析離居之災，故我從汝志，徙於喜康之地。是以今〔二〕我將用汝遷之亳殷，以爲安定之計，汝其可慢乎？然我心所困苦者，以耿邑將有非常之災，而汝等偃然自安，不以我心之困苦者爲憂，乃皆聽險膚之説，包藏于心，

〔二〕「今」，原作「令」，據明萬曆刻本及四庫全書本改。

不肯宣露，不生尊君親上之念，動皆疑貳，無復以至誠感動于人主者。然而汝〔二〕何能爲哉？汝乃自窮自苦而已。我觀汝心，猶若乘舟，理在濟涉，而靳固留戀，坐觀所載，日向臭敗。如耿邑，理當遷徙，而懷安戀舊，日待非常，與之俱斃。所以如此者無他，亦誠心易簡，或進或退，進聞我言則有遷意，退受浮言則又懷安，往往相與沈溺於大禍而後已。略不稽考先王故事以從遷徙，至大禍已〔三〕臨，乃方自怒其不遷，不知其何所濟乎？汝據目前之利，不謀長久之計，不思災患之來，是安其危而利其菑，樂其所以亡者，豈非大勸憂乎？儻如汝意而不遷，是止有今日而無後日也。汝將相與淪於幽陰，陷於死地，何得復生在人上乎？

我今再訓誥汝，汝當一其心，勿聽險膚之言，起穢惡之念，以自臭污其所爲。予恐險膚之人唱險膚之説，倚乃身以爲姦，迂乃心以爲惡，將陷汝于死亡之地。予憫憐汝爲小人所刼如此，故丁寧訓誥，以迎續汝今之命于天，我虚心下意以勸諭，使汝回心向道，改過

〔二〕「汝」，原作「往」，據四庫全書本改。
〔三〕「已」，原作「以」，據四庫全書本改。

自新耳，豈脅以刑戮之威乎？以此誠心敬汝養汝，所以然者，以我念先王曾勞汝祖先，汝乃先正子孫，豈當擯絶汝而不收乎？所以大能進汝於爵位者，用仁心以懷汝爾，非以威也。儻我徇汝之意而不敢遷，權柄自下，綱紀紛如，是失于政也。我儻如汝見眷戀久安于此耿邑，是陳于兹也，則幽冥之中決不我貸。先王在天，將降罪疾於我曰：「汝胡得怯懦愚暗，以吾之民納之於死地而虐之乎？」汝萬民乃不以生生之計爲念，止以目前爲利，乃不與我同心，是非我之罪也。罪有所歸，則我先王將大降與汝罪疾曰：「何不與我幼孫同心，致我國家有失德乎？」夫顯明之中儻有罪罰，尚可譊譊也。幽間之中鬼神責罰，自天而降，汝復能聒聒道説乎？且人主斷罪以刑，鬼神斷罪以疾，曰「降罪疾」者，謂斷罪以疾也。古我先王與汝祖父同其勞苦以養斯民，今汝亦與我畜養此民，汝不惟民之念，乃有戕賊在心。傳曰：「毁則爲賊。」戕，毁也，戕則在心，是賊心也。包藏賊心，陷害斯民，使之趨於死地，汝所爲在此，我先王與汝祖父其肯已乎？蓋先王與祖父相安，我國家不安，則先王不安；先王不安，則汝祖父不安矣；汝祖父不安，則將如之何？將斷汝、棄汝、不救汝，使之以疾而死也。

且遷都之舉，民平時藏蓄不免暴露，將有見之而動心者，則有作誓於鬼神曰：凡我亂政同位之臣，敢懷姦心，乘權挾勢，貪叨兼有它〔二〕人貝玉者，則汝祖父當大告于先王曰：「作大刑于朕孫。」開道高祖大降不祥，非特使汝疾病而已，將使汝家有非意之禍、倉卒之變，凡人間不祥皆當萃于汝矣。

則又總而告之曰：嗚呼！今我告汝不可易也。汝當久敬之，無或懈怠，大憂之，無或輕忽。使我與汝同心一德，無相絶遠矣。相絶遠，則死生異路矣。汝不可并爲一黨，牢不可破，當各分其心，謀長久之計，從我以遷也。汝人人自有中道，今所見偏頗，中道掩没。儻如我訓，各求長久，則中道自見，惟理是趨，是設中于心之義也。乃有不吉、不道、凶殘小人，不守常分而顛越，不畏刑法而不恭，暫遇一時之利而爲姦於外，爲宄〔三〕於内，以相結約，將爲盗賊以掠奪人之所有者，我豈貸汝哉？小罪劓之，大罪殄滅之，無遺子孫，無易種類于此新邑。今我此遷，將大變斯民爲士君子，豈容凶殘小人盗賊遺類雜於

〔二〕「它」，四庫全書本作「他」。
〔三〕「宄」，原作「軌」，據文意改。

其間哉？則以遷徙之間必有此事，不可不預防也。往矣哉！將爲生生長久之計，故今我用汝以遷，永建汝家國矣。

且盤庚告戒，動以鬼神警動之，何也？此風既行，得無有姦人倚此以爲姦乎？蓋各一時風俗，不可以後世之見而可否之也。商人敬鬼，盤庚以風俗衰弊，訓誨不能遽革之，故因其所畏而警戒焉。然亦豈誑誤之哉？幽明一理也。古人有言曰：「明則有禮樂，幽則有鬼神。」是明之禮樂即幽之鬼神也。得罪于人者必得罪于天，而民愛之者天亦必愛之也。玆理之自然，無足怪者。學者其深思而謹取之。

盤庚論下

此盤庚已在新都所作之篇也，專爲士大夫設。蓋未遷涉河時，則并臣民而告之，欲其上下一心，以從我之號令也。今既在新都，民各安業，無它心也，所以圖天下之治者，正有賴於士大夫，不可少失其心焉。故此篇勤勤懇懇，告飭在位，不復以刑罰爲言。第陳所以遷都之意，而勸諭安慰之。嗚呼，盤庚之心可謂忠厚矣！其未遷將遷時，則多苦切嚴厲之言，而其既遷也，其辭語乃安平深厚。是知下篇乃盤庚之本心，而上篇、中篇之言皆不得已以濟事也。上、中二篇譬如拯焚救溺，焦體濡足，紛呶叫呼，豈暇爲雍容之言？至於下篇則如拯救之後，各有生意，率皆嬉怡歡笑，互相慶賀，戒勸而已，豈復爲此急迫之態乎？觀書者能識其意，則三篇之説渙然冰泮矣。

説命論上

史記曰：「盤庚崩，弟小辛立，殷復衰。小辛崩，弟小乙立。小乙崩，子武丁立，是爲高宗。」高宗夢傅説，一旦自匹夫使爲宰相，其亦異哉。曰此蓋甘盤之力也。周公知此意，故曰：「在武丁時，則有若甘盤」，而不曰傅説也。何以知其然哉？高宗將興起成湯之緒，亮陰不言，既免喪，又不言，蓋知朝廷群臣不足以有爲也。乃恭默思道，上通于天，乃授以傅説，非其平生學問深入至誠中，其得有此事乎？且「惟天下之至誠，爲[一]能盡其性；能盡其性，則能盡人之性；能盡人之性，則能盡物之性；能盡物之性，則可以

〔一〕「爲」，原作「惟」，據四庫全書本改。

贊天地之化育；可以贊天地之化育，則可與天地參矣」。學不至於誠，則不足以運動四海，造化萬事。惟學至於誠，以此通天，以此求相，當無不如意者。

夫上帝尊高，其誰能見？傳説隱遯，其誰能知？上帝不可見，惟誠能見之；傳説不可知，惟誠能知之。高宗遺落私心，一歸於誠。私心有隔，誠心無隔，欲見尊高，舉心則見；欲知隱遯，舉心即知。誠其大矣哉！高宗儻非舊學于甘盤，其能造此理乎？此周公所以遺傳説而稱甘盤也。觀高宗此篇命傳説之語，不知學者有此見識智慮乎？是知人主將欲繼先祖之德業，立萬世之基本，爲百王之楷式，非學不可。學不至於誠，亦不可。欲知誠乎，當以高宗、傳説事卜德之進否耳。儻未至此，無怪乎道德功業之不及二帝三王也。余因傳説事，有感發于心者，故表見高宗之善學。

説命論中

此篇之意皆傳説一見高宗，知其非心所在，而啓沃之也。夫高宗之學能以至誠格天，夢賚良弼，可謂盛矣！尚有非心，何哉？曰：君子無所不用其誠，儻誠止於一處，不能運用於萬事間，此非聖王之道也。如羿之射，良之策，班之斧，秋之奕，僚之丸[一]，庖丁解牛，梓慶削鐻，痀僂承蜩，皆誠止於一處。雖即事而神，而不能運用於萬事，此所以易地而處，則拱手而無所長矣。此所謂曲則誠耳，非天下之至誠矣。惟天下之至誠，則無處不誠矣。在我有一念之非，在天下有一事之失，皆不得謂之天下之至誠。蓋至誠無息，故也。傅説將挽高宗進於此地，豈止夢帝而已乎？中篇之戒諄諄如此，是所以大其所學也。

説命論下

高宗聞傅説中篇啓沃之戒專在於忱誠，而知夫誠之所以誠者，有在於學也。故於此篇首有「舊學于甘盤」之説，又有麴蘖、鹽梅之説，其望於傅説者，豈淺近哉？傅説之對乃以「學于古訓」爲言，其意蓋使學有所準的而已。人之學問，儻無所準的，則茫茫渺渺，何所適從？昔孔子以周公爲準的，至形於夢寐；顔子以孔子爲準的，至勞於瞻仰。

[一]「丸」，原作「圓」，據四庫全書本改。

今高宗儻以成湯爲準的，則治心修身與夫平天下國家之道，昭昭然森布於心目之間矣。傅說盛稱「惟學遜志」，「厥修乃來」，「惟斆學半」，「厥德修罔覺」，其大如此，乃終於「監于先王成憲」而已。是使高宗以成湯爲準的也。高宗以謂我豈能自致哉？亦有賴於傅說耳。昔成湯賴伊尹，今我賴於說。其言語答問如珠貫璧聯，明良相會，真不虛語。

高宗肜日論

嗚呼！余讀高宗肜日，乃知古之諫争之法如此其優緩也。夫祖已之意，正以高宗典祀厚於近廟，至有雊雉之異，故作此書爲戒。而其書之所言，乃言民之中絶厥命者，亦不知理義也。「不若德、不聽罪」，則孚命以夭；若德、聽罪，則孚命以永。其意在民，初若不切於高宗，其終乃言王當以敬民爲主，無或媚神以求福至，典祀厚於近廟也。其意優緩如此，是言之者無罪，聞之者足以戒。下既無失言之責，上又無拒諫之名，此三代諫争之法也。學者不可不熟思。

西伯戡黎論

史記以謂紂賜弓矢鈇鉞與文王，使得征伐爲西伯。西伯陰修德行善，諸侯多叛紂而往歸西伯。夫修德行善，臣子之常，何以陰爲哉？此蓋紂矜人臣以能，高天下以聲〔一〕，以爲皆出己之下，文王豈敢顯然修德行善以取其誅戮乎？既而紂日夜失人心，文王日夜得人心，故諸侯叛紂而歸西伯。西伯雖欲辭焉，不可得也。諸侯聽西伯號令者，皆有志於爲善。黎侯乃恃紂爲惡，略不畏天下公論，故西伯仗義以征之，其意亦以警紂也。夫紂所恃以暴虐者，天下也。今天下既歸文王，至文王敢稱兵伐近王圻之國，亦可警畏而修省矣。使紂修省，文王則將率天下諸侯北面而就諸臣之位，不疑也。祖伊見西伯戡黎，此所以恐而奔告于受也。祖伊以天命將絶，「格人元龜，罔敢知吉」，「民罔弗欲喪」之事告之，事亦迫矣，是天命將歸西伯矣。紂乃偃然自以謂「不有命在天」，與桀對伊尹之言同。乃知亡國之君，其心符合如此。單于曰：「我天之驕子也」，無知之人大抵安於爲惡，以天自

〔一〕「聲」，四庫全書本作「勢」。

大。嗚呼！天豈爲無道之淵藪乎？其亦可謂愚矣。祖伊忠國愛君之心甚切，余上遡其心，爲之流涕而不忍讀此書也。

微子論

嗚呼！觀微子一篇，則人臣去就之義見矣。商之亂至此極矣，無可爲者，然三人之心尚庶幾其萬一焉。故微子之去國以警紂，比干則直諫以警紂，紂殺比干，至箕子獨佯狂而不死者，尚庶幾紂之警悔，吾可以成就之也。紂終不悔而死。此三人者，一存宗祀，一守死節，一陳洪範。去者非叛，死者非訐，生者非偷，故孔子表而出之曰：「殷有三仁焉。」以此知臣子之處心，當究觀微子一篇可也。又以知所謂仁者，或去、或死、或留，皆仁也。儻以去爲是而留爲非，以死爲是而生爲非，皆常人之客氣，而非聖人之道也。第顧其心於宗社如何爾。

泰誓論上

下武詩序云：「武王能廣文王之聲，卒其伐功也。」西伯戡黎，近逼王畿，其伐紂之心已露矣。文王伐紂之心已露，是天心已欲伐紂矣。文王之心即天心也。文王爲西伯，九年死，武王服畢，十一年觀兵孟津，以卜諸侯之心，退而待命，以卜紂之善惡。紂暴虐滋甚，是天使之爲惡而來佑周家也。何以知之？孟子曰：「舜、禹、益相去久遠，其子之賢不肖，皆天也。」則紂之爲惡不悛，豈非天意乎？天何爲惡紂如此也？曰：商家之歷數盡已久矣，特以聖賢六七作，輔相裁成，於冥漠間有不可得而絶者。紂之姿[一]稟，蓋天生亡國之君也。紂懵不知改，故十有三年春，武王大會諸侯、蠻夷以伐之。其伐之者，順天意也。

天道茫然，誰識其意？此説儻行，得無啓姦臣賊子動以天爲説乎？曰：不然，人意即天意也。「受有臣億萬，惟億萬心」，此人心皆叛紂也，人心叛紂，是天已絶紂矣；「予

〔一〕「姿」，四庫全書本作「資」。

有臣三千，惟一心」，此人心皆歸武王也，人心歸武王，是天已歸武王矣。武王伐紂，非武王伐之也，乃天伐之也。使武王有一毫私心而不出天心，是盜賊也。

此篇之終曰：「商罪貫盈，天命誅之。予弗順天，厥罪惟鈞。」豈欺我哉？是則桑穀之祥，雊雉之祥，其禍乃見於此也。商緒絶矣，嗚呼傷哉！然而有一桀必有一湯，有一紂必有一武王，此自然之理也，人主可不謹乎[二]？

泰誓論中

上篇總誓友邦冢君下至庶士御事，此篇誓西土有衆。西土有衆，乃武王心腹之師；友邦冢君，乃贊助之師爾。或曰：審如是，武王何其小哉？夫以腹心待人，則誰不爲腹心以報我，何遽分别如此也？曰：王畿千里，有六卿之師，而甸服之外，皆扞衛王畿者也，豈得與王畿並哉？故王畿六軍，自此大國三軍，小國一軍而已。由是觀之，事勢當爾，武王豈有心哉？蓋腹心之師，武王與同死生者也，故别告之。所以牧誓既曰「西土之人」，

[二]「乎」，原闕，據四庫全書本補。

又曰「友邦冢君」也。

此篇大意以謂桀流毒下國，湯體天以降黜之，况紂罪浮於桀，予其可遏天命乎？今夢卜協吉，而受衆離貳，我師協同，今日之事有進無退，可也。蓋聖人舉事，不苟然也，必當審諦紬繹，隱之於心，驗之於衆，斷之天地，質之鬼神，不悖不疑，不愧不惑，然後沛然作爲，不可復止。豈有中輟之理哉？告腹心之衆，使之必往，無或顧慮，以謂不復。如十有一年觀兵孟津，退而俟紂之舉矣。

泰誓論下

此篇揔受罪惡，以誓西土之衆，蓋欲發起衆士怒心，使視受如仇敵，必欲殄滅而無遺也。懼其有私心者起不忍之心，故以賞罰誓之。夫不忍之心，仁人之心也，而曰私心，可乎？曰：「好賢如緇衣，惡惡如巷伯」，此天下心也。見惡人而不忍，豈非私心哉？此所以誓之，使知所畏避焉。

嗚呼！君臣至此，亦天下之不幸矣。武王不幸，值如此君，至於如此立誓，知我罪我，其惟春秋！此所以有伯夷之非，而又有孟子是之也。余讀堯、舜二典，至君臣賡歌，都俞之間，如享鈞天九奏之樂，使人玩味不厭。至讀湯誓、太甲、泰誓，則如入陛犴中，見桁楊桎梏之器，聞鞭箠撻決之聲，使人憂愁無聊，無復生意，况湯、武當此時乎？此余所以憐湯、武之不幸也。

橫浦先生文集卷之九

書傳統論

牧誓論

此已至紂郊而誓也。泰誓上篇誓友邦冢君至庶士御事，中篇、下篇則誓西土有衆。至牧誓則并西土與夫友邦冢君，微、盧、彭、濮人而誓之，故其言曰：「王左杖黄鉞，右秉白旄以麾，曰：『逖矣！西土之人』。」此誓西土之衆也。繼曰：「王曰：『嗟我友邦冢君』」至「微、盧、彭、濮人」，此誓諸侯、蠻夷之衆也。西土之衆，腹心之衆；諸侯、蠻夷之衆乃贊助之衆。夫紂之惡遠及蠻夷，乃至庸、蜀、羌、髳、微、盧、彭、濮偕來助力，欲并亡之，則當時天下之心可知矣。昔漢高祖起師，而巴、俞、閩、粤之君皆來効力。爲人主而天下欲亡之，則其辱宗社也深矣！此篇所誓，大概教以戰陣、進退、步武之法。以武王親爲大將，以破紂無道之師，何啻縱洪爐而燎毛髮哉？商家社稷自此亡矣。吁可傷哉！

武成論

武成之義，以謂武至此而成，不復用也。夫武王所以起兵者，爲何事哉？爲誅紂耳。紂既已誅，武功已成矣，復安用武哉？此篇所主，謂武王歸馬牧牛，偃武修文，不復用兵耳。所以高百世而垂後昆者，莫大於此也。

洪範論

武王勝殷殺紂，雖快四海天下之心，然殷家宗臣當痛入骨髓，何者？邦家既亡，宗社已殞，君父銜戈，此何等情意哉？箕子不此之問，乃爲武王説洪範。嗚呼，此豈人情也哉！此豈人情也哉！豈後世人情與古人絶不同歟？抑古人之於君父專以理論，略不以情論歟？然而余深考此篇，乃有微旨在其間，足以見箕子之用心矣。夫洪範，乃天下萬世大法也；箕子之喪君父，失邦家，乃一己之私心也。從古以來，君臣易位，邦家興廢，固難必也，而天下大法，蓋自有天地以來，不可失也。大法在箕子，不爲武王陳之，是以己私怨坐廢天下萬世之大法，此特淺夫賤士之識趣爾。箕子肯爲此哉？所以抑情下意，爲天下萬世而言，不爲武王言也。其書非箕子自作，它人有不能至者，何也？不能深述箕子之深意也。其書稱「祀」而不稱「年」，稱「王訪于箕子」而不言箕子之朝王，稱「王乃言」而後箕子乃言，深見箕子爲天下萬世大法不得已之意。若其傷痛之心與後世之心同也。東坡述箕子出處甚詳，此未及叙。

旅獒論

余讀孟子，嘗怪其云：「人不足與適，政不足與間也。惟大人爲能格君心之非。君仁，莫不仁；君義，莫不義；君正，莫不正。一正君而國定矣。」夫君心之非，何由而見之？及讀旅獒見召公諄諄如此，然後知古之大人，其事君也，猶子之事父母也。子於父母同氣而異息，同心而異體，故人子之心拳拳體父母之心，知其喜怒哀樂，寒煖燥濕之節以調養之。臣之於君亦然，專體君之心而察之。召公體武王之心，故武王稍有放怠，則召公已知之，而訓戒已洋洋乎耳目之間矣。

夫當紂之未誅也，天下之責在武王，天命之定在武王，文王之業在武王，武王於是時，其心肅然，無敢少怠。使西旅於此時而獻獒，武王敢受之乎？及紂既受誅矣，天下之責已塞矣，天命之歸已定矣，文王之業已成矣，使武王之心常如紂之未誅時，則西旅獻獒，固將卻之。今武王既誅紂，既通道于九夷八蠻，其心亦稍放且怠，而漸起狎侮之心矣。

何以知其稍放且怠，而起狎侮之心乎？召公於受旅獒時而見之，故召公區區爲此篇以訓焉。深察其言，有若嚴師尊父之訓於未知稼穡艱難者，何哉？夫仁義，何常之有？蹈之則爲君子，背之則爲小人。使武王此心一開，不有以救之，其去紂也不難矣。觀其「不矜細行，終累大德。爲山九仞，功虧一簣」之言，何其悲辛警切如此也。嗚呼！「緜緜不絶，蔓蔓奈何？毫毛不拔，將用斧柯。」勿恃聖人之資而輒放怠也。非召公高識遠見，體武王之心，見其微有放怠之非、狎侮之漸，格而正之，則武王未可知也。武王自是其敢少怠而入狎侮之路乎？豈不見晉武帝自平吴後而侈心作，唐憲宗自平淮西後而侈心作，唐莊宗自弑朱、梁後而侈心作，皆爲不終之君。使無召公之訓，烏知武王之克終乎？孟子曰「湯、武反之」，蓋謂此也。余於旅獒得孟子格君心之義，故表而出之，使爲人臣子者當如是也。

金縢論

此篇之書，何其異也！周公作册以代武王之死，成王出郊而天乃雨反風，豈不異哉！唯其異也，此金縢之書所以見取於吾孔子也。以後世淺薄之心觀之，豈有此理哉？夫天人一心，本無彼此，自是學之不精，不能盡識，流蕩人欲，故此心不見爾。惟學問之深者，人欲不行；驚憂之迫者，人欲暫散，故此心發見焉。此心既見，則天理在我耳，欲代武王，欲天反風，惟吾所造如何耳。周公作册而武王疾瘳，此學問之深者也；成王出郊而天乃雨反風，此驚憂之迫者也，所以皆足以動造化焉。造化何在？吾心而已矣。吾心如此其大，而或者以人欲而狹之，殊可悲也！孟子深識此理，故曰：「盡其心者，知其性也。知其性，則知天矣。存其心，養其性，所以事天也。」夫知天在盡心，而事天在存心，則人之於心其可不謹乎？此余所以表而出之。

大誥論

此篇周公攝政，代成王大誥多邦及御事，以征三監之意也。此事正在流言時，未必成王之心也。當時柄在周公，而周公身受武王之托，故專此事而不疑，以謂區區之心，天必知之，武王知之。若以嫌疑爲自安計，則吾與武王辛勤艱苦成此基業，一旦坐觀其將墜而不救，此亦何心哉？然而以後世觀之，周公所以自謀者，亦已踈矣。以是知古之聖賢不求人知而求天知，不爲身計爲天下國家計。疑在成王，忠在一身，周公心與天通，與鬼神通，則成王疑心自當破散，而吾之忠誠自當見矣。

此篇益見周公之忠，益生成王之疑。余反復讀此，輒爲之三歎。周公以爲三監賊也，在所當征；成王以爲三監忠也，周公擅兵權以騁私欲，殺三監以滅口耳。事既如此，而邦君御事又以爲成王當考翼，不可征。周公諄諄以卜，乃先王之所信，而「十夫予翼」，賢者又以爲當征。武王所圖之事，所圖之功，所指之疆土，豈可中輟，爲他人凌踐哉？所以獨忤君心，獨違衆議，以十夫爲助，而秉此忠誠，上通天心，下通三王之心，以征之。征而成功，成王愈疑，非上天明其忠，嗚呼，周公之負枉，其有既乎！

微子之命論

微子蓋帝乙長子，特以其母初賤而生，故不立。其母後貴而生紂，故紂得立。然而紂無道亡天下，其子武庚又背叛，亡其國，商緒宜絶矣。周家忠厚，不忍滅商宗廟社稷，卒封微子以爲商後，且使成湯以來不泯祭祀。凡三十二傳而滅於齊，是全湯之宗祀者，微子也。使微子繼帝乙有天下，豈有牧野之事乎？嗚呼！自堯、舜之風一變，其間禍故可勝道哉？余深痛啓之不能上繼唐、虞，而使後世至此極矣，悲夫！

康誥論

三監既誅，乃盡以其地封康叔。然周公不以封微子，何也？微子，賢者也，夫何疑哉？蓋所以一商人之心也。武庚之叛，以故都之人思商家舊德，故因以騁其區區之忿焉。今微子雖賢，商人見微子乃商家子孫，其心不能無感傷。姦雄乘此又將生變，如此則天下何時可一乎？周公奇謀密計，以周家懿親王之，不復以商氏子孫雜於其間，如此則姦雄亦知無可奈何，而其起亂之心止矣。微子在宋自不害修湯之禮物，而周家忠厚仁義之心，已炯然著在天下，豈非經綸之妙乎？若夫此篇所主，大抵在明德謹罰，不特恃區區刑殺，專以明人道之大倫以教商民而已，此所以見周家之盛歟！

酒誥論

治國如治病，善醫者知病之所在而藥之，表則汗，裏則下，虛則補，實則瀉，故死者生，危者安。儻醫不識病表、裏、虛、實，汗、下、補、瀉，一切顛倒而舛施之，故生者俄死，安者忽危。治國不知病之所在，而詔令紛紜，刑罰峻密，徒失民心爾，無補也。周公、成王知商之病在上下荒耽于酒，故康誥之後專爲此篇以藥之，且舉文王誥毖、誥教之説爲準。夫文王之治，亦多術矣，豈特爲酒一事乎？以商民病在嗜酒，故取文王戒酒之説以實之，所以使康叔法文王而藥商民也。審知此説，則治天下者非高見遠識，果足以運動四海乎？

梓材論

余觀此篇言「若作室家」，「若稽田」，「若作梓材」，義亦衆矣，而史官獨以梓材名篇，何也？曰梓材之義，其義深長，非若稽田、室家之義也，以謂猶梓人之治材也。梓人治材，既加樸斵之勤，不可已也，必塗以丹雘，然後内實外華，適於用而要於久。成王、周公之意以謂，文、武造周黜商亦已勤矣，而商俗未革，猶當以禮義養之，使人自愛自重，皆有士君子之行，和順積中，英華發外，則成王、周公之心足矣。此史官所以賾成王、周公之意，而獨以梓材名篇也。

召誥論

此誥召公以成王將即位，故因營洛而爲進戒也。營洛何爲乎？周官曰：「以土圭正日景以求地中。日南則景短多暑，日北則景長多寒，日東則景夕[一]多風，日西則景朝[二]多陰。日至之景尺有五寸，謂之地中，天地之所合也，四時之所交[三]也，風雨之所會也，陰陽之所和[四]也。然則百物阜安，乃建王國焉，制其畿方千里而封植之」。洛邑正當天地之中，其建王國也，宜矣。夫「履至尊而制六合，莅中國而撫四夷」，儻非擇中和之地以安處之，其何以變移四方之風俗，使皆出於中和哉？

然而成王未嘗都洛也。文王都豐，武王都鎬，至平王避犬戎乃都於洛。其區區爲此不急之務，何哉？曰是有説也。太史公曰：「其居洛邑，則四方朝聘、貢賦、道里均焉。」

〔一〕「夕」，原作「朝」，據四庫全書本改。
〔二〕「朝」，原作「夕」，據四庫全書本改。
〔三〕「交」，原作「和」，據四庫全書本改。
〔四〕「和」，原作「交」，據四庫全書本改。

而車攻之詩序曰：「宣王能内修政事，外攘夷狄，修車馬，備器械，復會諸侯於東都。」是成王雖不都洛，而會諸侯時必居洛邑焉，是太史公朝聘貢賦之説，是矣。

非特此也，召公之意以周公攝政，履天下危事，居天下疑地，今天幸成王年長，周公之忠將有所見，脱危事而去疑地，豈可不使四方曉然知之，且以垂後世法哉？故因營洛，庶邦冢君，庶商越自御事咸在，大明周公還政之忠，而當千官萬列之前，告王以敬德待天命也。蓋「天難諶，命靡常」，疑若不可測識也。召公歷陳夏、商興亡，止在敬與不敬而已。故不敬則皆墜厥命，敬德則惟有歷年。敬之一字，其行甚要，其功甚愽。何謂敬？妄慮不起，百邪不生，是敬也。顧此敬處，即天命也，惟有歷年，夫何足怪？不敬則思慮紛亂，私邪横生，其去天命遠矣，早墜厥命，亦何怪乎？

人常言天命在彼，今而後知天命不遠，在我而已。何以知其在我哉？行吾敬則是天命，豈非天命在我乎？召公反覆以此一字爲言，豈召公平生所得在此一字，而自后稷至文、武傳心之法，止在此一字乎？嗚呼！後世人主以敬而得天命、不敬而失天命者亦多矣。召公之意，豈特爲成王設哉？抑亦垂示凡有天下者，皆以敬而已矣，故於庶邦冢君、庶商御事前昌言之而不疑。使成王之心竦動森列，不敬微起，則見今日召公進戒時，庶邦冢君、庶商御事在列時，其敢忽乎？曾子曰：「十目所視，十手所指，其嚴乎！」此召公所以當庶邦冢君、庶商御事前陳召誥之義也。學者不可不審。至於攝政以俟人主年長而復子明辟，此君臣之大義，而元老大臣之忠正也。當庶邦冢君、庶商御事於營洛時，而舉此大典，其垂法萬世，亦已大矣。莽、卓、操、懿，宋、齊、陳、隋皆不知此義，此所以爲天下後世罪人也。嗚呼！

洛誥論

余以召誥考之，周公以三月十二日乙卯至洛，二十一日甲子以書命商庶，二十五日戊辰王在新邑。此書之作，大抵王以年幼未能辨國事，未容周公之歸也。其書宜在命商庶之後，而商庶之丕作，宜在戊辰之後也。不如此說，則齟齬參差，其説不合。然則此書有「往新邑，伻嚮即有僚」之語，疑若在豐而爲此書也。余以日月考之，周公三月二十一日已在洛都，非與成王對談，安得「拜手稽首誨言」之辭乎？然則往新邑之「往」宜與自今以往之「往」同，然後義理流通，不相阻礙。

或曰，伊尹歸政即曰「罔以寵利居成功」，乃超然而歸。周公拳拳誨諭，有不忍去之意，成王留之固確矣，周公遂爾不去，比伊尹爲如何？曰聖人斟酌變故，審處時宜，進退去就，皆合乎道，豈可以凡心俗慮可否之乎？當伊尹時而不去則有亢龍之戒，當周公時而去則有巨擘之譏。學而不至於識時，奚以學爲哉？此又周公之遺意。

橫浦先生文集卷之十

書傳統論

多士論

此多士者，周所謂頑民，乃商家之忠臣也。蓋其被紂之酷，如在湯火中，一旦武王伐紂，民雖皆有生意，既而見有天下者非商家之子孫，在朝廷者非商家之大臣，往來導達者非商家之使者，則又悲辛忿懥，故欲與武庚舉事，再復商家之社稷也。由此觀之，豈非在商爲忠臣乎？然而在周謂之頑民者，何也？周武王伐商，非爲一己，乃救此無辜之民。今得安居樂業，乃反怨叛，非頑而何？然由湯至于武丁，賢聖之君六七作，天下歸商久矣。商人謂周於我何有哉？周公無如之何，所以作此奇計，營建洛邑，遷商民於是。使其耳目一新，心志變易，日見周之士大夫，日聞周之號令，日被周之德化，變念商之心爲念周之心，豈不宛轉巧妙乎？觀此所誥，其言温如春陽，潤如時雨，使之有感動之心而無鬩很〔二〕之意。其論遷居於洛，則曰：是惟天命，無我怨；論夏迪簡在王庭，則曰：「予一人惟聽用德。」既安慰其勞苦之餘，又開勉以選任之意，使人人自喜有仕宦之望，而無擯絶之憂，有一家之心，而無防閑之苦。嗚呼，周家忠厚之風，其亦見於此乎！

無逸論

余觀周、召之於成王，所陳在敬，所戒在逸。蓋敬則不逸，逸則不敬，以敬爲心，則爲恭，爲畏，爲不暇，爲克己，尊先王之典彝，而享國至於長久；以逸爲心，則爲傲慢，爲耽樂，好田獵，峻威刑，聽小人之邪説，而享國不克長久。此理之自然者也。嗚呼！人主之有天下，上焉則受皇天之畀付，下焉則司萬民之性命，内焉則祖宗社稷之所依，外焉

〔二〕「很」，四庫全書本作「狠」。

則蠻夷戎狄之所賴，其任至大，其責至深，此豈細事哉？如此重器，必以敬爲心者，乃能負荷之，其可以逸豫之心持之乎？

歷觀自古以敬保天下者，僅能無失；而以逸豫爲天下者，必至於覆宗絶祀。周公戒成王以此一字，可謂知所本矣。又歷陳商三宗、周文王所爲，使成王知所準的；又歷陳末後逸王所爲，使成王知所警戒；又歷陳皇自敬德，及[一]亂罰無罪之説；又歷陳小人譸張，變亂先王正刑之説，其所以爲成王計，亦已盡矣！此蓋成王即位之初，警戒之事也。召公以敬之説陳于前，周公以無逸之説繼於後，前挽後推，左枝右梧，惟恐其墜文、武之業也。其亦辛勤勞苦矣，不如是，不足以爲周、召。

君奭論

此一篇之意，皆周公慰勉召公同相成王，保守文、武之基業。召公之意以謂，成王幼小，一惑流言，乃疑周公，其才止中人耳，而我與周公當師保之任，儻或成王不能保守，

[一]「及」，原闕，據四庫全書本補。

其罪當在於我。故每懷不悦，常有惟恐失墜之意，而欲求去焉。故周公以伊尹、伊陟、臣扈、巫咸、巫賢、甘盤之輔商家，虢叔、閎夭、散宜生、泰顛、南宫适之輔文、武告之，意欲使召公彊留輔相成王，以效商家、周初諸人，庶卒文、武之業。觀其言曰：「汝明勗偶王，在亶，承兹大命」，則其區區之意，正謂治亂在我二人，我二人在朝，則成王焉有不善終者？如商有伊尹諸人在朝，周初有五人在朝，安得不治者！其意專以恢廓召公，使抗志彊力，無自憂沮，無以去爲全身也。周公之心，蓋可知矣。先儒謂召公不欲周公留相成王，故不説，何待周公之淺也！

蔡仲之命論

或曰舜殛鯀而用禹，周公囚蔡叔而命蔡仲，在舜與周公不失爲忠厚之舉矣，而大禹、蔡仲其何以處之？曰：聖賢於此，其有所處矣。父誠無辜，天下有公論，其子不仕，抱痛而死，如晉王裦，可也。父有如鯀，績用弗成，父有如叔，挾武庚以叛，禹爲司空，仲爲蔡侯，勉力爲善，以蓋父之往愆，可也。此仁人孝子之心也。儻不論是非，以不仕爲高而忿恨其上，是怙終遂非，先王之所不赦也，此不可不講。

多方論

余讀此篇，乃知商家德澤入人之深，使人不忘至於如此也。又知夫周家忠厚，哀憐迷妄，不忍殺戮，而反覆開喻，使之感寤至於如此也。是皆先王盛德之事，後世所不及矣。夫由湯至於武丁，賢聖之君六七作，其深仁厚澤漸漬天下舊矣。紂既去武丁未久，而又流風善政猶有存者，又有微子、微仲、王子比干、箕子、膠鬲相與輔相之，此遺民所以不忍遽忘商。至於同武庚叛，又同奄叛，而不恤也。豈民在紂虐政中如在湯火，皆欲脱去，而紂亡周興，見夫所以君天下者非商子孫，而位朝廷居民上者又非商士大夫，號令禁戒所以誥告天下者又非商家舊法，此所以悲辛愁苦，思爲叛亂，以復商之社稷也。

然而周公於此胡不用長平之誅，行亡秦之法，而區區恃告戒以感動之？以告商士則有多士，以告諸侯則有多方，煩辭疊語，諄諄切切，如哲父慈母之訓子孫。既懼之以威刑，如此篇有「大罰殛之」之語，又有「離逖爾土」之語；又誘之以爵賞，如此篇有「大介賚爾」之語，又有「迪簡王庭」之語。或推或挽，使之歸於善道，何其迂闊也！自後世觀之，疑若不快人意者。夫快意乃秦皇、漢武所爲，而不快意乃先王所以爲忠厚之道也。快意事豈士君子所當爲哉？惟先王不忍快意，而務爲涵養誘掖之道，此所以爲先王之正道，而後世所以終不可及也。其至矣哉！學者觀先王之道，毋於快意中求，而自不快意中求之，則思過半矣。

立政論

周公致政于成王，其法度、紀綱、典章、文物皆已燦然備具，但欲成王擇其人以立之耳。故周公作此一篇之書，所戒無非任人之事，此周公作立政之大意也。然是説也，豈特爲成王設哉？爲天下萬世無窮之計也。嗚呼！有此天下，非其人而使共政，其喪亡也必矣。故歷陳夏、商以爲戒。人主當書此篇，置之座右，饘於是，粥於是，造次必於是，顛沛必於是，可也。

周官論

成王由周公「克由繹之」之説，深得用人之術，思爲天下後世計，乃以其所見，作爲周官。以謂必如是者乃爲三公，必如是者乃爲三孤，如是者爲冢宰，如是者爲司徒，以至爲司馬，爲司寇。且揔告別告，以爲子孫之守，使子孫高明者得其心，而常才者得免過。居位者有此才則無愧，無此才則懷羞，其有補於人主也大矣！

君陳論

昔周公營洛，使成王於此朝四方諸侯，而處商之頑民於東郊，謂之成周，則成周乃洛之一邑也。謂處頑民於是，故尹東郊之人，其任爲甚重，其責爲甚專。昔龔遂治渤海，謂宣帝曰：「治亂民猶治亂繩，不可急也。臣願丞相、御史且無拘臣以文〔一〕，得一切以便宜從事。」宣帝許之，故民安土樂業，至賣劍買牛，賣刀買犢，吏民皆富實，獄訟止息。君

〔一〕明萬曆刻本及四庫全書本，「文」字下有「法」字。

陳之於頑民，亦不當治之以急也。故成王之告，大抵欲調和之而已。如「寬而有制，從容以和」之説，「無忿疾于頑，無求備於一夫」之説，「必有忍，其乃有濟；有容，德乃大」之説，是也。又使之一切便宜從事，如「予曰辟，爾惟勿辟；予曰宥，爾惟勿宥」之説是也。大要欲不失周公本意而已。故有「式周公之攸訓」，「懋昭周公之訓」之説，「弘〔一〕周公丕訓〔二〕」之説。周公本意如何哉？欲教化頑民，使之歸心周室耳。君陳儻能因事制宜，不拘法制，優柔涵養，使民自歸於善道，則周公之意得，而成王之説行矣。此作君陳本意也。

顧命論

顧命之義，以謂成王將崩，顧祖宗基業傳之後嗣，而有付託之命也。抑余嘗怪，堯、舜、禹、湯、文、武亦聖矣，而堯無顧命，舜無顧命，禹、湯無顧命，文、武無顧命，何

〔一〕「弘」，原作「洪」，據四庫全書本改。
〔二〕「訓」，原作「説」，據四庫全書本改。

哉？嗚呼！死生之際，鮮有不亂者，故春秋之法尤嚴於死。蓋人君之死也，必居正寢，不死於婦人之手。其書法曰「公薨于路寢」者，得禮也。書「公薨」而不言所在，則深痛之也，魯隱公是也。孔子作歌而死，曾子易簀而死，子路結纓而死，子張有庶幾之言而死，此皆聖賢之盛事也。堯、舜、禹、湯、文、武無顧命，則已見其死時乃平生典、謨、訓、誥中事耳，豈亦爲異事哉？此所以無顧命。

至於成王，特中材之主爾，周公大聖也而疑之，管、蔡流言也而惑之，曾不若昭帝之於霍光、孫亮之辨鼠矢也。平時如此，死蓋可知。及夫周公爲師，召公爲保，太公在前，畢公在後，四子挾而維之，一日即位，天下廓如也。觀周官之勑戒，君陳之訓辭，森嚴尊大，儼乎如天帝之臨北極也，此蓋學問之力也。至其將死也，而告命明白如此，真可謂難及矣。此所以有顧命之篇，而列於左史焉。孔子取之，蓋以詔天下後世人主勿自棄也。成王前日如此，而後日乃不可及如此，可不自勉乎？其意深矣。或曰：太甲亦前愚後智也，何以無顧命？曰：太甲悔過之語，已足以見其所存矣。而伊尹乃告之咸有一德之大，顧不了死生乎？此所以不載也。或去或取，皆聖心之用，學者當深窮之。

康王之誥論

此篇乃成王崩時，適諸侯有入覲者，或因朝新主以進戒，而康王亦報誥以戒諸侯。史官以康王新即位，而其告戒切事盡情，綽乎已有人君之道，故綴而集之，以爲後世法焉。余觀此篇，想見唐、虞、三代之盛，而後世不及也。昔帝舜作歌，皋陶賡歌，今諸侯進誥，康王報誥，藹乎其相孚也，炳乎其相輝也，纍纍乎端如貫珠之相聯也！讀之使人見忠愛之實，想輯睦之風。其與夫阿意苟容，不敢進一言；常舞酣歌，不以斯民爲意，無一辭以儆勵臣下者，大有間矣！若夫釋喪而冕服，諒陰而有言，則有東坡之論，在學者宜擇焉。

橫浦先生文集卷之十一

書傳統論

畢命論

嗚呼！商民之難服也，甚矣。於此可以見商之德澤入人也深，人不忘之如此。夫以三監之親乃與之同叛，以周公之聖，君陳、畢公之賢，前後相繼，僅能得其心耳。觀周公處商民一事，其巧思深智，非後人所可及也。如商民之不服，在白起處之，坑四十萬可也；在項羽處之，坑二十萬可也，周公肯爲此乎？在晉武帝處之，使在邊鄙，卒有元海之難；在符堅處之，用爲腹心，卒有慕容垂之亂，周公肯爲此乎？

嗚呼！既不可用之，又不可以計處之，遷之洛邑，使日見周之仁政，日聞周之仁聲，日親周之仁人君子，優游涵養，以變易其不服之心，如此者三十六年矣。難化者或老或死，已化者方少方生。於是時也，得不有聳動之術以一新其耳目，爲永久之計乎？君陳分正，固有其兆矣。至於畢公乃曉然，「旌别淑慝，表厥宅里」，使知爲善者如是而尊榮；「弗率訓典，則殊厥井疆」，使知爲惡者如是而黜辱。又「申畫郊圻」，使爲姦者無所覬；「謹固封守」，使居安者常慮危，其聳動之術可謂盡矣。抑又可慮而爲風俗根本者，世禄之家是也。「惟德惟義，時乃大訓」，使世禄之家盡由於德義，則下民皆由於德義。由德義則風俗美而天下安，不由德義則風俗惡而天下危。

有聳動之術以起其心，有德義之訓以美其俗，則非特中國尊榮，而四夷皆受其賜矣。顧其巧思深智，皆周公經營之，君陳祖述之，而畢公成就之也。三后協心，同厎于道，非虚辭也。嗚呼！古之聖賢，其用心若出乎一人，若同乎一心。後之有位者，見人之有功則飾辭以毁之，見人之有作則曲意以敗之。王濬平吴，幾於不免，府兵成制，破壞無餘。聞君陳、畢公之風，使人抱經而歎。

君牙論

余讀舜典一篇，歷試禪位，受終占象，祭告天地，巡守黜陟。堯崩，舜格詢嶽、闢門、明目、達聰之事，雜然並舉。其命九官，事亦大矣，不過數十語，辭簡意足，穆然渾然，含不盡之意，何其大體也！降及成王，命君陳尹正東郊耳，而作書一篇；康王命畢公保釐東郊耳，又作書一篇；今穆王命君牙又一篇，命伯冏又一篇；平王〔二〕錫晉文侯又一篇。嗚呼！何其辭煩而意雜也。曰虞舜之書，辭不盡而意無盡，命者、受命者皆自得於言意之表，豈特訓諭而知哉！至於後世，意不一而辭無窮，諄諄喋喋，尚恐不吾審也。雖可以見仁厚之意，亦可以見大道之衰矣。

余讀君牙篇，見穆王稱述先正〔三〕，尊敬先王，虔虔懇懇，有如將失之之意，而訓飭慰勉，藹乎有治世之音，嚴乎有父師之法。表表乎，以祖宗爲準而不敢越也！此夫子所以

〔二〕「王」，原作「生」，據四庫全書本改。
〔三〕「正」，四庫全書本作「王」。

有取焉，豈偶然哉？

囧命論

余觀君牙之篇，穆王自以謂繼文、武、成、康之緒，懼其弗稱，而託於股肱心膂。今命伯囧又言文、武賴小大之臣，侍御僕從，皆得其人，故「下民祇若，萬邦咸休」而已，寔賴前後之人正其不及，「繩愆糾謬，格其非心」。且曰「后德惟臣，不德惟臣」，亦虛心於治〔二〕道矣。然而治功藐然如此，豈君牙、伯囧之不足與有爲耶？抑豈穆王有其言而無實耶？曰：是固然矣。君牙乃在昭王時，區區無補之臣，而伯囧之爲太僕，乃見穆王馳騁天下，有車轍馬跡，而不能正救者也。是二人不足以有爲者也。穆〔三〕王其父昭王溺死於漢水，略無恢復之志，而馳騖四方，與兩篇之言大不相似，是有其言而無其實者也。

然而余三復兩篇，見其慇懃惻怛，有足以感動人者，何也？曰：德宗何人哉？有陸贄作

〔二〕治，原作「冶」，據文意改。

〔三〕「穆」，原闕，據明萬曆刻本及四庫全書本補。

奉天詔書，遂使山東父老爲之泣下。則夫二篇之命，亦必當時仁人君子憫穆王之無志，故修辭立誠以勸勵于臣下，惟其誠實所寓，所以使人讀之必至于感動也。辭之不可已也久矣。夫易曰：「鼓天下之動者，存乎辭。」信矣！或曰：二篇之意略不及昭王，何也？曰：此穆王諱父之惡，故代言者，亦不敢彊之也。曰：安知非出於穆王之自爲耶？曰：使出於穆王，其慇懃惻怛如此，必當大有爲於天下。蓋有是言者，必有其誠，有其誠者，必有其志。穆王無志如此，以五十之年乃即尊位，而乃不以父耻爲念，區區如兒輩務夸馬力，奔走四方，此不才之主也，安得有此至誠之言？故余斷以謂，非出於穆王，而出於大臣之賢者也。學者試考之。

呂刑論

穆王五十即位，今此書言享國百年，是即位又五十年矣。當耄亂之時，乃能大度時宜，命呂侯爲司寇，而訓呂侯以夏時贖刑之法，以輕刑辟爲事。且其書以刑爲至重，上以堯、舜爲法，苗民爲戒。主在呂侯，乃遍飭四方司政典獄，又飭同姓諸侯，又飭有邦有土，又飭官伯族姓，而終飭戒嗣孫焉。其言互相發明，皆典獄者所當留意也。贖刑之法，乃詳載於有邦有土之下，則知在朝廷所當遵守也，非互相發明乎？夫穆王非周之令王也，周道之衰，穆王實爲有罪。且以昭王之死不明，而略無痛悼之意，乃甘心於馳騁之事，而君牙、伯冏、吕刑，聖人取以爲書而不廢，何也？曰：訓辭深厚，意旨懇切，穆乎有三代之風，淵乎有賡載之作，非有文、武遺緒，能至是乎？此夫子所以玩繹而不忍删也。

文侯之命論

余讀史記，知幽王廢申后及太子宜臼，以褒姒爲后，而立其子伯服爲太子。宜臼奔申，申侯怒，與犬夷殺幽王，虜褒姒，晉文公與鄭武公乃即申侯共立宜臼，是爲平王。嗚呼！尚忍言之耶？以史考之，是平王因申侯殺其父而得立也。嗚呼！尚忍言之耶？春秋之時始於隱公，其亦以是乎？使平王知有父子，方且痛傷求死之不給，肯爲殺父者所立乎？使平王權以濟事，方且枕戈嘗膽以報父仇，肯命文侯，而無一言以及幽王乎？今文侯之命止有「嗣造天丕愆」，與夫「侵戎我國家」兩句而已，略無傷痛之辭，何也？豈犬戎兇暴，申侯殘忍，初造國家，未能勝之，故爲此畏懼，將以有待耶？而在位五十年，略無施設，而揚之水之詩發於怨歎，是於申侯甚厚報其殺父立己之恩。嗚呼！尚忍言之耶？是特不孝之子而已耳。然則此書何足存，而孔子不删去，何也？此蓋存之以著平王之罪，與胤征同也。觀書者當以時考之，可也。

費誓論

費，魯東郊之地。魯侯伯禽方就侯國，居曲阜，而徐戎、淮夷遽興兵侵擾，伯禽誓於費以禦之。觀其飭戒，一何嚴哉！蓋軍事，性命所在，一失其幾，所害非一夫性命而已，其可不嚴耶？甲冑、干戈、弓矢、矛刃、馬牛、臣妾、糗糧、楨幹、芻茭，無不告戒，其防微早慮如此。而襄公不鼓不成列，陳餘不用詐謀奇計，以謂行仁義，豈知周公之子行兵乃如此其微哉！

秦誓論

穆公不聽蹇叔之言，以敗於晉，故悔過而作誓，以懲艾前非也。然而伯禽、穆公等諸侯耳，虞、夏、商、周，帝王之書也，而以諸侯之誓繫之，此學者所以致疑也。曰：此孔子深意也。如王者之迹熄，則大雅降而爲國風；王者之道亡，故秦、魯升而繫三代。於詩以見其亡，於書以見其意。其意曰，平王錫晉文侯，而言不及於復讎，王道不可望也。得如伯禽之用兵，庶幾於王道矣。又曰，王道不可望也，得如秦穆之悔過，亦庶幾於王道矣。取秦、魯以補王道，所以深痛王道之不復興也。夫國風始於平王，春秋始於平王，王道終於平王，而以秦、魯補之，則平王之罪可勝言哉！夫何故？天下之讎莫大乎弑君父，而平王君父之讎不報；天下之惡莫大乎弑君者所立，而平王爲太子走而之母家，母家與犬夷弑其父而立之。嗚呼！事至於此，王道絶矣，平王不勝其罪矣。故孔子之意以謂，使平王用兵得如伯禽，申侯、犬戎庶可誅戮乎！使平王悔過得如穆公，聽言用賢，周家其中興乎！今而亡焉。故痛憤，而以伯禽、穆公繼於其後也，以謂如此二人猶勝於平王也。惜乎此義未有發之者，余故表而出之。

橫浦先生文集卷之十二

狀元策一道

問：

朕承中否之運，獲奉大統，六年于兹。顧九廟未還，兩宫猶遠，夙興夕惕，靡敢荒寧。憫國步之久艱，悼己事之失策。虚心求治，不憚改圖，故詳延子大夫于廷，咨以當世之務，冀聞長計以興大業，將覈其言以收其用。非直循故事，設科舉塞人情而已。

蓋古先辟王，繼中微之世，承思治之民，芟夷大患，事半功倍。少康一旅而復有夏，宣王興衰以隆成周，光武三年而興漢祚，肅宗再歲而復兩京。皆蒙前人之緒，撥亂反正，若此其易也。今賴四方黎獻，翊戴眇躬，列聖之澤未遠也。朕焦心勞思，不敢愛身以勤民。然屈己以和戎，而戎狄内侵；招誘以弭盜，而盜賊猶熾；以食爲急，漕運不繼而廩乏羨餘；以兵爲重，選練未精而軍多冗籍；吏員猥并，而失職之士尚衆；田萊多荒，而復業之農尚寡；嚴贓吏之誅，而不能革貪汙之俗；優軍功之賞，而無以消冒濫之風。方今外攘夷狄，則不足以靖民；取於民有制，則不足以給車徒之衆。爲人父而自榷其子，則又何以保民而王哉？

朕弗明治道，仍暗事幾，凡此數者，常交戰於胸中，徒寢而弗寐，當食而歎也。子大夫與國同患難久矣，宜考前世中興之主，施爲次序，有切於今者；祖宗傳緒累世，其法有可舉而行者；平時種學待問，奇謀碩畫，本於自得，可以持危扶顛者，其悉意以陳，朕將親覽焉。

臣對：

臣聞禍亂之作，將以開聖人也。商道不衰，何以見高宗？四夷不叛，何以見宣王？漢無昌邑之變，則無以啓宣帝；唐無宫壼之變，則無以啓明皇。是以知君天下者遇禍逢亂，當以剛大爲心，無遽以驚憂自沮。灼知此理，然後可以知天意之所在矣。

臣嘗歷考前古興衰撥亂之君，以謂莫善於憲宗，莫不善於文宗，何以言之？憲宗當唐室陵夷之際，藩鎮跋扈，主權下移，乃能左顧右眄，慨然起恢復之心。不幸廷臣異議，刺客在朝，京師皇皇，朝不謀夕。惟憲宗當宁發憤，屏聲卻欲，討賊之心愈厲。明年平夏，又明年平蜀，又明年平淮、蔡。元和之功，卓然爲天下冠，此以剛大爲心者也。文宗當昭愍之後，閹寺執柄，主威不宣，雖能高舉遠蹈，毅然有掃除之心，不幸委任失當，害及非辜，甘露之禍，言之使人酸楚。豈非文宗遽以泣下霑襟，魂飛氣索，自比周赧，又自比漢獻，又自謂無與堯、舜，又自縱酒以傷其生，悲辛愁苦，不復以朝廷爲意，此以驚憂自沮者也。故臣嘗斷之曰：若憲宗，可謂知天意之所在，若文宗者，又何足與論天意哉？

蓋禍亂之作，正聖人奮勵之時也，何至以驚憂自沮乎？今陛下痛九廟未還，兩宮猶遠，又憫國步之久艱，悼己事之失策。然深察禍變之故，是乃皇天所以啓至聖也。伏惟陛下謹之重之，以剛大爲心，無遽以驚憂自沮，庶幾與商高宗、周宣王、漢宣帝等，相揖於千載之上，合皇天所以畀付之意，不勝臣子至願。

然以剛大爲心者，要當夙興夜寐，惡衣菲食，屏遠便佞，登崇俊良，好切直之言，戒聲色之惑，先定規模以定大事。臣觀古之聖人將大有施爲於天下者，必先默定規模，而後從事。其應也有候，其成也有形。非若順風揚飆，一〔二〕求快意而無所歸赴也。商君之法，非良法也，然而規模先定，故能兵雄天下，臣服諸侯；蘇秦之術，非善術也，然而規模先定，故能合六姓之異，卻彊秦之兵。淮陰對高帝以北舉燕趙，東擊齊，南絶楚之糧道，而西會於滎陽，無一不如其言者，規模先定故也；耿弇對光武以定漁陽，取涿郡，還收富平，而東下齊，無一不如其言者，規模先定故也。

伏仰陛下欲迎九廟，歸兩宫，安國步而康庶事，擴擴規模固已定於聖心，而又元樞捷報，殲厥渠魁，自前世之君觀之，固有滿假而自大，以速天下之謗者矣。獨陛下不然，乃撝謙不居，躬御便殿，親頒德音，以前世中興之君爲問。至於攘夷狄，弭盗賊，足食，練兵，澄冗官，復農業，革貪汙而消冒濫，寬民力而給車徒，前世中興之施爲，祖宗傳緒之法度。下詢於承學之士曰：「本於自得，可以持危扶顛者」，此有以知陛下用心之効也。

〔二〕「一」，原闕，據明萬曆刻本及四庫全書本補。

臣雖智識淺陋，然而仰見規模宏闊深大，輒整冠肅容，再拜稽首曰：猗歟盛哉！有君如此，天下何憂乎？宗廟社稷何憂乎？二聖六宫暫淹蠻貊，亦何憂乎？臣學術至空虚也，然忠憤所激，敢不敷陳管見，上裨日月之光？臣謹昧死上愚對。

臣伏讀聖策曰：「古先辟王，繼中微之世，承思治之民，芟夷大患，事半而功倍。少康一旅而復有夏，宣王興衰以隆成周，光武三年而興漢祚，肅宗再歲而復两京。皆蒙前人之緒，撥亂反正，若此其易也。」臣有以見陛下規模遠大，知所以爲中興之本也。臣聞禹有治水之德，民心懷之，故其有天下也十有七世，歷年四百六十有二，少康一旅而復有夏者，祖宗之德在人也。稷有播種之德，民心懷之，故其有天下也三十七世，歷年八百有餘，宣王興衰以隆成周者，祖宗之德在人也。漢高祖有寬仁之德在人，故其有天下也二十一世，而歷年至於四百，然則光武三年而興漢祚者，豈非蒙高祖之德哉？唐太宗有仁義之德在人，故其有天下也二十四世，而歷年僅及三百，然則肅宗再歲而復兩京者，豈非蒙太宗之德哉？皇宋一祖六宗，英靈在天，功德在民，中興之運，正歸今日。儻能擴此規模，濟以兢謹，果何往而不可乎？

伏讀聖策曰：「今賴四方黎獻，翊戴眇躬，列聖之澤未遠也。朕焦心勞思，不敢愛身以勤民。然屈己以和戎，而戎狄内侵。」臣有以見陛下規模遠大，知祖宗之德，士民之歸，將乘此時爲兩宫中國雪積年之耻也。臣觀金虜有必亡之勢三：夫好戰必亡，失其故俗必亡，人心不服必亡，而金虜皆與有焉。臣請爲陛下歷陳之。始皇并吞六國，可以止矣，恣心快意，復征南越，曾不知驪山之役未成，而二世、子嬰已被害而就擒矣，此以好戰而亡也。隋文帝遠平江東，可以止矣，煬帝嗣位，親駕征遼，曾不知錦帆未過隋渠，而大盗已據其都矣，此亦好戰而亡也。蠢爾金虜亦何足以秦、隋比？顧論好戰必亡，因以及之。夫蕞然疥癬，臣事高麗，奴事契丹，中國視之如居霄漢而觀螻蟻，曾何足以汙齒牙？乃不自循分，陸梁咆哮，自靖國興兵，越于今三十餘載矣。適國家當此否運，乃敢欺天叛人，犯我王略，侵我中國，奪我兩河，又擣我都城，又要我二聖，又入我淮右，踐我江、浙，嗚呼！悲夫積骨如山矣，流血如河矣，夷城如墟矣。皇天昭昭，滅亡無日，此臣所以言好戰必亡也。

西晉之亂，匈奴、鮮卑紛紜於中國，而其豪傑間起爲之君長。如劉元海、符堅、石勒、慕容儁之儔，皆以絶異之資，驅駕一時之賢俊，其彊者至有天下大半，然終覆亡，相繼不過一傳再傳而滅，何也？夷狄之心固安於無法也，而束縛於中國之法；中國之心固安於法度也，而苦於爲夷狄之行。君臣相戾，上下不安，雖建都邑，立城社，其心岌岌然，常若寄寓於其間，其能久乎？蠢爾金虜亦何足以元海、符堅比？顧論失其故俗，因以及之。夫其不安窟穴，既滅契丹，復陵中國，意將誦詩讀書，佩玉鳴鸞，傚我中國之制，沐猴帶冠，爰居聞樂，想其憂愁無聊，如被五木而居九地，終身不快，卒於死而已矣。此臣所以言失其故俗必亡也。

始皇賊韓，張良奮椎擊其車；朱泚僭號，段秀實提笏擊其額。天下之人其視金虜，誰不欲寢處其皮而食其肉，顧其路無由耳。今虜我中國，士庶入於窟穴，固亦有豪傑慷慨之士，欲圖之久矣。而又罵辱及於公卿，鞭扑行於殿陛，貴爲將相而不免有囚徒之耻，將見有憤惋欝結而思變者矣。此臣所以言人心不服必亡也。區區一劉豫欲收中國之心，嗚呼愚哉！中國之心豈易收乎？彼劉豫者，何爲者耶？素無勳德，殊乏聲稱，天下徒見其背叛於君親而委身於夷狄爾。黠鶵經營，有同兒戲，何足慮哉？

然金虜雖有必亡之勢，而我有必興之理，不可不講也。臣觀古人所以謀人之國，必有一定之計。越王之取吴，是驕之而已；秦之取六國，是散其從而已；高祖之取項籍，是離間其君臣而已。今越之計，秦之計，高祖之計，宜次第而用之。

當先用越王之法驕之，使其侈心肆意，無復忌憚，天其滅之，將見權臣争彊，篡奪之禍起矣。臣請備論越王所以取吴之術，惟陛下聽之。范蠡曰「卑辭厚禮以驕之」，越王則自稱曰「草鄙之人」，自稱其國曰「貢獻之邑」；范蠡曰「玩好女樂以驕之」，越王則先之以皮幣，隨之以管籥，使大夫女女于大夫，士女女于士。其稱吴爲天王者，范蠡使尊之以名也；其請親爲前驅者，范蠡使以身爲市也。今日之驕虜，當損益其法可也。嗚呼！越王含辛茹苦，志在報吴，非篤志之君，其孰能之？以民之不蕃而兵之不給也，乃下令於國中曰：「壯者無娶老婦，老者無娶少妻。女子十七不嫁，丈夫二十不娶，則罪其父母。生男子也，賜束修、一犬；生女子也，賜束修、一豚；生三人，公與之母；生二人，公與之餼。」支子死，當室者死，則哭泣之，葬埋之，如其子也。載脂與粱，以食孺子；身耕妻織，以裕國人。國人荷其恩，感其德，憤其土地之狹，而憫其會稽之耻也。於是父兄請戰，不許。父兄則又請戰，而致其辭曰：「越四封之内，其視君也，猶父母也。

子而思報父母之讎，臣而思報君之讎，其敢不盡力乎？」及其將行，父勉其子，兄勉其弟，婦勉其夫，曰：「孰爲是行也，而可無死乎？」

陛下欲滅金虜，當先結吾民之心可也。越王之在國也，觴酒豆肉，以分左右，飲酒不盡味，聽樂不盡聲，求以報吴，今陛下有是乎？病者問，死者葬，老其老，長其幼，慈其孤，求以報吴，今陛下有是乎？富者安之，貧者與之，救其不足，裁其有餘，求以報吴，今陛下有是乎？南事楚，西事晉，北事齊，春秋皮幣、玉帛、子女，以賓服焉，未嘗敢絶，求以報吴，今陛下有是乎？如其有也，天下幸甚，若猶未也，伏願陛下勉之。

越王歸國四年，憤祖宗之讎，思欲一戰以快心。范蠡曰：「未可也。」五年，而吴王信讒喜優，憎輔遠弼，又欲乘其間以伐吴，范蠡曰：「姑待之。」七年，吴王殺申胥，又欲乘其間以伐吴，范蠡曰：「姑待之。」七年，而吴國蟹稻不遺種，又欲乘其間以伐吴，范蠡曰：「姑待之。」今之金虜雖有必亡之勢三，然而信讒乎？喜優乎？憎輔而遠弼乎？曾殺賢如申胥乎？曾有天災如蟹稻不遺種者乎？必也俟其天時去，人事失，然後可以圖之。

越王歸國二十年，乃得舉兵以遂其志。其舉兵也，必智以度天下之衆寡，仁以供三軍之饑勞，勇以斷疑而決大事。又舌庸使之審賞，苦成使之審罰，大夫種使之審物，大夫蠡使之審備，大夫皐使之審聲。其將行也，則背屏而立，委夫人以内政，背擔而立，委夫人〔二〕以國政。其至軍也，則斬通行賂者；又明日徙舍，則斬不從令者；又明日徙舍，則斬不用命者；又明日徇軍，則歸無兄弟、盡在軍者；又明日徇軍，則歸有昏眊之疾者；又明日徇軍，則歸筋力不足以勝甲兵，志行不足以聽命令者。雖列國之君不足以爲今務，然其禁密如此，亦可喜也。故能一戰而敗吴於囿，再戰而敗吴於泓，又戰而敗吴於郊。夷其城，犂其庭，墟其廟，以雪積年之耻。陛下欲報金虜，願觀其用心，而以越王之法用之，不亦可乎！

伏讀聖策曰：「招誘以弭盜，而盜賊猶熾。」臣有見陛下規模遠大，欲攘夷狄而先靖中國也。臣聞唐太宗之説曰：「民之所以爲盜者，由賦繁役重，官吏貪求，饑寒切身，故不暇顧廉耻爾。當去奢從儉，輕徭省賦，使民衣食有餘，則自不爲盜。」韓愈之説曰：

〔二〕「夫人」，明萬曆刻本及四庫全書本，作「大夫」。

「刺史不得其官，觀察不得其職，財已竭而斂不休，人已窮而賦愈急，其不去而爲盜也，亦幸矣。」此皆論良民爲賦斂所困，故不得已而爲盜爾。今日之事則又甚於此。其横行於州郡，嘯聚於山林者，類皆軍兵爾。此曹在太平時帖首妥尾，惟上之令，不幸中國多故，朝廷權輕，何爾動輒怨怒耶？而一夫唱亂百夫從之，百夫唱亂千萬人從之。然使吾無間而可入，則朱滔不能起盧龍之卒，而李懷光不能彊邠寧之兵。今其所以一呼響應者，其心不服也。其心所以不服者，無乃吾恭儉未至乎？用人未當乎？賞無功而罰無罪乎？昔唐德宗放象豹，出宫人，以恭儉服天下；罷常衮，用崔祐甫，以用人服天下；賞緇、青將士以折其姦謀，杖邵光超以懲其貪冒，又以賞罰服天下。時李正己持兵十五萬，雄視山東，其將士聞德宗所爲如此，皆投兵相顧曰：「明天子出矣，吾輩猶反乎？」不特此也，吐蕃恃其彊大以凌侮中國，非一日積也。德宗即位，使者歸告其國主曰：「新天子出宫人，放禽獸，威德英武，洽於中國。」吐蕃大悦，遣使入貢。夫德宗恭儉委任、信賞必罰，行於户庭之間，而彊蕃悍卒自格於千里之外。使其恪守此心終始不變，則貞觀之風亦不難到。奈何其自敗壞也。臣願陛下篤恭儉，謹用人，明賞罰，以收天下之心。若曰我有甲兵可以誅其不服，我有招降可以俟其改過，誠恐去一大盜，其事卒未已也。誠能用臣之説，非特悍卒格心，而蕃戎亦且悔過也。故臣以太宗、韓愈、德宗之事爲獻。

伏讀聖策曰：「以食爲急，漕運不繼，而廪乏羨餘；以兵爲重，選練未精，而軍多冗籍。」此有以見陛下規模遠大，知兵、食之不可不慮也。臣以謂漕運不繼，宜選財賦之官；選練未精，宜責將帥之職。唐代宗以國用虛乏，饋餉紛紛，獨得一劉晏斡山海，排商賈，制萬物低昂，操天下贏貲，而軍用以給，以財賦得其人也。臣愚欲於常賦之外創置一司，名曰軍興。凡關市榷酤載在有司者，不與其數，獨變通有無，權制輕重，使利歸公上，斂不及民。出入錢穀，拘檢簿書，則付之士類，書符檄覘低昂，則付之皂吏。明敏精悍如劉晏輩，實司其職，夫何憂漕運之不繼乎？

馬燧之在河東也，馭馬厮役，教以騎射，制甲有長短之等，造車爲行止之宜，比及二年，得精兵二萬，以將帥得其人也。臣愚欲於冗兵之數，創置一軍，名曰精鋭。凡攻衝戰鬭，功在有司者，不與此選。獨招降之兵，擒獲之兵，俾弓矢戈矛，隨器而使，有能者，則書之尺籍，其無能者，則驅之屯田。擇彊力勇毅如馬燧輩，實司其職，夫何憂選練之未精也？

伏讀聖策曰：「吏員猥并，而失職之士尚衆；田萊多荒，而復業之農尚寡。」此有以見陛下規模遠大，知吏、農之不可不慮也。臣以謂吏員猥并，宜行辟舉之法；田萊多荒，宜行屯田之法。昔沈既濟欲宰臣叙群司，州郡辟僚佐，其意欲無失職之士也。臣愚欲使宰臣精選太守、部使者之職；若群僚，則太守辟舉；若監當，若巡尉，則使者辟舉。舉而不當，重者褫其職，輕者罰其金。吏部，臺諫得以糾正之。每辟一員，則具二人以待之，補者既上，則又辟一人以待之。前後相承，雖怠者亦勵。夫國家所以設官分職，將惟賢才之求，非爲爾衣食之資也。志在衣食，胡不爲工乎？爲商乎？爲農而力田畝乎？胡爲在搢紳之列也？夫責之以士人，則朝廷待之亦不可輕。凡太守、監司之赴官也，若内若外皆陛辭而後行。監司爲一輩，郡太守爲一輩，當行之日，陛下親御正殿，借辭色，告監司則曰：「一路官吏，實汝之托。」告郡守則曰：「一郡官吏，實汝之托，汝當夙夜以思，宣我所以愛民之意。予有大賚報汝功，亦有大罰懲不恪。」庶幾賢才並用，則失職非所患也。

昔鄧艾欲行陳、潁以東，屯田兩淮，得穀五萬斛。其意欲得復業之農也。臣愚，不敢遠引，且以鎮江一路論之。屯兵江口，無慮數萬人，就以二萬人論之。人必有家，家止五人，人日二升，日計二千斛，月計六萬斛，則歲百萬斛矣。顧此餽運，非由天降，非從地出，皆當取之於民。三吴之間，旱暵仍歲，長淮以北，草莽連雲，去歲到今，米斗千餘。今此下民，誰救其迫，而又追需急於星火，箠械酷於秋霜。開元屯田之法，振武屯田之法，不知其可用乎？勳官八品以上，前資七品以上，此建官之法也；土柔則五十畝而一牛，土剛則二十畝而一牛，此耕耨之法也，如是之法出於開元；募人爲十五屯，屯置一百五十人，令各就高爲堡，東起振武，轉而西過，極雲州界中，出入河山之險八百餘里，寇來不能爲害，人得肆耕其中，如是之法出於振武。臣願自淮以北，開置屯田，參開元、振武之法，非特足以招復業之農，而軍儲所資亦足以寬其憂矣。

伏讀聖策曰：「嚴贓吏之誅，而未能革貪汙之俗；優軍功之賞，而無以消冒濫之風。」此有以見陛下規模遠大，欲清流俗而懲僥倖也。昔毛玠爲尚書，而士大夫不敢鮮衣美食；楊綰爲宰相，而豪貴功臣爲之徹樂毁第，減騶御。贓吏貪汙流風遠矣。臣願陛下去聲遠色，躬儉節用，以勵朝廷。朝廷宰相卻苞苴，斷貨賄，以勵猾胥而懲狡吏。又何患貪汙之弗革乎？

昔元載、王縉秉政，四方以賄求官者相踵於門，大者出於載、縉，小者出於卓英倩，皆如所欲而去。代宗欲得士大夫之不阿附者爲己用，乃擢李栖筠爲御史大夫，事出主意，宰相不知，縉等由是稍絀。臣今欲用此策以消冒濫，可乎？凡大將以功來上，陛下親據其中一二人宴見而勞問之，果有功者，優加拔擢，其或言語不倫，事涉誕罔者，痛加懲斥，又何患冒濫之弗消乎？

伏讀聖策曰：「方今外攘夷狄，則不足以靖民；取於民有制，則不足以給車徒之衆。爲人父而権其子，則又何以保民而王哉？」此有以見陛下規模遠大，恤民如是之深也。臣伏讀聖問至此，不覺涕泗交頤，仰知陛下仁心如天地之大，而天下弗知也。臣觀濵江郡縣爲守爲令者，類無遠圖，陽羨、惠山之民何其被酷之深也。率斂之名，種類閎大，秋苗之外，又有苗頭；苗頭未已，又行折八；折八未已，又曰大姓；大姓竭矣，又曰湮實；湮實虛矣，又曰均敷；均敷之外，名字未易數也。流離奔竄，益以無聊。前日桑麻沃潤，雞犬相聞，今爲狐狸之居，虎豹之宅，蒼煙白露，彌望滿野。彼所謂守令獨抵几而言曰：「與其委之於盜賊，孰若輸之於國家？」嗚呼！安得此委巷之語乎！堂堂國家而下比於盜賊，不忠之罪莫大於此矣！夫節財即生財之道也。今藩方大使，各置使臣，收召親戚，竭民膏血以市私恩。或曰準備，或曰幹辦者，不知其幾人也。色目紛紛，難以數舉，凡醫巫卜祝之流，皆在其選。又諸縣添置武尉，尤爲無用，見敵則走，小勝則殺貧民以要功。居山則賣私茗，濵海則鬻私醝，未及交付，則已捕之爲己功矣。不知平時剥膚椎髓，歛怨招謗，以廩此曹，果何謂哉？臣願陛下明降詔書，戒飭藩方，罷去武尉，以蘇凋瘵，此亦保民之道也。

伏讀聖策曰：「朕弗明治道，仍暗事幾，凡此數者交戰於胸中，徒寢而弗寐，當食而歎。子大夫與國同患難久矣，宜考前世中興之主，其施爲次序有切於今者；祖宗傳緒累世，其法有可舉而行者；平時種學待問，奇謀碩畫，本於自得，可以持危扶顛者，其悉意以陳，朕將親覽。」臣有以見陛下規模遠大，謙冲退托，將以追配前王，紹述祖宗，旁搜遠取，以盡愚夫之慮也。臣竊謂中興之主大抵以剛德爲上，是故震伐鬼方者，高宗之剛；

有嚴有翼者，宣王之剛；信賞必罰者，宣帝之剛；赳赳雄斷者，光武之剛也。陛下之欲中興，當以剛德爲主，去讒節慾，遠佞防姦，此中興之本也。

祖宗傳緒之意，大抵以儉德爲主。恭聞仁祖服浣衣，寢絁被，力行恭儉，不忍費一毫以傷民力，至今父老言我仁祖，必泣下霑襟。蓋儉必仁，仁必能感天下。陛下欲紹祖宗，當以儉德爲主，珍奇弗御，玩好弗求，此祖宗之意也。

夫攘夷狄，弭寇盜，足食，練兵，澄冗官，復農業，革貪汙而消冒濫，寬民力而給車徒者，臣以一言而該之，不過曰剛與儉而已。然剛儉之德，聖心自明，天下猶未信者，何也？臣竊有説焉。臣嘗讀左氏傳，見吕甥論君子小人情狀於秦穆公，何其切至也。其曰：「小人慼謂之不免，君子恕以爲必歸。」又曰：「小人曰秦豈歸君，君子曰秦必歸君。」又曰：「小人曰必報讎，君子曰必報德。」夫士人所見高遠，故其言多恕；小人所見淺狹，故其語易深。善夫！孟子有曰：「百姓皆以王爲愛也，臣固知王之不忍也。」夫百姓以齊王爲愛牛，以小人之見每如此也。然小人滿天下，而所謂士人者幾何？雖家置一喙，言提其耳，不能勝衆多之口也。則人主於食息謦欬之間，其可以弗謹乎？

夫文王一飯，武王亦一飯，文王再飯，武王亦再飯，是武王以身試文王之安否也。蓋一飯則我力微矣，今吾親一飯而已，力不其微乎？此其所以可憂也。再飯則我力彊矣，今吾親至於再飯，無乃壽考之期乎？此所以可喜也。夫武王之於文王如此，若陛下之心，臣得而知之。方當春陽晝敷，行宮別殿，花氣紛紛，想陛下念兩宮之在北邊，塵沙漠漠，不得共此融和也，其何安乎？盛夏之際，風窻水院，凉氣凄清，竊想陛下念兩宮之在北邊，鑾氈擁蔽，不得共此踈暢也，亦何安乎？澄江瀉練，夜桂飄香，陛下享此樂時必曰：西風凄勁，兩宮得無憂乎？狐裘溫暖，獸炭春紅，陛下享此樂時必曰：朔雪袤丈，兩宮得無寒乎？至於陳水陸，飽珍奇，必投箸而起曰：羶粉腥羊，兩宮所不便也，食其能下咽乎？居廣厦，處深宮，必撫几而歎曰：穹廬區脱，兩宮必難處也，居其能安席乎？今閭巷之人〔二〕皆知有父兄妻子之樂，〔三〕陛下雖貴爲天子，富有四海，以金虜之故，使陛下冬不得溫，夏不得清，昏無所於定，晨無所於省，問寢之私，何時可遂乎？在原之急，何時

〔二〕明萬曆刻本及四庫全書本，「人」字下有「甿吏之伍」四字。
〔三〕明萬曆刻本及四庫全書本，「樂」字下有「室家聚處之歡」六字。

可救乎？日往月來，何時可歸乎？每歲時遇物，想惟聖心雷厲，天淚雨流，撫劒長吁，思欲掃清鑾帳，以還二聖之車。

此臣心之所以知陛下者如此。若小民之心則不然，以謂搜攬珍禽，驅馳駿馬，道路之言，有若上誣聖德者，此臣所以食不甘味，寢不安席，不量微賤，思爲陛下雪之也。深察其言，蓋亦有自焉。唐閹人仇士良致仕，其黨送歸私第，教以固寵之術曰：「天子不可令閑。嘗令以奢靡娱其耳目，使日新月盛，無暇及他事。」又曰：「謹勿使之讀書，親近儒生，彼見前代興亡，知憂懼，則吾輩踈斥矣。」其黨拜謝而去。此術既行，卒使天子昏惑於上，大臣壅蔽於下，兵柄在手，官爵在手，廢立在手，至自稱曰「定策國老」，而稱昭宗曰「門生天子」。嗚呼！不臣之態，臣豈忍陳於君父之前？彼私求禽馬，動以陛下爲名，此臣之所以耻也，又何怪乎小民？

陛下欲尊臨宸極，澤及寰區，何不反其術而用之，勿爲其所陷也。且閹寺聞名，國之不祥也。是以堯、舜閹寺不聞於典、謨，三王閹寺不聞於誓、誥。豎〔一〕刁聞於齊而齊亂，

〔一〕「豎」，原作「孺」，據四庫全書本改。

伊戾聞於宋〔一〕而宋〔二〕危。今此曹名字稍稍有聞，此臣所以憂也。竊惟萬乘之尊，深居邃宇，萬機之暇，何以爲情？賢士大夫宴見有時矣，宦官子女安居前後矣。有時者易疏，前後者難間。聖情荏苒，不知其非。不若使之安掃除之役，復門户之私，凡交結往來者，有禁；敢與政事者，必誅。

陛下日御便殿，親近儒者，講詩、書之指歸，論古今之成敗。追求典故，歷訪民情，不在於分文析字，絺章繪句，爲書生之學，以取天下之名也。嗚呼！隋煬帝、陳後主豈曰不文，適足以亡國而已，果何補於人主之學歟？臣願陛下之爲學也，見前世道德之主，英明之王，則瞻之仰之，退而自省曰：吾其以此爲法〔三〕乎？見前世暴虐之主則震焉沮焉，退而自省曰：吾其以是爲戒乎？讀賢臣傳，默觀百僚中有類是者，任之勿疑；讀佞臣傳，默觀左右有類是者，誅之無赦。久之不倦，將聞閽寺之言，見便佞之態，如狐狸夜號而鵩梟晝舞也，則陛下之聖德進矣。昔唐憲宗卓卓爲中興之主，其必有以也。及觀其與宰

〔一〕「宋」，原作「唐」，據四庫全書本改。
〔二〕「宋」，原作「唐」，據四庫全書本改。
〔三〕「法」，原闕，據明萬曆刻本及四庫全書本補。

相論道於延英殿，日旰暑甚，汗透御服，宰相請退，憲宗留之曰：「朕入禁中，所與游者獨宫人宦官爾，故樂與卿等共談爲理之要。」此其所以興乎？

臣聞「鳴鶴在陰，其子和之」。陛下勿謂深宫密殿，萬事無迹也。然善惡未究，四海已知。歷觀前史所載宫闈之謀，牀笫之語，想見時君以謂宫中不得而知也，而况外庭乎？外庭不得而知也，而况天下乎？然而皎如日星不可掩没，卒爲天下後世之所嗤笑。嗚呼！其亦可畏也哉！故古人有言曰：「莫見乎隱，莫顯乎微，故君子謹其獨也。」謹獨之學，其用甚大，陛下不可不知也。古之聖人所以端拱巖廊，而四方萬里日趨於治，天地清明，日星循軌，百穀用成，蠻夷率服，用此道也。心一不善，足以傷天地之和；心欲悔過，固已同天地之德。

古之聖人所以趨衆善之門，而得改過之要者，不過聽諫一路而已。此臣所學於師，蓋以爲持顛扶危之術也。舜，聖人也，而益戒之以「罔遊于逸，罔淫于樂」；武王，亦聖人也，而召公戒之以「不矜細行，終累大德」。以至禹有善言之拜，湯有改過之稱。漢高祖何人也？止能聽諫，故能成四百載之大業；唐太宗亦何人也？止能聽諫，故能成三百載之洪基。至於商紂殺諫臣，其祚終歸於周室；成帝殺諫臣，其祚終移於王氏；明皇殺諫臣，其祚終微於禄山。殺一諫臣，真若無與於治亂也，然亂臣賊子，苛政虐刑，一切不得聞也，不亡何待乎？

故臣願陛下先以謹獨爲心，後以聽諫爲意，獎借言路，以旌直士之風，以至遠閹寺，親儒臣，以成就規模之大，此臣所望於陛下也。

草茅賤士，充賦在庭者，志在一第爾。獨臣不揆愚賤，妄議國體，負罪於不可赦，可謂愚矣。然臣聞天下之事，宰相能行之，諫官能言之，職不在此，雖抱奇策擁雄材，無路可進，卒於老死而已。伏惟國家策士之制，上自公卿之子弟，下至山林之匹夫，皆得自竭以罄其所懷。非天子黜陟賞罰之吏，而得議百官之長短；非天子錢穀大農之吏，而得推財賦之多少；非天子帷幄將帥之臣，而得論兵革之彊弱，則夫宰相、諫官之事，一旦得以詳説而悉數之，而臣何敢無説以處于此？又况晏子一言而使齊侯省刑，田千秋一言而使武帝念太子，柳伉一言而使代宗黜程元振。誰謂皇皇大宋，無其人乎？皋陶謨曰「天叙有典」，是父子之間，君臣之際，無非天理也。臣處閨門之内，勉明孝道久矣。今自山林中來，望見陛下，突兀孤忠，卓然發於悃愊，不可遏也，此蓋天理自然，無足怪者。臣或志在爵禄，不爲陛下一言，臣誰欺？欺天乎？故臣寧吐一言，退受鈇鉞之誅於司敗，不忍欺天以昧此心也。惟陛下幸赦其愚。臣謹對。

橫浦先生文集卷之十三

邇英春秋進講

夏，曹伯來朝。

臣九成曰：書曰：「六年，五服一朝。」記曰：「諸侯之於天子也，比年一小聘，三年一大聘，五年一朝。」是諸侯朝王禮也。今周王在上，曹文公不朝天王而來朝魯，聖人書之，所以誅絕之也。

考之周官行人之職有曰：「凡諸侯之邦交，歲相問也，殷相聘也，世相朝也。」十一年，曹文公即位，其秋，書「曹伯來朝」。壤地相接，講信修睦，不忘先君之好，尚有合乎相朝之説。今十五年又來朝，其意何耶？臣試論之。周室不綱，諸侯不知尊王而畏大國，凡書「來朝」者，不復問禮義所在，獨畏其威耳。且以魯考之，二百四十二年之間，書「如楚」者二，「如齊」者十三，「如晉」者二十有二，何其多也！蓋齊、晉、楚皆大國也，魯之所畏也，故魯不憚山川道路之遠而朝之。

書「公如京師」者一，書「公朝于王所」者二，又何其少也！以王室微弱，魯之所忽也。夫伐秦之役，假道京師，成公因以朝周；踐土之役，河陽之會，僖公因以朝周，皆非本心也。且魯越境以朝諸侯，乃因會而朝天子，不臣之心莫此爲甚。聖人於魯有君臣之義，故遷就而爲之諱，其曰「如京師」而不言「朝」，曰「朝于王所」而不言「京師」，微見其意，使天下後世知聖人不與之也。

嗚呼！朝天王者，禮義之心；朝大國者，勢利之心。徇勢利而忘禮義，則天理淪胥，人倫顛倒，其禍有不可勝言者。惜乎春秋之君不知之也，臣竊悲之。夫不朝天子而朝大國，則君臣之義絶矣，勢利之心開矣。諸侯懷勢利而忘天子，則大夫亦懷勢利而篡弑諸侯，篡殺之禍相踵而起，此不朝天子之所致也。奈何當時之君曾不少警乎！臣所以深悲之也。

臣又考「來朝」之意，有書名者，有書爵者，如曹伯來朝，滕侯、薛侯來朝之類，皆書爵爾，至穀伯綏來朝，鄧侯離吾來朝，特書名者，豈無意乎？蓋以桓〔二〕公乃弑君之賊，宜天下之所共討。今鄧、穀之君不率天下誅之，反背天子而更來朝，故特書名以罪之，使入〔三〕失地、滅同姓之例，此聖人深意也。

雖然，何以使之來朝哉？蓋有以力而使之來朝者，有以德而致其朝者，不可不知也。如魯之如齊，如楚，如晉，郳、鄫、紀、薛、郜、杞、曹、滕之朝魯，皆以其力足以制我而朝之，豈誠心也哉？齊、晉、楚之君未嘗一朝于魯，魯十二公未嘗一朝于郳、鄫等國，豈非以力而自恃乎？若禹會塗山，執玉帛者萬國；周公輔成王，朝諸侯于明堂，至戎蠻夷狄皆朝于四門之外；宣王復古，而大會諸侯於東都，此皆以德而自然來朝，非以威劫之也。

〔二〕「桓」，原作「威」，據四庫全書本改。
〔三〕「入」，原作「又」，據四庫全書本改。

嗚呼！以力加人者，力盡則禍至；以德懷人者，亘千古而常在也。何以言之？夫齊、楚、晉不務德而以力劫制小國，及其子孫，有死於松栢之間者，有以六千里而爲讎人役者，有分爲三國而并於秦者。秦亦不悟，以力兼并，一夫作難而七廟隳，是以力劫人之禍也。若夫大禹以至宣王，名高萬代，德冠百王，後世言治者莫不以爲稱首，况當時諸侯安得不心悅而誠服乎？

臣願陛下克勤克儉，如大禹；訪落小毖，如成王；側身修行，任賢使能，如宣王。中國衣冠雖陷於蠻貊，將見身在異域之間，而心朝魏闕之下，無念不在吾君之側矣。儻陛下無失天下之心，則雖土地未及大禹、成王、宣王之盛，而恢復之象已見於嚬笑間矣。惟陛下留神。

齊人歸公孫敖之喪。

臣九成曰：公孫敖，慶父之後，世爲魯卿，與國政事。觀僖公十五年，帥師及諸侯之大夫救徐；文公元年秋，會晉公于戚；二年夏，會諸侯于垂隴；三年如齊，五年如晉，七年如莒涖盟，可謂委任之重矣。委任既重，則當秉忠藎之心，上助魯君夾輔周室，當勵禮義之操，下使士庶民知所趨嚮。今周襄王崩，不能開陳魯文公使奔王喪，其罪已不容於誅矣。八年八月，襄王崩，冬十月，乃代文公如京師，後期之罪又不容於誅矣。不此之懼，乃敢不至而復，背君臣之大恩，絶忠孝之正路。兩觀之誅，三危之竄，非公孫敖其誰受之？

臣細考之，乙酉如京師，丙戌奔莒。夫今日以奔天王之喪而行，明日乃乱弟襄仲之婦，是當憂慼之際，乃以淫乱爲心，禽獸所不忍爲，而公孫敖乃安爲之，是曾禽獸之不若也！今齊人乃歸其喪，可謂顛倒逆理之甚矣！夫公孫敖上不知有天王之恩，下不知有兄弟之義，宜肆諸市朝，以爲臣子之勸。齊既失刑而歸其喪，魯又失刑而不能戮其死，君臣兄弟之倫至此絶矣。嗚呼痛哉！

臣竊疑公孫敖何人哉？而吾聖人紀其事詳悉如此，何也？如八年十月書：「乙酉，如京師，不至而復。」又書：「丙戌，奔莒。」十四年九月書：「甲申，卒于齊。」至此年夏又書：「齊人歸其喪。」聖人之意若曰魯使奔襄王之喪，乃不至而歸，宜不容於天下矣。

又奔莒爲亂倫逆理之事，而莒受之，莒容不忠、不友、淫亂之賊，莒爲有罪；齊不能正典刑，使卒于齊，齊爲有罪；魯不能戮其死而受其喪，魯爲有罪。此聖人所以詳言之，以見三國之失刑也。

嗚呼！死生大事也。父母全而生之，子全而歸之，生死不可不在禮義之地。今公孫敖不奔王喪，娶弟之婦，其生也無禮義；爲已氏死于齊，其死也又無禮義。聖人書齊歸其喪，所以著敖死之不得其所也。昔曾子有疾，召門弟曰：「啓予足，啓予手。詩云：『戰戰兢兢，如臨深淵，如履薄冰。』而今而後，吾知免夫！小子！」夫「啓予足，啓予手」，以謂吾平生此身未嘗一蹈於非禮義之地也。觀其易簀之語曰：「吾何求哉？吾得正而斃焉，斯已矣。」是曾子之生也由乎禮義，其死也亦由乎禮義。今公孫敖生而不忠、不友，死而在淫亂之地，其與曾子相去何其遠也！

彼曾子所以致此者，蓋其學之有素也。曾子自三省之學日加踐履，一旦入於一以貫之之地，其曰戰戰兢兢者，三省之狀也。觀其臨死將絶之言曰：「人之將死，其言也善。君子所貴乎道者三：動容貌，斯遠暴慢矣；正顔色，斯近信矣；出辭氣，斯遠鄙倍矣。籩豆之事，則有司存。」是曾子平生所學，不區區於誦數愽洽之間，專以治心修身爲務也。夫籩豆之事，付之有司，是誦數愽洽，君子未嘗留意也。至於容貌、顏色、辭氣則在我而已，動而遠暴慢，正而近信，出而遠鄙倍，是其中養之有素也，故指以爲君子之道。臣竊以謂三省之學，陛下不可不知也。今陛下夙興而朝，則當三省曰：夜之所爲，夢之所適，其是耶？非耶？夜分而寐，則當三省曰：晝之所爲，心之所思，其是耶？非耶？三省既久，天理自明，曾子之學，孔子之心，堯、舜、禹、湯、文、武之所傳，當一日而皆見矣。動容貌，正顏色，出辭氣，天下其有不治乎？此舜恭己正南面之象也。臣因憫公孫敖平時不學，其死至此，故輙不自揆，爲陛下推明曾子之學。惟陛下力行之，則天下幸甚！祖宗基業幸甚！

進講畢，執牙篦進曰：臣竊以謂堯、舜、禹、湯、文、武之道傳之孔子，孔子初傳之顏子，顏子短命，其學不傳。其後傳之曾子，三省之學即顏子庶幾之學也。孔子曰：「顏氏之子，其殆庶幾乎？有不善未嘗不知，知之未嘗復行也。」夫有不善即知之，知之則不復行，即曾子三省之說也。

乃以牙篦指講卷中「戰戰兢兢，如臨深淵，如履薄冰」之語，奏上曰：此三句乃三省之切處也。陛下以謂臨深淵時，儻不加省則陷矣。履薄冰時，儻不加省則墜矣；曾子於一念之起，萬事之來，常如臨深履薄，戰戰兢兢，念何有不善乎？事何有不正乎？

又以牙篦指「動容貌，正顔色，出辭氣」三語，奏上曰：此曾子三省之學也。曾子之學不似後世務爲博物多見，以矜駭夸耀於俗人也，專於爲己之學而已。夫容貌、顔色、辭氣，豈他人之物乎？正吾在己之物耳。

又以牙篦指「動」字、「正」字、「出」字三字，奏上曰：此三字正三省用功處也。上微笑曰：會得會得。又秉牙篦奏曰：臣不暇盡解此三句，且以動容貌爲陛下力陳之。夫動字非謂舉動之動，乃俗所謂整頓精神也。容貌乃儀態，辭氣乃言語，顔色言面色。臣請論容之説，乃知曾子之學爲深遠也。昔季孫之母死，魯哀公弔焉，曾子與子貢弔焉，閽人爲君在，弗納也，乃奏曰：「此蓋閽人以魯君在，不容曾子、子貢入弔爾。」及曾子與子貢入於其厩而修容焉，又奏曰：「修容乃整頓儀態也。」子貢先入，閽人不敢止之，乃曰：「嚮者已告矣」，是不敢輕之也。曾子後入，閽人辟之，及内霤，卿大夫皆辟位，公降一等而揖之。陛下觀曾子一修整儀態，上自魯君，中至卿大夫，下至閽人，皆震動如此。陛下儻得此理，常提撕警策，不使邪心非意干之，發之容貌、顔色、辭氣間，天下其有不竦動乎？臣所謂「舜恭己正南面」者，此也。上曰：極好。

又進曰：臣讀禮記，見其論容之説極有來歷，非聖人餘訓，不能到此。上注視曰：如何？奏曰：其論容曰：「君子之容舒遲，見所尊者齊遬，足容則重，手容則恭，目容則端，頭容則直，口容則止[二]，聲容則静，氣容則肅，立容則德，色容則莊。」陛下想見此等人，其心術如何？此三省之力也。顧此三語乃曾子臨絶遺付之言，不可輕也。願陛下以心體之，則堯、舜、禹、湯、文、武、周、孔之心盡在陛下方寸中矣。遵而行之，此聖賢所望於後世之君也。

區區小臣，妄窺聖賢之意，干冒天聽，死罪死罪。

〔二〕「止」，原作「正」，據四庫全書本改。

六月辛丑朔，日有食之，鼓用牲于社。

臣九成曰：日者，人君之象。人君德充于内，無邪心非意揺之、嬖臣女子亂之、權臣姦夫惑之、夷狄盜賊謀之，則方寸昭然，輝光四達，日安其序，理固然也。臣嘗考堯、舜、禹、湯、文、武之書，皆不書日食，以謂略而不書耶？堯寅賓寅餞，舜察璿璣玉衡，夏克謹天〔一〕戒，商有天災之訓，周立保章之官，其謹於天文，蓋可知矣。然而不書日食者，有以見堯、舜、禹、湯、文、武德之明也。至后羿作亂，則辰弗集于房。幽王失道，則詩人以謂「日有食之，亦孔之醜」。是知日之所以食者，必有以也。臣請推而明之。夫人君之德與日同光，及夫邪心四起，非意已萌，嬖臣預政，女子蕩心，權臣執柄，姦夫竊鼎，夷狄外侵，盜賊内起，惡氣積稔，上見于天，不可誣也。然而因日食之深淺可以驗惡氣之重輕。至於「日有食之，既」，則朝廷蓋可知矣。記禮者之言曰：「男教不修，陽事不得，適見于天，日爲之食。是故日食則天子素服，修六官之職，蕩天下之陽事。」其言修六官之職，則是矣，而不及人君省躬之義，臣切疑之。臣以謂日

〔一〕「天」，原作「夫」，據明萬曆刻本改。

有食之，人君素服、減膳、避正寢，豈無謂哉？其意蓋將使人君退而自省，曰非心起而邪意萌乎？嬖臣預吾政乎？女子蕩吾心乎？權臣執吾柄乎？姦臣竊吾鼎乎？夷狄將外侵，盜賊將内起乎？安意定志，愴前日之失路而誓後日之自新，庶幾其免於禍乎？然而與其日有食而後自省，竊以謂，不若未有天變而日三省之。三省之學，臣已陳於前，此不敢復瀆聖聽。伏願陛下力行之。

至於「鼓用牲于社」，此又聲陽氣以攻惡氣之義也。雖然，是禮也，乃天子之事。傳曰：「日有食之，天子不舉，伐鼓于社。」魯何爲而有此禮乎？成王賜伯禽以天子之禮樂，故魯因仍而僭之。夫周公雖有功，人臣也，安得用天子之禮樂乎？成王之賜，伯禽之受，皆失也。使周公在，臣知其必辭矣。孔子曰：「魯之郊禘，非禮也。周公其衰矣。」故因用牲于社復書之，以見魯國承襲之失而莫之正也。聖人辨名分如此，安得而有亂亡之事乎？故曰：「孔子成春秋，而亂臣賊子懼。」其後文公十六年冬十一月，宋人弑其君杵臼。十八年夏五月，齊人弑其君商人。冬十月，莒弑其君庶其。成公十七年十二月，楚人滅舒庸，皆惡氣兆於此時也。

臣因日食知惡氣之積稔，然後知鳳凰來儀，百獸率舞，即二帝之和氣；而天降甘露，地出醴泉，即先王之和氣也。豈自外來哉？皆其心中之物耳。然則人主之處心積慮可不敬乎？此臣所以願陛下力行三省之學也。

進講畢，執牙笏進曰：臣聞孔子之言曰：「書不盡言，言不盡意。」聖人意到語到，猶爲此説，況臣意識昏蒙，文辭淺陋，豈能發揮春秋之至意？臣今意有未盡者，更欲爲陛下言之。上曰：如何？對曰：適臣論日食之變本於惡氣，惡氣之萌起於惡念，不芟夷藴崇之絶其本根，將奔騰四達，上觸乎天則日月薄蝕，五星失行，飛流彗孛，盈滿蒼穹；下觸乎地則菑及五穀，禍及百蟲，山摧川潰，草怪木妖；中觸乎人則爲兵爲火，爲癘爲瘥，爲小人、爲女子、爲讒夫，以敗亂國家之政事。是則惡念之起，可不即加撲滅乎？上曰：是是。

再進曰：臣嘗讀易坤之初六，不覺撫卷而歎。蓋坤之初爻，五陽在上，一陰在下，生其卦爲姤[一]。上首肯曰：如何？對曰：一陰者，惡念也。聖人憫之，故發之

[一]「姤」，原作「辶」，據明萬曆刻本及四庫全書本改。

曰：「履霜，堅冰至。」夫霜輕而冰堅，此衆人所知也；履霜而知其爲冰，聖人所知也。臣弑其君，子弑其父，惡念之起，如霜之輕，不即除之，日復一日，其所由來者漸矣，故其惡至於如此。孔子斷之曰：「由辨之不早辨也」，此蓋言惡念不可不亟去也。在易爲履霜之説，在中庸則爲謹獨之説。上注視曰：如何？對曰：臣愛楊時之論曰：「獨者，交物之時有動于中，其違未遠也。雖非視聽所及，而其幾固已瞭然心目之間矣。其爲顯見，孰甚焉？雖欲自蔽，吾誰欺？欺天乎？」此蓋言惡念之萌不可留於心也。

臣又讀西漢燕王旦傳，竊怪其怪異何如此之多也。如虹入井，豕壞竈，烏鵲鬭死，鼠舞端門，天火燒城樓，大風壞宫室，拔折大木，流星下墜。及細考其傳，衛太子死，齊懷王薨，旦自以爲次第當及，乃求入宿衛。嗚呼！此誠何心哉？惡氣之萌，蓋起於此也。使燕王旦素知學問，離絶遠去，妖怪何自而有乎？上曰：極是極是。

又對曰：惟其留蓄在心，遇事滋大。故武帝死，聞喪不哭，乃曰：「璽書小疑有變。」此蓋前日宿衛之惡至此而滋熾也。此念不已，又上書朝廷，請爲武帝郡國立廟。

及朝廷賜之錢，乃曰：「我當爲帝，何賜也！」惡念成矣，弗可救藥矣。乃僭貂蟬，乃僭車服，至賂遺葢主、上官桀，爲簒弒之計。臣静觀其方寸中變怪如此，故凝結成象，有虹、豕、烏、鵲之妖，豈自外來哉？皆其心中物耳。上曰：是心中之物。

對曰：臣嘗爲之説曰：惡氣在物，皆知厭惡，惡氣在心，而不知自惡，吁可憐也！且凡庶惡念在心，刑戮斧鉞身自當之，禍及一身耳。歷觀自古人主惡念不去，日以滋甚，豈止禍及其身？上累九廟，下殃四海。上愀然。

又進曰：陛下聖學高明，於春秋誅意之説，曾子三省之學，必當知其所自來。區區之意，因論日食之變本於惡氣，惡氣之萌始於惡念，故推以及此。庸愚瑣陋，上瀆天聽，臣不勝戰慄之至。

横浦先生文集卷之十四

春秋講義 此海昌縣庠所講

發題

孟子曰：「王者之迹熄而詩亡。詩亡，然後春秋作。」又曰：「其事則齊桓、晉文，其文則史。孔子曰：『其義則丘竊取之矣。』」嗚呼！孟子數言何其盡春秋之旨也！

昔余嘗怪平王之詩不列於天子之大雅，而下同於諸侯之變風。久而得之，乃知平王之時無復有王道矣。夫平王之時何以獨無王道哉？蓋君臣、父子、夫婦、兄弟，王道也。隱公即位，不禀命於天子，與邾儀父盟于蔑，不授之司盟，而天子不問，是無君臣之道也；

鄭伯克段于鄢，天子又不問，是無兄弟之道也；以天王之尊而賵惠王之妾，是無夫婦之道也。平王以前未至此極，夫子傷之，此春秋所以始於隱公也。或削去即位，或書其同盟，或削去公子呂而書鄭伯，或書天王而名宰咺，是皆以王道正之也。嗚呼！天下不可一日無王道也久矣。天下一日而無王道，是滅天理而窮人欲者也。吾夫子憫人欲之四起，悼天理之將滅，所以因魯史而作春秋，蓋將以續三王之道而扶天理於將亡也。

夫子自衛反魯，既樂正，雅、頌各得其所，又删詩，又定書，又繫周易，如此足以明王道矣，而區區又作春秋者何哉？蓋詩、書、禮、樂皆先世之遺言，而夫子之言曾未見之行事也。夫子之心未見之行事，是王道終莫之見也。聖人以謂王道在我，而時不遇湯、武，位不登三事，無復見之行事，於是寓魯史於筆削，以見王道之設施焉。夫舊史自得〔二〕之魯國，而春秋乃傳諸門人弟子，意以傳天下來世，初不以示人也。彼魯史者，特一實録爾，安知所謂王道哉？予奪抑揚，夫子以王道注之筆削，其筆也，見聖心之所在；其削也，見聖心之所歸。學者儻於筆削之間上遡聖人之心，乃知夫子雖千古而常在也。

〔二〕「得」，原闕，據明萬曆刻本及四庫全書本補。

且以隱公元年論之，書「元年春，正月，公即位」，此魯史也，此付之魯國者也。筆「王」字於「春」下，而削去「公即位」三字者，此夫子春秋也，此付之門弟子，傳天下與來世也。誠如魯史，有何義哉？惟聖心寓於筆削，此所以其義無窮也。請試言之。夫筆「王」字於「春」下，乃知王之所爲，天之所爲也；削去「公即位」三字，乃知隱公之即位不稟命於天子也。自此類以推之，則知桓不書「王」，賵葬成風，王不書「天」，吴、楚之君卒不書「葬」者，皆聖心削之以見王道也。

郯之敗，魯舊史書「先穀」也，而春秋乃書荀林父。衛侯衎出奔，魯舊史書「孫林父〔一〕甯殖也」，而春秋乃獨書「衛侯出奔齊」耳，皆聖心筆之以見王道也。因筆削以求聖心王道，豈不昭昭乎？儻於此而求之，則二百四十二年之筆削森然布列，一一皆聖心之發見也。聖心之所予者，王道之所予也；聖心之所奪者，王道之所去也。

學者儻未遽得聖人之心，莫若先明大學之道。夫大學之道，何道也？王道也。王道何在，在致知格物也。格物者，窮理之謂也。天下之理無一之不窮，則幾微之生無不極其所

〔一〕「父」，原闕，據四庫全書本補。

至矣。故曰：「格物而後知至，知至而後意誠，意誠而後心正，心正而後身修，身修而後家齊，家齊而後國治，國治而後天下平。」儻知格物之學，則可以知聖人之心；知聖人之心，則知聖人之筆削；知聖人之筆削，則雖生乎千百載之下，一讀春秋，乃如歷鄒、魯之國，登洙、泗之堂，親見吾夫子之威儀，親聞吾夫子之謦欬，親傳吾夫子之心法。既得其心，則飲食、寢處、灑掃、應對無非吾夫子之運用，窮而獨善也，隱微之間有廊廟之氣，幽暗之際有日星之明；達而兼善也，則乾旋坤轉，雷厲風飛，百物愷康，萬邦温晏。旂常鼎鼐，有不足以形容，鍾鼓管絃，有不足以傾寫，而高車駟馬、衮冕楹圭，有不足以榮耀也。孰謂春秋之中乃有是理乎？如其不然，雖居充棟宇，出汗牛馬，馳辯如波濤，摛藻如春華，謂之慱物洽聞、錦心繡口則可，謂之窮春秋者，是欺天也。

以余之不肖，何足以知聖心之萬一，顧聞於師者如此，輒爲諸君言之。

隱公元年春，王正月

元年者，隱公即位之始年也。不曰始年，而曰元年者，何也？自商、周以來，皆以始年爲元年，其意若曰始年無意，元年則其意深矣。蓋天下之物有元而後有本，有本而後有根，有根而後有榦，有榦而後有條，有枝，有葉，有華，有實，此人君即位之始年爲元年，則其責在人君矣。然則人君處心其可不謹乎？一失其機，則本、根、花、實皆將敗壞而不可收拾矣。此自三王以來所以命元年之意也。

昔李光弼代郭子儀守朔方，舊營壘也，舊士卒也，舊麾幟也，光弼一號令之，而氣色乃益精明。余以此意論「春王正月」，諸君試思之。夫書「元年春」者，魯史舊文也，書「正月」者，亦魯史舊文也。夫子筆一「王」字於其間，而精神皆變。儻止如舊史，豈不陋哉？以「王」次「春」，春者，天之所爲也，以言王即天也。故典曰「天叙」，禮曰「天秩」，命曰天命，討曰天討，天子豈得以私意亂之乎？以「正」次「王」，以言禮樂征伐皆自天子出也，諸侯豈得以邪心干之乎？

余於「王」之一字，竊見聖心造化如此之巧也。聖心於春秋首筆「王」之一字，則知二百四十二年之筆削，皆王道之所寓也。前輩謂「魯舊史，畫師也；聖筆，化工也」，真有味哉！

門人陶與諧録

先生講畢，拱手服膺曰：竊惟春秋之書乃性命之文，史外傳心之要典。游、夏當年英俊，親見夫子，尚不能贊一辭，况如某學術空虚，智識淺陋，何足以發明聖心之毫末？既辭不獲命，乃敢陞堂正坐，取笑旁觀，有靦面目。然某昔嘗從大人君子，粗聞其略矣，今日試爲諸君言之。世之論者，皆以春秋爲褒貶之書，而不知其爲王道之要。嗚呼！王道豈止褒貶哉？顧其筆削之間[一]，生成造化，幾與天地同功。第世儒以凡心窺之，使此書埋没於街談巷議者，不知幾百年矣。

今天子聖明，其於春秋之書，獨到夫子用心處。昔某嘗侍坐經筵，天語下逮，論大義數十，以謂夫子造化盡見於此書。聖學高遠，豈書生所能到？諸君爲人臣子，他日將涖經事，遭變事，欲知其宜，知其權，可不留意此書，上副聖心之萬一乎？

昔顧愷之畫裴楷，有頰上三毛之妙；韓幹畫厩馬，有萬匹吾師之説；張長史以雷霆

[一]「間」，原作「問」，據四庫全書本改。

水火、歌舞、戰鬬，盡發之於草書；李陽冰以雲霞草木，衣冠人物，盡發之於古篆。彼特一藝之精，其變化乃如此之至，况吾夫子以帝王之道，天地之德，日月之明，四時之運，盡發之於春秋，果可以凡心窺之乎？儻於一字之間，上識聖心之鑪冶，則陽開陰闔，雲徂雨流，皆吾夫子之春秋也。以修身，以齊家，以治國，以平天下，無不可者，惟諸君之所用。

瀆亂聖經，喧煩衆聽，不勝皇恐之至。

橫浦先生文集卷之十五

孟子拾遺

申之以孝悌之義。

謹庠序之教，爲何事哉？爲孝悌而已。孝悌之心，自孩提以至壯長，固自行之，第未有人發明之，使之知其義以見於用也。所謂義者，何也？事親時愛戀眷慕，則孝心見矣，孝心見，仁之實也；從兄時恭謹唯諾，則悌心見矣，悌心見，義之實也。孟子以謂智，知此二者；禮，節文此二者；樂，樂此二者。其義豈不深哉？然其數可陳也，其義難知也。知其義而敬守之，天子之所以得天下也。行孝悌而不知其義，安能見於天下國家哉？

夫「申」有舉起之義，精神全在此字上，學者不可忽也。

今之樂猶古之樂。

孟子於孔子所行一切反之。孔子雅言詩、書、執禮，其謹如此。而孟子則黜雲漢孑〔二〕遺之詩，至斥武成漂杵之書，謂禮有「非禮之禮」，謂「今之樂猶古之樂」，則與孔子放鄭聲之意大相反矣。嗚呼！此孟子所以爲學孔子也。昔魯人學柳下惠者，雨夜不納釐婦，曰：「在柳下惠則可，吾則不可，以吾不可學柳下惠之可。」孔子聞之曰：「是真學柳下惠者也。」夫學貴乎能用。魯人學柳下惠，其見於用也，乃爲不可之節；孟子學孔子，其見於用也，乃一切反之。此蓋所謂「觀時會通，以行典禮」，而黃帝、堯、舜「通其變，使民不倦，神而化之，使民宜之」之理也。學不能用，則終身爲腐儒而已矣。故學者尚論古人，在論其世也。

惟仁者爲能以大事小，惟智者爲能以小事大。

〔二〕「孑」，原作「子」，據四庫全書本改。

大國反事小國，可見其涵容矣，此所以謂之仁者；小國事大國，可謂識利害矣，此所以謂之智者。如此則處小處大無所不可矣，此天理也。大國不能容小國，小國不能下大國，皆私意也，皆逆天也。仁者樂天，智者畏天，以天意耳。

樂以天下，憂以天下。

聖人無私心，以天下爲心。天下之心憂即聖人之憂也，此禹所以思天下之溺猶己之溺也；天下之心樂即聖人之樂也，此「大賚于四海，而萬姓悅服」，武王所以垂拱也。使主有私心，則忘天下矣，憂樂在一己而不知有天下，桀、紂所以敗亡如此。

王如好貨，與百姓同之；王如好色，與百姓同之。

「君子言必慮其所終，行必稽其所敝。」觀孟子所對，是啓齊王一國貨色之心也。一國好貨好色，此何等風俗哉？如葛屨之詩，桑中之刺，一國好貨好色。熟考上下文，不敢撮取一語以罔聖賢也。孟子所謂好貨者，謂使民居者有積倉，行者有裹囊也，此太平之事也，豈謂機巧趨利乎？所謂好色者，愛厥妃也，謂使民嫁娶以時，内無怨女，外無曠夫也，亦太平之事也，豈謂相竊妻妾乎？余恐小人借此以濟其姦，而君子罪其言之不謹也，故表而出之，使學者於聖賢有所考焉。

學則三代共之，皆所以明人倫也。

學校之設，本爲何設？爲明人倫而已。夫父子、君臣、夫婦、兄弟、朋友，皆有天理在其間。日用之中，天理每於此而發見，第以人欲所汩，無自而識之耳。大學之道，以格物爲主，格物則能窮盡天下之理。人倫之理，惟格物者能識之。識者，明也。惟能識之，則能用之以爲天下國家。舍人倫而曰學，此異端邪説，先王之所誅者也。學者不可不謹。

「有攸不惟臣，東征，綏厥士女，匪厥玄黄，紹我周王見休，惟臣附于大邑周。」其君子實玄黄于匪以迎其君子，其小人簞食壺漿以迎其小人，救民於水火之中，取其殘而已〔二〕矣。

〔二〕「已」，原闕，據四庫全書本補。

自「有攸不惟臣」至「附于大邑周」，此武成之文也。其語增減不同者，豈古文尚書如此哉？自「其君子實玄黄于篚」至「取其殘而已矣」，此孟子述武王之意也。其言簡古，有不可曉者，輒以意解之。「有攸不惟臣」，謂紂無道，其臣下見於所行不臣之節，君臣紊亂，紀綱大壞。武王所以東征者，亦非富天下也，安厥士女而已。天下素聞武王之德，知其師來，皆篚玄黄，以昭我周可以王天下。紹，當作昭。一見武王，皆心歸武王而美之。民之美，乃王之美也。民皆有鼓舞之意。孟子因萬章問宋「行仁政，齊、楚惡而伐之」，故引此篇以斷之曰：武王行王政以伐紂，其君子實玄黄于篚以迎其君子，其小人簞食壺漿以迎其小人，君子小人各以其類，寓誠意於物，以迎王者救民之師，想見當時歸仰之意矣。以武王之師，非爲虐也，救民於水火之中，取其殘而已矣。王偃果有武王之心乎？使王偃果有武王之心，則四海之内皆舉首而望之，欲以爲君，詎畏齊、楚乎？此孟子以偃之行詐，故以此言闢之也。其意深矣。

天下之生久矣，一治一亂。

生者，理也。天下之理久矣，治或生亂，亂或生治，此自然之理也。泰者，通也，治也，然泰之極曰「城復于隍」，孔子繫之曰「其命亂也」，豈非治或生亂乎？否者，閉也，亂也，然否之極曰「傾否」，孔子繫之曰「否終則傾，何可長也」，豈非亂或生治乎？是一治一亂，其理久矣。且洪水作亂，禹掘地而注之海，驅龍蛇而放之菹，水由地中行，此亂或生治也。堯、舜既没，暴君代作，及紂之身，天下又大亂，此治或生亂也。周公相武王誅紂伐奄，驅飛廉虎豹，天下大悦，亂又生治矣。及世衰道微，臣弑其君，子弑其父，治又生亂矣。一治一亂，天下之理如是久矣，豈有它哉？惟賴聖賢爲之扶持耳。孟子之論豈特爲一時而然哉？六國亂極而爲秦，秦并六國似治矣，而二世亡之；陳勝、項籍作亂，漢高祖定之，至文帝而大治；數傳而王莽作亂，光武定之，至章帝又大治；數傳而董卓、曹操又作亂，至其子丕，奄有神器，似若治矣。而五胡亂華，中原陸沉，過江而元帝爲宋，爲齊，爲梁，爲陳。爲隋，爲唐，爲五代，治亂相乘，豈有已哉？非孟子深極物理，豈能斷然爲此論於千載之上哉？

春秋，天子之事。

天子之事，明三綱以正人倫而已矣。春秋之世，上無令王，三綱隳壞，人倫顛倒。楚世子商臣弑其君頵，蔡世子般弑其君固。一人之身，而子弑父、臣弑君，兼有其惡，乃儼然南面以臨其臣。天子不行殘滅之誅，諸侯不聞問罪之請，是三綱人倫於此亡矣。中國將爲夷狄，人類將爲禽獸。夫子不得已而作春秋，誅亂臣賊子，以遏人欲於横流，扶天理於將滅。使時有明王，以春秋之意見之行事，則天子之事畢矣。

充塞仁義也。仁義充塞，則率獸食人，人將相食。

楊氏爲我，壅遏爲義之路，至於使天下無君；墨氏兼愛，壅遏爲仁之路，至於使天下無父。天下無君父，非人類也，禽獸而已矣。仁義行，則君父之道明，此聖王之道法當如是也。仁義壅遏，則君父之道不明，此異端邪説也。邪説一行，則人類殄滅，禽獸得志。獸蹄鳥迹之道交於中國，而虵龍居之，見於洚水，禽獸至焉，見於沛澤，此亦邪氣所感而然也。仁義明，正氣盛，故禽獸不得以横行於中國也。此理深矣，淺陋之士豈能知哉？孟子之闢楊、墨，意有在是爾。

安宅正路。

仁則覺，覺則神閑氣定，豈非安宅乎？不仁則昏，昏則念慮紛亂，不得須臾寧矣。義則理，理則言忠信、行篤敬，豈非正路乎？不義則亂，亂則邪僻，與魑魅爲鄰矣。仁義豈它物哉？吾心而已矣。

昔者有饋生魚於鄭子產，使校人畜之。校人烹之，反命曰：「始舍之圉圉焉，少則洋洋焉，攸然而逝。」子產曰：「得其所哉！得其所哉！」

校人形容放魚之狀，此亦僕夫中錚錚佼佼者也。始舍之圉圉，言雖得水，尚困弱，未能游泳也；少則洋洋，言精神稍復，舒肆之皃也；悠然而逝，言精神還復舊觀，喜而超脱之皃也。其形容妙入魚之情性，亦可喜矣。乃爲口腹之快爲欺罔，亦可惜也。子產聞之乃曰：「得其所哉！得其所哉！」其仁惠慈愛之心可於此而見矣。余於「得其所哉」兩語，想見子產之爲人。如此賢人而校人欺之，乃復不耻，出而自逞其竊盜之能，盡言語之妙，而不自好者，大率皆校人類也。

不能盡其才也。

仁義禮智，人人所有，是人之才地，皆可以爲堯、舜。然而至於至愚極陋，與聖人或相倍蓰而無筭者，不能盡其才地耳，非天之降才爾殊也。何謂盡？極惻隱之心遡而上之，以求其所謂仁。既得此，則傍徨周浹於其間，使置之則塞乎天地，溥之則橫乎四海，無有絲毫不用其才力者，此之謂盡也。於義禮智亦復如此，其爲堯也舜也必矣。孟子開盡之一門，以謂止在思耳，學者試思之。

故有物必有則，民之秉彝也，故好是懿德。

有君臣、父子、朋友、兄弟、夫婦之來，則仁義禮智信之則見，此因外以卜其才也；以其秉君臣、父子、朋友、兄弟、夫婦之常性也，故好仁義禮智信之懿德，此因內以卜其才也。然則人性之善復何疑乎？

先生之號則不可。

吴侵陳，斬祀，殺厲，太宰嚭問於干木曰：「師必有名，人之稱斯師也，則謂之何？」曰：「斬祀與殺厲與？其不謂之『殺厲之師』與？」曰：「反爾地，歸爾子，則謂之何？」曰：「君王討敝邑之罪，乃矜而赦之，與其無名乎？」古人重於名如此。夫謂之「殺厲之師」，此何名也？謂之「討敝邑之罪」，則其名美矣。宋牼事在於息兵，其德可謂大矣。然以不利爲號，是使秦、楚求所謂利。以利爲號，則天下相率而爲利，而商鞅、孫臏、陳軫、沈同、陳賈、蘇、張之説行矣。是其志雖大，而其號則不可也。以仁義爲號，則天下相率而爲仁義，而商鞅諸子之説敗矣。嗚呼！名號之際，其可忽乎？昔漢高祖下三秦，出師攻項籍，董公教高祖三軍縞素，以誅殺義帝者爲名，其號之美，孰有過於此者？此所以五年而成帝業也。士大夫所學，其於名號可不謹乎？

務引其君於當道。

臣子用心，要當曲盡其巧，觀人君意用所在而轉之，所好偏奇即就其所好引之，使歸於當道而不自知，可也。如齊宣好今之樂，即以猶古樂引之，使與百姓同樂；好勇，即以文、武好勇引之，使安天下之民；好貨，即以公劉好貨引之，使居者有積倉，行者有裹囊；好色，即以太王好色引之，使內無怨女，外無曠夫，豈非歸於當道乎？若夫薛廣德諫元帝御樓船，至云以頸血汙車輪；韓愈諫憲宗迎佛骨，即云事佛者必夭折；張搮諫敬宗幸驪山，至云往者必有大凶，此大失孟子之意矣。學者不可不考。

動心忍性。

「天將降大任於是人也，必先苦其心志，勞其筋骨，餓其體膚，窮乏其身，行拂亂其所爲」者，所以動其心而忍其性，以成就之也。動其心者，所以驚惕之也；忍其性者，所以抑遏之也。心舍則亡，非有以驚惕之，則不知存。目性欲色，耳性欲聲，鼻性欲臭，四支欲安佚，非有以抑遏之，則流蕩而不知反。夫動之忍之，或驚惕於放逸之微，或抑遏於流蕩之外，先後左右，假之於物，害之於事，皆天意念念欲成就之也。則聖賢之資，不如是不激發耳。金經百鍊，其色愈明；玉煅三日，其色愈粹。烈火猛焰中，乃金玉成就之處也。天意厚於聖賢，故以不可意事困厄之，吾儕於急難其可沮喪乎？庸詎知非天意所臨也？

孟子見梁襄王，出，語人曰：「望之不似人君，就之而不見所畏焉。」

孟子之意非薄襄王也，余固論之矣。蓋孔子居是邦，不非其大夫，而況君乎？故「入公門，則鞠躬如也，如不容。立不中門，行不履閾。過位，色勃如也，足躩如也，其言似不足者。攝齊升堂，鞠躬如也，屏氣似不息者」。又「執圭，鞠躬如也，如不容。上如揖，下如授。勃如戰色，足縮縮，如有循」。「君賜食，必正席先嘗之；君賜腥，必熟而薦之；君賜生，必畜之。」「侍食於君，君祭，先飯。」「疾，君視之，東首，加朝服，拖紳。」「君命召，不俟駕行矣。」學者事君當如孔子之法。

則是方四十里，爲阱於國中。

魯人爲長府，閔子騫曰：「仍舊貫，如之何？何必改作？」其語温晏〔一〕，直而不倨，婉而不傷，此君子長者之言也。孔子喜之曰：「夫人不言，言必有中。」其比「方四十里，爲阱於國中」之言，似太勁矣。學者不可不謹。

告梁惠王曰：「惡在其爲民父母也。」告齊宣王曰：「此匹夫之勇，敵一人者也。」

司馬子魚諫宋襄王用兵，其言曰：「今君德無乃猶有所闕，而以伐人，若之何？盍姑内省德乎？無闕而後動。」其辭如春風醇酎，使人心醉，如「無乃猶有」之辭，「若之何」之辭，「盍姑内省」之辭，皆若有所避就，而無直辭勁氣以傷人。比夫直指君爲非民父母，與夫匹夫之勇之言，大相遠矣。士君子誠味之，自可見也。

〔一〕「温晏」，原作「藴藉」，據四庫全書本改。

彼以其富，我以吾仁；彼以其爵，我以吾義。

孔子曰：「富與貴是人之所欲，不以其道得之，不處。」又曰：「富而可求也，雖執鞭之士，吾亦爲之。如不可求，從吾所好。」又曰：「飯疏食，飲水，曲肱而枕之，樂亦在其中矣。不義而富且貴，於我如浮雲。」深詳聖人之意，是富貴以道義得之，聖人將處之矣，初不與富貴立敵也。曾子之言，豈有爲而言歟？學者當置曾子之説而從孔子，庶幾不墮於客氣以失曾子之意。

成覸謂齊景公曰：「彼丈夫也，我丈夫也，吾何畏彼哉？」顔淵曰：「舜何人也？予何人也？有爲者亦若是。」公明儀曰：「文王我師也，周公豈欺我哉？」

公明儀之言與成覸相類，皆有奮然作爲之意，不似顔子之言安妥也。聖人以仁義爲家常事，非欲以壓衆也。學者於此微處當細考。

貴戚之卿。

齊景公捨太子陽生而立子荼，其亂端已見矣。及問政於孔子，孔子止曰「君君，臣臣，父父，子子」而已，雖切於景公，而略不見圭角。使景公感寤，遽曰：「善哉！信如君不君，臣不臣，父不父，子不子，雖有粟，吾得而食諸？」如此進對，正爲人臣之法也。孟子對貴戚之卿乃曰「反覆之而不聽，則易位」，使齊王勃然變乎色。嗚呼！其危哉！學者無孟子闔闢之用，而欲效直言勁辭如孟子，恐非所以爲臣子計也，要當以聖人爲法。

孟子曰：「今之事君者曰：『我能爲君辟土地，充府庫。』今之所謂良臣，古之所謂民賊也。君不鄉道，不志於仁，而求富之，是富桀也。『我能爲君約與國，戰必克。』今之所謂良臣，古之所謂民賊也。君不鄉道，不志於仁，而求爲之强戰，是輔桀也。」

昔子貢問孔子曰：「魯大夫練而杖，禮歟？」夫子不答。他日置大夫而問：「練而杖，禮歟？」孔子曰：「非禮也。」子游問：「魯大夫羔裘玄冠以吊，禮歟？」夫子又不答。他日置大夫而問：「羔裘玄冠以吊，禮歟？」夫子曰：「易之而已。」夫以魯大夫爲問，則皆在所不答，豈非居是邦，不非其大夫之義乎？陳司敗問：「昭公知禮乎？」孔子曰：「知禮。」孔子退，揖巫馬期。以告，子曰：「丘也幸，苟有過，人必知之。」豈非善則稱君之義乎？今孟子以今之良臣爲民賊，富君輔君爲富桀，豈亦有説乎？其詳已見於孟子説〔二〕矣。要之不非其大夫，善則稱君，此孔子家法也。學孔子者，雖未見道，而力行此二説，亦足以養忠厚之心。道或未見而以孟子之説爲辭，非特受禍而召辱，而刻薄之態，恐馬伏波尚能論之。吾徒安得不痛以爲戒？

西銘解

乾稱父，坤稱母；予兹藐焉，乃混然中處。

乾吾父，坤吾母，吾乃乾坤之子，與人物混然處于中間者也。

〔二〕孟子説，即孟子傳。

故天地之塞，吾其體。

吾之體不止吾形骸，塞天地間如人，如物，如山川，如草木，如禽獸昆蟲，皆吾體也。

天地之帥，吾其性。

吾之性不止於視、聽、言、貌、思，凡天地之間若動作，若流峙，若生植、飛翔、潛泳，必有造之者，皆吾之性也。

民吾同胞，物吾與也。

既爲天地生成，則凡與我同生於天地者，皆同胞也。既同處於天地間，則凡林林而生，蠢蠢而植者，皆吾黨與也。

大君者，吾父母宗子也；其大臣，宗子之家相也。

大君謂人主。吾爲天地之子，人主主天地之家事，是大君吾父母宗子也。大臣相天子以繼天地之業，是宗子之家相也。

尊高年，所以長其長。

高年，先我生於天地間者也，有若吾兄，吾能尊之，是長天地之長也。

慈幼孤，所以幼其幼。

孤兒弱子，後吾生於天地間者也，有若吾弟，吾能慈之，是幼天地之幼也。

聖其合德，賢其秀也。

聖人，合天地之德者也。賢人，特天地之秀也。

凡天下疲癃殘疾、孤獨鰥寡，吾兄弟顛連而無告者也。

疲癃，老病也；殘疾，廢疾也；孤獨、鰥寡，老而無子者，幼而無父者，老而無夫者、無妻者，皆天民之窮者也。然數等無告者，與吾同生於天地，其困苦如此，是乃吾兄弟顛沛而無告訴也。吾其可不恤乎？

于時保之，子之翼也。

畏天地之威，若畏父母之嚴，保其心而不敢少肆焉，是子之敬者也。

樂且不憂，純乎孝者也。

樂天地之命，雖患難而不憂，此天地純孝之子也。

違曰悖德，害仁曰賊。

違天地之心是不愛其親者，故謂之悖德；害天地之仁，是父母之賊也。

濟惡者不才，其踐形，惟肖者也。

世濟其惡，是天地不才之子；踐履天地之形，以貌、言、視、聽、思之形，爲恭、從、聰、明、睿之用，是克肖天地之德也。

知化則善述其事，窮神則善繼其志。

天地之事不過乎化，天地之志不過乎神，故知化則善述天地之事者也，窮神則善繼天地之志者也。

不愧屋漏爲無忝。

天地之心無幽明之間，止不欺而已。故不愧屋漏之隱者，乃無忝於天地。

存心養性爲匪懈。

心性即天地，夙夜存心養性，是夙夜匪懈以事天地也。

惡旨酒，崇伯子之〔二〕顧養。

崇伯之子，禹也。禹惡旨酒。酒能亂德，今惡旨酒，乃顧天地父母之養者也。

育英才，潁封人之錫類。

潁谷封人請遺羹於母，以起鄭莊公之孝心。今我育天地所生之英才，則是以孝心與其類也。

不弛勞而厎豫，舜其功也。

「舜祇載見瞽叟，夔夔齋栗，瞽亦允若」，是舜不弛勞而致父母之悅豫。其事父母之孝，大有功於名教。吾能在困苦中竭力爲善，以致天地之喜，是乃舜之功也。

〔二〕「子之」，原作「之子」，據四庫全書本改。

無所逃而待烹，申生其恭也。

大舜逢父怒，大杖則走，小杖則受。申生不明乎道，乃以死爲恭，而成父之惡，不可爲訓者也。横渠之意以謂遭遇讒邪，此命也，順受其死以恭順乎天地，如申生之恭，可也。

順其受而歸全者，參乎。

曾子之疾病而易大夫之簀，是順其受而不以父母遺體處於不正者也。吾今能處天地之正，而不以患難易其節，是於天地有曾參之孝也。

勇於從而順令者，伯奇也。

伯奇，尹吉甫之子也。吉甫惑於後妻，虐其子，無衣無履而使踐霜挽車。伯奇從父之命而順父之令，不敢有辭焉。人當患難之際順而受之，無怨尤於天地，是乃若伯奇之孝也。

富貴福澤，將以厚吾之生也。

富貴福澤，是天地欲厚吾之生也。

貧賤憂戚，庸玉汝於成也。

貧賤憂戚，是天地愛汝欲成就我也，此天將降大任之説。

存，吾順事；没，吾寧也。

吾存，則順事天地而不逆；吾死，則安於其心志而不亂。是乃終始聽命於天地，而爲天地至孝之子焉。

統論

余觀西銘大意，以謂人梏於形體，而不知我乃天地之子，下與動植同生，上與聖賢同氣，要當窮神知化，不愧屋漏，存心養性，以盡爲子之道。又當惡旨酒，育英才，以爲持己接人之方，以合天地之心。而遇困苦，遭患難，當如舜，如申生，如曾參，如伯奇，以聽天地〔一〕。厚我，貧賤憂戚，爲天地之成我。存，則順天地；没，則安天地，乃爲大孝之子爾。嗚呼！豈淺學小識所能見此哉？學者當自重焉。

〔一〕此处似有闕文，據下文意，或闕「之令，富贵福泽，为天地之」十字。

橫浦先生文集卷之十六

序

寄醫僧序

余家貧，水菽不給，寓鹽官東鄉，作村教書。村深無市井，庖厨蕭然，朝夕所供，惟蔬筍之屬，無它種，食多傷胃，乘間輒發病。

建炎三年十月二十六日，予自村中歸，忽中邪風，未及息肩即病。上嘔下瀉，胸中煩而子腹急，證爲伏陰傷寒，六脉俱絶，纍然待盡而已。醫者交揖而退曰：「吾術窮矣。」老親哭於前曰：「吾老身將安歸乎？」諸弟妹環哭於前曰：「誰其友愛我乎？」朋友親舊聚哭於内外曰：「吾誰與相親愛？誰其與道是非乎？」哭聲連連不止。坐中有陳彦柔者，慷慨奇士也，魁然其形，放淚而唱曰：「哭聲止，當求所以爲計，徒哭何爲？吾聞僧正慈懿方公有奇藥，能起死扶生。」謂予弟子集、子才曰：「二公可亟攜吾簡以要之，當即至。」乃磨墨運筆作簡曰：「張子韶以養親得病，病將死，師高義，其一來視之。」簡成以示衆，衆曰：「唯。」乃以簡付二弟，馳簡叩師門，讀簡未半，即令從人整具，謂二弟曰：「可先往，吾即至矣。」

二弟歸，未及堂，而方公之車已在吾門矣。既入而診曰：「陰氣深入，救之不當以一路，宜火攻其外，丹攻其内，陰氣除辟，生理在矣。」乃令作艾炷，狀如芡實，置五十粒，然灼臍下。又開篋取丹四粒，雜以它藥，曰：「火行藥到，嘔瀉止矣。吾將理它疾，頃之當復來視。」夜漏十刻，師再至，善言相慰説曰：「無憂矣。」既來果然，皆稱師之妙手，而予獨喜其復來之意。

夫以丹起死，衆所知爾，復來之意，非予與老親、弟妹之心，不能知也。予因師復來，坐見師胸中活人之路，滔滔然有數百倍之地。吾鄉之民，與夫冠蓋舟車往來於吾鄉者，凡有疾疢，其何憂哉？

予養病無事，因書數語寄方公，爲我子孫它日報恩之記。十一月日序。

謝舉之字序

余兒伯厚從南劍謝君學讀書，一日，訪余坐定，整衿離席而白余曰：「舉之未有字也，敢以請。」

余告之曰：余讀烝民之詩曰「德輶如毛，民鮮克舉之」，未嘗不三復而歎也。其歎伊何？歎人之無志也。嗚呼！苟有志焉，何所不可，而况德吾所固有者，取之無盡，酌之不竭。而荒怠廢棄，不肯一舉力用之者，何也？夫燕、越之遠，天下所共知也，使膏車秣馬，順風揚帆，志燕而北指，志越而南征，雖冒濤波、陟崎嶇而必至焉者，有志也。若乃乍出乍入，或進或止，窮年皓首，水宿風飡，安能濟乎？德近在方寸，又非燕、越〔一〕比也。子目之於色，耳之於聲，鼻之於臭，口之於味，其舉之也久矣，特未

〔一〕「越」，原作「趙」，據四庫全書本改。

之思耳。子篤志以思之，無求其速成，無拘以歲月；一日克己復禮，天下皆歸於仁矣。吾子其勉之。

客謝曰：「敢不奉承。」仍俾其字「志遠」。

徐宗義宗禮字序

余謫居南安，杜門省循，不見賔客。倅吏徐民望大夫不以罪人遇我，且遣其子宗義、宗禮時問安否。一日袖書謁余曰：「春秋之法，以名字寄褒貶，引物連類，甚辨且博。」其卒乃求所以字之之意。

余曰：子弟兄貌和而氣粹，琢磨淬勵，連取高薦而弗矜弗恃，意將求聞君子之大道，不止作舉子語而已也，甚盛！然余憂患坎壈，舊學榛蕪，何足以副子之勤。固辭不可，乃爲之説曰：中庸曰：「喜怒哀樂未發謂之中。」夫禮所以求中也。孟子曰：「義，人之正路也。」夫義所以爲路也。遵正路而行，其爲義乎？求未發之中，其在禮乎？宗義宜字曰「遵路」，宗禮宜字曰「求中」。審不負余言，則君家弟兄日由禮義中行，發諸心，被諸身，見諸家，放諸四海，窮達上下，無不履諸此。此大夫所以名二子之意，而亦余所以字二子之意也。自兹以往，對親庭及賓友，或稱此名，而人或呼此字，則宜矍然自省曰：「余有是乎？抑無是乎？」無則疾策而急趨之，有則余當慶徐大夫之有賢子。

孫斌字序

少劉孫君分教横浦，與余比鄰，日相過甚樂。少劉精深該博，恢廓有氣節。一日攜其弟斌文卷來相示，余讀之，磅礴出入，縱臾[一]上下，一歸大公至正之路，真吾少劉弟也。少劉曰：「吾弟未有字也，敢以請。」余曰：文、武，一事也。子不見夫周、孔乎？「四海皇皇，奠枕于京，齊人章章，歸其侵疆。」此楊雄氏名貌吾先聖也。士大夫所學，不學周、孔，伊誰之學？學不貫文、武爲一事，亦奚以學爲？故前輩謂達鴟鴞之詩，坊記之義者，乃可以治兵，真知言哉！余今將字子曰「師聖」，意俾其以周、孔爲師也。斌其勉哉！毋負余字。

[一]「臾」，四庫全書本作「横」。

送陳朝彦序

昔有客求教龜山先生，先生曰：「子盍誦詩乎？温柔敦厚，詩教也。」客謝曰：「唯。某知先生意矣，某性剛，性剛多得謗。」先生曰：「嘻！子之剛未煉也。夫剛莫剛於金矣，未入大火則多礦少真，易折易闕。使經百煉乃爲利器，干將鏌鋣，上決雲霓，陸斷犀象，水截蛟龍，其剛如此，煉也。子勤誦詩，玩三百篇之意，以養温柔敦厚之氣，庶其免乎？」余三復其言而周旋之。

南康宰，建安陳庭傑朝彦，余同年友也，性資剛正，學問精深，豈凡俗所可窺測？顛仆州縣間餘二十年矣，惡言詈辭，拂心逆意，人所難堪忍者，朝彦處之晏如也，豈亦聞煉金之説乎？抑又聞之天下之智，「生於憂患而死於安樂」，故德慧術知乃起乎疢疾，而「苦其心志，勞其筋骨，餓其體膚，空乏其身，行拂亂其所爲」者，乃天之將降大任。頑嚚傲很乃成大舜，險阻艱難乃出晉文，豈天之成就人才，每以困苦爲造化乎？又豈朝彦深知此理，故安然受之而不辭乎？余嘗三叩之，乃對曰：「固嘗佩紫巖張公之戒矣。」雖然，行百里者半九十，知之何難，終之實難。果能終之，其所成就當如何哉？朝彦其無忘天意，無忘龜山、紫巖之意以終之乎？

因其秩滿而歸，輙述龜山之言以實之，亦以自警云。

孟聲遠字序

紹興庚申，余謫守邵陽，汴人孟鏗實爲推官，飯後過黄堂議公事，見其詳審通悉，眉宇間極静素，余心愛之。退而詢其性行，或以告曰：「不娶婦，不茹葷，廉介絜雅，不與人往還，每歸舍，缾水爐香，蕭然如一老比丘也。」

未七八十日間，余乃以憂去。余茹苦含辛，拊心泣血，不復知人間事。服除，鏗惠然訪余於海昌，余愛其不忘余也，乃問之曰：「子學佛乎？」曰：「否。」「子好黄、老學乎？」曰：「否。」「然則胡爲不娶，不茹葷也？」曰：「鏗性不樂，非有它。」余曰：「學所以明人倫，聖莫如堯、舜、周、孔，而娶而茹葷，子欲何爲乎？人倫之大，莫大於三綱，而夫婦居其一，其可忽諸？子其抑心從吾聖人之道，直情徑行非吾門所貴，亦豈余所望於子哉？」鏗曰：「諾，謹受教。」

後十年，鏗爲廬陵幕官，又訪余於横浦，曰：「鏗已娶矣，已茹葷矣。」欵與之接〔一〕，議論極有思致，余愛之有加焉。後遣記問寒温，輒字之曰「聲遠」，蓋因其名以取義也。書來問余所以字之之意，余答之曰：夫聲之遠者，必有其實也，是以「君子疾没世而名不稱」，非好名也，惡實之不充也。何謂實？不愧屋漏，不欺闇室，以此治心修己，以此正家爲國，以此佐天子平天下，直造聖人閫域中者，實也。若乃激揚名聲，互相提拂，以爲驚世眩俗之具，非余所聞於師者。孟子曰：「其涸也，可立而待也。」夫何遠之有？子盍謹諸。紹興癸酉清明日范陽張某序。

王耕耘字序

農人治田有耕、有耘，耕所以起土膏也，耘所以除惡草也。有土膏以滋之，無惡草以害之，則苗勃然而興矣，千倉萬箱以享終歲之飽焉。君子爲學猶治田也，始則耕以養其

〔一〕「欵與之接」，四庫全書本作「與之款接」。

元，中則耘以端其本，終則治身、齊家、治天下，無不得其所焉。王大夫名其子曰耕，曰耘，且請余字之，余再辭而不獲也，乃字耕曰「養元」，耘曰「端本」。嗚呼！耕乎無忘所養乎？耘乎無害其本乎？儻念念于是，則大夫所以名，余所以字者，不妄矣。不則，余何敢言？

都聖與易傳序

余早游學校，與易家者流談，其論六十四卦三百八十四爻，與夫繫辭至雜卦并爲一談，曰：此神也，此道也，此體用也，此德業也。鑿空駕遠，紊實隳真，望其貌雖超然若不可挹，叩其中乃空然初無所有。繫風搏影，卒以自欺，小則不足以治心修身，大則不足以用天下國家，其誣易也，甚矣！後予至京師，見先生長者論大易之説，乃一皆歸之人事，仁義、陰陽、剛柔蓋一體而無間焉。乃知夫仁義即天地之道也，其於六經之旨，劣〔一〕無杪忽之差。

〔一〕「劣」，四庫全書本作「初」。

吾僚友都聖與一日示余以所傳易，且曰：「嗚呼！余尚忍言之耶？昔澤先君子言行爲一邦師法，服習六藝而尤邃於易。某此訓傳談易之義，乾坤之氣，天地之形，六子之用，三才之判，三百八十四爻之變。其於爻象也，某不先於辭而先於理，以謂卦、爻、大象適與理相當者，聖人則有辭以繫之。象、爻之辭未盡，聖人又爲傳於六十四卦之後以明之。一章示賢人也，二章示君子也，三章戒衆人也，四章言聖人體易之道也。説卦論八卦之理，序卦論六十四卦之序，雜卦論六十四卦之用。」又曰：「此澤所聞於先君子也，輒拾其遺説而爲之傳。」

嗟乎！其深思旁取如此，亦已勤矣。異夫前所謂神道體用之説者，故余竊有取焉，且求余爲序，余故摭其所得於易者而叙之。因退而考其先公，世爲丹陽人，諱郁，字子文，終惠州教官云。紹興乙亥四月旦范陽張某序。

盡言集序

司馬温公與王介甫清儉、廉耻、孝友、文章爲天下學士大夫所宗仰，然二公所趣則大有不同，其一以正進，其一以術進。介甫所學者申、韓，而文之以六經；温公所學者周、孔，亦文之以六經。故介甫之門多小人，而温公之門多君子。温公一傳而得劉器之，再傳而得陳瑩中；介甫一傳而得吕太尉，再傳而得蔡新州，三傳而得章丞相，四傳而得蔡太師，五傳而得王太傅。介甫學行，使二聖北狩，夷狄亂華，嗚呼！悲夫！器之在諫垣專攻王氏黨，其扶持正道，亦云切矣。余雖不及識其人，讀其遺藁，徒深慨歎而已。

元城先生語録序

余觀馬永卿所著元城先生語録，嗚呼！前輩不復見矣，使余讀之至於三歎息也。余考先生所學所論，皆自不妄語中來。其論時事，論經史，皆考訂是非，别白長短，不詭隨，不雷同，不欺於心，而終之以慎重，此皆不妄語之功也。司馬温公心法，先生其得之矣。紹興丙子八月范陽張某序。

横浦先生文集卷之十七

記

海昌童兒塔記

壽聖禪師惟尚道眼明徹，戒體潔清，傳法於普照英公，得證於黄龍新公。既謝事，廼歸老童兒塔之西，環堵蕭然而聲震四海，其叩門求法者，蓋肩相磨而袂相屬也。予寓居鹽官，遇風日清美，芒鞵竹杖，徑尋師於茂林修竹之間。一日予指塔而問其故，師出邑人章瑋石刻，且曰：「舊塔廢，爲道士居者，凡二十年矣。紹興丁巳，主塔僧仲淵之孫德諶痛數百年勝槩，一旦爲彊有力者所奪，影滅跡絶，了不可尋問。乃草衣木食，錙分黍積，卜地其東，累甓架屋於莽蒼榛棘中。今蘭若窣堵，峥嶸突兀，鼎鼎一新，其勤勞嗣續之功，似可記也。公其有意乎？」予笑而不答。

既而予被召貳玉牒，旋擢亞春官，侍講金華，未暇如師請。後予以病乞歸，聖天子憫其勤以奉祠寵之。居間日讀方書，理藥物，亦未暇如師請也。予病今少間，師來請益勤，予乃呼諶而告之曰：堯、舜、禹、湯、文、武、周、孔之道具在人心，覺則爲聖賢，惑則爲愚不肖。聖人懼其惑也，乃著之六經，使以義理求；乃銘之九鼎，使以法象求。簠簋、俎豆、火龍、黼黻以發之，鍾鼓、筦磬、琴瑟、竽笙以警之，清廟、明堂、靈臺、辟雍以形之，使人目受耳應，心竦意萌，恍然霧披，豁然冰泮，乃知千聖雖往，此心元不去，萬變雖經，此心自有餘。不然，吾聖人豈虚爲此紛紛哉？子之辛苦經營，儻有在於斯乎？否則，吾不知也。諶謝而退，乃書以遺之，使刻諸石。紹興九年十月四日記。

袁州學記

紹興己未，建安陳侯來守是邦，得事先聖先師于學宫，乃顧瞻廟貌，翺翔廊廡，喟然歎曰：「夫子之道傳帝王，相天地，叙彝倫，膺夷狄，自天子以下皆師事之。顧丹青漫漶，楹桷傾弛，甚不稱朝廷所以尊崇之意。風俗之本，教化之端，當如是乎？吾甚不取。」乃命教授劉瑜撤其故而一新之。越明年，仲春經始而季秋落成。畫繪炳明，輪奐高澤，儒風之盛，甲於江西。

余出守邵陽，道過其門，自念平時起居食息，不敢忘吾夫子，輒秉心一意，整冠肅容，擁笏以入，再拜而退。諸生乃交揖而進曰：「吾鄉人物載在信史，在漢則有陳重，在唐則有盧肇、黄頗諸公相繼而出，又韓文公振斯文於前，今陳公大其事於後，願記厥實以爲不朽之傳。」余曰：「憂患流離，學殖荒落，不足以副子請。」既而教授以書來，宜春尉林仰又以書來，余再辭而弗獲也，乃爲之説曰：學乎，學乎，利禄云乎哉？大學平天下之道自格物而入，夫子不踰矩之妙自志學而入。蓋一心之所營，即經綸天下之業也；一身之所履，即綏定國家之事也。耳目乃禮樂之原，其可以弗正？夢寐乃居處之驗，其可以弗思？陳侯之爲是舉也，豈徒然哉？蓋將使此邦之士不遷怒，不貳過如顔子；無伐善，無施勞如顔子；自忠恕而得夫子之道如曾子；自灑掃而得君子之道如子夏；自徐行而得堯、舜之道如孟子。抑將使此邦之士從顏子、曾子、子夏、孟子數公而知格物之効，志學之宗，平天下、不踰矩之要。學乎？果利禄云乎哉？諸生其勉之。紹興十一年正月日記。

雲蔭堂記

删定方疇作堂先塋之側，乞名於兵部尚書程公，公既名曰「雲蔭」，又作爲銘以見意。禮部侍郎胡公又爲書銘于堂。俾疇不忘先君子之德，疇可以已矣。乃又作書乞記於余，余憐其拳拳於先君子如此，且有感於余心者，雖諾之，而未暇也。客有見其書者曰：「異哉！斯名也。方君積善在躬，不克施於有用，乃用遺其子孫。疇既以進士登第，弟略又以武舉得官。今上始郊，又封贈及其幽竁、車馬、大門，三槐植堂，其幾是乎？」余曰：「不然。天下事有可必者，有不可必者。道義在我，此可必也，爵禄在天，其可必乎？閔損、曾參至死無禄，千古爲孝子；張禹、胡廣官登極品，千古爲佞臣。故親所以責其子者，在道義，不在爵禄；子所以報其親者，亦在道義，不在爵禄。使疇果欲報先君子乎，當明善以獲乎上，當格物以爲國家天下用。儻於暗室屋漏有非心邪意，萌于滋而見於象，乃挽而莫回，乃去而不反，雖官至公相，贈至公相，其辱先人忝所生也，大矣！方君所以期於子者，豈在此乎？予聞方君易簀之際，呼疇而戒之曰：「富貴易得，名節難保。汝頃以小官上書抵時相，它日從仕，當以責人者責己，可也。」其志明明如此，所以望於疇者爲如何哉？疇當明善，當格物，以獲乎上，以爲天下國家用，以副先君之望，勿以得官、受封賜爲報親之具也。豈予私意乎哉？此蓋先君子將死臨絶之遺言，琅琅其在家庭間者也，其可忽諸？客謝而退，余因書以遺之。

静勝齋記

同年友永嘉陳開祖，紹興癸酉二月十八日遺余書，凡數紙，其一曰：「近闢書室，深可數丈，左右圖史，相羊其中。且牓之曰『静勝』，蓋欲居閑守静以勝事物之紛紜也。至於人是人非，人富人貴，人榮人辱，皆無足以動其心者。子其爲我記之。」

余曰：物之不可勝也，久矣。與其勝物不若自勝，自勝如何？思慮潰亂，血氣飄盈，動者莫覺，而静者見之。見之則惡之矣，惡之則若居焚溺中，思有以脱去而弗得也。惡之又惡之，乃悟顔子克己之説，乃得曾子三省之説，乃入子思謹獨之説。使非心不萌，邪氣不入，而皇極之義，孔門之學，於斯著焉。若夫人之是非、富貴、榮辱，初不相關。我無勝彼之心，彼無勝我之念，彼我兩忘，天下之能事畢矣。自勝其大矣乎！

開祖用意伊川之學四十年矣，其於斯理履踐久矣。今乃以勝物之説遠遺於余，豈用夫子使漆雕開仕，與夫語子路浮海之幾乎？余老矣，亦飽經而熟議矣，故敢不揆以所見爲説？因書以遺之。如其不然，願以見教。

竹軒記

子張子謫居大庾，借僧居數椽。閲七年，即東窻種竹數竿，爲讀書之所，因牓之曰「竹軒」。客有見而問焉，曰：「耻之於人大矣。今子不審出處，罔擇交遊，致清議之靡容，紛彈射而痛詆。朋友擯絶，親戚包羞，遠竄荒陬，瘴癘之所侵，蛇虺之與鄰。謂子屏絶杜門，蔬食没齒，髠頭噤舌，以祈哀于朝廷而抱病於老死。不是之務，乃種植墾蓺，造立名字，將磅礴偃息，自適於萬物之外。知耻者固如是乎？」子張子啞然笑曰：「物各有趣，人各有適。子方以竄逐爲耻，我獨以遊心爲貴。今吾將叙吾之適以浣子之適，其可乎？」客曰：「唯唯。」子張子曰：「今夫竹之爲物也，其節勁，其氣清，其韻高，冒霜雪而堅貞，延風月而清淑。吾誦書而有味，考古而有得，仰首而見，俯首而聽，如笙簫之在雲表，如聖哲之居一堂。爽氣在前，清陰滿几，陶陶然不知孰爲我，孰爲竹，孰爲耻，孰爲不耻。盎盎如春，醺醺如醉，子亦知此樂乎？」客聞吾言，神喪志沮，面無人色。吾因以是言而刻諸石。

重建贛州州學記

天下之可耻者莫大於爲盜，而好訟其次焉。贛在江西爲大郡，山澤細民乃甘心於天下之可耻者，獨何歟？余嘗考其所以然矣，見利而忘義，則盜心生；好勝而無禮，則争心起。昔吾嘗聞弭盜之術於吾夫子矣，曰：「苟子之不欲，雖賞之不竊！」抑嘗聞告子路止訟之説矣，曰：「聽訟，吾猶人也，必也使無訟乎！」夫不欲、無訟，繫其上，不繫其民。文王服事商，而耕者遜畔，行者遜路；宓子賤形于彼〔一〕，使漁者於夜半無人時不忘其教令，此不欲、無訟之効也歟？嗚呼！此豈率爾而得哉？

學之不講，是吾憂也。夫學者以格物爲先。格物者，窮理之謂也。窮一心之理以通天下之理，窮一事之理以通萬事之理。舞干羽而有苗格，奏簫韶而鳳皇來，高宗思而傳説夢，泮宫作而淮夷服，格物之學如此，是天下之至樂也。惜乎聖學不傳，而有爲者徒爲是紛紛也。

右朝奉大夫趙公善繼，紹興甲戌來守是邦，當叛兵方定，擾敓滿郊，或者勸以威刑，又或勉以智術，公一切謝之曰：「殺伐傷和，詞訟亂政，非吾志也。」又曰：「民吾民也。其所以至此者，以見利而好勝也。曷求無欲、止訟之道乎？」學有舊基，榛薈之所蒙，蛇虺之所宅，狐嗥鬼嘯，過者悲焉。乃獨喟然，作而新之，體制宏偉，規模深遠，建殿以尊夫子，立堂以萃講説。生徒有齋，掌教有室，御書有閣，庖湢井匽，各有其所。意將使學者體格物之説以無欲，以無訟，以求夫子之用心，而誕布於四境，消見得、好勝之風，去

〔一〕「形于彼」，四庫全書本作「治其邑」。

忘義、無禮之弊，其大矣哉！

凡厥諸生，當體公意，以是正心誠意，以是修身齊家，以是治國平天下，以盡大學之歸，以求夫子之用心。使不欲、無訟之説行，斯無負於公之志矣。建學未幾而四野清浄，訟牒稀簡，誾誾乎有洙、泗之風，而合泮宫之詩焉，可謂盛矣！若夫版築之工，土木之役，歲月之終始，皆非學之先務。兹得以略云。

横浦先生文集卷之十八

劄子書簡

爲先奉直陳乞章服上參政

某拜違鈞坐，倏已四年。自聞參貳大政，雖爲天下賀得人，然不敢以區區之私上溷鈞聽，極懷嚮往。仲夏毒熱，伏惟神明恊相，鈞候起居萬福。

某少意上瀆，某老親某，比以明堂恩，得封承事郎。某塵忝未四年，而存没與榮，仰荷聖恩，論報無所。顧人子於榮親之心初無窮極，有冒僥倖而不能自止者，伏惟鈞慈，特有以體恤之，幸甚！

某自紹興二年四月初五日，蒙恩賜進士及第。於法以出身日爲始，於來年四月間合磨勘，轉承議郎。今已有三年餘日磨勘。妄意欲以上件三年磨勘，仰告朝廷，乞爲老親改換章服。庶幾少慰人子拳拳榮親之意，使侈大君恩光榮門户，亦參政之所樂聞也。伏冀垂念。

又上宰相

某昨於紹興二年四月初五日蒙恩賜進士及第，二十日又蒙恩授左承事郎，簽書鎮東軍節度判官，廳公事。五月十一日又蒙恩以類試第一人，恩例轉左宣教郎。紹興二年七月初三日，蒙恩以究心職事轉左奉議郎。紹興五年以明堂赦恩，父某封承事郎。某塵忝未四年，而身爲朝官，存没封叙，仰荷聖恩，論報無所。

竊念某自六歲讀書，家素寒窘，父某不使某爲農，爲商，躬自撫育，教督誨誘凡三十餘年。某年四十一方登科第，常恐榮親之心蹉跎遲暮。今幸父某已授封命，不勝滿願。顧以父某年六十九歲，鬚髮皓然，拳拳之心，必欲更得君恩榮耀，使朝廷緋袍銀章在吾親之身，庶幾少慰老親所以訓誨之意，而於人子之心亦少稱愜。伏念某出身已及三年餘，來年合轉左承議郎。某乞以目今三年餘磨勘，仰告朝廷，特爲父某改换章服，使侈大君恩上慰親心，下副人子之願。伏乞僕射相公推愛親之心，下及踈賤，使天下皆有報親之路，亦足以少厚風俗者。

上李泰發參政書

學之不可已也，久矣。人而不學，則不明乎善，不明乎善，則内無以誠身，近無以齊家，小無以治國，大無以平天下。嗚呼，悲夫！

歷觀古之奇才偉望，功業中天地，姓名高日月，然而反覆瞻視，終有不滿人意，其亦可怪也。某嘗斷之以一言曰：不學而已爾。何哉？管仲不學，故有三歸反坫之失；晏子不學，故有澣衣濯冠之失；子産不學，故有鑄鼎刑書之失；霍光不學，故有陰妻邪謀之失。是數公者，或尊大王室，或處死不亂，或精明博洽，或朴厚端重，世皆瞻仰，世皆驚歎，巍然兀然若北斗之經天，華嶽之居地也。惜夫先王之道既散，聖人之學不明，故使夫數公者直情徑行，無所歸赴，自處於不幸之列，其可悲也已。

某讀書至論語，因子夏論灑掃應對之説，乃得夫先王所謂小學之道焉；又讀書至孟子誠身有道之説，乃得夫先王所謂大學之道焉。某請整襟肅容，頓首再拜，對閤下而一言之。

嗚呼噫嘻！小學之道，先王所以發聖人之機也；大學之道，先王所以宣聖人之用也。能言則學唯，能食則尚右手，六年則學方名，十年則學書計，十有三年則讀詩舞勺矣，十有五年則舞象而學射御矣，此所謂小學之道也，所以發聖人之機也。過此以往，則致知以格物，格物以知至，知至以誠意，誠意以正心，正心以齊家，齊家以治國，治國以平天下，此所謂大學之道也，所以宣聖人之用也。

昔吾夫子傳斯道於洙、泗間，顔子得之，故其爲學也，不遷怒，不貳過；曾子得之，故其爲學也，動容貌，正顔色，出辭氣。惜乎顔子短命，其學不傳。曾子傳斯道於子思，故子思有中庸之論；子思傳斯道於孟子，故孟子有仁義之説；孟子既没，聖道絶矣。重遭坑儒火書之酷，微言大義寥寥然如一唱三歎之音，世人不復聞矣，可勝歎哉！自兩漢以來，其爲學也，抑又可悲已。其高者以章句破碎爲學，以方州部家爲學，以盤辟容止爲學；其下者則又以刑名爲學，以盤盂方書爲學，以雕蟲篆刻爲學，其於治心修身之道，路斷壞絶，事不相關。嗚呼！不知其所以辛苦而僅有之者，亦何所補哉？

某不肖，抑嘗悲夫五禮、六樂、六射、六御、六書、九數之法不傳於今，不得冀聖人之機也。既又歎夫大學之道，其書具在，可以極其所歸以明聖人之用。其歸安在？致知格物是也。

大矣哉！人之知也，本自高明，本自廣大，本自和樂，本自莊欽。天地、日月、四時、鬼神、河海、山嶽、昆蟲、草木，舉在於是。不知格物，則其理不窮，其理不窮，則天地、日月、四時、鬼神、河海、山嶽、昆蟲、草木一皆顛倒失序，其可以弗謹乎？此君子所以謹其獨也。故某處心也，居衡茅如在廊廟，戴蓑笠如被藻火，驅奴隸如進退百官，對妻子如燕見賔客，不敢忽也。不敢忽也者，所以行其所知也。則夫世之聲勢、利達、脂澤、膏火，不敢以絲毫介其清明。將以致吾之知，使天下無一物可以動其心，庶幾得夫所謂聖人之學也。然而心則已至，力則未及，拳拳在念，未知或休。

伏惟閤下剛健蓄德，冰玉持身，其爲太常，爲御史，爲郡刺史，風節凛然，當今人才，誰不推閤下爲第一品？獨切喜夫斯道也，將有所傳矣。閤下亦嘗念今之爲學者乎？摘章繪句，博物洽聞耳。大者唱，小者和，遞相跨傳，牢不可破。至其所謂高明者，拱手而歸於釋氏。且夫釋氏之爲學也，言爲無所不周，實則礙於倫理；自謂窮神知化，而不足以開物成務。

某請以釋氏之學求正於孟子。孟子曰：「學則三代共之，皆所以明人倫也。」釋氏豈知人倫乎？獨念古人有言曰：「學之爲父子焉，學之爲君臣焉，學之爲長幼焉。」父子之道，長幼之節，某行於家，行於鄉，奉以周旋，不敢失墜也，久矣。竊歎君臣之義，如之何其廢之？故兩薦於開封，再試於禮部，不爲登甲科計也，不爲取青紫計也，亦不爲求車馬，驕門生弟子計也，爲君臣之義也。比聞於親戚故舊之間曰：「府監兩舉者，法當免舉。」某痛念賔興之禮不行，孝弟之法不舉，宰相不辟才，諸侯不貢士。某將退而隱居乎？荷蓧荷蕢者，正得罪於聖人之門。將進而事君乎？困於無資，又不獲論列於省部之下；干求乞丐，則又某所羞也。回皇無據，輒欲借便於先生。掃門望拜，獻笑乞憐，此僕奴之態也，儒者固不當爲。至於身列鈞樞，望高天表，腰金拖玉，曳紫揚鞭，丁斯時也，乃欲高舉遠引，憶鱸魚，賦猿鶴，此姦人之雄也，大人固不當爲。

閤下於艱難險阻之際，治煨燼之餘，撫瘡痍之俗，吹枯嘘新，生死肉骨，將以盡大人君子之道，此正某之所願見也。儻以某念君臣之義爲急，伏惟少留意焉。嗚呼！聖人有明訓曰：「食無求飽，居無求安，敏於事而謹於言，就有道而正焉，可謂好學也已。」某食甘藜藿，居在圭蓽，事弗敢慢而言不敢輕也。區區所學如此，所以求正於先生，以爲終身之計。是以七日戒三日齋，質之祖宗，謀之卜筮，薰沐椒蘭，克成贄禮，三拜於堦下而獻之焉。其進也，願聞一言。

答徐得一書

來書論仁益見存養，甚矣！吾子之好學也。然不耘苗者固非好學，而揠苗者亦非善學也。故懈緩者謂之無志，而躁急者失在自欺。仁乃聖門第一語，不存養數年而欲求決於一日之間，是以易心窺仁也。前日已面語左右矣，來書第以處己接人，駕過仁字。要之仁果何物耶？至於克己復禮之説，區區所聞於左右者，於公何補哉？切幾潜心默識，以歲月求之，忽有得焉。願以見教。

答李樗書

某啓：未及披識，遽辱惠書，且審初冬起居佳勝。某謫居杜門，不通水火，不復如昔日與士子游。而來書云爾，傳之者妄也。某憂患餘生，耳目昏瞶，口面喎曳，去死無幾矣。舊學荒廢，頓失畦逕，吾子好學如此，益以重僕之愧耳。然「學問之道無他，求其放心而已矣」，非止於務博洽，工文章也。内自碌磨，外更切瑳，以求此心。心通，則六經皆吾心中物也。學問之道無過於此，此僕聞之於先生長者。今老矣，尚記憶焉，輙以告吾子。若乃難疑質問，僕老且病，無以副吾子之勤，幸加察焉。正遠保愛。

與常子正中丞書

（其一〔一〕）

遽遠教警，瞻仰極深，台旆行日，凡兩適郊外，皆不獲望見，少慰鄙懷，此情悵惘，

〔一〕「其一」及後文數目標題爲點校者加。

未易名貌。暑退作凉，伏惟已諧禮上，神明扶持，台候起居萬福。某不才多病，衆所嫌唾，亦自厭煩。分老丘園，永親甘旨。伏承中丞舉之廢棄之中，置在侍從之列。方欲少殫微節，上報國家，而中丞抗章引去，某病體亦不可枝梧。儻中丞朝晚還朝，庶有承教之幸，不然，終求遂志，小舟訪公於苕、霅之上，不難也。它唯倍保寢興，即秉鈞軸以福宗社生民。

（其二）

監税陸景端，吾鄉佳士也，學問精深，操履清白。其父韶之頃受和於張全真，亦任察官，風流文采，自爲一鄉所宗。税場體例，多交結貪饕，庶免責罰。此郎乃獨不爾，孤立其間，儻非中丞保全，則士人亦何所依倚。試引之坐末，問以利害，當知其所存矣。聞前税官各求恩賞，增税數倍，後人受害，商旅不通，願稍懲革之，甚幸！

（其三）

比陸監税行，曾拜起居問，諒已塵凂。邦達書中，伏辱批誨，極慰鄙懷。且審即辰，神明協贊，台候起居萬福。下車云始，政聲聳傳。此固不足盡吾中丞所學，然亦少慰人意矣。某區區無補，秖欲歸耳。彥素除宗卿，計可以養病，德起除横榻，善類皆相賀，此亦一快也。它惟保重，即聽樞鼎之召。

（其四）

某平曰受知於王丈唐翁，今雖死矣，炯然在心。有葬事錢劄子，前日已曾面投，亦蒙肯可。今其墳院欲免借索，其子陔求某書，欲瞻拜台光。儻中丞丈念某不負所知之心，委曲從其所請，不勝至幸，干冒皇恐。張轔，前日某自作劄子，具述其同官時治狀，薦于朝廷，今聞以舒州處之，尚未見報也。因邦達書中見及，輒叙區區。

（其五）

前日王唐翁之子行，曾拜起居問，當已塵浼。伏辱誨翰，恭審秋雨連緜，明神協相，台候萬福，極慰瞻仰。某碌碌亡補，俯仰愧怍，方念求去而復有講筵之除。退惟學問荒蕪，上章請對，辭不獲免，不知仁者何以處。我旦夕且迎老親來，庶慰久去庭闈之念。環召匪伊，秋深，願體眷注，倍保茵鼎，區區之禱。

（其六）

某久閑乍出，遽兼兩部，案牘山積。才既不長，又復不肯放下，一一整會，殊覺辛勤。出局常晚歸，又賔客盈門，書問繼踵，所以起居之問不能時到記室。想惟道襟冲遠，必有以寛之。然愧懼不敏，自不能已爾。某日欲求去，比又置之經筵，俗氣滿胸，何由窺見淵奥？第麋鹿之性，愈覺煩苦耳。中丞丈以經綸手營理一州，宜其政聲四傳，姦吏破膽，居民歸心，殊慰所願。何時獲侍笑言，臨紙傾戀無極。

（其七）

伏辱書誨，執讀久之，如對面語，樂不可言。且審即辰，明神惕相，台候萬福，極慰瞻仰。無根之説自是可笑，亦可静觀世間人情耳。般〔二〕居後諸况已定否？相望只百餘里，稍凉當買舟拜謁，以既前此〔三〕。倍保台重。

〔二〕「般」，四庫全書本作「移」。
〔三〕「此」，四庫全書本作「好」。

（其八）

王剛中病目就醫，遂來鹽官居，日有承教之幸，極慰。今尚在行朝門外服藥，謾乞知之。

（其九）

伏辱誨翰，慰喜以還。切審即辰，神相忠正，台候萬福。魏君埋銘，輒獲拜讀，名德之重，文辭之高，足以傳後世而取信。某附名其間，有榮耀焉。謹拜命矣，何由參侍。執筆依然，唯祝倍保興居，即聽環召，以慰有識。

（其十）

庚伏可畏，伏惟神相忠正，台候萬福。久違誨論，極有瞻仰，一讀來書，忠勇奮發，正論直道，雜然在前，如侍坐隅，喜不自勝。秋凉，當造見以叙前此。爲宗社倍保饔寢。

（其十一）

前日諸人委曲，當已知之。某日宴坐焚香，讀聖賢書，乃知閑居之樂，大勝它事。

（其十二）

前日台翰問及王剛中，即時遣人送去。昨日相見，再三拜問[一]起居。在此不多相見，以目疾澁疼，居闇室中，稍對賔客，來日即覺。病劬坐此，不敢數到其門。比送論語傳來，議論超絶，令人三歎。如此識見，使其論廟堂間事，必絶人數十等。一廢便病至此，可憐！可憐！此亦造物者之過也。

賀沈左相

恭惟僕射相公，謀先國體，識見時幾，親結主知，爲時名相，四海之内，舉袂歡呼。平生經綸，正在今日。今人才正待作新，弊害正待除去，斯民正待膏澤，風俗正待變移。某雖老矣，尚庶幾見太平之盛際，爲投老之樂事也。萬冀留念。

[一]「問」，原闕，據四庫全書本補。

賀萬俟右相

恭惟僕射相公，精忠自許，識慮絶人。親承天子之知，不爲朋比之行。十年去國，一德不回。果膺妙簡之求，來位阿衡之任。然而名盛者，責望重；位高者，委任深。上合一人之心，下副四海之願，其亦難乎！目今姦回有未除者，人材有或遺者，弊蠹有未革者，風俗有未正者，伊誰之責？其相公歟？伏惟相公念道之難行，時之易失，乘機應變，仰合天心。此非某之私願，亦天下之公願也。某老病不堪，如枯枝朽木，不復爲世用也。所懷在此，伏幾留念。

答贛州趙守

（其一）

某爲别未幾，已踰半載，雖塵俗逼人，而景仰之心初無間斷。欲遣專介奉一幅書，少叙懷抱，而埋没撥置，自朝及夜，曾不得休息。逋慢之罪自不能文，而遠蒙遣人勞問勤重，顧惟無狀無地可容，惟長者寛之，甚惠！

（其二）

某比者經從得瞻風度，伏蒙延以巵酒，借以舟人。方當囊無半金之儲，居無半面之舊，挾三十口欲還故鄉，而賦性庸僻，耻於干懇。惠然存慰，如平生交，顧惟此意，何日敢忘。

與永嘉何舍人

永惟仙里，聖學盛行。元承、元禮、少伊諸公表見於朝廷，而彦昭、恭叔、元忠之流力行於太學。渡江以來，此學尤著，精深簡妙，深入洙、泗堂壼中，其至矣哉！某叨守于兹，幸亦云甚。其詞賦既行，此學似不逮前日。更望舍人與諸君子鼓舞晚進，使不忘師承，區區之願。

回黄朝奉

今春經由，乃得披際，殊慰夙昔之願。别來未幾，塗中大病，延緜至處，乃得少安。

四月末旬，幸遂交印，而事多積滯，撥置不休，用是羈縻，未遑修謝。介專道遠，書問勤渥，感慰何言。再會未由，臨書增慰。

回贛州鄒推

（其一）

某今春經由，乃得與同年款，大慰平昔所以欽慕之意。行役忽忽，不如人意，驟違遽見〔一〕，殊欝胸懷。再會何時，臨書增想。

（其二）

蒙示及季子論，備見考訂精深，學問不苟。然「言必慮其所終，行必稽其所敝」，更幾審察，可也。性論當擯諸人，獨以己體孟子之言，則所得必深，上遡孔門，無分毫不合矣。非年契之厚，不可遽述所懷，惟公亮之。

〔一〕「驟違遽見」，四庫全書本作「驟見遽違」。

（其三）

長牋遠寄，弊箒生輝，感慰深矣。適當多事，修報莫皇，十襲珍藏，永堅素好。

回孫尚書

（其一）

永嘉舊號名郡，王、謝風流，尚有存者。方欲袖手其間，少追前輩遺躅，而軍糧空乏，日以爲憂。比因星變，上寬民力書。領版曹者，識慮不過目前，阻執詔書，略不下究。某老矣，不能復作擾民事，雖已上疏請宫祠，旦夕得請，將歸南山之南，北山之北，尋舊畦，理荒徑，以畢餘生矣。

（其二）

比有自諸公處來者，携尚書丈。近日謝朝廷文字，人爲一通，意各有在。有少年俊艾而不能萬一者，乃知天生人材各有所主，不可彊也。今我公戲墨弄翰，笑談咳唾，皆成文章。有律有吕，有涌有伏，真所謂風行水上，自然成文者也。披味之餘，不勝欽歎。

回全椒杜簿

某與光遠相别幾二十年。前此謫居嶺北瘴煙之中，無復生理。聖恩下逮，既許還家，復叨郡寄。然衰老摧謝，白鬚滿面，豈世間長久物？已請宫祠，儻遂所願，即當扁舟相過，一盃相屬，以慶再生之樂，何慰如之！某前在横浦，閉門自訟，不通水火，况敢萬里致書乎？至於獨居自語，謂人物如吾光遠，風度、文章、操履、學問，尚在布衣，未擴遠業，則唧唧終日。忽承書問，久思姓名，未敢啓緘。問之來介，則云：「自崇德來。」知必吾光遠也，不勝喜慰。又知登科第，簿主全椒，過有門生之稱，徒切愧恐。某無狀，不容置之朋友之列耶。執手有期，臨風忻抃。

答曾主簿

乍此睽異，殊有傾鄉。前此蒙訪，别且云：「尚盤礴未行。」翌早，奉刺郵亭，聞已行矣，曷勝黯戀？得書，切審即辰，尊履萬福，良以爲慰。疊幅爲禮過勤，適修奉祭事，未暇如禮爲答，幸察。古人「行有不得者，皆反求諸己，其身正而天下歸之」。如使人人如己意，則天下將不勝其責矣。「躬自厚而薄責於人，則遠怨矣。」怨，乃我怨人。此聖人明訓也。某不能允蹈聖賢之言，至於遠竄，追悔何及。願吾子戒之，持守廉潔，此士大夫常事，其上更有事在。過蒙相予，不敢不盡。它厚自保養踐履，聖賢所戒，以待亨發。

與台州曾侍郎

某少事干冒，故人周正夫機宜之子本寓治下，今欲求見，幸與進。正夫名遵道，臨川人，何昌言牓登第，元祐中上書論事，不仕官。曾見謝顯道先生，與呂源明、豐相之、王敏中遊。頃在錢塘，日與之處，其人愽學高識，批判古今，如指諸掌，奇士也。不遇而卒，其孤本守貧，不干人，亦可喜也。

借米

軍倉遂絶糧，某至此十三年，未嘗見也。白米借十石，糯米二石，以濟目下艱窘。公如納秋苗，卻可就取也。

與浄居諶禪伯

某久别，傾念判官歸。曾奉書判官，不知流落何處，自此有書無書，切勿疑貳。清風明月，何處不相見，而必欲書乎？未聞自重。

與徑山杲大慧

某前日方遣書道區區，適得聖錫書，報和尚旦夕隨紫巖入蜀，急遣人致國太奠儀。前日一籠葛藤已載去，此復道正遠，倍保寢興。

張教諭

兩辱書，切審别後文履勝快，極慰。陳公編文不可不觀，蓋古今文格之所萃也。至囑正遠，唯力學自愛。

尚書

（其一）

枕暑尚炎，伏審神明森衛，台候動止萬福，極慰瞻仰之懷。某蒙恩自便，且叨郡符刑餘之人，何以得此？此皆尚書丈異時吹噓之及，不勝感荷。前日見邸報，尚書宿寃昭雪，行且復舊職矣。於我公識在塵外，顧此兒戲事，未易作喜色。然四海諸公，胸次欝埋久矣，一見驛書，舉杯相屬，兹亦可樂也。某方落簿書中，何由幅巾藜杖，侍我公於青山白雲中，第深馳慕耳。正遠，伏乞爲斯文倍保鼎茵，即膺鈞軸之拜。

（其二）

每思昔時，笑語炯然在人目中，只益鼻酸耳。人生如夢，無一實法，婆娑嬉游，以卒餘景，不是癡人。尚書文詞益嚴，字畫愈健，不似七十歲老翁，浩氣充盈，可以想見。某昔在謫居，有閑適之樂，今兹自便，乃有煎迫之憂。乘除相關，校長論得，必有能識之者矣。某眼日益暗，寫先生長者書，不敢委筆吏，老草無禮，不勝皇恐，惟相期於形骸之表，乃可以逃責耳。

（其三）

令似學士學問日新，恨未得一見，想見神骨清峻，雙瞳照人。庚甲乃與賤命同，老漢抑何幸耶！蠲紙二百，聊作揮灑供。

施彦執

季文來，備詳動止，且聞處静有味，所得益高，發於言辞，粹然可録。豈如不才舊學都廢，覽鏡自照，真可憎鄙，不知何以警之。

違遠誨語，又復初冬，歲月峥嶸，感歎深矣。其於瞻仰，情何以支？令嗣令孫讀書當日進，此千里駒也。其愛護之！百一哥萬福，近折節爲學否？千金之資，可惜自弃，願自收歛也。

陳開祖

南雄來，得聞動静之詳，良以自慰。某目疾增劇，老態轉深，平生北窻活計，不復料理。眼閉目潛，視六十以前行己是非，自進自退，亦一快也。何由把手論此勤渠？

知縣

即刻，伏惟撫字餘間，尊候萬福。蚤辱寵顧，病苦莫皇迎揖，區區亦既聞于下執事矣。坐受盛禮，極不遑安。請自今兹告爲罷去此舉，使愚陋少安，不勝懇禱，稍可支吾，首當詣謝。

陳開祖

（其一）

開祖學有淵源，而文采政事足以發之。比來相見，氣骨成就，宇量開廓，富貴非公而誰乎？願更潛養，以振吾道，區區之祝。

（其二）

開祖人物識趣，學問文采，豈州縣間人？行當召用，遂施所學，更幾潛養崇〔二〕護，以慰同年區區之素。

（其三）

某年來老態百出，障目日甚，健忘昏塞。平生辛苦而僅有之者，索索空矣，可爲一笑。何時把臂，得盡所懷。音釋補學者非〔三〕不少矣。且蒙許以詳書，豈特衰朽之幸，亦天下後世之幸也。

（其四）

軒記亂道，正恐浼瀆几格，欲以此求教。乃稱奬過情，豈所望於吾開祖也？後訊尚望指摘其短，使知所趨，不勝至禱。

〔二〕「崇」，原闕，據明萬曆刻本及四庫全書本補。
〔三〕「非」，四庫全書本作「已」。

通判

違别未久，已見素秋，不知寓處安便否？因妹壻于判官行，聊布區區致問，臨風瞻詠，未易名言。託庇，曾未得款曲。中間小人以誣罔見窘，切聞左右，以直道拒之，用心契合天地，如此公子子孫孫當世有顯人。天日在上，實聞斯言，感激之至！寵惠海錯，皆珎惠也。感激于親蒙寵拂，不勝荷戴！

陳開祖

違别寖久，瞻仰極深。都守人還得書，亦嘗布區區記，乃聞未達，何也？此承誨翰，殊慰傾思。某目疾彌劇，老態日增，何由復款言笑如異時乎？臨紙不勝瞻望。

某區區亂道，豈敢於吾開祖吝乎？所以累聞於左右矣。而來教勤渠如此，使人慚怍，無以自處。切謂大學一篇，學者入聖域衢路也。頃嘗聞諸先生長者，隨手記録，忽已成編，未敢以示人也。今輒投諸几案，探其失錯，指其繆悠，無使以梧捲自足，而獲罪於聖賢之門也。輙與開祖盟，無使它人見之，以掩惡拙，不勝至懇。

浄居諶禪伯

（其一）

冲老暫留塔下，可以某所佔房安泊。某才到永嘉，自遣人來取矣。墳頭諸事，且煩留意。炬坐主一一安樂，冲老來時，可同來相見否？致意遠老云：實無一句可道，須管於不可道中道將一句來。它自愛。

（其二）

承書，極荷不忘。自無垢到此，六祖一去，更無消息。只無垢亦無蹤影矣。試煩遠老，打瓦卜，看看是金兆木兆。一笑。

陳開祖

（其一）

前此拜書，欲求所注論語及韓柳釋音，不蒙見教。某區區亂道，雍也以前已爲人傳播作笑具，已不前何[一]，以後豈敢爲吾開祖惜？以遠方無師友及無書籍引證，意鄉必至踈脱。萬一生還，庶幾從容求琢磨、精點竄，然後取正於長者，未晚也。

（其二）

開祖學問淵源，枝派勁直，其發聖處，豈老拙所能及？竊以謂聞見所得，不如踐履之深。禪家謂：勿喫别人痰唾，湏一一自己胸襟流出。論語豈敢於老兄惜，實以此地荒僻，凡所牽引，隨手亂寫，未任對勘。它時萬一生還，拜呈老兄改抹，庶不悮兒孫耳。千萬相亮。

（其三）

静勝齋記輙拜呈，伏幾改抹，更求善書者，今未可傳也。恐點檢不精，生意外事，不

[一] 「前何」，四庫全書本作「自愧」。

得不慮。今嗣名字乃以下求不肖，仰見愛予之意。今輒欲以自修字求仁，自治字〔一〕聖功〔二〕，自牧字謙之〔三〕，自勝克己爲獻，不知如何？幸幾裁擇。

（其四）

別久，不勝瞻仰。且聞宴坐群物之視〔四〕，開軒讀書，深求古人用心處，其所得當不在古人下。尚幾倍保寢興，爲斯文加重。

（其五）

初夏遣記，煩長文致問興居，當已塵浼。伏奉誨翰，如侍杖屨，何樂如之？稱獎過寵，豈所謂誘之欲其進於是耶？仰見前輩大人所以成就後輩之意，不勝感歎。

〔一〕「字」，原闕，據四庫全書本補。
〔二〕「功」，原闕，據四庫全書本補。
〔三〕「字謙之」，原闕，據四庫全書本補。
〔四〕「視」，四庫全書本作「表」。

橫浦先生文集卷之十九

雜著

克己復禮爲仁説〔一〕

因與石月先生論仁，遂作克己復禮爲仁説。

非大聖則不能名仁，非大賢則不能當聖人之論仁。惟聖人行仁之久，故知仁之深眇，而昌言之無疑焉。學不至於大賢，則其問也不切；而聖人之告之也，亦姑因其材而成就之耳，至於仁之正體，則不以告也。非不告也，以其未足以當之也。明乎此，則孔子之告

〔一〕題目「克己復禮爲仁説」爲點校者後加。

顔子曰「克己復禮爲仁」，其有在矣。孔氏之門惟仁爲極致。三千之衆，惟顔子爲獨高，故顔子之問仁異乎諸子之問仁，孔子之對顔子異乎平居之對二三子，學者不可不盡心也。且子貢問仁，不過曰「己欲立而立人，己欲達而達人」耳；樊遲問仁，不過曰「居處恭，執事敬，與人忠」爾；子張問仁，不過曰「恭寬信敏惠」耳，曾未若對顔子之異也。世之論仁者，見樊遲問仁，孔子對之曰「愛人」，乃擇之不精，乃語之不詳。如莊周者有見於此，則昌言於天下曰「愛人利物之謂仁」；如韓愈者有見於此，則昌言於天下曰「博愛之謂仁」，而不知愛特仁之一端而已，愛豈足以盡仁乎？後之士見莊周之説、韓愈之説，以謂誠合乎孔子之意也，乃見詩，乃見書，乃見易，乃見禮、樂之談仁者，而通以一言該之曰「愛」。嗚呼！仁誠謂愛乎？「己欲立」，愛乎？「己欲達」，愛乎？「居處恭，執事敬，與人忠」，愛乎？「恭寬信敏惠」，愛乎？此特考之不審，極之不深，且以一愛自欺而已，惡足以知仁乎？至於孔門諸子之論仁，如子夏之論則曰：「博學而篤志，切問而近思。」嗚呼！誠如子夏之説果愛也耶？又如孟子之論仁則曰：「貴德，尊士，賢者在位，能者在職。」嗚呼！誠如孟子之説果愛也耶？

知愛不足以盡仁，則我之偏見消而正理明矣。正理明則孔子告顏子以「克己復礼爲仁」可得而論也。夫天下無一物之非理，亦無一物之非仁，有己則理暗，無己則理明。己者，何也？人欲也。禮者，何也？天理也。滅天理窮人欲，何由而得仁？滅人欲盡天理，於是乃爲仁。克己也者，滅人欲者也。己何自而克，人欲何自而滅乎？本乎學而已矣。其學安在？曰禮而已矣。非禮勿視，視皆理也；非禮勿聽，聽皆理也。非禮勿言，非禮勿動，言、動皆理也。夫視以禮，聽以禮，言、動以禮，視、聽、言、動一循乎天理之中，則人欲滅矣，私己克矣，天理明矣，天下皆歸於仁矣。克己復禮，此仁之正體也。以此通乎子貢之説，「己欲立」，「己欲達」，果仁矣；以此通乎樊遲之説，「居處恭，執事敬，與人忠」，果仁矣；以此通乎子張之説，恭寬信敏惠，果仁矣；以至通子夏之説，慱學、篤志、切問、近思，非仁而何？通孟子之説，貴德，尊士，賢者、能者在位在職，非仁而何？又泛而入乎樊遲愛人之説，莊周愛人之説，韓愈慱愛之説，乃深知其爲仁之端耳。是克己復禮之説，是仁之正體也。非孔子孰能言之？非顏子孰能當之哉？此乃孔子心傳之要，大學之宗，學者不可忽也。

且孔門弟子三千人，一旦魯哀公、季康子問弟子孰爲好學，夫子於三千人漠然無稱焉，獨曰：「有顏回者好學。」嗚呼！二三子不遠千里來造函丈，摳衣而請，負牆而立，果爲何事乎？乃不得以好學稱，其亦可悲也已！考其所學，如後世博物洽聞，無有也；又如後世絺句繪章，無有也。特曰「不遷怒，不貳過」而已。愚深思而熟究，乃如夫不遷怒者，克己也；不貳過，克己也。私己已克，人欲已滅，天理著焉。夫子乃曰：「回也，其心三月不違仁。」乃知其所以不違仁者，果自克己復禮而得之也。顧惟顏子之見仁，置之則植乎天地，溥之則横乎四海，施諸後世，而無朝夕。推而放諸東海而準，推而放諸南海而準，推而放諸西海而準，推而放諸北海而準。天下無一物之非理，亦無一物之非仁，理當如是也。嗚呼！仁無古今也，亦無東西南北也，顧克己者得之耳。

使學者無志於聖人則已，如有志於聖人，惡得不信孔子之言？使學者無志於仁則已，如有志於仁，亦惡得不行克己復禮之説？乃知夫未克己以前，其視、聽、言、動皆私欲也已；克己以後，其視、聽、言、動皆天理也，則於顏子之心庶幾而得之，孔氏之閫域亦可疾趨而進也。其勉之哉！

黄氏訓學説

建昌黄新淦，奕世載德，登第者比比，爲衣冠盛事。至新淦又登第，其子文昌又登第，餘四子文晟、文昱、文畧、文畢方力學不已，文昌之子樞，歧嶷有成人氣，顧其家登第，豈有既乎？

余謫居横浦十四年，今春被命守永嘉，道過新淦，新淦携四子一孫來謁，且曰：「願先生幸教之。」余曰：「余老矣，韓退之所謂『聰明不及於前時，道德日負於初心』者也。自訟且不暇，又奚以教人爲？」新淦請益堅，余辭不獲命，乃告之曰：學當有本原，孝悌，人本原也。孝悌何以見乎？孟子曰：「仁之實，事親是也；義之實，從兄是也。」其意以謂欲知仁之實乎？即事親時是；欲知義之實乎？即從兄時是。使當事親時，愛戀眷慕，穆焉如春，斯即仁也；當從兄時，恭謹唯諾，肅焉如秋，斯即義也。知此二者即曰智，節文此二者即曰禮，樂此二者即曰樂。孟子又曰：「樂則生矣，生則惡可已也，惡可已也，則不知手之舞之，足之蹈之。」夫學至於樂，即仁義隨處而是，不止事親、從兄時也，故謂之生。生則欲罷而不能，欲止而復起。目之所視，耳之所聽，口之所言，心之所思，雖無意於仁義，而仁義不吾違矣。使人手舞足蹈，有不得已焉者，其本其原乃事親、從兄時始。

黄氏子孫，其信是乎？其不信乎？如其信也，體之於己則爲仁義之士，行之於家則爲仁義之家，行之於鄉、於國、於天下，無往非仁義也。天尊地卑，日往月來，風散雨潤，山高水深，皆吾孝悌所造化耳。豈不盛哉？豈止登第而已哉？諸子其勉之。

青龍白虎説

陰陽家流有青龍白虎之説，凡室廬所居，墳墓所嚮，則左臂爲青龍，右臂爲白虎，居青龍則吉，居白虎則凶。信如其説，王者建國，立宗廟於左，立社稷於右；其朝制則左九棘，孤、卿、大夫位焉，右九棘，公、侯、伯、子、男位焉；其廟制則左三昭，右三穆；豈有古先哲王置社稷、公卿、大夫及武之三穆之位於白虎，使土地五穀及卿大夫、三穆之神皆受凶災乎？必不然也。

且以百家之聚折之。有一家以左爲青龍，以右爲白虎矣，適有一家焉居其右，則是青龍者又轉爲白虎矣；又有一家焉居其右，則是白虎者又轉爲青龍矣。自百而千，自千而萬，以至合天下而言之，抑何青龍白虎之紛紛，而若吉若凶，顛倒錯亂，而靡有定説也。借使積善之君子居白虎之位，則常招凶；積惡之小人適居青龍之位，則常得吉，是明而福威之柄，幽而禍福之權，一皆獨專於青龍白虎，而君子常遭無辜，小人常得僥倖，必將三綱淪、九法斁而後已。其説無稽，誠不足信。然邪説既行，以無爲有，幻惑一世，牢不可破，良可歎也。

名節説

子張子曰：以血氣爲我者，方其壯也，立名立節，似若可觀。及其衰也，喪名敗節，無所不至矣。血氣之不足恃也，甚矣！惟學問克己，轉血氣爲理義，則窮而益堅，老而益壯矣。或曰：陳仲舉、顔魯公不聞有聖人之學也，而暮年之節炳然不衰，如此何也？曰：此皆有聖人之資。使其有聖人之學，則在周公之列矣。吁可仰哉！

目病説

子張子目病生翳，命醫服藥，目翳小淡，則親戚妻子爲之喜，或加增焉，則復爲之憂。子張子曰：目猶天之日月也，日月薄蝕，猶君子之有過也。余德之不修，學而不講，聞義不能徙，不善不能改，其得罪於天也久矣。目之生翳，是吾心之過形見於兩間也。其或小愈，是幸免也，幸免奚足喜？其或加增，是天正典刑也，宜退聽以受之而已，憂之何益？曰：如之何以處之？曰：吾老矣，無及也，當心悔之而已矣。

智愚説

子張子曰：智者少而愚者多，智者見其高，愚者見其下。智者言、動，衆愚伺之，以市井之見聚首而議其非焉。吁！彼衆愚何不思之甚也！陰受智者之庇得生養焉而不知也。使智者與衆愚同，天下國家何賴焉？

爲郡説

或問爲郡，子張子曰：爲郡之道，正心術，敦風俗，禮賢士，行教化，節財用，謹獄訟，斥姦吏，佑善良，治豪猾，行此九者，其亦庶幾乎？豈惟一郡，小邑亦然。

題跋

題書室柱

余生平嗜書，老來目病，執書就明于此者十四年矣。倚立積久，雙趺隱然，可一笑也。被命北〔一〕歸，因書此柱。丙子元夕，范陽張子韶書。

〔一〕「北」，原闕，據明萬曆刻本及四庫全書本補。

書司馬温公咨白

紹興丙子閏月二十九日，某以目疾乞罷永嘉，歸故里，住括倉。司馬倅手携曾大父温公在政府日賔次咨白示某，且求題其後。某整冠肅容，頓首再拜而讀之，曰：嗚呼！其盛矣哉！盎乎其似春也，肅乎其若秋也。仁義中和之氣，君子長者之道，可得之於一席間矣。某雖不獲登公之堂，拜公之像，凛凛然如在其上，如在其左右，敢不敬乎！

題晁無咎學説

學不貴於言語，要須力於踐履。踐履到者，其味長，乃盡見聖人用處。古之人所以優入聖域者，蓋自此路入也。無咎先生所以期其猶子者，其遠乎？嗟乎，前輩之風不復見矣！執讀三復，爲慨然興歎者久之。五月日張某書。

題李伯時孝經圖

李伯時畫超然塵土之外，其精緻微密，幾與造化争衡，豈凡流所可髣髴？猶恨其不深考孝經微意，此樂道君子所以爲之痛惜也。戊辰上巳范陽張某書。

題米元章悼東坡詩

余昔從陳伯修遊，因抵掌論天下士曰：「米元章奇士也，惜乎知之者少爾。」今見其悼東坡先生詩，有「知公不盡」之語，然後知伯修之言不妄。且痛恨生晚，不及面覿，徒想像其風度。五月望張某題。

題孫叔諧序王文炳

余觀大參序，所以期叔虎者遠矣。昔子貢問夫子曰：「孔文子何以謂之文也？」夫子曰：「敏而好學，不耻下問，是以謂之文。」説者曰：客氣既盡，則粹然之文炳炳見矣。

儻以説者之言爲是，叔虎其正爾心，誠爾意，内琢磨以修省，外切磋於師友，使吾所謂睟然者，粲於人倫事物之際，被於文辭動止之間，此作序者之意也，亦當時命名之意也。叔虎其勉之。

書呂夫人墓銘後

昔夫子論管仲不死，曰：「豈若匹夫匹婦之爲諒也，自經於溝瀆而莫之知也。」是死非人所難，知所以處死者，難耳。聖人不貴其死，而貴其處死。春秋書宋伯姬，聖人有深意，以其知所以死也。呂夫人義不汙賊而赴水，正合春秋之法，此文靖、文正舍人公之遺訓也。偉矣哉！聖錫之論，予固有取。

書呂居仁與范秀才詩簡

余與居仁相别十年，遂成永訣。今覽其遺蹟，如對面語，追思宿昔，爲之流涕。戊辰七月九日范陽張某書。

贊

侯憲奇石贊

高安守侯仲平蓄奇石三，其一霏霏若陰山雪，其一洋洋若五湖魚，又其一燦燦若蜀江錦，皆希世寶也。作書抵予曰：「吾居嗜好，其終老于是乎？幸爲我作數語，將刻于其側。」

余置書歎曰：造物之妙亦深矣。微有影像，形見於無情之物者，乭不可揜如此。然後知鳳凰、麒麟、慶雲、甘露，皆聖人心中物也。君子閑居獨處，可不謹乎？乭爲之贊曰：大鈞深眇，世胡不見。一有滋萌，卓然著見。吾儕處心，盍謹無倦。毋或自恕，其飭爾度。誰謂不睹，天其臨汝。誰謂不聞，響遏行雲。吾言何益，請觀此石。

銘

擬夏禹九鼎銘

聖人制作，與造化同其妙，豈私智淺識所能窺見哉？夫世所常見者，雖日月，民不以爲奇；世所不見者，雖豕璞，民自以爲怪。昔大禹治水，行九江，涉九川，窮幽極遠，探奇抉怪，睹殊形異狀，牛鬼蛇神，可以驚世駭俗者衆也。以謂萬物之靈，惟人爲大，故遠方圖物，貢金九牧，鑄鼎象之。且倉頡制字而鬼哭，以得其形，則無以見其神也。圖象在鼎，其形已見矣，其復能爲乎？其意欲使人自人，神自神，不相雜擾，各得其所。伊尹識之，故贊其德曰：「古者夏先后，方懋厥德，罔有天災，山川鬼神，亦莫不寧，暨鳥獸魚鼈咸若。」蓋與鑄鼎相爲表裏。乃爲之銘，銘曰：

天地之中，惟人爲大。人爲神勝，爲孽爲怪。元后聰明，實人之靈。制神與人，不相侵凌。乃鑄九鼎，畫圖神姦。殊形詭狀，莫或作難。潛逃深匿，敢見其形。民入山林，無復震驚。在易之鼎，卦畫至精。豈徒觀美，義貴大烹。調和四海，以養聖賢。神人奠位，事有後先。鳥獸魚鼈，亦遂厥性。至哉神禹，執此之令。傳諸後世，所尚者德。蠢爾荆楚，爲周之賊。王孫所對，逆折姦心。鼎有存没，德無古今。咨爾後王，無幻鬼神。方懋厥德，與禹同倫。

頮水銘

頮盆歸絜，盥手去塵。屏兹昏翳，以安爾神。騂顔易操，逆理叛道。毋或來臨，汙我皦皦。

漱盂銘

漱爾惡臭，濯彼葷羶。浮汙屏掃，重謹其言。兹器之則，君子敬焉。

唾壺銘

汙不可窺，垢不可聞。藏垢納汙，伊德孔尊。君子是式，其大無倫。

杖銘

忠信篤恭，形見于此。而倚而行，勿忘勿馳。

横浦先生文集卷之二十

祭文

祭吕居仁舍人

嗚呼！聖學不傳，何啻千載？吟哦風月，組繡文字，轉相祖述，謂此極致，正心修身，不復掛齒。孰如我公，師友淵源，文以宣之，詩以詠之。天下之士誦公之文，服公之詩者多矣；而得公之意者，蓋未見其一二也。若乃勸講露門，直筆太史，代言西掖，視草北門，即公之忠正、恭儉、躬行、履歷至死不亂者，粲之於英華，而注之於筆削爾。我之識公最晚，而公之知我最深。同處于朝而不相往來，同好此學而未嘗談論，神交默契，不欺不愧，其亦庶幾焉。嗚呼！萬事已矣，夫復何言？觴酒豆肉，千里寓哀，惟英靈其享之。

祭虞深之

嗚呼深之！公之爲人篤於中外，信於朋友，寬以臨民，禮以待士，遇事不惑，應變無窮，識利害之所歸，知終始之必爾，如蓍龜之先見，如軒鑑之清明。挾此之材，用此之德，以年則當享上壽，以官則當位大夫。今官止於一簿，年不滿六十，一病不復，竟成永訣。嗚呼痛哉！

我之與公始於學校之舊，終爲姻婭之親，情同弟昆，義均休戚。我竄嶺下，交親邈然，隻影自憐，斷蓬無托，凜乎！惟公兩遺問勞，書詞懇惻，藥物豐備。今則已矣，尚何言哉！

回思孀妹，遠憐孤兒，痛徹于心，其誰我慰？生芻之奠，一寫哀號。

祭王侍郎

惟公才出人上，學自名家，推賢揚善，掩過匿瑕。昔其未見，諸公交稱，流離偃蹇，欲識未能。南來嶺下，門設雀羅，交親斷絶，形影莫過。公持帥節，惠然見臨，論議忠厚，器宇靚深，謂必遠大，少究所施，天理莫測而止於斯。若其踐揚履歷，獻納論思，不抗不抑，匪亟匪遲。顧我老病，百念如灰，期公還朝，或慰衰頽。今其已矣，有涕漣洏。觴酒豆肉，庶或享之。

祭鄭仲遠

公有治民之才，有華國之文，有深遠之度，有奇詭之策。而議論剛正，人物軒昂，謂必居諫官、御史之員，西掖、北門之職。而年未登五十，官止於九品，位不過縣令，百未一施，冒疾而死，嗚呼哀哉！堂有老母，室有寡孤，流離顛沛以至於此，嗚呼哀哉！念我與君義乃同年，情如兄弟，不見顏色，僅過年餘，平生之歡，終天之訣，嗚呼哀哉！病不及知，歛不及哭，觴豆之奠，遠致老懷，公如有知，庶或享之。

祭解帥

惟公剛而能審，武而好文，老而不變，幼則有聞。憶我平生初未識君，謫居橫浦，乃挹清芬，樽酒相樂，談辭如雲，酒酣耳熱，氣凌三軍，倒廩傾囷，兩忘主賓。嵐瘴所都，飲冷食新，日損月削，病輒彌旬，竟至不起。嗟誰與親？君居藍田，死乃江濵，首丘弗獲，藁葬此辰。肉馨而絜，酒醇以清，能復享此，有淚濡巾。

祭黄元寵

惟公器質冲厚，志氣剛方，見於議論，粲於文章。諫官、御史、給舍、臺郎，謂當平步，飜然翺翔。而官止員郎，位止半刺，年不至上壽，乃遽至於云亡，嗚呼哀哉！嗟我寡與，生平坎軻，謫居嶺下，門莫我過。公來分教，見我驚嗟，情均骨肉，義期切磋。公將滿去，謂圖復來。得倅五羊，北轅又回。今年正月，迓吏前催，私竊自喜，我懷當開。戒飭僕奴，洗豆陳盃，日月已届，何久徘徊？事出意外，訃音告哀，淚落如雨，哭聲如雷。此生已矣，此心亦灰。有肉登俎，有酒在罍，千里致奠，魂兮來哉！

祭史幾先

嗚呼幾先！勤以律己，儉以成家，語人以信，出言無譁，鄉閭之所宗仰，君子謂之無瑕。惟我與公，心實相知。我謫于南，三惠以書，慇懃問勞，語畢嗟吁。今我北歸，意則無喜，謂當與公一盃相囑，優游卒歲，林下笑傲。此意未遂，公則已亡，訃音來告，老淚滿鬚。聞公有子，力學未已，當大公門，少遂公志。薄殽在俎，清酒一巵，公如有靈，庶其享之。

祭彦執

嗚呼彦執！遽至此耶？公生不娶，至于絶嗣，嗚呼痛哉！不幸有伯牛之疾，有原憲之貧，而氣干斗牛，文摛雲錦，行絜冰霜，識高今古。不得一官，終於老死，兹又可爲天下惜也！余素寡交，生平朋友不過四人，姚、葉先亡，公繼已去，予形單影隻，有唱無和，有言無聽，有酒無徒，有花無玩。余之悲苦，當如何耶？人生大化，如彼浮萍，適然相值，適然而散，亦復奚喜？亦復奚悲？其所悲者，以公之才而不顯於世，以公之德而至於無後。觴酒豆肉，千里致奠，嗚呼痛哉！

祭墳園神

某年月日，以酒脯之奠，昭告于家園、土地、林木等神。某讀喪親篇曰：「卜其宅兆而安厝之。」嗚呼！言之至此，五内糜裂，尚忍言之耶？某卜葬先人於此，今將開壙，謹用告虔。

某身爲儒者，當信先王之言，不當信淫巫瞽史之說。嘗讀周官冢〔一〕人之職曰：「先王之葬居中，以昭穆爲先。凡諸侯居左右以前，卿大夫士居後，各以其職。」此先王陪葬之法也。驗吾先王左右、前後之說，則夫陰陽家流青龍白虎、獨火太歲之說敗矣；又讀記禮之說曰：「夏后氏尚黑，大事斂用昏；商人尚白，大事斂用日中。」驗吾先王用昏之

〔一〕「冢」，原作「墓」，據四庫全書本改。

說，則夫陰陽家流乾艮二時之說敗矣；又讀富辰之言曰：「管、蔡、郕、霍、魯、衛、毛、聃、郜、雍、曹、滕、畢、原、酆、郇，文之昭也。邦、晉、應、韓，武之穆也。樊、蔣、邢、茅、胙、祭，周公之嗣也。」驗吾先王一宗數姓之說，則夫陰陽家流五姓宮、商、角、祉、羽之說敗矣；又讀春秋書曰：「宣公八年十月己丑，葬我小君恭嬴。雨，不克葬。庚寅日中而克葬。」驗吾先王己丑、庚寅以雨晴爲候之說，則夫陰陽家流擇日定時之說敗矣；以至考五月、三月之說，則年辰畏忌之說敗矣；考從柩臨穴之說，則黑黃衝射之說敗矣。是陰陽家說違悖義理，舉不足信。

又嘗考先王之說曰：「執左道以亂政，殺。假於鬼神、時日、卜筮以疑衆，殺。」又曰：「非聖人者無法，非孝者無親。」今陰陽家譎怪之說，是左道亂政也，是假於鬼神、時日、卜筮以疑衆也，是無親也，是非聖人也。公犯先王明禁，罪在不赦。動以吉凶禍福爲言，以恐動天下，以起不孝之心。嗚呼！葬親而欲徼福於無知之神，此何心也哉？此不孝之甚者也。某甚悲之，使世無青龍白虎之神。獨火太歲之神則已，如其有之，必不垂祐於謀葬其親，避忌畏惡，遲延歲月，以徼福於一身之人，不孝之子矣。何以知之？石駘仲卒，無適子，有庶子六人。卜所以爲後者曰：「沐浴佩玉則兆。」五人者皆沐浴佩玉，石祁子曰：「孰有執親之喪而沐浴佩玉者乎？」不沐浴佩玉，石祁子兆。人皆以龜爲有知也，豈有爲青龍白虎、獨火太歲之神，反不如一龜之有知乎？

先王之道本諸身，施諸庶民，考之三王而不謬，建諸天地而不悖，質諸鬼神而無疑。某今葬其親，以義合禮，安敢不以先王之道爲法耶？又安敢不以先王之道正鬼神耶？某又觀先王蜡祭之法曰：「迎猫爲其食田鼠也，迎虎爲其食田豕也。」今以葬先人，斬伐林木，斸掘土膏，雖幽冥中念人子之心，不以爲忌，而某所以事鬼神者，亦安敢不以禮義而再拜告也？嗚呼！先王之道，神明知之久矣。區區之言，非特正淫巫瞽史之説，將以開先王之道。使爲人子者以奉其親，以事鬼神，以窮後世紛紛之論，不敢以吉凶禍福動其意，而一以純孝爲心。神如有靈，庶或相之。

祭靈潭龍君

維紹興十八年，歲次戊辰，六月丁亥朔十五日辛丑，具位張某謹以酒果之奠，敢昭告于靈潭龍君之靈。某謫居于此，雖無職事，而月有俸廪，歲有衣賜。啖食邦民膏血，每懷愧畏。乃至五六月不雨，田苗就槁，亦用嗷嗷不寧。聞邦人迎請龍君，而龍君惠然肯來，來未一日，於炎赫中沛以甘雨，越明日又雨，夜乃大雨。歡聲動地，良用欽慕。竊思龍君處幽就曠，不求人知，又未嘗作禍作福以恐動此邦之民，超然與世相絶。此邦平時無香火之奉，一有旱乾之苦，無所控告，輒相與致禱。而君初不以平日爲懷，應其所求。霑足優渥，千倉萬箱，上以供百官有司之奉，下使家人婦子驩欣怡愉，以享終歲之飽焉。而君方撝而不有，復退藏於寂寞深渺之中，民亦忘君之賜，自以爲吾耕墾之功爾。嗚呼！君乎其亦可謂賢矣。

某食君之禄，衣君之衣，官列侍從，位上大夫，而退思平生無分毫利澤以補斯民，是以私有愧於國家，而仰慕龍君之德。謹以區區薄奠，少見意焉。

到任祭文宣王

猥奉宸綸，起臨是郡，視事云初，躬謁廟貌。將行所學，以濟斯民，敬事而信，不忘先訓。

祭本衙土地

叨竊郡寄，老稚在焉，惟神庇之，蟲鼠蛇虺有害于人，悉屏勿見，乃神之休。

墓銘

廖守墓誌銘

紹興乙亥四月朔，有持書扣門者，其書題曰：「孤子廖顒。」余啓封疾讀曰：「顒不孝，先考故新州太守也，有賢行，應書法〔一〕。不肖嗣欽聞先生謹許可，其言足以信今傳後，敢以葉大任大夫所書行實以請，願先生叙而爲銘，豈惟不肖嗣之幸，抑亦先太守之幸！惟先生哀憐之。」

〔一〕「應書法」，四庫全書本作「法應書」。

余考葉大夫所書，叙之曰：公諱某，字某，世爲連州桂陽人。曾祖某，祖某，隱德不仕。考某，以公故，累贈右中散大夫。公以紹興十九年四月卒，享年七十有三。其入仕也，以舍法兩上魁貢，權某[二]州教授，移某[三]州。以使者薦，授德州文學，就權司户曹事。以破蠻功，改承奉郎，循州司録。以破賊功，遷承事宣義郎，知廣州東莞縣。又以循州功，特差知循州。以年勞，遷宣教郎。以單恩，轉通直奉議郎。又以年勞，遷右承議郎。請祠歸鄉里，遷右朝奉郎，知潯州，移知新州。顒通籍金閨，遇郊，贈右朝請郎。

其爲教官也，喻以彝倫，勉以忠孝，新民化焉。其司户曹也，安化群蠻，掩不備，夜半到城下，吏民驚竄無餘。公慨然佐郡守拒之。宜、融二州適二百許人負米來輸，駐城外數十里，公單馬出城，引入爲援。分城東西，聲喏相應，蠻驚且疑，乘其不意，渠魁授首，餘衆破散，邊境以安。其攝循州也，虔寇劉花、何花、陳長者，踵跡相躡出没，循、梅、潮、惠間，四郡騷然不寧。承平日久，人不知兵。公集僚佐問計策，率愕眙相顧，喑

[二] 明萬曆刻本同闕，四庫全書本作「某」。
[三] 明萬曆刻本同闕，四庫全書本作「某」。

不吐一辭。乃以郡事屬僚掾，躬率官兵，出城討之。部使者壯其行，委以督捕。公指蹤戰士，廣設方略，歷崎嶇，披蓬藋，與衆同甘苦，備辛酸。將士彌厲，群寇以平。其宰東莞，則厲廉儉，崇信義，興學校，決滯訟，治效爲一路冠。再守循州，則嚴威信，篤惠愛，蠲逋負，治城池，修器械，號令分明，常若寇至，于今賴焉。兵官訓練嚴酷，士卒苦之，指日作亂。公呼群卒立庭下，且呼兵官來，曰：「汝何爲不撫士卒？」又厲群卒曰：「汝果欲爲亂耶？無它殺，殺吾一人足矣。」群卒泣且拜曰：「我以公故，不敢有它心已。」乃至教場，立程格，卒以無事。此皆可書者也。

其爲人孝悌慈祥，寬厚静謹，平居恂恂長者也，遇不可則慷慨直前，無所顧望。其於榮利，泊如也。異時在東莞，部使者列薦，召審察都堂，除提點九路坑冶，辭。燕瑛尹開封，薦司儀曹，又辭。自潯州來，不計年勞，不叙賞典，曰：「吾布衣，至此足矣。」歷三郡，不受供給，遇水旱不受圭租，曰：「民艱窘，吾何忍乎？」真仁人君子之所爲矣。

妣黄氏，贈令人。前娶唐氏，贈安人。再娶陶氏，封安人，商翁孫女也。治閫内以禮，遇親族以恩，撫愛子孫，前後如一。紹興二十四年五月，亦棄諸孤以殁。男二人，顒，靖康〔二〕擢進士第，左承議郎，通判欽州。次頑〔三〕，先公卒。女三人，長適進士鄧林，次黄焕，次早夭。男孫四人，曰應清，以公致仕恩補將仕郎，餘尚幼。女孫五人。顒紹興二十年八月葬于萬石岡之原，禮也。

顒前年謁余於大庾嶺下，藹然君子也。其有父風乎？銘曰：

宗族鄉黨，曰孝曰弟。所臨有聲，所居可記。凡百君子，邈無一二。公獨有之，死亦奚喟。

黄吏部墓誌銘

政和中，福唐黄先生爲杭州教官，余時居鄉校，爲諸生，實在先生座下。其爲人氣貌莊重，性資寛仁。望其容，儼然有不可犯之色，聽其言，周旋勤懇，循循然進人於善。余甚敬之。自先生秩滿，不相見凡二十年。每思天下士大夫爲善人君子者，先生未嘗不經

〔二〕「靖康」，原作「鎖應」，據四庫全書本改。
〔三〕「頑」，四庫全書本作「頎」。

余〔一〕心。

紹興八年，余忝爲禮部侍郎，先生時爲吏部郎官，間相過，仁心義色，肅然郁然，如昔日也。一日先生見過，喑不吐一辭，若有不相悦者。余避席前曰：「先生無恙否？若有憂色，何也？」先生曰：「吾何憂哉？吾聞子一事，爲子憂耳。」余驚起曰：「所聞者何事？願請教。」曰：「某文字，公豈當作耶？」余對曰：「實不曾作。」先生曰：「是公職事，如何不作？」余曰：「朝廷不以見委，某亦不問也。」先生微笑曰：「如此則吾心無憂矣。」遂大笑而去。少頃，送茶一夸，橄欖十顆來，曰：「適所云果不曾作，某甚喜。偶家信到，有此二物，輒爲一笑。」余感激之甚，曰：「使師友人人如黄先生，日在吾左右前後，切瑳琢磨，吾何憂不爲善人君子哉？」

嗚呼！余今老且病，悠悠度日，不教不學，先生亡矣，余晚節末路，於何考德而問業乎？余所以悲也。以余所已知遡余所未知，以先生所已試遡先生所未試，使天假之年，必將任重致遠，卓然爲有宋名臣。惜乎！終於郎官而死也。言之使人泣涕。

〔一〕「余」字，明萬曆刻本及四庫全書本作「予」。

紹興戊寅九月七日，先生之子濬以其宗人右司員外郎黄祖舜狀其行實來請銘，云：先生諱珪，字元功，曾祖植，曾祖母陳氏，祖鄢，祖母陳氏。父臻，累贈奉議郎，母徐氏，累贈安人。自上世居福州永福縣新豐里白面村，舉鄉無儒冠者。祖母每陋其俗，一日慨然有孟母擇鄰之意，謀去故居，遂徙候官之赤岸家焉。先生皇考，因得挾策從人，既長，讀書爲文，能吟五七字律詩，恂恂豈弟，鄉人稱其長者。生三子，皆登進士第，先生其長也，年十九，從司業李隲學，未半歲，超越流輩。隲奇之，間語先生曰：「如子材器，異日當爲聞人，一第何足道也？」暨游鄉校，籍籍有聲。崇寧貢于辟雍，升補太學内舍，與諸生群試，屢居甲乙。三舍法，諸生每歲以季試優劣爲考察，有上中下之别。而上舍亦分爲三等，内舍生入二上者，即賜第，謂之釋褐。先生政和元年校試，已在選中，偶有旨，皆赴明年殿試，復中乙科。

注官爲襄州司理參軍，旋爲衢州州學教授。三衢士多俊秀，先生訓導啓發之甚，至一時中第者獨多於二浙。中書侍郎馮公熙載，尚書毛公友皆衢人，賢先生之爲，共薦延之，終更循從政郎，除杭州州學教授。其教人如在三衢時，士皆勵志於學。自是生徒相繼取巍科，如沈待制晦，舍人凌景夏。會三舍法罷，先生亦以溢員解去，從辟爲鹽官縣丞。先是方臘竊發於睦州，攻掠旁郡。賊平，新復郡邑，給復二年，并住賣鹽，鹽官亦預其數。後鹽法復行，適當歲饑，爲令者務趣辦以爲己功，訹令人户請買，尋責其價，急於星火。帥府知其擾，改以屬先生，先生曰：「急疲民以悦上官，吾何能爲？」於是盡呼邑之父老，告諭之曰：「有司特此以供公上，固不可蠲。吾將寬若程督，免若追胥，若曹亦樂輸耶？」邑人皆曰：「戴公之德，敢不赴期？」踰月而辦。

秩滿，薦者應格，改宣教郎，除汾州、衛州教授。皆以親老地遠，不能赴。廟堂有知先生者，欲以爲衛尉寺丞，先生語於朝曰：「寺監丞簿，乃異日晉用之資地。第偏親垂白，若得一官稍近鄉間，不廢甘旨之奉，乃所願也。」當路善先生語誠，即除福建路提舉茶鹽司幹辦公事，官居富沙，仍就見次。時仲弟琳爲邵武軍司户參軍，相距數舍，板輿往來，頗盡親歡。俄，丁外艱，既除，而仲弟亡，遂無仕進意。親舊敦曉之，勉彊造朝。時中書舍人林公遹、禮部侍郎李公正民交薦之，除主管官告院，改大理寺丞。紹興四年之任，在官二年，擢監察御史，未數月，除刑部郎。明年，遷吏部。

九年四月十四日，以疾終于行在之官舍，享年若干，積官至左朝請郎。十年八月壬申朔，葬于報恩寺山，先塋之西。妻蔡氏，封安人。子濬，右承務郎，新知興化軍僊遊縣。女適進士陳壽隆。

先生天性純孝，於兄弟尤篤友愛。平居，一日不相面，則惘然若有所失。其仕進，不屑就，不苟合，亦不爲崖異之行。官杭日，外臺有緣官寺進者，欲薦先生，先生曰：「固願出門下，今舉狀幸已滿員，乞回此，以録寒士。」雖辭之甚力，然其言婉遜，亦未嘗以語人。公嗜學不倦，自登第以至踐歷臺省，無一日廢書。上自諸經，下至諸子百家之言，無不研究，搢紳稱其慱洽。嘗謂季弟琇曰：「大學所謂『誠其意者，毋自欺也』，吾兄弟素習禮經，盍佩而行之？」平昔所寓，必大書「誠意正心」四字於座右，以效古人盤盂几杖之戒。此皆黄公狀其行也。

先生重於義而輕於利。其在吏部也，時中執法與之相好，使所親語之曰：「將屈公再入臺中，如何？」先生正色對之曰：「起居中丞，某人小人也，乃班從官首；某人小人也，乃班庶官首。中丞日造庭中，見此二人汙人眼目，亂吾風教，敗人名節，如何不擊去？如某輩安用？」嗚呼！使先生不死，其排斥小人，保護君子，無疑矣。先生於朋友無不盡其歡心，平居暇日，婆娑嬉遊，笑談戲劇，若將無不可者。及朋友微有害理，則正色斥之，使人心寒而股慄，故人皆樂其誠而畏其正。余知先生自謂不後於黄右司，銘其可辭耶？銘曰：

和而克莊，嚴而靡忒。君子之容，君子之德。吁嗟先生，爲百世則。

陳氏考妣墓銘

紹興二十五年六月二十有二日，余同年友陳開祖有書來，余喜甚。及閲其封緘曰「孤哀子」，余投袂而起曰：嗚呼！開祖孝於其母，今母氏不幸耶？不知其何以堪之！灑涕開緘，曰：「一鶚不孝，慈母棄諸孤。日月有時，將葬矣。嗚呼！尚忍言之耶？吾母有賢行，應銘法，願先生銘之。」又曰：「一鶚不孝，早失所怙，未銘也，敢并以請。先生知我深，今輒以行狀聞諸下執事，惟先生悲哀之，使吾考妣受先生賜，而不肖嗣如一鶚等所以受賜於先生者，亦豈有紀哉？」

今讀其狀曰：陳氏世爲閩人，先祖來游永嘉，因家焉，遂爲永嘉人。先考奉議，風姿粹美，襟度夷曠，見人傾倒輒盡，喜賓客，篤故舊，口不言人過。閑居葺屋樹蒔花木，與朋友賦詩飲酒，無虛日也。樂賙人之急，求則與之，不留爲後日計。友愛二弟，如同母生。平居笑語怡怡，終其身未嘗失色。年纔四十而卒，里黨莫不哀之，實政和五年正月乙亥。明年正月己丑，葬于郡之吹臺鄉干嶼之原。紹興丙寅郊祀，以一鶚升朝，錫恩贈右承事郎，三封至右奉議郎。

娶同郡潘氏，封太安人。太安人曾祖大方，祖宗臣，父叔齊，皆隱德不仕。寡居，時年踰三十，諸子幼，太安人獨當家務，經紀有條理，歷艱難辛苦，無厭色。日遣諸子就學，寒暑不少懈。性嚴重，不妄言笑，處事有體，議論時援經旨以喻。從二子赴官，常在窻隙視其決事，杖有罪者，或遇太安人則怒而詰之。事有不如意，未嘗形色辭間。有疾，懼貽家人憂，隱忍不以告。諸婢有過，不施鞭朴，以理訓飭而已。平生不奉佛，不信陰陽方術之書，不惑荒幻奇譎之説，毅然若篤道君子也。

生三子，長一鶚，左朝散郎，通判紹興軍府事；次亨朝，左奉議郎，知福州長溪縣事；次一夔，業進士。五女，長適鄉先生沈琪；次適進士鄭熙績；次適左奉議郎，通判宣州軍州事沈大廉；次適進士王宗彦；次適進士劉源。孫十人，自强、自存、自誠、自修、自治、自明、自牧、自省、自勝、自得，皆業進士。孫女八人，長適進士沈辰，次適進士章諶，次適左迪功郎婺州司户參軍鄭伯熊，餘在室。

太安人之在長溪，一夔留永嘉。一旦得暴疾以卒，諸子念曰：「一夔，安人素所鍾愛，儻以實告，必悲苦，將有意外憂泣，戒勿言。」嗚呼！天奪吾母耶？踰年忽聞之，竟憂泣成疾，以至不起。嗚呼痛哉！紹興乙亥二月己丑，卒于官舍，享年七十有六。臨終精爽不亂，笑語如平時。二孤護其柩以歸，將以明年二月合葬焉。

初先祖來永嘉，生事微甚，已而積累至于温暖，既捐舘奉議，年加長，踈財重義。日與賢士大夫遊，從延師，教子弟，聚書籍以自娱。又散其餘貲與道人、釋子輩，率以萬數，繇是生計不復往昔矣。太安人區處盡力，躬以儉約，力教二子，見其成就。内外親黨五十許人，誕日奉觴上壽，環列左右，肅雍可觀。享其佚樂者，二十餘年。

余讀已，乃歎曰：嗚呼！陳氏夫婦亦賢矣哉！退而考其祖，蓋諱晞顔，字某，奉議諱豫，字謙仲。吾開祖慱極群書而一意於聖學，平居睟然，遇事輒斷，不可屈以勢，其亦有自來矣。銘不可辭也，乃銘曰：

種德惟寬，斂德以勤。寬積諸幽，勤更孔艱。猗歟奉議，寬而教子。勤哉安人，淑謹且均。施也必報，厥命日新。鶚倅畿甸，腰銀服茜。朝宰大邑，金閨通籍。並登賢科，學準聖域。安人享之，斂種以德。凡厥有家，其謹視之。謂予不信，考此銘詩。

龔夫人墓誌銘

紹興癸丑九月，余再娶婺州浦江馬氏。馬氏先適義烏縣青口吴氏，夫不幸，馬氏守志不嫁。余妻父、妻母憫馬氏年少，其子幼小，曰：「吾老矣，汝不再適，吾死不瞑目。」遂以嫁余。

既成婚，翌日，吾妻面壁掩涕者終日。余問之再三，曰：「君志誠君子也，妾不敢不以誠告。妾吴氏姑，高節懿行，當於古列女中求。妾欲與之同志，弗克，今已適君矣，無可言者。妾恐吾姑思念妾甚，所以泣。」余聞之，爲其戚然者終日。因問其姑高節懿行若何，曰：「吾姑姓龔氏，世爲婺之義烏人。適吴氏京，生一子，曰察。察即妾前夫也。察纔四歲而孤，吾姑尚年少也。吴氏大族皆以豪侈相尚，吾姑曰：『吾今孀居，當立家法以示子孫。』乃獨清儉廉介。其遇族人莊而有恩，其治家事嚴而不苟，其待僕妾整而有禮。合族數百口，内外靳靳，人無間言。吾夫死，有子曰克忠。妾來歸父母家時，詣堂下泣别。吾姑呼妾使前曰：『汝今所嫁之夫，名士也，吾聞其名久矣，恨未及識也。汝謹事其夫，如平日所以事吾者。』」馬氏適余二年，乃不幸，其言歷歷在吾耳。

紹興丙子，余守永嘉，上章求閑，得遂所請，專往謁吴氏，求龔夫人相見，所以償吾妻馬氏之志也。上堂參拜，瞻其顔色，望其儀容，藹然肅然，真賢婦人也。别來三年，歲在戊寅，五月十一日，夫人以微疾而逝，享年七十有四。夫人初喪其子，吾妻馬氏既適余，煢然一孫，方七歲，夫人亦已年高矣，乃不以屑意，乃卓然自勵曰：「吾當教此孫，使之成立，以大吾門。」克忠亦能副夫人意，耿耿自立，讀書爲學，有志古人。歲在癸酉，鄉大夫薦之，未獲所求。克忠憂見於色，夫人怡然笑曰：「汝勿以吾在介意也。汝當益親賢師友，使士君子皆稱汝爲賢者，吾心足矣。仕宦有命，不可求也。」然則夫人之志爲如何哉？

夫人既没，將葬有期。克忠使其子日休乞銘於余。余記其實行，退而考，夫人曾祖文政，祖待，父宗謂。夫人在家爲女時已有孝行可稱。及適吴氏，有姑及祖姑在堂，夫人朝夕侍膳，禮無違者。夫其爲女、爲婦、爲姑，皆克盡其道，可謂賢矣。以其年十月二十日葬于官塘之原。先是其祖葬于野墅，每歲苦暴水，遂遷以合葬焉，禮也。女一人，適陳安本，乃故給事陳公次升之姪也。曾孫男五人，曰日休、日思、日省、日行、日宣，皆舉進士。曾孫女四人，長許適太學生葉維休，三人尚幼。乃爲之銘曰：

和而克莊，寬而不弛。

是爲夫人之賢行，可以列之女史而不愧。

張狀元孟子傳

皇朝太師崇國文忠公臨安府鹽官張九成子韶

張狀元孟子傳卷第一

梁惠王章句上

孟子見梁惠王。王曰：「叟不遠千里而來，亦將有以利吾國乎？」孟子對曰：「王何必曰利？亦有仁義而已矣。王曰：『何以利吾國？』大夫曰：『何以利吾家？』士庶人曰：『何以利吾身？』上下交征利而國危矣。萬乘之國，弒其君者，必千乘之家；千乘之國，弒其君者，必百乘之家。萬取千焉，千取百焉，不爲不多矣。苟爲後義而先利，不奪不饜。未有仁而遺其親者也，未有義而後其君者也。王亦曰仁義而已矣，何必曰利？」

嘗思習〔一〕俗之移人也，甚矣哉！自堯、舜、三代以來，上自朝廷君相，下及於比閭〔二〕族黨，無非以仁義爲言，而談利之説寂然。故當帝堯之時，洪水〔三〕之患亦大矣，堯止付之一官。而百姓不親，五品不遜，則命契敬〔四〕敷五教，剛而無虐，簡而無傲。命夔以□□□〔五〕。牛桃林之野，以示其不得已。重民五教，惇信明義，崇德報功，不〔六〕敢少怠焉。豈聞以利爲言乎哉！帝王之道所以能用□□□□〔七〕者，以仁義爲主也。

自大雅降而爲國風，王者之迹熄。至於〔八〕春秋取郜大鼎，以璧假田，利門一開，仁義

〔一〕「嘗思习」，原闕，據四庫全書本補。
〔二〕「朝廷君相下及於比閭」，原闕，據四庫全书本補。
〔三〕「故當帝堯之時洪水」，原闕，據四庫全書本補。
〔四〕「親，五品不遜則命契敬」原闕，據四庫全書本補。
〔五〕自「夔以」至「牛桃」共闕五十八字。
〔六〕「崇德報功不」，原闕，據四庫全書本補。
〔七〕此处闕文四字。
〔八〕「至於」，原闕，據四庫全書本補。

亡矣。齊桓、晉文糾[二]合諸侯，尊獎王室，夫豈不韙？而管仲、舅犯、先軫，其心皆本於利，特借仁義以爲名。如曰「求諸侯莫如勤王」，是所以勤王者，意在於求諸侯也。又曰「伐原示之信」，「大蒐示之禮，作執秩以正其官」，且曰「一戰而霸，文之功也」，是其所以大蒐伐原者，意在於霸也。誠意安在哉？此風既扇，時君世主波蕩從之，君臣之間無復以仁義爲言，而權譎詭詐公言之而不恥，良可鄙也！故或以曾西比子路則蹙然而不敢當，以比管仲則艴然而不悅。而董仲舒發之曰：「仁人者，正其誼[三]不謀其利，明其道不計其功。」偉哉斯言也！風流至於孟子，頹敝滋甚，雖求如五霸假仁義亦不復見。商鞅方以利爲説，取重於秦；孫臏方以利爲説，取重於齊；蘇秦、張儀方以利爲説，取重於六國。爲人君者非利則不聞，爲人臣者非利則不談。朝縱暮横，左計右數，以進取爲策，以殺戮爲效。韓、魏割地，齊、楚敗績，燒夷陵取鄢、郢，前日虜公子申，後日虜公子卬，坑長平四十萬，塹伊闕二十四萬。朝廷之上，鄉閭之間，往來游説之士，無不以此藉口；

〔二〕「糾」，原闕，據四庫全書本補。
〔三〕「正其誼」，原作「謀其義」，據四庫全書本改。

嘵嘵唧唧，喧宇宙而瀆乾坤者，無非利而已矣。是以攘奪成風，兵戈連歲，天下之民欲息肩而不得。孟子深見天下之心，思脱攘奪兵戈之苦，而復見聖王之治，乃舉帝王之心即仁義之説，以游齊、梁之間。使其説一行，天下無事矣。二帝三王之道可興於旦暮，而禽獸之心、魚肉之苦可轉而入君子之塗、太平之地。惜乎！習俗深入，未易磨濯，而衆楚人之〔一〕咻，未易力行也。

竊以太史公孟子傳并趙歧之説考之，孟子〔二〕事齊宣王，宣王不能用；適梁，今曰「見梁惠王」者，是不得志于齊，至梁而見〔三〕惠王也。及以司馬公年譜考之，孟子見惠王時乃周顯〔四〕王三十六年，秦惠文王二年，梁惠王三十四年，齊威王四十三年。是時宣王猶未即位也，而孟子之書敘見梁惠王於前，而齊宣王之問乃居其後，疑傳之失而年譜爲可信也。

〔一〕「楚人之」，原闕，據四庫全書本補。
〔二〕「孟子」，原闕，據四庫全書本補。
〔三〕「于齊至梁而見」，原闕，據四庫全書本補。
〔四〕「周顯」，原闕，據四庫全書本補。

夫孟子足跡方接於梁，惠王未及一話一言，首以利吾國爲問，自後世觀之，豈不鄙陋？而惠王安意恬然，不以爲恥。余以是知習俗之成，君臣上下不以此言爲恥也。孟子直指其利心而格去之，曰：「王何必曰利？」使其平昔措心積慮邪欲顛倒處，一切破散，乃徑示之曰「亦有仁義而已矣」，其幾豈不敏哉？然惠王平時之念慮者利，朝廷之獻替者利，游談過客之所以恐喝捭闔者利。是惠王耳目之所觀聽，心思之所鉤索，家庭之所晏語，臣下之所講究者，無非利而已矣。孰爲利？若曰彼地可取，彼兵可殺，吾之所以固其圉，而彼不得安者，此術也；彼之所以爲此謀，而吾不可不報者，此術也。其意大抵欲覆人之宗社，而大我之國家，欲殺人之生齒，而壯吾之兵勢。此商君所以取重於秦，孫臏所以取重於齊，而蘇秦、張儀所以車馳轂擊，頤指氣使，横鶩於諸侯之上也。今曰「何必曰利」，則耳目思慮與夫家庭臣下之説，商君、孫臏、蘇秦、張儀之説一切無用矣。顧惠王利心既深，而輔之者又衆，爲之説者又多，則一語之下，雖足以格其利心於俄頃之間，而念慮獻替與夫恐喝捭闔之所以賊其心者，恐未易掃除也。孟子於是力排而深救之曰「王曰何以利吾國」，此論一唱，則大夫効之，必曰「何以利吾家」，士庶人効之，必曰「何以利吾身」。上下唯利是趨，而不聞仁義，利門一開，禍其可勝言哉？利吾國之説不已，必至於弒萬乘之國，如夷羿，猶未足以逞其欲也；利吾家之説不已，必至於弒千乘之君，如齊崔子，猶未足以逞其欲也；利吾身之説不已，必至於如陳勝奮臂一呼以滅秦宗社，猶未足以逞其欲也。嗚呼！千乘之家取足於萬乘之國，百乘之家取足於千乘之國，亦不爲不多矣，何苦至於弒君而犯天下之大惡名哉〔一〕？苟爲後義而先利，不篡奪，則其心無從饜足，此理之自然也。嗚呼！利心如此其酷，凡爲人君者，豈忍聞此而自賊其身？爲人臣子者，豈忍談此而使其君受篡弒之辱哉？如此則凡以利爲言者，皆不忠之臣，而意在於篡奪者也。使此説行，則商君、孫臏、蘇秦、張儀之説一皆磨滅，而天下庶幾脱攘奪兵戈之苦，而有安居樂業之期矣。

利路既扼，妄念邪説一已掃除，孟子又恐惠王失其憑依，憔悴無聊，而不知其所歸也。然後示其所入之路。其路安在？曰未有仁而遺其親，未有義而後其君者是也。夫利心既生，雖世子至於弒其君，如楚商人者，如蔡般者，遺親後君乃至於此。若利心不見，仁心

〔一〕「名哉」，原闕，據四庫全書本補。

自生，仁心之中事親而已矣；義心自生，義心之中事君而已矣。天下相率而爲仁義，則耳目之所觀聽，心思之所鈎索，家庭之所晏語，臣下之所講究者，一以仁義爲言。藹然肅然，如四時之造化，如天地之覆育，二帝三王之道可見於旦暮，禽獸之心、魚肉之苦可轉而入君子之途、太平之路矣。

孟子言此未終，不知其開陳之際，惠王何所警發。乃不俟其語終，遽然歎曰：「仁義而已矣，何必曰利！」觀此一語，昔也惠王在顛倒之塗，今也惠王在坦平之路；昔也惠王在矛戟干戈之地，今〔一〕也惠王在春風和氣之中。惜乎道不勝欲，不能終孟子之意，而使〔二〕當日警發之機不得少施，此仁人君子所以爲之歎息焉〔三〕。

孟子見梁惠王，王立於沼上，顧鴻鴈麋鹿，曰：「賢者亦樂此乎？」孟子對曰：「賢者而後樂此，不賢者雖有此，不樂也。詩云：『經始靈臺，經之營之，庶民攻之，不日成

〔一〕「地今」，原闕，據四庫全書本補。
〔二〕「之意而使」，原闕，據四庫全書本補。
〔三〕「息焉」，原闕，據四庫全書本補。

之。經始勿亟，庶民子來。王在靈囿，麀鹿攸伏，麀鹿濯濯，白鳥鶴鶴。王在靈沼，於牣魚躍。』文王以民力爲臺爲沼。而民歡樂之，謂其臺曰靈臺，謂其沼曰靈沼，樂其有麋鹿魚鼈。古之人與民偕樂，故能樂也。湯誓曰：『時日曷喪？予及女偕〔二〕亡。』民欲與之偕〔三〕亡，雖有臺池鳥獸，豈能獨樂哉？」

余讀孟子，見其對梁惠王以「何必曰利」之言，何其嚴也！及其對齊宣以今之樂、好貨、好色、好勇之問，與夫對惠王以鴻鴈麋鹿之問，又何其寬也！且今之樂非利乎？好貨非利乎？好色、好勇非利乎？臺池鳥獸非利乎？是何抑其爲利之問而開其好利之實也？曰此孟子之所以爲大人也。夫以利爲言者，是不恤天下而專利於一己也，是不恤隣國而專利於一國也，是不恤人民而專利於一時也。當時所謂利者，蓋出於此，此孟子所以深闢之。且夫今之樂與夫好色、好貨、好勇、臺池鳥獸，常人之所同樂也。使其好樂與百姓同之，好貨、好色、好勇、好臺池鳥獸與百姓同之，有何不可？是豈專於一己，專於一

〔二〕「偕」，原作「皆」，據四庫全書本改。
〔三〕「偕」，原作「皆」，據四庫全書本改。

國，專於一時也哉？亦豈得與當時之所謂言利者同乎？深明此理，然後可以讀孟子之書。夫惟宮室、臺榭、陂池、侈服以殘害于爾萬姓，此紂之所以得罪於天下也。「矢魚于棠」，「築臺于郎」，「築臺于薛」，此春秋之所書以爲警戒也。今惠王不畏先王，不顧禮法，而顧鴻鴈麋鹿，謂孟子曰：「賢者亦樂此乎？」使後世自好之士當此時也，必將舉商紂故事，春秋聖筆，以塞其源。今乃對之曰「賢者而後樂此」，以是知孟子之所以爲大人，蓋與人同，而後世之士其衛道太嚴，而使人無爲善之路也。

夫當其顧鴻鴈麋鹿，謂孟子「賢者亦樂此乎」，其顧處與樂處即文王靈德〔一〕也。孟子曰「賢者而後樂此」者，指其顧處與樂處言之，非謂鴻鴈麋鹿而已矣。惠王用之而不知其所自來，止墮於鴻鴈麋鹿中而已。惟賢者知其所自來，故與百姓、鳥獸同樂其樂焉。不賢者徒知以鴻鴈麋鹿爲樂，而不知與百姓鳥獸同其樂，此所以爲桀、爲紂、爲春秋之所書也。文王得百姓之所自來，以此樂而動百姓，則「庶民攻之，不日成之。經始勿亟，庶民子來」。夫何以使民樂事勸功如此哉？則以文王以其所以樂者，動百姓之樂，故民樂之如

〔一〕「德」，四庫全書本作「囿」。

此也。以此樂而動鳥獸，則「麀鹿攸伏，麀鹿濯濯，白鳥鶴鶴」，「於牣魚躍」。夫何以使鳥獸蟲魚優游怡愉如此哉？則以文王以其所以樂者，動鳥獸蟲魚之樂，故動物樂之如此也。余涵泳至此，乃信夫奏簫韶而鳳凰來，舞干羽而有苗格，傅説應高宗之夢，金縢啓成王之占，皆不足怪也。惟桀止知物之爲樂，而不知吾之所以爲樂者，與夫百姓、蟲魚之所以爲樂者，此所以民欲與之偕亡也。豈非文王自百姓、蟲魚樂中行，而桀乃由百姓、蟲魚憂中往，此其所以生禍也歟？謂其臺曰靈臺，謂其沼曰靈沼，豈不以文王、百姓與夫蟲魚之精神鼓舞盡在於此地乎？

「惟人萬物之靈」，是萬物亦有靈，而人爲之最；「亶聰明作元后」，是人者萬物之靈，而元后又爲人之最。同此一靈，則以我此靈以及人，人其有不樂乎？以我此靈以及物，物其有不樂乎？何則？同此一靈也。由是推之，則暴殄天物，暴虐蒸民，豈特不知人物之靈？而紂之所以爲靈，亦已淪胥矣，可勝惜哉！然則何謂靈？第熟味顧處與樂處〔一〕，思所謂樂此者，指何事而言，然後識孟子之幾，而知文王之所以動百姓、昆蟲也。

〔一〕「處」，原作「及」，據四庫全書本改。

梁惠王曰：「寡人之於國也，盡心焉耳矣。河內凶，則移其民於河東，移其粟於河內。河東凶亦然。察鄰國之政，無如寡人之用心者。鄰國之民不加少，寡人之民不加多，何也？」孟子對曰：「王好戰，請以戰諭。填然鼓之，兵刃既接，棄甲曳兵而走。或百步而後止，或五十步而後止。以五十步笑百步，則何如？」曰：「不可，直不百步耳，是亦走也。」曰：「王如知此，則無望民之多於鄰國也。不違農時，穀不可勝食也；數罟不入洿池，魚鱉不可勝食也；斧斤以時入山林，材木不可勝用也。穀與魚鱉不可勝食，材木不可勝用，是使民養生喪死無憾也。養生喪死無憾，王道之始也。五畝之宅，樹之以桑，五十者可以衣帛矣；雞豚狗彘之畜，無失其時，七十者可以食肉矣；百畝之田，勿奪其時，數口之家可以無饑矣；謹庠序之教，申之以孝悌之義，頒白者不負戴於道路矣。七十者衣帛食肉，黎民不飢不寒，然而不王者，未之有也。狗彘食人食而不知檢，塗有餓莩而不知發；人死，則曰：『非我也，歲也。』是何異於刺人而殺之，曰：『非我也，兵也。』王無罪歲，斯天下之民至焉。」

余嘗讀易至咸卦，未嘗不廢書而歎也。嗚呼！咸，感也。天地感而萬物化生，聖人感人心而天下和平。咸之爲用如此，而其要則〔二〕在於以虛受人。而其卦之象乃山上有澤，夫山上有澤，以虛受人之象也。天下之患莫大於自滿其心，而天下之善莫大於自虛其心。自滿則善言不入，自虛則過惡不留。梁武飯蔬持戒，纍然枯槁，以此自滿，而謂古人不及。觀其答賀琛書曰「若指朝廷，我無此事」，又有「變一瓜爲數種，治一菜爲數十味」之語，其愎如此，善言安可入乎？此其所以敗也。天下之可諱者，莫如桀、紂，而漢高祖使蕭何下獄，乃曰：「我不過爲桀、紂主。」又問周昌曰：「我何如主也？」昌曰：「陛下桀、紂主也。」高祖乃大笑。夫惟梁武自聖，故終有侯景之禍；高祖不自欺，此所以五年而成帝業。而好謀、能聽、從善、納諫，後世鮮儷者，以得虛受之象也。

孟子以此道而遊齊、梁之間。梁惠在位五十二年，考孟子所見之時，在位尚有十八年。然今孟子與梁王語止一二段，而與齊宣王酬酢應對幾於半部，何孟子拳拳事宣王，而不屑意於梁惠也？觀此所問，乃知孟子所以不留者，以惠王自滿，無感人之道也。何以言

〔二〕「則」，原闕，據四庫全書本補。

之？觀其言曰：「寡人之於國也，盡心焉耳矣。」説者曰「焉耳」者，懇切之辭，可謂當矣。論其所得，盡心者，不過移粟河内，移民河東而已。夫天生民而立之君，豈止於移粟而已哉？此特濟急之一術耳，亦何足置之齒牙！且以爲「察鄰國之政，無如寡人之用心者」，是其所謂恤民者，至此極矣。嗚呼！此尚可與言乎？若夫宣王則不然。好今之樂、好貨、好色、好勇，皆天下之鄙論，而宣王罄盡底藴，發露陳述，而言我之病在此，此亦幾於高祖之豁達矣，此孟子所以眷眷而不去也。然則士君子之出處其可不以孟子爲準乎？余竊考惠王乃以移粟末事爲恤民之大，想見其平時視民如草芥，故自以此一事爲過當也。五十步之論，其至矣乎！

然其論曰「寡人之民不加多」，此意亦可尚矣。不知其所謂多者，欲民之歸往耶？抑亦民多則戰士多耶？使其意如後之説，則在所不答。使其意欲民之歸往，此豈可不盡告之乎？孟子不肯以吾君爲不能，而責難於君者也。挽而進之於王道，亦可謂善引其君矣。又曰「不違農時，穀不可勝食」，是惠王嘗無故役民，而違農田之時矣；又曰「數罟不入洿池，魚鱉不可勝食」，是惠王嘗竭澤而漁，而用密網以取魚矣；又曰「斧斤以時入山林，材木不可勝用」，是惠王嘗非時營築，以暴殄天物矣。儻農時不違，數罟不入，斧斤以時，則穀食、魚鱉、材木既足以養生，又足以送死。養生送死皆得其所，民心爲如何哉？此王道之始也。

然而王道不止於此，其上又有事焉。行王道而至於養老，則忠厚之風成，而行葦之詩作矣。何謂養老？五畝之宅，樹之以桑，則非帛不暖，如年五十者無憂矣；雞豚狗彘，無失其時，則非肉不飽，如年七十者無憂矣；百畝之田，勿奪其時，則數口之家仰事俯育無憂矣；謹庠序之教，申之以孝悌之義，則老者如吾父，長者如吾兄，而頒白者於道路，無負戴之憂矣。行王道而使老者皆安，有衣有肉有食，有代其勞者，則雍穆之風、和平之狀可知也。余嘗求王道而不知所向，讀至此，乃知所謂王道者，其忠厚和樂乃至於此也！使一國如此行，則隣國聞之，老者、長者、少者、貧乏者、苦征役者，皆悦而願歸之矣。又何患民之不多哉？

孟子此對，可謂舉綱提綱，挈裘振領矣。柰何惠王習氣不除，邪説猶在，私意方熾，而不能行此道也。悲夫孟子既以王道引之矣，乃即當時之弊政而告之曰「今狗彘食人食而不知檢」，是惠王有苑囿之好也；「野有餓莩而不知發」，是惠王靳於賑濟也。且夫歲之所以凶，以和氣不生也。和氣所以不生者，以吾心術不得其道，而政令有拂於民也。此豈非惠王之過乎？今民至於餓死，乃歸咎於凶歲，知本者固如是乎？儻使惠王知歲之所以凶者，由吾心術之不正，政令之不臧，而舉孟子之説次第而行之，真所謂民歸之如水之就下，沛然誰能禦之者也。然終不聞惠王行之，此吾所以痛斯文之不興也。

梁惠王曰：「寡人願安承教。」孟子對曰：「殺人以梃與刃，有以異乎？」曰：「無以異也。」「以刃與政，有以異乎？」曰：「無以異也。」曰：「庖有肥肉，廄有肥馬，民有飢色，野有餓莩，此率獸而食人也。獸相食，且人惡之。爲民父母，行政不免於率獸而食人。惡在其爲民父母也？仲尼曰：『始作俑者，其無後乎！』爲其象人而用之也。如之何其使斯民飢而死也？」

惠王立二年，敗韓於馬陵，敗趙於懷，齊敗我於觀。五年爲秦所敗。六年伐宋。九年敗韓於澮，與秦戰，秦敗我於少梁，虜公孫座。十年伐趙。十六年侵宋。十七年與秦戰於元里，秦取我少梁，圍趙邯鄲。十八年拔之。其好戰如此，視民爲何等草芥哉？

夫聖王之學，自致知格物以至爲天下國家，其本在於民而已矣。夫人者天地之德，陰陽之交，鬼神之會，五行之秀氣，豈可不保護愛惜，而戕賊殘毀之如此哉？孟子深痛斯民之不幸，不死於兵，則死於政，乃因惠王有承教之願，所以極力言弊政之害民也。然世之人莫不知梃與刃之能殺人矣，而不知政之能殺人也。

孟子學自聖門，直而不倨，曲而不詘，其言宛轉回旋，使聽者忘疲，而得者心醉也。今直告人以政能殺人，彼必泯默而不聽。儻告之以持梃與刃殺人，則必目驚神沮，以其言之不妄也。孟子之學緣人之情次第而入，故始告以「殺人以梃與刃有以異乎？」其事明白，無可疑者。故王答之曰：「無以異也。」又告之曰：「以刃與政，有以異乎？」惠王知其有自來也，故答之曰：「無以異也。」孟子又恐惠王之心終不悟政之所以殺人者爲何事，故縷數悉陳而告之曰「庖有肥肉」，是不知民之飢矣；又曰「廐有肥馬」，是不知民之飢反不如馬之飽矣。王之廩馬之粟，自何而來乎？民竭力以事上，上之廩固所當有也。奪民之食以供馬之粟，是率獸而食人也。人惟萬物之靈，今愛馬而賤人，馬則肥矣，民乃有飢色，野乃有餓莩，獨何歟？

自二帝三王以來，所以傳子孫命賢哲者，爲民，不爲馬也。守郡者，民，非馬也；供賦役者，民，非馬也；興教化美風俗者，民，非馬也；至愚而神，至弱而强者，民，非馬也。今乃愛馬而賤民，豈不痛乎！夫「元后作民父母」，非爲馬父母也。今乃以馬故，奪民之食以食之，是率獸而食人也。馬與獸不相遠也，彼其相食，人尚惡其相殘，况其越理犯分，至於奪人之食乎？以此觀之，則梁王之馬非一馬也，其與衛懿公好鶴等乎？不然，梁王弊政亦多矣。孟子何爲以此爲言乎？夫作俑以象人，孔子猶以爲無後。象人之形以葬埋且不可，况以生人付之飢餓之地，使濵於死，而奪其食以給馬乎？嗚呼！孟子此論豈特爲馬而已哉！其意以惠王好戰，平昔不以民爲事，故因事而諫，推明民之不可不愛，而以象人之説爲警。使惠王反思之曰：奪民食而食馬，孟子猶以爲不可，况吾以生人付之必死之地，以謀土地乎？

其區區所以爲當時之計者，未嘗不切至也。觀其言曰：「『我能爲君闢土地，充府庫』，今之所謂良臣，古之所謂民賊也。君不鄉道，不志於仁，而求富之，是富桀也。『我能爲君約與國，戰必克』，今之所謂良臣，古之所謂民賊也。君不鄉道，不志於仁，而求之爲之强戰，是輔桀也。」所謂志於仁者，愛民而已矣。使孟子之説行，豈特一國之民安，天下之民舉安。夫何故？以其視民猶子，知其爲天地之德，陰陽之交，鬼神之會，五行之秀氣，而不可忽也。吾儕將有爲於斯世，非事君以愛民，奚以學爲？

梁惠王曰：「晉國，天下莫强焉，叟之所知也。及寡人之身，東敗於齊，長子死焉；西喪地於秦七百里，南辱於楚。寡人恥之，願比死者一洒之，如之何則可？」孟子對曰：「地方百里而可以王。王如施仁政於民，省刑罰，薄税斂，深耕易耨。壯者以暇日修其孝悌忠信，入以事其父兄，出以事其長上，可使制梃以撻秦、楚之堅甲利兵矣。彼奪其民時，使不得耕耨以養其父母，父母凍餓，兄弟妻子離散。彼陷溺其民，王往而征之，夫誰與王敵？故曰：『仁者無敵。』王請勿疑！」

讀書者不當徇其文，當觀其時與夫利害可否，問對之當與未當，深求而力考之，乃可以見古人之用心。不如是，則其學不深，亦不足以御天下之變。余考惠王此問，而孟子乃如此而答之，在乎〔一〕當時以爲迂闊，而不切事情也。夫孟子親受道於子思，子思受道〔二〕於曾子，曾子受道於夫子。顧曾子一脈其源甚正，蓋有本之〔三〕學也。豈徒竊三代之虚名，而不適於當世之用哉？

然而以書〔四〕考之，孟子之答果能雪惠王之恥，而撻秦、楚之堅甲利兵乎？真可疑也。夫以疑之深，故思之切，思之切，故能少識孟子之用心。請試論之。夫惠王之問東敗於齊，長子死焉，即惠王三十年，齊威王命田忌爲將，用孫臏之謀，殺龐涓於馬陵，而虜太子申是也。又曰西喪地於秦七百里，即三十一年秦用商鞅之謀，誘公子卬而虜之，惠王徙都於大梁是也。又曰南辱於楚，考之未見。是時秦惠文王正用張儀之謀，以敗從約；齊宣王正尊稷下先生，以謀强國；楚又大國，吞五湖三江之利，據方城漢水之險，而有陳軫爲之謀畫。爲惠王當日之計者，當有奇謀祕策以制三國之命，而雪平昔之恥。審如孟子

〔一〕「在乎」，原闕，據四庫全書本補。
〔二〕「思受道」，原闕，據四庫全書本補。
〔三〕「本之」，原闕，據四庫全書本補。
〔四〕「書」，四庫全書本作「時」。

之言，不問三國之謀計，不顧三國之兵甲，不論强兵而曰省刑罰，不論富國而曰薄税斂，不講戰鬭而曰深耕易耨，壯者修孝悌忠信，入以事其父兄，出以事其長上。吾恐三國聞之，無不竊笑。而智如張儀，謀如稷下，大如楚國，當以重兵臨城，長戟指闕，談笑而取之。而惠王宗廟社稷正恐不可保，何暇制梃以撻他人乎？夫宋襄公不鼓不成列，卒爲楚之所敗；陳餘不用詐謀奇計，卒爲韓信所擒。以兵革相臨，稍失其幾，且受其禍。顧如孟子之論，是何異於舞干戚以解平城之圍，讀孝經以卻至劇之盗乎？

自後世觀之，張儀在秦，稷下在齊，楚國在南，惠王於是時乃欲制三國之命，雪平昔之恥，宜對之曰：梁東有淮、潁，西有長城，南有鴻溝之險，北有河外之阻。車千乘，馬萬匹，而爲三國之所制，臣竊爲大王恥之。爲大王計，莫若親秦而間楚。遣一介之使西入於秦，曰：敝國竊慕大王之高義，願爲王擁篲驅塵，以効奴隸之役。今天下强國三，而楚最爲大，有三江五湖之利，有方城漢水之險，大王欲天下皆在頤指氣使之列，莫若先取其大者。大者亡，則小者不勞鞭箠而下矣。爲大王計，莫若先伐楚。一兵出函谷，徑陳、蔡而抗其衝；一兵出武關，道漢水以搏其亢。敝國欲掃境内之衆以助大王之威。秦王必從之。是我借兵於秦而刷恥於楚，楚不亡則斃，秦兵亦已疲矣。乃又説秦曰：秦據百二之險，處四塞之國，天下莫强焉，而齊、楚乃與秦抗。大王聽敝國之計，楚已在掌握中矣，不足慮也。山東之國惟齊爲大，大王出兵伐楚，齊既不能遣一介以自効，又不能發奇兵以斷後，而深閉固守，坐觀成敗。爲今之計，不若乘伐楚之威，仗已勝之勢，東指齊地，齊將拱手以聽秦之所爲矣。秦，虎狼也，其心無厭。既得楚，必伐齊。夫兩虎相搏，勢不俱全。大者傷，小者亡。吾乘其斃，而制其後。秦勝，則齊之恥固已雪矣。如其不勝，秦、齊兩斃，吾舉境内，一舉而盡取之。是三國之恥，一朝而盡雪；而三國之地，吾皆得其利矣。審如此謀，豈徒惠王以爲然，而後世觀孟子者，亦知儒者之學爲有用矣。今不知出此，而以省刑罰，薄税歛，深耕易耨，修孝悌忠信，入事父兄，出事長上爲言，豈孟子親傳聖人之道，反不若後世之士耶？

然則其言如此，何耶？余考春秋以來，王綱解紐，諸侯放恣，禮樂征伐不自天子出，而自諸侯。其後不自諸侯出，而自大夫。又其後不自大夫出，而自陪臣。流離至於孟子則已極矣。夫一言之不中，一拜之不酬，而兩國交兵，暴骨以逞，生民塗炭，爲血爲肉者，不知其幾百載矣！當世之君，自有識以至老死，止知戰鬬之爲高，不知其他也。當世之士，自結髮以至搢紳，止知進取之爲長，不知其他也。先王之風，邈不復見。

然「天生蒸民，有物有則。民之秉彝，好是懿德」。顧其本心，豈不願父父子子、兄兄弟弟、夫夫婦婦，鄉閭族黨之聯，親戚朋友之愛，雞豚、黍稷、酒醴、牛羊、祭祀，賔客宴樂親睦，相友相助相扶持，以遂其有生之樂哉？顧以兵革相尋，父子、兄弟、夫婦不得相保，而鄉閭族黨、親戚朋友不得相收，雞豚、黍稷、酒醴、牛羊、祭祀，賔客宴樂親睦，又生平未嘗知識也。天下之心無不在此，惟孟子識之。而蘇、張、稷下諸人方在鬼蜮[一]中行，又豈知此理也哉？夫天下之心在此，有能舉此心以示之，則[二]一日而千古，一息而千里，相傳相告，誰不樂爲其民哉？

夫以兵革之故，則視人如草芥，今省刑罰，民得保其首領矣，豈不樂乎？以兵革之故，則率斂刻骨，今薄稅斂，民得寬其供輸矣，豈不樂乎？以兵革之故，則田萊多荒，今

[一]「蜮」，原闕，據四庫全書本補。
[二]「之則」，原闕，據四庫全書本補。

深耕易耨，則千倉萬箱可爲農夫之慶矣，豈不樂乎？以兵革之故，父子不相見，兄弟離散，智術相欺，詭詐相勝，今修其孝悌忠信，則父子相愛，兄弟相憐，誠心實德，博愛交孚矣，豈不樂乎？且列國皆以兵革爲事，而蕞爾梁國乃能舉天下之心行之於一國，其風聲所傳，氣俗所尚，莫不尊之如天帝，愛之若父母。雖使蘇、張之謀，稷下之辯其間，吾於頹垣壞塹中，獨舉先王之道而行之。使其如禽獸也，則在所不論。如其爲人，豈得不惻然懷感，肅然起敬乎？借使有不肖之心，遑其姦謀，縱其詭辯，以兵來臨，其民之心固已服吾之德化，慕吾之仁政矣。吾使能言之士論其國主之虐而吾王之仁，論其國政之暴而吾王之善，烏知其不投戈息馬，以願爲吾民乎？儻皆不然，視吾有德在民之心，思吾有政在民之耳目，彼將保其父子兄弟，衛其親戚朋友，愛其家室土田，而不忘吾之撫育愛護，必將内竭其心，外盡其力。三軍同心，衆士齊力，視彼如賊，視我如父，有進無退，有死無生，此仁義之兵，非節制之末也。秦、楚雖大，吾何畏焉？故曰：「彼陷溺其民，王往而征之，夫誰與王敵？」夫征之爲言，正也，各欲正己也。行孟子之説，方將正天下之罪，詎畏人之攻乎？行之既久，東指齊則齊潰，西指秦則秦服，南指楚則楚崩。號令指麾一出於我，周家，已衰則已，如其未衰，吾豈止於舉齊桓故事，帥諸侯以正王室哉？固將稟天子之命令以制服諸侯，朝覲會同以歸事天子，以復文、武、成、康之業。豈不大哉？惜乎惠王無知，不能信其説也。故余極推當時之意，而深明孟子之心，以告吾黨之士云。

張狀元孟子傳卷第二

孟子見梁襄王。出，語人曰：「望之不似人君，就之而不見所畏焉。卒然問曰：『天下惡乎定？』吾對曰：『定于一。』『孰能一之？』對曰：『不嗜殺人者能一之。』『孰能與之？』對曰：『天下莫不與也。王知夫苗乎？七八月之間旱，則苗槁矣。天油然作雲，沛然下雨，則苗浡然興之矣。其如是，孰能禦之？今夫天下之人牧，未有不嗜殺人者也，如有不嗜殺人者，則天下之民皆引領而望之矣。誠如是也，民歸之，由水之就下，沛然誰能禦之？』」

襄王之爲人平易簡夷，故其心所存亦仁愛寬大，不似戰國之君也。夫「望之不似人君，就之不見所畏」，想見其平易簡夷，無訑訑之聲音顔色，拒人於千里之外矣。乃卒然問曰：「天下惡乎定？」蓋其心之所存，憫天下四分五裂，日相吞并，非一日矣。故一見孟子，不待〔一〕款曲，卒然而問及於天下也。當時君臣日以談利爲事，止于〔二〕一國一己一時而已矣，曷嘗以天下爲心？今乃有「天下惡乎定」之説，何其廣大仁愛也！孟子對之以「定于一」，以謂〔三〕天下之定，止在秉本執要之君也。

又問曰：「孰能一之？」其意以謂〔四〕孰能秉本執要乎？孟子對之以「不嗜殺人者能一之」，以謂〔五〕秉本執要之道止在不嗜殺人而已。又問曰：「孰能與之？」以謂〔六〕誰能與不嗜殺人之君乎？顧此一語，想見當時以殺人相高，如秦有商君，齊有孫臏，蘇秦、張儀又以口舌鼓兵革於其間，意以謂〔七〕天下之所與者，與能殺人者也。此乃當時戰國君臣思慮，朝廷獻替，與夫游談過客之所以恐愒諸侯者，皆以殺人爲高耳。惟孟子揆之天理，驗之人

〔一〕「孟子不待」，原闕，據四庫全書本補。
〔二〕「事止于」，原闕，據四庫全書本補。
〔三〕「謂」，四庫全書本作「爲」字。
〔四〕「謂」，四庫全書本作「爲」字。
〔五〕「謂」，四庫全書本作「爲」字。
〔六〕「謂」，四庫全書本作「爲」字。
〔七〕「謂」，四庫全書本作「爲」字。

情，考之二帝三王之道，灼知不嗜殺人者，天下莫不與也。

况自春秋以來，戰伐相尋，至於孟子時極矣。朝被兵以臨城，其殺人不知其幾何也；暮出兵以報復，其殺人又不知其幾何也。獨人之父，孤人之子，兄弟交哭，夫婦生離，肝腦塗地，屍首異處，暴骨如山，流血成河，寃聲殺氣，遍滿乾坤。天下之民思得父子相保，兄弟相扶，室家相好，鄉閭、族黨、親戚、朋友相往來，雞豚、黍稷、酒醴、牛羊相宴樂，亦已久矣。彼商鞅、孫臏、蘇、張數人，與夫當時戰國之臣，方磨牙摇毒，血視天下之人，以此爲進身計。而人主亦甘其説，以殺人爲功業。

惟孟子深知天理、人情與夫二帝三王之道。當時天下之心厭聽金鼓之聲，思聞管弦之奏；惡見旌旗之色，思觀俎豆之陳；不願兵戈相尋也，惟思講信修睦之樂耳；不願父子兄弟相别也，惟思骨肉宗支之相保耳。故力爲當時陳不殺人之説，且曰：「王知夫苗乎？七八月之間旱，則苗槁矣。」此當時人君嗜殺人之象也。又曰：「天油然作雲，沛然下雨，則苗浡然興之矣。」此言不殺人者如雲雨之降，而使民父母相保，兄弟相扶，室家相好，鄉閭、族黨、親戚相往來，雞豚、黍稷、酒醴、牛羊相宴樂，乃所謂浡然而興之象也。

漢〔一〕高祖入秦，不戮一人，而約法三章，民心悦之，故卒有天下。項藉殺人如麻，竟何成哉？唐〔二〕高祖入關，不戮一人，止誅高德儒耳，民心悦之，故卒有天下。朱〔三〕粲輩食人如犬彘，竟何爲哉？五代之際，互相屠戮，其傳不過一再而已。我藝祖皇帝仁心如天，未嘗戮一無辜，故天下歸心，而削平僭亂，六合一家。則孟子所謂「如有不嗜殺人者，則天下之民皆引領而望之」，與夫「民歸之猶水之就下」，豈虚言哉？

余竊謂士大夫之學當爲有用之學，必祖聖王而宗顔、孟。帝王之學，何學也？以民爲心也。夫自致知格物以至平天下家國，曷嘗不以民爲心哉？苟學之不精，不先於致知，使天下之物足以亂吾之知，則理不窮；理不窮，則物不格；物不格，則知不至，意不誠，心不正，身不修，出而爲天下國家，則爲商鞅、蘇、張之徒，以血肉視人，而天下不得安其生矣。然則非帝王之道，顔、孟之説，學者安可留心？如商君之學，蘇、張之學，稷下

〔一〕「漢」，原作「夫」，據四庫全書本改。
〔二〕「成哉唐」，原闕，據四庫全書本補。
〔三〕「天下朱」，原闕，據四庫全書本補。

之學，皆先王以爲左道，不待教而誅者也。孟子深闢楊、墨，豈非出於此歟？至於纂組爲工，駢儷爲巧，以要富貴而取名聲，而曰此吾之學也。嗚呼！其亦可用乎？余以謂士大夫之學當爲有用之學，必祖聖王而宗顏、孟者，以此。

齊宣王問曰：「齊桓、晉文之事，可得聞乎？」孟子對曰：「仲尼之徒，無道桓、文之事者，是以后世無傳焉；臣未之聞也。無以，則王乎？」曰：「德何以則可以王矣？」曰：「保民而王，莫之能禦也。」曰：「若寡人者，可以保民乎哉？」曰：「可。」曰：「何由知吾可也？」曰：「臣聞之胡齕曰，王坐於堂上，有牽牛而過堂下者，王見之，曰：『牛何之？』對曰：『將以釁鍾。』王曰：『舍之！吾不忍其觳觫，若無罪而就死地。』對曰：『然則廢釁鍾與？』曰：『何可廢也，以羊易之！』不識有諸？」曰：「有之。」曰：「是心足以王矣！百姓皆以王爲愛也，臣固知王之不忍也。」王曰：「然，誠有百姓者。齊國雖褊小，吾何愛一牛？即不忍其觳觫，若無罪而就死地，故以羊易之也。」曰：「王無異於百姓之以王爲愛也。以小易大，彼惡知之？王若隱其無罪而就死地，則牛羊何擇焉？」王笑曰：「是誠何心哉？我非愛其財。而易之以羊也，宜乎百姓之謂我愛也。」

曰：「無傷也，是乃仁術也，見牛未見羊也。君子之於禽獸也，見其生，不忍見其死；聞其聲，不忍食其肉。是以君子遠庖廚也。」王説曰：「詩云：『他人有心，予忖度之。』夫子之謂也。夫我乃行之，反而求之，不得吾心。夫子言之，於我心戚戚焉。此心之所以合於王者，何也？」

曰：「有復於王者曰：『吾力足以舉百鈞，而不足以舉一羽；明足以察秋毫之末，而不見輿薪』。則王許之乎？」曰：「否！」「今恩足以及禽獸，而功不至於百姓者，獨何與？然則一羽之不舉，爲不用力焉；輿薪之不見，爲不用明焉；百姓之不見保，爲不用恩焉。故王之不王，不爲也，非不能也。」曰：「不爲者與不能者之形何以異？」曰：「挾太山以超北海，語人曰『我不能』，是誠不能也。爲長者折枝，語人曰『我不能』，是不爲也，非不能也。故王之不王，非挾太山以超北海之類也；王之不王，是折枝之類也。老吾老，以及人之老；幼吾幼，以及人之幼。天下可運於掌。詩云：『刑于寡妻，至于兄弟，以御于家邦。』言舉斯心加諸彼而已。故推恩足以保四海，不推恩無以保妻子。古之人所以大過人者，無他焉，善推其所爲而已矣。今恩足以及禽獸，而功不至于百姓者，獨何與？權，然后知輕重；度，然后知長短。物皆然，心爲甚。王請度之！抑王興兵甲，危士臣，構怨於諸侯，然後快於心與？」

王曰：「否，吾何快於是？將以吾所大欲也。」曰：「王之所大欲，可得聞與？」王笑而不言。曰：「爲肥甘不足於口與？輕煖不足於體與？抑爲采色不足於目與？聲音不足於耳與？便嬖不足於使令於前與？王之諸臣皆足以供之，而王豈爲是哉？」曰：「否。吾不爲是也。」

曰：「然則王之所大欲可知已；欲辟土地，朝秦、楚，莅中國，而撫四夷也。以若所爲求若所欲，猶緣木而求魚也。」王曰：「若是其甚與？」曰：「殆有甚焉。緣木求魚，雖不得魚，無後災。以若所爲，求若所欲，盡心力而爲之，後必有災。」

曰：「可得聞與？」曰：「鄒人與楚人戰，則王以爲誰勝？」曰：「楚人勝。」曰：「然則小故不可以敵大，寡固不可以敵衆，弱固不可以敵强。海内之地方千里者九，齊集有其一。以一服八，何以異於鄒敵楚哉？蓋亦反其本矣。今王發政施仁，使天下仕者皆欲立於王之朝，耕者皆欲耕於王之野，商賈皆欲藏於王之市，行旅皆欲出於王之塗，天下之欲疾其君者皆欲赴愬於王。其若是，孰能禦之？」

王曰：「吾惽，不能進於是矣。願夫子輔吾志，明以教我。我雖不敏，請嘗試之。」曰：「無恆產而有恆心者，惟士爲能。若民，則無恆產，因無恆心。苟無恆心，放辟邪侈，無不爲已。及陷於罪，然后從而刑之，是罔民也。焉有仁人在位，罔民而可爲也？是故明君制民之産，必使仰足以事父母，俯足以畜妻子，樂歲終身飽，凶年免於死亡。然後驅而之善，故民之從之也輕。今也制民之産，仰不足以事父母，俯不足以畜妻子，樂歲終身苦，凶年不免於死亡。此惟救死而恐不贍，奚暇治禮儀哉？王欲行之，則盍反其本矣。五畝之宅，樹之以桑，五十者可以衣帛矣；鷄豚狗彘之畜，無失其時，七十者可以食肉也；百畝之田，勿奪其時，八口之家可以無飢矣；謹庠序之教，申之孝弟之義，頒白者不負戴於道路矣。老者衣帛食肉，黎民不飢不寒，然而不王者，未之有也。」

有聖王之學，有霸者之學。聖王之學，其本爲天下國家，故其説以民爲主；霸者之學，其本在於便一己而已矣，故其説以利爲主。以利爲主，其弊之極，豈復知有民哉？饑餓凍殍，一切不卹，爲[二]吾便而已矣。故民糟糠不厭而吾則茹粱醬肥，民裋褐不全而吾則裘狐被翠，民田廬不保而吾則高堂大厦。以至肆并吞之志，則雖墟人宗廟，覆人社稷，不卹也；快忿怒之心，則雖暴骨成山，流血成河，不卹也。言利不已，至秦而極，伊闕之戰塹十四[三]萬人，長平之戰坑四十萬人。利極禍生，項籍入關，又坑二十萬人，火秦宫室，至三月不滅。嗚呼，禍至此而極矣！其本乃齊桓、晉文首創利端。利門一開，稽天爍石，波蕩焚灼，不至秦、項之酷不已也。嗚呼痛哉！

孔子之門深見其病必至於此，故三尺之童羞談霸道。往往其視霸者之學如蜂蠆之毒，如鴆葛之藥，其肯講論道説哉？然以孟子之智，辨割烹之非，論癰疽之説，正武成之書，解雲漢之詩，其博學多聞，高識遠見，顧何書不讀，何事不知？其於齊桓、晉文之事，想講之甚精，論之甚熟，箴其失而知其謀，亦已久矣。今對齊王乃曰：「後世無傳焉。臣未之聞也。」何哉？夫桓、文之心主於爲利，戰國之君雖不知其事，而其心法固已人人傳之

〔二〕「爲」，四庫全書本作「惟」。
〔三〕「十四」，四庫全書本作「二十四」。

矣。孟子視之正如蛆蠅糞穢，言之則汙口舌，書之則汙簡編，顧肯爲人講説乎？

或曰桓、文糾合諸侯，尊大周室，孔子稱其仁，曰「九合諸侯，不以兵車」，曰「天王狩於河陽」，其予桓、文亦至矣。何爲孟子惡之如此哉？蓋桓、文之得以假仁義，而其弊處以利爲主也。以利爲主，至孟子而大熾，至始皇則極矣。不塞其源，不絶其本，非聖王之心也。既扼齊王爲利之心，而開其爲民之路，乃以聖王之學一洗其陋焉。此孟子之本意也。其曰「無以，則王乎？」是也。孰爲王乎？保民則王矣。故予以謂聖王之學，其本爲天下國家，故其説以民爲主者，此也。

夫霸者之學，其本在於便一己，故其説以利爲主。以利爲主，而使民糟糠不厭，裋褐不全，田廬不保，以至墟人宗廟，覆人社稷，暴骨成山，流血成河，此鬼魅道中事也。以民爲主，必欲使天下之民父子相保，兄弟相扶，室家相好，鄉閭、族黨、親戚、朋友相往來，雞豚、黍稷、酒醴、牛羊相宴樂而後已。予嘗求王道而不知其端，今讀孟子乃知所謂王道者，必保民使如前數者，乃所謂王道也。嗚呼，王道豈不大乎！

夫當世諸侯以利爲事，耳目觀聽，心思鈎索，家庭晏語，臣下講究，無非利而已矣，安有一念與王道相合者乎？然「天生蒸民，有物有則。民之秉彝，好是懿德」，秉彝之性人所固有。謂當時諸侯不行王道則可，而一槩以謂無王道，豈不厚誣天下以謂無秉彝之性乎？

孟子之游齊、梁，正當顯王之時，其去赧王時不一二十年。王室衰替，不可救也。當時惟秦、楚、齊爲大國，而韓、趙、燕、魏、宋、魯皆小國尔，土地不廣，人材不多，而其君又皆尋常之流，無英偉秀傑之氣可以興王道於旦暮者。秦、楚僭號稱王，皆夷狄之類，使其得志，無復人道矣。惟齊乃太公舊壤，而宣王乃帝舜餘裔，又恢廓質魯，適在威王之後，有綱紀英傑之風，故孟子不入秦、楚而盤薄於宣王者，蓋有以也。夫孟子默觀天下諸侯有可以行道者，非一日也。聞宣王有易牛之心，此聖王之心也。顧宣王未知之耳，此所以因有「保民而王」之説，而宣王有「若寡人者，可以保民」之問。乃舉易牛之事以問之，因以大其不忍之心。王道至此而大明焉。

夫不忍牛之觳觫，若無罪而就死地，此心即聖王之心也。聖王以此心及民，故不忍民之飢凍不得其所，而爲之五畝之宅，百畝之田，謹庠序之教，使老者衣帛食肉，不負戴於道路，而皆不飢不寒，不轉屍於溝壑，此謂之聖王也。今齊王不忍與聖王同。然齊王不忍施之於一牛，而聖王不忍施之於百姓，此孟子所以指其不忍之心而挽之進於王道焉。夫王道亦大矣，乃止在不忍處，儻非異類，誰無不忍之心乎？是王道人人所固有矣。非孟子指出，其誰知王道之要止在不忍耶？則孟子有功於名教也，大矣！

然孟子之開陳有造化之功，學者不可不細考也。其曰：「百姓皆以王爲愛也。」夫既許齊王不忍爲聖王之心，以開其爲善之路，又言百姓皆以王爲愛，以箴其於百姓無慈惠之實。豈不以齊王平昔關門之征、市廛之賦、租斂之入，靡不苛刻，而凶年飢歲，老弱轉溝壑，壯者散四方，而無賑施之政乎？百姓習知王之吝嗇也，故以羊易牛，皆以爲愛。愛非仁愛之愛，乃愛惜之愛，謂吝嗇也。使民不信王如此，非平時無恩以及之乎？故見今日之恩及禽獸，反以爲以小易大也。

然孟子既箴其失，又進其志，故曰：「臣固知王之不忍也。」齊王聞此乃不加怒，曰「然。誠有百姓者」，謂百姓誠有此言也。又曰：「齊國雖褊小，吾何愛一牛？即不忍其觳觫，若無罪而就死地，故以羊易之也。」其辭平易曲折，亦可以見齊王度量寬大有容矣，此孟子所以喜之也。且又解之曰，王無怪於百姓之以王爲吝嗇也，以羊之小易牛之大，彼又烏知王之本心哉？若以爲王痛牛之無罪而就死地，不知羊有何罪而不卹乎？是羊亦可痛也。論其無罪而可痛，則牛羊一等也，又何擇焉？孟子恐齊王以爲百姓不知其心，遂有愠怒之意，故痛爲剖析。則孟子之諳練物態，備歷人情，亦已深矣。而開陳明白，使人心地洞曉，豈非學力哉？王聞牛羊何擇之語，乃自知痛牛之無罪而不卹羊之可矜也，此心之錯也。乃笑曰，是誠何心哉？然論我本心，非愛其財也。既以羊易牛，以小易大，宜乎百姓之謂我愛也。

孟子又恐齊王忘其不忍之路，又擴大之曰：「無傷也，是乃仁術也。」術，路也。以不忍牛之觳觫，是乃仁發見之路也。方見牛而未見羊，故仁發於牛。夫何故？以見其生不忍見其死，聞其聲不忍食其肉。齊王以孟子深知其心，乃大説，而舉詩爲之證，曰：「『他人有心，予忖度之。』夫子之謂也。」然齊王當時行不忍之心，而不識其幾，因孟子指之爲聖王之心，乃識此心之著見處。一指之力可謂大矣！何以知其爲識不忍之心也？其曰：「夫我乃行之，反而求之，不得吾心。夫子言之，於我心有戚戚焉。」夫孟子之言不忍，而齊王體之乃知不忍之爲戚戚，其深得聖王之心也明矣。乃能指此心以問孟子曰：「所以合於王者，何也？」

孟子知其幾已發，不可遏也，故急挽之，使加於百姓焉。加於百姓，王道成矣。其曰「有復於王者曰：『吾力足以舉百鈞，而不足以舉一羽；明足以察秋毫之末，而不見輿薪。』則王許之乎？」是也。王既不然以爲否矣，乃急轉其幾，去其好利之心，而又使之進於王道焉。其曰：「今恩足以及禽獸，而功不至於百姓者，獨何與？然則一羽之不舉，爲不用力焉；輿薪之不見，爲不用明焉；百姓之不見保，爲不用恩焉。」是也。雖識夫不忍爲王者之心，然其間又在乎能用之者。能識而不能用，與不識同。識而能用，乃如乾坤之運六子，造化之役四時，陶冶一世，埏埴萬生，帝王之功所以爲巍巍也！孟子論用之説，此二帝三王之所以治天下也。學而不至於用，奚以學爲哉？

齊王能識於俄頃，而未能用於天下，孟子所以極論用之爲大。而余因此知聖王之學全在此也。齊王猶未達夫用之之説，故孟子有太山、折枝之喻，而極力論用之所以爲王道者。其曰：「老吾老以及人之老，幼吾幼以及人之幼。天下可運於掌。」是也。又引詩「刑于寡妻，至于兄弟，以御于家邦」之説爲證，且終斷之曰：「言舉斯心加諸彼而已。」夫用之之要，以老吾老之心，用以及天下之老者，以幼吾幼之心，用以及天下之幼者，以吾不忍一牛之心，用以及天下之民飢凍而不得其所者。一用之力，其大如此。知所謂用，則天下可運於掌握之間；不知所謂用，則恩足以及禽獸，而功不至於百姓矣。夫思齊之詩言文王雝雝肅肅，德著於宗廟之間。知所以用之，故用於妻子，用於兄弟，用於家邦。其用也，不勞精神，不闗思慮，不移蹞步，舉此肅雝之德加之於妻子、兄弟、家邦而已。今齊王能舉此不忍一牛之心，以加於百姓，亦不勞精神，不闗思慮，不移蹞步，而王道行矣。

孟子恐齊王之未固也，又提警之曰：「故推恩足以保四海，不推恩無以保妻子。古之人所以大過人者，無他焉，善推其所爲而已矣。」用，即推也。用以言其大，推以言其微。學者又不可不考也。用則有往來闔闢之意，推則有宛轉曲折之意。今王能不忍於一牛，不能不忍於百姓者，必其心有物礙之，故有此心而不能用於百姓也。權稱輕重，度較長短，物有輕重長短，皆當以權度稱較之，况不忍之心輕於百姓，重於一牛，短於百姓，長於一牛，可不自以此心權度而稱較之乎？

彼其〔一〕所以於百姓薄，於一牛厚者，此心必有所以也。豈以未推恩於百姓者，以欲興甲兵，危士臣，結怨於諸侯，未暇䘏百姓乎？王亦自知所以未推恩於百姓，非欲興甲兵，危士臣，結怨於諸侯之謂也，將以求吾所大欲耳。是知其未能推恩於百姓者，以大欲爲病也。孟子固知其大欲在辟土地，朝秦、楚，莅中國，而撫四夷，久矣。何以知其如此也？觀其問桓、文之事，其意專主於利，欲學桓、文糾合諸侯，以聽其號令耳。惟其心在此，故其志專在一己，而不知以天下國家爲心。不知以天下國家爲心，則不以民爲意，故寧恩及於禽獸，而不肯及於百姓也。然孟子不直問其所欲在，此乃以肥甘不足於口，輕煖不足於體，采色不足視於目，聲音不足聽於耳，便嬖不足使令於前爲問，何耶？蓋歷數耳目數事，人之大欲不過如是，而乃於此數事之外不循于理，求所難致，欲闢土地，朝秦、楚，莅中國，撫四夷，非兵革不可。用兵革則必獨人之父，孤人之子，使兄弟交哭，夫婦生離，肝腦塗地，尸首異處，豈有爲民父母而所好如此乎？夫用甲兵而土地果闢，秦、楚果朝，果可以莅中國，而撫四夷，猶之可也。況土地未易闢，秦、楚未易朝，中國未易

〔一〕「其」，原作「吾」，據四庫全書本改。

莅，四夷未易撫乎？以如此所爲求如此所欲，是猶緣木求魚，以鄒敵楚也。

然而豈終無策乎？第未知其本耳。其本止在前所謂保民是也。夫推不忍之心於百姓，使民父子相保，兄弟相扶，室家相好，鄉閭、族黨、親戚、朋友相往來，雞豚、黍稷、酒醴、牛羊相宴樂，則天下仕者皆欲立於王之朝，天下耕者皆欲耕於王之野，天下商賈皆欲藏於王之市，天下行旅皆欲出於王之塗，天下之欲疾其君者皆欲赴愬於王，則雖無意於闢土地，朝秦、楚，莅中國而撫四夷，而此數事自然至矣。

齊王既知大欲爲病，而未知其所歸趣也，故聞孟子之言，曰：「吾惛，不能進於是矣。願夫子輔吾志，明以教我。我雖不敏，請嘗試之。」觀齊王此意亦切矣，孟子安得不盡告之乎？蓋士大夫之學必欲有用，而所謂用者，用於天下國家也。天下國家以民爲主耳。使民父子相保，兄弟相扶，夫婦相好，鄉閭、族黨、親戚、朋友相往來，雞豚、黍稷、酒醴、牛羊相宴樂，則吾之學乃無負於聖王，而所謂聖王之道正在此也。孟子之學，學王道也。王道者何？以民爲主也。故孟子歷爲宣王言所以爲王之道，曰：「無恒産而有恒心者，惟士爲能。若民，則無恒産，因無恒心。苟無恒心，放僻邪侈，無不爲已。及陷於罪，然後從而刑之，是罔民也。焉有仁人在位，罔民而可爲也？」嗚呼！宣王平昔觀聽鈎索，晏語講究，曾聞此言乎？大槩皆欲闢土地，充府庫，論縱横，議戰鬭而已，曷嘗有一語及民耶？今孟子乃論士民之心不同，而喻民之所以有恒心者，在於恒産。惟有恒産，則仰事父母，俯育妻子，樂歲皆飽足，凶年免於死亡，驅而之善，如水之就下也。其誰不樂？今也奪民之産，使仰事俯育，樂歲凶年，一皆失所，欲使趣禮義成王道也難矣！

何謂王道？五畝之宅，樹之以桑，則五十者可以衣帛而無憂矣；雞豚狗彘，無失其時，則七十者可以食肉而無憂矣；百畝之田，勿奪其時，則八口之家可以無飢而無憂矣；謹庠序之教，申之以孝悌之義，頒白者無負戴之憂矣。夫使老者有衣有肉有代勞者，而黎民不飢不寒，所謂王道豈在虚空高遠處乎？即此所謂王道也。余嘗求王道而不得，竊取三百篇而讀之，見夫周家之民其熙怡宴樂如此，乃知王道之實，亦在民安其生而已矣。孟子「保民而王」一語，可謂盡所謂王道之説矣。

請即詩以明之。夫周家君民何其如此相愛也？民之於君也，則曰「雨我公田，遂及我私」，民愛君如此；君之於民也，則曰「駿發爾私，終三十里」，君愛民如此。以天子之尊，乃與后世子出入阡陌之間，親以酒食勸勞慰勉耘耔播種之勤；而田畯之官又以飲食勞來左右之，至親爲嘗其旨否。其殷勤惻怛之意，有足以感動人者。其詩曰「曾孫來止，以其婦子。饁彼南畝，田畯至喜。攘其左右，嘗其旨否」是也。又爲之言其家人婦子載酒食，以慰勞其勤勞之意，其詩曰「或來瞻女，載筐及筥，其饟伊黍」是也。又言其室家劬勞之語，目前雖勞，他日歲成，刈穫收斂，廩藏困積，飲酒食肉，以盡終歲之樂。其詩曰「穫之秷秷，積之栗栗。其崇如墉，其比如櫛，以開百室。百室盈止，婦子寧止。殺時犉牡，有捄其角」是也。又爲之言陽氣方亨，淑鳥應侯，宜執桑器，以圖蚕事。其詩曰「春日載陽，有鳴倉庚。女執懿筐，遵彼微行，爰求柔桑」是也。又爲之言陰氣已應，鶪鳥已鳴，宜務組績，以爲衣裳之用。其詩曰「七月鳴鶪，八月載績，載元載黄，我朱孔揚，爲公子裳」是也。嗚呼！所謂王道盡見此矣。

孟子已爲宣王力陳而深言之，儻能一用不忍之心以加於百姓，則夫保民而王之實可興於旦暮也。然齊王終於此而已矣。豈非必有九五之大人，乃能用九二之大人乎？余既惜宣王之不能用不忍之心，而又知王道之大止在於不忍之心而已。其何幸乎！

張狀元孟子傳卷第三

梁惠王章句下

莊暴見孟子，曰：「暴見於王，王語暴以好樂，暴未有以對也。」曰：「好樂何如？」

孟子曰：「王之好樂甚，則齊國其庶幾乎！」他日，見於王曰：「王嘗語莊子以好樂，有諸？」王變乎色，曰：「寡人非能好先王之樂也，直好世俗之樂耳。」曰：「王之好樂甚，則齊其庶幾乎！今之樂猶古之樂也。」曰：「可得聞乎？」曰：「獨樂樂，與人樂樂，孰樂？」曰：「不若與人。」曰：「與少樂樂，與衆樂樂，孰樂？」曰：「不若與衆。」「臣請爲王言樂。今王鼓樂於此，百姓聞王鐘鼓之聲，管籥之音，舉疾首蹙頞而相告曰：『吾王之好鼓樂，夫何使我至於此極也？父子不相見，兄弟妻子離散。』今王田獵於此，百姓聞王車馬之音，見羽旄之美，舉疾首蹙頞而相告曰：『吾王之好田獵，夫何使我至於此極也？父子不相見，兄弟妻子離散。』此無他，不與民同樂也。今王鼓樂於此，百姓聞王鐘鼓之聲，管籥之音，舉欣欣然有喜色而相告曰：『吾王庶幾無疾病與？何以能鼓樂也？』今王田獵於此，百姓聞王車馬之音，見羽旄之美，舉欣欣然有喜色而相告曰：『吾王庶幾無疾病與？何以能田獵也？』此無他，與民同樂也。今王與百姓同樂，則王矣。」

孟子養浩然之氣，親傳孔子之道，其正心誠意，誰不尊仰？往往非心邪思一見，孟子皆悉破散，何以知之？齊宣王語莊暴以好樂，及孟子問之，乃遽然變乎色，以是知宣王凡俗之心不敢對孟子而言。其對孟子言者，皆自端莊中來也。至於語莊暴以好樂者，謂好世俗之樂也，意不欲使孟子聞之。及爲孟子所問，故其心赧然至變乎色也。不敢面欺孟子，乃曰：「寡人非能好先王之樂也，特好世俗之樂耳。」其語雖鄙，其意則真。

然先王之樂與世俗之樂，豈可交臂而論乎？先王之樂，咸、韶、濩、武之謂也；世俗之樂，鄭、衛之謂也。先王之樂，自天理中來；鄭、衛之樂，自人欲中起。今孟子乃曰：「王之好樂甚，則齊其庶幾乎？今之樂猶古之樂也。」此學者所以敢疑孟子也。然而先王之樂莫備於魯，四代之樂時出而用之，不聞能已弑君之亂，弭三家之彊。昭公逐定無正。作兵[一]甲，用田賦，民皆憂愁無聊，四代之樂果何補哉？孟子知樂之作以天理爲主，而樂之本以人和爲先。天理難見，人和易明。故孟子之談王道，則以衣帛食肉，不飢不寒爲言；言好勇，則以安天下爲言；言好色[二]、好貨，則以與百姓同之爲言；言好麋鹿魚鼈，好今之樂，則以與百姓同樂爲言。其意專欲實効及於民，而以人和爲本意。

至於制作變化，固又有待而行耳。且觀其問宣王曰：「獨樂樂，與人樂樂？」又曰：「與少樂樂，與衆樂樂？」余讀至此深歎孟子學力之深，而造化之用有陶冶一世，埏埴萬生之象。其開導誘掖，使坦然趨於先王之路，因事立功，轉邪爲正，聖道之權，孔門之變也。其言滔滔軋軋，形容物情，使曉然知如此爲是，如此爲非。非其心深造聖道，反有轉移抑揚之用，詎能至此地乎？學者讀孟子，先當觀其用，然後可以識孟子之心矣。

[一]「兵」，四庫全書本作「丘」。
[二]「色」，原作「巳」，據四庫全書本改。

夫轉好世俗之樂，使與民同樂，聖王之道也。且賦役煩重，兵革交侵，獨人之父，孤人之子，兄弟交哭，夫婦生離，肝腦塗地，屍首異處，暴骨如山，流血成河。正當此時而聞王鍾鼓之聲，管籥之音，與夫車馬之音，羽旄之美，安得不舉疾首蹙頞而相告病乎？至此極矣！乃動英莖之樂，乃設鈞天之奏，民何心以聽之哉？牆下有桑，雞豚有畜，百畝有田，道路有讓，父子相保，兄弟相扶，室家相好，鄉閭、族黨、親戚、朋友相往來，雞豚、黍稷、酒醴、牛羊相宴樂。正當此時而聞王鐘鼓之聲，管籥之音，與夫車馬之音，羽旄之美，安得不欣欣然有喜色而相告樂乎？至於此時，雖動鄭、衛之聲，起嘽緩之奏，民何往而不自得耶？

然則所謂與民同樂者，非謂同聽絲竹之音、金石之奏也，謂使民父子、兄弟、室家皆得其樂之謂也。然則所謂樂者，其在政乎？其在音聲乎？政樂，則聞世俗之樂亦樂；政苦，則雖聞先王之樂亦苦矣。大儒之道所以能用天下國家者，以其通達變化如此也。豈俗儒腐儒守章句，拘繩墨，而不適於世用之謂乎？

然而孔子之道甚嚴，至孟子則似乎太寬矣。何以明之？放鄭聲者，所以告顏子也，豈容有今樂猶古樂之說？焚咸丘，所以書春秋也，豈容於好樂之外，又進田獵之說以侈其心乎？是孔子之道，至孟子而一變矣。學孔子之嚴，不失爲君子；學孟子之變，豈不容姦而召禍乎？嗚呼！魯人獵較，孔子亦獵較，固在用〔一〕之如何耳。孟子善用聖人之道者也。當戰國時，聖王之道一皆掃地，人君甘於廣地殺人之說，其有舉先王之道以陳之于前，則掩耳疾趨，若將浼之者。夫何故？以禍在目前，未暇求遠大之路也。孟子儻規規然謹守繩約，將視當世爲禽獸，必如荷蕢荷蓧、泄柳、干木乃可矣。故特於當時人欲中開導其路，使駸駸入於先王之道而不自覺。如好勇，不妨其安天下；好色、好貨，不妨其與百姓同之；好麋鹿魚鼈，好今之樂，不妨其與百姓同樂。前挽後推，左支右捂，其意欲使入先王之道。既已入先王之道，自將盡變其所好，而與聖王同矣。此豈淺淺者所能至哉？故予以謂善用聖人之道者，孟子也。明乎此，然後可以知孟子，而破當世疑孟子之說焉。

齊宣王問曰：「文王之囿方七十里，有諸？」孟子對曰：「於傳有之。」曰：「若是

〔一〕「用」，原作「則」，據四庫全書本改。

其大乎？」曰：「民猶以爲小也。」曰：「寡人之囿方四十里，民猶以爲大，何也？」曰：「文王之囿方七十里，芻蕘者往焉，雉兔者往焉，與民同之。民以爲小，不亦宜乎？臣始至於境，問國之大禁，然後敢入。臣聞郊關之内有囿方四十里，殺其麋鹿者，如殺人之罪。則是方四十里，爲阱於國中。民以爲大，不亦宜乎？」

文王之囿乃一國之囿，宣王之囿乃一己之囿。一國之囿，則與一國之民同之；一己之囿，自適一己之觀聽耳，民何與焉？孟子之學深闢爲一己之利，而以百姓爲主。以百姓爲主，即文王之道也。夫以一國爲囿，故芻蕘者得往，雉兔者又得往，民方患其囿之不大者，以民皆受其賜也；以一己爲囿，故民殺其麋鹿者，如殺人之罪，是賤人貴畜，民惴惴然惟恐觸其禁之不暇，其以爲大者，以民憂其害也。

孟子能用聖王之學，故於開陳之間随機應變，宛轉屈曲，終引之於正道而後已。如宣王問文王之囿方七十里，使自好之士慮開人主之欲，則謹對曰：臣未之聞也。至於邪佞之人乘間伺隙，必以文王爲辭，以遂人主侈汰之心。夫邪佞之臣固可誅絶，而自好之士衛之太嚴，恐人主自是喜與小人同，而不樂與君子語，則以君子持之太急也。以是而觀，然後知惟孟子能用聖王之學爾。何以知之？夫問文王之囿，則對以「於傳有之」。問若是其大，則對以「民猶以爲小」。使人主樂聞文王有苑囿之樂與我同，又樂聞文王之囿如此之大與我同，然後舉芻蕘、雉兔與夫殺麋鹿如殺人之説，使之自擇焉。其造化變移幾與乾坤之運六子，滄海之轉百川同功。學而不至於能用，此腐儒，非大儒也。

然詩云：「王在靈囿，麀鹿攸伏，麀鹿濯濯，白鳥翯翯。」物皆遂其性如此。今芻蕘者往，則使草木不遂其生；雉兔者往，則使禽獸不安其所。聖王之政果如是乎？曰學者之觀聖王，不當泥於一語，局於一説，當取先王之書貫穿博取而讀之，必合於人情乃已。禮曰：「獺祭魚，然後虞人入澤梁；豺祭獸，然後田獵；鳩化爲鷹，然後設罻羅；草木零落，然後入山林。」然則芻蕘者往，雉兔者往，則又因天時而後入焉。此乃聖王之仁政而合於人心，通於天意，爲萬世常行之道。是蓋孟子之遺意，予故表而出之。

齊宣王問曰：「交隣國有道乎？」孟子對曰：「有。惟仁者爲能以大事小，是故湯事葛，文王事昆夷；惟智者爲能以小事大，故大王事獯鬻，勾踐事吴。以大事小者，樂天者也；以小事大者，畏天者也。樂天者保天下，畏天者保其國。詩云：『畏天之威，于時保之。』」王曰：「大哉言矣！寡人有疾，寡人好勇。」對曰：「王請無好小勇。夫撫劍疾視曰：『彼惡敢當我哉？』此匹夫之勇，敵一人者也。王請大之！詩云：『王赫斯怒，爰整其旅，以遏徂莒，以篤周祜，以對于天下。』此文王之勇也。文王一怒而安天下之民。書曰：『天降下民，作之君，作之師。惟曰其助上帝，寵之四方。有罪無罪，惟我在，天下曷敢有越厥志？』一人橫行於天下，武王恥之。此武王之勇也。而武王亦一怒而安天下之民。今王亦一怒而安天下之民，民惟恐王之不好勇也。」

昔孔子之論學不止於立，必極於權而後已。孟子識之，故其論三聖人不止於聖，必至於智而後已。又推而論射不止於至，必至於中而後已。惟學而至於權，聖而又極於智，至而又巧於中，則能用聖王之道以陶冶一世，埏埴萬生，此造化之道，神明之用也。孟子識孔子之所謂權，其出而見齊、梁之君，答問之間變態百出，而一歸於正，豈非識孔子之所謂權，而其志不止於聖，必欲極於智，不止於至，必欲巧於中乎？何以言之？且梁惠王顧鴻鴈麋鹿曰：「賢者亦樂此乎？」乃對曰「賢者而後樂此」，卒引之於文王之地；齊宣王問：「若寡人者可以保民乎哉？」乃對之曰「可」，卒引之於推恩保四海之地；齊宣王又問「寡人非能好先王之樂，直好世俗之樂耳」，乃對之曰「今樂猶古樂」，卒引之於與百姓同樂之地；宣王又問「文王之囿方七十里」，乃對之曰「於傳有之」，卒引之於文王與民同之之地；至於好色、好貨，皆不扼其路，必引之於公劉、大王之地。其他不可勝舉，大抵無所不可。特不當自樂於一己，期於與百姓同之而已。使人聽之樂聞其言，而心敬其說，援邪心非意入於大公至正之地。今語言之餘尚足以起人樂道之心，況當時正心誠意，精神作用，其移易人也深矣！學如孟子，其力亦大矣！

顧當時商鞅、孫臏、蘇秦、張儀之徒皆以危言險語劫持人君，而實中人主之貪心。至於稷下先生、鄒衍、田駢又以荒唐譸張之辯，以動搖人心。惟孟子之說如底柱之在中流，衆星之有北斗，風波不動，斟酌自然。聖王〔二〕之道，天地之用也。今宣王問〔三〕：「交隣國有道乎？」又對之曰「有」，且引湯、文王、大王、勾踐之事以發藥之。以大事小，則謂

〔二〕「王」，原作「主」，據四庫全書本改。
〔三〕「問」，原作「聞」，據四庫全書本改。

之仁，謂之樂天；以小事大，則謂之智，謂之畏天，以轉齊王辟土地，朝秦、楚，莅中國，撫四夷，虛驕淩轢之心。且其言以謂大國則宜事小國，小國則當事大國。使宣王於秦、楚、趙、魏、韓、燕、宋、魯皆當事之，使皮幣、玉帛、珠玉、犬馬交於四境，以講信修睦；而吾國則舉聖王故事，樹桑種田，謹庠序申孝弟，老者少者衣帛食肉，不負戴於道路，不飢不寒，無兵革之苦。嗚呼！交隣國如此，此聖王之心也。鄰國既服其德，人〔二〕悦其禮，使其非人則已，使其齒於人類，其誰不聞風而悦，願交於下執事而聽命於館人乎？

然齊王虛驕淩轢之心堆積既久，磨洗不去，一聞大事小之言，徒仰其大度，而自知其病在於好勇，不能爲此仁智之事也。夫齊王所謂好勇者，即辟土地，朝秦、楚，莅中國，撫四夷之心也。此乃以血氣爲勇，非義理之勇也。孟子恐齊王錯認此心以爲勇，乃斥之曰：「此匹夫之勇，敵一人者也。」想宣王聞此一語，心沮魄動而不知所歸矣。乃即引之於正路，曰：「王請大之。」因引文王、武王一怒安天下以爲説。夫遏徂莒、恥衡行，此

〔二〕「人」，四庫全書本作「又」。

文、武以義理爲勇，其心在於安天下而已。非虚驕淩轢，欲以氣壓天下，勢臨諸侯，以取英雄之名也。

嗚呼！始觀孟子之言，常若不嚴。終考孟子之意，常合於天理，順於人情，聖王之心，周、孔之志也。以孟子之學歷考古人，如洩冶之諫靈公，陳元達之諫劉聰，宋璟之諫武后，直則直矣，聖人之門無如是法也。故洩冶雖死節，而春秋無褒辞；元達儻非劉后上疏，宋璟儻非武后晚年，事未可知也。故士大夫之學必學爲上爲德，爲下爲民，可也。欲致君澤民，非學孟子不可。學孟子，非用聖王之道以造化抑揚，格君心之非於一言之下，亦不可。顧學如洩冶、元達數公，吾恐春秋之譏，而非孔氏之家法也。余故表而出之。

齊宣王見孟子於雪宫。王曰：「賢者亦有此樂乎？」孟子對曰：「有。人不得，則非其上矣。不得而非其上者，非也；爲民上而不與民同樂者，亦非也。樂民之樂者，民亦樂其樂；憂民之憂者，民亦憂其憂。樂以天下，憂以天下，然而不王者，未之有也。昔者齊景公問於晏子曰：『吾欲觀於轉附、朝儛，遵海而南，放于琅邪。吾何修而可以比於先王觀也？』晏子對曰：『善哉問也！天子適諸侯曰巡狩，巡狩者，巡所守也；諸侯朝於天子曰述職，述職者，述所職也。無非事者。春省耕而補不足，秋省斂而助不給。夏諺曰：「吾王不游，吾何以休？吾王不豫，吾何以助？一游一豫，爲諸侯度。」今也不然：師行而糧食，飢者弗食，勞者弗息。睊睊胥讒，民乃作慝。方命虐民，飲食若流。流連荒亡，爲諸侯憂。從流下而忘反謂之流，從流上而忘反謂之連，從獸無厭謂之荒，樂酒無厭謂之亡。先王無流連之樂、荒亡之行。惟君所行也。』景公説，大戒於國，出舍於郊。於是始興發補不足。召大師曰：『爲我作君臣相説之樂！』蓋徵招、角招是也。其詩曰：『畜君何尤？』畜君者，好君也。」

梁惠王見孟子於沼上，曰：「賢者亦樂此乎？」齊宣王見孟子於雪宫，曰：「賢者亦有此樂乎？」余觀二人之心，亦知宫室池沼之樂非賢者所當爲也。既己身樂乎此，不能自還，皆慙見孟子而有此言耳。孟子何不於其慙處痛加箴灼，而對惠王曰「賢者而後樂此」，對宣王曰「有」，何也？蓋當世之君一皆甘心於放逸，儻吾不少因其樂處而進之，乃正言厲色以絶其萌芽，彼既内無所得，則將憂愁無聊，樂與小人處，而不喜見天下賢士矣。孟子所以深入其中，而攻其爲一己而不卹天下之病，挽而進之，使與百姓同樂者，此其造化變轉之功也。

夫與百姓同樂，豈不惟其飢寒困苦之是卹，徒與之同宫室池沼之樂哉？蓋樂在宫室池沼之前，而與民於宫室池沼中同宣其樂耳。否則，適所以生其憂，何樂之有？夫民之所樂者，父子相保，兄弟相扶，室家相好，鄉閭、族黨、親戚、朋友相往來，雞豚、黍稷、酒醴、牛羊相宴樂，此民之樂處也。審吾能使植桑種田，謹庠序，申孝悌，老者少者不飢不寒，不負戴於道路，不死亡於兵革，則民於前數者之樂得矣。樂至於此，則雍熙輯睦，郁乎有太平氣象，人君亦安得而不樂乎？君民猶父子也，勢分隔絶，尊卑濶疎。今吾因民心之樂而爲宫室池沼，與民婆娑乎其間，所以通其情，合其好，同其風也。文王靈臺靈沼之詩，民至於子來，成至於不日，微至於鳥獸魚鱉，皆樂其樂，則以文王之治岐，耕者九一，仕者世禄，關市譏而不征，澤梁無禁，罪人不孥，而發政施仁必先於鰥寡孤獨。其樂乃在臺沼之先，故因爲臺沼以相慶相會，而同幸一時之胥合也。明乎此説，則孟子對宣王以「人不得，則非其上」，與夫「爲民上而不與民同樂」之非，皦然無可疑者。

且天生民而立之君，固將司牧之，豈使厲民以自樂哉？故人君本無樂，其所以樂者，樂民之樂耳；人君本無憂，其所以憂者，憂民之憂耳。民之樂處，余已粗陳其一二矣。至於民之憂處，乃獨人之父，孤人之子，兄弟交哭，夫婦生離，肝腦塗地，屍首異處，暴骨成山，流血成河；否則賦役煩重，飢寒侵迫，樂歲困苦，凶年死亡，此民之憂處也。知民之樂處如此，憂處如此，吾乃尊賢使能，講信修睦，使無征戰之苦；省刑罰，薄稅斂，植桑種田，深耕易耨，謹庠序，申孝悌，開倉廩賑乏絶，使知有生之樂，則是憂民之憂，樂民之樂矣。我以子視民，則民以父待君矣。君樂在宫室池沼，則民將子來於勿亟，不日於經營，而樂君之樂矣；君憂在外患敵國，則民將致命盡忠，効死而勿去，以憂君之憂矣。夫人君無樂，而樂以天下；人君無憂，而憂以天下，此聖王之心也。故曰：「然而不王者，未之有也。」不知齊王雪宫之樂爲一己乎？爲百姓乎？聖王固不可遽及，近如齊景公乃能聽晏子之言，略施賑邺之政以及民，是亦與民同樂之意也。宣王將辟土地，朝秦、楚，莅中國，撫四夷，今反不如景公因游觀而補不足，顧雪宫之樂何足道哉？孟子前對宣王以「仲尼之徒無道桓、文之事，是以後世無傳焉，臣未之聞也」。余因以謂孟子博物洽聞，高識遠見，顧何書不讀，何事不知哉？其爲此言者，所以深絶好利之端，而推桓、文爲罪首也。今觀陳晏子對景公之問，宛轉曲折，無不記省而引據切當，深中宣王之病。顏子之後，一人而已。

晏子之言不足復解，特「無非事者」，趙岐以謂「無非事而空行也」。竊以爲未然。其意以謂天子巡狩，諸侯述職，所以無非事者，以因春省耕而補不足，秋省斂而助不給也。若夫意不在此，而徒事游豫，勞費供給，此非事也。非事，謂非法度之事也。故魯隱公「矢魚于棠」，而臧僖伯諫曰：「君將納民於軌物者也。故講事以度軌量，謂之軌；取材以章物采，謂之物。不軌不物，謂之亂政。」亂政即此所謂非事也。人君所以無亂政者，以納民於軌物也。巡狩述職所以無非事者，以春省耕而秋省斂也。此又不可不考。

齊宣王問曰：「人皆謂我毀明堂。毀諸？已乎？」孟子對曰：「夫明堂者，王者之堂也。王欲行王政，則勿毀之矣。」王曰：「王政可得聞與？」對曰：「昔者文王之治岐也，耕者九一，仕者世禄，關市譏而不征，澤梁無禁，罪人不孥。老而無妻曰鰥。老而無夫曰寡。老而無子曰獨。幼而無父曰孤。此四者，天下之窮民而無告者。文王發政施仁，必先斯四者。詩云：『哿矣富人，哀此煢獨。』」王曰：「善哉言乎！」曰：「王如善之，則何爲不行？」王曰：「寡人有疾，寡人好貨。」對曰：「昔者公劉好貨。詩云：『乃積乃倉，乃裹餱糧，于橐于囊。思戢用光。弓矢斯張，干戈戚揚，爰方啓行。』故居者有積倉，行者有裹囊也，然後可以爰方啓行。王如好貨，與百姓同之，於王何有？」王曰：「寡人有疾，寡人好色。」對曰：「昔者大王好色，愛厥妃。詩云：『古公亶甫，來朝走馬，率西水滸，至于岐下。爰及姜女，聿來胥宇。』當是時也，內無怨女，外無曠夫。王如好色，與百姓同之，於王何有？」

此明堂在泰山下，古天子巡狩，會東方諸侯而朝於此，正在齊地。宣王以爲今天子不巡狩，無用於此，而俗人之見皆與宣王同，故有「皆謂我毀明堂」之問。然此先王制作，宣王猶未敢遽然毀之也，此心亦可嘉矣。故有「毀諸？已乎？」之問。夫子貢欲去告朔之餼羊，孔子曰：「賜也，爾愛其羊，我愛其禮。」其意以謂自魯文公以來例不視朔，故子貢欲去之。然有餼羊，則告朔之禮在。使後世人君欲尋先王故事以行之者，則餼羊之禮其感發人主之心大矣。有羊則禮存，無羊則禮亡矣。推此以論，則明堂安可毀乎？夫明堂者，王者之堂，王政所自而出也。有明堂則王政存，無明堂則王政亡矣。使後世人主有欲行王政者，明堂制度尚足以感發其萬一也。

宣王得行王政之説，乃曰：「王政可得聞歟？」余讀孟子之對，有「耕者九一，仕者世禄，關市譏而不征，澤梁無禁，罪人不孥」，以至發政施仁必先鰥寡孤獨。嗚呼，王政之大乃如此其忠厚乎！生斯時也，其亦何幸哉！夫耕者九一，則百畝之田得九十畝以遂仰事俯育之心；仕者世禄，則賢者之後，功臣之裔〔一〕，世無貧賤飢寒之患；關市譏而不征，則商賈樂出於道路；澤梁無禁，則伐木取魚，養生送死，可以無憾；罪人不孥，則家族保全，無横死之苦；發政施仁先鰥寡孤獨，則老幼無依者皆以文王爲父母矣。夫使爲農者足於穀，爲仕者足於禄，爲商賈者安肆於懋遷，爲民者無憾於生死，有罪者血食不絶，爲天下之窮民者困苦有依。合一國之間爲農、爲士、爲商賈、爲民，以至有罪者、鰥寡孤獨者，一皆得其所，熙熙然如春臺，盎盎然如醇醲，乃知周家八百年基業造端於此時也。余涵泳其意，吟哦其風，心不忘念，口不停誦，深仰王政使人如此優裕也。嗚呼，文

〔一〕「裔」，原闕，據四庫全書本補。

王之所以爲文王，其在兹乎！其在兹乎！

宣王有辟土地，朝秦、楚，莅中國，撫四夷之心，其氣味趨尚〔二〕，正在争鬭虚驕之地。一聞此説，乃遽然而歎曰：「善哉言乎！」余於此又見秉彝之性，人誰無之？夫宣王正墮蠱惑昏醉中，亦知以此言爲善，孟子可謂能用天下國家矣。其言未終，乃提其善處而導之曰：「王如善之，則何爲不行？」其造化變轉，乃有如此之用。王曰：「寡人有疾，寡人好貨。」夫關市無征，澤梁無禁，則利在一國，不在人主矣。宣王正欲富國强兵，故自知有好貨之病，不能行此王政也。孟子乃又因其樂處挽之使前，而以公劉好貨爲對，且曰：與百姓同之，何害於王政？其意以謂王欲國富，民亦欲富。推此富國之心，使百姓家給人足，無暴斂横賦之患，與文王之政何以異乎？

王又曰：「寡人有疾，寡人好色。」夫好貨之病恐不能弛關市之征，開澤梁之禁，其言與孟子所論相貫矣。至於好色，於孟子所論王政自不相關，其言如此，何也？余然後

〔二〕「尚」，四庫全書本作「向」。

知孟子所以眷眷於齊王，以其心可喜者類如此。切[一]原其意，深敬文王、尊王政，乃以謂惟正心誠意之君乃可行王政，而我有好色之病，决不可望文王而行其政。其敬文王、尊王政如此，亦戰國之中所難得也。孟子又因其樂處挽之使前，且以太王好色爲對，而曰：與百姓同之，於王何害？其意以謂王愛妃嬪，民亦愛妻子，推愛妃嬪之心使百姓室家相樂，琴瑟相安，婚嫁以時，怨曠無有，與文[二]王之政何以異乎？

夫戰國之君利專一己，其與民相絶久矣。孟子之學以用天下國家爲大，故事事挽王與民同之，使情意相通，血脉相貫，此於卦爲泰，於時爲春，天地之造，神明之功也。士大夫不學則已，學則當知君民之説，然後爲有用之學。詠月嘲風，錦心繡口，此猶婦人女子矜組繡之功，論裝飾之巧，於時用何濟哉？此余所以深戒也。然公劉、大[三]王之詩本無好貨好色之意，而孟子乃遽目公劉爲好貨，太王爲好色，豈所以爲訓哉？夫讀詩、書貴在於能用。詩、書本無此意，而爲齊王挽以爲證，且其歸要與百姓同之，既足以安齊王之

[一]「切」，四庫全書本作「竊」。
[二]「文」，原作「三」，據四庫全書本改。
[三]「大」，應爲「太」字，此處遵循底本。

心，使於聖王之心不自絶；又足以大齊王之志，使於百姓之樂無所忘。其用詩、書乃至於此，其與夫講大禮而至於不法，明五經而至於附梁冀者，豈可同年而語乎？彼二子之學死於語下，而孟子之學乃見於有爲。嗚呼，顔氏之後，一人而已矣！

張狀元孟子傳卷第四

孟子謂齊宣王曰：「王之臣有託其妻子於其友，而之楚游者。比其反也，則凍餒其妻子，則如之何？」王曰：「棄之。」曰：「士師不能治士，則如之何？」王曰：「已之。」曰：「四境之内不治，則如之何？」王顧左右而言他。

余讀孟子此一節，深痛人主左右不可無賢士大夫也。夫日與宦官女子處，有過不知，見惡不諫，沉醲昏憒，卒與桀、紂同科，其亦可悲也已！惟有賢士大夫常在人主之側，時聞善言必知所警，時見善行必知所慕，日復一日，新而又新，帝王之道可疾策而進矣。然士大夫之學不可不講也。事君之道，與其正言直指，使人主有殺諫臣之名，不若微辭廋語，旁引曲取，使知自警之爲愈也。孟子之學傳自子思，原流既正，故其開陳之際直而不倨，曲而不屈，郁乎其可觀，懔乎其可戒也！齊宣王方爲貨、色侈大所淫蠱，昏迷顛倒中乃時聞孟子之微言警論，其所得亦已多矣。余以是知人主左右不可無賢士大夫也。

夫宣王意欲辟土地，朝秦、楚，莅中國，撫四夷，好大喜功，而於民事略不加意。土地荒蕪不問也，遺老失賢、掊克在位不問也，四境不治如此，此亡國之道也。使孟子直以此意諫之，徒起人君之怒，益生厭諫之心，此徑情直行之道，非聖門之所尚也。披玩其言，深有意味。託物引喻，比類陳辭，使聽之者不驚〔一〕，味之者生畏，不逆其耳，而深注其心，此聖王之學所以爲可尚也。觀其有託其妻子之喻，是其意以謂斯民乃宣王受天子之託也，而凍餒之，可乎？又有士師不能治士之喻，是其意乃謂諸侯之職，分民而治，今爲諸侯而不問民事，可乎？其意在此，其言在彼，宣王初未之覺也，前則有「棄之」之對，後則有「已之」之對。夫朋友不職則當棄之，士師不職則當已之，此人之情也。今四境不治，則宣王失職矣，推朋友當棄、士師當已之義以自反，則宣王當如何乎？想宣王聞之，其心警動，可得於言意之表矣。

夫常人之情，其言已切於己，很者則怒，怯者則慙。今宣王不怒不慙，乃顧左右而言

〔一〕「驚」，原作「警」，據四庫全書本改。

他，人皆以謂宣王之失，余於[一]此竊有取焉。夫宣王於窮迫之地，乃自有變轉之路，顧其機用蓋出於天資。以此姿稟，使其深入孟子之學，余知其於天下難事皆知避就矣。凡死生、憂患、得喪、禍福，豈能累其胸次乎？惜其徒有此機而不能用之於堯、舜、文、武之道，終爲戰國之君而已，良可歎也！

然而名言之際不可不審，如託家室於朋友而凍餒其妻子，遽曰「棄之」，豈不太薄乎？然則如之何，在我當審處耳，豈其人貧窶不能轉給乎？豈其材不足依而不知通變乎？抑豈深吝固惜不知有通財之義乎？自前兩說，憐之可也，如後一說，責之可也，何遽至於棄絶乎？余恐學者深信此説，責人爲重，而乏忠恕之道，輕朋友之義，失聖門之本枝。此余所以不得不辨也。

孟子見齊宣王曰：「所謂故國者，非謂有喬木之謂也，有世臣之謂也。王無親臣矣，昔者所進，今日不知其亡也。」王曰：「吾何以識其不才而舍之？」曰：「國君進賢，如

[一]「於」，原作「放」，據文意改。

不得已，將使卑踰尊，疏踰戚，可不慎與？左右皆曰賢，未可也；諸大夫皆曰賢，未可也；國人皆曰賢，然後察之；見賢焉，然後用之。左右皆曰不可，勿聽；諸大夫皆曰不可，勿聽；國人皆曰不可，然後察之；見不可焉，然後去之。左右皆曰可殺，勿聽；諸大夫皆曰可殺，勿聽；國人皆曰可殺，然後察之；見可殺焉，然後殺之。故曰，國人殺之也。如此，然後可以爲民父母。」

余讀此章，深知元老大臣乃子孫之腹心，而新進小生足以亂人家國也。夫元老大臣諳練一代典故，深知當世人情，其變故之始末，經畫之短長，與夫君子小人之態度，錢穀兵甲之有無，皆已心通默識，厭見而熟聞矣。至於新進之士未知重輕，不量高下，徒恃一時之俊辨而忽當年之遠圖。曹信公孫彊，乃至於亡國；趙信趙括，而長平之戰四十萬人死。嗚呼！元老大臣如魯之行父，齊之晏嬰，皆身歷累朝，馬不食粟，妾不衣帛，皆名顯天下，雖識慮狹小不足以論先王之大道，然友持扶助，亦未至於滅亡，而況其上有如伊、周者乎？然而人君多喜新進，而惡見老成，何也？夫元老大臣動循故事，語有成法，使人君喜不得過賞，怒不得淫刑。人君意欲有爲，必執先世之規摹與已見之成敗以爲言，此人主所以多不快而至於惡見也。至於新進小生未更世故，罔識物情，視前聖爲迂踈，輕一世爲流俗，隨人主之喜怒違先世之典常。至於破壞規繩，毀滅法度，卒之違拂人情，放肆淫侈，亡國敗家而後已。此孟子所以拳拳於世臣之論，且曰：所謂故國者，非謂有喬木之謂也，謂有世臣而已矣。今主無親信大臣矣，昔時所進皆新進小生，皆超越老成而驟用之。其言不効，敗人國事，又不知誅絶焉，此其所以可悲也。亡者，謂絶也。觀此一節，豈以齊王意在辟土地，朝秦、楚，莅中國，撫四夷，求所難得之事，而朝廷老臣知其不可，皆已去位，而信稷下先生如淳于髡、環淵等輩，肆無稽之談爲高大之説，卒之一事無成乎？不然，孟子何爲立此論也？

宣王聞孟子之言，亦厭稷下之論，而知前日之錯謬也。乃曰：「吾何以識其不才而舍之？」嗚呼，孟子之對何其勁捷也！其曰「國君進賢，如不得已」是也。夫朝廷進用人材，曷可輕哉？常如不得已，可也。苟不加思慮，輕易用人，不幸有如公孫彊、趙括輩一旦超越於諸公之上，而大至亡人家國，小至陷害生靈，可不謹歟！且一介之小，必有故交；一家之微，必有親信；况一國之大，豈無腹心元老大臣乎？使人主用先王之臣，守先王之法，自足以保民而安國，必將爲後世子孫計。其進用人材也，亦未可輕，當使揚歷内外，諳知始終，惟經艱難者，則不敢輕易；惟嘗敗事者，則必知審詳。念世路之難行，則言不妄發；識物態之難保，則動必致思。必使下民鄉之，元老信之，吾心安之，然後可用耳。豈可不問久近，不驗踐揚，一言合意，驟加進擢，而遽使卑踰尊，踈踰戚，豈不傷元老之意而失一國之心乎？

故孟子教宣王用人之法曰：王勿以左右、諸大夫、國人之好惡而進退人，而殺人也，當自致其察耳。所謂自致其察者，左右、諸大夫、國人皆曰賢，皆曰不可，皆曰可殺，而吾必見賢，見不可，見可殺，然後用之、去之、殺之是也。夫所以不輕信於左右者，恐小人交結便嬖以進身，如柳宗元輩者；所以不輕信諸大夫者，恐小人交結權臣以進身，如谷永輩者；所以不輕信國人者，恐小人同乎流俗合乎汙世以進身，如鄉原者。其好惡果可輕哉？然則不信左右、諸大夫、國人好惡，吾當自以所見而進退之，而殺之，可乎？曰不可也。人君自任好惡，安知不出於私情哉？惟左右、諸大夫、國人衆口一辭，曰是賢人也，是不可也，是可殺也，然後吾存之於心，驗之於事，默觀其所爲，陰察其所向，必待見其所謂賢，見其所謂不可，見其所謂可殺，與左右、諸大夫、國人之言一切脗合，然後用之、去之、殺之耳。如此，則小人無以肆其姦，而君子得以行其志。殺不妄殺，人不苟去，而所進之人皆足以保我子孫黎民，而爲民父母之道得矣。

然而唐武后之用人最爲輕易，故當時有杷椎腕脱之語，而一時人材如姚崇、宋璟輩，皆足以建開元之太平。至如德宗用人最精，而東省閉閤累月，南臺惟一御史，當世人物皆爲兩河諸侯之用，貽唐室無窮之禍。今宣王區區戰國之間，以得士則存，失士則亡。而孟子教之精選遲久如此，吾恐不得志之人相率而去，如商鞅去魏適秦，而魏連喪師；韓信、陳平去楚適漢，而項籍至不保其首領。禍福之速如此，則將何處乎？曰武后之取人未至於卑踰尊，而德宗之精選初不聞有可親信者，其心所謂元老大臣者，盧杞而已矣。審吾真有元老大臣，亦何憂於商鞅、陳平輩哉？使惠王聽公叔座之言，則商鞅必爲吾國之忠臣；使項籍行范增之計，則高祖亦安有後日之望乎？

然而見賢、見不肖、見可殺，又不可不講也。德宗見盧杞爲忠而用之，見蕭復之輕己、姜公輔之賣直而去之，當時亦不聽滿朝之臣，而自見之也。孟子之言果如何哉？曰：此孟子深意也。夫齊王之見正待孟子琢磨之。使其親信孟子，於一言之下格其非心，仁義著見，則賢、不肖豈能逃其所察哉？如德宗者正自顛倒錯亂，其賢、不肖如何明白？其賢盧杞而去蕭復等，此其不講學之罪也。此又孟子之遺意，予故表而出之。

齊宣王問曰：「湯放桀，武王伐紂，有諸？」孟子對曰：「於傳有之。」曰：「臣弑其君，可乎？」曰：「賊仁者謂之賊，賊義者謂之殘，殘賊之人謂之一夫。聞誅一夫紂矣，未聞弑君也。」

余讀此章，誦孟子之對，毛髮森聳，何其勁厲如此哉？及思子貢之説曰：「紂之不善，不如是之甚也。是以君子惡居下流，天下之惡皆歸焉。」何其忠恕若此哉？夫孔門之恕紂如此，而孟子直以一夫名之，不復以君臣論，其可怪也！予昔觀史，紂爲武王所迫，自燔于火而死。武王入至紂所，自射之三發，而後下車，親以劍擊之，以黄鉞斬紂之頭，懸之大白之旗。余讀之，掩卷不忍，至於流涕，曰：嗚呼！武王雖聖人，臣也；紂雖無道，君也。武王嘗北面事之，何忍爲此事也？或曰，此武王行天意慰人心也。嗚呼！天道乃使臣下行此事，豈天理也哉？人心乃欲臣下行此事，豈人心也哉？反覆求其説而不得，將以武王爲非乎？而孔子曰：「湯、武革命，順乎天而應乎人。」中庸曰：「武王、周公，其達孝矣乎！夫孝者，善繼人之志，善述人之事者也。」敢以武王爲非耶？抑以武王爲當然耶？隱之於心，慘怛而不安，驗之於事，則親弑君首，懸之於旗，可乎？而孟子更不以君臣論其意，直曰：行仁義者乃吾君；殘賊仁義者乃一夫耳，雖尊臨宸極，位居九五，不論也。嗚呼！使孟子當武王之時，必爲誅紂之事矣。夫其心既見其爲一夫，不見其爲人主，將何所不至哉？且湯放桀，武王伐紂，周公殺兄，石碏殺子，皆聖賢之不幸也。不知古人之見直與今人不同乎？抑無乃此心之震掉，乃人欲非天理乎？不然，孟子何以勁辭直言，略無委曲耶？孟子，亞聖也，豈有失道之言乎？而又孔子如此説，中庸如此説。又觀衛國逐獻公，晉悼公謂師曠曰：「衛人逐其君，不亦甚乎？」對曰：「或者其君實甚也。夫天生民而立之君，使司牧之，無使失性。」又曰：「夫〔一〕君，神之主而民之望也。天之愛民甚矣，豈使一人肆於民上，以縱其淫而棄天地之性乎？必不然矣。

〔一〕「夫」，原作「天」，據四庫全書本改。

若困民之性，乏神之祀，百姓絶望，社稷無主，將焉用之？不去何爲？」是知古人直不以放弑逐君爲過當也。嗚呼！言之且不可，况爲之乎？夫湯之放桀，與夫衛之逐君，顧臣子所不當爲矣。而武王乃至親射之，以劍擊之，以鉞斬之，孟子至謂之誅一夫，而孔子、中庸又稱大之。余讀聖賢之書無不一一合於心，獨於此而慘慄，若以謂不當爲者。余一介鄙夫，豈能望武王、周公、孔子、中庸之道萬分之一乎？而獨如此，何也？然而有子貢之説爲之據，而孔子又無誅一夫之説，此余所以不敢决是非，俟世之有道君子爲之開警也。

孟子謂〔一〕齊宣王曰：「爲巨室，則必使工師求大木。工師得大木，則王喜，以爲能勝其任也。匠人斲而小之，則王怒，以爲不勝其任矣。夫人幼而學之，壯而欲行之。王曰『姑舍女所學而從我』，則何如？今有璞玉於此，雖萬鎰，必使玉人彫琢之。至於治國家，則曰『姑舍女所學而從我』，則何以異於教玉人彫琢玉哉？」

〔一〕「謂」，四書章句集注本作「見」。

孟子之學自格物、致知、正心、誠意以至於爲天下國家，其語之甚詳，其擇之甚精矣。其在戰國時，衆皆知戰争詭詐之計爲高，而孟子以格物之學窮之，乃見天下苦於戰争詭詐之説，人人思息肩於帝王之道也。故其胸中自有一定規模，如植桑種田，謹庠序申孝悌，使老者幼者皆得其所，衣帛食肉，不負戴於道路，仰事俯育，不漂流於溝壑。使一國行之，則天下之心盡歸於此，不煩兵甲，不用詭謀，而四海大治矣。此其規模也。始見梁王則以此曉之，其見齊王又以此曉之，諄諄誨語，拳拳念慮，其意安在哉？欲得天下同樂其樂，而安於帝王之道也。

夫使當時人君無意於天下則已，儻有意於天下，舍孟子之學而欲聽商鞅之説，孫臏之説，蘇秦、張儀之説，稷下先生之説，余恐殺人愈多，人心愈失。秦始皇并吞六國，夷滅諸侯，晏然自以謂日之在天。身死未幾，而與鮑魚同載。至其子二世聽趙高之邪説，殺扶蘇，殘骨肉，行督責之政，興驪山之役。一夫作難，七國〔一〕皆隳，此戰争詭詐之效也。天理昭然，豈有不以仁義而能長久者乎？孟子深悲天下之勢必至於如此，故勤勤持仁義之

〔一〕「國」，四庫全書本作「廟」。

說。而時君世主聞見既熟，思慮既深，漸染既久，藐然不以爲意，終使暴秦〔二〕得志，宗廟丘墟，社稷破滅而後已。可勝歎哉！

觀此一章，乃宣王欲孟子舍所學之規摹，而就其所欲之貪暴，故孟子設譬以問之曰：爲大厦則必使工師求大木，以爲梁棟之用。工師得大木則王喜，所以喜者，以造大厦而有其材，則大厦指日可成矣。有匠人者，元非造大厦之手，而不量高下，不問輕重，乃斵而小之，是壞大厦之材，而宮室不可成也，此王所以怒也。夫造大厦者必須大材，豈有造天下而不用帝王之道乎？有大材而戕賊之，則大厦終不可成矣，豈有以帝王之學入陰謀詭計，而能造天下者乎？蓋爲天下國家，必有天下國家之材，如商鞅、孫臏、蘇秦、張儀、稷下數公之説，皆閭閻市井商賈駔儈之材也，將以此輩爲天下國家之材，宜乎亂亡相繼，至秦而大壞也。

宣王欲孟子舍帝王之學，而爲駔儈之學，以遂其辟土地，朝秦、楚，莅中國，撫四夷之志，不知輕重矣！此無他，以習俗之久，深入肌骨，未易洗除也。又爲之譬曰：今有

〔二〕「秦」，四庫全書本作「主」。

萬鎰之璞，欲取以爲珪璧之用，王其能自取之哉？必使玉人彫琢之。吾無與焉，可也。有此玉者，在王，而彫琢之者，在玉人。夫玉人之彫琢也，其心手之應，思慮之精，法度之密，豈他人所能知哉？王欲珪璧之用，取責於玉人，可也。而乃强與其彫琢之事，曰如是而解璞，如是而製玉，如是而作圭，如是而成璧。使玉人盡棄其心手、思慮、法度之用，余知玉人謝而去矣。國家猶玉之璞也，孟子猶玉人之善彫琢者也。有國家者，王，而所以用天下國家者，在孟子之學。彫琢一聽於玉人，用天下國家一聽於孟子，可也。今使舍平昔所學，而曰效商、孫之計，效儀、秦之策，效稷下先生之論，以遂吾辟土地，朝秦、楚，莅中國，撫四夷之志，是猶教玉人彫琢玉也。玉人不肯舍其所中〔二〕以從王之欲，爲天下國家，豈可令人舍其規摹而從市井駔儈之計哉？玉人不能施其術，則將謝而去；孟子不能施其道，亦將浩然有歸志矣。

嗚呼！孟子可謂特立獨行者也。當戰國之際，戰爭縱横詭詐之説蕩如稽天，焚如野火，而孟子獨守帝王之道，超然於頹波壞塹中，不枉不撓，不動不盈。余讀此時之史，見

〔二〕「中」，四庫全書本作「守」。

夫戰争之説，縱横之説，詭詐之説，遍滿天下，而孟子之言間見層出於諸説之間，是猶糞壤之産芝菌，而喧啾之有鳳皇也。久之諸説消亡，灰燼煙滅，與糞土同歸於無。而吾孟子仁義之説炳然獨出，與日星河漢横厲古今。嗚呼！吾儕之學當何學乎？余所謂祖帝王而宗顔、孟者，似不可忽也。

齊人伐燕，勝之。宣王問曰：「或謂寡人勿取，或謂寡人取之。以萬乘之國伐萬乘之國，五旬而舉之，人力不至於此。不取，必有天殃。取之，何如？」孟子對曰：「取之而燕民悦，則取之。古之人有行之者，武王是也。取之而燕民不悦，則勿取。古之人有行之者，文王是也。以萬乘之國伐萬乘之國，簞食壺漿，以迎王師。豈有他哉？避水火也。如水益深，如火益熱，亦運而已矣。」

世之疑孟子者，以謂周王在上，而勸齊王以文、武之舉，以謂無天子也。夫征伐自天子出，而興滅國繼絶世者，乃王者之事。今齊人伐燕不出於天子，已可誅矣，而又欲盡取其國。且滅人之國，絶人之世，非王者之道也。孟子不以此義正之，而引文王之未取，武王之取商以對焉，是許齊以文、武之事，而更不論天王矣。此所以説者之多疑也。

然余考之，若陳恒弑其君，孔子沐浴而朝，告於魯哀公曰：「請討之。」夫天子討而不伐，是征討乃天子之事。孔子何爲以天子之事望哀公，豈不僭亂乎？曰：是有説也。其説如何？哀公如允孔子之請，孔子則將請於天子，以天子之命，命魯率諸侯以討之。孟子所謂取，豈非出於此乎？或曰論語、孟子所載，本無此意，而曲爲之説，何哉？曰：孔子，大聖人也。孟子，大賢人也。後之學〔二〕者窮年卒歲講論師承，未能望萬分之一，而欲以私意置聖賢於不義之地，此何心也哉？聖賢之生也，受天之正命，稟天地之間氣，命世開物，與天地日月同其造化。蠢爾微生，不知尊敬，乃欲於昏醉之中妄論其施設，此余所以獨探聖賢意之所在，而不問其言之有無也。余之意如此，乃尊聖賢也。尊聖賢者，乃尊天也。天其可慢乎？

余抑嘗以其時考之，齊當伐燕時，乃宣王之十八年，楚懷王之十五年，秦惠文王後元十一年，而周赧王之元年也。孟子以天理觀之，周自平王以來，世無令王，至赧則極矣。

〔二〕「學」，四庫全書本作「賢」。

此天之所廢，不可興也，尚忍言之哉？下此則秦、楚、齊爲大國，秦、楚皆僭號稱王，其無君之心，亦世襲其惡矣。夫所以能爲國者，以有禮法也。今〔一〕秦、楚專恣，不問禮法，使其得志，必放肆暴横，亂名改作，帝王之道將墜於地，而天下之民將爲血肉，無息肩之所矣。惟宣王乃虞舜之裔，而又胸次恢廓，仁厚博大。使其行孟子之言，帝王之道或可興於旦暮，而生民性命或可置於太平也。論天下之勢不歸於齊則歸於秦，不歸於秦則歸於楚。懷王愚闇，天之所廢也，使楚得志，勢當如秦。而秦乃世有英特之主，其勢當盡歸於秦。所可賴者，尚有宣王與之抗衡耳。故孟子力陳王道，使齊王行之，齊儻得志，吾道庶有望也。奈何宣王終不能行其言〔二〕，而其勢卒盡歸於秦。秦自孝公以来，專行刻薄之政，爲富國强兵之謀，一旦并有天下，必〔三〕尊先人〔四〕之法，盡燒六經，盡殺儒者，以自快其意矣。後始皇得志，視聖道如仇讎，視斯民如草芥，天下大亂，兵戈四起，至漢乃小定；而

〔一〕「今」，四庫全書本作「有」。
〔二〕「言」，四庫全書本作「道」。
〔三〕「必」，四庫全書本作「不」。
〔四〕「人」，四庫全書本作「王」。

拏戮之令，挾書之法，至文帝而方除。嗚呼，尚忍言之哉！孟子知其勢必至於此也，又念帝王之道將滅絶而不復興，而生民之命將爲魚爲肉，不復得齒於人類也，此所以急爲齊王陳王道，以障潰壞之勢焉。

學者生乎千百載之後，不以其時考之，而妄爲詆訾，其亦可怪也已！然而子之竊國，其罪當誅。齊王請於天子而伐之，誰曰不然？至於伐而獲勝，已不逃於擅興之罪，而又以一時之邪説，以濟其貪欲之心。所謂一時之邪説者，不取必有天殃是也。當時六國之爲邪者，遍持此説，以道諸侯爲不義之舉，不問理之是非也。爲當世之君者，亦樂聞其説，得以快其私意而甘心焉。據而言之，以爲口實。如所謂天與不取反受其咎，此何等邪説哉？是天使人爲不義之舉也？夫在天爲命，在人爲義，顧義理之所安，即天之所安也。何有舍義理之外而妄立一天，以誑誤當世乎？此可誅絶者也。

夫齊不稟天子而伐燕，既伐燕而謀取其國，皆義理之不當者也。今齊王僥倖五旬而取之，乃以謂非人力之所能至，乃天與之爾。天與不取，反受其咎。不問義理而别求所謂天，豈非邪説之害道乎？孟子知其所謂天者，不問義理，所以以民悦、不悦，文王、武王之事對之，亦可謂能陳善閉邪矣。夫民之所以悅者，以義理之當也；其所以不悅者，以義理不當也。義理不可見，當以民之悅、不悅卜之。民心悅，是義理之當；義理之當，是所謂天也。然則今燕簞食壺漿以迎王師，不可謂民心之不悅也。夫民之所以悅者，當子之之亂如蹈水火中，謂齊王以親仁善鄰之義来救斯民之命，而不許其因亂以取吾之國也。顧吾所以處之如何耳？處之之道，使「歸市者不止，耕者不變，誅其君而弔其民」，「謀於燕衆，置君而後去之」，此燕國之望也。若因其悅而欲殺其父兄，係累其子弟，毁其宗廟，遷其重器，此盜賊之心，此所謂水益深而火益熱也。燕國之衆將視我如仇讎矣。尚何天殃之足云乎？昔人或問勸齊伐燕，孟子對之有「爲天吏，則可以伐之」之語，是欲禀之於周王也。然則聖賢之意皆自有謂，故余戒學者當考其時，逆其意，而勿於語言之間遽以私意論議聖賢之可否，以獲戾于天也。戒之哉！

齊人伐燕，取之。諸侯將謀救燕。宣王曰：「諸侯多謀伐寡人者，何以待之？」孟子對曰：「臣聞七十里爲政於天下者，湯是也。未聞以千里畏人者也。書曰：『湯一征，自

葛始。』天下信之。『東面而征，西夷怨；南面而征，北狄怨。曰：奚爲後我？』民望之，若大旱之望雲霓也。歸市者不止，耕者不變，誅其君而弔其民，若時雨降，民大悦。書曰：『徯我后，后来其蘇。』今燕虐其民，王往而征之。民以爲將拯己於水火之中也，簞食壺漿以迎王師。若殺其父兄，係累其子弟，毁其宗廟，遷其重器，如之何其可也？天下固畏齊之强也。今又倍地而不行仁政，是動天下之兵也。王速出令，反其旄倪，止其重器，謀於燕衆，置君而後去之，則猶可及止也。」

齊宣王欲闢土地，朝秦、楚，莅中國，撫四夷，有侈大之心，無理義之舉。孟子比之以緣木求魚，且曰：「後必有災。」宣王之意未必以爲然也。而稷下先生之論，方且指天畫地，陽開陰闔，以左右推挽之。今爲取燕之役特小試其志耳。而當時惠文王在秦，宣惠王在韓，襄王在梁，武靈王在趙，懷王在楚，已環視不平矣。而又謀人説客鼓動于其間，將以救燕爲名，一舉而盡取之。

嗚呼！闢土地，朝秦、楚，莅中國，撫四夷，果可以兵力勝乎？齊王固已爲之沮喪，況又其大者，當何以處之？夫宣王行孟子植桑種田，謹庠序申孝悌之説，使老者衣帛食肉，不負戴於道路，黎民仰事俯育，不漂流於溝壑，此理義所安也。天下方以戰鬭、縱横、詭詐爲事，皆不由理義者也。故東服則西反，南降則北侵。而齊國能信孟子之言，行先王之政，其仁風德澤，揺蕩浸潤，雖無意於闢土地，朝秦、楚，莅中國，撫四夷，而是數者將自在吾德化中矣。惟其不聽孟子之言，徒有侈大之意，所以小試於燕而諸侯皆欲伐之，至於沮喪怵惕，求所以待之之計，亦可謂失策矣。孟子所以言湯以七十里爲政於天下，而王以千里而畏人。夫所以七十里而有天下，以由理義也；今王以千里而畏人，以不由理義耳。

何謂理義？湯居亳，與葛爲鄰，葛伯放而不祀，湯使人問之曰：「何爲不祀？」曰：「無以供犧牲也。」湯使遺之牛羊，葛伯食之，又不以祀。湯又使人問之曰：「何爲不祀？」曰：「無以供粢盛也。」湯使亳衆往爲之耕，葛伯率其民，要其有酒食黍稻者奪之，不受者殺之。有童子以黍肉餉，殺而奪之。葛伯如此，所爲無理義之心，皆盜賊之計。湯爲其殺是童子，然後征之。四海之内，坦然不疑，皆曰：「湯非富天下也，爲匹夫匹婦復讎也。」湯始征自葛始，其規摹遠大，循理義而行，故無敵於天下。至於仁風遠播，德澤溥臨，東面而征，西極於夷，有苦其君之虐政者，則怨湯曰：「等皆〔一〕民也，何爲獨後於我乎？」南面而征，則北極於狄，有苦其君之虐政者，則又怨湯曰：「等皆民也，何爲獨後於我乎？」四方望其来征，如大旱之望雲霓也。夫湯之征也，動循理義，王者之師也。何以見其動循理義？且以兵臨人之國者，無不驚惶恐怖，蓋發人墳墓，焚人郊保，虜掠人畜，俘縶老幼，使寃氣動地，哭聲震天，此常態也。而湯之征也，則有異焉。歸市者不止，耕者不變，誅其君而弔其民。嗚呼！民方憔悴於虐政，而湯舉動如此。湯之未来，則如歲之大旱也，其嗷嗷也，甚矣！湯之已至，則如時雨之降也，其誰不鼓舞而怡愉哉！書曰：「徯我后，后来其蘇。」此之謂也。

今燕有子之之亂，民方皇皇無告，齊兵之来，亦猶大旱之望雲霓，以謂將拯我於水火之中也。而乃樂禍幸災，効盜賊所爲，殺人父兄，係累人子弟，毀人宗廟，遷人重器。天下聞其取燕國已不忿，而又聞所爲如此，人人爲之不平，四方起兵，不爲無名矣。夫天下

〔一〕「皆」，四庫全書本作「是」。

固畏齊之强，今又倍地，其强益甚，爲四方諸矦[一]者，安得不爲後日之計？而謀人説客亦安得不恐動摇撼，談利害，論時幾，以必取於齊乎？夫齊王欲闢土地，朝秦、楚，莅中國，撫四夷，皆欲不由理義中行而得之。其規摹措畫，無不以并吞貪冒爲意，略不以生齒爲心。彼稷下諸公張口緩頰，無一人引之於理義以助孟子者，皆欲爲詭詐貪冒而已矣。故其一出，不聞善政而効盜賊之計，以動天下之兵。以是知士大夫之學，不可不先立規摹。規摹由理義，則舉動皆理義；規摹由貪欲，則舉動皆貪欲。以湯與齊宣王考之，蓋可驗矣！夫秦暴虐斯民，燒詩、書，殺學士，行督責之政，肆慘刻之心，步過六尺者有禁，棄灰於道者被[二]刑。漢高祖入關，不殺一人，乃勞曰：「父老苦秦苛法久矣，吾與公約法三章爾：殺人者死，傷人及盜抵罪。」是亦成湯之舉也。顧此一舉，乃爲漢四百年基地。其規摹豈不大哉？宣王不知此理，已無可言者矣。

今欲止諸侯之兵，亦豈無術乎？且天下之心歸於理義而已，吾始也不由理義，而終也

[一]「矦」，四庫全書本作「方」。
[二]「被」，四庫全書本作「有」。

歸於理義，是雖失之東隅，亦可謂收之桑榆矣。善乎！孟子之言曰：「君子之過也，如日月之食焉。過也，人皆見之；更也，民皆仰之。」故人不貴於無過而貴於改過。宣王殺人父兄，係累人子弟，毀人宗廟，遷人重器，過孰大焉？一聞諸侯動兵，乃能引過歸己，即時改悔，出令甚速。反其老幼，止其重器，謀於燕衆，置君而後去之，此王者之舉也。天下誰不仰之乎？夫宣王失於始而得於終，使諸侯不敢加兵，則理義之可以行吾志也，明矣。而俗氣深入，邪説方然，終不能盡行孟子之言，豈天之將喪斯文歟？徒使人悠悠发歎耳。

張狀元孟子傳卷第五

鄒與魯鬨。穆公問曰：「吾有司死者三十三人，而民莫之死也。誅之，則不可勝誅；不誅，則疾視其長上之死而不救，如之何則可也？」孟子對曰：「凶年饑歲，君之民老弱轉乎溝壑，壮者散而之四方者，幾千人矣；而君之倉廩實，府庫充，有司莫以告，是上慢而殘下也。曾子曰：『戒之戒之！出乎爾者，反乎爾者也。』夫民今而後得反之也。君無尤焉。君行仁政，斯民親其上，死其長矣。」

禮曰：「君以民爲體，民以君爲心。」是君之與民同心而異形，同氣而異息，豈有凶年饑歲民轉溝壑、散四方，而君擁倉廩府庫之資，超然自足，不以民爲事哉？是君民相絶，血脉不通，而身心異處也。其罪在士大夫不能通上下之情，上之德意不能宣于下，以固結民心；下之哀苦不能復于上，以開道君意。使堂上遠於百里，門庭遠於萬里，尊卑闊絶而上下之情踈，名分深嚴而廉陛之交絶。平時暇日，君尊如天，有司尊如鬼神，高深毖固，與下民絶不相知。飢荒不問，凍苦不收，民已絶望於君，君亦絶意於民，相視已如行路之人耳。一旦風塵四起，郊壘多兵，乃欲使之前即死地，以保我國家，衛我宗社，豈有是理哉？夫平時視之如路人，有急則亦若路人而已；平時飢凍不相知，有急則安危亦不相知耳。審如是，則鄒穆公何恠於有司死者三十三人，而民莫之死歟？

然而穆公之所以責民者，尚未知其故也。孟子於是深言其所以，謂凶年饑歲，民老弱轉溝壑，壯者散四方，而君倉廩實，府庫充，有司莫以告，不能出一銖一粒以濟其急，今日乃遽責以死事，其可乎？故引曾子出乎爾反乎爾之説，以爲對焉。夫今日民之不救有司之死事，穆公爲之不平；昔日有司不救民之饑荒，穆公何爲邈然不問乎？且曰：「民今而後得反之也。君無尤焉。君行仁政，斯民親其上，死其長矣。」所謂仁政者，飢者食之，寒者衣之，不得其所者安之，如父母之於子孫，保護愛惜，鞠衛撫養，使下民之心日親於君父，則緩急之際執戈而前，以死自誓，以保我國家宗社，如子之於父母矣。

先王審知此理，所[二]以周流天下，巡狩四方，使君民之情常相浹洽，熙如酒醴，薰若芝蘭。君念念在民，民亦念念在君。故遷都一事耳，盤庚以天下之尊而至親臨軒陛，而使民咸造王庭，且人人登進之，拳拳曲折，告之以所以遷都之意。夫民，我固所有也，吾欲遷都，誰敢不從？有不如令，驅之殺之，有何不可？嗚呼！此董卓之見，盜賊之謀也。先王之心豈忍爲此哉？必低回下意，丁寧辨析，明告以利害之原，深迹其是非之實，使民心曉然相聽，乃始遷耳。不然，先王未敢也。此三代之所以爲令王[三]歟？秦自商君以來，視民如草芥，至始皇而尤甚。名分嚴矣，上下辨矣，令之則聽，禁之則止，豈不快意？至二世則又尊矣，深居簾幕，如在九霄，而不知民心皆離，無一人有愛君之心者。及陳涉一呼天下響應，英雄豪傑奮臂而起，有智者設智以亡秦，有力者出力以亡秦，有謀策者畫謀策以亡秦。誅降王子嬰，不當狐兎，無一人憐之者。嗚呼！前日之所謂尊嚴者安在哉？深可悲也。

[二]「所」，四庫全書本作「是」。
[三]「王」，四庫全書本作「主」。

夫上下相通，此天理也，非人之所能爲也。在易，天地交爲泰，及考其象，乾，君也，乃居下；坤，民也，乃居上。顛倒如此，何以爲泰乎？蓋此卦乃畫君民之心，非君民之位也。以謂君之心常在民，民之心常在君，此所以爲泰。泰者，通也。天地不交爲否，及考其象，乾以君尊臨乎上，坤以臣民處乎下。此天平之象也，何以爲否乎？此卦乃畫亂世君民之心，非君民之道也。以謂君之心不念下民而巍然在上，飢寒不問，老壯不知；民之心不念君上而頽然在下，國家不恤，宗社不闕，此所以爲否。否者，閉也。夫孟子言其大槩，余恐後世未究也，故又推先王之心及泰、否之象以見君民不可相忘者，至於如此焉。

滕文公問曰：「滕，小國也，間於齊、楚。事齊乎？事楚乎？」孟子對曰：「是謀非吾所能及也。無已，則有一焉：鑿斯池也，築斯城也，與民守之，効死而民弗去，則是可爲也。」

讀聖賢書者，不當泥其言，當觀其用。勢有不同，用亦多變。以用觀〔二〕聖賢，聖賢雖

〔二〕「用觀」，原作「觀用」，據四庫全書本改。

往，其心常炯然，無今古也。且齊宣王問交鄰國，孟子對以事大事小；梁惠問雪耻秦、楚，孟子對以省刑薄賦。夫孟子何不以事大事小答惠王，而以省刑薄賦答宣王乎？余所謂執有不同，用亦多變者，此也。宣王好大而不肯下人，能事大事小，則天下服矣；惠王一於報怨而不知恤民，能省刑薄賦，則天下無敵，而其耻可雪矣。以是知孟子之學淵源甚深，隨執而爲高下，天下無有不可處之事也。至於滕文公問事齊事楚，既不以對齊王之語使下之，又不以對梁王之語使上之，何也？蓋滕小國也，齊、楚非賢君，雖下之，不能已其并吞之心；地執迫蹙，難以設施，雖行仁政，未能感動天下。事至於此，亦已窮矣。將事齊則楚兵在南門，將事楚則齊兵在北門，蕞尔之國，絶長補短，不過五十里，而齊、楚并吞噬齧，地方數千里，車馬之衆，甲兵之多，一拂其心，兩師欻至，猶舉泰山以壓螻蟻也。其執亦已危矣。事既窮，執又危，然則有何策以當之乎？曰：聖賢無事不可處，其歸安於理而已。齊，大國也；魏〔二〕，亦大國也。地可以設施，民可以陶冶，事大事小，省刑薄賦，隨分酬酢，自有餘地，未嘗以死言也。至於執既不可支，事又無可爲，則其計在

〔二〕「魏」，四庫全書本作「梁」。

死社稷耳。

夫宣王事大事小，理義也；惠王省刑薄賦，理義也；文公効死勿去，理義也。理義難識，固當審處如何耳。夫死本非難事，以凡俗之心觀之，無不驚懼，至於聖賢以理義爲重，而以死生爲輕。曾子以一死易一簀，子路以一死正結纓，事在理義，與事大事小，省刑薄賦，其用一等也。死雖非聖賢所難，然埶不至於危，事不至於窮，未肯以死言也。儻不觀可否，不問事埶，一以死爲理義，此匹夫匹婦經於溝瀆之見也，非聖賢之道也。夫使齊王以死言，則將興兵四伐而不論理義矣；使梁王以死言，則將驚懼憂惶，失節喪邦矣。吾因觀文公所對，乃知孟子之學千變萬轉，其用常有餘地。且以常人觀之，文公在兩大國之間，無地可號令，無民可捍禦，疑若無謀矣，而於無謀中乃又有效死之策焉。

夫使民效死而勿去，此仁者之政也。儻非平昔固結民心，豈一旦遽能至此地哉？孟子乃以告文公，何也？曰：此又孟子權其人而言之也。夫文公之爲世子也，之楚過宋，得見孟子。孟子指性善以示之，一言之下，頓有所入，乃能於頽波壞塹中軒然行三年之喪，使四方来觀之，顔色之戚，哭泣之哀，弔者大悦，是其所得亦可知矣。及其問爲國之説，孟子告以三代之道；使畢戰問井地，孟子告以潤澤之語。仁風遠及，使許行之徒負耒耜自宋之滕而願爲其氓，則其能行孟子之言而信其所學，在戰國之間一人而已矣。其使民效死勿去，固所優爲也。惜乎，無湯七十里，又無文王百里之地，而介於兩大國之間，不得稍施其所學，使至於此極，又可悲也！然而使民效死勿去，而有死社稷之節，其視靦顔就縛，苟活求生，如頓子牂、潞子嬰兒，有辱其先人，爲春秋所誅者，天地相遼矣。借使不幸文公與民同死，國雖已破，家雖已亡，而凛凛節概，猶足以使人興起也。嗚呼，理義如此之大，君子安可不効乎？余恐學者讀聖賢書不知其用，故歷數對齊、梁之語以校文公之説，使知學聖賢者當學其用處，然後可以得聖賢之心。

滕文公問曰：「齊人將築薛，吾甚恐。如之何則可？」孟子對曰：「昔者太王居邠，狄人侵之，去之岐山之下居焉。非擇而取之，不得已也。苟爲善，後世子孫必有王者矣。君子創業垂統，爲可繼也。若夫成功，則天也。君如彼何哉？强爲善而已矣。」

余嘗論孟子之學千變萬轉，不憂天下之多故也。惟變多則策多，愈變愈新，愈出愈奇，極其所歸，安於理義而已矣。夫齊王問交鄰國，則有事大事小之説；梁惠王問雪耻，則有省刑薄賦之説。語齊者不以告梁，語梁者不以告齊。今滕文公問事齊事楚，則又變齊、梁之説，而又有效死之説；問齊人築薛，則又棄效死之説，而又有一説。其説云何？避狄之説也。其變愈多，其説愈新，其出愈難，其説益奇。學不至此，腐儒而已矣。

夫交鄰國時，理義在事大事小；處雪耻時，理義在省刑薄賦；處事齊、楚時，理義在效死；處築薛時，理義在避狄。處彼以時来，此以幾對，毫厘有差，千里失矣。使當時孫、商、蘇、張、稷下諸人之見，問交鄰國，則曰吾當以智勝之；問雪耻，則曰吾當以謀勝之；問事齊、楚，則曰齊兵至則事齊，楚兵来則事楚；問築薛，則曰間其謀主，撓其役人，使秦、楚大〔二〕兵，奔命不暇，而莫遑爲築薛之事。要皆盗賊之謀，僥倖之計，非理義之安也。而孟子獨舉太王故事，有避狄之説，且一等避狄耳，有何説哉？而孟子於其中又有造化之妙，此深得帝王之道者也。何以知之？且其説曰：「苟爲善，後世子孫必有王者矣。」嗚呼，何其遠大如此哉！太王止能避狄，何足道也？惟有爲善之妙，使王

〔二〕「大」，四庫全書本作「加」。

季、文王、武王藉此以爲基本。爲善大，則子孫之所受者亦大。人皆見武王尊爲天子，富有天下，宗廟饗之，子孫保之，在克商之後，而不知太王避狄之時已有八百年基本矣。嗚呼！君子創業垂統，所憑藉者，何乎？善而已矣。善端深大，遏之愈流，止之愈行，善與天合，則狄人侵之乃所以發吾善端耳。審知此理，則齊人築薛，意欲見逼，又惡知夫不爲吾子孫基本乎？

夫小不勝大，寡不勝衆，弱不勝强，此埶也。理義苟安，雖小猶大，雖寡猶衆，雖弱猶强。小也，寡也，弱也，乃在於目前；而大，而衆，而强，乃應於後世。君子之爲計，將爲目前乎？將爲後世子孫之計乎？如其爲子孫之計，雖寡小而弱，亦何足慮也？嗚呼！窮迫之中乃自有廣大之路，由是見孟子之學未易量也。然則其要安在？曰：在理義。然而文公之後，卒不聞有興者，何也？此以利心論孟子也。興與不興在天，而善與不善在我，吾知爲善而已。吾爲善，乃興之道也。事在秦時，天理顛倒，而有天下者卒歸漢氏，漢乃堯之苗裔。嗚呼！天人之際，其明白如此哉，亦何疑也！

滕文公問曰：「滕，小國也。竭力以事大國，則不得免焉。如之何則可？」孟子對曰：「昔者太王居邠，狄人侵之。事之以皮幣，不得免焉；事之以犬馬，不得免焉；事之以珠玉，不得免焉。乃屬其耆老而告之曰：『狄人之所欲者，吾土地也。吾聞之也：君子不以其所以養人者害人。二三子何患乎無君？我將去之。』去邠，踰梁山，邑於岐山之下居焉。邠人曰：『仁人也，不可失也。』從之者如歸市。或曰：『世守也，非身之所能爲也。效死勿去。』君請擇於斯二者。」

嗚呼！讀滕文公三問，使人淒然不寧，深思王道衰微，紀綱廢壞，而强大之國侵陵放橫，不知理義，乃至於此也。當時小國不幸介於大國之間，不聞有親仁善鄰之長，但見有憑弱犯寡之罪。王朝無九伐之誅，方伯無糾合之長。齊横於東，楚恣於南，秦吞於西，豈復知理義哉？文公見孟子者凡三問，皆言其國存亡之狀，求急難之策。孟子區區欲興王道如此之急者，謂是故也。然於危急之中設爲謀策，要皆中於理義。或避之，或死之，皆天下之至計，聖賢之常心也。自常情觀之，謀人之國，乃使之避，乃使之死，亦可謂無策矣。然聖賢之見則不如是。其避也，不以爲弱；其死也，不以爲屈，吾得理義而安焉，斯已矣。此所謂「君子無終食之間違仁，造次必於是，顛沛必於是」也。太王避狄，不害爲周之令王；曾子易簀，子路結纓，乃所以爲孔門之高弟。審知此説，則夫陰謀詭計嫁禍於他人而鬬亂於鄰國，以要一日之命者，皆聖賢之所不爲也。故其避也爲可觀，其死也爲可法，則以理義在其中故也。

夫文公三問，孟子對之不同者，以理義各有所在，不可不審處也。易位而行，逆施而處，皆有害於大道。夫其問事齊事楚，則對之效死，立定規摹當如此也；及其有築薛之問，事亦迫矣，於效死中又有避狄之説，此孟子於規摹中深觀理義運動處以示之也；至其不得免焉之問，則亦極矣。夫「以小事大，畏天者也」，今竭力事之，不愛皮幣、犬馬、珠玉之奉，以致其畏天之誠，而齊、楚逆天侵陵彌甚，孟子於此亦豈無説乎？蓋理義隨在而有，顧吾用之如何耳。故避狄效死之説再舉而陳之，使之自擇焉。夫爲愛民之計，理義也，則有避狄之策；爲世守之計，亦理義也，則有效死之策。此皆聖賢之本心，天下之至計，不害名教，不犯理義，顧吾力量如何耳。吾心在於愛民，則爲避狄之大式〔一〕；吾心

〔一〕「式」四庫全書本作「計」。

在於世守，則〔一〕爲死社稷之賢君，顧何有不可哉？

然效死之節易明，而避狄之心難見也。儻其心出於貪生畏死，不以社稷爲意，此春秋之所誅也，紀侯大去其國是也。孟子肯許人如此乎？儻其心出於愛民，如大〔二〕王避狄是也。太王於避狄其間自有造化。何以知之？其避狄也，乃屬其耆老而告之曰：「狄人之所欲者，吾土地也。吾聞之也：君子不以其所以養人者害人。二三子何患乎無君？我將去之。」太王雖往，其言尚在，使人讀之幾欲墮涕，蓋誠心實德乎於中而发於外，非作僞所能到也。深迹其心，廣大高明，郁乎有堯、舜之遜，薰乎有父母之慈。想其平時發號施令，立政造事，無非從謙遜慈愛中来，民心愛之亦已久矣。非當急難，方爲仁人之語，如奉天之詔以解一時之急也。然此詔温厚，有禹、湯罪己之風，使德宗自爲之，决不能殷然如發金石也。此蓋陸贄平日所踐履、所藴蓄者在此，故一出而能感動如此也。惟太王心如此，所以去邠，踰梁山，邑居於岐山之下，而邠人曰：「仁人也，不可失也。」從之者如

〔一〕「則」，原作「國」，據四庫全書本改。
〔二〕「大」，應爲「太」字，此處遵循底本。

歸市。周家八百年事業迹於此矣。夫一等避狄，而大[一]王於避狄中，乃有造化如此，所謂「苟爲善，後世子孫必有王者」，蓋太王之謂也。然則何以謂之爲善？第深誦屬耆老之語，三復而味之，藹然悠然，有廣大高明忠厚慈愛之心者，此所謂善也。夫聖賢君子當憂患之来，自有安身立命之地者，善而已矣。善即余所謂理義也。余恐後世不明爲善之説，故又推孟子之意而大之。

魯平公將出。嬖人臧倉者請曰：「他日君出，則必命有司所之。今乘輿已駕矣，有司未知所之。敢請。」公曰：「將見孟子。」曰：「何哉？君所爲輕身以先於匹夫者，以爲賢乎？禮義由賢者出。而孟子之後喪踰前喪，君無見焉？」公曰：「諾。」樂正子入見，曰：「君奚爲不見孟軻也？」曰：「或告寡人曰：『孟子之後喪踰前喪。』是以不往見也。」曰：「何爲君所謂踰者？前以士，後以大夫；前以三鼎，而後以五鼎歟？」曰：「否。謂棺椁衣衾之美也。」曰：「非所謂踰也，貧富不同也。」樂正子見

[一]「大」，應爲「太」字，此處遵循底本。

孟子，曰：「克告於君，君爲来見也。嬖人有臧倉者沮君，君是以不果來也。」曰：「行或使之，止或尼之，行止，非人所能也。吾之不遇魯侯，天也。臧氏之子焉能使予不遇哉？」

余讀易至坤之初六，觀其繇辭曰：「履霜堅冰至。」及聖人至此一爻發之曰：「積善之家，必有餘慶；積不善之家，必有餘殃。」余三復斯言，乃悟魯之國祚過周之歷，至漢之初猶有禮義，爲項羽堅守而不肯降漢者，皆周公積善之所致也。然自惠公以妾爲妻，夫婦之倫亂矣；隱公不書即位，君臣之倫亂矣；所以公子翬擅兵，桓公弒立，慶父弒子般，又弒閔公，公子遂殺惡及視。季氏三分魯國而有其二，孟孫、叔孫各有其一，公賦盡入於私家，兵權不在於公室。以至昭公逐，既不得正其終，定無正，又不得正其始。静觀二百四十二年間，天理顛倒，惡氣蘊積如此，焉得有治安之事乎？定公用孔子權相事，誅少正卯，而男女異路，道不拾遺，飲羊之風遂息，公慎之惡亦亡，三都漸墮，侵疆来復，巍乎已有治安之象矣，而女樂壞之。以此知平公欲見孟子，而臧倉沮之者，皆非偶然也。

夫何故？惡氣凝結，未易消除，雖以聖賢之力，猶不能消復於冥冥之中，况其他人乎？蓋惡氣之生，始於微茫，積稔不已，終於浩大。觸乎天，則日食星隕；觸乎地，則山崩川竭；觸乎人，則爲讒夫，爲女子，爲不忠之臣，以敗亂國家，顛覆宗社。魯國自惠公以来，惡氣寖盛如此，故天變地震，紛然四出。是生三桓爲時蟊螣，是来女樂遠去聖人，是有臧倉公沮孟子。夫出乎爾者反乎爾，此天理也。善既有報，惡豈無歸？使聖賢不得行其道者，皆天也，豈偶然哉？夫聖賢得志，必將使君安於上，民安於下，三綱明，五常正，彝倫叙，風俗成。顧此大福非祖宗積善，豈得有此報乎？此孔子遇匡人之圍，則曰：「天之將喪斯文也，後死者不得與於斯文也。天之未喪斯文也，匡人其如予何？」遇公伯寮之愬，則曰：「道之將行也與？命也。道之將廢也與？命也。公伯寮其如命何？」孟子遇臧倉，則曰：「行或使之，止或尼之。行止，非人所能也。吾之不遇魯侯，天也。臧氏之子焉能使予不遇哉？」聖賢深見天意借手於匡人、公伯寮、臧倉以厄吾道，使天下無治安之望，而魯國有衰替之風。此皆惡氣之積，不可遽已也。

嗚呼！深觀此理，則君子戒慎不睹，恐懼不聞，不欺闇室，不愧屋漏，曷可已也？

蓋惡氣發於一念，充於一身，行於一家，國君則大於一國，天子則又放於天下。儻知謹獨之學，於履霜之微，識堅冰之至，於毫末之起，知斧斤之尋，敢謂何傷，其禍將長；敢謂何害，其禍將大，可也。若事至定公、平公，雖聖賢亦無及矣。吁可歎也！漢武帝嚴刑黷兵，筭及舟車，榷及鹽鐵，公卿大夫相隨下獄，連年出師，四邊騷動。處心積慮，非殺人即苦民耳。是以内則有巫蠱之禍寃及太子，外則有沈命之法殃及平民。惡氣如此，豈復有治安之理乎？是生石顯以禍元帝，是生昭儀以禍成帝，是生董賢以禍哀帝，是生王莽以禍平帝。蕭望之不知天意而欲救之，則望之死；王章不知天意而欲救之，則王章死；王嘉不知天意而欲救之，則王嘉死；翟義不知天意而欲救之，則翟義死。由是推之，終於宗社滅亡而後已。則桓帝之殺李固，興黨錮；獻帝之遭董卓，遇曹操，乃漢明寃獄之報也。玄宗不用張九齡，德宗不用陸贄，文宗不用裴度，使有禄山之亂，盧杞之亂，甘露之亂，若有鬼神陰沮於其間者，乃太宗開基之際殺竇建德誅蕭銑之報也。由是推之，則孟子有「不遇魯侯，天也」之語，其可謂深識天人之際矣！

然而小人之沮君子，其説乃如是之巧，不可不知也。臧倉，嬖人，安能爲此？乃知惡氣感物，有以使之也。其巧如何？曰：「禮義由賢者出，而孟子之後喪踰前喪。」夫其言則有理，其事則可疑。豈非小人之害人，其説乃如此之巧乎？君子處心無愧，巧與不巧，吾何卹哉？然平公以樂正子一言遽欲命駕，臧倉一言遽又諾之，不復考問是非，詢諸左右，亦可謂輕矣。如此資質，亦安能有爲乎？樂正子辨析如此，不聞有悔過之言，正臧倉之罪。車音既息，求賢莫聞，此何人也哉！余既極天人之理，而又述小人之害君子之巧，而平公舉動之輕，以爲後世戒。

張狀元孟子傳卷第六

公孫丑章句上

公孫丑問曰：「夫子當路於齊，管仲、晏子之功，可復許乎？」孟子曰：「子誠齊人也，知管仲、晏子而已矣。或問乎曾西曰：『吾子與子路孰賢？』曾西蹵然曰：『吾先子之所畏也。』曰：『然則吾子與管仲孰賢？』曾西艴然不悅，曰：『爾何曾比予於管仲？管仲得君，如彼其專也；行乎國政，如彼其久也；功烈，如彼其卑也。爾何曾比予於是？』」曰：「管仲，曾西之所不爲也，而子爲我願之乎？」曰：「管仲以其君霸，晏子以其君顯。管仲、晏子猶不足爲與？」曰：「以齊王，由反手也。」曰：「若是，則弟子之惑滋甚。且以文王之德，百年而後崩，猶未洽於天下；武王、周公繼之，然後大行。今言王若易然，則文王不足法與？」曰：「文王何可當也？由湯至於武丁，賢聖之君六七作。天下歸殷久矣，久則難變也。武丁朝諸侯有天下，猶運之掌也。紂之去武丁未久也，其故家遺俗，流風善政，猶有存者；又有微子、微仲、王子比干、箕子、膠鬲皆賢人也，相與輔相之，故久而後失之也。尺地莫非其有也，一民莫非其臣也，然而文王猶方百里起，是以難也。齊人有言曰：『雖有智慧，不如乘勢；雖有鎡基，不如待時。』今時則易然也。夏后、殷、周之盛，地未有過千里者也，而齊有其地矣；鷄鳴狗吠相聞，而達乎四境，而齊有其民矣。地不改辟矣，民不改聚矣，行仁政而王，莫之能禦也。且王者之不作，未有疏於此時者也；民之憔悴於虐政，未有甚於此時者也。飢者易爲食，渴者易爲飲。孔子曰：『德之流行，速於置郵而傳命。』當今之時，萬乘之國行仁政，民之悅之，猶解倒懸也。故事半古之人，功必倍之，惟此時爲然。」

世皆疑周天子在上，而孟子以爲以齊王猶反手，又曰「行仁政而王」，又曰「王者之不作」，是欲以齊王爲王。以齊王爲王，則將置周王於何地？吳、楚僭號稱王，春秋比之夷狄。孟子乃以夷狄待齊王，何也？曰：學者學聖賢，當考其時論其人，熟誦其上下之辭，深味其前後之意。豈可如乘間伺隙，掇取一言半辭，便不信不疑，而遽詆訾聖賢哉？孟子受道於子思，子思受道於曾子，曾子受道於孔子，源流甚正，不似子夏之後流入於莊周，子張之後流入於墨翟之比也。豈不知周天子在上，又豈不知秦、楚僭號得罪於春秋乎？當世大賢，其識見思慮，想亦大過於後世之君子矣。借使語之不精，考之不詳，疑之可也，非之可乎？非之且不可，況詈之以比蘇、張之流乎？甚可悲也！

夫其所謂王者，非王者之位，乃王者之道也。王者之道，君君臣臣、父父子子、兄兄弟弟、夫夫婦婦，植桑種田，育雞豚，畜狗彘，謹庠序，申孝悌，使老者衣帛食肉，不負戴於道路，黎民不飢不寒，不漂流於溝壑，此王道也。當周之盛時，王道行於天下；周無令王，王道廢絶，而霸道興；霸道又絶，而譎詐興，以殺人爲功業，以奪地爲英雄，以覆人宗社、墟人城郭爲得計。所謂王道者不復有也！孟子憫之，力以王道爲言，其意欲人父子相保，兄弟相扶，室家相好，鄉閭、族黨、親戚、朋友相往來，雞豚、黍稷、酒醴、牛羊相宴樂，豈忍復聞霸者之説乎？夫霸者之説，假仁義以濟其姦者也。責楚不貢包茅，令燕修召公之政，意乃在於伐蔡，伐山戎，伐原大蒐，其意乃在於一戰而霸，誠心安在哉？惟其始之不善，故其終也大壞。蕩如狂瀾，烈如猛火，不可救矣。

公孫丑涉學未深，聞道猶淺，乃曰：「夫子當路於齊，管仲、晏子之功，可復許乎？」此孔子之門五尺之童，所羞談者也，而丑乃以期孟子，豈不成褻瀆乎？其狹劣如此者，無他焉，生乎齊，長乎齊，聞見乎齊，止知管、晏而已，豈知其上有皋、夔，有稷、契，有伊尹，有傅説，有周公，相二帝三王，爲唐、虞、夏、商、周之盛乎？夫曾西不敢比子路，乃恥於比管仲。儻以管仲九合諸侯不以兵車論之，子路無有也；以管仲一正天下免民左衽論之，子路無有也。然管仲之學至此而極矣，子路之學方興而未艾也，必欲成就二帝三王之功業，不肯因陋就寡，取一時之名，如管仲，而破壞先王之大道也。且管仲相桓公霸諸侯，自北杏之會，殆不過數年爾。管仲方死，桓公尚在，楚人滅江、黄而不能救，狄人侵衛而不能下。身死未幾，公子争立，虫出于尸〔一〕，而不能保其既死之尸。王者之道固如是之促乎？方桓公之任管仲也，一則仲父，二則仲父，不爲不專；首尾二十餘

〔一〕「尸」，四庫全書本作「戶」。

年，不爲不久。今仲死未幾而國勢削，桓死未幾而國幾亡，此特以智力把持耳，豈長久之道也哉？子路所學，規摹甚遠，帝王之學也。寧學未成而無分毫之功，不願舍帝王而成此淺陋之功也。曾西所以羞比者，乃孔門家法也。曾西且不爲，況孟子志學孔子，肯下比管仲乎？

公孫丑俗氣不〔一〕除，邪心猶在，止見管、晏之功業，不知二子之存心。乃曰：「管仲以其君霸，晏子以其君顯。管仲、晏子猶不足爲歟？」其仰慕管、晏如此，想見丑之識趣也。孟子乃直述意之所向，曰：「以齊而行王道，止反掌之間耳。」公孫丑見識偏邪，溺於霸道，不信王道之易行也，且曰：「弟子之惑滋甚。且以文王之德，百年而後崩，猶未洽於天下；武王、周公繼之，然後大行。今言王若易然，則文王不足法歟？」觀此所問，雖見丑之墮於俗學，亦可見丑之博洽考訂，其學不肯輕易也。孟子於是言文王之時，紂雖無道，然湯至武丁賢聖之君如太甲〔二〕、太戊、仲丁、河亶甲、盤庚相繼而出，而武丁又中

〔一〕「不」，四庫全書本作「未」。

〔二〕「如太甲」三字，四庫全書本作「六七作」。

興於衰微之時。紂去武丁，其世未久，故家遺俗之習尚，流風善政之感人；又有微子、微仲、王子比干、箕子、膠鬲數公左右輔相之，尺地一民皆其所有而臣之，王道尚未絕也。王道未絕，文王之心也行不行，何容心哉？及紂脯鄂侯，烹九侯，拘文王，殺比干，囚箕子，聽婦人之言，行炮烙之刑，王道至此而〔二〕絕矣。武王不忍王道之絕，故起而伐之。

今赧王在上，而號令不行於天下。秦、楚雖大，皆有夷狄之風，使其得志，必毀滅墳、典，魚肉生民。惟齊王有易牛之心，有求教之志，自言其短而不肯文過，自知其罪而不敢尤人。又夏后、殷、周之盛，地未有過千里，而齊乃有其地；雞鳴狗吠相聞，而達乎四境，而齊乃有其民。夫地如齊王，民如齊王，資質如齊王，大與文王之時不同，可以號令四馳，可以鼓舞一世，止欠行仁政耳。使行仁政，植桑種田，育雞豚，畜狗彘，謹庠序，申孝悌，使老者衣帛食肉，不負戴於道路，黎民不飢不寒，不漂流於溝壑，則王者之道行矣。齊行王道，此其時也。夫王者之不作，未有衰〔三〕於此時；民之憔悴於虐政，未有甚於

〔二〕「而」，原作「不」，據四庫全書本改。
〔三〕「衰」，四庫全書本作「疏」。

此時。使齊王行孟子之言，使民父子相保，兄弟相扶，室家相好，鄉閭、族黨、親戚、朋友相往來，雞豚、狗彘、酒醴、牛羊相宴樂。所謂飢者易爲食，渴者易爲飲，當一日而千里，一息而千古，速於置郵而傳命，民之悦之猶解倒懸，事半古人，功必倍之，豈虛言哉？

夫孟子之言，謂行王者之道耳，非據王者之位也。使諸侯據王者之位，雖蘇、張等亦知委曲避就，而謂孟子爲此言乎？學者語之未詳，擇之未精，以凡俗之心觀聖賢之蘊，妄有詆訾，易生排毀，深可悲也！故予爲之解辨，使知孟子所謂「齊王，猶反手」者，謂齊行王道猶反手也，非謂據王者之位也；所謂「行仁政而王」者，以謂行仁政乃王道耳，非謂據王者之位也；所謂「王者之不作」者，以謂王道之不作耳，非謂使齊王貪王者之位也；所謂「文王猶方百里起，是以難」者，以謂紂雖無道，然有天下，令諸侯，而文王區區以百里行王道，勢力既小，土地又狹，其能鼓舞天下也難矣，非謂欲據紂位之難也。而今而後當知孟子所謂王者，皆王道也，非霸道也。審乎此，然後可以讀孟子之書，而孟子無根之謗，亦自此而絶矣。學者試深思之。

公孫丑問曰：「夫子加齊之卿相，得行道焉，雖由此霸王不異矣。如此，則動心否乎？」孟子曰：「否。我四十不動心。」曰：「若是，則夫子過孟賁遠矣。」曰：「是不難，告子先我不動心。」曰：「不動心有道乎？」曰：「有。北宮黝之養勇也，不膚撓，不目逃，思以一毫挫於人，若撻之於市朝。不受於褐寬博，亦不受於萬乘之君。視刺萬乘之君，若刺褐夫。無嚴諸侯。惡聲至，必反之。孟施舍之所養勇也，曰：『視不勝猶勝也。量敵而後進，慮勝而後會，是畏三軍者也。舍豈能爲必勝哉？能無懼而已矣。』孟施舍似曾子，北宮黝似子夏。夫二子之勇，未知其孰賢，然而孟施舍守約也。昔者曾子謂子襄曰：『子好勇乎？吾嘗聞大勇於夫子矣：自反而不縮，雖褐寬博，吾不惴焉；自反而縮，雖千萬人，吾往矣。』孟施舍之守氣，又不如曾子之守約也。」

曰：「敢問夫子之不動心，與告子之不動心，可得聞與？」「告子曰：『不得於言，勿求於心；不得於心，勿求於氣。』不得於心，勿求於氣，可；不得於言，勿求於心，不可。夫志，氣之帥也；氣，體之充也。夫志至焉，氣次焉。故曰：『持其志，無暴其氣。』」「既曰『志至焉，氣次焉』，又曰『持其志，無暴其氣』者，何也？」曰：「志壹則動氣，氣壹則動志也。今夫蹶者趨者，是氣也，而反動其心。」

「敢問夫子惡乎長？」曰：「我知言，我善養吾浩然之氣。」「敢問何謂浩然之氣？」曰：「難言也。其爲氣也，至大至剛以直，養而無害，則塞乎天地之間。其爲氣也，配義與道；無是，餒也。是集義所生者，非義襲而取之也。行有不慊於心，則餒矣。我故曰，告子未嘗知義，以其外之也。必有事焉而勿正，心勿忘，勿助長也。無若宋人然：宋人有閔其苗之不長，而揠之者，芒芒然歸。謂其人曰：『今日病矣，予助苗長矣。』其子趨而往視之，苗則槁矣。天下之不助苗長者寡矣。以爲無益而舍之者，不耘苗者也；助之長者，揠苗者也。非徒無益，而又害之。」

「何謂知言？」曰：「詖辭知其所蔽，淫辭知其所陷，邪辭知其所離，遁辭知其所窮。生於其心，害於其政；發於其政，害於其事。聖人復起，必從吾言矣。宰我、子貢善爲説辭，冉牛、閔子、顔淵善言德行。孔子兼之。」〔二〕曰：「我於辭命則不能也。」

〔二〕　此處標點與通行本不同，依據張九成注釋斷句。

「然則夫子既聖矣乎？」曰：「惡是何言也？昔者子貢問於孔子曰：『夫子聖矣乎？』孔子曰：『聖則吾不能。我學不厭，而教不倦也。』子貢曰：『學不厭，智也；教不倦，仁也。仁且智，夫子既聖矣！』夫聖，孔子不居，是何言也？[一]昔者竊聞之：子夏、子游、子張皆有聖人之一體，冉牛、閔子、顏淵則具體而微。」[二]「敢問所安。」曰：「姑舍是。」曰：「伯夷、伊尹何如？」曰：「不同道。非其君不事，非其民不使；治則進，亂則退，伯夷也。何事非君，何使非民；治亦進，亂亦進，伊尹也。可以仕則仕，可以止則止，可以久則久，可以速則速，孔子也。皆古聖人也，吾未能有行焉；乃所願，則學孔子也。」

「伯夷、伊尹於孔子，若是班乎？」曰：「否。自有生民以来，未有孔子也。」「然則有同與？」曰：「有。得百里之地而君之，皆能以朝諸侯，有天下；行一不義，殺一不辜，而得天下，皆不爲也。是則同。」曰：「敢問其所以異。」曰：「宰我、子貢、有若智

[一] 此處標點與通行本不同，依據張九成注釋斷句。
[二] 此處標點與通行本不同，依據張九成注釋斷句。

足以知聖人。汙，不至阿其所好。宰我曰：『以予觀於夫子，賢於堯、舜遠矣。』子貢曰：『見其禮而知其政，聞其樂而知其德。由百世之後，等百世之王，莫之能違也。自生民以來，未有夫子也。』有若曰：『豈惟民哉？麒麟之於走獸，鳳凰之於飛鳥，泰山之於丘垤，河海之於行潦，類也。聖人之於民，亦類也。出於其類，拔乎其萃，自生民以來，未有盛於孔子也。』」

余讀此一章，見孟子反覆辨〔一〕論，引古證今，剖微折奥，校量聖賢，可否諸子，周旋宛轉，常超詣不可窮詰，此皆所學深遠。如江自岷山来，淮自桐栢来，河自崑崙来，滔滔軋軋，極望無際，分流別委，皆不失其本宗，其盛矣哉！

至於其志所尚，其見所趨，殆未易窺測也。夫公孫丑問加齊卿相於孟子，孟子則以謂我四十不動心；以謂孟子過孟賁，孟子則以謂告子先我不動心；丑問不動心有道，孟子乃論北宮黝、孟施舍及曾子之勇；丑問告子、孟子之不動心，孟子乃可否告子而有志氣之説；丑問孟子所長，孟子乃有善養浩然、知言之説；丑問孟子已入於聖域，孟子乃論

〔一〕「辨」，原作「卞」，據四庫全書本改。

孔子不居其聖，而子夏、子游、子張有聖人之一體，冉牛、閔子、顔淵則具體而微之説，其意亦以聖自許也；丑問孟子所安，孟子皆舍之而不學，其志爲何如哉；丑問伯夷、伊尹何如，孟子歷論三聖之學，而願學於孔子；丑問伯夷、伊尹與孔子一等乎，孟子則獨尊孔子，以謂自生民以来，未有孔子，是其學必欲至於孔子而後已。

夫秣馬北首則燕必到，膏車南向則越可趨。所志在孔子，駸駸轆轆，純亦不已，今日不到，後日必到，今月不到，後月必到，今年不到，後年必到，此生不到，將来必到。持此不已之心，何所往而不可哉？孟子所見極高，所志極遠，舍顔、閔、伯夷、伊尹，而直望孔子而學之，其所見所志爲如何哉？

丑問伯夷、伊尹、孔子有同道之事乎？孟子則以得百里之地爲君，皆能朝諸侯，有天下；行一不義，殺一不辜而得天下，皆所不爲。丑問其所以爲異，孟子乃引宰我、子貢、有若之説而獨尊孔子焉。余尋其問端，止謂加齊卿相動心與不動心，而問對往来，乃發聖賢之深藴，辨諸子之是非，宏辭至論，大開正路，一新見聞。偉哉！戰國詭詐之中乃有如此盛大之事也。

夫齊之卿相，如鄒忌輩皆能爲之，顧何足道？孟子學二帝三王之道，卿相乃其所固有也，第恐天未欲平治天下耳，如欲平治天下，在戰國時，非孟子其誰哉？夫何動心之有？公孫丑之知孟子也，亦淺矣。孟子知當世之士墮於流俗，習於舊染，以恕待物，以寬接人，初無忿辭疾言。乃告之曰：「否。我四十不動心。」丑以謂加齊卿相，不憂不懼，其勇如此，過孟賁遠矣。初以孟子比管仲，今以孟子過孟賁，褻瀆如此，亦可怪也！孟子又無忿辭疾言，但告之曰：此亦非難事耳，告子尚先我不動心，而况於學造聖域者乎？

丑又問：不動心其適然耶？抑有道耶？夫習射亦末矣，尚有連雙鶬於青雲者；習御亦末矣，尚有獲十禽於詭遇者。顧不動心，豈無得而然哉？然不動心者，勇而已矣。勇有數等，不可概論也。北宮黝、孟施舍皆以血氣爲勇者也，豈所以語於大君子之門？北宮黝一切血氣，盗賊之勇也。如「視刺萬乘之君，若刺褐夫」，成濟、蔣元暉皆能之，何足道哉？孟施舍雖未免血氣，然猶以道理爲主。如「視不勝猶勝」，「舍豈能爲必勝哉？能無懼而已矣」，此似見理也。至於謂「量敵而後進，慮勝而後會，是畏三軍」，豈非未免血氣乎？曾子所養本於忠恕，是見理者也，故孟施舍似之；子夏所養尚有紛華，是血氣未除也，故北宮黝似之。然謂子夏有黝之凶很，謂曾子有舍之直前，則不可。學者當以意逆之，安可徇文辭而厚誣此二君子也？其曰「夫二子之勇，未知其孰賢」，此謂黝、舍一等，皆是血氣，大概不相過也。然孟施舍無懼，其守約，大勝北宮黝矣。黝、舍養勇，一則凶很如盜賊，一則直前如武夫，皆屠酤之流耳，豈聞大勇之説乎？

何謂大勇？曾子嘗聞於夫子，又嘗以語子襄矣。其説曰：「自反而不直，雖一介之夫，如褐寬博者，吾不敢以惡聲加之，以曲在我也。自反而直，循理而行，雖千萬人以謂不可，吾將循理而往焉。」且孟施舍一於無懼，而不問己之是非，豈聞所謂大勇者，其約乃在於吾直與不直如何尔[二]？

丑既聞一等是勇，而其間曲折如此，是不可以孟賁比孟子之勇矣。然不知告子之勇比孟子爲如何哉？孟子又於是剖析告子之得失，而使丑知學之精微，蓋差之毫釐，其失千里，不可雷同苟合，而不分别明白，以至趨於邪徑也。何謂告子養勇之失？其曰「不得於言，勿求於心」是也；何謂告子養勇之得？其曰「不得於心，勿求於氣」是也。夫

[二]「尔」，四庫全書本作「耳」。

志，氣之帥。勿求於心可乎？吾志尚爲氣之帥，况言又遠於氣耶？氣，體之充。則勿求於氣之語謂之可，則當；謂之是，則未然。請細陳之。夫「志至焉，氣次焉」，是氣以志爲主也；然「持其志，無暴其氣」，是又志以氣爲養焉。志與氣交相養，乃至論也。丑不明其意，乃曰：「既曰『志至焉，氣次焉』，而又曰『持其志，無暴其氣』者，何也？」孟子直指以志氣相爲用處告之，曰「志壹則動氣」，以爲志之充塞可以動氣，九韶奏而鳳凰來儀，春秋成而麒麟自獲，此所謂先天而天弗違者也；氣之充塞則可以動志，如河出圖而畫八卦，洛出書而演九疇，此所謂後天而奉天時者也。如其未明，且觀夫蹶者之驚，則心爲之震掉；趋〔一〕者之敬，則心爲之端嚴，氣之動志亦可見矣。斯理亦妙矣。然而此就告子之長短而言之，孟子之所養則又異於是矣。故因公孫丑之問而極力言之，其間造化之妙，功用之神，與夫學者之病，一一剖析，至於微言精語可守可充者，悉皆具備。嗚呼！孟子真有大功於聖人者矣。

其曰「我知言，我善養吾浩然之氣」者，夫浩然之氣非北宫黝之凶很，非孟施舍之無

〔一〕「趋」，原作「趣」，據四庫全書本改。

懼，亦非告子之以義爲外，不得於言之學也。然而是氣也，可以心得，難以言論。其爲氣也，非血氣，非客氣，乃理義之氣也。理義之氣，無物可並，故曰至大；無物可屈，故曰至剛；無物可撓，故曰以直。此言氣之體也。此孟子心所自知也，此孟子指心之所自得而言之也。未嘗留意者，豈知此爲何等語哉？

大矣，剛矣，直矣，如嘉穀善種，當有日夜之息，雨露之潤，當無牛羊之踐，稂莠之殘，乃能千倉萬箱，以爲農夫之慶。至大，至剛，以直，識此體矣，當内自琢磨，外求切磋，膏之以禮義之澤，息之以詩、書之訓，聲色貨利一不得淫蠱之，此所謂養而無害也。如此則剛、大、直之氣根於心，見於面，盎於背，施於四體，其功用所及，如乾坤之運六子，滄溟之轉百川，日月星辰，嶽瀆精潤，皆吾氣之所在也。是故斂之則爲剛，爲大，爲直；发之則爲道，爲義〔二〕，終不與不仁不智、無禮無義之人相合也。凡四海道義之士，聲氣之同，臭味之似者，皆當来而相應矣。其充如此，夫何餒哉？

〔二〕「義」，原作「乂」，據四庫全書本改。

是剛，是大，是直，雖吾固有之物，然豈可以不養哉？所謂養者，其要在於義〔一〕耳。所謂義者，凡吾所當爲者則力行之，所不當爲者則力止之。日復一日，新而又新，則此氣完矣。是氣也，是集吾固有之義以生者，非義〔二〕自外來而成之。何以驗之？心爲所不當爲者，是欺闇室，愧屋漏。不足於心，慙生於内，顔變乎外，餒莫甚焉。告子不知浩然之氣自此而生，乃以義〔三〕爲外，顛倒如此，其不動心者，亦血氣之勝耳。

孟子又指其要處，使學者知所歸焉。其要安在？曰「必有事焉而勿正，心勿忘，勿助長」是也，此孟子養氣之妙處。余所謂至言精語者，在是也。所謂「必有事焉」者，謂心不忘思，以義爲主也。夫心無事則衆邪皆入，心有事則百物不干，此所以必以義爲事也。以義爲事，當純一其思，精專其慮，優而游之，使自得之；饜而飫之，使自趨之，可耳。不可動也，動則妄生；不可急也，急則理逆，故曰「勿正」。「勿正」謂純一精專，不可動亦不可急也。「心勿忘」者，即必有事之用功處也。「勿助長」者，所以力言正之之

〔一〕「義」，原作「乂」，據四庫全書本改。
〔二〕「義」，原作「乂」，據四庫全書本改。
〔三〕「義」，原作「乂」，據四庫全書本改。

所以害道也。夫必有事者，必有正之之病；心勿忘者，必有助長之病。孟子又恐助長之病，天下不明知其爲害也，故力引宋人揠苗爲言；又恐以揠苗爲戒，盡廢其爲養也，故又以不耘苗爲戒。其有功於聖道，可見矣。

浩然之氣既已成就，則非道非義〔一〕之言，一經吾耳，皆能識而辨之。以此觀之，「不得於言，勿求於心」可乎？孟子自養氣而知言，而告子乃欲不得於言，勿求於心，其顛倒可知也。何謂識而辨之？若所謂「詖辭知其所蔽，淫辭知其所陷，邪辭知其所離，遁辭知其所窮」是也。夫有蔽於心，則其言詖而不正；有陷於心，則其言淫而不正；心離于道，則其言邪而不正；心窮于詐，則其言遁而不正。顧此等辭生於其心，時君用之，則害於其政；發於其政，天下被之，則害於其事。此所以闢楊、墨，放淫辭，而不敢已也。曹信公孫强乃至亡國，秦用李斯乃至亡天下。聖人復起，必以此論爲至當矣。古之善言與孟子意合者，則有其人矣。故曰「宰我、子貢善爲説辭，冉牛、閔子、顔淵善言德行」，孟子以謂，德行我能言之，至於辭命，則不及宰我、子貢諸公矣。

〔一〕「義」，原作「乂」，據四庫全書本改。

丑見孟子論養浩、知言之説，一洗俗學之陋，乃遽然歎曰：「然則夫子既聖矣乎？」夫始也以孟子望管、晏，過孟賁；今遽以聖許孟子，是知養浩、知言之至言精語，與夫閎辭妙論，足以聳動其精神，摇蕩其思慮也。嗚呼盛哉！孟子不敢以聖自名，故驚而爲之語曰：「惡！是何言也？」且以孔子不居其聖告之。夫孔子不居其聖，則是既聖矣。故又言子夏、子游、子張皆有聖人之一體，冉牛、閔子、顔淵尚皆具體而微，况於我乎？此微辭也。丑不會此意，乃曰：「敢問所安。」此孟子所以盡舍諸人而不論也，其志蓋欲宗孔子矣。丑又問：「伯夷、伊尹何如？」孟子又力論二人之道，而論可以仕則仕，可以止則止，可以久則久，可以速則速之爲孔子。而吾不願學伊尹、伯夷，獨願學孔子耳。其志爲如何哉？丑又問：伯夷、伊尹、孔子一道乎？孟子乃曰：「否。自生民以来，未有孔子。」是孟子所學既不肯在子游、子夏、顔淵之列，又不肯在伯夷、伊尹之列，獨委心歸計於孔子，且欲求自生民以来未有之學，不願爲一體、具體、清、任而已也。

丑以謂既皆聖人，亦有同乎？曰：有。同於朝諸侯有天下，同於行一不義、殺一不辜而得天下，皆不爲。至於異處，則生民以来，未有出於夫子者。且引宰我之所見，子貢之所見，有若之所見以爲言。夫三子之所見，豈爲夸大之辭，以自私於聖人哉？蓋學極其深者，乃知其言之不妄耳。孟子蓋以三人之論爲至論，故曰：「智足以知聖人，汙，不至阿其所好。」而説者乃謂：「聖人之道，同符合契，前聖後聖，其揆一也，不得相踰。」云生民以来未有也。此三子皆孔子弟子，縁孔子聖德高大而盛稱之也。孟子知其言太過，故貶謂之汙下，亦明師徒之義得相褒揚也。此蓋未知孟子者。

夫孟子嘗論三聖與孔子矣，而曰：「孔子之謂集大成。集大成也者，金聲而玉振之也。金聲也者，始條理也；玉振之也者，終條理也。始條理者，智之事也；終條理者，聖之事也。智譬則巧也，聖譬則力也。猶射於百步之外也，其至，尔力也；其中，非尔力也。」其意豈不明甚？蓋言三聖人，聖矣，而不知聖之外，又有智焉。夫聖之外又有智，則是此智所以運聖也。三聖聖矣，皆在一偏，未能運也。孔子聖而又智，非自生民以来未之有乎？何得言前聖後聖，其揆一也？夫此語以論舜與文王可也，施之於此，蓋爲未當。又以爲師徒之義得相褒揚，此論亦太鄙矣。且三聖聖矣，然而未中。孔子聖而又智，至而又中，則賢於堯、舜，生民以来未有孔子，出乎其類，拔乎其萃，皆非私論，真有所見而言也。

孟子所志如此，所學如此，所見如此，而公孫丑以管、晏、孟賁比之；孔子之聖，三子或以謂賢於堯、舜，生民未有，出類拔萃。何孟子之門多流俗之人，而孔子之門又何英才之多也？世衰道微，至孟子而極矣，可勝歎哉！

孟子曰：「以力假仁者霸，霸必有大國；以德行仁者王，王不待大。湯以七十里，文王以百里。以力服人者，非心服也，力不贍也；以德服人者，中心悅而誠服也，如七十子之服孔子也。詩云：『自西自東，自南自北，無思不服。』此之謂也。」

嗚呼！善論王霸之道，無出於孟子矣！蓋霸者以智術爲主，王者以至誠爲主。至誠乃心所固有者，智術乃罔念所成者。以至誠行仁政，是其心出於救民耳，非有所冀也；以智術假仁政，是特假塗以要利尔，豈以民爲心哉？如齊桓實欲襲蔡，而假包茅之名；實欲服諸侯，而假葵丘之名；晉文實欲伐楚，而假避舍之名；實欲一戰而霸，而假大蒐、伐原之名。雖一時風聲威令，足以聳動鄰國，然而天下皆知其心出於智術，特以智術之不如，故聽其號令耳。儻智術出其上，則將以僕奴待之，不然，相亢則爲敵，相參則爲參，其肯服之乎？若夫王者之心則不如是。心見仇餉之不仁，故有征葛之舉；心見莒國之不道，故有徂莒之征。非出於智術也，至誠救民而已矣。故湯之征葛也，東面而征西夷怨，南面而征北狄怨，曰：「奚爲後我？」而文王〔一〕、武王之伐紂也，散鹿臺之財，發鉅橋之粟，大賚于四海，而萬姓悅服，此豈以利爲心哉？故如霸者之所爲，竭其智術侵人土地，取人城邑，可以爲大國而已矣。然而怨結于心，特待時而發耳。如王者之所爲，本不爲廣土地充府庫計也，故湯以七十里而天下歸之，文王以百里而天下歸之。湯之有天下，文王之三分，皆至誠所感，民心歸之如子之歸父母，水之朝東海，豈强以智術驅之哉？特其心之所願欲尔。孟子知此意，故曰：「以力服人者，非心服也，力不贍也；以德服人者，中心悅而誠服也，如七十子之服孔子也。」

夫孟子論王霸之民，而又發七十子之服孔子之意，以明孔子非以智術得諸弟子也。不知孟子之指何處，見七十子心服孔子如此哉？夫孔子一旅人耳，非有禄以富人，非有爵

〔一〕「王」，原作「子」，據四庫全書本改。

以貴人。以子貢之才辨，子路之勇敏，冉求之智謂，皆足以揖將相而動王公，然而甘心飢餓勞苦，以從夫子周流於天下，儻非道德之大，豈能服其心如此乎？乃知霸者之民，兵勢之壯猶足以使之，一旦國家削弱，則皆相率而去之，有何心於戀慕哉？夫王者之民，則急難相保，窮迫相扶，蓋平時所以固結其心者，皆至誠也，故民皆至誠以報之。所以太王避狄來邠，而從之者如歸市，如七十子之服孔子，以明王道之大。孟子可謂深知王者之所存矣。當戰國之時，時君世主方慕仰桓、文之不暇，豈能知此理乎？言之可爲於邑。

張狀元孟子傳卷第七

孟子曰：「仁則榮，不仁則辱。今惡辱而居不仁，是猶惡濕而居下也。如惡之，莫如貴德而尊士，賢者在位，能者在職。國家閒暇，及是時明其政刑。雖大國，必畏之矣。詩云：『迨天之未陰雨，徹彼桑土，綢繆牖户。今此下民，或敢侮予？』孔子曰：『爲此詩者，其知道乎！能治其國家，誰敢侮之？』今國家閒暇，及是時般樂怠敖，是自求禍也。禍福無不自己求之者。詩曰：『永言配命，自求多福。』太甲曰：『天作孽，猶可違；自作孽，不可活。』此之謂也。」

世之論仁者或以爲愛，或以爲恕。至樊遲問仁，子曰：「居處恭，執事敬，與人忠〔一〕，

〔一〕「忠」，原作「恭」，據四庫全書本改。

雖之夷狄，不可棄也。」則愛與恕，惟悗〔二〕不行，不免穿鑿旁求，上害聖人之本意。孟子得所謂仁之説，故其論「仁則榮」，乃以貴德、尊士、賢者在位、能者在職、國家間暇、明其政刑爲仁。學者欲識仁之所歸，當以是而思之。

孟子此一章，大意在國家間暇明其政刑以取榮，不可般樂怠敖，自取辱也。且夫貴德則言行重，尊士則朝廷重，賢者在位、能者在職則國家重。夫一國之間而貴德、尊士、賢者能者充間〔三〕乎朝，則治安之象，已可想見矣。賢者、能者所見甚高，所慮甚遠，曷肯苟目前之計而忽遠大之圖哉？國家間暇必爲子孫千萬年之計，定綱紀，立憲度，情僞是非，患難緩急，皆有以防其微而杜其漸，正其本而清其源。一旦事出非常，變生意外，安間無事，談笑以待之。則以吾所以爲國家計者，其事素定也。大國其有不畏乎？夫使大國畏之，則小國事之，仁之必榮，理固然也。孟子慮天下不明斯理也，乃引詩以爲證。

學者之引六經，當先得六經之道，明於心，美於身，充於家，布於一國，行於天下，

〔二〕「惟悗」，四庫全書本作「推挽」。
〔三〕「間」，四庫全書本作「周」。

凡吾所以唯諾可否，進退抑揚，遇事接物，立政鼓衆，皆六經也，故得六經之道矣。意欲有〔一〕爲，皆成六經，如論閒暇明政刑，則是鴟鴞之詩也。求之於古，證吾所見耳。非如後世别章摘句，分文析字，終日於傳注之間、談説之際。使一置書策，則胸中茫茫略無所見；施之行事，無一合於古人之意者，明六經之道果若是乎？鴟鴞之詩言：「迨天之未陰雨，徹彼桑土，綢繆牖户。今此下民，或敢侮予？」正與國家閒暇明其政刑之意合。是六經合孟子之意，非孟子區區求合六經也。夫如是則能用六經，而非爲六經之所用矣。俗儒不解，動引詩、書，施之行事乃大繆不然，此六經之罪人也。孔子解是詩，乃不似後世訓詁箋註，而論作此詩者爲知道。異哉！其論詩也，不論章句之意，訓詁之義，乃論作此詩之知道。且解之曰：「能治其國家，誰敢侮之？」何其高明勁直如此也！孔、孟之明六經如是，學者隱之於心，果與之同乎？不同乎？宜自知所處矣。

孟子深憫當世君臣不得是詩之意，當國家閒暇乃般樂怠敖，以苟一時之快，而昧身後之圖，流連荒亡，去而不反。一旦民心已離，國勢已削，小國侮之，大國取之，禍辱之

〔一〕「有」，原作「其」，據四庫全書本改。

來，豈他人之罪耶？皆自取之耳。明其政刑而大國畏之，是自求福也；般樂怠敖而大國取之，是自求禍也。又以意之所見，引「永言配命」以證仁則榮，「自作孽」以證不仁則辱。孟子豈先觀詩之意，然後有仁則榮之説；先觀書之意，然後有不仁則辱之説哉？余所謂意欲有爲而皆成六經者，此也。其見天下之理行仁者榮，徐取詩以證之；不仁者辱，徐取書以證之，立意在前，詩、書在後。非先明六經之道而見之行事，能如此取舍自由哉？余因論仁則榮，又發聖賢明六經之道，以告吾黨之士云。

孟子曰：「尊賢使能，俊傑在位，則天下之士皆悦，而願立於其朝矣。市，廛而不征，法而不廛，則天下之商皆悦，而願藏於其市矣。關，譏而不征，則天下之旅皆悦，而願出於其路矣。耕者，助而不税，則天下之農皆悦，而願耕於其野矣。廛，無夫里之布，則天下之民皆悦，而願爲之氓矣。信能行此五者，則鄰國之民仰之若父母矣。率其子弟，攻其父母，自有生民以來，未有能濟者也。如此，則無敵於天下。無敵於天下者，天吏也。然而不王者，未之有也。」

余讀此一段，坐見帝王之道顯然在前，巍巍乎，真天下之壯觀而太平之極功也！孟子極帝王之要道，指聖賢之本心，以此五者圖畫名貌，了無餘藴。非學問精深，思慮超詣，爲未易到此。當孟子時，朝無正士，市有征，法有廛，關又有征，耕又有税，廛又有布，爲士者、爲商者、爲旅者、爲農者、爲氓者，一皆不得其所，情僞險阻，膏火煎熬，仕不保身，朝不謀夕，此何等氣象乎？孟子悲之，所以極帝王之要道，指聖王之本心，使天下爲士、爲商、爲旅、爲農、爲氓，一皆優游怡愉，各自適其所適，豈不盛哉？

請試言之。今一國之間，以言乎朝廷，則尊賢使能，俊傑在位，則天下之士豈不人人相慶而願立於其朝。以言乎關市，則廛而不征，法而不廛，譏而不征，則天下之商旅豈不人人相慶而願藏於其市，出於其路。以言乎田里，則助而不税，廛而無布，則天下之農、天下之民豈不人人相慶而願耕於野，願爲之氓乎？夫上自朝廷，下至田里，人人相慶，驩聲和氣充塞宇宙，聞其風聲，誰不仰之如父母乎？此蓋圖畫二帝三王之太平於數語之閒也。行此五者，雖不道之國欲肆并兼之心，起呑噬之意，而不知冥冥之中其視我如父母也久矣。故率其子弟攻其父母，自有生民以來，豈有能濟者乎？如此則東西南北歸心於我，天下其有敵乎？至於此地，豈人能爲乎？夫是之謂天吏。所謂王道止在此耳，後世欲爲二帝三王之事，不必遠求，第於此數句一一行之。上觀朝廷，下考田野，與此無一不合，則唐、虞、三代之時即今日是矣，何問古今哉？

孟子曰：「人皆有不忍人之心。先王有不忍人之心，斯有不忍人之政矣。以不忍人之心，行不忍人之政，治天下可運之掌上。所以謂人皆有不忍人之心者，今人乍見孺子將入於井，皆有怵惕惻隱之心。非所以内交於孺子之父母也，非所以要譽於鄉黨朋友也，非惡其聲而然也。由是觀之，無惻隱之心，非人也；無羞惡之心，非人也；無辭讓之心，非人也；無是非之心，非人也。惻隱之心，仁之端也；羞惡之心，義之端也；辭讓之心，禮之端也；是非之心，智之端也。人之有是四端也，猶其有四體也。有是四端而自謂不能者，自賊者也；謂其君不能者，賊其君者也。凡有四端於我者，知皆擴而充之矣，若火之始然，泉之始達。苟能充之，足以保四海；苟不充之，不足以事父母。」

孟子之學非口耳所傳，非見聞所有，皆其超然獨寤，深見天之所以在我者，而又能造化運用，施之事物之間，此所以卓卓乎周、孔之後，而荀、揚等輩不可髣髴其萬一也。夫不忍之心，誰其無之？能見之者，千萬人中一人而已。就使見之，以其所見施於有用，使所及者廣，所濟者博，則又千百世中一人而已。吁可歎也！

孟子深識此理，浩觀萬古，下視當今，知先王所以獨尊於千古者，以能施於有用也。殺方商鞅、孫臏、蘇秦、張儀、陳軫、稷下之學得志於世也，顧此等輩皆以進取爲功業，人人爲英雄。時君世主皆波蕩從之，豈復有不忍人之心哉？於千百人中有齊宣王者，獨有不忍釁牛之心，此孟子所以眷眷於齊，開陳反覆，剖析淵微，其偉論英辭，蓋當世絶學也！孟子將移齊王不忍一牛之心於百姓，又將移齊王不忍百姓之心，施之於有用之實効，此以先王望齊宣也。蓋先王有不忍人之心，斯有不忍人之政矣。以其能用也，故曰：「今有仁心仁聞，而民不被其澤，不可法於後世者，不行先王之道也。」又曰：「徒善不足以爲政，徒法不能以自行。詩云：『不愆不忘，率由舊章。』遵先王之法而過者，未之有也。」夫有不忍人之心，而不能施於有政者，何也？以其因循苟簡，不教不學，雖擇而不精，語而不詳，所以雖稟天與之善心，而終不能用之於事物之間也。

孟子既以其所學用之於身，爲養浩、知言之妙；又用之於當世，而爲植桑種田，育雞豚，畜狗彘，謹庠序，申孝悌，老者衣帛食肉，黎民不飢不寒，不負戴於道路，不漂流於溝壑之説，此所謂以不忍人之心，將以行不忍人之政者也。既能見之，又能用之，天下雖大，可端委廟堂，不動聲氣，不煩笑色，而運用於掌握之間也。惜乎！其無有知之者。

孟子恐當世之人，不寤所以爲不忍人心者何物，乃直指以示之曰：「所以謂人皆有不忍人之心者，今人乍見孺子將入於井，皆有怵惕惻隱之心。非所以内交於孺子之父母也，非所以要譽於鄉黨朋友也，非惡其聲而然也。」請試隱之於心，以卜孟子之説。夫平居無事，忽見嬰孩孺子將入於井，則凡爲人類者，其怵惕惻隱之心隨見即生，間不容息。顧惟此心，豈暇校計納交於孺子父母？豈暇校計要譽於鄉黨朋友？又豈暇校計惡其無仁者之聲而然哉？此蓋見隨機動，心與機生，天與良心，於此可卜。使犬馬禽獸立於其旁，又安有此心乎哉？既有此心，則是與先王同心矣。嗚呼！何不於此而徑識其所謂本心耶？稍涉校計，間有秋毫，已非此心矣。學者不可不力也。

人有此心，而犬馬禽獸乃獨無之。今商鞅、孫臏、蘇秦、張儀諸人乃獨無惻隱之心，而以進取爲功業，殺人爲英雄，是豈人類也哉？既無惻隱，殘民害物，偷合苟容，而獨無羞惡之心焉，非人也；既無羞惡，互相侵奪，而獨無辭讓之心焉，非人也；既無辭讓，是不知義理，毁壞名教，而獨無是非之心焉，非人也。然則孟子視當時所謂權謀詭詐、縱横捭闔之人，皆非人類中人也。今既明指以惻隱之心爲仁之端，羞惡之心爲義之端，辭讓之心爲禮之端，是非之心爲智之端。雜然並舉，使於一端寤入，則四端交通，左右逢原，顛沛在是，凡吾日用中事豈有虚棄者哉？折旋俯仰，應對進退，皆仁義禮智之發見處也。嗚呼！天下之樂，其有過於此乎？

有此樂事而不能施之於天下，是自賊其身者也；君有此樂而不能開陳引導，使天下受其賜，是賊其君者也。凡有四端於我者，此則遍告同志之士也，知皆擴而充之矣。知之爲言，寤也。擴而充，謂行不忍之政也。行不忍之政者，前所謂植桑種田，育雞豚，畜犬彘，謹庠序，申孝悌，使老者衣帛食肉，不負戴於道路，黎民不飢不寒，不漂流於溝壑是也。夫擴充一端，其効如此，况四端交用，造化於其間，其風聲號令，鼓舞陶冶，當如何哉？學者又當自體之，非余言語所能盡書也。

使行不忍人之政如前所謂，亦已大矣。孟子乃以謂若火之始然，泉之始達耳。嗚呼！火之極功可以鑠石流金，水之極功可以經營中國，周流四海。今其効如此，乃以謂特出於始然始達耳。使其日復一日，新而又新，極其功用，又當如何哉？孟子既言其功矣，則又從而斷之曰：苟能用之如前所謂，足以保四海；苟不能用，雖有四端，止見於發用耳，至親如父母且不能事之，況天下乎？昔漢元帝天資仁柔，温厚之詔數下，豈無不忍人之心哉？然而任洪恭、石顯，殺蕭望之、京房，終爲闇懦之君者，何也？則以有是四端而不能用者也。

孟子可謂深造自得，善取古人之用處，自充其所學者也。其意專以能用爲尚，請極陳之。夫指齊宣不忍之心，其用處已可見矣。今又於不忍人之心外，又立不忍人之政之説，使學者能見此心，又能用此心，可謂極矣！又有異焉者。於離婁篇，又於不忍人之政外，立遵先王之法之説，使行不忍人之政者一切求於先王以正之。且以離婁之明，公輸子之巧，師曠之聰，堯、舜之道，聖人既竭目力、耳力、心思以比不忍人之心，又以「不以規矩，不能成方圓」，「不以六律，不能正五音」，「不以仁政，不能平治天下」，繼之以六律、五音不可勝用；繼之以規矩準繩，以爲方圓平直，不可勝用；繼之以不忍人之政，而仁覆天下。爲高必因丘陵，爲下必因川澤，爲政必因先王之道。爲行不忍人之政之説，使行不忍人之心者，必爲規矩律吕以合先王之法度，不似梁武以弱爲仁，漢明以察爲明，自師不法，以害名教而尊刑法也。其論至矣極矣！孟子之學如此，而或者或非焉，或疑焉，或幾於罵焉，此非余之所取知也。

孟子曰：「矢人豈不仁於函人哉？矢人惟恐不傷人，函人惟恐傷人。巫匠亦然，故術不可不慎也。孔子曰：『里仁爲美。擇不處仁[一]，焉得智？』夫仁，天之尊爵也，人之安宅也。莫之禦而不仁，是不智也。不仁、不智、無禮、無義，人役也。人役而恥爲役，由弓人而恥爲弓，矢人而恥爲矢也。如恥之，莫如爲仁。仁者如射，射者正己而後發。發而不中，不怨勝己者，反求諸己而已矣。」

余觀孟子此一章，意謂商鞅、孫臏、蘇秦、張儀輩設也。夫此數人者，天資甚敏，學

[一]「仁」，原作「人」，據四庫全書本改。

問甚工，智慮甚精，然而其術則殺人而已矣。是猶矢人之惟恐不傷人，匠人久惟憂人之不死也。彼其心亦人耳，豈若禽獸無知哉？然而所以如此者，以擇術不善也。儻以其天資，以其學問，以其智慮，移之於聖人之道，在三代時當與伊、傅、周、召同傳。不幸擇術不精，以殺人爲事業，臏刖足，鞅車裂，秦又車裂，徑何補哉？其歸足以自賊其身而已矣。當其未死也，坐籌決勝，張目摇指，縱横捭闔，無非順人主所向而導之，不復問禮義所在。坐高車，佩相印，自以謂志滿意得矣，然而不仁、不智、無禮、無義，爲人所役，卒歸於殺身喪名，遺臭千古。孟子指以爲妾婦之道，良可哀哉！

若夫學帝王之道，行聖賢之心，植桑種田，育雞豚，畜狗彘，謹庠序，申孝悌，使老者衣帛食肉，不負戴於道路，黎民不飢不寒，不漂流於溝壑，使民視君如父母，尊君如神明，同心一力，以扞社稷而保宗廟者，皆其所樂爲也。所學如此，是猶函人之惟恐傷〔二〕人，巫者之惟憂人死也。然而矢人匠人未必不仁，術之不仁，故其心亦不仁；函人巫者未必皆仁，術有在仁，故其心亦仁。商鞅、孫臏、蘇、張諸人豈皆不仁者哉？以學術不仁，故

〔二〕「傷」，原作「儀」，據四庫全書本改。

其心亦變而爲不仁。孟子居近墳墓則學治墳墓，至其母爲之三徙。使其無賢母，日以治墳爲業，是亦矢人匠者之心也。卒之學於子思，乃大明先王之道，毅然以聖賢救民爲事業，而不徇時君之好惡。雖當年不克施其志，而其七篇之書英辭偉論、至言妙道，所以排擊邪説、扶衛正道，其功與禹抑洪水，周公兼夷狄驅猛獸，孔子成春秋一等，豈不偉哉！

然而孟子所以如此，而商鞅、孫臏、蘇秦、張儀所以如此者，孟子智，商、孫、蘇、張不智故也。何謂智？審思慎擇，不以富貴爲心，而以聖賢爲心者是也。然則商、孫、蘇、張如此天資，如此學問，如此智慮，乃爲人役而不自知。使其自知，豈得無恥？如其恥之，罪豈在他人哉？尤之射也，在此有毫釐之差，則在彼有尋丈之失矣。故射者正己後發，發而不中，不怨勝己者，反求諸己而已矣。反求諸己，則商、孫、蘇、張諸人豈非擇術不善乎？擇術不善，豈非不審思，不慎擇，以富貴爲心，不以聖賢爲心之罪乎？孟子已没，讀其遺言如日月河漢，使人瞻仰肅敬。而商、孫、蘇、張死向數千載，讀其書史，無不惡其爲人，使其魂魄有靈，烏知其不悔恨於九泉之下哉？其所得亦幾何哉？

吾儕讀孟子之書，其論邪正之説如此，安得不審思，不慎擇，不以聖賢爲心，而以富貴爲心乎？其戒之！其慎之！至於其論擇居處不以仁爲主，則謂之不智，是智所以識仁也。其曰仁，天之尊爵，以言其常貴也；人之安宅，以言其常安也。今莫之止而不仁，不仁則常爲人所賤，常蹈危辱之地，爲人所役使耳。然則君子欲常尊貴安泰，不爲人所鄙賤，所危辱，若奴隸之爲人所役，如商、孫、蘇、張輩者，其於擇術安可不審也哉？此余所以反覆言之而不敢已也。

孟子曰：「子路，人告之以有過則喜。禹聞善言則拜。大舜有大焉，善與人同。舍己從人，樂取於人以爲善。自耕、稼、陶、漁以至爲帝，無非取於人者。取諸人以爲善，是與人爲善者也。故君子莫大乎與人爲善。」

余觀此一章，一節大於一節，至於舜可謂大而不可及矣。其道襟德量恢廓如此，嗚呼！其所以爲聖帝而恭己南面，用天下之英才，使各盡其道者，其必由此也。且子路、大禹、大舜各有門路，至舜爲最大耳。夫子路之心念念求過，惟恐失錯而不自知也。其心正在於此，忽有人焉指其過而告之，言合其幾，此所以人告之以有過則喜也。與夫文過飾非者異矣。禹之用心則有異於子路，子路念念求己之過，大禹念念求己之善，惟精惟一，惟時惟幾，惟恐其不見也。其心正在此，善言一來，深觸其幾，此所以聞善言則拜也。與夫誨爾諄諄聽我藐藐者異矣。然子路惟恐過在於己，大禹惟恐善不出諸己，其過人雖遠矣，比之大舜則又有異焉。不以一己之善爲善，而以天下之善爲善，善在他人，如出諸己，保護愛惜，惟恐讒邪冒嫉之人有以傷毀之也。是故謂之善與人同，以謂不欲獨出諸己也。惟其不欲獨出諸己，所以舍己從之，樂取諸人以爲善。頽然衆善之中，韜藏晦縮，似無異於常人。

而禹善治水，棄善播種，契善敷教，皋陶善治獄，垂善器械，益善山澤，伯夷善禮，后夔善樂，龍善納言，一皆隨其所長而任之。舜獨不見其長，而以九人之善爲己之善焉。何其廣大如此也！夫舜耕於歷山，耕者讓畔；陶於河濱，河濱之人器不苦窳；漁於雷澤，雷澤之人分均，舜乃略無所見焉。孟子識此意，乃明言之曰：「自耕、稼、陶、漁以至爲帝，無非取於人者。取諸人以爲善，是與人爲善者也。」夫與人爲善，則天下之善皆吾之善也，豈不大哉！不與人爲善而欲獨出諸己，此世之淺丈夫耳，讒邪冒嫉皆起此輩。

昔羊欣作掘筆書，鮑照〔二〕多累句，以宋明帝多忌，不敢盡其能。隋煬帝殺薛道衡，曰：「復能作『空梁落燕泥』否？」又殺王胄，曰：「『庭草無人隨意緑』，復能道此語耶？」傷哉！爲天下君乃如此忌嫉，則與人爲善，信乎大舜之爲大也。漢文帝自謂不如賈誼，而魏文帝乃立論有「漢文勝賈誼」之説，是不特與其弟子建争能，乃欲與前世之士争能也。人主而操此心，則諂諛無能者常得志，而剛大多材者常斥逐矣。唐德宗終身愛盧杞，而以蕭復爲輕己，以姜公輔爲賣直者，以是故也。嗚呼！禮曰：「後世雖有作者，虞舜弗可及也。」其是之謂與？

孟子曰：「伯夷，非其君不事，非其友不友。不立於惡人之朝，不與惡人言。立於惡人之朝，與惡人言，如以朝衣朝冠坐於塗炭。推惡惡之心，思與鄉人立，其冠不正，望望然去之，若將浼焉。是故諸侯雖有善其辭命而至者，不受也。不受也者，是亦不屑就已。柳下惠，不羞汙君，不卑小官，進不隱賢，必以其道。遺佚而不怨，阨窮而不憫。故曰：

〔二〕「照」，原作「昭」，據四庫全書本改。

『爾爲爾，我爲我，雖袒裼裸裎於我側，爾焉能浼我哉？』故由由然與之偕而不自失焉，援而止之而止。援而止之而止者，是亦不屑去已。」孟子曰：「伯夷隘，柳下惠不恭。隘與不恭，君子不由也。」

孔子曰：「伯夷、叔齊不念舊惡，怨是用希。」又曰：「伯夷、叔齊，古之賢人也。」又曰：「求仁而得仁。」又曰：「伯夷、叔齊餓于首陽之下，民到于今稱之。」其稱柳下惠曰：「臧文仲其竊位者與！知柳下惠之賢而不與立也。」又曰：「柳下惠爲士師，三黜。人曰：『子未可以去乎？』曰：『直道而事人，焉往而不三黜？』」夫伯夷、下惠親經聖人品題如此，誰敢妄有可否？門弟子如顔、閔、子貢、子路諸人，夫豈不偉？而推尊服膺，不見其略有褒貶。孟子生乎諸人之後，不知何所見，而自聖人之所謂賢者謂之隘，謂之不恭。其曰：「君子不由」，豈孟子自待在孔門之上乎？

蓋有説也。夫時至孟子，聖道湮塞，邪説交興，而楊氏爲我乃出于子夏之不及，墨氏兼愛乃出于子張之過。其學皆源於聖人，其流乃亂於私智。伯夷之清有近於楊氏，下惠之和有近於墨氏。推楊氏之爲我，必至於無父；推墨氏之兼愛，必至於無君。孟子受道於子思，子思受道於曾子，曾子受道於孔子。顧曾子之傳，蓋正統也。如子夏、子張輩，皆有聖人之一體，而非其全也。惟曾子之傳獨出乎諸人之上，渾然大成，無有畔岸。孟子得之，故以其所學，以其所傳，以其所見，貶剥可否。獨推尊孔子之道而師之，雖具體而微，如顔、閔、冉牛，弗學也；雖有聖人之一體，如夷、惠、伊尹，弗學也。其學也，學孔子而已。伯夷有孔子之清，而無孔子之和；下惠有孔子之和，而無孔子之清；伊尹有孔子之任，而又無孔子之清且和也。是以孔子之用，可以仕則仕，伊尹得之；可以止則止，可以速則速，伯夷得之；可以久則久，下惠得之。是三聖人者，如子夏、子張、子游，皆有聖人之一體而已，而非其全也。三聖人，聖矣，而未智也。孔子於聖之外，又有智焉；三聖人至矣，而未中也，孔子於至之外，又有中焉。惟智則能運其所謂聖，惟中則可以行其所謂全〔二〕。於群聖之中超然獨出，卓乎巧妙，蓋乾坤之造變化之神也。

士大夫不學則已，學則當造其極；學不造其極則已，學欲造其極，舍孔子其誰哉？孟子窺見此理，故獨尊孔子而師之。所謂顔子，所謂閔子，所謂冉牛，雖當時親炙聖人，

〔二〕「全」，四庫全書本作「至」。

不學也；所謂伊尹，所謂伯夷，所謂下惠，雖經聖人品題，不學也。以其所學正天下之邪說近似於道而非真者，故明言於天下，不學數君子而欲學孔子，不學三聖人而獨學孔子。然後以其所學述伯夷之行，而斷之曰「伯夷隘」；述下惠之行，而斷之曰「柳下惠不恭」；斷學子夏之失如楊朱者，曰「是無父」也；斷學子張之失如墨翟者，曰「是無君也」。則當時所學如泄柳、段干木、莊周，自以爲獨高一世者，聞貶楊朱之説，貶伯夷之説，豈得不懼乎？所學如蘇秦、張儀、陳軫，自以爲鼓舞天下者，聞貶墨翟之説，貶下惠之説，豈得不懼乎？

孟子之意以謂學當學其全，學其全則千古無弊；不當學其偏，學其偏則其歸必大害聖人之道，而爲異端邪説，如洪水，如夷狄，如猛獸，如亂臣賊子。學其全則闔闢萬古，變通群聖，仕亦道，止亦道，久亦道，速亦道。其乾坤之造，變化之神，止在於審量斟酌之間耳。其曰可以仕，可以止，可以久，可以速，「可」之爲言，審量斟酌，裁自聖心。聖之外所謂智者，在是也。至之外所謂中者，在是也。當衛靈問陳時，季桓子受女樂時，而一乎柳下惠之三黜不去，豈不害道？此可以止可以速之時也。當見齊景公時，楚昭王時，魯定公時，而一乎伯夷之坐於塗炭，豈不害道？此可以仕可以久之時也。孟子睿睿於齊宣而决去於梁惠，是真學孔子，非出於夷、惠也。夫時在孔子，學未有差，僞未亂真，而孔子固已有惡紫奪朱，惡鄭亂雅，惡利口覆邦家之説。况當孟子時，蘇秦、張儀之説馳騁於諸國，而楊朱、墨翟之言盈滿於天下。儻不深指其源流之來，如伯夷之隘、下惠之不恭，明言而别白之，則又安能絶其源而正其本哉？此又孟子能用孔子之學見之於當世也。學而不能用，又安以學爲哉？嗚呼！學而求能用之道者，其有説乎？曰：有。其説如何？曰：請觀諸孟子。

張狀元孟子傳卷第八

公孫丑章句下

孟子曰：「天時不如地利，地利不如人和。三里之城，七里之郭，環而攻之而不勝。夫環而攻之，必有得天時者矣；然而不勝者，是天時不如地利也。城非不高也，池非不深也，兵革非不堅利也，米粟非不多也；委而去之，是地利不如人和也。故曰：域民不以封疆之界，固國不以山谿之險，威天下不以兵革之利。得道者多助，失道者寡助。寡助之至，親戚畔之；多助之至，天下順之。以天下之所順，攻親戚之所畔，故君子有不戰，戰必勝矣。」

余觀此一章，蓋當時商鞅、孫臏、陳軫、蘇、張輩日以殺人爲功業，其論天時地利，時日支干，五行王相，孤虚雲陳之術，高城深池，兵革米粟之説，熟矣。無一人發明保宗廟安社稷，以人和爲主也。然則孟子之學專以人和爲主。所謂人和者，即父子相保，兄弟相扶，室家相好，鄉閭、族黨、親戚、朋友相往來，雞豚、黍稷、酒醴、牛羊相宴樂者，是也。儻專以天時爲主，而三里之城，七里之郭，環而攻之，有不勝者矣。夫環而攻之，必時日支干五行之利者也，然而不勝者，是天時不如地利也。如王莽以兵百萬敗於昆陽，曹操以兵八十萬敗於赤壁是也。天時果可恃乎？儻專以地利爲主，城非不高，池非不深，兵革非不堅利，米粟非不多，委而去之，如秦據百二之險而子嬰降於軹，陳據大江之阻而叔寶降於建康是也。地利果可恃乎？審如此説，則夫商鞅、孫臏、陳軫、蘇、張之説，皆不可用矣。

然則如之何？專以人和爲主可也。三代所以歷年長久，爲子孫帝王萬世之業者，專以人和爲主，天時地利特輔之而已。故曰：「域民不以封疆之界，固國不以山谿之險，威天下不以兵革之利。」嗚呼！何以得人之和樂哉？孟子乃以謂：「得道者多助，失道者寡助。」所謂道者，何道也？即前所謂植桑種田，育雞豚，畜狗彘，謹庠序，申孝悌，使老者衣帛食肉，不負戴於道路，黎民不飢不寒，不漂流於溝壑者，是也。誠行此道，民仰之如父母，敬之如神明。一旦風塵有急，四郊多壘，彼以其暴，我以其仁，彼以其術，我以其理，使一介之使告諭彼民曰：「吾民父子相保，兄弟相扶，室家相好，鄉閭、族黨、親戚、朋友相往來，雞豚、黍稷、酒醴、牛羊相宴樂，何爲以兵加我乎？」聞其言者，誰不起雲霓之望，致壺漿之迎，安忍以兵相賊哉？儻惟怙終不悛，長惡不戒，則將自視如子，視君如父，三軍同心，衆士協力，有進無退，有死無生，其鋒安可當也！此所謂得道者多助，彼所謂失道者寡助矣。寡助之至，則親如微子，將抱祭器以適周；多助之至，則牧野之師將倒戈以歸我。以我人和，天下之所順，將以起仇餉之師，致徂莒之伐，其有不如其意者乎？君子不戰，戰必勝矣。豈不信？

夫孟子之學專以愛民爲主，故其遊齊、梁之間，力陳王道。如行其所説，則人人皆樂其生，皆適其適，驩然怡愉，鼓舞動蕩，猶三春之陽，九韶之奏也。王道不可見，而其狀如此。惜乎其志弗克施，其遺言餘意尚可追迹以求之。不得志則以其和養吾心，得志則推其和於四海，使天下心和、形和、氣和，而天地之和悉皆應之，爲麒麟，爲鳳凰，爲嘉禾，爲甘露，爲醴泉，而四方歌華黍之詩，天下奏豐年之頌，豈不樂哉？學而不學此道，奚以學爲？

孟子將朝王，王使人來曰：「寡人如就見者也，有寒疾，不可以風。朝將視朝，不識可使寡人得見乎？」對曰：「不幸而有疾，不能造朝。」明日出弔於東郭氏。公孫丑曰：「昔者辭以病，今日弔，或者不可乎？」曰：「昔者疾，今日愈，如之何不弔？」王使人問疾，醫來。孟仲子對曰：「昔者有王命，有采薪之憂，不能造朝，今病小愈，趨造於朝，我不識能至否乎？」使數人要於路，曰：「請必無歸，而造於朝！」不得已而之景丑氏宿焉。景子曰：「内則父子，外則君臣，人之大倫也。父子主恩，君臣主敬。丑見王之敬子也，未見所以敬王也。」曰：「惡！是何言也！齊人無以仁義與王言者，豈以仁義爲不美也？其心曰『是何足與言仁義也』云爾，則不敬莫大乎是。我非堯、舜之道，不敢以陳於王前，故齊人莫如我敬王也。」景子曰：「否，非此之謂也。

禮曰：『父召，無諾；君命召，不俟駕。』固將朝也。聞王命而遂不果，宜與夫禮若不相似然。」曰：「豈謂是與？曾子曰：『晉、楚之富，不可及也。彼以其富，我以吾仁；彼以其爵，我以吾義，吾何慊乎哉？』夫豈不義而曾子言之？是或一道也。天下有達尊三：爵一，齒一，德一。朝廷莫如爵，鄉黨莫如齒，輔世長民莫如德。惡得有其一，以慢其二哉？故將大有爲之君，必有所不召之臣。欲有謀焉，則就之。其尊德樂道，不如是不足與有爲也。故湯之於伊尹，學焉而後臣之，故不勞而王；桓公之於管仲，學焉而後臣之，故不勞而霸。今天下地醜德齊，莫能相尚。無他，好臣其所教，而不好臣其所受教。湯之於伊尹，桓公之於管仲，則不敢召。管仲且猶不可召，而況不爲管仲者乎？」

余嘗謂孟子學先王之道，而能用先王之道者也。事變非常，其用不一，按迹而求，每見其參差不合矣。即孟子此一章求之，亦可以見其用矣。夫天下皆知父子主恩，君臣主敬，皆知召之則來，麾之則去爲敬王矣，而不知以堯、舜之道陳於王前之爲大敬也；天下皆知「君命召，不俟駕」之爲禮矣，而不知德齒之尊，學焉而後臣之之爲大禮也。孟子，大儒也，用先王之道者也。衆皆以召之則去之爲敬，而吾則獨以陳堯、舜之道爲敬；衆皆以不俟駕之爲禮，而吾則獨以德齒之尊，學焉臣之之爲禮。是其高見遠識，卓然出乎世儒之上。使其得志，盡置商鞅、孫臏、陳軫、蘇、張之説爲無用之地，而力行植桑種田，育雞豚、畜狗彘，謹庠序，申孝悌，使老者衣帛食肉，不負戴於道路，黎民不飢不寒，不轉徙於溝壑之道矣。夫何故？以其所見所識，迥與當時所尚不同也。齊王有易牛之心，有罪己之善，有不自欺之心，有不自足之意，皆三王之資也。孟子嘗直指易牛之心以警之，而王亦超然自得，指此心戚戚之處以示孟子。孟子知此機已動，此路已入，第未能造化變轉，施之於四海九州也。使其於此道念念不舍，其得日明，其樂日深，必將忘千乘〔一〕之尊，降人主之勢，就見孟子，學焉臣之，而爲三王之舉矣。孟子待齊王如此，是將以成湯待之也。其敬君，其有禮於君，天下豈復有如孟子者哉？齊王雖未能然，然觀其有寡人得見之言，有問疾醫來之使，其拳拳於孟子亦已深矣。不知齊王何所見而爲此哉？孟子知其可與有爲，故以疾爲辭而不朝，出弔東郭以見意。余静觀孟子之心，方將卜齊王尊德樂道之心進與不進

〔一〕「乘」，原作「里」，據四庫全書本改。

也。夫使齊王深見德之可尊，道之可樂，忘其千乘〔二〕之尊，人主之勢，必將虚心屈己，降色辭以見孟子矣。使其如此，是德機已動，道路已開，徐觀其機之所在，路之所趨，急轉而疾策之，使三王之道曠然於一言之下，而嚬笑應對、設施舉措，不期而爲三王矣。豈可以俗情凡見以爲孟子妄自尊大，要君如此哉？故觀孟子者，當以道觀之，不當以世俗觀之也。

孔子不遇戰國之變，故所行可信，至少出佛肸、南子之機，則子路已不悦矣。况當孟子時，人皆佛肸，事皆南子，豈得以平時之説、凡俗之心以妄論之哉？夫成湯、齊桓王霸不同，然皆學焉而後臣之者也。伊尹學極於王，成湯不如是不足以王；管仲學極於霸，齊桓不如是不足以霸。余嘗讀易至山上有澤之爲咸，乃深寤咸之所以感人者，以虚受人也。儻先以千乘〔三〕之尊、人主之勢自實其中，則必不虚心，必不屈己，必不降色辭，道將自何而入乎？孟子必欲王來就見，是用易道以感齊王也。使武王不訪箕子，則九疇不

〔二〕「乘」，原作「里」，據四庫全書本改。
〔三〕「乘」，原作「里」，據四庫全書本改。

陳；使劉元德不親顧諸葛於草廬之中，則三國不鼎立，而曹操已得志於天下矣。余以是知孟子能用先王之道，以御當世之變，而超絶於凡情俗慮之中。顧其爐韛埏埴，豈齪齪者所能知哉？後之學者當細觀之，毋輒議其出處也。至引曾子「彼以其富，我以吾仁；彼以其爵，我以吾義」之説，其使學士大夫以仁義爲重，以富貴爲輕，視當世懷黄結紫，腰六印，佩双璧以誇駭世俗者爲何等人哉？學者於此不可不精思也。

陳臻問曰：「前日於齊，王餽兼金一百而不受；於宋，餽七十鎰而受；於薛，餽五十鎰而受。前日之不受是，則今日之受非也；今日之受是，則前日之不受非也。夫子必居一於此矣。」孟子曰：「皆是也。當在宋也，予將有遠行。行者必以贐，辭曰：『餽贐。』予何爲不受？當在薛也，予有戒心。辭曰：『聞戒，故爲兵餽之。』予何爲不受？若於齊，則未有處也。無處而餽之，是貨之也。焉有君子而可以貨取乎？」

孟子善用先王之道，其所爲每出俗情之外，非獨後世非之、疑之、詈之，而當時如陳臻、屋廬子、淳于髡之徒，或以爲非，或以爲得間，或以爲無賢，而况後世乎？故學者之學聖賢，當以道觀，不當以俗情觀，當得其心，不可追其迹。其或出或處，或默或語，或辭或受，裁自本心，一貫乎道，蓋皆有説。豈可以俗情觀之，末迹考之，而比較隄遏，使之無所逃哉？學聖賢如此，是何誠心哉？伺常人之過且不可，況伺聖賢之過乎？

觀臻之問，不受齊王之餽而受宋、薛之餽，且以前日之不受是，則今日之受非；今日之受是，則前日之不受非。左右關防，必欲置孟子於有過之地。且曰：「夫子必居一於此矣。」異哉，臻之用心也！孟子不怒不忿，徐徐告之曰：「皆是也。」且〔二〕明言受宋之餽者，以將有遠行，而宋以「餽贐」爲辭，事與義合，烏得而不受？受薛之餽者，以有戒心，而薛以「兵餽」爲辭，事與義合，亦烏得而不受？至於齊，既非遠行，不可以言「餽贐」；又非聞戒，不可以言「兵餽」，使人將何以處之哉？儻不問義理，不顧可否，一以受金爲心，是齊以貨誘孟子，而孟子亦以貨爲人所取也。此市井之行，駔會之術也，惡有君子而爲此態乎？學者有疑聖賢之心，皆俗情不去也。聖賢亦何傷

〔二〕「且」原作「旦」，據四庫全書本改。

乎？如孔子遭陳、蔡之難，子路遽以爲未仁未智，然則未仁未智，陳〔二〕、蔡之圍爲當也。此無他，學未到聖賢者，其凡心俗慮自然如此。至於顏子則曰：「夫子道大，不容。不容何病！不容然後見君子。」是三千人中，其深得夫子之心而不致疑於其間者，顏子一人而已矣。

審知此理，則夫觀聖賢者，當先致知格物，使俗情皆盡，天理昭然，則夫聖賢或出或處，或默或語，或辭或受，皆自本心，考諸三〔三〕王而不謬，建諸天地而不悖，質諸鬼神而無疑，百世以俟聖人而不惑。苟學不到聖賢，而以區區私智妄測其心，欲以乾坤之造、變化之神置之凡情俗慮之中，多見其不知量也。善乎！詩人之言曰：「上天之載，無聲無臭。儀刑文王，萬邦作孚。」其意以謂天無聲臭，不可窺測，文王即天也，儀刑文王，天意見矣。學聖賢者讀其遺編，當如觀天有日月星辰之文，風雨雷霆之變，可尊可仰。隱之於心，其合於聖賢者則拳拳服膺，其疑於聖賢者則痛自鋤治，必欲得聖賢之心而後已。如

〔二〕「陳」，原作「是」，據四庫全書本改。
〔三〕「本心，考諸三」，四庫全書本同闕，據文意補。

是乃不愧於天。

孟子之平陸。謂其大夫曰：「子之持戟之士，一日而三失伍，則去之否乎？」曰：「不待三。」「然則子之失伍也亦多矣。凶年飢歲，子之民，老羸轉於溝壑，壯者散而之四方者，幾千人矣。」曰：「此非距心之所得爲也。」曰：「今有受人之牛羊而爲之牧之者，則必爲之求牧與芻矣。求牧與芻而不得，則反諸其人乎？抑亦立而視其死與？」曰：「此則距心之罪也。」他日，見於王曰：「王之爲都者，臣知五人焉。知其罪者，惟孔距心。爲王誦之。」王曰：「此則寡人之罪也。」

孟子善用先王之道，孔子之後，超然獨振於衰俗之中，豈獨見之於空言，固將施之於行事。觀其開陳之際，匪亟匪徐，亹亹逼人，使人心服而意消。其視洩冶直諫，陳元吉鏁諫，豈不天地相遼哉？蓋其深察人情，窮極物理，知如是而喜，如是而怒，如是而抵距，如是而順從，以先王之道造化於其間。其學聖之外有智，力之外有巧，至之外有中。故其開陳之際，智足以極人之心，巧足以合人之意，中足以適事之幾。泯然相從，不見畔岸。

學而能用，其有過於孟子者幾希。觀其將論孔距心、平陸之政，老羸轉於溝壑，壯者散之四方。乃先問持戟之士一日而三失伍，當去與不當去。必距心有不待三之語，然後有子之失伍之言。距心既有非所得爲之辭，乃有受人牛羊之問。其辭直而不倨，曲而不詘，如飲醇酒，□□□[一]醲，如在春風，自然□□□□□□[二]距之心轉而爲服罪之語。其斡旋造化，豈語言所能爾哉？其當日精神所以感格之者，有不能盡記也。但見距心軒然自咎，曰：「此則距心之罪。」嗚呼！何以使之心服如此哉？

孟子於能用之中，又有用焉者。非特以此變距心，又將以此變齊王。變之如何？他日見於王，有「知其罪者，惟孔距心」之言，且爲王盡誦當時之語，是又轉以此幾感寤齊王。王又軒然自咎曰：「此則寡人之罪也。」夫知罪在己，則必悔，悔則必改。其功用又有大者，特齊王幾未發耳。以是知學當格物，格物則能窮天下之理，窮天下之理則人情物態、喜怒逆順、形勢縱横，皆不逃於所揆之理。「優而柔之，使自得之；饜而飫之，使自

[一] 此處闕三字。
[二] 此處闕六字。

趨之。」一旦釋然理順，怡然冰解，皆格物之効也。若朱雲訕張禹，宋璟執昌宗，直則直矣，聖賢之門無如是法也。學士大夫如欲論思獻納，使人君聽從於俄頃之間，無拒容而有遜心者，當深觀孟子之所用。

孟子謂蚳鼃曰：「子之辭靈丘而請士師，似也，爲其可以言也。今既數月矣，未可以言與？」蚳鼃諫於王而不用，致爲臣而去。齊人曰：「所以爲蚳鼃，則善矣；所以自爲，則吾不知也。」公都子以告。曰：「吾聞之也：有官守者，不得其職則去；有言責者，不得其言則去。我無官守，我無言責也，則吾進退，豈不綽綽然有餘裕哉？」

孔距心、蚳鼃豈皆學於孟子者歟？何其屈服力行如此也。距心聞牛羊之語，遽引咎曰：「此則距心之罪也。」其屈己從善如此，可以想見其爲人。至於蚳鼃聞數月之説，則以士師之職論刑頗類獄之放紛，王不用其言，乃至致仕而去。其畏義循理如此，又可以想見其爲人。夫此兩人者，一則不以自是爲長，一則不以官職爲意，屈己從善，畏義循理，以求合孟子之意。不知孟子何以使人如此哉？儻學者守其遺編，以謂止在牛羊之語、數月之説，使吾効孟子之説以曉喻當世之士，可乎？且用距心之説以待人，烏知其不文過飾非，將致怨於我耶？用蚳鼃之説以待人，烏知其不据摭細故，將致怨於我耶？此亦古今之常態也。

然則孟子使兩人如此，何耶？余竊〔一〕以謂當時孟子之精神造化，所以感悟此兩人者，蓋自其所學中來。使其一語之下，心自屈服，意自力行。今之君子儻不先養其源，而欲効聖賢之言語以致用，豈有此理哉？孟子嘗曰：「仁義禮智根於心，其生色也，睟然見於面，盎於背，施於四體，四體不言而喻。」此則孟子未言之先，精神造化所以感寤斯人者，在此也。人見之者，心解意消。又其當時語言之間，以智知其心，以巧合其意，以中適其幾，其屈服，其力行，自然之理也。

茲又不可不辨。然齊人以謂孟子爲蚳鼃則善，自爲則吾不知。其語亦難處矣。於此又見孟子善用先王之道者也。夫齊王有易牛之心，有罪己之善，有不自欺之心，有不自足之意。孟子涵泳其中，不忍舍去，所以不仕於齊而優游於齊國者，蓋所以成就齊王也。儻孟

〔一〕「竊」，原作「切」，據四庫全書本改。

子一居言責之職，不得其言則去所當去，去亦何難？齊王如此資質，其誰與成就之哉？所以去齊三宿而後出晝，且曰：「於予心猶以爲速。王庶幾改之。王如改諸，則必反予。夫出晝而王不予追也，予然後浩然有歸志。予雖然，豈舍王哉？王猶足用爲善。」孟子於齊王如此，所以不居官守、言責之職，而欲久留於齊，以開道王之善心，成就王之懿德也。其精微審處如此，此所謂善用先王之道者也。嗚呼！止於此而已矣。是齊王負孟子，孟子何負於齊王哉？天不興斯文至於如此，吁可歎也！

孟子爲卿於齊，出弔於滕，王使蓋大夫王驩爲輔行。王驩朝暮見，反齊、滕之路，未嘗與之言行事也。公孫丑曰：「齊卿之位，不爲小矣；齊、滕之路，不爲近矣。反之而未嘗與言行事，何也？」曰：「夫既或治之，予何言哉？」

余讀此一章，乃知聖賢之處小人蓋如是也。夫小人恃權專寵，妄自尊大，欲人之順己，而不知求教於人，若王驩者是也。孟子既不幸與之同使於滕，其情態、氣味、智慮、謀議無一相合者。儻絲絲然與之辨論，余恐無妄之災、非意之辱，將有不可堪者矣。然則如之何？一聽其所爲而勿與之言。在我者既無所屈，而在彼者又無所怨，此正處小人之道也。然而出使于外，一言之不酬，一拜之不中，兩國至於交兵暴骨以逞。儻盡如孟子之意，聽小人之自爲，而吾一無所可否，事有至於召禍而起兵者，則將如之何？曰：孟子不與之言者，皆小節也。如其大體，吾固將任之。吾爲正使，彼爲輔行，事之大體固孟子所自任。聽其所自爲者，特其輔行之職事爾。此又不可不考也。予之所取，乃在聖賢處小人之道爾，他則可以意推也。

昔楊思勗迎宋璟於廣南，璟在塗，竟不與思勗交言，思勗歸訴于玄宗。孟子之事，豈不類此乎？曰：否。孟子特不與之言行事耳，至於人情酬酢應對，亦豈得絶然不與之通哉？夫王驩，齊之諂人，有寵於齊宣，小人朋附之者甚衆。使孟子如宋璟，當亦有泣訴之怨矣。使齊王不及玄宗，其禍豈不酷哉？且弔公行子之喪，王驩往弔，入門，有進而與王驩言者，有就王驩之位而與王驩言者，一時人情物態、諂媚阿附亦可見矣。孟子獨不與之言，驩即有「簡驩」之語。同使於齊，使如宋璟，小人豈能容忍乎？孔子對陽貨以兩不可以順其情，以一諾善其意，此聖賢處小人之道也。宋璟直則直矣，聖人之門無如是法也。昔李鄘爲淮南節度時，吐突承璀爲監軍，互相敬憚。一旦承璀還京，薦爲宰相，鄘知出於承璀，終不就職。夫互相敬憚，蓋所以處小人也。至欲出其門下，豈士君子之所甘哉？若孔子主癰疽與侍人瘠環，何以爲孔子？而李鄘主吐突承璀，亦何以爲李鄘？故余以謂處小人，其微處當如孟子，其平居當如李鄘；其總攝大綱當如孟子，其不受汙染當如李鄘。至於交結如元稹，而絶物如宋璟，皆非聖賢之法也。故余因王驩事，力陳數大節，使士君子自擇。

孟子自齊葬於魯，反於齊，止於嬴。充虞請曰：「前日不知虞之不肖，使虞敦匠事。嚴，虞不敢請。今願竊有請也，木若以美然。」曰：「古者棺椁無度，中古棺七寸，椁稱之。自天子達於庶人，非直爲觀美也，然後盡於人心。不得，不可以爲悅；無財，不可以爲悅。得之爲有財，古之人皆用之，吾何爲獨不然？且比化者，無使土親膚，於人心獨無恔乎？吾聞之君子：不以天下儉其親。」

孟子養浩然之氣曰：「至大，至剛，以直。」擇之不精，語之不詳者，以趯然遠去爲大，以憤然疾邪爲剛，以面折庭爭爲直。不加審處，動以折檻、鎖諫、裂麻、叩墀爲美談，而不知孟子所謂剛、大、直者，不如是也。何以知之？余於葬親一事，知孟子所謂剛、大、直者，類如是其精微也。且喪三日〔二〕而殯，凡附於身者必誠，必信，勿之有悔焉耳矣。三月而葬，凡附於棺者必誠，必信，勿之有悔焉耳矣。夫人有藏萬金之璧者，緹緘十襲，封室九扃，從而觀之者必三日齋七日戒，主人若不得已而一出焉。況吾親遺體，豈止萬金之璧而已哉？其藏當如何哉？下錮九泉，上漆南山，以金銀爲城郭，以水銀爲河漢，如秦之葬始皇，豈其本心哉？特以爲侈大之觀而已。孝子之心則不如是。其貧也，斂手足形，還葬而無椁，於心無悔焉者，則以貧故也；其達也，於禮可以備物，於財足以加厚，棺椁之大，丘封之度，吾當竭其力而盡其禮。使一物不備，一事不厚，於心有悔焉者，則非孝子也。夫人子之心，以謂吾起居飲食在地上，而以吾親置之土中，冥冥長夜，其慘怛之心，痛疾之意，如刲如割。儻於禮無害，於財無乏，備七寸之棺，五寸之椁以葬，使化者安妥，使其遺體不至與土相親，此亦少慰人子之心矣。至於此時，豈可論儉乎？當從於禮，稱家之有無可也。

〔二〕「日」，原作「月」，據四庫全書本改。

觀孟子於葬親，其論精微如此，則夫剛、大、直之用，乃至事事如是其審諦也。學者欲學聖賢，當觀其用心處。聖賢雖往，吾可以得之於千載之下，若造函丈，若侍左右，如親出乎其時，如親見乎其人者，則以見其用處也。然則聖賢之用心尚可得而見乎？隱之吾心，事事詳審，無愧無悔。若葬親之大，其要務在盡於人心者，此聖賢之用也。心源無際，與天同體，與造化同用，特吾因循鹵莽，不能少盡其用耳。使吾知盡其用，則堯、舜其君，士君子其民，皆其餘事耳。余因論孟子葬親，又發養氣剛、大、直之用，使後之學者知聖賢之用心與後世不同者如此。

張狀元孟子傳卷第九

沈同以其私問曰：「燕可伐與？」孟子曰：「可。子噲不得與人燕，子之不得受燕於子噲。有仕於此，而子悅之，不告於王而私與之吾子之祿爵；夫士也，亦無王命而私受之於子，則可乎？何以異於是？」齊人伐燕。或問曰：「勸齊伐燕，有諸？」曰：「未也。沈同問：『燕可伐與？』吾應之曰：『可。』彼然而伐之也。彼如曰：『孰可以伐之？』則將應之曰：『爲天吏，則可以伐之。』今有殺人者，或問之曰：『人可殺與？』則將應之曰：『可。』彼如曰：『孰可以殺之？』則將應之曰：『爲士師，則可以殺之。』今以燕伐燕，何爲勸之哉？」

余讀論語，見陳恒弑其君，孔子沐浴而朝，告於哀公曰：「請討之。」夫征伐自天子出，哀公安得擅討陳恒哉？曰：哀公如可其請，孔子將請於天王，以魯君帥諸侯正陳恒之罪矣。觀聖賢書者，當知意外意，豈可如鬼之瞰幽，蜮之射影，乘間伺隙，妄以可否聖賢也哉？以此意觀之，則孟子答沈同之問復何疑也？儻以爲孟子勸齊伐燕，則以孔子勸魯伐齊，亦可乎？然考孟子之對沈同，與孔子之告哀公，皆事理所當然者。陳恒弑君，安得而不討？子之受讓，安得而不伐？第所以討之伐之者，皆有説也。儻不盡聖賢之意，聞討則討，聞伐則伐，以歸罪於聖賢，豈不爲狂妄乎！

哀公問孔子曰：「若之何而討之？」孔子必曰：「上告天王，下帥方伯，以正陳恒之罪矣。」沈同如問孟子曰：「孰可以伐之？」則孟子將應之曰：「爲天吏，則可以伐之。」所謂天吏者，即天王擅征伐之權者是也。然而孟子何不直告之以爲天吏之説，必待其問孰可以伐之，何也？蓋沈同非以王意來問，故孟子所告者，特論其大體耳。使其以王命來，吾知孟子之對則當詳於沈同矣。蓋與沈同言者論其理，而與齊王言者行其實。不謂沈同假孟子之辭而自行其私意也。孟子平時告齊王者，非植桑種田，育雞豚，畜狗彘，謹庠序，申孝悌，使老者衣帛食肉，不負戴於道路，黎民不飢不寒，不轉徙於溝壑，即尊賢使能，關譏而不征，市廛而不征，廛無夫里之布耳。曷嘗以伐人之國爲事哉？齊人伐燕，取之勝之，孟子前告以文、武之事，後又告以反旄倪、止重器，謀燕衆以置君之事，則其實亦可考矣。余惡小人浮薄，聞聖賢之過而詆訾之，故引孔子討陳恒事以證孟子之言，使後之學者於聖賢之舉詳致思焉，此亦大舜善與人同之意也。

燕人畔。王曰：「吾甚慙於孟子。」陳賈曰：「王無患焉。王自以爲與周公，孰仁且智？」王曰：「惡！是何言也？」曰：「周公使管叔監殷，管叔以殷畔。知而使之，是不仁也；不知而使之，是不智也。仁智，周公未之盡也，而况於王乎？賈請見而解之。」見孟子，問曰：「周公何人也？」曰：「古聖人也。」曰：「使管叔監殷，管叔以殷畔也，有諸？」曰：「然。」曰：「周公知其將畔而使之與？」曰：「不知也。」「然則聖人且有過與？」曰：「周公，弟也；管叔，兄也。周公之過，不亦宜乎？且古之君子，過則改之；今之君子，過則順之。古之君子，其過也，如日月之食，民皆見之；及其更也，民皆仰之。今之君子，豈徒順之，又從爲之辭。」

余讀此章乃知小人事君，一心〔一〕以順適爲意，使人君樂聞其言，樂見其人，而竊權弄柄，引進小人，誣陷君子，以至敗國亡家而不悔。從古以下，小人無有不得志者，則以其術如此也。夫齊王聞孟子以伐燕爲非，而燕人果畔，乃曰：「吾甚慙於孟子。」此有悔過遷善之意。君子於此，必因其慙處而開陳仁義之説，慰勞其既往之過，引君於當道乃已。陳賈真小人哉！齊王有悔過之心，而陳賈乃教王以文過之術。至目周公爲不仁不智，以自辨説其無罪。小人之順適人君類皆如此，而人君甘心焉。嗚呼，其可以不察乎！

深迹其言，伐燕之謀必賈主之。彼心術顛倒，思慮偏頗，觀其引周公事爲解，事既不類，義又不同，其援引取舍如此，乖謬如此，其謀國又可如也。夫周公、管叔，兄弟之情也。兄見其爲骨肉之至親，弟又望其有委付之大事，人之至情，儻非不得已，豈有不付手足之至親，而逆詐億度，棄九族而委他人乎？不幸管叔流言上及周公，然則罪在管叔耳。周公之過，以兄弟之親也。夫平時不見其有兄弟之過，誰謂一旦而爲此乎？謂周公之不幸則可，謂周公爲不仁不智，豈不厚誣大聖也哉？夫象憂亦憂，象喜亦喜，彼以愛兄之

〔一〕「心」，原作「色」，據四庫全書本改。

道來，舜亦安得不誠信而喜之哉？象日有殺舜之謀，故封之有庳，而使吏治其貢賦。使象其惡未形，舜亦將以周公待管叔之禮待之矣。兄弟至親，理固然也。使其不幸而不肖，吾以兄弟而有過，亦周公所不辭也。周公初以恩義而有過，後爲國家大計殺管叔而放蔡叔，其爲國家計，亦可謂悔過矣。而陳賈何疑焉？嗚呼！余觀周公之心豈得已哉？管叔雖不肖，兄弟也，此心天其知之矣。周公之過不亦宜乎？

孟子可謂善言矣。陳賈初爲齊王密謀，欲設此難以屈孟子。孟子心術通明，知其言之不類，事之非常，必有説也。故力陳兄弟之説，且曰：「古之君子，過則改之」，謂周公也；「今之君子，豈徒順之，又從爲之辭」，陳賈懷姦設詐，不用鞫訊，而手足俱露矣。孟子遠見如此，使其坐廟堂而相天子，人材長短，謀議邪正，詭詐出没，豈能逃其所見乎？談笑折之，復何難事？如陳賈負此説以來，意氣揚揚，自以爲必勝矣。不煩數語，藏形匿迹，不復有譊譊之詞。使孟子處天下事，當如何哉？

然而小人順適人君，如齊王爲陳賈所誤，此猶其小小〔一〕者耳。至有國敗家亡，越在草

〔一〕「小」，四庫全書本作「焉」。

莽，尚愛其順適而終不寤者，古有之矣，如齊閔王是也。夫齊閔既國破亡，晝日步走，謂公玉〔一〕丹曰：「我已亡矣，而不知其故，吾所以亡者其何哉？」公玉丹曰：「王之所以亡者，以賢也。以天下之主，皆不肖而惡王之賢也，因相與合兵而攻王，此王之所以亡也。」閔王慨然太息曰：「賢固若是其苦耶？」又謂閔王曰：「古人有言：『天下無憂色者。』臣聞其聲，於王見其實。王名稱東帝，實有天下。去國居衛，容貌充盈，顔色發揚，無重國之意。」王曰：「甚善！丹知寡人自去國而居衛也，帶三益矣。」夫隳先王之社稷者，閔王；滅先王之宗廟者，閔王；賊先王之人民者，閔王；身受其禍者，閔王；越在草莽者，閔王。此亦易見矣。而公玉丹方且順適如此，閔王終不寤，卒有淖齒之酷而亦不寤。嗚呼！小人之不識理義，而人主之眷戀賊臣，喜樂順適，有至於如此者乎！余切〔二〕悲之。太宗以封德彝爲佞人，而終愛德彝；德宗以盧杞而奔奉天，乃終愛盧杞。君子之道以獻可替否、陳善閑邪爲長，而小人不問理義，一心順適如此，所以使人主甘受亡國殺

〔一〕「玉」，原作「王」，據四庫全書本改。下同。
〔二〕「切」，四庫全書本作「竊」。下同。

身之禍，而終不喜君子之剛正也。嗚呼！

孟子致爲臣而歸。王就見孟子，曰：「前日願見而不可得，得侍同朝，甚喜。今又棄寡人而歸，不識可以繼此而得見乎？」對曰：「不敢請耳，固所願也。」他日，王謂時子曰：「我欲中國而授孟子室，養弟子以萬鍾，使諸大夫國人皆有所矜式。子盍爲我言之？」時子因陳子而以告孟子，陳子以時子之言告孟子。孟子曰：「然。夫時子惡知其不可也？如使予欲富，辭十萬而受萬，是爲欲富乎？季孫曰：『異哉子叔疑！使己爲政，不用，則亦已矣，又使其子弟爲卿。人亦孰不欲富貴？而獨於富貴之中，有私龍斷焉。』古之爲市也，以其所有易其所無者，有司者治之耳。有賤丈夫焉，必求龍斷而登之，以左右望而罔市利。人皆以爲賤，故從而征之。征商，自此賤丈夫始矣。」

孟子始在齊師之位，無官守，無言責，進退自如，故久留於齊，不爲失節。及既爲卿矣，有官守焉，不得其職則去，可也；有言責焉，不得其言則去，可也。非如前日賓師之比也。致仕而歸，道義所當然也。王乃就見孟子，且曰：「前日願見而不可得，得侍同朝，甚喜。今又棄寡人而歸，不識可以繼此而得見乎？」其言拳拳，使人感動，不知何所見而然耶？則以孟子嘗指其易牛之心，齊王當時穎脱而出，超然自指戚戚處爲王者之心。故其歸也，此心不能忘孟子。至親訪室廬，且有願見不得之言，有同朝甚喜之言，有棄寡人而歸之言，有繼此得見之言。三復讀之，見其眷眷孟子，有如兄弟親戚不忍舍去之意，則齊王亦可謂戰國之英主矣。然一齊人傅之，衆楚人咻之。孟子之志所以不得行者，以此。蓋稷下諸人方且日以權謀詭詐、富國强兵爲言，齊王退而與孟子言，進又與諸人言。以孟子一人之論，豈能勝此衆多之口哉？又孟子之道在久遠，而稷下之説有近功。齊王雖有易牛之心，而又有侈大之欲。有此心所以喜孟子，有此欲所以奪於衆多之論，而不能斷然不惑也。心不勝欲，此孟子所以去，而齊王所以終不能行先王之道也。

然齊王之心豈一日而忘孟子也？行其言則孟子留，不行其言則孟子去。既心不勝欲，不能行其言，使孟子致仕而歸。然而其心炯炯，推置不去，豈能恝然容孟子決去而不留也？此所以就見，此所以有願見不得之言，有同朝甚喜之言，有棄寡人而歸之言，有繼此而得見之言。而又晝思夜晝，所以留孟子計，第不欲使之與政事，而常欲聞其仁義之言以養前日易牛之心。故有中國授室，養弟子以萬鍾，使諸大夫皆有所矜式之謀。其區區爲此計，亦已入思慮矣。其意以謂，如此則既可以留孟子，使吾心常有所依，又不與朝廷計，而吾之欲有可肆然。而齊王不知孟子之心意在堯、舜其君，士君子其民，用之則行，舍之則藏，豈有既致仕而歸，而乃戀萬鍾之養，就此虚譁之説哉？使孟子如此，是其心巧於取利，與登龍斷而罔市利者何異？豈不羞而可憐耶？

夫君子之仕也，爲道義也。諫行言聽，膏澤下於民，此道義之行也，君子所以留；諫不行，言不聽，膏澤不下於民，是道義不行也，君子所以去。去就之計，視道義而已矣。非其義也，非其道也，禄之天下弗顧也，繫馬千駟弗視也，而何萬鍾之足道哉？亦安得爲此巧謀以抑當日所以見齊王之志哉？然則士君子之出處，亦可决矣。初在賓師之位，無與朝廷之謀，則進退裕如，速不爲過，久不爲失。後在卿相之位，諫不行，言不聽，則致爲臣而歸矣。自歸而外，更無他説也。齊王雖爲築室之謀，不知使孟子於去就何處哉？嗚呼！「用之則行，舍之則藏」，此八言耳，士大夫所以出處者，止在於此耳。用而不行，舍而不藏，乃别爲異論以自辯説，非姦雄即齷齪之士耳。漢之張禹、胡廣、趙戒輩，皆聖門可誅者也。士君子不可不考。

孟子去齊，宿於晝。有欲爲王留行者，坐而言。不應，隱几而卧。客不悦，曰：「弟子齊宿而後敢言，夫子卧而不〔一〕聽，請勿復敢見矣。」曰：「坐！我明語子。昔者魯繆公無人乎子思之側，則不能安子思；泄柳、申詳無人乎繆公之側，則不能安其身。子爲長者慮，而不及子思，子絶長者乎？長者絶子乎？」

孟子識見高遠，直與當時後世所見絶不同，此所以非，所以疑，所以詈。當年如陳臻、屋廬子、淳于髡之徒，後世如荀卿、司馬公、李泰伯之徒，近日如鄭厚之徒，自信者或至於譏，忠厚者或至於疑，忿疾者或幾於罵矣。

蓋孟子能用先王之道於事變之間，使人有不可窺測者。且如人皆以「君命召，不俟駕」爲敬，孟子乃以陳堯、舜之道爲敬，其見果同乎？人皆以「坐而言，不應，隱几而卧」爲見絶，孟子乃以不能安子思爲見絶，其見果同乎？人皆以富國强兵、縱横捭闔爲

〔一〕「不」，原作「勿」，據四庫全書本改。

國計，孟子乃以植桑種田，育雞豚，畜狗彘，謹庠序，申孝悌，使老者衣帛食肉，黎民不飢不寒，不負戴於道路，不漂流於溝壑爲國計，是其所見迥與當時後世超絶不等。夫孟子之學，不學顔、閔、伯牛，不學伯夷、下惠、伊尹，而獨學孔子。不學孔子之聖、之至、之力而已也，獨學聖之外所謂智，力之外所謂巧，至之外所謂中；學其可以仕，可以止，可以久，可以速。皆闔闢變化，不可窺測處，此皆千聖祕奥傳心之法。孟子一旦剖決發露，使人知聖人有如此事。嗚呼！迥出凡情俗慮之外，超然如雲龍之變化，六子之回旋，豈可以私智窺測議論其萬一乎？

切〔二〕以謂當時後世之人，所以合孟子之意者，千萬人中一二而已矣。夫去齊宿晝，客欲爲王留行，此客亦非常士也，乃坐而言，不應，隱几而卧。以常情觀之，言辭之不文，禮貌之不恭，雖孔子不能行之於互鄉。而師冕見，及階，曰：「階也。」及席，曰：「席也。」皆坐，曰：「某在斯，某在斯。」以大聖人親與小兒瞽者周旋如此，孟子乃獨倨肆敖慢如此，况其所謂客者，齊宿而後敢言乎？余以是知其非常士矣。昔馬援受梁松之拜而

〔二〕「切」，四庫全書本作「竊」。下同。

致禍，郭子儀致盧杞之敬而免禍。使客爲凡俗人，吾知孟子卻梁松之拜而致盧杞之敬矣。惟其齊宿，又稱弟子，此所以知其非常人，而孟子乃用先王之道以見之也。且客平生知坐而言，言而應，應而不敢卧之爲相親矣，不知不能安子思之爲不相親也。其發藥於此客，使脱其凡俗之心，而超然知此外有先王之道。如此其亦大幸矣！然則爲客計，當爲齊王言所以留孟子者，以聽其言行其諫，使膏澤下於民，可也。使齊王許之，則孟子將還轅而東矣。惟其不知出此，而區區漫汗以留孟子爲勤，而不知於道爲屈，於義爲非。論其事則貪爵禄，論其志則戀名位，使孟子將何處哉？唯其言之非理，事之無策，此所以以長者自處，以先王之道自尊，言而不應，隱几而卧，以啓其憤悱之心焉。此又可以見孟子能用先王之道者也。

士大夫不學則已，學則當學孟子用先王之道以御當世之變。惟見識超絶於凡俗之外，然後能運動樞極，斡旋造化，轉桀、紂爲堯、舜，變盜跖爲伯夷，而使人人有士君子之行矣。其用如此，可不勉之哉！

孟子去齊。尹士語人曰：「不識王之不可以爲湯、武，則是不明也；識其不可，然且至，則是干澤也。千里而見王，不遇故去。三宿而後出晝，是何濡滯也？士則兹不悦。」高子以告。曰：「夫尹士惡知予哉？千里而見王，是予所欲也；不遇故去，豈予所欲哉？予不得已也。予三宿而出晝，於予心猶以爲速。王庶幾改之。王如改諸，則必反予。夫出晝而王不予追也，予然後浩然有歸志。予雖然，豈舍王哉？王猶足用爲善。王如用予，則豈徒齊民安，天下之民舉安。王庶幾改之，予日望之。予豈若是小丈夫然哉？諫於其君而不受，則怒悻悻然見於其面，去則窮日之力而後宿哉？」尹士聞之曰：「士誠小人也。」

先王之道衰，管仲以霸道壞人心；五霸之術衰，商鞅、孫臏、陳軫、蘇秦、張儀、稷下諸人，又以權謀縱横詭計壞人心。是以先王忠厚之風，略不復見，而輕浮淺薄，動成群黨，喋喋呫呫，專事唇脗，不問聖賢，妄有詆訾，殊可惡也！如陳臻、屋廬子皆遊聖賢之門，而臻設爲三問，必置孟子於有過之地；屋廬子又設爲二問，必置孟子於有過之地；淳于髡又設爲三問，必置孟子於有過之地。今尹士又有三問，大抵皆輕議聖賢，妄生唇齒，縱横左右，必欲其私説之勝，而聖賢無立足之地。嗚呼，此誠何等風俗哉？孟子所以指五霸爲罪人，指張儀、公孫衍爲妾婦，指楊、墨爲禽獸，皆以其敗壞人心術，而變亂是非，顛倒白黑，奴唇婢舌，人面獸心，略無帝王忠厚敦慤之氣故也。深詆而力排，庶幾此風一變，聖賢言行皆可以安行於世，而無知小子翕翕訿訿，滅影絶迹，豈不幸歟？

夫聖賢出處固自有道，豈尹士輩所能知哉？方孟子爲賔師於齊，則優游進退，不以久近爲懷。及爲齊卿，諫不行言不聽，則致爲臣而歸，又去齊而不肯少留。此其審量斟酌，大明孔子可以仕，可以止，可以久，可以速之道。如尹士小子當瞻仰樂慕之可也，乃出私智，妄以不明、干澤、濡滯以名目聖賢，何其不遜無禮至於如此耶？夫千里見王，使聽吾言行吾諫，下吾膏澤，豈非孟子本心哉？不遇而去，豈聖賢所願耶？况齊宣有易牛之心，有罪己之善，有不自欺之心，有不自足之意，而就見孟子，有成湯之舉，又有前日願見之言，有同朝甚喜之言，有棄寡人而歸之言，有繼此而得見之言，拳拳懇懇，使人不忘于心。則三宿出晝，於孟子之心猶以爲速者，此也。若夫決去不回，以要流俗之譽，於尹士則合矣，而絶人爲善之路，於先王之道何取哉？孟子出處求合於聖賢之道耳，豈爲區區尹士哉？其曰：「王庶幾改之。王如改諸，則必反予。」又曰：「予雖然，豈舍王哉？王猶足用爲善。」嗚呼！聖賢樂善之心乃至於此，其與孔子謂長沮、桀溺曰：「鳥獸不可與同群，吾非斯人之徒與而誰與」之言同一幾爾。又與文王「不顯亦臨，無射亦保」，「不聞亦式，不諫亦入」之言同一數爾。學不到於此，皆不可以爲善學。若夫以隱遯爲高，以決去爲善，輕視一世，驕傲公卿，而曰吾之道當〔二〕如此。想見尹士聞之以爲聖賢，吾恐概以先王之道，皆長沮、桀溺荷蕢荷蓧，憤世疾邪之流也，正〔三〕恐得罪孔子之門。

然則士大夫所學求合流俗，如尹士輩乎？抑亦求合先王，如孟子者乎？宜自知所擇矣。尹士聞孟子之言，知孟子之存心與夫小丈夫之説，自知其所學亦悻悻之流，而聖賢之心蓋如此其大也。乃遽然發歎曰：「士誠小人也。」惟孟子之心大，所以尹士自知其爲小。嗚呼！尹士其亦何幸，見正於吾孟子。不然，亦投湘赴淵之資耳，何足道哉？

〔二〕「當」，原作「常」，據四庫全書本改。
〔三〕「正」，原作「王」，據四庫全書本改。

孟子去齊。充虞路問曰：「夫子若有不豫色然。前日虞聞諸夫子曰：『君子不怨天，不尤人。』」曰：「彼一時，此一時也。五百年必有王者興，其間必有名世者。由周而來，七百有餘歲矣。以其數則過矣，以其時考之則可矣。夫天，未欲平治天下也；如欲平治天下，當今之世，舍我其誰也？吾何爲不豫哉？」

孔門弟子知尊聖人，如鄉黨、朝廷、步趨、言語、飲食、寢處、起居、應對，皆詳觀而謹書之，如鄉黨之篇是也。至於宰我則以謂「賢於堯、舜」；子貢則以謂「見其禮而知其政，聞其樂而知其德」；有若則以謂「出於其類，拔乎其萃」；曾子則以謂「江、漢以濯之，秋陽以暴之」。至於比之日月，比之宫牆，比之天地覆載，比之四時之錯行，日月之代明，其尊聖人至於如此。至孟子諸弟子，如陳臻，則設三問以非之；屋廬子則設二問以問之；充虞則疑其不豫；公孫丑則疑其動心。是何門户之同，而趨向之異也？夫孔子去三代爲未遠，雖經五霸之敗壞，而齊晏嬰，宋向戌，鄭子産，吴季札，晉叔向諸公，皆當時良大夫也。其論議風旨時有三代遺風，忠厚敦慤尚可想見。故天下之士猶未盡如孟子之時。至如子路輕率，愠見不悦，已見黜於孔門矣。若夫孟子之時，人心愈壞，時風愈薄，商鞅、孫臏、陳軫、蘇秦、張儀、稷下諸人皆操陰險、事唇脗，以動摇當世，而得志如意。腰金曳紫，横翔乎六國之間，天下之士波蕩從之。重於責己，輕於議人，至秦而極，至於燒六經，毁堯、舜。孟子之生也，正衝其鋭鋒，正當其頽瀾，則夫數子之輕易不足恠也。

今充虞引「君子不怨天，不尤人」之説以詰〔一〕孟子不豫色之罪，良可笑也。孟子對之之意則曰：前古聖賢得志，固自有時；後世聖賢得志，亦自有時。論時則又有大數存其間，「五百年必有王者興，其間必有名世者」。所謂時數也。由周而來，七百有餘歲。以其數而言之，則已過其數矣；以時考之，則天生孟子正當其時矣。然而孟子不用於梁，乃適齊，齊王雖眷眷，乃不能大明其道以行於天下。今又不遇而去，是天意未欲平治天下也。使天意是欲平治天下乎，當今之世，超然獨出乎商、孫、蘇、張、稷下諸人之上，而變移造化，可以轉桀、紂爲堯、舜，化盜跖爲夷、齊，而使四海之民，人人皆有士君子之行，舍孟子其誰哉？孟子之學以天爲樂，而天欲平治天下，吾則進爲而樂天；天未欲平

〔一〕「詰」，原作「結」，據四庫全書本改。

治天下，吾則退處以樂天，何爲而不豫哉？無知小子，妄以私智裁度聖賢，使後世之士循沿襲熟，好毁前輩，輕蔑名流者，皆陳臻、屋廬子、公孫丑、充虞輩有以啓之也。余讀至此，不覺置書而浩歎。

孟子去齊居休。公孫丑問曰：「仕而不受禄，古之道乎？」曰：「非也。於崇，吾得見王。退而有去志，不欲變，故不受也。繼而有師命，不可以請。久於齊，非我志也。」

先王之制禄，所以代耕也。勞心者治人，故禄而不耕；勞力者治於人，故耕而不禄。自府史胥徒充而上之，以至公卿大夫，雖禄有不同，然皆所以代耕也。其德盛者其爵尊，其才大者其禄厚，皆惟其稱而已。則仕而受禄，古之道也。仕而不受禄，豈人情也哉？然而孟子於其中又有變化焉，此非常人所能知也。其説曰：於崇，吾得見王，知王之心不純，不足以行吾道也。既見而退，即有去志。既有去志，身雖仕於齊，心已去齊矣。此志已定，不欲改移。

夫士大夫所學，期於不欺心而已矣，心已欲去國，豈可强受其禄，以自欺其心哉？雖仕於齊而不受禄，蓋所以自盡其心也。既已受禄，則不當有去心；既有去心，則不可以受禄。嗚呼！聖賢不自欺其心乃至如此。蓋强勉受禄，是欺其心也；欺其心者，欺其君也；欺其君者，欺其天也。心有一毫之去，則禄雖萬鍾，吾視之如糞土耳。然吾雖有去心，儻事未可去而決意求去，則將自取禍患，非聖賢之道也。此孟子所以優游在朝，而人不知其心去國已久矣。欲驗其去國之心，第於不受禄之日考之，蓋可見也。其曰：「繼而有師命，不可以請。」乃知聖賢其周旋人情，諳練世務如此。夫心雖欲去，然方當其國有兵師之命，人心摇動，而吾於其間不顧可否，以決去爲高，則上起國君之疑，下招小人之謗，而民情震恐，物論驚惶〔一〕，處世如此，學問安在哉？孟子所以雖有此心，而不敢以去爲請，其久於齊，非本志也。既非其志而强顔受禄，亦何以爲孟子哉？余細觀聖賢處事如此，安往而不樂耶？使其不知此義，有去志而猶受禄，則此心焦然不寧，不爲投湘赴淵之流，則爲貪饕無恥之士矣。今處之裕如，乃見孟子能用先王之道，無有不可者也。

〔一〕「惶」，原作「皇」，據四庫全書本改。

張狀元孟子傳卷第十

滕文公章句上

滕文公爲世子，將之楚，過宋而見孟子。孟子道性善，言必稱堯、舜。世子自楚反，復見孟子。孟子曰：「世子疑吾言乎？夫道一而已矣。成覸謂齊景公曰：『彼丈夫也，我丈夫也，吾何畏彼哉？』顏淵曰：『舜何人也？予何人也？有爲者亦若是。』公明儀曰：『文王我師也，周公豈欺我哉？』今滕絶長補短，將五十里也，猶可以爲善國。書曰：『若藥不瞑眩，厥疾不瘳。』」

聖賢之教，一而已矣。内以此處心，外以此治身，上以此事君，下以此接人。觀孟子指齊王易牛之心，與指滕世子以性善之路，豈有二道哉？齊王痞於言下，乃有戚戚之問；世子痞於言下，乃有於心終不忘之説。嗚呼！學先王之道，而直指人以要路，其惟孟子乎！蓋其淵源來自曾子，曾子直指忠恕爲夫子之道；曾子傳子思，子思直指慎獨爲天命之性；子思傳孟子，孟子直指齊王易牛爲王者之心，直指世子性善爲堯、舜之本。使人深味其遺言，潛得其微旨，則夫吾目之視色，耳之聽聲，鼻之聞臭，四體之受安佚，其誰爲之哉？言至於此，乃不知手之舞之，足之蹈之也。

夫孟子既指世子性善之路，使之脱然於言下，又稱堯、舜之道以印其大機，猶指齊王易牛之心，而陳堯、舜之道於其前也。此孟子之大機大用，造化轉移，爐鞴埏埴之妙也。大道者，指也。既指其性善處以警其心，又稱堯、舜以大其用，則夫人人皆知有貴於己者，乃與堯、舜同幾也。人皆可以爲堯、舜，其是之謂歟？不有以警之，則彼無所得；不有以大之，則彼不能行。有得而不能行，其能變化運用於四海九州，使人人皆被其澤哉？齊王恩足以及禽獸，而功不至於百姓者，以不能用也。大哉用乎！非孟子其誰識之？夫齊王受孟子一警之力，雖不能行其道，至於就見孟子，幾有成湯之舉；滕世子受孟子一警之力，至於自楚反，復見孟子。

夫就見孟子以何事哉？以此心之不忘也。復見孟子亦爲何事哉？亦以此心之不忘也。嗚呼！使人不能指人此心則已，有能指之者，雖不能盡用其幾，豈念念能忘所指之人乎？此蓋天理自然，有不可解於心者。夫世子之復見時，其心乍見天理之廣大，而舊習猶往來乎其間，未能變舊習爲仁義禮智之用，所以疑堯、舜之未易爲也。孟子又轉其幾曰：「世子疑吾言乎？夫道一而已矣。」我有此性，堯亦有此性，舜亦有此性，豈有二理哉？何不直而推之，舉而上之，左右以大之？何可蓄縮不前，委性善爲堯、舜之事，而我無與乎？故稱成覸吾何畏彼之言，稱顏子有爲者亦若是之言，稱公明儀、文王我師，周公豈欺我之言，以助其氣，以贊其決。且安慰以滕可以爲善國，而引書藥不瞑眩之言以廓之。直用其機，不復疑慮，藥力既大，病勢頓消。前日紛紛人欲，因孟子一指之藥，忽然不見，而吾居爲仁，由爲義，履爲禮，用爲智，守爲信，天下樂事其有過於此者乎？余因世子之說乃盡發其幾，有志者其試思之。

滕定公薨。世子謂然友曰：「昔者孟子嘗與我言於宋，於心終不忘。今也不幸至於大故，吾欲使子問於孟子，然後行事。」然友之鄒，問於孟子。孟子曰：「不亦善乎！親喪固所自盡也。曾子曰：『生，事之以禮；死，葬之以禮，祭之以禮，可謂孝矣。』諸侯之禮，吾未之學也；雖然，吾嘗聞之矣。三年之喪，齊疏之服，飦粥之食，自天子達於庶人，三代共之。」然友反命，定爲三年之喪。父兄百官皆不欲，曰：「吾宗國魯先君莫之行，吾先君亦莫之行也，至於子之身而反之，不可。且志曰：『喪祭從先祖。』」曰：「吾有所受之也。」謂然友曰：「吾他日未嘗學問，好馳馬試劒。今也父兄百官不我足也，恐其不能盡於大事，子爲我問孟子。」然友復之鄒，問孟子。孟子曰：「然。不可以他求者也。孔子曰：『君薨，聽於冢宰。歠粥，面深墨。即位而哭，百官有司，莫敢不哀，先之也。』上有好者，下必有甚焉者矣。『君子之德，風也；小人之德，草也。草尚之風必偃。』是在世子。」然友反命。世子曰：「然。是誠在我。」五月居廬，未有命戒。百官族人可謂曰知。及至葬，四方來觀之，顏色之戚，哭泣之哀，弔者大悅。

滕世子受孟子指性善之路，遂大明天理之自然者。及定公薨，其心見夫惻怛之心，痛疾之意，傷腎乾肝焦肺，創巨痛深，非三年之喪不能少盡此心也。乃知先王制禮，皆從天理中來，非私智所能及也。然雖曉然見此理，而人欲猶在，未敢自以爲是也。將欲置之，而此心皎皎爲不可掩；將欲行之，而私欲往來未敢必信也。故使然友問孟子，然後行事。其意見滕國不行三年之喪，與其已警之心參差不合，欲取正孟子，將盡變滕國衰弊之習，而大明一國之本心也。孟子遥見其心有在於此，遽然歎曰：「不亦善乎！親喪固所自盡也。」且世子使然友問孟子，然後行喪事，未及一話一言，不知孟子何所見，遽歎賞之曰「不亦善乎」？嗚呼！此孟子所自知，他人所不知也。夫性善之路一明，則見先王之用，乃知三年之喪，天理所固有者。今使來問孟子，是此心之發見也。故孟子直指其心而歎之曰：「不亦善乎！」且引曾子之言與夫「三年之喪，齋疏之服，飦粥之食，三代共之」之説以印之。世子聞孟子之言，於其已警之心泯合無際，故斷然不疑，定爲三年之喪。

然世子天理雖明，人欲未斷，一爲群言交攻，則又不能無疑也。故父兄百官皆不欲，且曰：「吾他日未嘗學問，好馳馬試劍。今也父兄百官不我足也，恐其不能盡於大事」。故使然友復之鄒，問孟子。夫所謂學問者，果爲何事哉？欲求性善之路而已。今孟子指示性善之路，曉然有契於其心，是即學問也。必待挾策讀書然後謂之學問乎？余以是知世子天理雖明，人欲未斷者，此也。使其既斷則不復有疑，疑者，人欲也。嗚呼，習俗之移人深矣哉！夫三年之喪，自有天地以來行之。魯自莊公、文公皆於喪紀中娶婦，自是三年之喪不復行於時。此風既成，父兄百官聞見習熟，不以爲異。見世子力行古道，乃曰：「吾宗國魯先君莫之行，吾先君亦莫之行也。」反以爲至於子之身而反之，不可。嗚呼！是其心寧違三代之聖人，不可少變流俗之見也。所謂父兄百官者，其智慮識見如此，與之論廟堂大事，事幾之會，治亂之原，彼又安得有早正素治之微，高見遠識之説乎？吁可怪也！又曰「喪祭從先祖」，流俗之人不可與語如此。援引宗國以見脅，又以先祖先君爲口實，將以不忠不孝加人，非天理皎然，至此烏能不動乎？此世子所以再遣然友也。

夫世子受孟子指性善之路，復見孟子，孟子知其疑心未去，故力舉成覸、顔淵、公明儀之言以助其勇，以贊其決；又引書瞑眩以決其疑。然而人欲未盡脱落，故疑心易見。雖曉然知三年之喪爲天理之自然，而兩遣然友，不能自決，亦可憐也。孟子再舉前日之意以贊其決，曰「不可以他求者也」，是在我而已。又引孔[一]子之言，聽冢宰，歠粥，面墨，即位而哭以實之。且有先之之言，又有風草之喻，又有是在世子之語。然則天理曉然如此，儻直而推之，舉而上之，左右以大之，誰敢不從也？蓋理義，人心之所同然，特未有以發之耳。故曰：「莫敢不哀，先之也。」吾以一身先之，其精誠感動，則彼將不令而從。雖無教詔之煩，丁寧之切，彼將翕然同心。如風行草上，雖曰無形，而動蕩鼓舞有不能自已者。精誠行於無形之中，而感動見於有跡之後，此又性善之大用也。嗚呼，其微哉！是在世子，不可他求。一語已足以破其疑而大其用矣。

世子再聞孟子之言，當時疑心盡斷，乃遽然曰：「是誠在我。」此又性善之發見也，復何辭讓之有？五月居廬，不言不爲，此幾一行，百官族人心已服矣。可謂曰知者，皆曰：智哉，世子也！然此幾之動，豈止一滕國而已哉？見之者必聳，聞之者必寤。及至葬，四方來觀之者，見夫世子顏色之戚，聞夫世子哭泣之哀，則夫理義之心人人發見，鼓舞動蕩，有不能自已者。其曰「弔者大悅」者，又使四方之人皆入此幾也。審知此理，則

[一]「孔」，原作「曾」，據四庫全書本改。

干羽舞而有苗格，簫韶奏而鳳皇來，高宗夢而傅説至，成王悔而歲大熟，皆可得而知也。性善之路其大如此。嗚呼！學士大夫將欲丕變四海，振起帝王之道，可不於此而盡心乎？

滕文公問爲國。孟子曰：「民事不可緩也。詩云：『晝爾于茅，宵爾索綯；亟其乘屋，其始播百穀。』民之爲道也，有恒産者有恒心，無恒産者無恒心。苟無恒心，放辟邪侈，無不爲已。及陷乎罪，然後從而刑之，是罔民也。焉有仁人在位，罔民而可爲也？是故賢君必恭儉禮下，取於民有制。陽虎曰：『爲富不仁矣，爲仁不富矣。』夏后氏五十而貢，殷人七十而助，周人百畝而徹，其實皆什一也。徹者，徹也；助者，藉也。龍子曰：『治地莫善於助，莫不善於貢。貢者校數歲之中以爲常。樂歲，粒米狼戾，多取之而不爲虐，則寡取之；凶年，糞其田而不足，則必取盈焉。爲民父母，使民盻盻然，將終歲勤動，不得以養其父母，又稱貸而益之。使老稚轉乎溝壑，惡在其爲民父母也？』夫世禄，滕固行之矣。詩云：『雨我公田，遂及我私。』惟助爲有公田。由此觀之，雖周亦助也。設爲庠序學校以教之：庠者，養也；校者，教也；序者，射也。夏曰校，殷曰序，周曰庠，學則三代共之，皆所以明人倫也。人倫明於上，小民親於下。有王者起，必來取法，是爲王者師也。詩云：『周雖舊邦，其命惟新。』文王之謂也。子力行之，亦以新子之國。」

余嘗怪孟子拳拳於民，至論植桑種田，育雞豚，畜狗彘，謹庠序，申孝悌，使老者衣帛食肉，黎民不飢不寒，不負戴於道路，不漂流於溝壑，懃懃懇懇，若田舍老翁之經營家業而愛惜兒女也。及上考從古聖賢之心，無不以民爲念。如堯命羲、和，爲民也；舜命九官，爲民也；禹八年于外，爲民也；湯征葛伐桀，爲民也；武王誅紂伐奄，爲民也。且夫孟子之心所以切切於民如此者，則以明性善之幾故也。以孟子之心推諸聖賢，其心一皆見天下之人爲天地之德，陰陽之交，鬼神之會，五行之秀氣。其心與聖賢同悅理義，同好懿德，其可寶可愛，孰有大於民乎？

以孟子見天下之民皆性善也，皆聖賢之資也，皆天地之德，陰陽之交，鬼神之會，五行之秀氣也，皆悅理義，皆好懿德也，故其規摹專於救民。又見夫戰國之時，以奪土地爲功業，以嗜殺人爲英雄，故力陳先王之所以愛民之術，使人君知聖賢之在此，而不在彼也。夫使不明性善之幾則已，使其明性善之幾，則必拳拳於民矣，皆自然之理也。滕文公受孟子一警之力，乃力行三年之喪，轉百官族人不悦之心爲稱賞，啓四方來觀之心爲大悦，其用已稍稍行矣。其有爲國之問，此必然之理也。夫文公之心雖已曉然，知以民爲大事，然得孟子之言印之，則其行愈不疑矣。孟子果有民事不可緩之言，且引詩于茅、索綯、乘屋、播穀之語爲證，而論民之恒心係於恒産，又論民之陷罪本於罔民，又論賢君取民有制之説，又引陽虎爲仁不富之語爲可取。其大意本於植桑種田，育雞豚，畜狗彘，謹庠序，修孝悌，使老者衣帛食肉，黎民不飢不寒，不負戴於道路，不漂流於溝壑而已。然而爲政而不遵先王之法，猶竭目力而不繼之以規矩準繩，而欲方圓平直；猶竭耳力而不繼之以六律，而欲五音之正，豈有此理乎？

夏之道非不美矣，而商人以爲野；商之道非不美矣，而周人以爲鬼。一等先王之道，又在乎聖賢觀時與會，斟酌審量而用之。故論先王之道非難，而用先王之道爲難。大哉用乎！非大聖賢，其孰能之？孟子能用者也。觀其論夏、商、周貢、助、徹之法，而又取龍子治地之説，力排貢法之非。其策又引詩以力贊助法之可行，貶貢而褒助，豈非觀時與會，審量斟酌，善用先王之道乎？夫貢法，有仁心而未暇論仁術，所以使民勤動不得養其父母，而老稚轉乎溝壑也。若夫助法，隨歲之豐凶以出斂法，有年則公田之給足，無年則賑貸之法行。經歷諳練，利害是非，至此而定矣。雖有百畝而徹，亦大放〔二〕助法而爲之耳。民既豐足，恒心自生。吾則設爲庠序學校以教之，以啓其孝弟之心，以明夫人倫之大。三代設學不過如此而已。其効至於君君臣臣、父父子子、兄兄弟弟、夫夫婦婦而天下定。又其効至於輕任并重任分，班白者不提挈，君子耆老不徒行，庶人耆老不徒食。而朝廷之上垂衣拱手論道謨德，四海之内父子相保，兄弟相扶，室家相好，鄉閭、族黨、親戚、朋友相往來，雞豚、黍稷、酒醴、牛羊相宴樂。郁乎如三春之和，薰然如九韶之奏。試合而觀之，皆吾性善之用，其見於有行者乃如此其大也。則所謂人倫明於上，小民親於下，豈不信夫？

使滕盡如孟子之言，行周家什一之法，興三代庠序之教，其規摹遠大，已有三王之風。使周室不興則已，如使周室有王者起，必來取滕國以爲法，是爲王者師矣。又引「周雖舊

〔二〕「放」，四庫全書本作「倣」。

邦，其命維新」之詩，以大文公之志。夫滕雖小，苟行孟子之言，則一國風聲氣俗頓與昔日不同。如李光弼之在太原，舊壁壘也，舊營陣也，舊兵卒也，光弼一號令之，精彩爲之一變。新子之國意其似是。以滕文性善之幾，周家什一之法，三代學校之制，發揚於上，其光燄當如何哉？

嗚呼！學而不明性善之説，而區區以摛句繪章、錦心繡口爲事業，醉生夢死，既不知一身性命之歸，而又不知先王造化之大。天冠地屨，號名曰儒，豈不悲夫？

使畢戰問井地。孟子曰：「子之君將行仁政，選擇而使子，子必勉之！夫仁政必自經界始。經界不正，井地不鈞〔一〕，穀禄不平。是故暴君汙吏必慢其經界。經界既正，分田制禄可坐而定也。夫滕壤地褊小，將爲君子焉，將爲野人焉。無君子莫治野人，無野人莫養君子。請野九一而助，國中什一使自賦。卿以下必有圭田，圭田五十畝。餘夫二十五畝。死徙無出鄉，鄉田同井。出入相友，守望相助，疾病相扶持，則百姓親睦。方里而

〔一〕「鈞」，四庫全書本作「均」。

井，井九百畝，其中爲公田。八家皆私百畝，同養公田。公事畢，然後敢治私事，所以别野人也。此其大略也。若夫潤澤之，則在君與子矣。」

滕文公性善之幾已見，其心曉然知民事不可緩，及民之不可不教，使之知禮義也。聞孟子之言，其心契合，不復參差。一旦乃使畢戰問井地，意將力行三代之法。蓋知先王之法皆其性善中事。孟子知文公使畢戰來，必其謀議與文公合，亦至誠爲善之君子也。故孟子慰勉之曰：「子之君將行仁政，選擇而使子，子必勉之！」

夫問井地爾，孟子乃答之以經界，且曰「夫仁政必自經界始」，是孟子之於井地留意久矣。夫經界者，大界也。其間丘陵、墳衍、原隰、谿壑不在其中，而折長補短，然後可以論其大界。大界既正，則東西南北肥磽新舊可得而知矣。於經界中孟子又有井地穀禄之説。夫井地主民言，穀禄主百官言。大界不正，則井地混亂而不鈞矣，穀禄輕重而不平矣。混亂不鈞，則民有田肥而賦輕，亦有田磽而賦重；不平則有據膏腴而常登豐者，亦有受瘠薄而常荒蕪者。暴君意在得厚賦，汙吏意在奪膏腴，故必慢其經界。余讀至此，乃知孟子於井地之學，其利害是非，講究詳審，如此其精也！夫井地必先正經界，此古人所未明也。知井地之本出於經界，知穀祿之平出於井地，此又古人所未明也。其説專以經界爲急，蓋經界正，則井地鈞而可以分田，穀祿平而可以制祿。制祿所以待君子，君子所以治野人也；分田所以待野人，野人所以養君子也。

其分田待野人之法，孟子則又有造化焉。其爲法曰：「請野九一而助，國中什一使自賦。」野九一者，九頃也，八家皆私百畝，其中百畝以助國家也。一家一人受田百畝，一人之外皆爲餘夫，餘夫有餘力則受二十五畝。國中什一者，國中之賦二十而一，不可用什一也。當自賦者，自古法二十而一之賦也。此孟子斟酌古制出新意，待野人之法也。

其制祿待君子之法，孟子亦有造化焉。其爲法曰：「卿以下〔二〕必有圭田，圭田五十畝。」圭，潔也，所以供祭祀也。卿以下皆受公田以給祿養，而祿養之外又受圭田以供祭祀，此又孟子斟酌古制出新意，以待君子之法也。

待野人如此，則野人死徙不離本鄉。鄉田同井，人情相愛，物理相樂，是以出入相友，守望相助，疾病相扶持，則百姓皆親睦矣。待君子如此，故方里而井，井九百畝，其中爲

〔二〕「下」，原作「不」，據四庫全書本改。

公田，八家皆私百畝，同養公田。公事畢，然後敢治私事，所以別野人也。

然法者，虛器也。人者，精神也。得其人則其法行，非其人則其法弊。孟子雖自三王外觀時會出新意，揀擇爲法，其大略如此。若夫誠意正心以行其法，則在文公與畢戰耳。余悲夫孟子有如此學，有如此造化，乃不克少見於施爲。非因文公、畢戰之問，何以見其萬分之一乎？想其胸中含藏蘊畜，陶冶埏埴，乾坤之造，變化之神，千百爲國之説，千百井地之學，此特自管中見其一班耳。無知小子輒敢妄議，可謂人雖欲自絶，其何傷於日月乎？多見其不知量也。

張狀元孟子傳卷第十一

有爲神農之言者許行，自楚之滕，踵門而告文公曰：「遠方之人聞君行仁政，願受一廛而爲氓。」文公與之處，其徒數十人，皆衣褐，捆屨、織席以爲食。陳良之徒陳相與其弟辛，負耒耜而自宋之滕，曰：「聞君行聖人之政，是亦聖人也，願爲聖人氓。」陳相見許行而大悅，盡棄其學而學焉。

陳相見孟子，道許行之言曰：「滕君，則誠賢君也；雖然，未聞道也。賢者與民並耕而食，饔飧而治。今也滕有倉廩府庫，則是厲民而以自養也，惡得賢？」孟子曰：「許子必種粟而後食乎？」曰：「然。」「許子必織布然〔一〕後衣乎？」曰：「否。許子衣褐。」「許子冠乎？」曰：「冠。」曰：「奚冠？」曰：「冠素。」曰：「自織之與？」曰：

〔一〕「然」，四庫全書本作「而」。

「否。以粟易之。」曰：「許子奚爲不自織？」曰：「害於耕。」曰：「許子以釜甑爨，以鐵耕乎？」曰：「然。」「自爲之與？」曰：「否。以粟易之。」

「以粟易械器者，不爲厲陶冶；陶冶亦以其械器易粟者，豈爲厲農夫哉？且許子何不爲陶冶，舍皆取諸其宮中而用之？何爲紛紛然與百工交易？何許子之不憚煩？」曰：「百工之事，固不可耕且爲也。」

「然則治天下獨可耕且爲與？有大人之事，有小民之事。且一人之身，而百工之所爲備。如必自爲而後用之，是率天下而路也。故曰：或勞心，或勞力；勞心者治人，勞力者治於人；治於人者食人，治人者食於人：天下之通義也。當堯之時，天下猶未平，洪水橫流，氾濫於天下。草木暢茂，禽獸繁殖，五穀不登，禽獸偪人。獸蹄鳥跡之道，交於中國。堯獨憂之，舉舜而敷治焉。舜使益掌火，益烈山澤而焚之，禽獸逃匿。禹疏九河，瀹濟、漯，而注諸海；決汝、漢，排淮、泗，而注之江，然後中國可得而食也。當是時也，禹八年於外，三過其門而不入，雖欲耕，得乎？后稷教民稼穡。樹藝五穀，五穀熟而民人育。人之有道也，飽食、煖衣、逸居而無教，則近於禽獸。聖人有憂之，使契爲司徒，教以人倫：父子有親，君臣有義，夫婦有別，長幼有序〔一〕，朋友有信。放勳曰：『勞之來之，匡之直之，輔之翼之，使自得之，又從而振德之。』聖人之憂民如此，而暇耕乎？堯以不得舜爲己憂，舜以不得禹、皋陶爲己憂。夫以百畝之不易爲己憂者，農夫也。分人以財謂之惠，教人以善謂之忠，爲天下得人者謂之仁。是故以天下與人易，爲天下得人難。孔子曰：『大哉堯之爲君！惟天爲大，惟堯則之，蕩蕩乎民無能名焉！君哉舜也！巍巍乎有天下而不與焉！』堯、舜之治天下，豈無所用其心哉？亦不用於耕耳。吾聞用夏變夷者，未聞變於夷者也。陳良，楚産也，悦周公、仲尼之道，北學於中國。北方之學者，未能或之先也，彼所謂豪傑之士也。子之兄弟事之數十年，師死而遂倍之。昔者孔子没，三年之外，門人治任將歸，入揖於子貢，相嚮而哭，皆失聲，然後歸。子貢反，築室於場，獨居三年，然後歸。他日，子夏、子張、子游以有若似聖人，欲以所事孔子事之，强曾子。曾子曰：『不可。江、漢以濯之，秋陽以暴之，皜皜乎不可尚已。』今也南蠻鴃舌之人，非先王之道，子倍子之師而學之，亦異於曾子矣。吾聞出於幽谷遷于喬木

〔一〕「序」，原作「叙」，據四庫全書本改。

者，未聞下喬木而入於幽谷者。魯頌曰：『戎狄是膺，荆、舒是懲。』周公方且膺之，子是之學，亦爲不善變矣。」

「從許子之道，則市賈不貳，國中無僞。雖使五尺之童適市，莫之或欺。布帛長短同，則賈相若；麻縷絲絮輕重同，則賈相若；五穀多寡同，則賈相若；屨大小同，則賈相若。」

曰：「夫物之不齊，物之情也；或相倍蓰，或相什佰〔二〕，或相千萬。子比而同之，是亂天下也。巨屨小屨同賈，人豈爲之哉？從許子之道，相率而爲僞者也，惡能治國家？」

五帝殊時，不相沿樂；三王異世，不相襲禮。堯之樂非不美矣，舜之時已不可用；舜之樂非不美矣，至湯之時已不可用。是故正朔、服色、學校、器械，三代殊形，夏、商異尚，此天理之自然也。「通其變，使民不倦；神而化之，使民宜之。」事與幾合，時與會通，此大聖人之制作也。當晚周之時，聖人固將決擇三代之合於民心者，以立一王之法。如所謂「行夏之時，乘商之輅，服周之冕，樂則韶舞。」

〔二〕「佰」，原作「百」，據四庫全書本改。

許行何人？輒欲變大聖人之制作，而以區區弁髦土梗無用之迹以鼓惑當世。彼愚無知，不足道也。吾將提耳而告之曰：神農，聖人也。使處晚周之世，當亦如孔〔二〕子之制作矣。使許行真得神農之學，决見孟子之所爲。惟其懵然不曉，不知神農之心，於神農法度又講之不精，擇之不詳，乃有夷狄之法亂其中。非孟子力排之，則於一楊、墨之外，又生出一楊、墨矣。聖道散裂，其弊乃至如此乎！

然而彼不知其心已爲孟子造化所動，乃自楚之滕，踵門而告文公曰：「遠方之人聞君行仁政，願受一廛而爲氓。」彼不思曰滕與楚相去幾數千里，何以使我樂爲其民乎？則聖賢造化固已可知。而滕文公性善之幾其見於用者，乃能使人如此。不特許行，又能感召陳相與其弟辛，負耒耜區區自宋之滕，且曰：「聞君行聖人之政，是亦聖人也。願爲聖人氓。」惜乎滕地褊小，不能盡充孟子之術。使齊宣信孟子之説如滕文公，則如楚之許行、宋之陳相，一時號爲有知者，皆將四面而來，而風聲所傳，德音所感，凡有人心者，皆將襁負其子而至矣。則孟子所謂「民歸之如水之就下」，此亦可見其一二也。夫許行之來，

〔二〕「孔」，四庫全書本作「孟」。

固未足多。而陳相乃陳良之徒，學周公、仲尼之道者也。特其所見未固耳，其好賢樂善之心豈可厚誣？彼且來矣，而况其他乎？此余所以深信孟子之説，而惜齊王之不行其道也。且許行既爲文公之氓，受孟子之澤，則當自鄙其學之淺陋，徙義遷善，盡棄其舊習，以觀聖王之施爲。而猶自是其學，而非聖賢之大道，乃曰：「滕君，則誠賢君也；雖然，未聞道也。賢者與民並耕而食，饔飧而治。今也滕有倉廩府庫，則是厲民而以自養也。」嗚呼！彼以並耕而食，饔飧而治爲大道乎？誠可笑也。夫鴻荒之世，其民若禽獸。然君民並耕，豈得已哉？事固自有次第。且簣桴土鼓决不若簫韶之音，穴居野處决不若宫室之安，書契之精於結繩，棺椁之美於衣薪，此數聖人因事之幾，隨時之會，乃至周而大備。豈有帝王之世，天下之民耳之所聽者皆鍾鼓管弦之音，目之所視者皆青黄黼黻之色，而宗廟之美，百官之富，堂陛之尊，圭璋之盛，儼如天帝，尊如神明。一旦乃令尊君下民同霑體塗足，同寒耕熱耘，同供炊爨之職，同作饙餾之事，豈不大駭天下而起姦雄窺伺之心乎？其亦可謂愚矣！不知陳相兄弟何所見聞而悦之。

夫蕢桴土鼓，穴居野處，結繩衣薪，在上古行之不以爲異，使用於二帝三王之後，其可行乎？夫可行則爲道，不可行則爲弊，爲恠民，爲妖術，在法當誅，在聖門當絀。此孟子所以深惡之，窮問詰難，往來數疊，使其辭窮理極，乃扼其要處曰：子以謂滕有倉廩府庫以厲民，不知子以粟易械器不爲病陶冶，以械器易粟不爲病農夫乎？且許子推不欲病民之心以病陶冶，何不自爲陶冶，使日用所須皆取辦於其家？何爲紛紛然與百工交易？何許子之不以爲煩乎？陳相乃曰：「百工之事，固不可耕且爲也。」其理窮矣，其辭盡矣。乃又扼其要處以問之，曰：百工之事固不可耕且爲，治天下獨可以耕且爲乎？汝不知夫有大人之職事，則當勞心以治人，治人者食於人；有小民之職事，則當勞力以治於人，治於人者食人。此天下常行之理也。況一人之身，百物所須，汝以交相養爲病，則當事事物物皆自爲之。既爲耕夫，又爲蠶婦，又爲弁人，又爲攻金之工，攻木之工，設色之工，刮摩之工，率天下之人終日搰搰暴露辛苦，乃不爲相病耳。此豈可行乎？

汝以謂君不與民並耕而食，饔飧而治，坐受其養，以爲病民耶？當堯之時，洪水橫流，禽獸逼人，堯當一味耕田而不憂乎？既當憂之，則堯舍耕之外不爲無事矣。舉舜而敷治者，堯之職也。舜使益掌火以驅禽獸，使禹疏九河以洩洪水，則舜、禹、益舍耕之外不爲無事矣。

又使稷教民稼穡，又使契教民人倫。堯又於其間勞之來之，以勉其勤勞；匡之直之，以正其心術；輔之翼之，使自得之，以遂其天性，又從而振德之以警其昏繆。嗚呼！堯舍耕之外，其職事如此，何暇耕耶？使其如許行之學，專以耕爲事，則聖賢不用，禽犬不問，洪水不知，人倫不正，天下幾何不盡爲血肉，爲江海，爲水者也？此豈可行乎？

夫君民上下各職其憂，不可相易也；君民上下各盡其職，則天下大治。故堯以不得舜爲己憂，舜以不得禹、皋陶爲己憂，農夫以百畝之不易爲己憂。農夫之憂，舍百畝之外無事也。人主之憂，憂在天下。其憂甚大，豈農夫可比也？故爲天下得人謂之仁，不得人則天下謂之不仁。是故以天下與人易，爲天下得人難。汝見堯蕩蕩乎，民無能名，舜有天下而不與，以謂無職事乎？嗚呼！堯、舜之治天下，豈無所用其心哉？其用心處在天下得人，特不用心於耕爾。

孟子既明堯、舜之道，以破許行之繆論，然後責陳相兄弟所學之不固，而爲異端所亂也。其責之如何？如曰：「吾聞用夏變夷者，未聞變於夷者也。」夫堯、舜之道，中國之道也；許子之說，夷狄之說也。今相兄弟學於陳良，陳良所學乃周公、仲尼之道。當良自楚北學於中國，其識見高明，議論中正，北方之學者未有出其右者，是所謂豪傑之士。陳相兄弟事之數十年，一旦良死，乃盡棄中國之學而悦夷狄之説，豈不見孔子没，子貢築室於場，獨居三年，然後歸，其不倍孔子之學如此！又不見曾子不肯以事孔子之禮事有若，且有江、漢、秋陽之喻，其不倍孔子之學如此！

今許子所習者夷狄，來自南蠻，言語傖獰，有如鴃舌。學之不精，考之不詳，乃敢非先王之道。陳相兄弟不審量考擊，倍其師之所學，如下喬木而入幽谷矣。又周公膺戎狄，而陳相兄弟乃學戎狄。夫貍變則豹，豹變則虎，所變愈大可也。今舍中國之道而學夷狄，舍周公、仲尼之道而學許行，豈得爲善變乎？余觀孟子窮詰陳相，使無逃避，乃大明堯、舜之心，其辭衮衮不斷，其意滔滔不窮，靜觀其源，可謂見道分明，無有疑慮。一辭一句皆自胸襟流出，乃天下之至論，古今之格言，可歎可仰，可遵可信。當戰國權謀詭計、縱横捭闔之中，乃有如此奇特卓異之觀，正如終日行培塿而忽見泰、華，終年泛汙沱而忽浮滄海，使人心原〔一〕廓大，眼界通明。後世之士乃欲非之、疑之、詈之，亦可謂不知聖賢

〔一〕「原」，四庫全書本作「源」。

者矣！

陳相兄弟邪説深入，心術顛倒，猶有「從許子之道，則市賈不貳，國中無僞」之説。且以布帛無長短，麻絲無輕重，五穀無多寡，以至屨無大小，皆一等之賈。其意以謂君民並耕則人心淳朴，不復校計長短、輕重、多寡、小大以相交易矣。天下豈有此理乎？使天下如禽獸草木之無知則已，如其爲人，豈有不知長短、輕重、多寡、大小者乎？邪説惑人乃至於此耶！孟子又徐徐以喻之，曰：「夫物之不齊，物之情也。」或十百〔二〕，或千萬。子乃欲比長短、輕重、多寡、大小而一之，是猶指鹿爲馬，以青爲黑，而亂天下之常理也。巨屨小屨同賈，則足跡大者將終身無屨矣。是教世之人以短取長賈，以輕取重賈，以寡取多賈，以小取大賈，相率爲僞，以取贏〔三〕餘。一身行之且不可，况於國家乎？

嗚呼！孟子不喜異端乃至於此，皆識見高明，知其必爲恠也。如闢夷之之薄葬，仲子之非廉，白圭之貉道，張儀之妾婦，以至指伯夷爲隘，指下惠爲不恭，指楊朱爲無父，指墨氏

〔二〕「十百」，四庫全書本作「什佰」。
〔三〕「贏」，原作「羸」，據四庫全書本改。

爲無君，指許行爲夷狄，皆其中曉然，所見明白。故區别真僞，判斷是非，窮根極本，盡窟穴而發之，使利害皎然，不貳不疑。其有功於聖道如此，學者豈宜以輕心觀之哉？

墨者夷之，因徐辟而求見孟子。孟子曰：「吾固願見，今吾尚病，病愈，我且往見，夷子不來！」他日又求見孟子。孟子曰：「吾今則可以見矣。不直，則道不見；我且直之。吾聞夷子墨者。墨之治喪也，以薄爲其道也。夷子思以易天下，豈以爲非是而不貴也？然而夷子葬其親厚，則是以所賤事親也。」

徐子以告夷子。夷子曰：「儒者之道，古之人『若保赤子』，此言何謂也？之則以爲愛無差等，施由親始。」

徐子以告孟子。孟子曰：「夫夷子，信以爲人之親其兄之子，爲若親其鄰之赤子乎？彼有取爾也。赤子匍匐將入井，非赤子之罪也。且天之生物也，使之一本，而夷子二本故也。蓋上世嘗有不葬其親者。其親死，則舉而委之於壑。他日過之，狐狸食之，蠅蚋姑嘬之。其顙有泚，睨而不視。夫泚也，非爲人泚，中心達於面目。蓋歸反虆梩而掩之。掩之

誠是也，則孝子仁人之掩其親亦必有道矣。」

徐子以告夷子。夷子憮然爲間曰：「命之矣。」

此一章書顛倒失次，自漢以來無有辨之者。余深入其中，乃知其編次脱易，輒爲改正之。其文宜曰：

墨者夷之，因徐辟而求見孟子。孟子曰：「吾固願見，今吾尚病，病愈，我且往見，夷子不來！」他日又求見孟子。孟子曰：「吾今則可以見矣。不直，則道不見，我且直之。」

徐子以告夷子。夷子曰：「儒者之道，古之人『若保赤子』，此言何謂也？之則以爲愛無差等，施由親始。」

徐子以告孟子。孟子曰：「夫夷子，信以爲人之親其兄之子，爲若親其鄰之赤子乎？彼有取耳也。赤子匍匐將入井，非赤子之罪也。且天之生物也，使之一本，而夷子二本故也。吾聞夷子墨者。墨之治喪也，以薄爲其道也。夷子思以易天下，豈以爲非是而不貴也？然而夷子葬其親厚，則是以所賤事親也。蓋上世嘗有不葬其親者。其親死，則舉而委之於壑。他日過之，狐狸食之，蠅蚋姑嘬之。其顙有泚，睨而不視。夫泚也，非爲人泚，中心達於面目。蓋歸反虆梩而掩之。掩之誠是也，則孝子仁人之掩其親亦必有道矣。」

徐子以告夷子。夷子憮然爲閒曰：「命之矣。」

余讀此章，乃知「天生蒸民，有物有則。民之秉彝，好是懿德」。又知「人之所同然者，謂理也，義也。聖人先得我心之所同然者耳，故理義之悅我心，猶芻豢之悅我口。」果不誣也！夫夷之，墨者之徒也。惑於墨者之説，遂失其好德之性、理義之心。尊其師之説，執其師之見，高設藩籬，壁立畔岸，惟恐有犯之者。惟邪説深入，故稍有詰難則議論鋒起，勝負横生，人懷怒心，如報私讎，此可與言乎？今不知何所見，乃因徐辟而求見孟子。孟子未知其人，已知其學，就其所言則失之不情，闢其所守則或以招禍。乃遜其辭，乃下其氣以答之曰：「吾固願見，今吾尚病，病愈，我且往見。」其言如南風使人慍解，曲而不詘，婉而成章。浩然之氣發於施爲者，乃有如此變化！學者以悻悻爲直，孑孑爲義，自以爲浩然者如是，豈不失錯？

嗚呼！聖賢之待非類，其法蓋如此，不可不知也。既而孟子知夷之葬其親厚，是稍變其師之學矣。夫稍變其師之學者，是其心之不安也，因其不安處可以救藥矣。至夷之他日又求見孟子，孟子則有以處之矣。夫其心不安，則知其師之學不可行。知師之學不可行，則恐孟子之學真有過人者，所以屢卻而屢來。孟子乘其幾會，乃曰：「吾今則可以見矣。」向之不見，以其爲墨者之徒；今之欲見，以其有厚葬之説。又曰：「不直，則道不見；我且直之。」徐子以「直之」之語告夷子，稍犯其鋒，議論即起，而勝負即生矣。乃攻先王之道曰：「儒者之道，古之人『若保赤子』，此言何謂也？之則以爲愛無差等，施由親始。」

嗚呼！儒墨之異乃在於此。墨子之學，以天下之親爲己之親。嗚呼！目不兩視而明，耳不兩聽而聰，精於一者行於萬事。父母之禮，其愛慕之心，勤勞之職，止可精專於一人耳。儻視天下皆爲父母，人人事之如己父母，則夫意必有所怠，情必有所抑，而作僞之心、難知之行將乘此而起矣。先王「老吾老，以及人之老」者，止極其所行在於五十者不負戴，六十者衣帛，七十者食肉耳。豈能人人如事吾父母，冬温夏清，昏定晨省，飲膳之節，寒暖之宜，鷄鳴而起，深夜而寐，遍走天下人人事之乎？且[一]吾父母之於我，撫育之

〔一〕「且」，原作「具」，據四庫全書本改。

勤，保惠之切，教誨之至，天下一人而已矣。今視天下皆爲吾父母，不知此情何自而生？撫育弗見也，保惠弗見也，教誨弗聞也，而以其不情之見欲取天下之名，乃視天下皆同己父母，將置吾父母於何地？其忍爲此心乎？

其視天下之親同己之親，則將視天下之子亦同己之子矣。真可笑也！夫父母之於子，念慮在子，出入在子，撫育之，保惠之，教誨之。其心切切然，惟恐其蹈水火之害，惟恐其行邪枉之塗，丁寧防衛，豈可名言哉？今視天下之子同己之子，將人人撫育，人人保惠，人人教誨。上事天下之父母，下愛天下之赤子，不知墨子之身止一身乎？其亦有異術爲億兆身乎？此豈可行也？先王「幼吾幼，以及人之幼」，不過發政施仁，如幼而無父者必先施耳，其道當如此也。使其自有父母，吾乃欲奪人之子以爲己子乎？愛無差等，是何繆論！

孟子不暇遠取，且就其近處而譬之曰：「夷子信以爲人之親其兄之子，爲若親其鄰之赤子乎？」夫墨子所以有此言，彼亦有所見也。第考之不精，擇之不詳，遂不可行於天下，爲邪説，爲異端，爲禽獸。人之道，夫其所見者何也？其見鄰之赤子匍匐入井，忽然有怵惕惻隱之心，欲急趍而救之。此時之心，見鄰之赤子如己之赤子也，不知此亦人心之自然耳。夫赤子無罪，一旦無知入於死地，苟吾手足之力可以拯援，何爲而不救之乎？此特一時之心耳。至於久其撫育，久其保惠，久其教誨，其能與己子同乎？夫天之生物也，烏子皆黑，鵠子皆白，桃之不生李，而穀之不産麥，其氣不同。故吾之子與吾父祖之氣同，他人之子則自與其族類同。是天之生物也，使之一本，而夷子以私智亂之，乃欲烏子爲白乎？鵠子爲黑乎？桃爲李、穀爲麥乎？人之子爲己之子而有二本乎？其理曉然，無可疑者。

既攻其僻見偏辭矣，乃提其好德之性、理義之心與其師之學不同處以警之。其警之如何？曰：「吾聞夷子墨者。墨之治喪也，以薄爲其道也。」夷子之心思以此薄葬易天下矣。然而夷子已自不可行而獨厚葬其親，以倍其師之説。將以師之説爲是，墨子以薄葬爲貴，以厚葬爲賤。胡爲夷子以賤事其親乎？將以師之説爲非，胡爲尊其師之説，執其師之見，以非儒者之道乎？夫厚葬之心，乃好德之性也，理義之心也，先王之道也。夷子行之而不自知，乃極力而語之曰：夷子厚葬之心有自來矣。孟子即其心而大明之曰：上世葬親者舉之於壑，此正墨子之道也。他日過之，見狐狸食其親，蠅蚋嘬其親，其顙有泚，睨而不忍視。夫泚也，非爲人泚，中心達於面目。乃歸反虆梩而掩之。掩之夂心何心哉？孟子指之曰：掩之之心，乃誠之發見也。故曰：「誠是也。」其意以謂欲識誠乎？蓋在是耳。夫其顙有泚，睨而不視，此好德之性、理義之心、儒者之道蓋在此也。墨子之道欲絶人子愛親之心，使就其殘忍之説，不知孝子仁人之掩其親，亦必有道矣。夷子聞之，其本心發見，知儒者之道正在於此，與吾心〔二〕合。此其所以憮然自失其師之説爲間，以游於孟子之道。不覺發言以歸誠曰：聽孟子之所命矣。

嗚呼！余觀孟子能用先王之道，類皆如此。方未得夷子要領則善言以卻之，及既得其葬親之心，則數語之下，使之脱然自得於先王之道。其轉移陶冶，乾坤之造，變化之神也。其可忽諸？

〔二〕「心」，原作「以」，據四庫全書本改。

張狀元孟子傳卷第十二

滕文公章句下

陳代曰：「不見諸侯，宜若小然；今一見之，大則以王，小則以霸。且志曰：『枉尺而直尋。』宜若可爲也。」孟子曰：「昔齊景公田，招虞人以旌，不至，將殺之。志士不忘在溝壑，勇士不忘喪其元。孔子奚取焉？取非其招不往也，如不待其招而往，何哉？且夫枉尺而直尋者，以利言也。如以利，則枉尋直尺而利，亦可爲與？昔者趙簡子使王良與嬖奚乘，終日而不獲一禽。嬖奚反命曰：『天下之賤工也。』或以告王良。良曰：『請復之。』强而後可，一朝而獲十禽。嬖奚反命曰：『天下之良工也。』簡子曰：『我使掌與女乘。謂王良。良不可，曰：『吾爲之範我馳驅，終日不獲一；爲之詭遇，一朝而獲十。詩云：「不失其馳，舍矢如破。」我不貫與小人乘，請辭。』御者且羞與射者。比比而得禽獸，雖若丘陵，弗爲也。如枉道而從彼，何也？且子過矣，枉己者，未有能直人者也。」

余觀孟子之時，商鞅得志於秦，而張儀繼之；孫臏得志於齊，而鄒衍、淳于髡、田駢、接子、慎到、環淵又繼之；蘇秦得志於六國，腰佩六印，坐謀輜車，時君世主擁篲先驅，郊迎側行，其見禮如此。考其所學，非陰謀詭計，即縱横捭闔，駕傾河之辯，肆無稽之談，大要以進取爲功業，殺人爲英雄。孟子所學乃二帝三王之道，當世所貴乃鬼蜮豺狼之術，則不見諸侯意可知矣。陳代徒見商鞅、孫臏、蘇、張、稷下諸公談笑取將相，今孟子獨不見諸侯，宜似夫褊小而不廣大疎通也。誠一見之，一言遇合，大可以爲伊、周，小可以爲管、晏，故引枉尺直尋之志以動孟子焉。孟子先以虞人之非其招不往，以攻代好利之心；次以王良羞與嬖奚乘，以攻代枉道之志。

孟子大意以謂虞人尚非其招不往，豈有爲士君子不待招而往乎？夫所謂招者，非如擁箠先驅、郊迎伏謁之謂也，禮義而已矣。夫義，路也；禮，門也。惟君子能由是路出入是門也。今當世諸侯以進取爲功業，以殺人爲英雄，禮義安在哉？是其所以招賢者，非其具也，故其所得特商鞅、孫臏、蘇、張、稷下輩流耳。又以謂王良羞與嬖奚乘，豈有爲士君子而枉道以從彼乎？夫所謂道者，植桑種田，育雞豚，畜狗彘，謹庠序，修孝弟，使老者衣帛食肉，不負戴於道路，黎民不飢不寒，不漂流於溝壑，此所謂道也，此孟子之志也。當世諸侯方以燒夷陵，取鄢、郢；今日虜公子卬，明日虜公子申；今日殺四十萬，明日坑百萬爲得志。吾豈可枉道以從彼，反不如一御者乎？夫虞人知守其節，御者知守其法，豈有爲士大夫學聖王之道，乃不待招而往，乃枉道以從人乎？至於道之將行，道之將廢，有命存焉，其所以自守者，安可一朝變也？樊並通尚書，而爲劇賊；劉歆通春秋，而附王莽；馬融號爲大儒，而事梁冀[一]；祝欽明號爲明經，而事兩張，是曾犬彘之不如，曾何敢望齊之虞人、趙之御者乎？以孟子此志觀之，則夫交結非類，依附憸人，而要功名，而取富貴者，皆虞人、御者之所羞也。其可不自儆乎？

[一] 「冀」，原作「驥」，據四庫全書本改。

景春曰：「公孫衍、張儀豈不誠大丈夫哉？一怒而諸侯懼，安居而天下熄。」孟子曰：「是焉得爲大丈夫乎？子未學禮乎？丈夫之冠也，父命之；女子之嫁也，母命之，往送之門，戒之曰：『往之女家，必敬必戒，無違夫子！』以順爲正者，妾婦之道也。居天下之廣居，立天下之正位，行天下之大道；得志與民由之，不得志獨行其道；富貴不能淫，貧賤不能移，威武不能屈，此之謂大丈夫。」

聖王道絶，習俗風頽，以管、晏爲高功〔二〕，以儀、衍爲丈夫，以仲子爲廉，以匡章爲不孝。白圭自謂過於禹，許行自謂聞大道，各以私智恣爲偃蹇，紛然四起，莫之誰何？惟孟子於頽垣破塹中獨守聖王之道，羞比管、晏，妾婦儀、衍，蚓仲子而禮匡章，貊白圭而狄許子。一掃啾喧弊陋，獨推仁義之尊高。非其中皎然明白，安能發爲深見遠識，以區別真僞判斷是非如此乎？惜乎其道之不行也！使其道行，彼是數子者固將收召之，以變其心術，隨其才之長短而用之。見僻而堅，怙終而賊，則屏之遠方，誅之兩觀，不疑矣。惟

〔二〕「功」，原作「卑」，據四庫全書本改。

其終不得少行其志，而商鞅之學大得志於秦。其身雖亡，其學猶盛。一傳再傳，至趙高、李斯而極力行之，燒詩、書，殺學士，倡督責之説，起骨肉之誅，至於誹謗者族，偶語棄〔二〕市，慘刻之政至兩漢而未除。反唇之誅，武帝行之；南山之詩，宣帝戮之，此鞅之遺禍也。夫商鞅，一派之學耳，其禍猶如此之烈。使此數人者不經孟子之誅，紛然並行，則天下之民爲血爲肉，何時而已乎？此所以見孟子大有功於名教也。且儀、衍以口舌之辯行捭闔之術，膏車秣馬，曳紫拖金，馳騁於六國。天下皆見其一怒而諸侯懼，安居而天下熄，皆稱其爲大丈夫。惟孟子知其本心不復問理義所鄉，阿徇苟容，乘間投隙，志在取富貴而邀爵禄耳。是其爲術，豈有他法哉？專順人主之意，操旁僻曲私之心，行妻孥妾媵之態，是何大丈夫之有乎？夫道合則從，不合則去。其用我也，則行大中至正之路，以堯、舜其君，士君子其民。故居天下之廣居，立天下之正位，行天下之大道。惡有居側媚、立邪僻、行詭詐以罔人主而亂天下乎？其不用我，則卷而懷之，物格而意誠，意誠而心正，心正而身修，身修而家齊。根於心，見於面，盎於背，施於四體，裕如也。獨行其

〔二〕「棄」，原作「者」，據四庫全書本改。

道如此，視富貴、貧賤、威武皆空中一塵耳，其來其去何足以爲吾輕重哉？古之所謂大丈夫者如此。以此而論，則衍、儀、真妾婦耳！天下方稱爲大丈夫，而孟子乃見其爲妾婦，是孟子之見，迥出常情之外，而非凡心俗慮之可知也，而非之，而疑之，而詈之，可乎？

周霄問曰：「古之君子仕乎？」孟子曰：「仕。傳曰：『孔子三月無君，則皇皇如也，出疆必載質。』公明儀曰：『古之人三月無君則弔。』」「三月無君則弔，不以急乎？」曰：「士之失位也，猶諸侯之失國家也。禮曰：『諸侯耕助，以供粢盛，夫人蠶繅，以爲衣服。犧牲不成，粢盛不絜，衣服不備，不敢以祭。惟士無田，則亦不祭。』牲殺器皿衣服不備，不敢以祭，則不敢以宴，亦不足弔乎？」「出疆必載質，何也？」曰：「士之仕也，猶農夫之耕也，農夫豈爲出疆舍其耒耜哉？」曰：「晉國亦仕國也，未嘗聞仕如此其急。仕如此其急也，君子之難仕，何也？」曰：「丈夫生而願爲之有室，女子生而願爲之有家。父母之心，人皆有之。不待父母之命、媒妁之言，鑽穴隙相窺，踰牆相從，則父母

國人皆賤之。古之人未嘗不欲仕也，又惡不由其道。不由其道而往者，與鑽穴隙之類也。」

深味周宵之問，想見其爲人，見當世仕宦者，類皆權謀詭詐縱横捭闔，其得志者，皆市井駔儈閭巷小人，超然有離絶遠去之心。見孟子不見諸侯，雖見而不受其禄，雖受其禄未幾而輙去，深合其意，以謂古之君子類皆不仕也。故發爲問曰：「古之君子仕乎？」孟子曰：「仕。傳曰：『孔子三月無君，則皇皇如也，出疆必載質。』」又引公明儀「三月無君則弔」之語以答之。周宵之心見當時仕宦與意不合，深欲脱去而不可得，乃聞「三月無君則弔」之語，又與其意大不相侔，故曰：「三月無君則弔，不以急乎？」以此爲急，則知其於當世仕宦，悠然自守，無所輕重矣。

余觀宵之爲人，亦爲人君子也。其心高遠疎爽，不汲汲於富貴，不戚戚於貧賤者也。充其所見，將爲長沮、桀溺、荷蕢荷蓧之徒，而非聖人之道也。孔子深疾荷蓧丈人之徒，故曰：「不仕無義。長幼之節，不可廢也；君臣之義，如之何其廢之？」欲絜其身而亂大倫。君子之仕也，行其義也。道之不行已知之矣。是聖人之道，其急於仕者，非貪禄而慕位也，人倫之大，君臣爲重。仕則君臣之義明，君臣之義明，則父子、兄弟、夫婦、朋友之倫一皆大明而不昧，何樂如之？此所以「三月無君則弔」也。夫仕之失位，猶諸侯之失國家，其重如此。諸侯失國家，則無耕助以供粢盛，無蠶繅以爲衣服。犧牲不成矣，粢盛不絜矣，衣服不備矣，其敢以祭乎？是諸侯失國家，則五廟祖宗皆不得血食矣。是知君臣之義不明，則父子、兄弟、夫婦、朋友一皆顛倒失序也。士之不仕，則無田以供粢盛，以至牲殺器皿衣服一皆不備，不敢以祭，亦不敢以宴。夫不仕其患如此之大，使吾祖宗不得血食，不忠不孝，難以齒於人類，所以皇皇，所以可弔也。

宵雖聞三月無君之義，乃未喻出疆必載質之義也，故又更端而問之。孟子曰：「士之仕也，猶農夫之耕也，農夫豈爲出疆舍其耒耜哉？」夫質所以見君也。出疆載質，見念念之不忘君也。古之人在畎畝猶在朝廷，不忘君，拳拳之義也。所以蘇武使匈奴十九年，不舍漢節；范泰終身不履魏地，而坐卧漢車者，見念念不忘君也。而世之説詩者曰「永矢弗過」者，自誓弗過君門也；「永矢弗告」者，自誓弗告君以善也；「永矢弗諼」者，自誓弗忘君過也。邪説害道，賊君臣之大義，亂人倫之常經，彼又惡知出疆載質之義哉？

霄平日見馳車擊轂、腰金曳紫之人，類皆乘時射利，陰險傾邪，乃超然不以仕宦爲意。

以謂孟子不見諸侯，見而不受其禄，受其禄不久而輒去，自謂與其意暗合，疑古之君子類不以仕爲意。及聞夫子「三月無君則弔」，出疆必載質之義，乃見孟子反如此其急，與其意大相舛矣。故曰：晉國亦吾所仕之國也，平生未嘗聞仕當如此其急。仕果如此其急，孟子之難仕，何也？孟子乃以謂仕如此其急者，乃君臣之大義；不由其道者，又臣子之所羞。惟其惡不由其道，此孔子所以不主癰疽與瘠環；惟仕如此其急，此夫子所以適齊、適衞、適楚、適宋而不敢已也。然則穴窺之喻，乃指商鞅、孫臏、蘇秦、張儀、稷下諸公，不以正道事君者也。

宵因此問得聞仕如此其急，大明君臣之義；又聞不由其道之訓，足以遂其自好之心。悠然蕭然，揮之不去，招之不來，一由於禮義而已矣。宵亦何幸耶？然則善用先王之道，又於此可以觀孟子。

彭更問曰：「後車數十乘，從者數百人，以傳食於諸侯，不以爲泰乎？」孟子曰：「非其道，則一簞食不可受於人；如其道，則舜受堯之天下，不以爲泰，子以爲泰乎？」

曰：「否。士無事而食，不可也。」曰：「子不通功易事，以羨補不足，則農有餘粟，女有餘布；子如通之，則梓匠輪輿皆得食於子。於此有人焉，入則孝，出則悌，守先王之道，以待後之學者，而不得食於子。子何尊梓匠輪輿而輕爲仁義者哉？」曰：「梓匠輪輿，其志將以求食也；君子之爲道也，其志亦將以求食與？」曰：「子何以其志爲哉？其有功於子，可食而食之矣。且子食志乎？食功乎？」曰：「食志。」曰：「有人於此，毀瓦畫墁，其志將以求食也，則子食之乎？」曰：「否。」曰：「然則子非食志也，食功也。」

孟子識見高遠，超然出一世之外，故每事與衆人不同。衆以陳仲爲廉，孟子獨以爲蚓；衆以匡〔一〕章爲不孝，孟子獨加之以禮；衆以管、晏爲大功，孟子獨以爲可羞；衆以儀、衍爲大丈夫，孟子獨謂之妾婦；衆以不朝王爲不敬，孟子獨以不談仁義爲不敬；衆以君命召不俟駕爲禮，孟子獨以德齒爲禮，是其所見迥與衆人不同。夫惟與衆人不同，使其得志，必能盡掃當時商鞅、孫臏、陳軫、蘇秦、張儀、稷下諸人陰謀詭計之陋，而獨振

〔一〕「匡」，原作「康」。據四庫全書本改。

先王之道於頽弊之中也。此余所以拾其遺迹，每事三歎之，而切悲夫後世不知孟子之心也。

今其所見又有異焉者。彭更見後車數十乘，從者數百人，傳食於諸侯以爲泰，孟子乃見以爲道；彭更見無事而食，孟子乃見爲仁義而食；彭更見梓匠輪輿爲食志，孟子乃見爲食功。夫彼以爲泰，此以爲道；彼以爲無事，此以爲仁義；彼以爲志，此以爲功，是孟子之所見超然獨異於衆人也。惟衆人所見如此，所以俗氣不除，皆景慕商、孫、蘇、張、稷下諸子，惟恐學之不及。而風俗薄惡，日趍於鬼魅之地，禽獸之心，將血肉吾民，夷狄吾中國，可勝悲哉！惟孟子所見如此，所以養浩，所以知言，所以能深知王道之所在，所以直指植桑種田，育雞豚，畜狗彘，謹庠序，修孝弟，使老者衣帛食肉，黎民不飢不寒，不負戴於道路，不漂流於溝壑爲王道也，所以能指數子之病而一開當世之耳目也。

嗚呼！彭更其亦何〔二〕幸乎！向見後車數十乘，從者數百人之爲泰，孟子乃直指此見爲道，且有簞食、天下之説；向見無事而食爲不可，孟子又直指此見爲仁義，且有入孝

〔二〕「亦何」，原作「何亦」，據四庫全書本改。

出弟，守先王之道，梓匠輪輿之説；向見食梓匠輪輿之爲食志，孟子又直指此見爲食功，且有毁瓦畫墁之説。自此以往，所見皆新，不離蹞步，不動毫芒，轉泰爲道，轉志爲功，轉無事爲仁義。其視當世之學，一皆邪説；其視孟子所爲，一皆先王之大道。嗚呼！更亦何幸乎！不知果能如余之所云耶？余不能考其必然，故就孟子之用而發之。

萬章問曰：「宋，小國也。今將行王政，齊、楚惡而伐之，則如之何？」孟子曰：「湯居亳，與葛爲鄰，葛伯放而不祀。湯使人問之曰：『何爲不祀？』曰：『無以供犧牲也。』湯使遺之牛羊。葛伯食之，又不以祀。湯又使人問之曰：『何爲不祀？』曰：『無以供粢盛也。』湯使亳衆往爲之耕，老弱饋食。葛伯率其民，要其有酒食黍稻者奪之，不授者殺之。有童子以黍肉餉，殺而奪之。書曰：『葛伯仇餉。』此之謂也。爲其殺是童子而征之，四海之内皆曰：『非富天下也，爲匹夫匹婦復讎也。』湯始征，自葛載，十一征而無敵於天下。東面而征，西夷怨；南面而征，北狄〔一〕怨，曰：『奚爲後我？』民之

〔一〕「狄」，原作「夷」，據四庫全書本改。

望之，若大旱之望雨也。歸市者弗止，芸者不變，誅其君，弔其民，如時雨降。民大悅。書曰：『徯我后，后來其無罰。』『有攸不惟臣，東征，綏厥士女，匪厥玄黃，紹我周王見休，惟臣附于大邑周。』其君子實玄黃于匪以迎其君子，其小人簞食壺漿以迎其小人，救民於水火之中，取其殘而已矣。太誓曰：『我武惟揚，侵于之疆，則取于殘，殺伐用張，于湯有光。』不行王政云爾，苟行王政，四海之内皆舉首而望之，欲以爲君。齊、楚雖大，何畏焉？」

孟子見齊王，時乃宋剔成三十八年。剔成立四十一年，爲弟偃所攻。偃立十一年，自立爲王，東敗齊，取五城；南敗楚，取地三百里。以時考之，萬章所問宋行王政，正偃之謂也。偃自東敗齊，南敗楚，西敗魏之後，盛血以韋囊，縣而射之，命曰「射天」。淫於酒與婦人，群臣諫者輒射之，於是諸侯皆謂之桀宋。偃立四十七年，齊湣與楚、魏伐宋，殺王偃，遂滅宋，三分其地。以是觀之，偃又安知王政？豈偃自篡立之後，抑情飾詐，欲以王政收人心乎？豈初年克己，晚歲盈溢，而至滅亡乎？抑豈萬章稱道時，正王偃修飾時乎？皆不可知也。觀孟子答萬章之問，言湯先盡其在我，故十一征而無敵於天下。豈孟子見王偃身爲篡逆之賊，詎可行王政乎？又言武王出而東征，君子實玄黄，小人具簞壺以迎周之師，豈孟子見王偃未知修德遽欲伐人，而人不服乎？味此兩段則知王偃之爲人，徒恃血氣，未能盡其在我；徒恃兵革，未能服人之心。其所謂王政者，皆要名飾詐而非其真也。使王偃果行王政，自致知、格物、誠意、正心、修身來，必不篡君而自立。既篡君自立，復欲竊取王政之名以欺天下。嗚呼！天下安可欺乎？齊惡其詐，欲自東來討；楚惡其詐，欲自南來討。孟子知王偃之心出於詐，故曰：「不行王政云爾，苟行王政，四海皆舉首而望之，欲以爲君。齊、楚雖大，何畏焉？」是王偃胸襟所畜者，孟子知之，略無餘藴矣。則其射天、射諫者，皆其晚歲真情發見也。然則以孟子之不許，宋則爲楚、魏所殺，以至滅其國分其地者，已於王偃未敗時見之矣。然則矯情飾詐者，徑何爲哉？止足以殺其身而已爾？

孟子謂戴不勝曰：「子欲子之王之善與？我明告子。有楚大夫於此，欲其子之齊語也，則使齊人傅諸？使楚人傅諸？」曰：「使齊人傅之。」曰：「一齊人傅之，衆楚人咻

之，雖日撻而求其齊也，不可得矣；引而置之莊、嶽之間數年，雖日撻而求其楚，亦不可得矣。子謂薛居州，善士也，使之居於王所。在於王所者，長幼卑尊，皆薛居州也，王誰與爲不善？在王所者，長幼卑尊，皆非薛居州也，王誰與爲善？一薛居州，獨如宋王何？」

考孟子所言如此，則是王偃惡跡已露，已與衆小人爲偶，日夜謀伐齊伐楚伐魏，荒于酒，淫于色，射天、射諫者之心，已不可遏矣。薛居州雖賢者，豈能勝衆多之小人哉？然方當王偃作僞之日，萬章以謂將行王政，戴不勝又區區欲王爲善，是二人者皆信其然矣。獨孟子知其決不能善終，且以湯、武之舉形迹其本心，又以齊、楚之喻推明其所好，是於二子稱許之時，孟子已知其殺身滅國，爲人分其地矣。此所以見孟子高見遠識，迥與常人不同也。

且心術之不可不正也久矣。夫心術正，則其所起居正也，其所好惡正也，其所趍鄉、其所避就正也，安得不喜正人而惡邪士乎？心術邪，則其所起居邪也，其所好惡邪也，其所趍鄉、其所避就邪也，安得不喜邪士而惡正人乎？王偃篡立，心術之邪如此，亦安得不與群小處哉？尚容一薛居州者，蓋欲借以爲飾詐之具也。昔明皇初即位，志在社稷，相姚崇、宋璟，朝廷清明，天下無事，安得而有小人？及惑惠妃，其志肆矣。相牛仙客而遠張九齡，且一意於李林甫，雖盧絢在朝，亦何能爲哉？以是觀之，則天下之治亂信乎在用君子與小人，而用君子與小人信乎在人主心術之邪正。王偃心邪，小人之資也。以小人在上，呼吸群類，覆出爲惡，一薛居州其如之何哉？惟大人之事君，不問小人之滿朝，政事之紊亂，第觀人主心術如何耳。儻君有願治之心，吾則探其非心所在，格而正之。心術一正，小人逐矣，政事明矣。齊威王一旦曉寤，烹阿用墨，天下朝齊，其事亦明矣。余因論宋王，又發心術之説，以告吾黨之士云。

張狀元孟子傳卷第十三

公孫丑問曰：「不見諸侯何義？」孟子曰：「古者不爲臣不見。段干木踰垣而辟之，泄柳閉門而不内，是皆已甚。迫，斯可以見矣。陽貨欲見孔子而惡無禮，大夫有賜於士，不得受於其家，則往拜其門。陽貨矙孔子之亡也，而饋孔子蒸豚；孔子亦矙其亡也，而往拜之。當是時，陽貨先，豈得不見？曾子曰：『脅肩諂笑，病于夏畦。』子路曰：『未同而言，觀其色赧赧然，非由之所知也。』由是觀之，則君子之所養可知已矣。」

不見諸侯之問，陳代、公孫丑、萬章更相致疑於孟子，以此見習俗移人，雖居聖賢之門，洗除不去。彼見商鞅、孫臏、陳軫、蘇秦、張儀、稷下諸人馳車擊轂，奔走諸侯之門，以謂士之處世當如是爾。不知伊尹耕莘，傅説築巖；吕望釣渭，曷嘗僕僕走人門戶哉？成湯救民，高宗中興，文王行仁，或三聘，或肖形，或親訪，然後爲陳堯、舜之道。

應霖雨之求，作鷹揚之舉。則孟子之不見諸侯，乃古人之道例當然耳。寡見淺聞，動輒致疑，良可悲爾！

然見與不見，古人不以是分優劣也。理在可見，見梁惠，見齊宣，非屈也；理在不見，如陳代、公孫丑、萬章致問之時，亦非自高也。學至於聖不已，又學而至於智，故力之外又有巧，至之外又有中，豈可一塗取哉？以是而求，則見與不見皆非所以知孟子也。

今公孫丑致問，孟子引古人之例，答之曰：「古者不爲臣不見。」然不見，死法耳，其中又有變化焉。一於不見，如段干木踰垣，泄柳閉門，彼將以不見爲高，而不知於道爲不合也。此陽貨有賜於夫子，夫子則順禮以見之，干木、泄柳豈知此義乎？一於見，如曾子之所謂「脅肩諂笑」，子路之所謂「未同而言」，彼將以見爲通，而不知於道爲失節也。此齊宣不就見孟子，孟子則以疾而辭之。脅肩諂笑、未同而言之流，豈知此義乎？公孫丑問不見諸侯，孟子乃非干木、泄柳，是以見爲是矣。將以見爲是乎？孟子乃又舉曾子、子路之言，是又以不見爲是矣。然則吾將何處乎？迫，斯可以見；未迫，則未可以見也。吾知格物以知至，知至以誠意，誠意以正心，正心以修身，修身以齊家而已。至于治國平天下，第觀人主用心爲如何。其心虛則可見，自實其中，雖見何益？蓋君子所養，養其理義而已。理義既明，有所見，則不爲段干木、泄柳之固；有所不見，則不墮曾子、子路之言，顧理義如何爾。非聖而又智，至而又中，力而又巧者，安能至此地哉？余因公孫丑之問，又發明孟子之學，庶幾知所擇焉。

戴盈之曰：「什一，去關市之征，今茲未能。請輕之，以待來年，然後已，何如？」孟子曰：「今有人日攘其鄰之雞者，或告之曰：『是非君子之道。』曰：『請損之，月攘一雞，以待來年，然後已。』如知其非義，斯速已矣，何待來年？」

余讀史記，考孟子時所謂宋王者，剔成立三十八年，而齊宣王即位四十一年，爲弟偃所攻，敗而奔齊，偃自立爲宋君。則萬章之問宋行王政，戴不勝欲宋王之爲善，戴盈之欲去關市之征，皆王偃時也。夫偃東敗齊，南敗楚，西敗魏，荒酒濫色，射天、射諫者，卒爲齊、魏、楚所滅，三分其地，安得行王政，用薛居州，而去關市之征乎？余嘗論之曰：豈偃自篡立之後，抑情飾詐，以王政收人心乎？豈初年克己，晚歲盈溢，而至滅亡乎？

抑豈萬章稱道時正王偃修飾時乎？以史考之，不見其實。今以戴盈之問，乃知王偃果自篡立之後，抑情飾詐以蓋前愆也。何以知之？至欲行什一之法，去關市之征，所謂行王政者可見於此。夫仁義何常之有？蹈之則爲君子，背之則爲小人。使偃久假而不歸，惡知其非有耶？孟子雖知其必敗，有湯、武之説以譏斥之，有衆楚人之説以詆譙之，今又有日攘一雞之説以切劘之。然安敢不告以善道也？故有如「知其非義，斯速已矣，何待來年」之説，其意甚遠，其來甚深。使王偃不能行，此言猶在也，諸侯有欲行王政者，舉斯言以自儆，安知不疾趍急策以鄉王者之路乎？嗚呼！王偃之能不能已可見矣。

余思孟子攘雞之説，有何待來年之語，乃知人不能無過，不知其爲過，尚可言也；曉然知其爲過，詎可不離絶遠去，如避涕唾，如逃水火，如卻盜賊乎？儻惟宿留不前，凝滯不散，去而復來，捨而復取，謂今日而有明日，謂今年而有明年，是皆無志之人，甘與惡爲徒侶者也。孔子曰：「惡不仁者，其爲仁矣，不使不仁者加乎其身。有能一日用其力於仁矣乎？我未見力不足者。」以謂惡不仁者其誰乎？即仁也，直指之，故曰：「其爲仁矣。」何以知其仁也？惡之之甚，至不使不仁者加乎其身。嗚呼！其惡如此，真可尚也！然所以能如此者，以能用其力也。「我未見力不足者。」是人人皆有去惡之資也，其不能斷然速去者，特無志之人耳。斯速已矣，非深惡不仁之君子能如是乎？余因攘雞之説，乃力排去惡之疾，以爲士君子之戒。

公都子曰：「外人皆稱夫子好辯，敢問何也？」孟子曰：「予豈好辯哉？予不得已也。天下之生久矣，一治一亂。當堯之時，水逆行，汎濫於中國。虵龍居之，民無所定。下者爲巢，上者爲營窟。書曰：『洚水警余。』洚水者，洪水也。使禹治之，禹掘地而注之海，驅虵龍而放之菹。水由地中行，江、淮、河、漢是也。險阻既遠，鳥獸之害人者消，然後人得平土而居之。堯、舜既没，聖人之道衰。暴君代作，壞宫室以爲汙池，民無所安息；棄田以爲園囿，使民不得衣食。邪説暴行又作，園囿、汙池、沛澤多而禽獸至。及紂之身，天下又大亂。周公相武王，誅紂伐奄，三年討其君，驅飛廉於海隅而戮之。滅國者五十，驅虎、豹、犀、象而遠之。天下大悦。書曰：『丕顯哉，文王謨！丕承哉，武王烈！佑啓我後人，咸以正無缺。』世衰道微，邪説暴行有作，臣弑其君者有之，子弑其父者有之。孔子懼，作春秋。春秋，天子之事也。是故孔子曰：『知我者其惟春秋乎！罪我者其惟春秋乎！』聖王不作，諸侯放恣，處士横議，楊朱、墨翟之言盈天下。天下之言，不歸楊，則歸墨。楊氏爲我，是無君也；墨氏兼愛，是無父也。無父無君，是禽獸也。公明儀曰：『庖有肥肉，廄有肥馬，民有飢色，野有餓莩，此率禽獸而食人也。』楊、墨之道不息，孔子之道不著，是邪説誣民，充塞仁義也。仁義充塞，則率獸食人，人將相食。吾爲此懼，閑先聖之道，距楊、墨，放淫辭，邪説者不得作。作於其心，害於其事；作於其事，害於其政。聖人復起，不易吾言矣。昔者禹抑洪水而天下平，周公兼夷狄驅猛獸而百姓寧，孔子成春秋而亂臣賊子懼。詩云：『戎狄是膺，荆、舒是懲，則莫我敢承。』無父無君，是周公所膺也。我亦欲正人心，息邪説，距詖行，放淫辭，以承三聖者，豈好辯哉？予不得已也。能言距楊、墨者，聖人之徒也。』

世之論者皆疑孟子以闢楊、墨爲承三聖，以空言配實効。夫禹抑洪水，周公兼夷狄驅猛獸，孔子誅亂臣賊子，其爲禍患顯然可見。至於楊、墨之害，豈可以洪水、亂臣賊子、猛獸爲比哉？余竊謂洪水、夷狄、猛獸、亂臣賊子之害見於一時，而楊、墨之害起於無形，而貽禍於千百世之後，猶未已也。且以商鞅論之，定變法之令，「令民爲什伍，而相收司連坐。不告姦者腰斬，告姦者與斬敵首同賞，匿姦者與降敵同罰」。此令一行，民相告訐，而出入相友，守望相助，疾病相扶持之風亡矣。「民有二男以上，不分異者，倍其賦。」此令一行，民忘六親，而父子相親，兄弟相愛，患難相保之風亡矣。「有軍功者，各以率受上爵；爲私鬬者，各以輕重被刑；宗室非有軍功，論不得爲屬籍。」此令一行，民忘禮義，而以力相夸，以智相勝，以謀相軋之風起矣。夫使民相告訐，民忘六親，民忘禮義，此風既成，習俗浮刻，有鍥薄之心，無忠厚之氣。挾兵恃力，并吞天下，傾軋諸侯，逮至始皇而燒詩、書，殺學士，至二世而倡督責之説，起骨肉之誅，天下蕩然無復人理。至西漢而秦風猶在。「借父耰鉏，慮有德色；母取箕帚，立而誶語。」以至反脣之誅，武帝行之；南山之詩，宣帝戮之；三族五族之刑，上行之不以爲疑，下見之不以爲怪，此皆商鞅之遺禍也。夫洪水、夷狄、猛獸、亂臣賊子之害，詎至如此之久乎？則夫楊、墨之害比洪水與夷狄、猛獸、亂臣賊子，夫復何疑？

切嘗考之孟子諄諄欲去楊、墨，求之當世，特墨者夷之一見於七篇之書耳。所謂楊、墨之學，其得志於當世者，果安在哉？余細思之，乃得其説。夫楊朱不拔一毫以利天下，其失也爲己太重，故其弊爲商鞅，爲鄒忌，爲孫臏，爲陳軫，爲蘇秦，爲張儀，皆危人以自安，害人以自利，奪人以自富，殺人以自疆〔一〕，其術皆祖於楊朱之爲我也。墨翟摩頂放踵利天下，其失也爲人太多，故其弊爲鄒衍，爲慎〔二〕到，爲田駢，爲接子，爲環淵，爲莊周，皆黄老之術，爲同異之辯，肆無稽之談，恣荒唐之説，其術皆祖墨氏之兼愛也。夫楊朱之術至商君而大肆，其禍乃至於如此。使墨翟之徒得志於天下，無復君臣父子之倫，姦雄窺伺，天下大亂，不可復支矣。何以言之？魏何晏倡虚無之説，晉王衍從而和之，認莊周、老聃以爲宗，指文王、山甫而切笑。倚杖高視，揮麈清談，居喪而酒肉，父子而裸袒，是致劉、石相踵，五胡亂華，歷數百年而後混一。至唐太宗而以婢爲妾，唐玄宗以婦爲妃，尚有胡人之風。此又墨氏之爲害，其禍如此之酷〔三〕也！孟子親傳道於子思，蓋二帝、三王、周、孔之正統也。其見識高遠，知與洪水、夷狄、猛獸、亂臣賊子之害同，故

〔一〕「疆」，四庫全書本作「彊」。
〔二〕「慎」，原作「真」，據四庫全書本改。
〔三〕「酷」，四庫全書本作「烈」。

力排而深詆之。高自比於三聖而不疑，誠以其所見者如此也。

然余默觀天下之理，非大患害不足以見聖賢，非大禍亂不足以見聖賢。故洪水之患，大禹出焉；夷狄之亂，猛獸之亂，周公出焉；君臣父子之亂，孔子出焉；楊、墨之徒，商鞅、孫臏、陳軫、蘇秦、張儀、稷下之亂，孟子出焉。聖賢之去患害，除禍亂，豈徒然哉？必也天理昭著，深見患害禍亂之所在而去之除之。其大用所及，至有乾坤之造，變化之神，非淺智者所能識也。故禹用此道以治水，則掘地而注之海，驅龍蛇而放之菹，其用爲如何哉？周公用此道以兼夷狄驅猛獸，則誅紂伐奄，驅飛廉於海隅而戮之，驅虎、豹、犀、象而遠之，其用爲如何哉？孔子用此道以作春秋，則舍趙穿而書趙盾，卒楚子而人諸侯，其用爲如何哉？孟子用此道以闢楊、墨，則羞比管、晏，妾婦儀、衍，蚓陳仲而直夷之，貊白圭而狄許子，其用爲如何哉？

且有邪説必有暴行，而邪説暴行不生於全盛之時，必起於衰亂之世。商君之説，邪説也，其行法也，虜公子卬，刑公子虔，步過六尺者罰，棄灰於道者刑，暴行也。豈非有邪説必有暴行乎？堯、舜之道衰，則邪説暴行作，故有飛廉猛獸之害，周公起而正之；文武之道衰而邪説暴行作，故有臣弑其君、子弑其父之害，孔子起而正之；孔子既死而邪説暴行作，故諸侯放恣，處士横議，楊朱、墨翟盈天下，孟子起而正之。豈非邪説暴行不生於全盛之時，而起於衰亂之世乎？

「丕顯哉，文王謨！」非邪説也；「丕承哉，武王烈！」非暴行也。故啓佑後人，皆以正而無虧缺。至於邪説之害，入於人心；作於其心，害於其事；作於其事，害於其政。且商君邪説一入孝公之心，其爲政事刻薄如此。使楊、墨之説盡行，其爲害豈止洪水、夷狄、猛獸、亂臣賊子而已哉？孟子闢之，其於聖王之道可謂有功，其於生民之性命可以同功於造化。夫商君之説止入孝公，其爲害已如此。矧孫臏、陳軫、蘇秦、張儀、稷下之説遍滿天下，其惑亂人心亦已深矣。欲正人心，必息邪説，距詖行，放淫辭，此自然之理也。孟子諄諄蓋在於此。然則外人以爲好辯者，此楊、墨之説深入也。然而孟子不指闢商君、孫臏、陳軫、蘇秦、張儀、稷下之説，而止闢楊、墨者，此又顯仁藏用之意，而春秋所以罪洩冶之意，而孔子所以君子伯玉之意也，此又聖賢之大用也。學者試思之。

匡章曰：「陳仲子豈不誠廉士哉？居於陵，三日不食，耳無聞，目無見也。井上有李，螬食實者過半矣，匍匐往將食之，三咽，然後耳有聞，目有見。」孟子曰：「於齊國之士，吾必以仲子爲巨擘焉。雖然，仲子惡能廉？充仲子之操，則蚓而後可者也。夫蚓，上食槁壤，下飲黄泉。仲子所居之室，伯夷之所築與？抑亦盜跖之所築與？所食之粟，伯夷之所樹與？抑亦盜跖之所樹與？是未可知也。」曰：「是何傷哉？彼身織屨，妻辟纑，以易之也。」曰：「仲子，齊之世家也。兄戴，蓋禄萬鍾。以兄之禄爲不義之禄而不食也，以兄之室爲不義之室而不居也，避兄離母，處於於陵。他日歸，則有饋其兄生鵝者，己頻顣曰：『惡用是鶂鶂者爲哉？』他日，其母殺是鵝也，與之食之。其兄自外至，曰：『是鶂鶂之肉也。』出而哇之。以母則不食，以妻則食之；以兄之室則弗居，以於陵則居之。是尚爲能充其類也乎？若仲子者，蚓而後充其操者也。」

聖人之道大中至正，不在放浪高遠處，亦不在枯槁憔悴處。本諸身，施諸庶民，考諸三王而不繆，建諸天地而不悖，質諸鬼神而無疑，百世以俟聖人而不惑。故其言無偏，其行無弊，行之可久，施之可大。薰如和氣，郁如春陽，浩乎其無窮，悠乎其甚樂。儻以私智亂之，不墮放浪高遠以賊道，則爲枯槁憔悴以賊道。槩之以聖王之法，皆可誅者也。夫飯禾而羹肉，冬裘而夏葛，上有父母之樂，旁有兄弟之情，此大中至正之道，本諸身，施諸庶民，考諸三王，建諸天地，質諸鬼神，百世以俟聖人，不繆、不悖、不疑、不惑者也；言無偏，行無弊者也；行之可久，施之可大者也；薰如和氣，郁如春陽者也；浩乎其無窮，悠乎其甚樂者也。

彼陳仲者，何師而何學哉？此以私意求道，此墮於枯槁憔悴者也。夫居兄之室，食母之食，此聖王之道也。今乃以兄之禄爲不義之禄而弗食也，而身織屨，妻辟纑以爲食；以兄之室爲不義之室而弗居也，而處於陵以爲居。是置兄與母於不義之地，而自與妻同處於絜廉，以要當世之名也。此何心也哉？此非人心也。故孟子以聖王之道格之，謂之巨擘，以其尚小節也；謂之蚓，以其無知也。儻自以爲絜廉而不問天倫之大，自陷於避兄離母之罪，是與蚯蚓同一機也。夫蚓豈不絜乎？上食槁壤，下飲黄泉，然論其形狀則可惡，論其智識則甚愚。陳仲子迹狀避兄離母，豈非可惡也哉？仲子智識避兄離母，豈非甚愚也哉？蚓，異類，不足道。仲子爲士人，乃任私意以亂天倫，在聖人之門正當誅絶者也。嗚呼！陳仲不幸，不出於帝王之世，見誅於堯、舜、文、武也，幸而出於戰國之時，見正於吾孟子也。儻使其説行，則是楊、墨之外又有一陳仲，以亂聖王之道矣。

余嘗謂人不可不學，學不可不求師，求師不可不明聖王之道，通萬世而可行者。如陳仲自任私意，不知好學，又不知求師。似此見識，其求師也必入楊氏爲我，而非通萬世爲可行者，其亦可憐也已！余原其初心，本於爲善，而非爲惡也。不知好學，不知求師，不知明聖王之道，乃陷於不孝不弟之惡，以得罪於名教。吁！士大夫立己其可不審處乎？

切嘗讀易，乃見陳仲三日不食，聖王之門無如是法也。夫節，固聖王之所同也，然不貴苦節而貴甘節。九五居中得正，乃聖王之節也。其辭曰：「甘節，吉，往有尚。」若顔氏子簞食瓢飲不改其樂，此所謂甘節也。使顔子得志，飯粱而食牛，必知其亦樂矣。蓋其所謂節者，乃品節之節，非節抑之節也。上九節之太過，其辭曰：「苦節，貞凶，悔亡。」若陳仲子三日不食，耳無聞，目無見，此所謂苦節也。苦節之過，雖貞亦凶。使其知悔，則無凶矣。此天理之自然也。故凡刻意尚難，憤世疾邪，沽激矜持，決去不反，如屈原、如申屠狄之流，皆非聖王之道也。聖王之道不疾不徐，不激不抗，悠然自得，從容中道。如陳仲之苦，豈可行之道哉？當世方且尊高〔二〕之，孟子乃獨指其避兄離母之罪，且蚓之，且巨擘之，以爲自任私意者之戒。其於名教可謂有大功矣！

〔二〕「高」，四庫全書本作「尚」。

中外哲學典籍大全 總主編 李鐵映 王偉光

中國哲學典籍卷

宋元明清哲學類

張九成集（下）

〔宋〕張九成 著
李春穎 點校

中国社会科学出版社

張狀元孟子傳卷第十四

離婁章句上

孟子曰：「離婁之明，公輸子之巧，不以規矩，不能成方圓；師曠之聰，不以六律，不能正五音；堯、舜之道，不以仁政，不能平治天下。今有仁心仁聞而民不被其澤，不可法於後世者，不行先王之道也。故曰，徒善不足以爲政，徒法不能以自行。詩云：『不愆不忘，率由舊章。』遵先王之法而過者，未之有也。聖人既竭目力焉，繼之以規矩準繩，以爲方圓平直，不可勝用也；既竭耳力焉，繼之以六律，正五音，不可勝用也；既竭心思焉，繼之以不忍人之政，而仁覆天下矣。故曰，爲高必因丘陵，爲下必因川澤。爲政不因先王之道，可謂智乎？是以惟仁者宜在高位。不仁而在高位，是播其惡於衆也。上無道揆也，下無法守也，朝不信道，工不信度，君子犯義，小人犯刑，國之所存者幸也。故曰：城郭不完，兵甲不多，非國之災也；田野不辟，貨財不聚，非國之害也。上無禮，下無學，賊民興，喪無日矣。詩云：『天之方蹶，無然泄泄。』泄泄，猶沓沓也。事君無義，進退無禮，言則非先王之道者，猶沓沓也。故曰：責難於君謂之恭，陳善閉邪謂之敬，吾君不能謂之賊。」

此一篇大意，言有仁心仁聞矣，將欲布之天下，使人人被其澤者，當取法於先王之道也。所謂先王之道，何道也？植桑種田，育雞豚，畜狗彘，謹庠序，申孝弟，使老者衣帛食肉，不負戴於道路，黎民不飢不寒，不漂流於溝壑者，此先王之道也。見之法度，則謂之先王之法；施之政事，則謂之仁政，謂之不忍人之政；上謂之道揆，下謂之法守；在朝謂之道，在工謂之度；上又謂之禮，下又謂之學；其在臣下也，謂之事君之義，謂之進退之禮，謂之責難，謂之陳善。統而言之，其實皆先王之道，所由異路，故名言亦從而異耳。仁心仁聞即堯、舜之道也。

如離婁之明也，公輸之巧也，師曠之聰也。離婁、師曠、公輸子雖明雖聰雖巧矣，然不以規矩不能成方圓，不以六律不能正五音。是規矩所以行其明而布其巧，六律所以著其聰也。有堯、舜之道，有仁心仁聞，而不行仁政，不遵先王之法，猶離婁之明、公輸子之巧而廢〔二〕規矩，師曠之聰而廢〔三〕六律，則不能平治天下，不可法於後世矣。且仁政與先王之法，所以行堯、舜之道而布仁心仁聞者也。故曰：「徒善不足以爲政。」以言徒有堯、舜之道，徒有仁心仁聞，苟無先王之法，不足以爲政也。又引「不愆不忘，率由舊章」之詩，而斷之曰：「遵先王之法而過者，未之有也。」又言聖人竭目力，竭耳力，必繼之規矩準繩，必繼之六律，以爲方圓平直，以正五音，皆不可勝用。猶之聖人既竭心思，必繼之以不忍人之政，而仁覆天下矣。所謂不忍人之政，即先王之道。故有「爲高必因丘陵，爲下必因川澤」之喻，以證爲政因先王之道之説。

孟子之心以謂先王之道在我時君世主，如齊宣有易牛之心，可謂堯、舜之道，可謂仁

〔二〕「廢」，原作「费」，據四庫全書本改。
〔三〕「廢」，原作「费」，據四庫全書本改。

心仁聞矣。然而恩足以及禽獸，而功不至於百姓者，則以不行先王之道也。使信孟子，則先王之法行，而齊宣之仁覆天下矣。如商鞅、孫臏、陳軫、蘇秦、張儀、稷下諸人，皆賊害人君之心術，雖人君有堯、舜之道，有仁心仁聞，顧數人之學皆不足發揚於天下，適以啓人君好殺之心，詭詐之計耳。吁可歎也！然有堯、舜之道，有仁心仁聞，乃可以論先王之法。苟無其本，雖有仁政，將安所施哉？

故曰：「仁者宜在高位。不仁而在高位，是播其惡於衆也。」播其惡於衆，則并與先王之法而壞之矣。是故上無道揆而肆意，下無法守而擅權，朝不信道而爲頗僻，工不信度而爲淫巧，君子犯義而無忌憚，小人犯刑而無愧心，此皆不仁在高位，并與先王之法而壞之之過也。故城郭不完，甲兵不多，非國之災，仁者在上修之而已爾；田野不闢，貨財不聚，非國之害，仁者在上理之而已爾。惟不仁在上，則漫無法度，上無禮，下無學，賊民興。其爲災害也，非特城郭、甲兵、田野、貨財不治之比也，危亡可指日而待矣。豈特在上無堯、舜之道，無仁心仁聞，并與先王之法而壞之哉？

爲人臣子者儻無堯、舜之道，無仁心仁聞，則亦并與先王法度而壞之。故孟子引「天之方蹶，無然泄泄」之詩爲證。且言事君無義，所謀者利；進退無禮，所貪者位。言則非先王之道，所談者皆縱横捭闔、權謀詭異之術。阿徇人主之意而不陳堯、舜之道，安知責難之説？逢迎人主之惡而不知獻可替否，安知陳善閉邪之説？其心以謂何足以言仁義，何足以格其非心云爾，此賊其君者也。此豈非并與先王之法度而壞之哉？如商鞅、孫臏、陳軫、蘇秦、張儀、稷下諸人，皆不知堯、舜之道，不知仁心仁聞，以縱横捭闔、權謀詭異之學，熒惑人主之心術，使人君以殺人爲功業，闢土地爲英雄，阿徇人主之意，逢迎人主之惡，壞先王之法者也。在先王之世，皆當服欺君之罪，受變亂之誅。孟子憫之，故歷陳先王之法，一掃當世鄙陋之習焉，其心亦可見矣。

嗚呼！當戰國衰弊之世，乃有如此至言偉論，豈天之不墜斯文，而留孟子以發揚之乎？不然，習俗之惡，安得有此事耶？學者其何幸乎！

孟子曰：「規矩，方圓之至也；聖人，人倫之至也。欲爲君盡君道，欲爲臣盡臣道，二者皆法堯、舜而已矣。不以舜之所以事堯事君，不敬其君者也；不以堯之所以治民治

民，賊其民者也。孔子曰：『道二：仁與不仁而已矣。』暴其民甚，則身弑國亡；不甚，則身危國削。名之曰『幽厲』，雖孝子慈孫，百世不能改也。詩云：『殷鑒不遠，在夏后之世。』此之謂也。」

此一章大意，言盡君臣之道者，皆當以愛民爲主。且規矩誠設，則天下之方圓自此而出焉；聖人既作，則天下之人倫自此而出焉。人倫之大，其惟君臣乎？盡君道者堯，盡臣道者舜，爲君臣之法於千古者，堯、舜而已矣，此所以爲人倫之至也。故「不以舜之所以事堯事君，不敬其君者也；不以堯之所以治民治民，賊其民者也」。夫舜之所以事堯者何？以民爲先也。其爲百揆也，舉禹治水以救民，舉益掌火以安民，舉稷以稼穡食民，舉契敷五教教民，是舜所以盡臣道者，以民爲主也。堯之所以治民者何？亦以民爲先也。其爲天子也，命羲仲東作以析民，命羲叔南訛以因民，命和仲西成以夷民，命和叔朔易以隩民，是堯所以盡君道者，以民爲主也。使爲君者不欲盡君道則已，如欲盡君道，則當法堯之治民，以民爲先，可也；使爲臣者不欲盡臣道則已，如欲盡臣道，則當法舜之事君，以民爲先，可也。嗚呼！此所以爲人倫之至乎！

孟子既上推堯、舜，又引孔子之言，幽、厲之事爲戒，其意亦可見矣。夫爲君者不知以民爲心，暴其民甚者，則身弑國亡，如桀、紂是也；不甚者，則身危國削，如幽、厲是也。故又引「殷鑒不遠，在夏后之世」之詩以爲證。原孟子此意，所以深罪當時如商鞅、孫臏、陳軫、蘇秦、張儀、稷下諸人，皆以縱横捭闔、權謀詭異之術事其君，以殺人爲功業，以進取爲英雄，而當時之君亦甘心其説焉。如齊宣不以民爲意，乃以辟土地，朝秦、楚，蒞中國，撫四夷爲心，豈聞堯、舜所以盡君臣之道而爲千古人倫之式者，有在於愛民乎？豈特齊宣，如秦惠王、梁惠王、宋王偃、楚懷王，皆當時大國也，無非以并吞征戰爲事，至於民之死生存亡，一切不問。其舉幽、厲之事爲言，亦可謂切矣！是以孟子區區以王道爲言，以植桑種田，育雞豚，畜狗彘，謹庠序，修孝弟，使老者衣帛食肉，不負戴於道路，黎民不飢不寒，不漂流於溝壑爲説，此正堯、舜之心也。其學如此，而當世君臣方日夜殘民以逞，可悲也夫！

孟子曰：「三代之得天下也以仁，其失天下也以不仁。國之所以廢興存亡者亦然。天

子不仁，不保四海；諸侯不仁，不保社稷；卿大夫不仁，不保宗廟；士庶人不仁，不保四體。今惡死亡而樂不仁，是猶惡醉而强酒。」

心有所覺謂之仁，故草木之實謂之仁，以其得土則生也；四體不知痾痒謂之不仁，故利在一己，害及他人而不恤者謂之不仁，以其血脈不[一]通也。三代之所以得天下者，同民休戚也；其所以失天下者，民有憂苦而不邮也。豈特天下，國之所以興且存者，亦以同民休戚也；其所以亡且廢者，亦以民有憂苦而不恤也。夫「衆非元后何戴，后非衆罔與守邦」，此大舜之告禹也；「民非后，罔克胥匡以生；后非民，罔以辟四方」，此伊尹之告太甲也；「君以民爲體，民以君爲心」，此記禮者之言也，君民之相須如此。

今民有憂苦而君不邮，君有憂苦民亦何邮哉？君不邮民猶可言也，民不邮君則四海之民皆爲仇敵矣，其忍言之乎？故天子不仁，不邮天下，則天下之民亦不邮天子，而四海不保矣；諸侯不仁，不邮一國，則一國之民亦不邮諸侯，而社稷不保矣；卿大夫不仁，不邮一家，則一家之人亦不邮卿大夫，而宗廟不保矣；士庶人不仁，不邮鄰里鄉黨，則鄰里

[一]「不」，原作「之」，據四庫全書本改。

鄉黨亦不卹士庶人，而四體不保矣。此自然之理也。

夫人道所以長久者，以有仁心固結於其間也。平時暇日君尊如天，民卑如地，以謂利勢吾所固有，富貴吾所固有，生殺吾所固有，儼然南面，與天下相絕而不相關，水旱不問，飢荒不知，愁苦不顧。重賦厚斂以逞其欲，爭城鬭土以快其忿。視民之困乏而吾自足所願，驅民之死地而吾自樂其生。日復一日，民心愈離，一旦釁生于内，變起于外，簞食壺漿以迎雲霓之師，前徒倒戈以攻牧野之衆，其亦何及哉？曾子曰：「戒之戒之！出乎爾者，反乎爾者也。」其斯之謂歟？

豈特天下，一介之士，一廛之氓，在官則有僚友，在學則有交朋，聞善相告，見善相示；直諒多聞，以成吾德；切磋琢磨，以攻吾短。以至鄉閭族黨有往來之情，喪葬賓客有慶弔之好，出入相友，守望相助，疾病相扶持，此人道所以長且久也。儻惟挾才傲物，恃氣陵人，寒温無慰勞之情，吉凶無憂喜之色。平居無事亦復何害，一旦患難交攻，倉卒有變，則賓朋亦相擯絶，而鄉閭不見撫存。至於此時，小夫賤隸皆爲敵國矣。

嗚呼！人道所以立乎天地之間者，亦有仁造化於其中耳。爲天子，爲諸侯，爲卿大夫，爲士庶人，雖貴賤不同，勢位殊等，其利病深切，同歸一揆耳。而戰國之君不知出此，以殺人爲功業，以進取爲英雄，民困乏而不知，驅死地而不問。商鞅、孫臏、陳軫、蘇秦、張儀、稷下諸人，縱横捭闔權謀詭異，日夜講不仁之術以害斯民。孟子直指言：「今惡死亡而樂不仁，是猶惡醉而强酒。」亦可謂切矣！而時君不信，故六國相繼而亡。秦并天下，自以謂安矣。興驪山之役，發閭左之戍，一夫作難而七廟皆隳，身死國亡，族滅無種。不仁之禍果如何哉！孟子於齊宣、梁惠之時已見此理，奈何國無人，莫我知乎！此余所以三歎而不已也。

孟子曰：「愛人不親反其仁，治人不治反其智，禮人不答反其敬。行有不得者，皆反求諸己，其身正而天下歸之。詩云：『永言配命，自求多福。』」

嗚呼！孟子之於聖學可謂有功矣。於孔子自省、自訟、自厚之説，曾子三省、忠恕之説，又發其大用於事爲之間，使聖道曉然如在目前，則此章是也。

夫仁用以愛人，知用以治人，敬用以禮人。愛人則人當以親來答，治人則人當以治來答，禮人則人當以禮來答，如影之隨形，響之從聲，自然之理也。今愛人而人不親，治人而人不治，禮人而人不答，常人到此不怨則怒。吾有怨心，彼以怨報；吾有怒心，彼以怒報，則舟中之人皆爲敵國，四海之内皆爲仇讎。然則如之何？孟子於此有造化之功焉，此善用聖學之力也。

夫射之爲技，末技也，然内志正，外體直，步立中，鈎繩弛張合規矩，雖不切切然求必中之巧，然發必破的，慮必中微。儻在我有分寸之差，則在彼者有尋丈之失矣。推此理以觀，則愛人不親，豈非所以爲愛者未中其幾乎？治人不治，豈非所以爲治者未中其幾乎？禮人不答，豈非所以爲禮者未中其幾乎？使吾果仁、果智、果敬，則仁舉於此，親應於彼；知舉於此，治應於彼；敬舉於此，禮應於彼。今而不親、不治、不答，必吾於發處有偏頗私曲之病，故應於彼者有如是之舛迕也。儻吾發處正中其幾，則其應也有破的之妙矣。

夫夫子止言「見不賢而内自省」，「見其過而内自訟」，「躬自厚而薄責於人」；曾子止言「吾日三省吾身」，「夫子之道忠恕」，未論愛人不親，治人不治，禮人不答之幾。今孟子乃於聖賢微處推而大之，發爲自反之論，然後自省、自訟、自厚、三省、忠恕之説愈覺光大。余以是喟然歎曰：孟子之於聖學，可謂有功矣！夫「行有不得者，皆反求諸己，其身正而天下歸之」。其説淵微，不可以淺心窺測也。且干羽舞而有苗格，簫韶奏而鳳皇來，恭默思而傳説夢，金縢啓而天反風。則以反求諸己得其正處，故彼來應，疾於置郵，此理深矣，安可以淺易觀之哉？夫愛人不親，治人不治，禮人不答，常人方墮於怨怒中，而孟子乃轉爲自反之説，遡流而上，以觀其發處正與不正。其造化運用乃如此之巧！學乎學乎！不到孟子，安知聖賢轉移變化之功，與乾坤天地相爲表裏乎？且引「自求多福」之詩爲説。

嗚呼！觀詩者能如此爲用，乃可以用六經矣，豈傳注箋解所能跂及哉！語至於此，不知手之舞之，足之蹈之也。天下樂事其有過於此乎？君子其勉之！

孟子曰：「人有恒言，皆曰『天下國家』。天下之本在國，國之本在家，家之本在身。」

大學曰：「古之欲明明德於天下者，先治其國；欲治其國者，先齊其家；欲齊其家者，先修其身；欲修其身者，先正其心；欲正其心者，先誠其意；欲誠其意者，先致其知，致知在格物。格物而後知至，知至而後意誠，意誠而後心正，心正而後身修，身修而後家齊，家齊而後國治，國治而後天下平。自天子以至庶人，壹是皆以修身爲本。其本亂而末治者，未之有也。此謂知本，此謂知之至也。」與孟子之言相爲表裏。

然余嘗考之大學之道始於致知，而孟子之論本於修身，何也？蓋致知方求其體，而修身已見於用。身已修則齊家之本也，家已齊則治國之本也，國已治則平天下之本也。所治愈廣，則收功愈大。學而至於修身，極矣。齊家治國平天下，特移修身之道以用之耳，非有加損於其間也。自修身以先，皆大學之事也。夫學莫先乎致知，致知莫先乎格物，格物者，窮理之謂也。使天下之理一物不窮，則理有所蔽；理有所蔽，則足以亂吾之智思〔一〕。惟無物不格，則無理不窮；無理不窮，則内而一念，外而萬事，知其始，知其終，知其利害，知其久近。是以念動乎中，事形於外，微而未著，兆而未章，吾已知之矣。知之則或

〔一〕「思」，四庫全書本作「慮」。

用或捨在我而已，故曰「物格而後知至」；用捨在我，則吾意之所向皆誠而無私，故曰「知至而後意誠」；意之所向誠而無私，則心之所存皆正而不亂，故曰「意誠而後心正」；心之所存正而不亂，則身之所履修而無缺，故曰「心正而後身修」；身之所履修而無缺，移以治家，則父子篤，兄弟睦，夫婦和，而家齊矣；移以治國，則大臣法，小臣廉，官職相序，君臣相守，而國治矣；移以治天下，則天子以德爲車，以樂爲御，諸侯以禮相與，大夫以法相序，士以信相考，百姓以睦相守矣。

深原其本，本自修身，此孟子之説也；原修身之本，本自格物，此大學之道也。余因孟子之論，又發大學之説，使知修身之本自格物而始，然後孟子之學幾可得而言矣。

張狀元孟子傳卷第十五

孟子曰：「爲政不難，不得罪於巨室。巨室之所慕，一國慕之；一國之所慕，天下慕之；故沛然德教溢乎四海。」

一國之心歸於一國之賢者。人君能即民心所歸之人而用之，則一國之人歡欣鼓舞，令之則聽，禁之則止，號之則來，驅之則去。上不疑於下，下亦不疑於上，則以其間有賢者爲之依倚也。

然而有說焉：小人疾其名，讒夫害其寵，則將有擅權之說，有朋黨之說，以熒惑主心，疑似君聽。一入其說，賢者不安其位；賢者不安其位，則一國皆不安其所矣。此正國家之大幾，不可不知也。孟子深見此理，故曰：「爲政不難，不得罪於巨室。」巨室者，即所謂一國之賢者也，其盛德懿行，民心之所素歸而信服者也。豈强臣世家之比哉？如晉叔向、齊晏子、鄭子産、魯季孫行父者是也。雖其間未必一一皆當道，然必有至謀奇節屢見於設施之間，民心服之久矣。用之則一國之心樂；一國之心樂，則上恬下嬉，繇輕賦薄。一人傳十，十人傳百，百人傳千，千人傳萬，以至天下皆慕之矣。天下信服，則德教方施，已沛然溢乎四海矣。然則將欲有爲者，其可忽一國之賢者乎？漢殺李固，天下解體；唐用盧杞，四方相弔，治亂之原止此而已。

昔晉悼公即位，用魏相、士魴、魏頡、趙武爲卿，荀家、荀會、欒黶、韓〔一〕無忌爲公族大夫，使士渥濁爲卿，使修范武子之法；右〔二〕行辛爲司空，使修士蔿之法。以至六官之長，皆民望也，諸侯皆服，晉室復霸，此可見也。晉元帝過江，首用賀循、紀瞻、顧榮諸人，皆江東之望也，晉室中興，遂爲江左之盛事，此又可見也。故袁紹主盟而諸侯聽命，謝安既起則天下歸心。孟子之言豈特爲當時之説哉？如商鞅自衛來秦，孫臏自魏來齊，陳軫自秦來楚，蘇秦自周遊六國，張儀自魏來秦；稷〔三〕下諸人，慎到自趙

〔一〕「韓」，原作「鮑」，據春秋左傳改。
〔二〕「右」，原作「左」，據四庫全書本改。
〔三〕「稷」，原作「魏」，據四庫全書本改。

來，環淵自楚來，而淳于髡、騶忌、騶衍，皆以奇計詭迹釣名〔二〕干禄於一時者也。豈知國家之典故，朝廷之大體，民心之好尚，風俗之便習，而諳詳精練，如叔向、晏子、子産、行父諸公乎？一旦騁口舌之辯，肆縱横之辯，行詭詐之術，雖得一時之奇功，而失久遠之大計。彼於他人國家何有哉？志在腰金佩紫，高車駟馬，以衒鄉里而取名聲耳。孟子所以有世臣之言，今又有巨室之説，其意將使時君世主毋喜進少年一時之崛奇，而聽元老大臣久遠之長計也。其意顧不深哉？然而余懼世之學者不審巨室之爲賢者，而認世禄之家爲重，則夫魯三桓，晉六卿，齊田氏，亦可以爲戒矣！孟子之言豈爲此輩設哉？不可不細考也。余故謂巨室一國之賢者，所以發明孟子之本意，求欲斷絶小人借此爲姦雄之資也。

孟子曰：「天下有道，小德役大德，小賢役大賢；天下無道，小役大，弱役强。斯二者天也，順天者存，逆天者亡。齊景公曰：『既不能令，又不受命，是絶物也。』涕出

〔二〕「名」，原作「君」，據四庫全書本改。

而女於吴。今也小國師大國而耻受命焉，是猶弟子而耻受命於先師也。如耻之，莫若師文王。師文王，大國五年，小國七年，必爲政於天下矣。詩云『商之孫子，其麗不億。上帝既命，侯于周服。侯服于周，天命靡常。殷士膚敏，祼將于京。』孔子曰：『仁不可爲衆也。夫國君好仁，天下無敵。』今也欲無敵於天下而不以仁，是猶執熱而不以濯也。詩云：『誰能執熱，逝不以濯？』」

觀孟子此論，乃知其學極天人之際，豈常流所能到也？觀夫以「天下有道，小德役大德，小賢役大賢；天下無道，小役大，弱役强」爲天之命，且有「順天者存，逆天者亡」之説，又有齊景公「涕出而女於吴」之説，又有今「小國師大國而耻受命」之説。其意以謂小國役於大國，弱國役於强國，雖人情不平，以謂其德不足以服人，其賢不足以高世，徒恃其强大，以勢相陵，使小弱之國聽使令於下風，供貢賦於内府。然而天方以强大壯彼，以小弱處我，此豈偶然哉？大國役小國，强國役弱國，此天也；小國事大國，弱國事强國，亦天也。天命在是，吾其如之何哉？安職守分可也。

論至於天則已極矣，無可説矣，然孟子之學不委於天而已也，其下又有説焉。其説云何？轉移造化之説也，可謂深矣，大矣，不可跂〔二〕及矣！不知孟子立於何地，見天人之際如此其分明也。且其説曰：「今也小國師大國而恥受命焉，是猶弟子而恥受命於先師也。如恥之，莫若師文王。師文王，大國五年，小國七年，必爲政於天下矣。」夫既言「小役大，弱役强」之爲天，今乃又以爲如恥之，莫若師文王，大國五年，小國七年，必爲政於天下。變移天意，斷然不疑，畫爲年數，如執左契以取責於天，豈非轉移造化之説乎？學至於此，則亦深矣，大矣，不可跂〔三〕及矣！夫既歸命於天，無可説也，而天之外又有師文王必爲政於天下之説，是天命在我而已矣，天之外又有文王焉。且引「商之孫子」，「祼將于京」之詩以爲證，又引孔子「仁不可爲衆」之説以爲據，意以謂既爲仁人，則當在人上，不可與衆同也。故有無敵於天下之説，以謂超然獨尊，無有對之者。

當時諸侯皆行暴政，以進取爲功業，以殺人爲英雄，雖曰强大，皆非仁人也。民之居其國如在猛火沸湯中。如行王政，盡孟子植桑種田，育雞豚，畜狗彘，謹庠序，申孝弟，

〔二〕「跂」，四庫全書本作「企」。

〔三〕「跂」，四庫全書本作「企」。

使老者衣帛食肉，不負戴於道路，黎民不飢不寒，不轉徙於溝壑，則是行仁政，師文王，其無敵於天下必矣，又何强大之足道哉？吾方帥〔一〕諸侯以事天子，復文、武之緒，猶執熱而以濯也。又引詩以卒其意焉。夫事至於無可奈何則歸命于天，如楚子圍弑君篡位，滅陳滅蔡，執徐子，城朱方，號令天下，主盟中國，皆曰「楚爲天所相」，又曰「天方授楚」。如申之會，晉叔向、鄭子産、宋向成皆當時良大夫也，皆帖首聽命，不敢可否，意亦以天命在楚，其如之何哉？孔子傷之，故書「楚子麇卒」，而以十三國之大夫皆並於淮夷，是天之外又有説。而當時大夫學之不精，至使弑君之賊無復忌憚，横行天下。所以聖筆於春秋發明天命在我，當有以裨贊之、轉移之，如孟子所謂，可也。故余以謂孟子之學極天人之際，常流所不可到者，誠以其説有如此之大也！

孟子曰：「不仁者可與言哉？安其危而利其菑，樂其所以亡者。不仁而可與言，則何亡國敗家之有？有孺子歌曰：『滄浪之水清兮，可以濯我纓；滄浪之水濁兮，可以濯

〔一〕「帥」，原作「師」，據四庫全書本改。

我足。』孔子曰：『小子聽之！清斯濯纓，濁斯濯足矣，自取之也。』夫人必自侮，然後人侮之；家必自毁，而後人毁之；國必自伐，而後人伐之。太甲曰：『天作孽，猶可違；自作孽，不可活。』此之謂也。」

孟子識見高遠，見當世之君聽商鞅、孫臏、陳軫、蘇秦、張儀、稷下諸學士之邪説，深入其中，變易心術，例皆成不仁之君。而風俗習尚不知以植桑種田，育雞豚，畜狗彘，謹庠序，申孝弟，使老者衣帛食肉，不負戴於道路，黎民不飢不寒，不轉徙於溝壑，尊賢使能，關譏而不征，市廛而不征，無夫里之布爲政，而以進取殺人爲功業，爲英雄，安可與論先王之道哉？故商、孫、蘇、張、稷下之説皆危亡菑害之説也，而時君世主競行而爭蹈之，是安其危而利其菑也，是樂其所以亡者也。彼各自以謂晏然，如日之在天。孟子於其禍患未發時，已知其滅亡不久矣，宗廟社稷皆當傾覆於他人矣。故引孺子之歌、孔子之説、太甲之説爲證，且有人自侮，家自毁，國自伐之論以傷之。卒之宋滅于齊、魏、楚，而韓、魏、趙、楚、燕皆滅于秦。齊在山東四十餘年，不被秦兵，亦死于松栢之間，爲秦盡有其地。秦復恃兵革，殺人爲政，無國可伐，無地可并，至乃誅及三族，誅及骨肉，天下大亂。一夫作難而七廟皆隳，卒爲項羽所有。羽又蹈覆車之轍，以殺人爲心，欲以兵雄天下，不師仁義，而爲漢所有。漢高祖入秦，不戮一人，約法三章，穆然已有三代遺風。繼以文帝寬仁，東西凡二十餘帝，而卜年至於四百，豈非仁政之力哉？孟子於六國無事時已見此理，而發爲自取之論，不五六十年，其言效驗，如印券契鑰，無分毫差。然則不欲爲天下國家長久計則已，誠欲爲之，則聖王之道其可忽諸？

孟子曰：「桀、紂之失天下也，失其民也；失其民者，失其心也。得天下有道：得其民，斯得天下矣。得其民有道：得其心，斯得民矣。得其心有道：所欲與之聚之，所惡勿施尔也。民之歸仁也，尤水之就下、獸之走壙也。故爲淵歐魚者，獺也；爲叢歐爵者，鸇也；爲湯、武歐民者，桀與紂也。今天下之君有好仁者，則諸侯皆爲之歐矣。雖欲無王，不可得已。今之欲王者，猶七年之病，求三年之艾也。苟爲不畜，終身不得。苟不志於仁，終身憂辱，以陷於死亡。詩云：『其何能淑，載胥及溺。』此之謂也。」

桀，禹之子孫；紂，湯之子孫，皆貴爲天子，富有天下，不務行仁政以光大禹、湯之業，而放肆暴虐，一則放於南巢，一則死於鹿臺，例皆亡失天下。夫其所以至此者，以失其民也；所以失其民者，失其心也。民歸之則爲天子，民去之則爲匹夫。然則使其歸之之道無他焉，得其心而已矣；所以得其心之道無他焉，知其好惡而已矣。民之所甚好者仁，所甚惡者不仁。何謂仁？即所謂植桑種田，育雞豚，畜狗彘，謹庠序，申孝悌，使老者衣帛食肉，不負戴於道路，黎民不飢不寒，不轉徙於溝壑者，此所謂仁政也。誠有舉此而行之者，民之歸之猶水之就下，如此其順也；如獸之走壙，如此其樂也。湯、武行此仁政，故民歸之；桀、紂反此仁政，故失天下。湯、武行如〔二〕此，而桀、紂反如〔三〕彼，是桀、紂之毆民歸湯、武，猶獺之毆魚於淵，猶鸇之毆雀於林也。孟子識之高遠，默觀當世之君一皆桀、紂之資，日夜驅逐其民，使不附己，第未有行仁政收之者耳，誠有好仁之君行前數事，則四方之民皆爭歸之，則以當時諸侯日夜爲我驅逐於彼也。

然而欲行王政，非一朝一夕之功也。當至誠行之，久而不厭，使四方皆信而不疑，猶

〔二〕「如」，原作「於」，據四庫全書本改。
〔三〕「如」，原作「於」，據四庫全書本改。

七年之病，有三年之艾，則火力爲愈深，其効必速。若夫乍出乍入，不爲久遠之計，而欲得民於旦暮間，豈有此理哉？故曰：「苟爲不畜，終身不得。」然如當世之君以進取爲功業，以殺人爲英雄，而孤人之子，獨人之父，使弟哭其兄，妻哭其夫，鄉閭、族黨、親戚、朋友使無往來之好，雞豚、黍稷、酒醴、牛羊使無宴樂之情。如此用心，今雖若安，以孟子觀之，若齊、若楚、若魏、若趙、若燕、若秦，皆當終身憂辱以陷於死亡。卒之齊、楚、魏、趙、趙爲秦所滅，而秦亦滅宗絶祀以歸於漢，是詩所謂其何能有善終者乎？相與歸於沉没而已矣。夫當諸侯爭鶩，人人自以謂英雄時，而孟子已知其滅亡。則孟子之先見遠識，豈商、孫、蘇、張、稷下輩所能髣髴其萬一哉？

孟子曰：「自暴者，不可與有言也；自棄者，不可與有爲也。言非禮義，謂之自暴也；吾身不能居仁由義，謂之自棄也。仁，人之安宅也；義，人之正路也。曠安宅而弗居，舍正路而不由，哀哉！」

此一章指商鞅、騶忌、孫臏、陳軫、蘇秦、張儀、稷下諸人之所言所爲而哀之也。夫此數人者，爲權謀詭詐、傾覆縱横之説，爲荒唐無稽、奇險卓異之説，考之仁義邈然無有，豈非自暴其短乎？商鞅爲苛刻之法以助秦虐，騶忌爲傾覆之計以陷田忌，孫臏爲陰險之術以報龐涓，陳軫爲鬼蜮之謀以敗韓、魏，蘇秦爲縱説以取富貴，張儀爲横説以吞六國，稷下學士爲無實之辯〔一〕以邀尊榮。考之仁義，亦邈然無有，豈非自棄其身乎？夫仁，人之安宅；義，人之正路。彼是數人者志在名位，乃肆傾邪之言，乃行傾邪之行，曠安宅而弗居，舍正路而弗由，取先王之民、先王之風俗，變壞爲衰亂之世。

夫商鞅一泒獨行於秦，其爲酷至漢猶未已。不知斯民爲血爲肉者幾億萬，風俗爲鬼爲魅者亦幾百年，皆鞅之學所至也。孟子知其必然，觀天意考人事，不至於漢不已也。雖欲救之，其將能乎？然仁者之心，亦豈能恝然不動哉？所以爲哀痛而不能自已也。士大夫學術不正，有一出於數人之言者，皆自暴其短也；有一出於數人之行者，皆自棄其身也。

嗚呼！先王有大中至正之道，居仁由義而已。用之則可以堯、舜其君，士君子其民；

〔一〕「辯」，原作「卞」，據四庫全書本改。

不用則根於心，見於面，盎於背，施於四體，而耳目聰明，血氣和平，仰不愧於天，俯不怍於人，明不慙於妻子，幽無負於神明。胡不體孟子之言而以商、孫諸人爲戒乎？

孟子曰：「道在邇而求諸遠，事在易而求之難。人人親其親、長其長而天下平。」

此孟子深哀當世將以權謀兵革平天下，不知平天下之道甚邇，而乃求之於遠乎？天下之事甚易，而乃求之於難乎？何以知其爲遠且難也？權謀不足以服人心，兵革不足以得人心。夫平天下在服人心得人心而已。今權謀詭詐墮其術中者，使人怨恨而不已，烏足以服人心乎？兵革殺傷，受其危害者寃苦而無告，烏足以得人心乎？當世諸侯將平天下，其道其事乃與人心背馳如此，豈非求之於遠且難乎？孟子憫之，故一舉盡告以平天下之術，其爲道甚邇，其爲事甚易也。然則如之何？亦曰使人人親其親、長其長而已矣。夫「人人親其親、長其長」，其言甚微，其功甚大。

試言其一二：聖人躬行孝弟於上，而設庠序之教於天下。顧念孩提之童無不知愛其親，及其長也，無不知敬其兄，是其良知良能，乃天性之自然者也。及夫嗜欲深而忘其親，爭鬬起而忽其長，先王所以家有塾，黨有庠，遂有序，國有學，講明孝弟之道。而孝弟睦婣，則鄉閭族黨書之；不孝之刑、不弟之刑，則司寇俟〔一〕之。又設爲植桑種田，育雞豚畜狗彘之法，使七十者食肉，五十者衣帛，頒白者不負戴於道路，黎民不飢不寒，不轉徙於溝壑。風俗醇厚，人心温良，人人知愛其親敬其兄。既愛其親，又敬其兄，則其心朴粹，無麄猛之氣；其心柔和，無忿戾之色。使四海之内人人如此，是乃堯、舜、三代之世也。平天下之道豈不在此乎？夫設權謀，恃兵革，勞心竭力，十無一二成功。至於親親長長，乃人心之自然者，特在吾一舉以示之耳。遠邇難易之理亦已明矣。孟子之時習俗已成，不信孝弟之足以感人，而謂權謀兵革不可一日而舍去，極其所知，盡其所學，行其所見，皆亡國滅祀而不悔，可勝傷哉！

孟子曰：「居下位而不獲於上，民不可得而治也。獲於上有道：不信於友，弗獲於上矣。信於友有道：事親弗悦，弗信於友矣。悦親有道：反身不誠，不悦於親矣。誠身

〔一〕「俟」，四庫全書本作「糾」。

有道：不明乎善，不誠其身矣。是故誠者，天之道也；思誠者，人之道也。至誠而不動者，未之有也；不誠，未有能動者也。」

此一章乃子思中庸之學，而孟子於其中又擴大。誠之爲用，無所不動之意也。然世之論誠者，多錯認專爲誠。夫「至誠無息」，息非誠也，儻以專爲誠，則是語言寢處、應對酬酢皆離本位矣。故世之行誠者類皆不知通變，其弊至欲誦孝經以禦至劇之賊，讀仁王以消侯景之災，此豈不取天下笑，爲後世之戒哉！

夫誠，難知也，難言也，惟子思一語深見誠之本體。特學者語之不精〔二〕，擇之不詳〔三〕，不能深體聖賢之意，以至如是之弊也。其語安在？其曰「不明乎善」是也。夫人性皆善，特吾學非其道，而世無師友指示之耳。使吾知格物知至之學，内而一念，外而萬事，無不窮其源流，窮其終始，窮之又窮之，至於極盡之地，人欲都盡，一旦廓然，則性善昭昭，無可疑矣。此所謂「一日克己復禮，天下歸仁」也。使吾事其大夫之賢者，友其士之仁者，聞其

〔二〕「精」，四庫全書本作「詳」。
〔三〕「詳」，四庫全書本作「精」。

善言而心有所省，見其善行而心有所感，一旦廓然，則性善昭然，亦無可疑矣。此孟子指文公以性善而能力行三年之喪，使百官族人稱其爲知，而四方來觀者皆大悅而歸者，是也。

嗚呼！誠如此其大，而乃競指專以爲誠，使專謂之誠，則農夫樵叟皆聖人矣，吁可怪也！儻性善既明，則其身中無一毫私智，念念皆誠，處處皆誠，而其身誠矣。誠之爲用，無不感動。以此事親，則吾親感動而無不悅矣；以此交朋友，則朋友感動而無不信矣；以此事上，則在上感動而無不獲矣；以此治民，則天下感動而無不治矣。是故不憂民之不治，獨憂上之不獲；不憂上之不獲，獨憂友之不信；不憂友之不信，獨憂親之不悅；不憂親之不悅，獨憂身之不誠；不憂身之不誠，獨憂善之不明耳。使明乎善，則吾身、吾親、吾友、吾君、吾民之幾皆已揔攝乎此矣。注之於身則身誠，注之於親則親悅，注之於友則友信，注之於君於民則獲於上而民治矣。嗚呼！士大夫將以修身、事親、交友、事君、治民，其於明善之學可不用心乎？

昔舜「慎徽五典，五典克從；納于百揆，百揆時叙；賓于四門，四門穆穆；納于大麓，烈風雷雨弗迷」，則以明乎善，故無所往而不動也。孔子之得邦家者，所謂「立之斯立，道之斯行，綏之斯來，動之斯和。其生也榮，其死也哀」，則以明乎善，故無所往而不動也。孟子又推明之曰：「誠者，天之道。」使能誠其身，則所向皆天，安有不動乎？「思誠者，人之道」，此大學所謂致知格物也，非認專爲誠也。至誠則無往不動，以修身則身動而誠，以事親則親動而悦，以交友則友動而信，以事上則上動而獲，以治民則民動而信〔二〕。誠之所在擊觸轉移，使天下不知其然者。故干羽舞而有苗格，簫韶奏而鳳皇來，高宗思而傳説夢，成王悔而雨反風。其幾迅速，間不容穟。學而不至於此，其何以堯、舜其君，士君子其民乎？三復斯旨，使人手舞足蹈，安得不想孟子，而欲再拜稽首，以謝其格言乎？

〔二〕「信」，四庫全書本作「治」。

張狀元孟子傳卷第十六

孟子曰：「伯夷辟紂，居北海之濱，聞文王作，興曰：『盍歸乎來！吾聞西伯善養老者。』太公辟紂，居東海之濱，聞文王作，興曰：『盍歸乎來！吾聞西伯善養老者。』二老者，天下之大老也，而歸之，是天下之父歸之也。天下之父歸之，其子焉往？諸侯有行文王之政者，七年之内，必爲政於天下矣。」

孟子開口必説仁政，而所以爲仁政者，必先養老。考其養老之説，非徒〔一〕執醬而饋，執爵而酳，袒而割牲，肆筵設席，授几緝御，主於人君而已耳。蓋使天下皆養老耳。其養老之法，必以文王爲宗。其法如何？曰：五畝之宅，樹牆下以桑，匹婦蠶之，則老者足以衣帛矣；五母雞，二母彘，無失其時，則老者足以無失肉矣；百畝之田，匹夫耕之，八口之家

〔一〕「徒」，原作「説」，據四庫全書本改。

足以無飢矣。則又從而詠文王之法曰：所謂西伯善養老者，制其田里，教之樹畜，導其妻子，使養其老。五十非帛不煖，七十非肉不飽，不煖不飽，謂之凍餒。文王之民無凍餒之老者，此之謂也。然則考文王之法，豈非使天下人人皆養老乎？其政如此，則人心温良，風俗醇厚，穆然已有太平之風。伯夷、太公其心在此。而紂所行之政方且放黜師保，方且播棄黎老，其政與此二老之心遼乎不合，所以一則遠遯北海，一則遠遯東海。一聞文王之風皆不憚道塗之遠，筋力之疲，喟然有「盍歸乎來」之歎。夫爲政莫大於失民心，失民心莫大乎失賢者心。二老遠遯，民心亦遯矣；二老來歸，民心亦歸矣。此孟子所以有「天下之父歸之，其子焉往」之説也。故四皓來而太子安，謝安起而蒼生喜，而漢殺李固天下解體，唐用盧杞四方相弔。民心所繫以賢者爲重輕如此，則人主於賢者其可輕失其心乎？

然文王積德百年，猶未洽於天下；武王、周公繼之，然後大行。則以商家故家遺俗流風善政猶有存者，又有微子、微仲諸公相與扶持，故百年之遠，其政未洽。若夫在孟子時，地醜德齊莫能相尚。孟子以大道觀之，以天時考之，以人事驗之，形勢易行，事半功倍。有一諸侯舉文王爲君故事，大國五年，小國七年，必爲政於天下矣。此誠有所見而然，非爲誇大之辭也。其心昭然見天下之勢在此，而無有一人肯聽其説者，豈天之不興斯文，留其遺言以俟後之君子乎？不然，何爲其然也！吁可傷哉！

孟子曰：「求也爲季氏宰，無能改於其德，而賦粟倍他日。孔子曰：『求非我徒也，小子鳴鼓而攻之可也。』由此觀之，君不行仁政而富之，皆棄於孔子者也。况於爲之强戰？爭地以戰，殺人盈野；爭城以戰，殺人盈城。此所謂率土地而食人肉，罪不容於死。故善戰者服上刑，連諸侯者次之，辟草萊任土地者次之。」

聖王之學，其事君也，不在闢土地，充府庫，亦不在約與國戰必克，如衰世之所尚也。止在於正人君心術而已。故曰：「人不足與適也，政不足間也。惟大人爲能格君心之非。君仁莫不仁，君義莫不義，君正莫不正。一正君而國定矣。」夫人不足適，則無賢士大夫，是可憂也；政不足間，則紀綱法令一切顛倒，是可憂也。然大人不以爲憂，所可憂者，人君心術耳。惟大人有格物之學，充而至爲〔一〕天下國家，其幾甚明，其候甚熟。一見人主知

〔一〕「爲」，四庫全書本作「于」。

其非心偏於何處，吾則以言指之，以行感之，窮其所歸，扼其旁出，使人君一言之下一事之間忽然開寤，平生非心一息之頃影滅跡絶，而固有之心盡皆發見。所謂仁，所謂義，所謂正者，皆昭然顯露，此乃固有之心也。嗚呼！此心豈特人君有之哉？天下皆有之，特未有以發之耳。故人君一明此心，其幾感動，則不俟終日，曠然丕變。此「君仁莫不仁，君義莫不義，君正莫不正」之謂也。至於此時，則前所謂人不足適者，今一變盡爲賢士大夫；前所謂政不足間者，今一變盡有條而不紊。信乎「堯、舜率天下以仁而民從之，桀、紂率天下以暴而民從之」也。大人之學蓋在於此。

冉求游聖人之門，所學者大人之學也。今仕於季氏已非其正矣，而不能推格其非心之學，以改季氏之惡德，而乃公犯聖人之禁，使賦粟倍他日，豈孔子之門所宜有哉？聖人深惡之，至欲鳴皷以聲其罪。以此而論，使孟子得志，行孔子之學，則如商鞅、騶忌、孫臏、蘇秦、張儀、稷下諸人，講殺人之學以開人主無厭之心者，皆當蒙兩觀之誅，受市朝之戮矣。故其言有爭地、爭城，殺人盈野、盈城之説，且有罪不容於死之言，又次第連諸侯、辟草萊、任土地之罪而等級之，而善戰者使服上刑。則孟子之心專欲以大人之學事其君，而所謂土地、府庫皆其末耳。

余觀此一章，非對當時士大夫言之，乃其自著書以明其學，不然與門弟子論之耳。儻惟公肆此說，則如商、孫諸小人聞之，孟子將何地以處其身乎？如孔子作春秋，止以授門人弟子，其死也，春秋乃出。此又聖賢處世之大方也，余又因而發之。

孟子曰：「存乎人者，莫良乎眸子。眸子不能掩其惡。胸中正，則眸子瞭焉；胸中不正，則眸子眊焉。聽其言也，觀其眸子，人焉廋哉？」

觀孟子此論，必有所謂。豈見商鞅、騶忌、孫臏、蘇秦、張儀、稷下諸人及當時之君，其眸子異常，而爲此論乎？夫所謂瞭與眊者，非止明暗之謂也。如以目明者謂之正人，楊堅目如曙星，楊素黑白分明，一則簒位，一則作亂，正人固如是乎？以目暗者謂之邪人，如子夏、左丘明、師曠、師冕皆失明之人也，而子夏四科之賢；師曠論議之正；左丘明，孔子與同好惡；師冕，孔子與之周旋，豈可謂之邪人乎？

禮曰：「君子視不上於袷，不下於帶。國君綏視，大夫衡視，士視五步。凡視，上於面則敖，下於帶則憂，傾則姦。」所謂瞭焉者，豈不上於袷，不下於帶，綏視、衡視、五步之謂乎？所謂眊焉者，豈上於面，下於帶，以至傾姦之謂乎？若商人之蜂目豺聲，王莽之鴟目虎吻露白赤精，梁冀之鳶肩豺目洞精矘眄，皆精神不正，故見於眸子者如此也。眊焉者，類當如此。夫心正則神正，心邪則神邪。神正，則發於眸子也必正，瞭者，神之正也，非謂明也，如綏視、衡視是矣；神邪，則發於眸子也必邪，眊者，神之邪也，非謂暗也，如蜂目、鴟目、豺目是矣。

然而必如孟子之心正，然後可以識其瞭與眊耳。儻惟學不到孟子，心地暗昧而又惑於明暗之説，遽欲以此銓量天下士大夫，則許負、唐舉之類皆可與聖賢並列矣。學者又不可不熟思也。夫學至聖賢，則其心公如天地，明若日月，若邪若正一至其前，瞭眊之狀，神情之見，有不可掩者。學者第當盡心於格物、知至、誠意、正心、修身、齊家、治國、平天下之學，則夫孟子之論自可得之於言意之外矣。學未至是，遽欲以眸子明暗論人邪正，非所以知孟子也。余恐學者之率爾，故又發明孟子之遺意，以風吾黨之士焉。

孟子曰：「恭者不侮人，儉者不奪人。侮奪人之君，惟[一]恐不順焉，惡得爲恭儉？恭儉豈可以聲音笑貌爲哉？」

余以孟子時時君世主考之，此一章當爲宋王偃設。以孟子答戴不勝一薛居州事觀之，則宋王偃宜若能禮賢者矣，不知其實侮之而天下不知也。又以戴盈之問去關市之征觀之，則宋王偃宜若能儉以足用矣，不知其實欲奪之而天下不知也。宋王偃禮薛居州竊恭儉名，惟孟子識其心，知其有侮奪人之實。且曰：「恭儉豈可以聲音笑貌爲哉？」所以深言其詐也。卒之王偃射天、射諫者，恭安在哉？戴不勝受其欺而不知耳。東敗齊取五城，南敗楚取地三百里，西敗魏軍，儉安在哉？戴盈之受其欺而不知耳。孟子乃見於未形之前，高識遠見，天下一人而已矣。然孟子不直指其人，何也？此孔子居是邦，不非其大夫之意也。若夫好言人之過，如國武子，孟子所不爲也。其爲此說，將以窮天下之理耳，何必指其人也。

余以當世之君考之，如騶衍適梁，惠王郊迎，執賓主之禮；如燕，昭王擁篲先驅，請

[一] 「惟」，原作「帷」，據四庫全書本改。

列弟子之座而受業，皆出於誠意，非侮之也，自是騶衍負之耳。齊宣王自謂好貨，亦非以儉求名也。獨王偃欲行王政，去關市之征以惑亂天下，竊取一時之名，而其實侮奪人如此，此孟子所以誌之。學者讀聖賢書不以其時考之，妄欲論説，恐不足發揚聖賢之意。故余以時考之，知其爲王偃也。如其不然，以俟君子。

淳于髡曰：「男女授受不親，禮與？」孟子曰：「禮也。」曰：「嫂溺，則援之以手乎？」曰：「嫂溺不援，是豺狼也。男女授受不親，禮也；嫂溺援之以手者，權也。」曰：「今天下溺矣，夫子之不援，何也？」曰：「天下溺，援之以道；嫂溺，援之以手。子欲手援天下乎？」

淳于髡唇吻小人，喋喋以惑亂當世。觀其設隱干騶忌，有狶膏棘軸、弓膠昔幹之説，足以知其志之所存矣。今觀嫂溺援以手之問，是其心見孟子論二帝三王之道，而不得其説，故爲此無稽之談以侮玩聖賢耳。然彼之所談者出於私智，此之所得者本於道也；彼之辛苦而造作者設於思慮，此之優游而下〔二〕析者來於天理。髡也，徒自露其小人之態耳，於聖賢何傷哉？論髡之心則小人，論髡之難則鄙倍也。時君世主開第康莊，築館稷下，收召此輩，而欲與之圖回國家，亦可謂不思矣！此蓋市井駔儈牙校之徒，假口舌以要名寵者也。在先王之世，所謂學非而博，以疑衆者也；所謂析言破律，執左道以亂政者也，皆於法當誅。而戰國乃反尊寵之，使之公肆無禮，侮玩聖賢，則天下國家之法從可知矣。

公孫丑曰：「君子之不教子，何也？」孟子曰：「勢不行也。教者必以正；以正不行，繼之以怒；繼之以怒，則反夷矣。『夫子教我以正，夫子未出於正也。』則是父子相夷也。父子相夷，則惡矣。古者易子而教之。父子之間不責善。責善則離，離則不祥莫大焉。」

余讀此章乃知父子自有父子之法，師弟子自有師弟子之法。父子以恩爲主，師弟子以

〔二〕「下」，四庫全書本作「明」。

責善爲主。易位而處，在父子則傷恩，在師弟子則傷義，此天理之自然，不可以私智亂之也。然能言則學唯，能食則尚右手；六年教之數與方名；七年教之男女之別；八年學讓；九年學數目〔二〕；十年學書計；十三年學樂，學誦詩，學舞勺；成童時學象，學射御；二十時學禮，學舞大夏；三十時博學無方，孫友視志；四十時出謀發慮，道合則從，不合則去。自懷抱時，教固已行矣，乃云不教子，何也？蓋教之者父母之心，而所以教之者則在傳姆與師耳。

嗚呼！過庭之問，義方之教，聖賢亦豈得恝然無心哉？善教者必以正，師弟子以責善爲正，父子以恩爲正。教者必以正，師之正在責善，善或不勉，在師當繼之以怒，繼之以怒則謂之義；父子之正在恩，不在責善，儻或責善，則謂之不正，善或不勉而繼之以怒，繼之以怒則謂之傷恩。夫教者必以正，父以恩爲正，今而責善是出於不正。蓋父怒其子，則傷於慈，子違其父，則傷於孝。父子相傷，在天性豈不爲大惡乎？惟〔三〕師以責善爲

〔二〕「目」，原作「日」，據四庫全書本改。
〔三〕「惟」，原作「推」，據四庫全書本改。

正，以正不行，師怒弟子，或榎楚以收其威，或鳴鼓以聲其罪，則謂之義。夫在師謂之義，在父謂之不慈，父子、師弟子不可易位如此，古者所以易子而教之也。

然而父雖不以教爲正，亦安可不謹哉？嗚呼！風聲所傳，氣習所尚，其亦可畏也！李敬業乃勣之子，柳瑊乃宗元之子，而李固，郃之子也，陳群亦寔[一]之孫也，王祥之後有導，魏徵之後有謩，是雖不以教爲意，而言動之間教固已行矣。此又孟子之遺意，余故表而出之。

孟子曰：「事孰爲大？事親爲大；守孰爲大？守身爲大。不失其身而能事其親者，吾聞之矣；失其身而能事其親者，吾未之聞也。孰不爲事？事親，事之本也；孰不爲守？守身，守之本也。曾子養曾晳，必有酒肉。將徹，必請所與。問有餘，必曰『有』。曾晳死，曾元養曾子，必有酒肉。將徹，不請所與。問有餘，曰『亡矣』。將以復進也，此所謂養口體者也。若曾子，則可謂養志也。事親若曾子者，可也。」

[一]「寔」，原作「實」，據四庫全書本改。

余讀「事孰爲大？事親爲大；守孰爲大？守身爲大」四句，毛髮森立，精神竦然。嗚呼！何其言之切於人心也！且又并而言之曰：「不失其身而能事其親者，吾聞之矣；失其身而能事其親者，吾未之聞也。」又曰：「孰不爲事？事親，事之本也；孰不爲守？守身，守之本也。」其拳拳反復如此。

夫此身，乃父母遺體也，敢不敬與？不能敬其身是傷其親，傷其親是傷其本，傷其本，則枝從而亡。古之人所以守其身者，可謂至矣！自格物、知至、意誠、心正而守之，以至置之，則植乎天地；溥之，則横乎四海。推而放諸東海而準，推而放諸南海而準，推而放諸西海而準，推而放諸北海而準，此守身之法也。

推以事親，則曾子是矣。夫曾子之事親也，惟恐傷父母之志也。讀其遺言，玩其微意，使人泫然流涕。觀其養曾晳也，「必須酒肉。將徹，必請所與。問有餘，必曰『有』」。嗚呼！其順適父母之志乃至於此乎！玩「將撤，必請所與」之意，是先意承志也。蓋父母必有所喜之人，飲食必思所喜之人，迎其意以問所與，適中父母之心矣，吾親豈不悦乎？玩「問有餘，必曰『有』」之意，是不違父母之志也。夫如文王之嗜昌歜，屈到之嗜芰，人性偏嗜，理固有之。況其旨甘可口，物已盡而意未厭，既聞有餘之言，則吾父母之心亦有一時之樂矣。曾子之心專以悅親爲主，必請所與，悅親也；必曰「有」，悅親也。愛親之深必至於此乃可耳。此余所以流涕也。若夫曾元養曾子，亦可謂孝矣。然其用處則不及曾子。曾子以悅親爲主，曾元以愛親爲主。愛親而不悅親，亦何愛親之有哉？其不請所與，恐他人奪吾親之餘也；曰「亡矣」者，恐吾親飲食過度也。夫豈不善？然比夫必請所與，與夫必曰「有」之意，豈不傷親之心乎？故孟子直指曾元以示人曰：「此所謂養口體者也。」又直指曾子以示人曰：「事親若曾子可也。」謂養志也。養口體則意直而氣嚴，非事親之道也；養志則意深而氣粹，事親當如是耳。故曰：「孝子之有深愛者必有和氣，有和氣者必有愉色，有愉色者必有婉容。」嚴威儼恪，非所以事親也。

觀曾子所以能如此者，其論孝乃至謂：「涖官不敬，非孝也；戰陣無勇，非孝也。」又曰：「仁者，人此者也；義者，宜此者也。樂自順此生，刑自反此作。」又曰：「斷一樹殺一禽不以其時，非孝也。」又曰：「詩云：『自西自東，自南自北。』此之謂也。」其守身如此，故移以事親乃如是其微眇曲折，此所以獨傳孔子之正統，而造夫一以貫之之宗也。嗚呼！非臻斯理者其能識曾子乎？

孟子曰：「人不足與適也，政不足間也。惟大人爲能格君心之非。君仁莫不仁，君義莫不義，君正莫不正。一正君而國定矣。」

天下之本在人君，人君之本在一心。一心本體有何物哉？仁、義、正而已矣。心或有偏，所鄉皆暗，以之用人，則皆小人；以之爲政，則皆亂政。小人得用，則呼吸群類，朝廷之間無復賢人君子，故人不足適也；亂政亟行，則紀綱法度一皆顛倒，無一合人心者，故政不足間也。事至如此，亂亦極矣，無可言者矣。

然而此有要道，謦欬嚬笑之間可轉危亂之世爲治安之時者，蓋有説焉。亦曰：格君心之非而已矣。夫惟大人内明外映，見君心之非在於何處，吾從而格之。一格之下非心消散，心之本體見矣。心之本體居則爲仁，由則爲義，用則爲正。君有此心，天下亦有此心；君舉本心之仁以示天下，則天下本心隨所舉而皆仁；君又舉本心之義以示天下，則天下本心隨所舉而皆義；君又舉本心之正以示天下，則天下本心隨所舉而皆正。秉本執要，不俟歲月，不煩教告，一息之間天下丕變。前日小人皆變爲賢人君子，前日亂政皆變爲良法美意。何其迅速如此乎？夫大人格君心之非，猶善醫者之治病也，在表則汗，在裏則下，虛則補之，實則瀉之。昔其病也，精神昏憒，氣力衰疲，使劑中其幾，箴投其隙，瞬息之間病已去矣。向來昏憒一變而爲清明，向來衰疲一變而爲勇健。顧治病無善醫，治國無大人耳。儻或有之，夫何復憂乎？孟子有治國之術，而當時無肯聽之君。人皆見商鞅、騶忌、孫臏、蘇秦、張儀、稷下之爲小人，皆見權謀捭闔縱横詭異之爲亂政，以謂人不足適，政不足間，天下無可爲者。而不知孟子有格君心之道，可與二帝三王之治於旦暮之間，變諸小人爲君子，變諸亂政爲良法，其誰肯信之乎？其曰「一正君而國定」，何其敏也！夫一正而已矣，不俟再三。顧其正處，乾坤之神，造化之妙也。惜哉！孟子有此術而不得施也。豈天之不興斯文與？吁可歎耳！

張狀元孟子傳卷第十七

孟子曰：「有不虞之譽，有求全之毁。」

毁譽亂真，浮薄之俗也。浮者輕譽，故多不察而傷義；薄者輕毁，故多求全而害仁。卜興亡者，屢有喪師之恥；稱廬墓者，乃有生子之汙。不深考其用心而輕譽者，類多如此。心存社稷者，乃罪其胡粉飾面；志摧姦雄者，乃罪其禿巾微行。惟務掩人之長而易毁者，類多如此。此小人所以常得志，而君子所以無立足之地也。當孟子時，南蠻鴃舌乃以爲道，避兄離母乃以爲廉，譽之不度，至於如此。後以大夫，乃以爲踰喪；父子責善，乃以爲不孝，毁之求全，至於如此。毁譽亂真，無甚於此。

又有異焉者。蘇秦入齊則爲齊王曰：「今秦之攻齊，倍韓、魏之地，過陽晉之道，徑乎亢父之險。車不得方軌，騎不得比行，百人守險，千人不敢過也。秦雖欲深入則狼顧，恐韓、魏之議其後也。是故恫疑虛喝，驕矜而不敢進。則秦之不能害齊亦明矣。」至張儀入齊則曰：「今秦、楚嫁女娶婦，爲昆弟之國。韓獻宜陽，梁効河外，趙入朝澠池，割河間以事秦。大王不事秦，秦驅韓、梁攻齊之内地，悉趙兵渡清河，指博關，臨菑、即墨非大王之有也。」蘇秦入楚則謂楚王曰：「地方五千餘里，帶甲百萬，車千乘，騎萬匹，粟支數年，此霸王之資也。秦之所害莫如楚。楚强則秦弱，秦强則楚弱。且勢不兩立，王誠能聽臣，臣請令山東之國，奉四時之獻，以承大王之明詔。委社稷，奉宗廟，練士厲兵，在大王之所用之。」至張儀入楚則曰：「凡天下强國非秦而楚，非楚而秦。兩國交爭，其勢不兩〔二〕立。大王不與秦，秦下甲據宜陽，韓之上地不通。下河東，取成皐，韓必入臣，梁則從風而動。秦攻楚之西，韓、梁攻其北，社稷安得毋危？」蘇秦以不虞之譽以取富貴，張儀以求全之毁以取富貴。此兩人者，豈有心於天下國家哉？特以口舌覓官，爲飽暖之資耳。一則專以譽而悦六國，一則專以毁而恐六國，天下性命皆係兩人之口舌。

孟子不幸而生其時，以言天下之大體，則蘇、張毁譽亂真如此；以言齊、滕之小國，

〔二〕「兩」，原無，據四庫全書本補。

則陳、許毀譽亂真如此，所以慨然發爲此論，以歎浮薄之得志也。孔子曰：「吾之於人也，誰毁誰譽？如有所譽者，其有所試矣。斯民也，三代之所以直道而行也。」誠如三代之民，孔子之心，則小人竄迹，賢人君子亦復何憂乎？余泛觀萬古，事理皆然，安得不爲之浩歎耶？

孟子曰：「人之易其言也，無責耳矣。」

昔孔子删詩爲三百篇，序書斷自唐虞以下，贊易道以黜八索，述職方以除九丘，自是二帝三王之正統坦然明白。諸非堯、舜、文、武之道，皆在所黜，此孔子之心也。所以三代盛時，言僞而辯，學非而博者，殺；析言破律，執左道以亂政者，殺；奇言有禁，造言有誅。故當時士大夫非典墳之書，帝王之學，則不出諸口。出則小者禁，大者誅，甚者殺，淫辭邪説，其誰敢蓄諸心乎？

至三代衰落，先王之法不行，而申、商刑名之學，鬼谷捭闔之學，神農並耕之學，田駢、慎到、騶衍、騶奭、淳于談天雕龍、炙輠無稽之學，並行於世，其出無宗，其説無理，非殺人家國即亂人觀聽，生於其心，害於其政，作於其政，害於其事，競相尊尚，無復忌憚。孟子傷之，知其所以敢易其言而無畏懼者，以先王之法不存，無禁誅殺之刑以俟之也。故曰：「無責耳矣。」使其有責，敢爲此舉乎？

夫異端之學，其始行也，常情不以爲怪，惟智者知其可畏耳，所以禁之、誅之、殺之。不如是，其禍非使人爲血爲肉不止也。商鞅之學行，嬴秦得志，天下爲血爲肉，至西漢猶未已也；張角之學行，黄巾得志，天下爲血爲肉，至三國猶未已也；莊、老之學行，魏、晉宗尚，天下爲血爲肉，五胡亂華，至有唐猶未已也。使聖王在上，禁之、誅之、殺之於其萌，决不至如是之烈也。西漢之初，異端尚熾，董仲舒發憤抗言于庭曰：「諸不在六藝之科、孔子之術，皆絶其道，勿使並進。」以黜申、商之法，韓非之法，武帝乃罷黜百家，表章六經，亦已高矣。使武帝盡行六經之説於政事，而舟車鹽鐵之法悉皆罷去，神仙太一之説一切斷絶，行仁義之實，去兵革之害，則西漢之祚豈易量哉？惟其隆虚名而無實用，所以功業葳蕤，終不若二帝三王之盛也。可勝惜哉！

孟子曰：「人之患在好爲人師。」

聖人之學以遜志爲先，以好勝爲戒，故疾行者桀、紂之道，而徐行者堯、舜之道也。子夏指洒掃爲君子之道，曾子指忠恕爲夫子之道，子張指階也、席也、某在斯、某在斯爲相師之道，味此數端，則聖人之心從可知矣。

好爲人師，此心何心哉？好勝之心也。好勝之心，疾行之心也；疾行之心，桀、紂之道也。生於其心，害於其政，發於其政，害於其事，此自然之理也。當孟子時，孫臏以兵法坐輜車中，爲齊王師；蘇秦以捭闔之説佩六國相印，爲天下師；張儀又以捭闔之説，楚王虛上舍而自館之，爲楚王師；騶衍以談天之説自任，適梁，惠王郊迎，執賓主之禮，適趙，平原君側行撇席，如燕，昭王擁篲先驅，請列弟子之座而受業，築碣石宫，身親往師之；而淳于髡、田駢、慎到、接子、環淵、騶奭以炙輠雕龍之辯、黄老荒唐之説，皆爲齊列大夫，開第康莊，高門大屋，以尊寵之。彼是數人者聞孟子之説，豈不心悅而誠服？然而無一人能盡棄其習，而受業於孟子之門者，以好爲人師故，寧終身爲異端之人，終不肯少遜其志，以遷善徙義也。

悲夫！此風既成，天下四海波蕩從之，自其結髪讀書，豈知格物、知至、誠意、正心、修身之學哉？父兄之所責望，朋友之所漸摩，鄉閭之所稱道者，皆好爲人師之心也。孟子傷之，故直指當時之失以爲人之患，所以不到聖賢而入邪説暴行中者，以好爲人師故也。當時之病，一語而盡之。然則好爲人師，徒以好勝之心耳。使吾儕無此心，則可入聖賢之域矣。如其有之，乃桀、紂之心也，得不深鋤痛掃，求格物知至之説以充大其所學乎？此孟子之遺意。

樂正子從於子敖之齊。樂正子見孟子。孟子曰：「子亦來見我乎？」曰：「先生何爲出此言也？」曰：「子來幾日矣？」曰：「昔者。」曰：「昔者，則我出此言也，不亦宜乎？」曰：「舍館未定。」曰：「子聞之也，舍館定，然後求見長者乎？」曰：「克有罪。」

士大夫之出處當與賢者同心。樂正子欲見孟子，此心可尚也。然自魯來齊，乃從子敖而來，子敖何人哉？孟子與之出弔於滕，未嘗與之言者，此人也；又弔於公行子，亦不與之言者，此人也。其爲人可知矣。今樂正子乃與之並轡而來。夫水流濕，火就燥，雲從龍，風從虎，此萬物之理也。苟氣類不與之同，則交臂而千里，肝膽而楚、越。孟子未嘗與之言，以氣類不同也。樂正子遊孟子之門，乃甘心與之同來，是其中必有相合者。合於子敖則緩於孟子矣。夫爲士大夫而與子敖相合，亦可恥矣！

夫樂正子其來也，果何爲耶？爲子敖而來則在所不問，爲孟子而來，則其至齊也，當席不及煖，突不及黔，急造孟子之門以見其區區之意。雖不擇出處，已得罪於君子，而好賢之急亦不失爲賢士大夫矣。今乃遲遲而來，不知好賢之心何其懈怠，而於非類之人何其眷眷也。此孟子所以有「子亦來見我」之説也。樂正子失路已深，迷途難復，乃猶未寤，反曰：「先生何爲出此言。」及孟子有子來幾日之問，亦可以寤矣。不聞悔過之辭，又有「昔者」之答。孟子又有不亦宜乎之對，亦可以寤矣。樂正子方有舍館未定之言，其爲子敖所啖亦已深矣。夫好賢之切，食不求飽，居不求安，正樂正子所當然也。子敖，齊之寵臣，今從之而來，亦樂其順適耳，於好賢之心自然懈怠而沉溺其中，不知自省也。至孟子有然後求見長者之問，然後有「克有罪」之辭。其失路已深，迷塗難復，酬酢數疊方知有罪，亦可謂不敏矣。

嗚呼！樂正子，善人也，信人也，其資亦已高矣。一離本位，稍近匪人，則起居失錯，省寤後時，甘安煖而忘道義，急非類而緩大賢。向非孟子有以警之，則至美之資淪胥以亡必矣。可不懼乎？此「如切如磋，如琢如磨」之詩，使人三誦不已。而「擇不處仁」之訓，「遊必就士」之言，所以士君子不敢忽也。

孟子謂樂正子曰：「子之從於子敖來，徒餔啜也。我不意子學古之道，而以餔啜也。」

余嘗謂孔子之於門人，其念慮所起，平生所志，雖未形於顔色、發於語言，夫子固已得之矣。如曾子不問，夫子見其何處，遽提其名而指之曰：「參乎！吾道一以貫之。」子貢不問，夫子見其何事，遽提其名而指之曰：「賜也，女以予爲多學而識之者與？」子夏無一語也，夫子忽斥其短曰：「女爲君子儒，無爲小人儒。」子路無一語也，夫子忽斥其短曰：「由也，不得其死。」然蓋以聖人内外明映，群弟子至前，顔色未萌，言語未發，其幽隱微密，夫子已坐照於不言中矣。

以此論孟子之謂樂正徒餔啜，亦可見聖賢之用也。夫子敖，齊之寵臣也；樂正子，賢大夫也，豈有賢大夫而與寵臣同處乎？不知樂正之所以從子敖游者，豈以其言可法耶？彼便嬖之臣耳，何言之可法？豈以其行可師耶？彼便嬖之臣耳，何行之可師？豈以其識趣智慮耶？彼便嬖之臣耳，安有識趣智慮？此蓋見齊宣欲闢土地，朝秦、楚，莅中國，而撫四夷，以逢迎者也；見齊宣好色、好貨、好勇而道之以自快，不與百姓同者也。使孟子不得行其道者，此人也；使稷下諸人得肆口辯者，此人也。其所爲如此，樂正子乃與之遊。平時函丈之間，指顧之際，無非以「食無求飽，居無求安，敏於事而慎於言，就有道而正焉」爲説，今一旦從子敖遊，遽亡求安之義而求舍館，遽亡求飽之義而徒餔啜。彼亦有何術哉？止以順適以悦於人耳。用此術以啗齊王，使齊王不寤而緩於孟子；又用此術以啗樂正子，使樂正子不寤而緩於孟子。齊王則無可言者，樂正子學古之道而爲此人所惑，豈不悲哉？

嗚呼！便嬖〔二〕之人其能亂人也甚矣！非明智〔三〕之士，其能斷然不惑乎？宋公爲太子

〔二〕「嬖」，原作「僻」，據四庫全書本改。
〔三〕「智」，四庫全書本作「哲」。

之時，惡寺人柳，及即位，以熾炭之適而喜之；唐太宗玩佳樹折封德彜，及有何聊之言，亦終不能遠之。則欒正爲子敖所啗，夫復何疑？天地不正之氣注之於人，爲便嬖〔二〕，爲女子，以敗人家，亂人國，亂人心術。非孟子痛指之，則欒正子高明之質殆不可知也。此聖賢所以有功於天地。

孟子曰：「不孝有三，無後爲大。舜不告而娶，爲無後也，君子以爲猶告也。」

趙氏引禮經三不孝之實，曰：「阿意曲從，陷親不義，一不孝也；家貧親老，不爲禄仕，二不孝也；不娶無子，絶先祖祀，三不孝也。」審如禮經，使舜不娶，是陷親不義也，是絶先祖祀。絶先祖祀，豈非不孝之大乎？夫爲子娶婦以大嗣續，此父母本心也。今瞽瞍〔三〕不爲舜娶，此以人欲蔽之也，豈其本心哉？昔陳乾昔將死，謂其子尊己曰：「我死，必大爲我棺，使吾二婢子夾我。」乾昔死，尊己曰：「以殉葬，非禮也，况又同棺

〔二〕「嬖」，原作「辟」，據四庫全書本改。
〔三〕「瞍」，原作「叟」，據四庫全書本改。下同。

乎？」弗果。君子不以尊己爲不孝。蓋將死之際，疾病既深，精神荒亂，故君子從治命而不從其荒亂之語。以此意而論，則瞽瞍之不爲舜娶，其亦人欲荒亂而至於此也。舜亦從其本心，不從其荒亂，此舜所以不告而娶也。

方其荒亂也，儻舜以娶婦爲請，瞽瞍必不使之娶矣。不使之娶，則過在父母；舜不告而娶，則好論人過而不原其心者，必以過舜矣。善則稱親，過則稱己；此正舜之心也。豈忍自全其名，而置父母於不義之地哉。舜之所以不告而娶，正猶不從乾昔之荒亂而從其治命也。夫何故？爲子娶婦，本心也。吾原父母本心而行之，有何不可乎？君子以爲猶告者，理蓋出於此也。然而舜爲有過乎？曰：有過。不告而娶，是其過也。豈可辯説哉？過在一己，而全父母之令名，此舜所以爲舜也。故自君子觀之，則見其爲無過；自常人論之，舜豈能逃不告之罪乎？此亦聖人之不幸也。於不幸中有造化之用，以過歸己而全人道之大倫，正嗣續之大事，不遺父母以惡名，舜亦可謂善處矣！此聖人所以爲人倫之至。

孟子曰：「仁之實，事親是也；義之實，從兄是也；智之實，知斯二者弗去是也；禮之實，節文斯二者是也；樂之實，樂斯二者。樂則生矣，生則惡可已也，惡可已，則不知足之蹈之、手之舞之。」

仁義智禮樂，人之所固有也，然其誰識之？孟子親見其體，故直指以示天下，使知聖王之用在此而已。其功豈不大哉？

夫仁不可得而識也，孟子直指仁之所在，曰：「欲識仁之實乎？當事親時，其心親慕眷戀者是也；欲識義之實乎？當從兄時，其心莊敬肅恭者是也。」則又直指智之實，在知事親從兄之心初無去來者是；則又直指禮之實，在節事親從兄之心有隆殺者，文事親從兄之心有儀物者是；則又直指樂之實，在事親從兄時其心歡欣怡愉者是。夫識事親從兄時歡欣怡愉之心，則仁義之道徹，天理之本行，放諸四海而準，塞乎天地之間，仰觀俯察，遠取近取，折旋顧眄，食息起居，是皆事親從兄之心也。故曰：「樂則生矣。」生則觸物而樂，無物亦樂；觸事而樂，無事亦樂。吾親吾兄在前，此樂在前；吾親吾兄未見，此樂又在未見處也。故曰：「生則惡可已也。」如此則樂即心，心即樂，富貴通顯亦樂，貧賤患難亦樂。樂之至極，欲罷不能，欲止不可，是以足不知而自蹈，手不知而自舞。乃見帝王制作六律、五聲、八音之本，鼗鐘、管磬、竽笙之用，皆在我而已矣。孟子自事親從兄而識仁義，自仁義而識智禮樂之實，自樂而上通二帝三王之心，乾坤造化之用。故其見諸侯也，拳拳以仁義爲言；其論庠序也，拳拳以孝悌爲説，則以其所得者在此也。以其親見仁義之體，而旁通貫穿，無不見其體者，故直指以示人，使之領解於言下。如指齊王易牛之心爲王，指虆梩掩親之心爲誠，指好色、好貨、好勇爲太王、公劉、文王、武王。使人不移頭步，不動聲色，不歷時歲，坐會於一息之間，其轉移陶冶，幾有天地之用。嗚呼！其學如此，而當時間之，後世非之、疑之，至於詈之而不思，其亦可悲也已！

孟子曰：「天下大悦而將歸己。視天下悦而歸己，猶草芥也，惟舜爲然。不得乎親，不可以爲人；不順乎親，不可以爲子。舜盡事親之道而瞽瞍底〔一〕豫，瞽瞍底豫而天下化，

〔一〕「底」，原作「底」，據文意改。下同。

瞽瞍厎豫而天下之爲父子者定，此之謂大孝。」

余觀典謨所以稱舜曰：「濬哲文明，温恭允塞。」曰：「慎徽五典，五典克從；納于百揆，百揆時叙；賓于四門，四門穆穆；納于大麓，烈風雷雨弗迷。」至孔子稱舜曰：「巍巍乎！舜、禹之有天下也，而不與焉。」曰：「無爲而治者，其舜也與！夫何爲哉？恭己正南面而已矣。」至子思稱舜曰：「舜其大知也與！舜好問而好察邇言，掩惡而陽善，執其兩端，用其中於民。其斯以爲舜乎！」

考孟子所稱則異於是，曰：「舜其至孝矣，五十而慕。」又曰：「大孝終身慕父母。五十而慕者，予於大舜見之矣。」拳拳懇懇專以孝爲言。今此稱舜，則言舜不以天下爲悦，而又論舜之神情，以謂：「不得乎親，不可以爲人；不順乎親，不可以爲子。」皇皇汲汲，天下雖仰其道德之尊，而若無所容其身者，則以親之未悦也。夫父頑母嚚，舜爲聖人，不幸而處於頑嚚之間，其是非當否，可不言而喻矣。必舜爲頑嚚，乃合父母之心。今舜由仁義行，其所願欲，其所取舍，其所謀議，其所去就，必不合頑嚚之心矣。然天下知其爲頑嚚，而舜止知其爲父母耳。舜不得吾親之心則徬徨恐怖，以謂不可立於天地間矣；不順吾親之心則背違義理，以謂不可復稱人子矣。嗚呼！既曰頑嚚，惟頑嚚乃可以得其心，乃可以順其心，今舜舍此何以得其心與夫順其心哉？夫心不則德義之經謂之頑，口不道忠信之言謂之嚚。舜之心以謂父母所以至此者，特吾事之未盡其道也。使盡其道，感於此必應於彼，此自然之理也。於是負罪以順適其心，引慝以感動其意，夔夔齋慄以發其悲怜之心。順適則吾親喜心見，感動則吾親仁心見，悲怜則吾親天性盡皆見矣。向也，頑嚚與仁義相爲阻絶；今也，人子與父母同歸天性。「瞽瞍厎豫」，以言歸於天性也。豫者，天性也。夫化吾親之頑嚚以歸天性，則天下之頑嚚亦皆感格矣。是以「瞽瞍厎豫而天下化」。當瞽瞍厎豫時，乃天下化之機也。轉吾親憎惡之心爲父母之慈愛，則天下父子之性皆於此而定矣。是故「瞽瞍厎豫而天下之爲父子者定」。是當瞽瞍厎豫時，乃天下父子〔一〕定之機也。夫天下化，天下之爲父子定，止在吾親厎豫而已，豈不簡易乎？

是不得乎親，誠不可以爲人；不順乎親，誠不可以爲子。孟子之觀舜乃在事親處，其

〔一〕「子」，原作「母」，據四庫全書本改。

所以「濬哲文明」，「五典克從」，與夫「烈風雷雨弗迷」，所以巍巍，所以無爲、恭己，所以爲大智者，皆自事親而發見也。孟子當時所入，其自事親入乎？觀夫指虆梩掩之以爲誠，指事親爲仁智，爲禮樂之實，指徐行之弟爲堯、舜之道，指孝悌之義爲王道，其論舜也，反覆以事親爲言，豈非自事親而入，深見舜當日所以用心之微乎？夫登泰山者知險阻，泛滄溟〔一〕者識波瀾。儻非身履其中，目擊其事，其言安得如此之切乎？以此論舜，則孟子所存抑可知矣。

〔一〕「溟」，四庫全書本作「海」。

張狀元孟子傳卷第十八

離婁章句下

孟子曰：「舜生於諸馮，遷於負夏，卒於鳴條，東夷之人也。文王生於岐周，卒於畢郢，西夷之人也。地之相去也，千有餘里；世之相後也，千有餘歲。得志行乎中國，若合符節。先聖後聖，其揆一也。」

舜生東方，近夷；文王生西方，亦近夷。自兗至岐，凡千有餘里；自舜至文，凡千有餘歲，風俗不同，土地殊尚，歲月久遠，言行遼絶。然考舜與文王之心，乃不以遠近爲問，不以日月爲期。發之於言，形之於行，若肯堂若肯構〔二〕之父子，面授心傳之師資，何哉？蓋地有遠近，心無遠近；時有後先，心無後先。使其不識此心，則以商均爲子，豈曰不同氣，乃不知舜之心；而授天下於禹，以四凶爲臣，豈曰不同時，乃不知舜之心，而至於流放竄殛。使其識此心，則萬里猶一堂也，千歲猶一昔也，豈問地之遠近，時之先後哉？

夫堯、舜、禹、湯、文、武，皆聖人也，而孟子獨舉舜與文王，何哉？則以其聲氣同也。何以知之？夫舜自讓而入，文王亦自讓而入；舜耕於歷山，耕者讓畔；文王治岐，又行者讓路；舜避堯之子於箕山之陰，及其即位也，而九官皆讓；文王三分天下有其二，以服事商，及其爲西伯也，而虞、芮之訟息。是舜與文王之入處，其揆一也。孔子又身入舜、文王之所入，故藝則執御，能則鄙事，則「吾豈敢」，「未之有得」，皆舜與文王之心也。異時問二三子之志，而曾點有暮春浴沂，童冠舞雩之樂，乃入舜與文王道路中，此夫子所以喟然而歎曰：「吾與點也。」豈不以聖人之道，此路最高乎？夫子

〔二〕「構」，原作「建」，據四庫全書本改。

倡此心於洙、泗，諸弟子雖於聖人閫奥淺深不同，而自此路入者，亦何其多也！故曾子指忠恕爲夫子之道，子夏指洒掃爲君子之道，子張指師冕爲相師之道。傳之孟子，又以徐行爲堯、舜之道。孟子發明徐行之説，是身履其中，目擊其事，故斷然不疑。其論舜與文王，乃昌言於天下曰：「先聖後聖，其揆一也。」儻非在其道中，又安敢曉然揭露判别如此乎？孟子之説乃前古之所未聞，而先聖之所未發也，其盛矣哉！余因「其揆一也」之説，乃盡見聖賢之用心，故表而出之，以終孟子之遺意。

子産聽鄭國之政，以其乘輿濟人於溱、洧。孟子曰：「惠，而不知爲政。歲十一月徒杠成，十二月輿梁成，民未病涉也。君子平其政，行辟人可也，焉得人人而濟之？故爲政者，每人而悦之，日亦不足矣。」

余讀左氏，見子産相鄭，卓乎有賢大夫之風。如徹鄭國之垣牆，論鄭國之供賦，屏楚公子於郊外，軒然有大臣之用。至其爲政也，民歌之曰：「我有田疇，子産植之；我有子弟，子産教之。子産今死，誰其嗣之？」至孔子入鄭見之，如兄弟，且以兄事之，嘗稱其「有君子之道四」：至其死也，爲之泣曰：「古之遺愛也。」觀其爲人與夫作用，亦盡巧妙矣。乃以其乘輿濟人於溱、洧，此特出於一時之事耳。以子産之智，豈不知「十一月徒杠成，十二月輿梁成」，而區區爲此小惠哉？豈以一時仁心不忍民之徒涉，故輟己之車以濟其急乎？以平昔孔子敬之，何至曰「惠，而不知爲政」也？

然余細考，子産有仁心仁聞而不知先王之道者也。觀其論實沈、臺駘爲祟，使晉平公、叔向稱之爲博物君子，至於先王之學未知講究。以如此資禀而濟之以先王之學，必能大有爲於斯世。相鄭君，尊王室，起文、武、成、康之業以惠天下矣。唯其學止於如此，所以規摹褊小，造作乖踈，如作封洫，立謗政，鑄刑書，皆非大人之造，與不知徒杠輿梁之制而以乘輿濟人一等也。

夫有不忍人之心，必寄之以不忍人之政者，帝王之學也。不忍人之政乃自帝王心中制作，如乾坤之造化，四時之運行，小大、隱顯、幽明、内外無不受其鑪錘埏埴之妙。學而不至帝王，而自以私智小識創造法度，非特不合人心，雖勉强力行，終亦不久矣。推乘輿濟人之心，二帝三王之心也。儻能取帝王之法以行此心，則治天下可運於掌上矣，而况鄭國哉？

所謂帝王之政，何也？且以濟人一事言之，歲十一月，即夏之九月也，於是時則爲人徒所行之橋；十二月，夏之十月也，於是時則爲車馬所行之橋。九月十月之間，水潦既退，氣候清涼，民未病涉也。適此時也而爲此役，民不告勞，人獲其利，其與區區以乘輿濟人，工拙豈不萬萬相遠哉？先王之政，每事如此，此子產所以可悲也。以子產之賢而有帝王之學，將進於臯、夔、稷、契、伊尹、周公之地，何止於惠人而已哉？孟子之意非譏之，乃痛惜之也。故曰：「今有仁心仁聞而民不被其澤，不可法於後世者，不行先王之道也。」又曰：「徒善不足以爲政，徒法不能以自行。詩云：『不愆不忘，率由舊章。』遵先王之法而過者，未之有也。」深知此說，則子產之失不言可知矣。

孟子告齊宣王曰：「君之視臣如手足，則臣視君如腹心；君之視臣如犬馬，則臣視君如國人；君之視臣如土芥，則臣視君如寇讎。」王曰：「禮，爲舊君有服，何如斯可爲服矣？」曰：「諫行言聽，膏澤下於民；有故而去，則君使人導之出疆，又先於其所

往；去三年不反，然後收其田里。此之謂三有禮焉。如此，則爲之服矣。今也爲臣，諫則不行，言則不聽，膏澤不下於民；有故而去，則君搏執之，又極之於其所往；去之日，遂收其田里。此之謂寇讎。寇讎何服之有？」

余讀此章，至「視君如寇讎」，潛然涕下，竦然汗出，曰：孟子聖賢也，何忍爲此言乎？抱疑于心者，十年餘矣。一日見楊時先生而問之，先生曰：「子博觀萬古，如此類亦多矣。孟子盡天下之理而言之也。子又何疑乎？」余退而考之，如舜託禹爲股肱，而禹八年于外，三過其門而不入，信如手足腹心之言矣；衛懿公好鶴，國人不用命，遂至亡國，信如犬馬國人之言矣；脯鬼侯，醢鄂〔二〕侯，拘文王，天下怨之，武王一起，而紂懸白旗，信如草芥寇讎之言矣。然則爲人君者安得不少警乎？

古人所以有朽索之喻，有舟水之喻，有敵國之喻。平時暇日君尊如天，臣卑如地，恃勢假權，生殺天下，有何不可？然動不中禮〔三〕，行不由義，言者立誅，諫者立死，忤意者

〔二〕「鄂」，原作「邢」，據四庫全書本改。
〔三〕「禮」，原作「理」，據四庫全書本改。

必殺，儼然自大，自以爲千萬年之計。嗚呼！怨豈在明，禍生非意。秦二世殺六親，殺朝士，自以爲尊矣，而陳勝一呼，終有望夷之禍；隋煬帝殺薛道衡，殺王胄，自以爲尊矣，而玄感一呼，終有維楊之禍。

孟子坐照萬古之理，所以勤勤爲齊王言之。學者讀孟子當以是思之。齊王不識此意，乃問「禮，爲舊君有服」，此不平寇讎之言而爲此問也。孟子乃言人君禮待去國之臣，則人臣以禮報之，故有「三有禮」之說。又言人君以寇讎待去國之臣，則人臣以寇讎報之，故有「寇讎何服」之說。嗚呼！孟子所以爲人君計者，可謂無餘藴矣！

余恐學者專持此説以望人主，而不知臣子之義，余輒以禮經續於其後，以補孟子之遺意。禮曰：「大夫士去國，踰境爲壇位，鄉國而哭，素衣，素裳，素冠，徹緣，鞮屨，素幭，乘毛馬，不爪剪，不祭食，不説人以無罪，婦人不當御。」其意以謂，遽舍吾君而去，悲辛感慕，以喪禮自處。自罪學之不精，道之不遠，不能啓吾君之心，以至於是也。豈非臣子之義當如是乎？余意人君當聞寇讎之説而以禮遇臣子，臣子當守禮經之説而以恩事君父，則君盡道，臣亦盡道，而合吾孔子「君使臣以禮，臣事君以忠」之説矣。昔韓愈作羑里操曰：「嗚呼！臣罪當誅兮，天王聖明。」前輩謂寫出文王之心。學者宜深味之，不可以寇讎之説爲口實也。此人主所當自知耳，非所以論於臣子之前也。

孟子曰：「無罪而殺士，則大夫可以去；無罪而戮民，則士可以徙。」

昔孔子之戒曰：「危邦不入，亂邦不居。天下有道則見，無道則隱。」所謂危亂、無道者，即無罪而戮民也。夫民者，邦之本。一民不得其所，則邦本亦爲之摇動。聖人所以綏厥兆民，擾兆民，惠康小民，康濟小民，阜成兆民，永康兆民者，則以邦之本在此也。今乃無罪而戮之，是危亂無道之國也。在孔子之法，則不入、不居、不見，可也。

夫何故不以民爲心，無故而殺之？是無所忌憚也。士當急去，不去，殺民不已，又將移此心以殺士矣；殺士不已，又將移此心以殺大夫矣。此必然之理也。君子見微，故無故而戮民則士當徙，無故而殺士則大夫當去。請以漢武觀之，渾邪王降，長安賈人與之交易，坐者數百人，此何罪哉？使有識之士見之，則當遠去。而當時碌碌保位，無一人知去就之義，故士大夫相繼下獄，宰相死者凡數人。職事優閑，無若奉常，死者亦數人。人皆以謂漢武晚年動殺士大夫，而不知殺長安民時，乃殺士大夫之幾也。所以趙殺鳴犢，孔子臨河而逝；楚不設醴，穆生不日求去，深知此理也。元帝殺蕭望之之後，則京房、賈捐之相繼得罪；桓帝殺李固之後，則李雲、范滂相繼誅死。故士大夫當以民卜去就之幾，使人主愛民不殺，必愛士大夫，亦不敢妄加無禮。孟子留此言爲士大夫安身之路，其可不知所警乎？

孟子曰：「君仁莫不仁，君義莫不義。」孟子曰：「非禮之禮，非義之義，大人不爲。」

有大人之禮義，有小人之禮義，「勞心者治人，勞力者治於人。治於人者食人，治人者食於人」。上下有分，勞逸有宜。若堯、舜、禹、皋陶之在朝廷，而民服役於南畝者，此大人之所謂禮義也。並耕而食，饔飧而治，上下不辨，勞逸一等，若許行爲神農之學者，此所謂小人之禮義也。禮其所謂禮，義其所謂義，大則禽獸人之道，而有夷狄之風；小則姦人竄迹其間，而有兵革之患，此豈久長之道哉？大人肯爲此哉？夫大人之禮義，若君者，出令者也，使君君、臣臣、父父、子子、夫夫、婦婦、兄兄、弟弟各盡其道者也；臣者，行君之令而致之於民者也；民者，出絲、麻、粟、帛〔一〕以事其上而安其教者也。今許行之學不論君臣父子兄弟夫婦之序，一皆以農爲務，是若鳥獸終日以口腹爲事，而不知有禮義之大也。誠使如此，天地何由安其位乎？豈特許行、商鞅、騶忌、孫臏、陳軫、蘇秦、張儀、稷下諸人豈自以其術爲不善哉？所學不正，或以刻薄爲禮義，或以權謀爲禮義，或以傾覆爲禮義，或以縱横爲禮義，或以詭異爲禮義，是所謂「非禮之禮，非義之義，大人所不爲」。而先王之世，當服兩觀之誅，左道之戮者也。孟子之所謂禮義者，植桑種田，畜雞豚，育狗彘，謹庠序，申孝悌，使老者衣帛食肉，黎民不飢不寒，不負戴於道路，不轉徙於溝壑，此堯、舜三王之本心，而孟子之所謂大人也。其爲此言，視騶、商、蘇、張、稷下輩皆小人耳，皆當誅戮者也。所以深闢楊、墨者，蓋欲大明聖人之道，庶幾使異端聞之，知所謂禮義其在此耳。豈不深且遠哉！

〔一〕「絲麻粟帛」，四庫全書本作「粟米麻絲」。

孟子曰：「中也養不中，才也養不才，故人樂有賢父兄也。如中也棄不中，才也棄不才，則賢不肖之相去，其間不能以寸。」

「喜怒哀樂之未發，謂之中。」仁義禮智固有之謂才，是中之與才，天之所與我者也。然而不中不才者，必有物戕賊之而無以養之也。今夫牛山之木，日夜之所息，雨露之所潤，是有﨑茂之理矣。及牛羊踐之，斧斤伐之，則天地之中氣、陰陽之美才亦從而敗壞矣。惟保護愛惜，不受牛羊斧斤之害，則可以爲大厦之用。惟人亦然，心與智長，道與時會，中之與才固日進而月益矣。及夫聲色揺之，富貴淫之，貧賤移之，威武屈之，則喜怒哀樂爲失節，仁義禮智皆淪胥。儻有禮義潤澤之，師友切磋之，是以此之中養彼之不中者，不中既去，其中自見矣；以此之才養彼之不才者，不才既去，其才自見矣。古人所以樂有賢父兄者，以父兄之賢教誨漸摩，日聽其音旨，日觀其容儀，警發其所未知，叩擊其所未悟，則皆中皆才矣。夫何故？以父兄無棄子弟之心也，故中養不中，才養不才，此仁人君子之用心也。如中而棄不中，才而棄不才，此何心也哉？不肖之心也。賢者有此心則謂之不肖，是則賢與不肖特在一念之頃耳。故曰：「其間不能以寸。」夫使不中不才則已，使其果中果才，豈有棄人之心乎？則以理當養人故也。先王以其中其才設爲學校，注之禮樂，春誦夏絃，以至干戈羽籥，學禮讀書，皆所以養之也。養之既成，人人有士君子之行，喜怒哀樂未發以前皆融融而不泯，仁義禮智固有之美皆事事而發見，豈不韙哉！推孟子此意，其於商鞅、騶忌、孫臏、陳軫、蘇秦、張儀、稷下之徒固將警發而變化之，使其有用於世，豈有忿疾之心也哉？於此可以見孟子之心。

孟子曰：「人有不爲也，而後可以有爲。」

孟子此言，言當利害不變，然後可與當大任也。夫平時暇日，雍容醞藉，風流都雅，典、誥其言，舜、禹其行，穆穆乎二帝三王時廊廟人也。及毛髮變故卒起于前，則波蕩頽壞，盡棄所守。凡奴婢賤人、閭閻駔儈之所羞爲者，皆安行而允蹈之，如此輩流，安可與同事君哉？若夫恂恂如鄙夫，姁姁如儒者，未嘗以色待物，以氣加人。及倉卒之間，緩急之際，仁思義色，卓然不亂，臨鼎鑊而不驚，當鈇鉞而不懼，如此等人，與之謀家國天下，有何難事哉？

孟子深見此理，故昌言於天下曰：「人有不爲也，而後可以有爲。」且夫其當不義也，毅然不爲，顧其力何如哉？推此心以前，則義在可爲者，以其不爲之力而爲之，其所成就亦當如何哉？諸葛亮惟不事曹操，所以能成先主之功；宋璟惟不與楊思勗言，所以能成開元之治；杜黄裳惟深斥韋執誼，所以能建中興之盛。若乃甘爲梁冀客者，必肯爲殺李固之文；甘爲曹操用者，必肯爲殺孔融之文；甘爲李林甫壻者，必肯爲王叔文之客，此自然之理也。然而孟子之所謂不爲者，豈止諸葛諸公而已哉？顧其「至大，至剛，以直」之氣，潛養既久，盤薄乎胸中，使天下無變則已，如其有變，則紘歌不輟，當繼陳、蔡之遺風；使人君不用則已，如其用之，則兵萊人，誅正卯，道不拾遺，客至如歸，當繼會齊攝相之後塵矣。如其大用之，則堯、舜其君，士君子其民，如伊、周故事者，亦所優爲也。其所以夷狄許行，妾婦儀、秦，蚓仲子而貉白圭者，以見凡戰國商、孫以下，皆孟子所不爲也。此又孟子之微意。

孟子曰：「言人之不善，當如後患何？」

昔子貢問於孔子曰：「君子亦有惡乎？」子曰：「有惡。惡稱人之惡者，惡居下流而訕上者。」子曰：「賜也，亦有惡乎？」子貢曰：「有惡。惡訐以爲直者。」彼洙、泗之間，函丈之論，師弟子之心，稱人之惡，下流訕上，訐以爲直，皆在所惡。則夫言人之不善者，正孔門之所惡也；孔門之所惡，天下之所惡也；天下之所惡，禍患之所臨也。

昔子路問於孔子曰：「魯大夫練而杖，禮與？」孔子曰：「吾不知之也。」季桓子死，魯大夫朝服而弔。子游問於孔子曰：「禮與？」夫子不答。子貢趨而進曰：「練而杖，禮與？」孔子曰：「非禮也。」子游他日又問，夫子乃曰：「始死，羔裘玄冠者，易之而已。」夫言魯大夫而問，則或曰不知，或在所不答。不言大夫，則對子貢以非禮，對子游以易之。聖人「居是邦，不非其大夫」。是言人之不善，非聖人之道也。

昔王叔文用事，凶啖滔天，羊士諤爲宣歙巡官，以事至長安，公言其非，叔文怒，欲下詔斬之，又欲杖殺之，卒致寧化之貶。「當如後患何？」豈虚言哉？盡言以招過，如國武子；犯而聚怨，如陽處父，皆聖賢之所戒也。

抑嘗靜觀好言人之惡者，非凶暴之人，即刻薄之人也。夫仁人君子務爲涵容掩蔽，使人有改過之心，得爲善之路。或瞋目侈口，或含笑摇吻，聞人之惡如得奇貨，不言可知其爲小人矣。馬援戒其子姪曰：「聞人之惡如聞父母之名。耳可聞，口不可道。」口不可道是矣，耳亦何用聞哉？嘉言懿行，則不可不聞。談人之短，攻人之惡，是何君子用心？雖平生不聞可也。此又孟子之遺意，余故表而出之。彼商、孫、蘇、張之徒公犯此禁，或至車裂而死，有以也夫。

孟子曰：「仲尼不爲已甚者。」

昔顔子歎夫子曰：「仰之彌高，鑽之彌堅，瞻之在前，忽焉在後。如有所立卓爾。雖欲從之，末由也已。」夫三千人中，獨稱顔子爲好學，而其説如此，是夫子終不可得而學也。使學者可以自勉乎？孟子以顔子爲具體而微，舍而不學，極論游、夏、顔、閔、夷、惠之徒，乃軒然自許曰：「乃所願，則學孔子。」是必有所見而然也。

今觀其言曰：「仲尼不爲已甚者。」是孟子果見仲尼之心也。其意以謂吾心不爲已甚處，乃仲尼之心也。孟子於何地見仲尼，而指其何心爲不爲已甚乎？蓋孟子於此路極爲有力。如指徐行爲堯、舜之道，指易牛爲王者之心，指掩虆梩爲誠，指赤子入井爲不忍，指事親時爲仁之實，指從兄時爲義之實，其與不爲已甚同一軌轍耳。深味之，可見也。余所以謂孟子於此一路極爲有力，則以其所入者在此也。

夫仲尼不爲已甚處，於何而見之哉？於互鄉見之矣，於南子見之矣，於陽貨見之矣，於佛肹見之矣。顧其心如春陽之敷，如時雨之潤，有成就之仁，無鄙絶之意。其視荷篠、荷蕢、接輿、晨門、干木、泄柳之徒皆鳥獸，斯人塵穢一世，超然自欲出於囂塵之外，其器量廣狹，果如何也？當時門人，如子夏指洒掃爲君子之道，子張指見師冕爲相師之道，皆此幾也。獨曾子指忠恕爲夫子之道，傳之子思，子思傳之孟子。孟子門人如陳臻之非，屋廬子之間，陳代以爲小，公都子以爲好辯，彭更以爲泰，充虞以爲不豫，公孫丑以比管、晏、過孟賁，函丈之間，乃有此難堪之語，宜擯絶而不與門牆之列矣。然而孟子宛轉雍容，爲之辨析，使之心開目明，至於斯道而已。此不爲已甚之心也？所以傳仲尼之道者，在此也。至其事齊王也，三宿出晝，且曰：「王庶幾改之。王如改諸，則必反予。夫出晝而王不予追也，予然後浩然有歸志。予雖然，豈舍王哉？王猶足用爲善，王庶幾改之，予日望之。」第熟讀斯言，深味斯意，則仲尼不爲已甚之心隱然見於吾心矣。

余謂使孟子得志，將引商鞅、騶忌、孫臏、蘇秦、張儀以訓誨之，使其改過遷善，則將置之於士大夫之列，以爲吾用。豈固欲絶之哉？蓋聖賢之心，其理如此，不如是，非天理也。何以知之？余於易得之矣。夫澤上於天，夬之卦也。其卦五陽在下，一陰在上，以見君子之衆而小人之孤也。夬之爲義，決也。天下皆知以剛健爲決，乃不知以和悦爲決。夫以五陽決一陰，不煩舉手，不事咳唾，但在一息之頃耳。然而其卦兑上乾下，兑，説也，和也；乾，健也，剛也。乾兑合德，發而爲用，當健而説，當決而和。余觀其象而玩其辭，觀其變而玩其占，乃知不爲已甚，天理也，真仲尼之心也。其卦象之説，非人爲也，乃自然之理也。天理如此，則聖人安有絶人之心乎？文王「不聞亦式，不諫亦入」，「不顯亦臨，無射亦保」，皆天心也。孟子之學所造如此，而非之，而疑之，而詈之，哀哉！

張狀元孟子傳卷第十九

孟子曰：「大人者，言不必信，行不必果，惟義所在。」

昔子貢問士於孔子，其對凡有三等，而其最下者曰：「言必信，行必果，硜硜然小人哉！」言必信，行必果，謂之小人，則言不必信，行不必果之爲大人可知矣。此孟子推孔子之意而爲此説也。然使學者鄙言必信，行必果爲小人，自好者將無所適從，而姦人者將假此言以濟其誕罔〔一〕滑稽之欲矣。此孟子所以增「惟義所在」一句，而指其歸路也。其意蓋可知矣。

何謂義？孟子嘗曰：「義，人路也。」是可行者謂之義，而不可行者不得謂之義也。且孔子不以言爲信，而以義爲信。如與蒲人盟「不適衛」，而卒適衛，且曰：「要盟，神

〔一〕「罔」，四庫全書本作「妄」。

弗聽。」豈非不以言爲信，而以義爲信乎？孔子不以行爲果，而以義爲果。如自衛而西，將見趙簡子，至於河聞竇鳴犢、舜華死，乃臨河而歎曰：「美哉水洋洋乎！丘之不濟此，命也。」豈非不以行爲果，而以義爲果乎？不問言行之信果，而一以義斷之，其比夫硜硜者，固相遠矣。兹所以謂之大人也。

余嘗考孟子之書，其論大人者凡數處，如所謂「有大人之事」，所謂「大人能格君心之非」，又曰「大人者，不失其赤子之心」，今又曰大人「惟義所在」，又曰「養其大者爲大人」，統而言之，皆言所見者大，而不區區以求名也。若夫或勞力以取名，或直諫以取名，或設數以取名，或偏執以取名，或遍物以取名，皆非孟子之學也。是何小丈夫之所爲乎？學者明乎此，則知大人之所在矣。

孟子曰：「大人者，不失其赤子之心者也。」

赤子不辨善惡，不知是非，喜怒哀樂未嘗當道，大人何取於此哉？余切深原之，其喜怒哀樂雖未必中節，然皆真而非僞。况大人之學以思爲主，先立乎其大者，喜怒哀樂皆中節，而又不失其真心，此所以爲貴乎！夫作僞之人終不足以動人，故强怒者雖嚴不威，强笑者雖親不和。若夫真悲，無聲而哀；真怒，未發而威；真親，未笑而和。赤子之真，其近於是乎？大人不失者，在此爾。惟赤子之真也，故見之無不憐愛，而水火在前，虎豹在側，皆不足動其心，則以其真故。有畏懼猜疑之心，人以其真，亦無畏懼猜疑之意。大人體此，故至於是邦，必聞其政，而立之斯立，道之斯行，綏之斯來，動之斯和。則以夫大人之道甚大，而又以真在其間，故其功用如此也。若夫不知大人之學而徒有赤子之心，是亦愚人而已矣。學者不可不思。

孟子曰：「養生者不足以當大事，惟送死可以當大事。」

生者，人之所甚悦；死者，人之所甚惡。於人之所甚悦者加意焉，不足道也；於人之所甚惡而加意者，則其人之所存可知矣。且夫人之將死也，其氣一總，其形百變，病之深者，耳目、口鼻、手足、聲音一切反常，其可畏可惡之態，豈形容所能盡哉？至於既死之後，形體可懼，臭穢難聞，神靈所憑，影響猶在，使人毛髮森竦，心志惴慄，急走疾避者，亦人之常情也。至於此時，乃獨加意，不負於冥冥中，其可謂不負於天地鬼神矣！惟不負杵臼之託，乃能立趙氏之孤；不負武帝之託，乃能擁昭立宣，爲社稷之臣；不負先主之託，乃能抗司馬懿，爲三國之忠臣。蓋於死者如此，是不欺其心也；不欺其心，則可以託六尺之孤，可以寄百里之命，臨大節而不可奪矣。使天下無事則已，使天下而有事，非不自欺者，其誰足以當之？孟子觀之，乃於人之所難處以觀之，而判然號於天下曰：「惟斯人可以當大事。」非深見此理，能如是乎？

孟子曰：「君子深造之以道，欲其自得之也。自得之，則居之安；居之安，則資之深；資之深，則取之左右逢其原，故君子欲其自得之也。」

此章如孔子言吾十有五而志于學，至七十而從心所欲不踰矩同。蓋孟子自述其所學也，不敢以此自處，故汎論之。儻非深入其中，安能如視青黄黼黻、角亢氐房，明白如此哉？請試言之。

夫善觀水者，必窮其源，得其源則委流可知矣；善擇木者，必窮其本，知其本則枝葉皆可知矣。遡流而上，經歷關山而不止，源斯見焉；沿葉而下，斸掘土膏而不止，本斯見焉。是則君子之於學，非深造之，其能得其本源乎？故口耳之傳不若見聞之親，見聞之親不若心術所體爲切也。昔之君子由治天下而造之，而知其本於治國；由治國而造之，而知其本於齊家；由齊家而造之，知其本於一身；由修身而造之，知其本於一心；由一心而造之〔一〕，乃知其本於誠意；由誠意而造之〔二〕，乃知其本於致知；由致知而造之〔三〕，乃知其本於格物；所謂格物者，窮理之謂也。一念之微，萬事之衆，萬物之多，皆理也。惟深造者，自天下之本遡流沿葉，進進不已，而造極於格物。是故於一念之微，一事之間，一物之上，無不原其始而究其終，察其微而驗其著，通其一而行其萬。則又收萬以歸一，又旋著以觀微，又考終而要始。往來不窮，運用不已，此深造之學也。夫如是則心即理，理即心，内而一念，外而萬事，微而萬物，皆會歸在此，出入在此。非師友所傳，非口耳所及，非見聞所到，當幾自見，隨事自明，豈他人能知哉？此所謂以道欲其自得之也。自得之則異端不能摇，暴行不能

〔一〕「之」，原無，據四庫全書本補。
〔二〕「之」，原無，據四庫全書本補。
〔三〕「之」，原無，據四庫全書本補。

動，死生、貧富、貴賤、憂樂通而爲一，隨所寓而安焉，此居之安也。居之安，則見出乎衆人而常若迂闊，識超乎幾外而常若大早。既而利害皎然，是非卓然，於千載之後，億萬數千里之外，無一毫與其言不合者，此資之深也。資之深則縱横理也，予奪理也，動容周旋理也，顛沛造次理也，仰觀俯察遠取近取理也，以至「鳶飛戾天，魚躍于淵」亦理也，「蕭蕭馬鳴，悠悠旆旌」，無一而非理者。儻非深造自得，渠能進於此地乎？

惟孟子所學如此，所以能禽獸楊、墨，妾婦儀、秦，夷許子而貉白圭，蚓陳仲而死成括，則以其深造自得，故議論可以超然出於當世之上。乃於兵革擾攘、權謀詭詐中，而獨拳拳欲植桑種田，育雞豚，畜狗彘，使老者衣帛食肉，不負戴於道路，黎民不飢不寒，不轉徙於溝壑，以掃弊陋之習，而開此昏蒙之流也。奈何時不我與，天未興斯，姑留此學以惠後進耳。可勝歎哉！

孟子曰：「博學而詳説之，將以反説約也。」

聖人以心術之微，盡散於禮、樂、射、御、書、數中，而不明言其故。蓋名數則可以口講而指畫，至於精微，非心自得之不可也。使上智之資由名數而造精微之本，而中下之流亦安於名數而爲寡過之士，此聖王之道所以獨高千古，而異端之學所以一得其志，必能潰亂天下也。然而使士大夫不學則已，學則當造精微之本。學而不到精微，雖博物及於臺駘、實沈，説稽古至萬數千言，謂之博學詳説則可也，謂之聖王之道則不可。

古之君子所以治詩、書、禮、樂之術，而仰觀天文，俯察地理，河渠溝洫，茫昧變怪，無不探其原而遡其流，極其數而考其變，大則爲圖牒以著其象，小則分門户以括其遺。事事辨其所由，物物明其所用，纖悉畢具，小大靡遺，其博學詳説如此者，蓋將以反説約也。何謂約？即吾所謂精微者是也。且以六藝觀之，禮中倫，樂中節，射中鵠，御中規矩，書窮八法，數研九九，皆約也。其名數散爲六藝，其精微在吾一心。夫經禮三百，曲禮三千，鍾鼓管簫之制，竽笙琴瑟之聲，逐禽左、鳴和鑾，其數爲至繁，形聲意義，億百千萬，其事爲甚衆。非博學以考其由，詳説以徹其故，則虚無荒唐，何足以御天下之變哉？然而豈徒爲此誦數之學哉？意亦有所主也。故學禮學樂，則體其所以中倫中的者何；學射學御，則體其所以中鵠中規矩者何；學書學數，則體其所以窮八法、研九九者何。其意以精微爲主，而以博學詳説爲所入之路耳。

夫然故一藝之約既徹，則六藝之用皆通。以其用處發之於治水，則排淮、泗，驅龍蛇，而見禹之心；發之於朝廷，則驅飛廉，驅虎豹，而見周公之心；發之於春秋，則翬去公子，麇不書弑，而見孔子之心；發之於戰國，則息邪説，拒詖行，而見孟子之心。乃知聖王之學以精微爲主，而以博學詳説爲所由之路耳。是以子夏指洒掃爲君子之道，而孔子以郊社禘嘗爲治天下之道，指蜡爲仁之至、義之盡，指餕爲道路州巷之達者，皆於博學詳説中指其約也。若夫學爲盤辟，紀其鏗鏘，羿分其弓，良捨其策，則不能以相通者，又何足以論反説約之道哉？孟子指易牛爲王者之心，指虆梩爲誠之見，指事親爲仁，指從兄爲義，指好色、好貨、好勇爲大〔二〕王、公劉、文王、武王者，則以學到精微，故無所往而不在也。學乎，學乎！其可不以約爲主耶？

〔二〕「太」，原作「大」，據四庫全書本改。

孟子曰：「以善服人者，未有能服人者也；以善養人，然後能服天下。天下不心服而王者，未之有也。」

善一也，在乎用之如何耳。用以服人，小人也，霸者之所爲也；用以養人，君子也，王者之所爲也。令燕修召公之政，豈曰不善？而假此以伐山戎，責楚不貢包茅。亦豈不善？而假此以襲蔡。大蒐示之禮，伐原示之信，晉文之善也，而假此在一戰而霸耳。是其所以爲善者，意在用以服人，豈非可鄙哉？故齊桓末年，叛者九國；晉文初死，秦已伐鄭。是雖區區以善服人，誰肯服乎？葛伯放而不祀，曰：「無以供犧牲也。」湯使人遺之牛羊，葛伯殺之不以祀，曰：「無以供粢盛也。」湯使亳衆往爲之耕，其仁厚如此。文王雝雝在宮，肅肅在廟，而其化之行，至江、漢游女無思犯禮，伐條婦人勉夫以正。以善養人乃至於此。三代聖王既以善自養其身，又推之於天下國家。夏曰校，商曰序，周曰庠，聚秀艾于其中，以詩、書、禮、樂教之，以孝弟睦婣收之。而命鄉論秀，命司徒論秀，升於司徒者不征於鄉，升於學者不征於司徒。而又閭師、族師、比長書其德行道藝，書其孝弟睦婣。有學者，鄉大夫又獻賢能之書于王，王拜而受之。其不率教者，則小胥大胥以告耆老，皆朝于庠。「習射尚功，習鄉尚齒」以警之，不變，移之左；又不變，移之右；又不變，然後屏之遠方。委曲周旋如此，此皆以善養人之道也。所以周家卜世三十，卜年八百，則以其規摹遠大，藹然有仁人慈父愛母之心，此天下所以心服之也。與夫設心促迫，急於得利，假仁義以濟其姦，若齊桓、晉文者，豈可同時語哉？孟子之見如此，而欲合戰國之君，宜乎其爲迂闊也，惜哉！

孟子曰：「言無實不祥。不祥之實，蔽賢者當之。」

不祥之人，凶人也。何以知其爲凶人？顛倒是非，變亂白黑，騰播若南箕，緝織若貝錦，營營其雜亂，趯趯其善走，徒事唇脗，而其言一無實迹者，是所謂凶人也。平時暇日，其言無實而無害，君子心者已可知其爲凶人。至於爲凶人之實者，則又有在焉，蔽賢者是也。若李林甫誤嚴挺之，盧杞陷陸贄是矣。孟子親受臧倉所毀，如倉者，豈非不祥人哉？天生賢者，仁義禮智所從出者也。使在朝廷，則福及天下；在一郡，則福及一郡；在一邑，則福及一邑。而乃彼故欲蔽之，使不得福被生民，豈非妖怪不祥之物乎？夫狐狸夜號，鵂梟晨嘯，鼠舞蛇〔二〕孽，皆不祥物也。人見之者，必唾罵以厭之，如是則禍患亦所不免，况不祥之人而使在人主之側，破國亡家之兆蓋見於此矣。流放竄殛，使與魑魅爲伍，正聖王所以清朝廷而福天下也。然則孟子目蔽賢者爲不祥，豈非意出於此乎？

徐子曰：「仲尼亟稱於水，曰：『水哉，水哉！』何取於水也？」孟子曰：「原泉混混，不舍晝夜。盈科而後進，放乎四海，有本者如是，是之取爾。苟爲無本，七八月之間雨集，溝澮皆盈；其涸也，可立而待也。故聲聞過情，君子恥之。」

余讀此一章乃知聖賢觀六經之道矣。夫六經，明天下之理者也。使吾自格物之學，窮天下之理，小大不遺，幽顯皆徹，内外一致，則六經之言皆吾胸中所欲言者耳。隨吾意之所在，取以用之，或斷章而取義，或逆志而忘辭，何所不可？闕百世而不慙，蔽天地而不恥，質鬼神而無疑，俟聖人而不惑。如「一人有慶，兆民頼之」，本非愛敬事，吾取以證

〔二〕「蛇」，原作「地」，據四庫全書本改。

天子之孝；「如臨深淵，如履薄冰」，本非諸侯事，吾取以證諸侯之孝。或論雲漢之詩，或黜武成之書，惟如是，然後見其造理深遠，去取在我，而六經之道通矣。

何以知之？如仲尼言「水哉，水哉！」而不明言其故，未知聖人之意果出於何意？如「江、漢以濯之」，以言其清明也；「滄浪之水」，以言其自取也；「逝者如斯」，以言其迅速也；「必觀其瀾」，以言其廣大也。惡知孔子所謂「水哉」之意不出於此數義？而孟子遽然斷之曰：「有本者如是，是之取爾。」未明格物之學者，遽爲此答，則爲罔聖；深造天下之理者，予奪抑揚，進退去取，亦安有不可者？故吾意之所在，理之所在也，聖人之所在也。意在清明，則指此水爲清明；意在自取，則指此水爲自取；意在迅速，則指此水爲迅速；意在廣大，則指此水爲廣大也。「水哉，水哉！」吾意欲論其本，則判孔子之意在本，有何不可哉？

既指此意爲本矣，故極言有本之説。所以言原泉混混，晝夜之不舍，盈科而乃進，卒歸于四海也。夫江之原自岷山，河之原自崑崙，淮之原自桐栢。原者，其本也。探其所出，可以汎觴耳。惟其本在於此，故滔滔軋軋，與天地同流，日月俱運，晝夜不息，在沱爲沱，在澧爲澧，在匯爲匯，卒之東歸于海而後已。亦猶君子格物之學，自致知而充之以格物，以知至，以誠意，以正心，以修身，以齊家，以治國，以平天下而後已。則以其知本之所自而充之，故其極乃如是之大也。江、河之水如此，至潢潦之水，因七八月之雨而集，本無根原也。一時汪洋，不辨牛馬，亦可悅矣；然流未終日，掃不見蹤跡，亦猶小人口耳之學本非心得，見聞之傳本非力行，一時眩惑流俗，名聲暴起。如黄允以豪桀自置，使公卿問疾，王臣坐門，可謂盛矣。未幾而隐惡彰聞，向非符融識之，其亂天下也必矣。如羊祜於王衍盛時，知其必亂天下蒼生，卒下拜於石勒；如庾冰於殷浩盛時，乃以謂當東之高閣，未幾卒有喪師之醜。

以是聲聞過情者，皆學無其本也，是以君子恥之。如商、鞅、蘇、張輩，一時盛名，使人君尊禮如此，而所學不正，事業可鄙，爲千古罪人。孟子力言有本者如是，豈非爲此數輩而爲此説哉？士大夫學問宜自知所擇矣。

孟子曰：「人之所以異於禽獸者幾希，庶民去之，君子存之。舜明於庶物，察於人

倫，由仁義行，非行仁義也。」

此章言舜無私欲，惟天理而已矣。天理者，仁義也。仁義既明，則以此明庶物，知禽獸之所以禽獸；以此察人倫，知人倫之所以人倫。夫人與禽獸相去幾何？耳目口鼻好惡嗜慾一切無異，其所以異者，特有仁義禮智見於君臣父子兄弟夫婦朋友之間耳。徇人欲則爲禽獸，守天理則爲人倫。人心何所不有，人欲天理之所推焉者也。庶民去天理而墮人欲，所以有禽獸之行；君子存天理而忘人欲，所以造人倫之至。舜人欲都亡，天理昭灼、知如是而爲人欲，所以明庶物之微；知如是而爲天理，所以察人倫之大。夫所以能如此者，以由天理而行也。

舜即天理，非舜之外復有天理也。天理居則爲仁，由則爲義，運用在我。庶物之淪胥，人倫之中正，仁義皆得以知之。使舜在此，仁義在彼，是舜與仁義終不相合也。其不相合，則有物間之矣；有物間之，則行仁義而非由仁義行也。夫仁義，我所固有也，居此則謂之仁，由此則謂之義。今仁義在彼，則是我墮人欲中矣。墮人欲中，所向皆暗，安能如舜明庶物而察人倫乎？孟子所以言庶民去之，以墮禽獸；君子存之，以正人倫。舜能明禽獸而察人倫者，其何術哉？昌言以斷之曰：以由仁義行，非行仁義故也。嗚呼！一心之微，其可不慎？稍墮人欲即爲禽獸，一明天理即是人倫。君子所以慎其獨者，則以毫釐之差而邪正如此之相遼也！嗚呼，其危哉！

張狀元孟子傳卷第二十

孟子曰：「禹惡旨酒而好善言。湯執中，立賢無方。文王視民如傷，望道而未之見。武王不泄邇，不忘遠。周公思兼三王，以施四事，其有不合者，仰而思之，夜以繼日，幸而得之，坐以待旦。」

余讀孟子書，乃知其學無所不窺，其書無所不讀，而獨留意於六經之宗，周、孔之粹。其引證取捨，一以所自得於聖王者以決擇之。如三聖之行，宰我、有若之論，孔子之談詩、魯人之獵較，曾子之論有若，子思之標使者，皆世之所不傳者，而孟子獨昌言以標榜之。至如書之武成，詩之雲漢，天下學者誰〔二〕曰不然，孟子乃獨以所見可否之。是其磅礴萬古，批斷昔人，孔子之後未見其比者。

〔二〕「誰」，原作「唯」，據四庫全書本改。

今此談周公兼三王施四事，則又有異焉。其取禹、湯、文、武，皆人列一事。夫聖人所長亦衆矣，何獨此一事爲可取哉？又周公之心何從而知之？此余所以知其學無所不窺，書無所不讀，而獨留意於六經之宗，周、孔之粹旨者，以是也。請得以極言之。

夫禹、湯、文、武之所以爲聖人者，各有所入之路，亦各有所發之處，唯識者知之。如曾子自事親而入，故其論孝乃有四海而準之論；子夏自洒掃而入，故其論門人乃有有始有卒之論；孟子自集義而入，故其論養氣乃有塞乎天地之論。蓋精於此者神乎此，此自然之理也。禹之入處在好惡得所，湯之入處在操縱得所，文王之入處在緩急得所，武王之入處在親踈得所。既以此入，必以[一]此出。入之者精，出之則神。禹惡旨酒，宜重於惡也，然聞善言則拜，其好乃於此而見焉，是不偏於惡也；湯執中，宜一於操也，然旁求俊彦，其縱乃於此而見焉，是不偏於操也；文王視民如傷，宜急於救天下也，然三分天下有其二，以服事商，其緩乃於此而見焉，是不偏於急也；武王不泄邇，宜踈於遠也，然微、盧、彭、濮與有邦冢君同一訓誓，其親又於此而見焉，是不

[一]「以」，原無，據四庫全書本補。

偏於踈也。聞善言則拜，是所謂好善言也；旁求俊彦，是所謂立賢無方也；三分天下有其二以服事商，是所謂望道而未之見也；微、盧、彭、濮與友邦冢君同一訓誓，是所謂不忘遠也。

夫三分天下有其二以服事商，何以知其爲望道而未之見乎？其視民如傷，文王之心亦已切矣。而紂毒痡四海，害虐烝民，文王儻遂其無傷之心，則不待武王之時而後伐之也。惟其心日待紂之悔過，將率天下而事之，故雖有如傷之心，雖見道在可取，然以義斷命，以仁待君，故日夜望紂之悔過，而未敢見紂之惡焉。紂儻悔過，即所謂道也。是文王之心雖急於救民，而其心緩於責君者，可見矣。

惟此四聖人者，其聖各有發見處，故周公之思，并合三王發處而施之。夫其施之也，豈拘拘學禹之惡旨酒而好善言，湯之執中而立賢無方，文王之視民如傷而望道未之見，武王不泄邇而不忘遠哉？大意思其好惡、操縱、緩急、親踈得所處，而施之於天下耳。此意惟踐履深者乃見之，非余口舌所能辨也。夫思三王，則周公之心入於三王之心矣。事之過乎前者，千端萬緒，形迹不同，而其理則一也。以事而求則有合否，以理而求則惡乃爲好，操乃爲縱，而急乃爲緩，疎乃爲親也。仰而思之，其思愈上。思之精則得之深，得之深則行之速。「夜以繼日，幸而得之，坐以待旦。」此之謂也。

夫周公之心豈有不合於三王者哉？余所謂事有不合，而理則一者，正以明此也。周公方以事觀，則見其不合；及以理觀，則見其得之淵微深眇，殆難形容。且以一事論之，他可類考。禹惡旨酒，而周公爲酒之法曰：「麴蘖必香，陶器必良，火齊必得，大酋監之，無有差忒。」則與禹異矣。禹好善言，而周公征三監，邦君御事，有民不静，亦惟在王宫、邦君室。使成王考翼之言，而周公不聽，斷然征之，則與禹又異矣。以事觀之，豈非不合乎？然周公酒制以供祭祀賔客，豈敢不虔？亦禹致孝鬼神之理也。周公急於安王室，豈敢後時，亦禹三過其門而不入之理也。故余曰：以事而求，每見其不合；以理而觀，見其得之者，此也。此又周公當日之心，孟子所見之奥，余故表而出之。

孟子曰：「王者之迹熄而詩亡，詩亡然後春秋作。晉之乘，楚之檮杌，魯之春秋，一也。其事則齊桓、晉文，其文則史。孔子曰：『其義則丘竊取之矣。』」

余嘗以詩考之，諸侯曰風，天子曰雅，自平王降而爲國風，天下無復有雅矣。無復有雅，雖國風具存，王者之迹，不復見矣，謂之詩亡可也。孔子以謂詩亡則是王道絶也。嗚呼！王道豈可一日絶哉？將以扶王道於既墜，續王道於已絶，歷聘天下，天將喪斯，時不我與，齊欲用之，沮於晏子；楚欲用之，沮於子西；魯欲用之，沮於女樂。天意如此，其如之何？孔子思欲見之行事，以啓天下後世。觀晉之乘，楚之檮杌，魯之春秋，雖立意不同，然皆記事之史也。其事則齊桓、晉文，其文則實録之書耳。聖人慨然有作，乃以造化之神、巧妙之用一寓於春秋。凡聖心之所筆者，王道自此而見也；聖人之所削者，王道自此而用也。如翬去族，麇書卒，衛衎曰奔，定公無正之類，大義炳然，王道著矣。豈記事之史而已哉？故曰：「其義則丘竊取之矣。」是義也，乃聖心之所存，而二帝三王之道也。夫春秋將以明王道，豈止襃貶而已矣？其抑揚、進退、予奪、縱捨，若乾坤之運六子，滄海之轉百川，與禹排淮泗决汝漢，周公兼夷狄驅猛獸同功。欲知王道者，當觀春秋之用。是續王者之迹於詩亡者，春秋也，其義深矣，豈口舌所能盡哉？惟深格物之學者乃可以觀春秋，惟明春秋然後可以明王道，惟明王道然後盡臣子之職。不明春秋而曰吾盡人倫之道焉，吾弗信也。

孟子曰：「君子之澤五世而斬，小人之澤五世而斬。予未得爲孔子徒也，予私淑諸人也。」

易曰：「積善之家必有餘慶，積不善之家必有餘殃。」善惡之積，其流甚遠，故君子小人之澤至五世而乃已。方孟子時，雖去孔子未遠，君子之澤固未泯絶。然當商鞅、騶忌、陳軫、蘇秦、張儀、稷下之熾，小人之澤正爾横流。孟子自傷學雖不已，聖未及智，下則未能使三千之徒盡服其教；小又未能成中都之化；大又未能斥侏儒、兵萊人、殺正卯，使有黜其淫婦者，不敢朝飲其羊者，道不拾遺者，客至如歸者。故曰：「予未得爲孔子徒也。」徒以學於聖人者，私善於門，弟子公孫丑、萬章之徒而已。然而陳臻非之，屋廬子問之，淳于髡侮之，公孫丑至比管、晏過孟賁，此皆小人之澤薰染之深。孟子力未及孔子，未能遽革其心也。賴孔子之澤尚在，而秉彝之性未盡淪胥，聊爲之論養氣知言之説，盡心知性之説，尊王黜霸之説，以大其所知。故曰：「予私淑諸人也。」嗚呼！小人之澤害人如此，而時君世主方且擁篲先驅，築館上舍，坐輜車以謀議，列康莊以尊大之。當是時也，出則爲名寵之誘，入則聞捭闔之議，其欲信孟子盡如孔子之徒也，難矣！可勝傷哉！

孟子曰：「可以取，可以無取，取傷廉；可以與，可以無與，與傷惠；可以死，可以無死，死傷勇。」

此一章小充之，則止於廉、惠、勇而已；大充之，則爲金聲玉振之條理，乃聖外之智，至外之中，力外之巧，豈可輕心淺慮讀之哉？

夫道不在決去不回[一]處，乃在參詳審諦處。「可以」之義，謂參詳審諦也。取而參詳審諦，則不至於傷廉；與而參詳審諦，則不至於傷惠；死而參詳審諦，則不至於傷勇。嗚呼！充可以取可以無取而上之，豈止不傷廉而已哉？與「可以仕則仕」同一幾也；充可以與可以無與而上之，豈止不傷惠而已哉？與「可以久則久」同一幾也；充可以死

〔一〕「回」，原作「曰」，據四庫全書本改。

可以無死而上之，豈止於不傷勇而已哉？與「可以速則速」同一幾也。天下之理，求其所謂可而已矣。誠識其所謂可，則是孔子之聖也。記曰：「當其可之謂時。」孔子，聖人，時亦當其可而已矣。故學者觀聖賢當識其意，勿泥其辭，如此六「可以」，止以廉、惠、勇觀之，而不知與孔子聖之時同一幾柄，豈足以知聖學之所存哉？故余表而出之。

且就孟子時言之，商鞅變法令以取秦相，騶忌挾傾危以取齊相，陳軫以辯説而取楚使，蘇秦以捭闔而取六國相印，張儀以恐愒〔一〕而取秦相，稷下諸人以口舌取齊卿，此皆不問可否，一於取而傷廉也；秦、齊、楚、六國之君不考其人之賢否，不問其學之邪正，以國家名器輕予此輩，此一於與而傷惠者也；其後聶政刺俠累，荆軻刺秦王，徑行直前，不顧義理，此一於死而傷勇者也。使其聞〔二〕六「可以」之説而參詳審諦之，則聖人之道於此而兆矣。惜哉！

〔一〕「愒」，四庫全書本作「喝」。
〔二〕「聞」，原作「間」，據四庫全書本改。

逢蒙學射於羿，盡羿之道，思天下惟羿爲愈己，於是殺羿。孟子曰：「是亦羿有罪焉。」公明儀曰：「宜若無罪焉。」曰：「薄乎云爾，惡得無罪？鄭人使子濯孺子侵衛，衛使庾公之斯追之。子濯孺子曰：『今日我疾作，不可以執弓，吾死矣夫！』問其僕曰：『追我者誰也？』其僕曰：『庾公之斯也。』曰：『吾生矣。』其僕曰：『庾公之斯，衛之善射者也，夫子曰「吾生」，何謂也？』曰：『庾公之斯學射於尹公之他，尹公之他學射於我。夫尹公之他，端人也，其取友必端矣。』庾公之斯至，曰：『夫子何爲不執弓？』曰：『今日我疾作，不可以執弓。』曰：『小人學射於尹公之他，尹公之他學射於夫子。我不忍以夫子之道反害夫子。雖然，今日之事，君事也，我不敢廢。』抽矢叩輪，去其金，發乘矢而後反。」

余讀此章，嗚呼！禍福無不自己求也，久矣！清斯濯纓，濁斯濯足，其誰咎乎？肉腐出虫，魚枯生蠹，豈自外來哉？古人言福則曰自求，言哲則曰自貽，言孽則曰自作，言戚亦曰自詒。非深知禍福之故者，豈能立論昭灼如此哉？

商鞅以刻薄事秦，秦之報也，亦以刻薄至車裂而死；晁錯以術數教景帝，景帝之報也，亦以術數至斬於東市。反覆斯理，則逢蒙殺羿，庾公不忍害孺子，正禍福無不自己求之寔也。孟子深識此理，昌言以斷逢蒙曰：「薄乎云爾。」其述孺子之言曰：「尹公之他，端人也。」夫惟羿之薄，故其所以教逢蒙也，亦以薄。薄之甚，則有至於自害其身。惟孺子之厚，故其所以教尹公也，亦以厚。厚之遠，及至尹公弟子不肯以君命之故，反道以害其師。然則誠如此説，君子之學其可不慎其所處乎？陳平既封，不敢忘魏無知；李大亮既貴，不敢忘張弼。以陳平、大亮之心，亦可以知無知、張弼之所存矣。至吕布事丁原則殺丁原，事董卓則殺董卓；劉牢之事王恭則殺王恭，事元顯則殺元顯。以吕布、牢之之心，亦可以知丁、王、董、馬之所存矣。然則以此知忠厚之化，果周家所以垂八百年之基矣。讀行葦之詩，使人藹然有三春之樂。秦有天下，至二世而滅亡，刻薄之效乃如此。夫商鞅伐魏，遺魏將公子卬書曰：「吾始與公子驩，今俱爲其國將，不忍相攻。可與公子面相見，盟，樂飲而罷兵，以安秦、魏。」公子卬以爲然，乃伏甲士而虜之。其刻薄如此！此風既成，秦之所爲無非刻薄。張儀刻薄，誤楚懷王；白起刻薄，坑卒四十萬；趙高刻薄，使二世殺六親；李斯刻薄，使二世行督責，至望夷之禍，煢然獨處，無一人爲助者，言之使人酸楚，則刻薄之報果如何哉？逢蒙、庾公之説，亦可以爲有天下者之戒矣！

然鄭朋游蕭傅之門，而卒陷蕭傅；宋之問投王竣以保其生，而卒陷王竣。蕭、王何罪哉？蕭、王固賢者也，然不知人之罪，蕭、王亦安可自赦乎？人固未易知，知人亦未易。蕭、王雖非薄惡，而不知人之戒，亦可恥矣。夫如鄭朋肯附石顯，宋之問肯事兩張，其神情態度亦可知矣。而使之出入門下，與同急難，豈非其失乎？兹又不可不審。

天下事固有不可不辨者。昔越石父在縲紲中，晏子解左驂贖之，載歸，弗謝，入閤。石父乃求絶曰：「君子詘於不知己，而信於知己者。」世皆傳以爲美談。太史公首紀於晏子傳，豈太史公自悼無晏子之知乎？不然，何爲而稱美也？夫石父，薄惡人也，使其此説行，則忘恩者皆將以此而藉口。且脱石父於縲紲，恩亦大矣；入閤弗謝，事亦末矣。石父乃以弗謝之小禮而忘脱免之大恩。夫其所謂謝者，石父當謝晏子乎？晏子當謝石父乎？免人於厄而又索謝，何其責人之深也？遽欲求絶，義安在哉？雖石父當時謂之賢者，以此一事觀之，皆不足道矣。吾儕立身行己，當求忠厚之説，以上報君親與所知。毋惑石父之言，以爲忘恩賊義之人，與逢蒙同一科也。此又孟子之遺意。

孟子曰：「西子蒙不絜，則人皆掩鼻而過之。雖有惡人，齋戒沐浴，則可以祀上帝。」

孟子嘗曰：「中也養不中，才也養不才。」是孟子之心於不中不才者尤加意焉。今有西子、惡人之論，其忠恕之心仁厚之意豈易量哉？其所以傳曾子之道者，於此可見矣。夫仁義何常之有？蹈之則爲君子，背之則爲小人。使平居爲君子，一旦背仁義，則前功盡廢，其爲小人也無疑。如西子天資美麗，乃蒙不絜之物，誰不掩鼻而過之哉？平居爲小人，一旦蹈仁義，則前惡都泯，其爲君子也無疑。如惡人天資醜陋，而齋戒沐浴，則可以事上帝之尊。孟子此意以謂商鞅、孫臏、騶忌、陳軫、張儀、稷下諸人，資禀英邁，如西子之美麗也，而蒙權謀詭詐、縱横捭闔、卓異荒怪不絜之學，有道君子皆羞道而喜攻之。今既若是矣，使其一旦遷善徙義，革心改過，盡弃其不絜之學，而齋戒沐浴於吾帝王之道，使天下父子相保，兄弟相扶，室家相好，鄉閭、族黨、親戚、朋友相往來，酒醴、牛羊、雞豚、黍稷相宴樂，則可與皋、夔、稷、尹比肩交臂，同揖遜堯、舜之前矣。是猶惡人醜陋，可以事上帝也。

嗚呼！孟子忠恕仁厚，乃欲俟商、孫諸人改行而齋戒沐浴也，豈有忿疾于頑之心哉？此其所以爲大也。以善養人，理當如此。嗚呼！人不自重久矣。公孫弘〔二〕學春秋，樊並明尚書，戴聖〔三〕精禮經，馬融通五經，是猶西子之資禀也。而乃蒙阿諛，盜賊不法，依附不挈之物，爲千古罪人，可勝惜哉！人能改過，卒歸於君子也，亦已久矣。周勃吹簫，樊噲屠狗，陳俊爲下江之盜，黃憲乃牛醫之子，是猶惡人之資禀也。然或忠冠社稷，或氣奪鴻門，或功列雲臺，或器量千頃，名垂簡編，芳襲古今。齋戒沐浴以事上帝，復何疑哉？

嗚呼！士君子處心，其可不慎乎？一念之失，蒙不挈也；一念反正，齋戒沐浴也。臭至掩鼻，馨聞上天，利害賢否，宜知所擇矣。孟子之論不其深哉！

孟子曰：「天下之言性也，則故而已矣，故者以利爲本。所惡於智者，爲其鑿也。如智者若禹之行水也，則無惡於智矣。禹之行水也，行其所無事也。如智者亦行其所無事，

〔二〕「弘」，原作「洪」，據四庫全書本改。
〔三〕「聖」，原作「勝」，據四庫全書本改。

則智亦大矣。天之高也，星辰之遠也，苟求其故，千歲之日至，可坐而致也。」

孟子嘗立性善之論，上合千古聖人不言之心，下掃諸子邪論之失。固嘗以水無有不下，以校性無有不善矣。如孟子之言性，非一人之私言也，乃天下之公言也。以爲此言可以關百聖而不慙，蔽天地而不恥，質鬼神而無疑，考三王而不繆者也。

夫天下之言性，何爲其論超絕如此哉？則以其論非出於私意小智，荒唐無稽而言也，乃據其實而言也。故曰：「則故而已矣。」所謂故者，實也。何以驗其實？以其所利處爲實也。且夫牛之性，其實順，是其所利在順也；羊之性，其實狠[二]，是其所利在狠[三]也；人之性，其實善，以其所利在善也。何以知其實爲善乎？赤子匍匐入井，則怵惕惻隱之心忽然而見焉，豈非其實在善乎？先王因此謹庠序，教詩、書，文禮、樂，誦歌弦舞以發藥開導之，高者爲聖賢，下者爲孝友，則以其實利於爲善也。

夫其利在善，儻以私智汨亂之，則人將失其常性而蕩如狂瀾，不可復遏矣。世之士不

[二] 「狠」，原作「很」，據四庫全書本改。
[三] 「狠」，原作「很」，據四庫全書本改。

知出此，而於其實之外，鑿私智以亂之。天下沸騰奔涌，横出旁趍，乃嚴以刑威，竣其法令，民心愈失，一夫呼召，天下響應，而社稷不保矣。此無他，以不順其故，而鑿私智以亂之也。如商鞅、孫臏、騶忌、陳軫、蘇、張、稷下諸人，乃爲權謀詭詐、縱横捭闔、卓異荒唐之智以擾亂之。秦守商君之説，雖并吞天下，覆滅諸侯，民心已去，陳勝一起，秦其亡矣。此鑿私智之明驗也。

如智者若禹之行水，則無惡於智矣。禹之智何如哉？知水無有不下，是水之性其實利於趍下也。吾不立一毫私智，決汝漢，排淮泗，瀹濟、漯，鑿龍門，通九川，無非因其性之趍下而利導之。八年于外，雖若多事，論其〔一〕成功，特行其所無事爾。所謂無事者，因其注下之性，未嘗立一事以汨亂之也。使治天下者亦如禹之治水，行其所無事，因民趍善之性而開導之，則謦欬嚬笑之際，垂衣拱手之間，天下亹亹自趍於治矣。以此爲智，豈非智之大者乎？

且夫天之高，星辰之遠，宜若不可測識矣。然三百六十五度四分度之一，天之實也。

〔一〕「論其」，原作「其論」，據四庫全書本改。

如自角至箕，七十五度；自斗至壁，九十八度；自奎至參，八十度；自井至軫，百一十二度，五星伏見，皆有常數，此星辰之實也。求其實而步之，雖一星翁瞽史，上推千歲，如所謂甲子朔旦在冬日之至者，分毫不差，豈星翁瞽史之智能如此其妙乎？特識天與星辰之性，因其故實而推之耳。

以是知聖王之道無非天下之性耳。其爲簠簋、俎豆、管弦、琴瑟、清廟、明堂、辟廱、太學者，豈好爲是多事哉？順民之性，不得不爾也。語至于此，乃知乾坤之造，變化之神，蘊奧宏深，豈淺智所能測哉？

公行子有子之喪，右師往弔，入門，有進而與右師言者，有就右師之位而與右師言者。孟子不與右師言，右師不悅，曰：「諸君子皆與驩言，孟子獨不與驩言，是簡驩也。」孟子聞之，曰：「禮，朝廷不歷位而相與言，不踰階而相揖也。我欲行禮，子敖以我爲簡，不亦異乎？」

王驩，齊之寵臣，此何等輩？弔公行子時，乃有進而與之言者，有就其位而與之言者，一時士大夫無所操守，趍炎媚竈，奴顔婢膝，態度如此，則王驩氣燄薰灼，亦可見矣。孟子獨不與之言者，非忽之也，理當如是爾。

竊讀豫卦而知孟子之所守矣。豫之六二曰：「介于石，不終日，貞吉。」夫時當悅豫，衆皆趍動，而六二君子居中守正，介焉如石，以此處心，則其獲吉，寧用終日乎？夫齊國士大夫以一國之寵盡在王驩，乃於衆人前不顧義理，不守名分，而趍媚如此，上下一心，無有知耻者。諸子之來，爲弔公行子來耶？爲王驩来耶？於糞壤中乃有芝菌，於喧啾中乃見鸞鳳，其孟子弔公行子時耶？一時氣象儼然如此，道心德量如天如帝，想見聖人之所存矣。王驩小人，何足以識孟子？夫孟子獨不與之言，亦可以自省矣。不知發藥之功，乃有簡驩之怨。夫不歷位而相與言，不踰階而相揖，此朝廷禮也。孟子以爲禮，王驩以爲簡，是凡以非禮見驩者，皆驩之所喜也。孟子以禮待之而乃獨以爲簡，豈不顛沛乎？然而孟子聞其簡驩之言，而引禮爲說，雍容如此。

余於此非獨見孟子之心，而待小人之法，亦於是而三省矣。昔王叔文當權，其門如市，或勸張象見之，象曰：「是方爲國妖祥，安可見也？」象，布衣也，而所守如此。異時叔文敗，如柳宗元、劉禹錫、陸淳、吕温諸人皆屏逐遠方，萬世唾駡。而聞象之名者無不抵几稱歎，欲友之而不得。象特自守之士耳，况吾孟子有聖王之學乎？世之士乃非之、疑之，甚者詈之，其可哉？

張狀元孟子傳卷第二十一

孟子曰：「君子所以異於人者，以其存心也。君子以仁存心，以禮存心。仁者愛人，有禮者敬人。愛人者人恒愛之，敬人者人恒敬之。有人於此，其待我以横逆，則君子必自反也：我必不仁也，必無禮也，此物奚宜至哉？其自反而仁矣，自反而有禮矣，其横逆由是也，君子必自反也：我必不忠。自反而忠矣，其横逆由是也，君子曰：『此亦妄人也已矣。如此則與禽獸奚擇哉？於禽獸又何難焉？』是故君子有終身之憂，無一朝之患也。乃若所憂則有之：舜人也，我亦人也。舜爲法於天下，可傳於後世，我由未免爲鄉人也，是則可憂也。憂之如何？如舜而已矣。若夫君子所患則亡矣。非仁無爲也，非禮無行也。如有一朝之患，則君子不患矣。」

此一章乃孟子傳曾子忠恕之學，其施之作用者如此。夫其所以無一朝之患者，行其所謂恕也；其所以有終身之憂者，行其所謂忠也。行其所謂恕，故不罪人之横逆，而自反己之不仁、無禮、不忠，其極待之以妄人而不責焉；行其所謂忠，故非仁無爲，非禮無行，其極欲效舜爲法於天下。以此而觀，則孟子處陳臻之非，屋廬之問，季孫之異，子叔之疑[一]，淳于髡之侮慢，公孫丑以比管、晏過孟賁，尹士譏不明、干禄、濡滯之妄，蓋裕如也。深觀其心，可謂知所緩急矣。其於人之横逆，付之無事而不以介意，超然求仁、禮、忠之極而樂焉。至於平生所汲汲者，以謂舜自匹夫爲法於天下，而我墮於流俗爲無所聞知之人，惟其操不如舜之心。早夜孜孜求其所以爲舜者，乃得於事親之間。昌言號於天下曰：「不得乎親，不可以爲人；不順乎親，不可以爲子。」舜盡事親之道而瞽瞍厎豫，瞽瞍厎豫而天下化，瞽瞍厎豫而天下之爲父子者定。

是孟子之學所以造聖王之閫域者，自事親之道而入也。其所以得事親之道者，以其學出於曾子。曾子之論孝曰：「夫孝，置之則植乎天地，溥之則横乎四海。推而放諸東海而準，推而放諸南海而準，推而放諸西海而準，推而放諸北海而準。」惟曾子自事親而入，

〔一〕「季孫之異，子叔之疑」一句，四庫全書本作「陈贾之問，時子之疑」。

故孟子亦自事親而入；惟孟子自事親而入，所以見舜之用心；惟見舜之用心，所以拳拳以舜爲説而不已也。

且其載顏子之語曰：「舜何人也？予何人也？有爲者亦若是。」又曰：「舜其至孝[一]矣，五十而慕。」又曰：「大孝終身慕父母。五十而慕者，予於大舜見之矣。」又曰：「舜之居深山之中，與木石居[二]，與鹿豕遊，其所以異於深山之野人者幾希；及其聞一善言，見一善行，若决江河，沛然莫之能禦。」又曰：「舜之飯糗茹草也，若將終身焉；及其爲天子也，被袗衣，鼓琴，二女果，若固有之。」又曰：「大舜有大焉，善與人同，樂取諸人以爲善，自耕稼陶漁以至爲帝，無非取於人者。取諸人以爲善，是與人爲善者也。」其後乃指徐行爲堯、舜之道，使天下後世好學聖王者，止於徐行之間卜聖王之用心。非其深得舜之道，其何能如此哉？

今此一章，盡見其心。至爲之説曰：舜爲法於天下，可傳於後世，我猶未免爲鄉人

[一]「至孝」，原作「孝至」，據四庫全書本改。
[二]「居」，原作「俱」，據四庫全書本改。

也，是則可憂也。其平居所存，槩可知矣。若夫軒然立論曰：仁之實在乎事親時是也，義之實在乎從兄時是也。知，知斯二者；禮，節文斯二者；樂，樂斯二者。反覆考之，其所得於聖王之道，爲仁、爲義、爲知、爲禮、爲樂，皆自事親處得之。推事親下氣怡色之心，推有深愛、有和氣、有婉容之心，推善則稱親、過則稱已之心於天下。所以待人以恕，而不責横逆之侵；責己以忠，而自反而求仁，自反而求禮，自反而求忠。嗚呼！孟子能用曾子之道見於待人處己之間，顯揚忠恕之説，使人曉然日出，渙然冰解者，其於斯而見之矣！顔子之後，一人而已矣。其盛矣哉！

禹、稷當平世，三過其門而不入，孔子賢之。顔子當亂世，居於陋巷，一簞食，一瓢飲，人不堪其憂，顔子不改其樂，孔子賢之。孟子曰：「禹、稷、顔回同道。禹思天下有溺者，由己溺之也〔二〕；稷思天下有飢者，由己飢之也〔三〕，是以如是其急也。禹、稷、顔子

〔二〕「也」，原無，據四庫全書本補。
〔三〕「也」，原無，據四庫全書本補。

易地則皆然。今有同室之人鬭者，救之，雖被髮纓冠而救之，可也。鄉鄰有鬭者，被髮纓冠而往救之，則惑也，雖閉户可也。」

禹、稷勤勞，顔子優逸。勤勞、優逸曉然不同，孟子乃曰：「禹、稷、顔回同道。」伯夷，聖之清；伊尹，聖之任；柳下惠，聖之和；孔子，聖之時，皆古聖人也。孟子乃曰：「不同道。」不知孟子於何地見禹、稷、顔子之同，又於何地見伯夷、伊尹、下惠、孔子之不同。又論伯夷、伊尹、孔子曰：「得百里之地而君之，皆能以朝諸侯有天下。行一不義，殺一不辜而得天下，皆不爲也。」又論伯夷、伊尹於孔子若是班乎？曰：「否。自有生民以來，未有孔子也。」是何獨尊孔子而卑諸[一]子乎？至論禹、稷曰：「禹思天下之[二]溺者，猶己溺之；稷思天下之[三]飢者，由己飢之。禹、稷、顔子易地則皆然。」又何以窮居獨處之人遽與功業盛大、卓乎千古之上者爲一等乎？此蓋有説也。

〔一〕「諸」，原作「夫」，據四庫全書本改。
〔二〕「之」，四庫全書本作「有」。
〔三〕「之」，四庫全書本作「有」。

其説安在？曰：在講學。中庸曰：「明則誠矣，誠則明矣。惟天下至誠，爲〔一〕能盡其性；能盡其性，則能盡人之性；能盡人之性，則能盡物之性；能盡物之性，則可以贊天地之化育；可以贊天地之化育，則可以與天地參矣。」又曰：「其次致曲，曲能有誠，誠則形，形則著，著則明，明則動，動則變，變則化，惟天下至誠爲能化。」夫誠，一也，有天下之至誠，有致曲之誠。天下之至誠，誠之極者也，是以可與天地參。禹、稷、顔回之學，天下之至誠，是以禹、稷在廟堂，以誠而憂；顔子在陋巷，以誠而樂。禹、稷乃廟堂之顔子，顔子乃陋巷之禹、稷。在憂則憂，在樂則樂。論天下之至誠，則一而已。故曰：「禹、稷、顔回同道。」又曰：「禹、稷、顔子易地則皆然。」致曲之誠，誠之始也。其上又有事焉。其事云何？「誠則形，形則著，著則明，明則動，動則變，變則化，惟天下至誠爲能化」是也。孔子天下之至誠也，伯夷、伊尹、下惠止於致曲之誠而不進者也。故伯夷誠於清而不進，伊尹誠於任而不進，柳下惠誠於和而不進。孔子進進不已，故聖之外又有智，智之外又有中，中之外又有巧，此天下之至誠也。是以孔子則異乎！孟子曰：「可以仕則仕，可以止則止，可以久則久，可以速則

〔一〕「爲」，原作「惟」，據四庫全書本改。

速。」所以伯夷、下惠、伊尹與孔子不同道，而「自生民以來，未有孔子也。」

然則君子之講學詎可止於致曲之誠，而不進於天下之至誠乎？誠能盡天下之至誠，窮而陋巷亦參天地，達而廟堂亦參天地。達而廟堂參天地，則可言矣。窮而陋巷何以參天地乎？豈不以敝衣敗屨有藻衣黼黻之尊，荷鉏秉耒有圭璋璧玉之嚴，蓽門圭窬有廉陛岩廊之峻，妻子奴婢有賔客選掄之機，飲食寢處有經綸造化之大，參天地者蓋在於此。方其達也，如同室之鬭，被髮纓冠而救之，非赴人急難也，以誠當如是也。禹、稷以之，同室而不救則謂之不誠。方其窮也，如鄉鄰之鬭，閉户而不救，非無濟物之心也，以誠當如是也。顔子以之，鄉鄰而往救則謂之不誠。故學士大夫當學天下之至誠；學天下之至誠則可以參天地；能參天地則達爲禹、稷，窮爲顔子。在禹、稷而不驚，處顔子而不羡，各誠其誠，惟其所遭如何耳。

孟子學天下之至誠，得之於子思者也。故其論三聖人與夫禹、稷、顔子同與不同，昌言判斷，不復致疑。嗚呼！何其巍巍如此也，盛哉！

公都子曰：「匡章，通國皆稱不孝焉。夫子與之游，又從而禮貌之，敢問何也？」孟子曰：「世俗所謂不孝者五：惰其四支，不顧父母之養，一不孝也；博奕好飲酒，不顧父母之養，二不孝也；好貨財，私妻子，不顧父母之養，三不孝也；從耳目之欲，以爲父母戮，四不孝也；好勇鬭很，以危父母，五不孝也。章子有一於是乎？夫章子，子父責善而不相遇也。責善，朋友之道也；父子責善，賊恩之大者。夫章子，豈不欲有夫妻子母之屬哉？爲得罪於父，不得近。出妻屏子，終身不養焉。其設心以爲不若是，是則罪之大者，是則章子已矣。」

孟子高見遠識，卓然在戰國權謀詭詐、縱横捭闔、卓異荒唐中，猶北斗在天，泰、華在地。其抑揚予奪，進退可否，迥出常情之外，非深造聖王之道，能如是哉？觀夫卑管仲而狄許行，貉白圭而蚓仲子，禽獸楊、墨，妾婦儀、衍，皆當時尊敬慕羨者，孟子一皆極口詆之，使不得齒於士大夫之列。而弟子倍其學，如陳良者；通國稱不孝，如匡章者，而乃稱道禮貌，使天下曉然知其爲賢人君子。何其好惡與人異趣哉？

夫聖賢之取人也，取其存心；而衆人之取人也，拾其遺迹。彼尊管仲，以其能霸也；

事許行，以其異衆也；白圭二十取一，欲輕賦也；仲子築室織屨，欲求名也；楊、墨當世之所宗尚，儀、秦一時以爲丈夫。孟子觀管仲之心本於作僞；許行之心欲以惑衆；白圭之心在於取名，而不知中國人倫之大；仲子之心惑於小道，而不知避兄離母之惡；楊、墨之心推而至於無君父；儀、衍之心推而至於逢君惡。孟子獨知其心，而天下不知也。使人人從其學，則其爲害當至於嬴秦之酷而後已，所以深攻而力詆之，絶其本根，不使滋長，爲天下萬世慮也。陳良之心悦周公、仲尼之道，匡章之心有負罪引慝之孝，此其所以稱道之、禮貌之，使天下曉然知其爲豪傑、爲孝子，以破風俗卑鄙之見、疑似之迹。其有功於聖道也大矣！

夫匡章之父以責善爲心，欲其子之學業出衆也。然而材有長短，當循序而徐進之。乃以躁急之心，求旦暮之効，至於黜屏匡章，而不得在人子之列。論其心則愛子也，論其事則賊恩也。古者有易子而教，而孔門有過庭之問，其意可見也。匡章以得罪於父，不得少盡孝養之心，亦欲深自刻責，不敢受妻子之養，至於黜妻屏子。其設心如是，有大舜負罪引慝，夔夔齋慄，文王一飯亦一飯，文王再飯亦再飯之心，豈可以爲不孝子乎？夫其心如此，而小人好爲譏議，樂聞人之過，而不一原其心，遽以不孝目人，使天下無爲善之路。聖賢豈肯爲此事乎？所以特犯衆惡，接以禮儀，際以顔色，以洗一國之淺陋。其有功於名教大〔一〕矣哉！

曾子居武城，有越寇。或曰：「寇至，盍去諸？」曰：「無寓人於我室，毁傷其薪木。」寇退，則曰：「修我墻屋，我將反。」寇退，曾子反。左右曰：「待先生，如此其忠且敬也。寇至則先去以爲民望，寇退則反，殆於不可。」沈猶行曰：「是非汝所知也。昔沈猶有負芻之禍，從先生者七十人，未有與焉。」子思居於衛，有齊寇。或曰：「寇至，盍去諸？」子思曰：「如伋去，君誰與守？」孟子曰：「曾子、子思同道。曾子，師也，父兄也；子思，臣也，微也。曾子、子思易地則皆然。」

師有師之法，臣有臣之法。爲師之法則去留自如，爲臣之法則死於其職而已。曾子聞寇至則去，寇退則反，爲師之法當如是也；子思聞寇至則守，蓋將死於其職焉，爲臣之

〔一〕「大」，原作「之」，據四庫全書本改。

法當如是也。要兩人之心，皆所謂天下之至誠也。或去或不去，各歸於誠而已矣。曾子授道於子思、子思授道於孟子。子思中庸極言至誠之説，蓋曾子之學也。孟子識兩人之所存，故昌言以斷之曰：「曾子、子思同道。」又斷之曰：「曾子，師也，父兄也；子思，臣也，微也。曾子、子思易地則皆然。」惟孟子深造天下之至誠，故見二人之存心，而「同道」、「皆然」之語軒然論之而不疑。前論禹、稷、顔子，今論曾子、子思，曰同道，曰皆然，則以誠有所見也。自世俗觀之，禹、稷在廟堂而多憂，顔子在陋巷而獨樂；曾子聞寇至則去，子思聞寇至則守。其憂樂、去留之迹遼乎若霄壤之分，如之何其一視之謂之同道，謂之皆然也？惟禹、稷誠在憂勞，顔子誠在獨樂，曾子誠在避寇，子思誠在禦寇，一易其守，則爲不誠。聖賢豈敢爲不誠事哉？明乎此説，然後可以仰觀千古，俯視來今，或出或處，或默或語，皆歸於誠而已矣。不如是，不得爲善學。

儲子曰：「王使人瞯夫子，果有以異於人乎？」孟子曰：「何以異於人哉？堯、舜與人同耳。」

余讀此書，乃知齊王之尊敬孟子至於如此也。齊王見孟子之學、孟子之見、孟子之識迥與當時不同，疑其異稟而非凡人俗士也，故使人瞷之。其使者往往若唐舉、許負之流，以相形爲説者也。夫聖賢之生也，果有異於人。黄帝生而神靈；高辛自言其名帝堯，就之如日，望之如雲；大禹聲爲律，身爲度，感玄鳥而生契，履帝武而生稷；高帝隆準而龍顔；光武隆準而日角。聖賢之生，必受五行之間氣，天地之全形，山嶽之精粹，江河之潤澤，豈與凡人同哉？然而聖王不談者，欲人之自勉也。儻恃區區之形貌，而其心放於不仁不智之地，則生而有髭者不能興周室之祚，尊嚴若神者不能去淫妬之惑，而面如削瓜者乃爲舜之九官，貌狀甚惡者乃爲孔門高弟。故昔之慨然惡爲此流者，乃曰：相形不如論心。豈非出於此乎？

夫耳目、口鼻、四肢百體，堯、舜亦與人同耳。第堯、舜之心，用處與凡俗不同，所以其道獨尊於千古也。然而人之形固不可一槩取也，至於欽明文思者，堯；濬哲文明者，舜；齊聖廣淵者，湯；徽柔懿恭者，文王；温良恭儉者，孔子。聖賢德容，亦豈可掩哉？誠諸中，形諸外，此自然之理也。學士大夫又不可不考。如鵙目虎吻，露眼赤睛，不言而知其爲王莽；鳶肩豺目，洞精矘眝，不言而知其爲梁冀，豈有聖賢德容而如此者乎？齊王於孟子如此，徒知尊敬之而已，而不能斷然用以爲相，此亦可怪也！

昔孟嘗問於白圭曰：「魏文侯名過於桓公而功不及於五伯，何也？」白圭對曰：「魏文侯師子夏，友田子方，敬段干木，此名之所以過桓公也。卜相則曰：『魏成、翟璜孰可？』此功之所以不及五伯也。以私愛妨公舉，在職者不堪其事，故功廢。然而名號顯榮者，三士翊之也，如相三士，則王功成，豈特霸哉！」齊宣之於孟子，亦猶文侯之於子夏諸人也。所任者田忌、孫臏、王驩之徒，而其加意於孟子者，止如此而已哉！可勝歎哉！

齊人有一妻一妾而處室者，其良人出，則必饜酒肉而後反。其妻問所與飲食者，則盡富貴也。其妻歸，告其妾曰：「良人出，則必饜酒肉而後反；問其與飲食者，盡富貴也，而未嘗有顯者來，吾將瞷良人之所之也。」蚤起，施從良人之所之，遍國中無與立談者。卒之東郭墦間，之祭者，乞其餘；不足，又顧而之他，此其爲饜足之道也。其妻歸，告其

妾曰：「良人者，所仰望而終身也。今若此。」與其妾訕其良人，而相泣於中庭。而良人未之知也，施施從外來，驕其妻妾。由君子觀之，則人之所以求富貴利達者，其妻妾不羞也，而不相泣者，幾希矣。

余觀此一段，其意與妾婦儀、衍同科，乃知此説爲商鞅、鄒忌、孫臏、陳軫、蘇秦、張儀、稷下諸人言也。彼是數子者，或後車數十，或三月而相，或坐謀輜車，或爲兩國使，或握六國相印，或執兩國相權，或築館康莊之衢。其驕稱當世，氣凌青雲者，以謂富貴我所自致也。然而静觀其心，不知禮義，不聞廉耻，揣摩人君所欲，宛轉而附合之，意在一朝之利達而已。與家人婢子迎合主翁之心以求飽煖計，曾不少異。是何異乞祭墦間，驕其妻妾者乎？

夫君子所見與小人所見不同，君子所見者道義，小人所見者勢利。所見者道義，故道合則從，不合則去。非其義也，非其道也，雖禄之以天下，弗顧也；繫馬千駟，弗視也，曾何富貴之足道乎？所見者勢利，則君好兵，吾進奇正之説；君好利，吾進倍贏之説；君好闢土地，吾進并吞之説；君好連諸侯，吾進縱横之説。其不問理義去就在人，而俯仰高下，略無所守，勢利所在，性命所在也。如此得志，尚且意氣揚揚，蔑視當世之士爲不己如，可勝痛哉！泛觀千古得富貴如齊人之乞祭者，亦多矣！夫妻妾婦女羞之，而彼乃不以爲羞，是曾媪婢之不若也。孟子之意，商〔二〕、孫以下，已不可言矣，況又下如商、孫者乎？掃門若魏勃，望拜若潘岳〔三〕，嘗糞若郭熙，奉溺器若宋之問者類多，尚可言乎？嗚呼！士風彫喪乃至於此！熟誦齊人之説，使人撫几而歎。

〔二〕「商」字上有「王」字，據四庫全書本删。
〔三〕「潘岳」二字原闕，據四庫全書本補。

張狀元孟子傳卷第二十二

萬章章句上

萬章問曰：「舜往于田，號泣于旻天，何爲其號泣也？」孟子曰：「怨慕也。」萬章曰：「父母愛之，喜而不忘；父母惡之，勞而不怨。然則舜怨乎？」曰：「長息問於公明高曰：『舜往于田，則吾既得聞命矣；號泣于旻天，于父母，則吾不知也。』公明高曰：『是非爾所知也。』夫公明高以孝子之心，爲不若是恝，我竭力耕田，共爲子職而已矣，父母之不我愛，於我何哉？帝使其子九男二女，百官牛羊倉廩備，以事舜於畎畝之中。天下之士多就之者，帝將胥天下而遷之焉。爲不順於父母，如窮人無所歸。天下之士悅之，人之所欲也，而不足以解憂；好色，人之所欲，妻帝之二女，而不足以解憂；富，人之所欲，富有天下，而不足以解憂；貴，人之所欲，貴爲天子，而不足以解憂。人悅之、好色、富、貴，無足以解憂者，惟順於父母，可以解憂。人少，則慕父母；知好色，則慕少艾；有妻子，則慕妻子；仕則慕君，不得於君則熱中。大孝終身慕父母。五十而慕者，予於大舜見之矣。」

事親自有事親之法，事君自有事君之法，此天理也。事親而親不悅，則謂之不孝；事君而君不仁，則謂之不忠。故用之則行，舍之則藏，道合則從，不合則去。行、藏、去、就，一視用舍合否爲則焉，初無定論也，事君之法當如是爾。至於事親，則自孩提以至老死，無他法也，其心一於嬰兒而無變者，此事親之法也。夫嬰兒之心一於愛父母而已，安知其他哉？方父母之弗見愛[一]也，號泣悲苦，萬物無可解其憂者。天下之士悅之，與夫貴爲天子，富有天下，妻帝之二女，曾何足以入其心乎？及既見父母，且喜且怒，怨父母之不我憐也已，乃跳踉喜躍，其樂有過於天下就之，富有天下，貴爲天子，妻帝二女之樂

〔一〕「愛」，原無，據四庫全書本補。

也。舜之心，其事父母常如嬰兒，則其爲父母不喜，號泣于天，若嬰兒之慕者，此蓋天理當如是也。故「大孝終身慕父母」。所謂終身者，非終父母之身，終其身也。父母既死，其心常悲，一見其遺書，一執其杯圈〔一〕，則泫然流涕，痛苦有不自勝者，此正嬰兒之心也。老萊七十而慕，爲五綵之衣，爲嬰兒匍匐於父母前，此心爲如何哉？欲識舜之爲舜，當於嬰兒之慕而求之。則公明高之説，孟子之對，萬章、長息之問，大舜之心，於此而決矣。夫舜之號泣于天，孟子止以一「慕」字斷之，以解天下後世紛紛之疑，非其高見遠識超出乎衆人之上，能如是乎？

萬章問曰：「詩云：『娶妻如之何？必告父母。』信斯言也，宜莫如舜。舜之不告而娶，何也？」孟子曰：「告則不得娶。男女居室，人之大倫也。如告，則廢人之大倫，以懟父母，是以不告也。」萬章曰：「舜之不告而娶，則吾既得聞命矣；帝之妻舜而不告，何也？」曰：「帝亦知告焉則不得妻也。」萬章曰：「父母使舜完廪，捐階，瞽瞍焚廪。

〔一〕「杯圈」二字，四庫全書本作「桮棬」。

使浚井，出，從而揜之。象曰：『謨蓋都君咸我績。牛羊父母，倉廩父母，干戈朕，琴朕，弤朕，二嫂使治朕棲。』象往入舜宫，舜在牀琴。象曰：『鬱陶思君爾。』忸怩。舜曰：『惟兹臣庶，汝其于予治。』不識舜不知象之將殺己與？」曰：「奚而不知也？象憂亦憂，象喜亦喜。」曰：「然則舜僞喜者與？」曰：「否。昔者有饋生魚於鄭子產，子產使校人畜之池。校人烹之，反命曰：『始舍之圉圉焉，少則洋洋焉，悠然而逝。』子產曰：『得其所哉！得其所哉！』校人出，曰：『孰謂子產智？予既烹而食久，曰：「得其所哉！得其所哉！」』故君子可欺以其方，難罔以非其道。彼以愛兄之道來，故誠信而喜之，奚僞焉？」

不告而娶，余既爲之説矣。帝之妻舜而不告，是與舜同心也。夫相率以違背父母，豈堯、舜之心哉？以俗人觀之，則見其爲不告而娶；以天理而觀，此堯、舜爲天下人倫之大，不敢挈身以求合也。至於象與父母同爲焚廩、揜井之計，及牛羊、倉廩、干戈、琴弤、二嫂之説以傲濟頑嚚，不如是不滿其意也。凶德參會，而舜生乎其間，可謂不幸矣！孟子乃有天將降大任之説，且曰：「必先苦其心志，勞其筋骨，餓其躰膚，空乏其身，行拂亂其所爲。所以動心忍性，增益其所不能。」可謂善觀天意矣！理不如是，何以見舜之爲大聖乎？是故無羑里之難不足以見文王，無陳、蔡之難不足以見孔子，無漢中、彭城之難不足以成高祖之功，無滹沱、蕪蔞之難不足以立光武之志。下至非束縛於莒，管仲之功不明；非受辱跨下，韓信之志不固；非刖其兩足，孫臏烏乎而入齊；非拉脅折齒，范睢烏乎而入秦。雖聖智賢否之不同，借此而論之，則舜非處頑嚚凶傲大難之間，亦何以成就聖德乎？

孟子又爲之説曰：「人恒過，然後能改。困於心，衡於慮，而後作；徵於色，發於聲，而後喻。」則夫士君子當患難、困苦、窮迫、艱難之時，正當識天之意，益自奮厲琢磨，以合天心可也。且憂且懼，若將無後日者，此閭巷婦女之見，豈大丈夫之心乎？余於燒廩、揜井輒推天意，以勉吾徒之不得志者，此亦聖賢之心也。若夫舜逃厄難而鼓琴不輟，乃見聖人之處憂患如此其沛然也。至於象有思君之言，舜有分治之命，又泰然如平時兄弟家庭之間雍穆無間，此又見舜之心矣。而萬章不識此意，乃以爲僞喜。嗚呼！聖人豈有僞哉？有一毫之僞乃鬼蜮耳，非天理也。夫弟之於兄，天理相愛，其所以迷罔至於謀殺者，乃凶傲所致也。方凶傲之起，則見忿怒而不見天理。及事成謀濟，凶傲既息，天理自生，安知其無悔心乎？悔心乃天理當然也。象以謂舜死矣，既入舜宮，舜突然在前，友于之愛，不暇計較，忽然四起，此乃真情也。舜安得不以真情際之乎？

且夫漁者有捕心，海鷗爲之不下；鼓琴有殺心，蔡邕至於旋歸；況舜大聖人，豈不知象之處心乎？其欲焚廩也，則有不可得而焚；其欲揜井也，則有不可得而揜，則以其殺心已著，不得而不避也。與夫子知「回也，其心三月不違仁」，又知「由也，不得其死」之機同矣。及夫凶傲之氣已濟，愛兄之心已生，則就其生處以善言導之，此又聖人造化之術也。夫焚廩、揜井，凶傲之氣也；鬱陶思君，天理當然也。舜於其凶傲時則急避之，於其鬱陶時則樂予之，其處憂患人情，亦可謂巧妙矣！孟子善言此意，乃曰：「彼以愛兄之道來，故誠信而喜之。」非深知舜之心者，不能形容如此也。且引子産畜魚之事爲證，曰：「君子可欺以其方，難罔以非其道。」夫魚有始舍圉圉之理，少則有洋洋悠然而逝之理，故可欺也。若夫井有人〔二〕焉，其可欺乎？子産以理而信之，至於舜則又以聖而見其用

〔二〕「人」，原作「仁」，據四庫全書本改。

心處而造化之，子産所不可及也。書所謂「蒸蒸乂不格姦」者，此也。此又孟子不言之遺意。

萬章問曰：「象日以殺舜爲事，立爲天子，則放之，何也？」孟子曰：「封之也，或曰放焉。」萬章曰：「舜流共工于幽州，放驩兜于崇山，殺三苗于三危，殛鯀于羽山，四罪而天下咸服，誅不仁也。象至不仁，封之有庳。有庳之人奚罪焉？仁人固如是乎？在他人則誅之，在弟則封之。」曰：「仁人之於弟也，不藏怒焉，不宿怨焉，親愛之而已矣。親之欲其貴也，愛之欲其富也。封之有庳，富貴之也。身爲天子，弟爲匹夫，可謂親愛之乎？」「敢問或曰放者，何謂也？」曰：「象不得有爲於其國，天子使吏治其國，而納其貢稅焉，故謂之放，豈得暴彼民哉？雖然，欲常常而見之，故源源而來。『不及貢，以政接于有庳。』此之謂也。」

余讀此一章乃見聖人處事如此，此蓋天理造化之妙也。夫天下知象之凶傲，而舜第知其爲弟耳。弟，則當親愛之；凶傲，則當處之。夫一人乘車，三人緩帶，河潤九里，澤及三族，矧舜爲天子，於吾手足同氣，豈可追念往昔而不富貴之乎？封之有庳，爲吾弟也。然而凶傲之惡及舜一己可也，爲一國之君，有民人焉，有社稷焉，豈可以親愛之故，使不肖之弟肆其凶傲加於一國以遂區區之志乎？舜，天理也。天理中造化真若乾坤之運六子，滄海之轉百川，既不失親愛之恩，可使遂其富貴；又不使凶傲及民，而可以行吾惠澤，可謂巧妙矣！其造化如何哉？其曰：「象不得有爲於其國，天子使吏治其國，而納其貢稅焉，豈得暴彼民哉？」是也。夫名爲諸侯，爵亦貴矣；受其貢賦，禄亦富矣。親愛吾弟，使之富貴，吾心足矣。然而民人之政，社稷之事，皆朝廷賢者主之。象之凶傲，何自而肆之於民哉？徒富貴而不加親愛之心以潤澤之，亦非天理也。是以欲常常而見，使源源而來，故不拘諸侯入貢之例，而以政事爲名，常接見有庳之君，使他人皆不與焉，此又親愛潤澤之道也。既不失國家之綱紀，又不廢手足之親愛，造化之妙乃至於此乎！

夫春秋書「鄭伯克段于鄢」，此不知舜親愛之義也；書「齊侯使其弟年來聘」，又書「齊無知弑其君諸兒」，此不知舜使吏治其國之義也。春秋之心，舜之心也。使鄭伯知舜之心，決不至殺其弟；使齊侯知舜之心，決不至弟之子殺其伯父。後世効舜封有庳而失之者，如景帝之待梁孝王是也。使其黄屋稱制，以爲親愛手足也，卒有刺殺大臣之惡。使其得舜之心，詎至此乎？又有劾舜，使吏治貢賦而失之者，如齊置典籖以專國事，至有藕一段、漿一盃皆待命于典籖而後得，使皆愁窘無聊如在囹圄。使其得舜之心，詎至此乎？此皆不知天理，自以私意爲之。

愛之，則至於太過；制之，則至於刻深。惟天理中行，事事合宜，封之而使朝臣主其政，制之而使之常常而來見，恩義兼行，公私兩濟。古人所謂：「深而通，茂而有間，連而不相及，動而不相害。」又曰：「萬物並育而不相害，道並行而不相悖。」余嘗思其説而不得，今熟味此章，深見舜之用心，乃知古人之説，蓋指此用處爲言也。其至矣哉！

咸丘蒙問曰：「語云：『盛德之士，君不得而臣，父不得而子。』舜南面而立，堯帥諸侯北面而朝之，瞽瞍亦北面而朝之。舜見瞽瞍，其容有蹙。孔子曰：『於斯時也，天下殆哉，岌岌乎！』不識此語誠然乎哉？」孟子曰：「否。此非君子之言，齊東野人之語也。堯老而舜攝也。堯典曰：『二十有八載，放勛乃徂落，百姓如喪考妣，三年，四海遏密八音。』孔子曰：『天無二日，民無二王。』舜既爲天子矣，又帥天下諸侯以爲堯三年喪，是二天子矣。」咸丘蒙問曰：「舜之不臣堯，則吾既得聞命矣。詩云：『普天之下，莫非王土；率土之濱，莫非王臣。』而舜既爲天子矣，敢問瞽瞍之非臣，如何？」曰：「是詩也，非是之謂也；勞於王事，而不得養父母也。曰：『此莫非王事，我獨賢勞也。』故説詩者，不以文害辭，不以辭害志。以意逆志，是爲得之。如以辭而已矣，雲漢之詩曰：『周餘黎民，靡有孑遺。』信斯言也，是周無遺民也。孝子之至，莫大乎尊親；尊親之至，莫大乎以天下養。爲天子父，尊之至也；以天下養，養之至也。詩云：『永言孝思，孝思惟則。』此之謂也。書曰：『祗載見瞽瞍，夔夔齋栗，瞽瞍亦允若。』是爲父不得而子也。」

聖人既没，道德不明。利口憸人，動以非理之語，借聖賢以濟其私。儻非高明豪傑之士，以高見遠識深发聖賢之所存，而大不然其説，則夫篡逆之賊借湯、武以爲名，悖亂之臣借伊、霍以爲惡，事權臣者借瘠環以汙孔子，事左道者借負鼎以汙阿衡。其亂天下豈一朝一夕而已哉！

今咸丘蒙問君不得而臣，父不得而子，借舜以爲名，且有堯與瞽瞍北面而朝之説。此必蘇、張、稷下諸人倡爲此説，欲動人君，使尊大其説，以肆無稽之談，以控當世之柄，而恣其利欲也。儻非孟子以帝王之學立正心之論，力抵而深排之，則君臣父子之倫自此而大敗壞矣。夫君不得而臣，孟子據堯典、孔子之説以正之，曉然無可疑者。至於父不得而子，蒙乃引詩普天率土之意以問，亦可謂難答矣。然天下一理也，古今一理也，死生幽明一理也，豈有作詩者使父不得以盛德之士爲子乎？孟子乃解此詩爲歎獨勞而言，非爲父子而云也。因又使學者先當明天下之理，然後以理探詩人之意。是窮理在前，明詩在後，深明天下之理，然後可以識詩人之意。故有「不以文害辭，不以辭害志」之説。如曰「有周不顯」，又曰「其麗不億」，其文如此，其理乃言其甚顯與甚多也，是不可以文害辭也。一泥其辭而不得其意，則如雲漢之詩有「周餘黎民，靡有孑遺」。是豈周無遺民乎？是其意傷旱太甚，故其辭如此也。判别不顯爲顯，不億爲億，靡有孑遺爲傷旱，儻非深明天下之理而以意逆志，則夫探章摘句、據語求是之徒，將倒行逆施矣。既明詩人之意，既判普天率土之詩不爲父子而説，然後借「永言孝思」之詩，「夔夔齋栗」之書，以證父不得而子之鄙論。其用舍詩、書，抑揚今古如此，真可謂能用先王之道者也。

孟子不得志，故與其徒可否古今，而高明奇偉如此。使其得志，端委廟堂，謀謨帷幄，以應難辨之事，以斷疑似之説，以折無實之辯，以破流俗之惑，將沛然有餘裕，而天下特在其掌握間耳。惜哉！止於如此而已矣！徒使萬世之後知其心者，徒想味風采而願與之執鞭焉，嗚呼！

萬章曰：「堯以天下與舜，有諸？」孟子曰：「否。天子不能以天下與人。」「然則舜有天下也，孰與之？」曰：「天與之。」「天與之者，諄諄然命之乎？」曰：「否。天不言，以行與事示之而已矣。」曰：「以行與事示之者如之何？」曰：「天子能薦人於天，不能使天與之天下；諸侯能薦人於天子，不能使天子與之諸侯；大夫能薦人於諸侯，不能使諸侯與之大夫。昔者堯薦舜於天而天受之，暴之於民而民受之，故曰，天不言，以行與事示之而已矣。」曰：「敢問薦之於天而天受之，暴之於民而民受之，如何？」曰：「使之主祭而百神享之，是天受之；使之主事而事治，百姓安之，是民受之也。天與之，人與之，故曰：天子不能以天下與人。舜相堯二十有八載，非人之所能爲也，天也。堯

崩，三年之喪畢，舜避堯之子於南河之南。天下諸侯朝覲者，不之堯之子而之舜；訟獄者，不之堯之子而之舜；謳歌者，不謳歌堯之子而謳歌舜，故曰天也。夫然後之中國，踐天子位焉。而居堯之宮，逼堯之子，是篡也，非天與也。太誓曰：『天視自我民視，天聽自我民聽。』此之謂也。」

孟子之論，言天下不可妄得，蓋陰有神明主宰其間。歷觀萬古，湯之有天下，其符見於玄鳥；武王之有天下，其符見於帝武；秦之有天下，文公有陳寶之祥；漢之有天下，高祖有雲氣之瑞；以至楚有六子之產，故當時有天方授楚之論；趙有帝所之樂，故當道有野人致帝之命。嗚呼！小而一國，大而天下，皆有默定之數。第詩、書、六經所傳，不貴其有天下，顧其修德如何耳。是以中庸曰：「大德者必受命。」又曰：「大德必得其位，必得其祿，必得其名，必得其壽。」然而周公、孔子豈非大德，終在臣子之位，不聞其有天下也。以此知天之曆數自有所歸。天之與舜，堯之子不肖矣；天之與禹，舜之子不肖矣。孟子深見天人之際，故有「天子不能以天下與人」，而一歸之於天，又有「天不言，以行與事示之而已」之說。

余於是知人之行或善或惡，其處事或是或非，皆天使之，非人之所能爲也。天將興舜，乃使其處頑父嚚母傲弟之間，夔夔齋栗，無格姦之失，有允若之心，而舜孝行聞於天下矣。又使五典克從，百揆時叙，四門穆穆，而處事皆當於人心矣。堯薦於天也，二十有八載，天又使歷年既多，施澤既久，而民心歸之；又使百神享之，百姓安之，天意在舜如此，堯豈得私其子哉？故堯崩，三年之喪畢，舜避於南河之南，天使諸侯朝覲者，不之堯之子而之舜；訟獄者，不之堯之子而之舜；謳歌者，不謳歌堯之子而謳歌舜。天雖不言，而冥冥之中使天下歸之如此，此豈偶然也哉？天意昭然可見矣。故孟子又引天視民視、天聽民聽之説以證之。

嗚呼！天下之大，固豈細事乎？曹操欲篡漢，民心未厭漢，是天未與操也；司馬懿欲篡魏，民心未厭魏，是天未與懿也。天命不可妄得，而篡逆之心昭然布在天下，爲千古罪人。使曹操不殺伏后，忠事獻帝，天命在操，將自有堯、舜之舉矣；使司馬懿不誅淩統，忠事魏室，天命在懿，亦將自有堯、舜之舉矣。天命至重，豈姦心賊慮所能圖哉？操之子丕雖有天下，不旋踵而有司馬懿之報；懿之孫炎雖有天下，不旋踵而有六王之報。

嗚呼！天命豈不昭灼乎！

大而天下如此，小而一己亦豈偶然？黄允公卿問疾，王臣在門，亦已盛矣，忽有黜妻之醜，天使之也；蔡邕忠諫靈帝，力排閹官，亦已盛矣，而忽就董卓之辟，天使之也。嗚呼！天命難知，其可不兢兢自慎乎？禍福之来，委之度外，而立行處事，其可忽耶？蓋當格物、知至、誠意、正心、修身，無爲造化所使，忽[二]爲醜行以害平生，忽[三]爲惡事以貽後禍。公卿大夫，此人爵也；仁義忠信、樂善不倦，豈不在我乎？儻天命之來，有出非義，吾當以義裁正之。合於義者，吾受之而不辭；悖於義者，吾卻之而不受。此所以處天命也。使蔡邕知此，豈肯爲董卓客乎？春秋申之會，所以列楚於晉下，而狄十二國之大夫與淮夷不殊會者，此等以義可否天命也。此又孟子不言之遺意。

[二]「忽」，四庫全書本作「勿」。
[三]「忽」，四庫全書本作「勿」。

張狀元孟子傳卷第二十三

萬章問曰：「人有言：『至於禹而德衰，不傳於賢而傳於子。』有諸？」孟子曰：「否，不然也。天與賢，則與賢；天與子，則與子。昔者舜薦禹於天，十有七年，舜崩。三年之喪畢，禹避舜之子於陽城。天下之民從之，若堯崩之後，不從堯之子而從舜也。禹薦益於天，七年，禹崩。三年之喪畢，益避禹之子於箕山之陰。朝覲訟獄者不之益而之啓，曰：『吾君之子也。』謳歌者不謳歌益而謳歌啓，曰：『吾君之子也。』丹朱之不肖，舜之子亦不肖。舜之相堯，禹之相舜也，歷年多，施澤於民久。啓賢，能敬承繼禹之道。益之相禹也，歷年少，施澤於民未久。舜、禹、益相去久遠，其子之賢不肖，皆天也，非人之所能爲也。莫之爲而爲者，天也；莫之致而至者，命也。匹夫而有天下者，德必若舜、禹，而又有天子薦之者，故仲尼不有天下。繼世以有天下，天之所廢，必若桀、紂者

也，故益、伊尹、周公不有天下。伊尹相湯以王於天下。湯崩，太丁未立，外丙二年，仲壬四年。太甲顛覆湯之典刑，伊尹放之於桐。三年，太甲悔過，自怨自艾，於桐處仁遷義；三年，以聽伊尹之訓己也，復歸于亳。周公之不有天下，猶益之於夏，伊尹之於殷也。孔子曰：『唐、虞禪，夏后、殷、周繼，其義一也。』」

孟子答萬章前問，則以行與事皆天；今此答萬章所問，則以與賢與子皆天。又言天之造化之妙，如使堯之子不肖，舜之子亦不肖。舜之相堯，使二十有八載；禹之相舜，使十有七年，歷年之多，施澤之久，故朝覲者、訟獄者、謳歌者一皆歸之，此天之造化欲與賢也。天又使禹之子啓賢，能敬承繼禹之道；又使益相禹歷年未多，施澤未久，故朝覲者、訟獄者、謳歌者一皆歸啓而不歸益，此天之造化欲與子也。

豈特此哉？天之意凡有四：其一，天使若舜、禹，又使天子薦之，薦之而又使歷年多，施澤久，此天意在匹夫，欲使其有天下也。其二，有伊尹、周公之聖，其在相位，歷年雖多，施澤雖久，然使太甲悔過，成王亦悔過，伊、周終身爲臣子，此天意在繼世，使有天下也。其三，以孔子之聖，魯將用之，使季桓子受女樂；齊將用之，使晏子非之；

楚將用之，使子西沮之，孔子終身爲旅人，此天意亦在繼世，使有天下也。其四，以益薦於天，而歷年不多，施澤未久是也。由是知天將興商，是生夏桀；天將興周，是生商紂，豈偶然哉？故孟子謂舜、禹、益相去久遠，其子之賢不肖皆天也，非人之所能爲也。嗚呼！誠如此説，則人之或賢或愚，或窮或達，或始賢而終愚，或終賢而始愚，或始窮而終達，或終窮而始達，皆非人力所能致，一歸於天而已。

曰：是不然。在天有命，在我有義，妄意求富貴者，不可不知天有定數也。至於福曰自求，哲曰自貽，孽曰自作，戚曰自詒，豈可一委之命哉？使命之來出於不正，如王莽之聘薛方，朱泚之召甄濟，或遜辭而不受，或佯瘖而不行，此則道義在我，當爲則爲，何天命之足問乎？故君子之學，當置天命於人事，而力行道義之大方，生與義生，死與義死。命雖可富，不義寧貧；命雖可貴，不義寧賤。孔子曰：「飯蔬食，飲水，曲肱而枕之，樂亦在其中矣。不義而富且貴，於我如浮雲。」三復斯言，深見聖人待天之理。至於三聘起莘，肖形求傳，於命則正，於義則公，吾徐起而應之，堯、舜君民，霖雨天下，有何不可哉？此「可以仕則仕，可以止則止，可以久則久，可以速則速」，此夫子待天之意也。

學者又當知此意。

萬章問曰：「人有言『伊尹以割烹要湯』，有諸？」孟子曰：「否，不然。伊尹耕於有莘之野，而樂堯、舜之道焉。非其義也，非其道也，禄之以天下，弗顧也；繫馬千駟，弗視也。非其義也，非其道也，一介不以與人，一介不以取諸人。湯使人以幣聘之，囂囂然曰：『我何以湯之聘幣爲哉？我豈若處畎畝之中，由是以樂堯、舜之道哉？』湯三使往聘之，既而幡然改曰：『與我處畎畝之中，由是以樂堯、舜之道，吾豈若使是君爲堯、舜之君哉？吾豈若使是民爲堯、舜之民哉？吾豈若於吾身親見之哉？天之生此民也，使先知覺後知，使先覺覺後覺也。予，天民之先覺者也。予將以斯道覺斯民也。非予覺之，而誰也？』思天下之民匹夫匹婦有不被堯、舜之澤者，若己推而内之溝中。其自任以天下之重如此，故就湯而説之以伐夏救民。吾未聞枉己而正人者也，况辱己以正天下者乎？聖人之行不同也，或遠或近，或去或不去，歸絜其身而已矣。吾聞其以堯、舜之道要湯，未聞以割烹也。伊訓曰：『天誅造攻自牧宫，朕載自亳。』」

此段大意，萬章問，世傳伊尹以割烹要湯，孟子言湯三聘，伊尹乃起以堯、舜之道事湯，伐夏救民。又言枉己且不能正人，況辱己者能正天下乎？故未聞割烹之説也。又言聖人制行，或遠而在草野，或近而在君側，或去而適他國，或不去而死其難。如孔子，可以仕，可以止，可以久，可以速，與夫微子去之，箕子爲之奴，比干諫而死，雖曰不同，而其大體所歸，皆不犯先王名教，絜其身而已矣。

然伊尹平生所學，孟子極意而言之，余亦安敢忽而不論？請得而詳説之。夫聖賢之出處，道合則從，不合則去。其所謂道者，非他道也，乃堯、舜之道也。堯、舜之道若何？曰：所謂植桑種田，育雞豚，畜狗彘，謹庠序，修孝弟，使老者衣帛食肉，不負戴於道路，黎民不飢不寒，不轉徙〔一〕於溝壑者是也。其有不合此道者，雖禄之以天下弗顧也，繫馬千駟弗視也。故一介不以與之，一介不以取之，以非吾所謂道義也。由是知天下合伊尹可也，非伊尹求合於天下也。湯之始来聘也，正犯其一介不取諸人之法也，故曰：「我何以湯之聘幣爲哉？我豈若處畎畝之中，由是以樂堯、舜之道哉？」夫堯、舜之道發於用，

〔一〕「徙」，原作「尸」，據四庫全書本改。

則可以治天下國家；其藏之身，則見於格物、知至〔二〕、誠意、正心、修身耳。方其在畎畝也，衣襏襫，有藻火之尊；秉耒耜，等珪璋之貴；畜妻愛子，有應對賔客之用；指奴呼婢，有進賢退不肖之機，是其治天下國家之具盡在於此矣，豈不樂哉？湯三使往聘之，其意既勤，其禮既具，其心既虛，已入堯、舜之路矣，吾其可以失之哉？失湯則是失堯、舜之道也。堯、舜之道在虛心處。湯既虛心，必能行吾植桑種田，育雞豚，畜狗彘，謹庠序，修孝弟，使老者衣帛食肉，不負戴於道路，黎民不飢不寒，不轉徙〔三〕於溝壑之説矣。夫使君民皆在堯、舜道中行，其樂又有大於畎畝者，故伊尹幡然而改曰：「與我處畎畝之中，由是以樂堯、舜之道，吾豈若使是君爲堯、舜之君哉？吾豈若使是民爲堯、舜之民哉？吾豈若於吾身親見之哉？」夫上有植桑種田、庠序孝弟之道，則民亦行堯、舜之道矣。

蓋堯、舜之道，人所固有也，堯、舜特能發而爲用耳。民行堯、舜之道爲如何哉？父

〔二〕「知至」二字，四庫全書本作「致知」。
〔三〕「徙」，原作「尸」，據四庫全書本改。

子相保，兄弟相扶，室家相好，鄉閭、族黨、親戚、朋友相往來，雞豚、黍稷、酒醴、牛羊相宴樂，此民行堯、舜之道也。伊尹不出，則民方放僻邪侈，戰鬭攘敚，日在桀、跖道中行，豈有一人覺吾有堯、舜之道者？伊尹一出，則民心頓變，悵前非之失路，悟今日之得塗，其利豈小補哉？夫天生聖賢，豈止爲一身計耶？固爲天下計耳。伊尹因三聘之來，乃大省天之所以生我者，將付以天下之重。乃有「先知覺後知，先覺覺後覺」之説，又有「天民先覺」，「斯道覺斯民」，「非予覺之，而誰」之説，又有「匹夫匹婦不被堯、舜之澤，如己推而内之溝中」之説。故相湯伐夏救民，取天下於湯火之中，而置之安泰之地。其學爲如何哉？堯、舜之道當如是耳。如荷蓧、荷蕢、晨門、接輿之徒，止知一介不與，一介不取之説，至幡然而改，堯、舜君民，則不識也。枯槁絶滅，自以爲是，豈聖人之道乎？徒自苦耳，殊可怪也！至於伊尹兩曰「由是以樂堯、舜之道」，學者不可不考。

此伊尹自指其所得，以樂堯、舜之道也。夫堯、舜之道具在天下，誰其樂之？惟以吾自得而入於堯、舜道中，日以堯、舜之道涵養所得，此合内外之道也，故時措之宜也。中庸曰：「大哉聖人之道！洋洋乎！發育萬物，峻極于天。」此伊尹自得處也；又曰：

「優優大哉！禮儀三百，威儀三千。待其人而後行。」此伊尹以其所自得者樂堯、舜之道也。其理深矣！遠矣！非踐履者不能到此。

至於割烹要湯之説，乃商鞅、蘇、張輩所進不以正，造爲此説以自濟其姦耳。然而孟子曰：「吾聞其以堯、舜之道要湯。」「要」之一字，不可以後世之心觀也。道合則服從，不合則去，何要之有？此語乃解萬章以割烹要湯之説，故力言其以堯、舜之道非割烹也。以要君爲心，此春秋所當誅，豈君子所當爲乎？學者不可不察。

萬章問曰：「或謂孔子於衛主癰疽，於齊主侍人瘠環，有諸乎？」孟子曰：「否，不然也。好事者爲之也。於衛主顔讎由。彌子之妻與子路之妻，兄弟也。彌子謂子路曰：『孔子主我，衛卿可得也。』子路以告。孔子曰：『有命。』孔子進以禮，退以義，得之不得曰『有命』。而主癰疽與侍人瘠環，是無義無命也。孔子不悦於魯、衛，遭宋桓司馬將要而殺之，微服過宋。是時孔子當阨，主司城貞子，爲陳侯周臣。吾聞觀近臣，以其所爲主；觀遠臣，以其所主。若孔子主癰疽與侍人瘠環，何以爲孔子？」

余嘗讀易至漸，不覺撫書而歎曰：士大夫出處其可忽乎？夫漸之繇曰：「漸，女歸吉，利貞。」而象曰：「漸之進也，女歸吉也。進得位，往有功也；進以正，可以正邦也。」然則觀漸之繇，則士大夫之出處其可不以正乎？

班固文冠兩京，而事竇憲；馬融經稱大儒，而依梁冀；文章如柳宗元、劉禹錫，經學如陸淳，而附王叔文，進不以正，皆爲千古罪人。況吾聖人乃天地之妙，日月之明，仁義禮智之宗主，詩、書、禮、樂之精神，其肯於衛主癰疽之豎者，於齊主瘠環之便嬖乎？爲此言者，必進不以正，如商鞅由景監而進，騶忌由鼓琴而進，張儀由鄭袖而進，造爲此言，上誣聖人以自濟其姦耳。孟子即孔子卻弥子瑕之説，曰「有命」。夫命者，理義也，豈有爲士大夫而主嬖人以求進乎？義不當爲，即命不當爲也。聖人以義爲命，是命在我而已矣，或進或退，一以義爲主耳。昔元稹由崔潭峻以進，爲當世士大夫所鄙，至以青蠅寄意曰：「適從何處來，今遽集於此。」余讀史至此，代爲稹羞，面熱汗下，不知稹何以處之？官職幾何，而爲人所賤如此，可謂失策矣！李鄘爲吐突承璀所薦，終身不就相位，學士大夫義當如此。每讀鄘傳，想見其人，恨不得與之爲友。人心不遠義，方炯然，豈可欺乎？雖六國小人汙衊孔子如此，徒自勞耳，人誰肯信乎？

孟子又言，孔子微服而過宋，當戹難時，主司城貞子，假陳侯周臣以逃難。夫逃難尚不肯主不正之人，况於平居無事時乎？以戹艱而卜，則平居又可見也。蓋碎千金之璧者，不能不失聲於破釜；凌三軍之勇者，不能不失節於酒色。惟以戹難觀人，則平生所存可知矣。王衍高談物理，見石勒而下拜；王坦之剛鯁自許，見桓溫而倒執手板。以孔子過宋時觀之，則癰疽、瘠環之謗，可一洗而無餘矣。夫人主欲觀近〔一〕臣，以其所爲主觀；觀遠〔二〕臣，以其所主觀。今聖人自魯来，乃於衛主癰疽，於齊主瘠環，豈不爲人君所薄乎？昔漢武見大將軍而踞厠，見汲黯不冠不見也。以此卜人君之心，其於出處豈可不謹乎？孟子力爲辨明，豈爲孔子計哉？正爲天下後世士大夫計〔三〕耳。余故首述漸卦以正孔子之出處焉。

萬章問曰：「或曰：『百里奚自鬻於秦養牲者，五羊之皮，食牛，以要秦穆公。』信

〔一〕「近」，原作「遠」，據四庫全書本改。
〔二〕「遠」，原作「近」，據四庫全書本改。
〔三〕「計」，原無，據四庫全書本補。

乎？」孟子曰：「否，不然。好事者爲之也。百里奚，虞人也。晉人以垂棘之璧與屈産之乘，假道於虞以伐虢。宮之奇諫，百里奚不諫。知虞公之不可諫而去，之秦，年已七十矣，曾不知以〔一〕食牛干〔二〕秦穆公之爲汙也，可謂智乎？不可諫而不諫，可謂不智乎？知虞公之將亡而先去之，不可謂不智也。時舉於秦，知穆公之可與有行也而相之，可謂不智乎？相秦而顯其君於天下，可傳於後世，不賢而能之乎？自鬻以成其君，鄉黨自好者不爲，而謂賢者爲之乎？」

余讀此章，竊疑孟子鄙管、晏，蚓仲子，狄許行，於百里奚何取焉？百里奚事秦穆公，穆公特伯者耳。孔子之門，三尺之童羞談霸道，而孟子乃爲之辨自鬻於秦之説，至三稱之爲智，一稱之爲賢，何嚴於管、晏而寬於百里也？

蓋孟子之取人，論其存心則甚嚴，論其一節則甚寬。蓋存心則百行所出，故雖管、晏皆在所貶；論其一節之善，則皆可進於君子之塗，故雖百里奚亦在所取。此孟子造化之

〔一〕「以」，原無，據四庫全書本補。
〔二〕「干」，原作「于」，據四庫全書本補。

術也。如其曰：「人能充無穿窬之心，而仁不可勝用也。」「士未可以言而言，是以言餂之也；可以言而不言，是以不言餂之也，是皆穿窬之類也。」夫無穿窬之心，特不爲竊盜耳。稍自好者皆能行之，遽以謂仁不可勝用，又何其寬也！至於未可以言而言，可以言而不言，特不知時尔，遽以謂穿窬之類，又何其嚴也！蓋孟子取其一念之善，則直指之爲仁；一念之非，則直指之爲穿窬。使人人一於惻隱、羞惡、辭遜、是非之中，以入乎仁義禮智之域，而不敢微生不善之念。其造化豈不大哉？

百里奚相秦六七年，三置晉國之君，一救荆國之禍，發教封内而巴人致貢，施德諸侯而八戎来服，此其大體也。至於勞不坐乘，暑不張蓋，行於國中，不從車乘，不操干戈。其死也，男女流涕，童子不歌謡，舂者不相杵，軒然有晏子之風，則其自好可知矣。何至於自鬻乎？至於不可諫而不諫，知將亡而先去，知繆公之可與有行而相之，孟子三稱之爲智。相秦而顯其君於天下，可傳於後世，孟子一稱之爲賢。此乃孟子深言其自好，决不爲自鬻之陋而已耳。與孔子删書，而取秦繆公悔過一節載於周書之末，其幾同也。

然而深考此篇，除咸丘蒙問「父不得而子，君不得而臣」一事外，至於疑舜之號泣于旻天，又疑舜之不告而娶，又疑妻舜而不告，又疑舜爲僞喜，又疑舜封象於有庳，又疑禹德衰不傳於賢，又疑伊尹以割烹要湯，又疑孔子主癰疽、瘠環，又疑百里奚自鬻於秦，皆出於萬章。夫孔子之門，群弟子所問不過問仁、問孝、問政，皆切問近思，無非爲己之學，曾何敢僭論聖人，妄〔一〕毀賢者？

而萬章所問，大抵好信閭巷之鄙談，敢疑聖人之大節，其所存何其猥下也？余固言之矣。孔子門人去三代未遠，而齊晏子、晉叔向、鄭子產、宋向戌、衛蘧瑗，皆當時良大夫，其風俗議論，尚有先王之遺風。至於孟子時，商鞅、騶忌、陳軫、蘇秦、張儀、稷下諸人横議四起，敢誣蠛聖賢，自尊其説，風俗薄惡，動肆譏毀。陳臻之非，屋廬子之問，淳于髡之侮玩，充虞以爲不豫，公都子以爲好辯，公孫丑以比管晏過孟賁，尹士以爲不明、干澤、濡滯。何孟子門墻而非意之謗喧喧滿耳乎？非直此也，乃敢尚論前古聖賢，則風俗衰替，概可知矣。惟敢疑聖賢之風不息，所以至秦敢焚詩、書，敢殺學士，敢戕六親，敢稱始皇，盡非前古，至天下同爲血肉而後此風息耳。嗚呼痛哉！

〔一〕「妄」，原作「安」，據四庫全書本改。

張狀元孟子傳卷第二十四

萬章章句下

孟子曰：「伯夷，目不視惡色，耳不聽惡聲。非其君不事，非其民不使。治則進，亂則退。橫政之所出，橫民之所止，不忍居也。思與鄉人處，如以朝衣朝冠坐於塗炭也。當紂之時，居北海之濱，以待天下之清也。故聞伯夷之風者，頑夫廉，懦夫有立志。伊尹曰：『何事非君？何使非民？』治亦進，亂亦進。曰：『天之生斯民也，使先知覺後知，使先覺覺後覺。予，天民之先覺者也。予將以此道覺此民也。』思天下之民，匹夫匹婦有不與被堯、舜之澤者，如己推而內之溝中，其自任以天下之重也。柳下惠，不羞汙君，不辭小官。進不隱賢，必以其道。遺佚而不怨，阨窮而不憫。與鄉人處，由由然不忍去也。『爾爲爾，我爲我，雖袒裼裸裎於我側，爾焉能浼我哉。』故聞柳下惠之風者，鄙夫寬，薄夫敦。孔子之去齊，接淅而行；去魯，曰：『遲遲吾行也。』去父母國之道也。可以速而速，可以久而久，可以處而處，可以仕而仕，孔子也。」

孟子曰：「伯夷，聖之清者也；伊尹，聖之任者也；柳下惠，聖之和者也；孔子，聖之時者也。孔子之謂集大成。集大成也者，金聲而玉振之也。金聲也者，始條理也；玉振之也者，終條理也。始條理者，智之事也；終條理者，聖之事也。智，譬則巧也；聖，譬則力也。猶射於百步之外也，其至，爾力也；其中，非爾力也。」

孟子獨尊孔子，故論三聖人之所得，而有金聲玉振、聖智與夫巧力之説。此前古所未發明，孟子獨以深造自得之學，軒然別白判斷，使孔子之道迥然與三聖不同，可謂奇偉超絶之論矣！

夫伯夷自清而入聖，伊尹自任而入聖，柳下惠自和而入聖，三人易位而處，則聖有所止矣。故孟子以子夏、子游、子張皆有聖人之一體，以比伯夷、伊尹、柳下惠。其意以謂伯夷得聖人之清，伊尹得聖人之任，下惠得聖人之和，皆得聖人之一體，而非其全也。至於顔子雖合清、和、任爲一體，而未能造其極，故曰「具體而微」。惟吾夫子合三聖之清、和、任爲一大體，時出而用之，可以清則清，可以任則任，可以和則和，千轉萬變，與時偕行。故曰：「孔子，聖之時者也。」且去齊接淅，則似伯夷之清；去魯遲遲，則似下惠之和；攝相事而斥萊人，誅侏儒，則似伊尹之任。溥博淵泉而時出之耳。故曰：「可以仕則仕，可以止則止，可以久則久，可以速則速。」記曰：「當其可之謂時。」「可」之一字，以言參酌審詳，而非决去不回也。

在聖之外爲知，在力之外爲巧，在至之外爲中，故又曰：「金聲而玉振之也。」夫作樂者，始以金奏，終以玉節。詩曰：「依我磬聲。」是以玉爲節也。其曰：「玉振之也者，終條理也。」又曰：「終條理者，聖之事也。」伯夷、伊尹、下惠似之，故夷終於清，尹終於任，惠終於和，止於此矣。猶射，則力而非巧，至而非中，故聖之外未及智〔二〕也。夫

〔二〕「智」，原作「知」，據四庫全書本改。

智[二]所以運聖也，使聖而無智[三]，安能轉移造化爲無所不可乎？其曰：「金聲也者，始條理也。」又曰：「始條理者，智之事也。」孔子既玉振以盡其聖，又金聲以極其智。終之外復有始，則聖不止於清，清之外復有和；不止於和，和之外又有任，循環往復，猶金聲而又玉振，玉振而又金聲。比之於射，至之外又能中，力之外又有巧，是聖之外又有智。惟聖之外又有智，所以能運用此清、和、任之聖，應時而中其會焉。此天地之妙，造化之神，學不至此，奚以學爲？

孟子學窺大全，深見孔子用處，未嘗襲蹈古人一言，超然於千古之下，創爲此論，以極聖人之大用，使學者知聖人門户中乃有如此之變化。嗚呼！其深矣哉！非觀天地風雷之變，日月照臨之神，四時生成之大，不足以知聖人。

北宮錡問曰：「周室班爵禄也，如之何？」孟子曰：「其詳不可得聞也。諸侯惡其害

[二]「智」，原作「知」，據四庫全書本改。
[三]「智」，原作「知」，據四庫全書本改。

己也，而皆去其籍。然而軻也，嘗聞其略也。天子一位，公一位，侯一位，伯一位，子、男同一位，凡五等也。君一位，卿一位，大夫一位，上士一位，中士一位，下士一位，凡六等。天子之制，地方千里，公侯皆方百里，伯七十里，子、男五十里，凡四等。不能五十里，不達於天子，附於諸侯，曰附庸。天子之卿受地視侯，大夫受地視伯，元士受地視子、男。大國地方百里，君十卿禄，卿禄四大夫，大夫倍上士，上士倍中士，中士倍下士，下士與庶人在官者同禄，禄足以代其耕也。次國地方七十里，君十卿禄，卿禄三大夫，大夫倍上士，上士倍中士，中士倍下士，下士與庶人在官者同禄，禄足以代其耕也。小國地方五十里，君十卿禄，卿禄二大夫，大夫倍上士，上士倍中士，中士倍下士，下士與庶人在官者同禄，禄足以代其耕也。耕者之所獲，一夫百畝。百畝之糞，上農夫食九人，上次食八人，中食七人，中次食六人，下食五人。庶人在官者，其禄以是爲差。」

余讀周室爵禄之制，法度森嚴，規摹遠大，如二十八宿之在天，五岳四瀆之在地，晝然一定，不可動摇。使先王以私智爲之，安得如是之横厲也？乃知聖人制作，皆自天理中來。如春秋冬夏，風雨霜露，雷霆水火，其聲形態度，皆因天理也。守此者治安，舍此者危亂。其盛矣哉！

故自天子一位以下，至子、男同一位，此爵之在天下也；自君一位以下，至下士一位，此爵之在一國也；自地方千里以下，至附庸，此天下之禄也；自天子之卿受地視侯，至元士受地視子、男，此朝廷之禄也；自大國地方百里，至小國地方五十里，終之以禄足以代其耕，諸侯之禄也；自耕者之所獲，至其禄以是爲差，此庶人之禄也。天子、公卿、大夫、元士、大國、次國、小國、君、卿、大夫、上士、中士、下士、庶人之爵禄，截然整整，不可侵紊。若天造地植，移先王之經綸而圖畫于此。欲知先王之心者，庶於此而可得矣。

然而當孟子時，私欲熾盛，天理消亡。諸侯惡其害己而皆去其籍，則焚書坑儒之象已兆於此矣。蓋人欲方熾，何所不可？第見先王之制，徒使人不快耳。始去其籍，欲快其意耳。不知其意欲快，人人欲快，大并小，强侵弱，後者効前，静者思動，盡破先王之制，而其國亦滅亡矣。秦并吞天下，并與〔二〕典籍、學士而焚滅之，快意不已。人人皆欲一快，

〔二〕「與」，四庫全書本作「舉」。

陳勝一倡，天下皆起，秦氏亦滅亡，此快意之効也。夫先王之制，所以爲治安之本也。皆守其制，則大不敢并小，强不敢侵弱，各安其分，豈不樂乎？且楚自以爲强大而滅陳、滅蔡、滅舒、滅庸，意亦快矣。不知楚之上又有大者而思快意焉，秦亦滅楚矣。秦自以爲强大，并吞六國，不知合天下之民，其强大又甚矣。秦既快意，天下各思快意，故卒受其禍。至於此時，方知先王典籍之不可去，而士大夫之不可殺耳。夫先王典籍所以如此之密者，蓋天理之自然而非私意所出也。詩曰：「上天之載，無聲無臭。儀刑文王，萬邦作孚。」可不信哉？

萬章問曰：「敢問友。」孟子曰：「不挾長，不挾貴，不挾兄弟而友。友也者，友其德也，不可以有挾也。孟獻子，百乘之家也，有友五人焉：樂正裘、牧仲，其三人，則予忘之矣。獻子之與此五人者友也，無獻子之家者也。此五人者，亦有獻子之家，則不與之友矣。非惟百乘之家爲然也。雖小國之君亦有之。費惠公曰：『吾於子思，則師之矣；吾於顏般，則友之矣；王順、長息則事我者也。』非惟小國之君爲然也，雖大國之君亦有

之。晉平公之於亥唐也，入云則入，坐云則坐，食云則食。雖蔬食菜羹，未嘗不飽，蓋不敢不飽也。然終於此而已矣。弗與共天位也，弗與治天職也，弗與食天禄也，士之尊賢者也，非王公之尊賢也。舜尚見帝，帝館甥于貳室，亦饗舜，迭爲賓主，是天子而友匹夫也。用下敬上，謂之貴貴；用上敬下，謂之尊賢。貴貴、尊賢，其義一也。」

余觀孟子論友，乃以天子、諸侯、大夫爲説，且其意專以有位者爲主。匹夫之賤，道德充於己，天子、諸侯、大夫欲友有不可得者。蓋友也者，友其故德也。儻其〔一〕德未足云，而挾長、挾貴、挾兄弟而来者，皆不可以言友也。孟獻子百乘之家而下友五人，其所以與之友者，以無百乘之富故也。使此五人者亦有百乘之富，則不與之友矣，是未免於有所挾而友也。費惠公爲小國之君，豈止百乘而已哉？而師子思，友顔般，事王順、長息，所與游者皆一時賢士，其所存可知矣。晉平公又大國之君，不止於小國而已。其友於亥唐也，入云則入，坐云則坐，食云則食，雖蔬食菜羹，未嘗不飽，亦可謂能下人矣。然王公之友，必與之共天位，治天職，食天禄。今平公徒以禮下人如一介之士，而不知王公之友不

〔一〕「其」，原作「惟」，據四庫全書本改。

止於此而已。昔魏文侯師子夏，事田子方，敬段干木，然其命相乃用翟璜、魏成，此所以名過於桓、文而其功不及五霸。晉平公之友亥唐，其似之矣。

堯，天下之君，不止於大國而已。其仁如天，其智如神，其德可謂盛矣！乃館舜于貳室，而堯亦饗舜之所設，迭爲賓主，是以至盛之德，至尊之位而友於匹夫也。使之徽五典、宅百揆、賓四門，豈如蔬食菜羹不敢不飽而已哉？舜以堯有至盛之德，故與之爲友，不然庶人召之役則往役，可也，豈敢與天子爲友哉？夫以貴賤論，則用下敬上，謂之貴貴；以大德論，則用上敬下，謂之尊賢。貴貴，所以明君臣之義；尊賢，所以大至公之道，兩者豈可偏廢哉？故曰：「貴貴、尊賢，其義一也。」孟子之意以當時之君皆好臣其所教，而不好臣其所受教。孟子寧就庶人之役，而不敢就諸侯之召。就庶人之役，貴貴也；不敢就諸侯之召，正其名也。因萬章之問，乃歷言天子、諸侯、卿、大夫之所謂友，則孟子之意蓋可知矣。

萬章問曰：「敢問交際何心也？」孟子曰：「恭也。」曰：「卻之卻之爲不恭，何

哉？」曰：「尊者賜之，曰：『其所取之者，義乎，不義乎？』而後受之，以是爲不恭，故弗卻也。」曰：「請無以辭卻之，以心卻之，曰：『其取諸民之不義也。』而以他辭無受，不可乎？」曰：「其交也以道，其接也以禮，斯孔子受之矣。」

萬章曰：「今有禦人於國門之外者，其交也以道，其餽也以禮，斯可受禦與？」曰：「不可。康誥曰：『殺越人于貨，閔不畏死，凡民罔不譈。』是不待教而誅者也。殷受夏，周受殷，所不辭也。於今爲烈，如之何其受之？」曰：「今之諸侯取之於民也，猶禦也。苟善其禮際矣，斯君子受之，敢問何説也？」曰：「子以爲有王者作，將比今之諸侯而誅之乎？其教之不改而後誅之乎？夫謂非其有而取之者盜也，充類至義之盡也。孔子之仕於魯也，魯人獵較，孔子亦獵較。獵較猶可，而况受其賜乎？」曰：「然則孔子之仕也，非事道與？」曰：「事道也。」「事道奚獵較也？」曰：「孔子先簿正祭器，不以四方之食供簿正。」曰：「奚不去也？」曰：「爲之兆也。兆足以行矣，而不行，而後去，是以未嘗有所終三年淹也。孔子有見行可之仕，有際可之仕，有公養之仕。於季桓子，見行可之仕也；於衛靈公，際可之仕也；於衛孝公，公養之仕也。」

視前一章孟子論友，及庶人召之役則往役之説，又何其嚴也；今觀交際，教之不改、獵較、行可、際可、公養之説，又何其寬也。大抵聖賢存心，無非忠厚，如元氣埏埴萬物，皆予生意。使小人微起一毫善端，聖賢則自此路而應接矣。其交以道，其接以禮，是其心已自善端中來，聖人則涵養其心，欣然而與之酬酢。齊王有易牛之心，孟子三宿而後出晝〔一〕者，眷眷此心也。儻其心不虚，其意不下，軒然以王公大人自高，自以爲盡善，則善端蔽障，聖賢自何而入哉？所以論友則不挾長，不挾貴，而君欲見之，召之，則不往。梁惠王自謂無如寡人之用心，孟子一去而不復留戀者，以是故也。至於其間曲折，萬章之問亦云悉矣。

請得而詳説之。萬章指交際而問曰：「此何心也？」其問可謂切矣。孟子直指之曰：「是恭也。」嗚呼！恭者，敬之發見也，其對亦切矣。萬章儻識此幾，省於言下，則當如曾子故事，應之曰「唯」。使如此應，則不失孟子之幾，乃不知觀省，又問曰：「郤之郤之爲不恭，何哉？」殊爲萬章惜也！

〔一〕「晝」，原作「行」，據四庫全書本改。

然且就萬章之意而卒其説。夫交際之心，孟子直指之爲恭，則郤其此心者，謂之不恭，復何疑哉？孟子知其失前所答之幾，故就其所問而答之曰：「尊者賜之，曰：『其所取之者，義乎，不義乎？』以是爲不恭，故弗郤也。」此又聖賢之指人，欲其自省，終不欲增損一毫芒，故曰：「君子深造之以道，欲其自得之也。」其意深矣，遠矣！夫尊者賜之，其交以道，其接以禮，吾當受其禮意可也。不是之顧，乃指摘瑕疵，軒然問之曰：爾之所取者義乎？不義乎？桀傲如此，何恭之有？使識其禮意，必受其餽而弗郤矣。

萬章猶不寤，乃曰：「請無以辭郤之，以心郤之，曰：『其取諸民之不義也。』而以他辭無受，不可乎？」夫其交以道，其接以禮，聖賢見其禮意，故涵泳酬酢之，非受其物也，受其禮意而已。使萬章寤孟子直指交際之心爲恭，則見夫交以道，接以禮，無不受之。唯其既失此幾，止用區區私見，以郤之爲是，而受之爲非，吁可憐也！且人以善心來，聖賢無不應答之，兒童如互鄉，叛人如佛肸，嬖寵如南子，聖人無不樂之，此心乃天地造化之心也。萬章學不到聖地，必欲求世俗之名，遂私見之謬，反覆喻之，終守其見。

然受孟子一指之力，雖不脱然省於言下，而其幾亦略變動矣。何以知之？其曰請無以辭卻之，又曰以他辭無受，是不欲直情徑行，而以善言答之也。此意頗有聖賢之風，而以心卻之之説，非聖賢之心也。故孟子直指〔一〕曰：「斯孔子受之矣。」孔子受之，汝欲不受乎？言至於此，萬章可以已矣。

萬章猶未脱然，固吝〔二〕私見，乃變其〔三〕端，以禦人交以道、接以禮爲問。孟子乃以康誥「罔不譈」爲對。余切疑之。夫佛肸、公山皆叛人也，其來召也，孔子猶欲往焉。使禦人果交以道，接以禮，有悔過之心，聖人亦將應接之，豈有終身不許其改過之理乎？孟子如是而答，豈以萬章初學，未可以語此乎？柳宗元、劉禹錫學未望聖門，乃與王叔文爲偶，此亦可以爲戒矣！姑留此疑以俟君子。

且就孟子之意以説之，以謂禦人乃凶盗劇賊，豈有聖賢與之酬酢乎？萬章得此語，以謂其意遂矣。輒以今之諸侯取民猶禦，而君子受其禮際，是與受禦同也。嗚呼！惟萬章

〔一〕「指」，原作「之」，據四庫全書本改。

〔二〕「吝」，四庫全書本作「執」。

〔三〕「其」，原作「問」，據四庫全書本改。

失孟子直指交際爲恭之幾，反覆不已，私意闊大，遂入於刻薄中。孟子乃以謂有王者作，將盡誅今之諸侯乎？抑將教之不改而後誅之乎？夫非其有而取之者，謂之盗，充取賦於民之數而增廣之者，謂之義之盡。今諸侯取於民，非所謂非其有而取之也，乃因其所可有之類而又增廣之耳，例謂之盗，豈不刻薄乎？萬章之心入於窄隘如此，故孟子以孔子獵較之説以大之。

萬章猶未寤也，意欲遂其私意，又疑孔子之仕。觀其意，欲以孔、孟爲非，庶得自遂其見，何其至愚如此也！故敢以孔子之仕爲非事道。夫聖人存心，見人有一善端，則深入其中而應接之，與之交臂執手，同登於九仞之上，以入聖賢之室而後已。魯人風俗，田獵禽獸，比較所得以祭祖先。祭祖先之心，此仁人君子之心也。聖人所以眷戀此心，與魯人游戲，使得爲善之路，以登大道之中焉。非事道而何？萬章淺陋，見其獵較；聖人廣大，見其善心。因其心爲祖先而設，乃簿正其器，取足於獵，不以四方之珍異爲貴，此欲其自盡力於祖先也。其教幽微，其義精妙，豈凡俗如萬章者所能知乎？萬章私意不息，猶以孔子其道不行於朝廷，乃至與魯人獵較，奚爲不去乎？萬章止知去耳，去止去耳，又何功用哉？其所以不去，必有以也。以獵較爲兆，使天下皆入於此幾，則將推此心而廣大之。凡政事號令，一皆如[一]簿正之法矣，天下奚足治乎？既形此兆，而不我用也，去之未晚矣。是以於齊、於楚、於衛諸國，未嘗有三年之淹也。夫孔子之心，見有善端者，無不接之。於季桓子秉政時，孔子攝相事，此桓子有善心，孔子可行道之時也，故行可之仕，以季桓子有善心也；衛靈公郊迎孔子，致粟六萬，此靈公有善心見於交際，可行道之時也，故際可之仕，以靈公有善心也；孝公以國君養賢之禮待孔子，此孝公有善心見於養賢，可行道之時也，故公養之仕，以孝公有善心也。善心之所在，孔子之所在也。鄙哉萬章！交以道，接以禮，以善心來。乃欲執私意，視之爲盜賊而卻之，此負石赴淵之流，聖賢之門無如是法也。

[一]「如」，原作「知」，據四庫全書本改。

張狀元孟子傳卷第二十五

孟子曰：「仕非爲貧也，而有時乎爲貧；娶妻非爲養也，而有時乎爲養。爲貧者，辭尊居卑，辭富居貧。辭尊居卑，辭富居貧，惡乎宜乎？抱關擊柝。孔子嘗爲委吏矣，曰：『會計當而已矣。』嘗爲乘田矣，曰：『牛羊茁壯，長而已矣。』位卑而言高，罪也；立乎人之本朝。而道不行，恥也。」

余觀孟子此章，士大夫仕宦，其可不審處乎？夫有爲貧而仕，有爲道而仕，不可不辨也。爲貧而仕者，以家貧親老也。其仕主於爲貧，不主於行道也。是故辭尊居卑，辭富居貧，抱關擊柝之職，皆所甘心焉。謹啓閉、嚴廵警[二]，其職盡矣。若治亂，非所與知也。是故簡兮之詩有「左手執籥，右手秉翟，赫如渥赭」之美；而君子陽陽有「左執翿，右招

[二] 「警」，原作「驚」，據四庫全書本改。

我遊敖，其樂只且」之説。蓋爲貧而仕，雖伶官之賤，有所不屑，盡執籥、執翿、秉翟之職，不愧其禄而已。其色如赭，其樂只且，蓋以無愧也。此詩所以謂之賢者，又謂之君子，以其爲貧而仕，無愧於心也。孔子爲貧而仕，嘗爲委吏，則會計〔二〕盡其職；嘗爲乘田，則牧養盡其職，聖人之道蓋在於此。若夫立乎人之本朝，乃爲行道而仕也，非爲貧也。致君澤民於堯、舜，措人人於太平，此其職也。諫不行，言不聽，膏澤不下於民，則當舍之而去。乃偃然在位，惟恐失之，天下可恥，莫大於此。故士君子知時之不可有爲，則委心俯首於抱關擊柝之賤，乘田委吏之職，伶官樂人之微，盡心其事，求禄以養親焉。不敢叨據公卿之位，恐道之不可行而爲天下之大恥也。嗚呼！聖賢大訓豈不昭灼？而鄙夫患失，夸者死權，以苟得爲心，以僥倖爲志，紆朱曳紫，擁節執圭，無一補於君民，乃自以謂得志，而不知其恥有過於市朝之撻也。孟子此意，以商鞅、騶忌、孫臏、蘇秦、張儀、稷下諸人立乎人之本朝，而以陰謀詭計、縱横捭闔、卓異荒唐爲事業，或竊相位，或坐輜車，或佩六印，或據康莊，揚揚以爲得計。以聖賢之道觀之，其恥有過於此者乎？然則士君子

〔二〕「計」，原作「稽」，據四庫全書本改。

仕宦爲貧，則當居米鹽筦庫之職，以無愧其心；爲道，則當堯、舜君民，太平一世可也，曷可妄據卿相之位乎？孟子爲賓師，則盤礴於齊，一爲齊卿，不旋踵而致仕，蓋爲此也。

萬章曰：「士之不託諸侯，何也？」孟子曰：「不敢也。諸侯失國，而後託於諸侯，禮也；士之託於諸侯，非禮也。」萬章曰：「君餽之粟，則受之乎？」曰：「受之。」「受之何義也？」曰：「君之於氓也，固周之。」曰：「周之則受，賜之則不受，何也？」曰：「不敢也。」曰：「敢問其不敢何也？」曰：「抱關擊柝者，皆有常職以食於上。無常職而賜於上者，以爲不恭也。」曰：「君餽之，則受之，不識可常繼乎？」曰：「繆公之於子思也，亟問，亟餽鼎肉。子思不悅。於卒也，摽使者出諸大門之外，北面稽首再拜而不受。曰：『今而後知君之犬馬畜伋。』蓋自是臺無餽也。悅賢不能舉，又不能養也，可謂悅賢乎？」曰：「敢問國君欲養君子，如何斯可謂養矣？」曰：「以君命將之，再拜稽首而受。其後廩人繼粟，庖人繼肉，不以君命將之。子思以爲鼎肉，使己僕僕〔二〕爾亟拜

〔二〕「僕」，原闕，據四庫全書本補。

也，非養君子之道也。堯之於舜也，使其子九男事之，二女女焉，百官牛羊倉廩備，以養舜於畎畝之中，後舉而加諸上位。故曰：王公之尊賢者也。」

此一篇大抵辨正名分，以爲士子辭受之大節。夫諸侯失國，當託於諸侯。黎侯寓于衛、淳于公寓於魯，是也。士非諸侯，無託於諸侯之理。然而朝不食，夕不食，飢餓不能出門戶，則將如之何？曰：周之則受，賜之則不受。又不可不辨也。

何謂賜？抱關擊柝之賤，皆有常職，既有常職，則當受賜。士非有職事也，何名以受賜哉？君大不能行吾道，又不能行吾言，而曰：使飢餓於我土地，吾恥之，待之如齊民一等，有賙給之義。此名之正者也，不得而不受。夫士不當託於諸侯，託於諸侯則犯分，故謂之非禮；士不當受賜，士而受賜則害義，故謂之不恭。夫禮義由賢者出，而託諸侯、受無名之賜，以犯先王之典刑，安得謂之士乎？然則不託於諸侯，不受賜於諸侯，非謂求名譽眩流俗也，不敢犯名教也。然先王之道，要在千古爲可行，非務爲沽激崖異，使人憔悴辛苦，如泄柳、段干木、屈原、申徒狄之見也。是故雖不可託於諸侯，不可受賜於諸侯，而有周之則受之路。名分既正，禮義不虧，退自等於齊民，進不犯於名教，此先王之道所以通萬古而無弊也。

然而周之之内尚有説乎？曰：有。其説如何？曰：國君有養賢之義。養賢亦周之之義，而又有大者也。其法如何？曰：以君命將之，吾則再拜稽首而受。其後廩人繼粟，庖人繼肉，不一一以君命來也。此養賢之法也。堯之於舜，使其子九男事之，二女女焉，百官牛羊倉廩備，以養於畎畝之中，是也。魯繆公雖得養賢之名，而不得養之法。何以言之？亟問子思，亟餽鼎肉。子思以爲鼎肉爾，使己僕僕亟拜也，豈養賢之道乎？於其卒也，摽使者出諸大門之外，稽首再拜而不受，曰：「今而後知君之犬馬畜伋。」是也。堯得養賢之義，而又得尊賢之義。其尊賢也，如之何？曰：使舜徽五典，宅百揆，賓四門，孟子所謂後舉而加諸上位是也。養賢至〔二〕此，此王公之道也。繆公既失養賢之義〔三〕，又有甚焉者。其甚焉者如之何？曰：「子思摽使者之後，臺臣自此不復以鼎肉來餽矣。」孟子所謂：「自是臺無餽也。」繆公不學甚矣！嗚呼！冉有以事爲政，孔子正之；桓子

〔二〕「至」，四庫全書本作「如」。
〔三〕「義」，四庫全書本作「道」。

以取爲假，孔子又正之。名分不可犯也。名分乃先王之道，不可干也。若孔子侍坐於哀公，賜之桃與黍焉，孔子先食黍而後食桃，左右皆掩口而笑。公曰：「黍者所以雪桃，非爲食也。」孔子對曰：「丘知之矣。夫黍者，五穀之長，郊禮宗廟以爲上。盛果屬有六而桃爲下，祭祀不用，不登郊廟。又聞之君子以賤雪貴，不聞以貴雪賤。今以五穀之長雪果之下者，是從上雪下，臣以爲妨於教害於義，故不敢。」公曰：「善哉！」夫黍桃微物，聖人食之，其先後有序，其名分不亂如此。則夫託於諸侯，受賜於諸侯，周之、養之、尊之，又豈可不辨乎？一亂其名，是謂敗名；一踰其分，是謂犯分。傷於教而害於義，將得罪於先王矣。由是知孟子之或見或不見，或受或不受，蓋皆傳孔子之心法。而世之君子輒疑之、非之，至詈之何哉！

萬章曰：「敢問不見諸侯，何義也？」孟子曰：「在國曰市井之臣，在野曰草莽之臣，皆謂庶人。庶人不傳質爲臣，不敢見於諸侯，禮也。」萬章曰：「庶人，召之役，則往役；君欲見之，召之，則不往見之，何也？」曰：「往役，義也；往見，不義也。且

君之欲見之也，何爲也哉？」曰：「爲其多聞也，爲其賢也。」曰：「爲其多聞也，則天子不召師，而況諸侯乎？爲其賢也，則吾未聞欲見賢而召之也。繆公亟見於子思，曰：『古千乘之國以友士，何如？』子思不悅，曰：『古之人有言：曰事之云乎？豈曰友之云乎？』子思之不悅也〔一〕，豈不曰：『以位，則子，君也；我，臣也。何敢與君友也？以德，則子事我者也，奚可以與我友？』千乘之君求與之友，而不可得也，而況可召與？齊景公田，招虞人以旌，不至，將殺之。志士不忘在溝壑，勇士不忘喪其元。孔子奚取焉？取非其招不往也。」曰：「敢問招虞人何以？」曰：「以皮冠。庶人以旃，士以旂，大夫以旌。以大夫之招招虞人，虞人死不敢往。以士之招招庶人，庶人豈敢往哉？況乎以不賢人之招招賢人乎？欲見賢人而不以其道，猶欲其入而閉之門也。夫義，路也；禮，門也。惟君子能由是路，出入是門也。詩云：『周道如砥，其直如矢；君子所履，小人所視。』」萬章曰：「孔子，君命召，不俟駕而行。然則孔子非與？」曰：「孔子當仕有官職，而以其官召之也。」

〔一〕「也」，原作「曰」，據四庫全書本改。

此一章辨庶人無見君之禮，而君有就見賓師之禮；庶人有往役之義，而君無挾貴友臣之義。何謂庶人無見君之禮？如在國曰市井之臣，在野曰草莽之臣，市井草莽皆謂庶人。庶人不執質爲臣，故無見君之禮。何謂君有就見賓師之禮？爲其多聞也，則天子不召師，如武王訪于箕子；謂其賢也，則先主訪于草廬，故君有就見賓師之禮。何謂庶人有往役之義？如傅説築于傅巖是也。何謂君無挾貴友臣之義？如子思不敢與繆公爲友是也。蓋友也，友其德也，不可以有挾也。使繆公德與子思同，則如堯之友舜，無不可也。儻德不及子思，論其分，則繆公爲君，子思爲臣，君無友臣之理；論其德，則有德者宜爲師，則繆公當事子思耳，不可以友言也。夫見賢人當以其道，故齊景公以大夫之招招虞人，虞人死不敢往，以招之非其物也。招虞人非其物，虞人尚不敢往，況招賢者非其道，賢人豈肯見乎？

然則招賢者之道爲〔一〕如何哉？禮義而已。禮爲賢者出入之門，義爲賢者所由之路。人君能不以富自驕，不以貴自大，虚心屈己，鞠躬下意，執賓主之禮，講師弟子之義，以見

〔一〕「爲」，四庫全書本作「當」。

賢者，此所謂招賢者之道也。然則孟子不見諸侯，非自大也，不敢犯名分也。人君不知就見之，而欲其犯名教而來見，是以非禮非義待孟子也。萬章之疑可以頓釋矣。故引「周道如砥，其直如矢；君子所履，小人所視」之詩爲證。夫砥以言其平，矢以言其直，君子所履平直之道，故不敢犯名分以見諸侯。小人視君子所履平直以爲法，故虞人亦知死於其職，不敢妄就大夫之招。萬章不悟，乃引孔子不俟駕爲説，可謂不類矣。夫孟子方與論庶人及賓師之説，非人臣之義也。孔子，聖人，難以庶人爲比矣。故曰：「孔子當仕有官職，而以其官召之也。」古人謹於名分如此，非私意也，皆天理之自然也。一犯其分，亂之道也。昔司士賁問於子游曰：「請襲於牀。」子游曰：「諾。」縣子聞之曰：「汰哉叔氏！專以禮許人。」夫唯諾一失節，君子得以譏之，況庶人無禄，輒犯有位之名分，而人君自大，敢忽賓師之名分哉？師友一道耳。師且不可以爲友，而庶人乃得與有官職者同乎？深味此義，其大矣哉！

孟子謂萬章曰：「一鄉之善士，斯友一鄉之善士；一國之善士，斯友一國之善士；

天下之善士，斯友天下之善士。以友天下之善士爲未足，又尚論古之人。頌其詩，讀其書，不知其人，可乎？是以論其世也。是尚友也。」

昔孔子繫乾之九五利見九二之大人，曰：「同聲相應，同氣相求；水流濕，火就燥，雲從龍，風從虎。」又曰：「本乎天者親上，本乎地者親下，則各從其類也。」明此一爻之意，則孟子論友可得而言矣。夫德有小大，故友有廣狹。德愈高則友愈遠。尚友古人者，非忽天下善士也；友天下善士者，亦非忽一國也；友一國善士，亦非忽一鄉也；友一鄉善士，非忽比閭族黨之間也，其勢自然也。使其德宜爲一鄉之師，而屈意友宜爲一比之師者，其念慮精神，言論風旨，長短不合，參差不齊。一比之師，將求其識慮足以師一比者爲友矣；而一鄉之師，亦將求其識慮足以師一鄉者爲友矣，此自然之故也。故同聲者，乃相應；同氣者，乃相求；水不得不流濕，火不得不就燥，雲之從龍，風之從虎，易位則無功用矣。是以性本乎天者，皆翔于雲衢；性本乎地者，皆群于藪澤，自然之理，不得不爾也。

然有志之士，豈肯以善足爲一鄉之師而止哉？深造自得，居安資深，必求爲一國之善士矣；豈肯以善足以爲一國之師而已哉？旦而又旦，新而又新，必求爲天下之善士矣；豈肯以善足以爲天下之師而已哉？旦而復旦，新而又新，必尚論古人而友之。古人往矣，吾何得而爲友也？是何言歟？昔狄仁傑謂獄吏曰：「方黄卷中對聖賢語，何暇與俗吏語耶？」此蓋頌詩讀書，想像其音容，髣髴其一二，如出乎其時，如對乎其人，攬其遺芬，味其餘嘬，而友之不止，此也。

又以其時考之，若西漢尚功名，而薛方獨尚名節，爲西漢第一人；東漢尚名節，而黄憲尚器度，爲東漢第一人；魏、晉尚浮虚，而卞壼獨尚忠孝，爲魏、晉第一人；有唐尚辭章，而韓愈獨尊經術，爲有唐第一人。然而自東漢以下，至李唐，求古人之超絶者如此，可以止乎？曰：未可也。其上又有人焉。其人爲誰？曰六國奇謀詭計，縱横捭闔，卓詭荒唐，而孟子獨守仁義，爲六國第一人。學至孟子，可以止乎？曰：未也。春秋尚霸道，孔子獨得堯、舜、文、武之道而變化之，爲自生民以來，群聖人中第一人。學至孔子，可以止乎？曰：未也。更當窮孔子無聲無臭，以謂上天之載者，而行乎中庸所謂尊德性而又道問學，而又致廣大，而又盡精微，而又極高明，極高明而又道中庸，道中庸而又温故而知新，敦厚以崇禮，即尊德性之謂也。循環往復，無有窮已。其參贊天地，調和陰陽，直餘事耳。詩曰：「惟天之命，於穆不已。」蓋曰天之所以爲天也；「文王之德之純」，曰文王之所以爲文也，純亦不已。天不已，文王不已。學孔子者其可已乎？此又孟子之遺意，余故表而出之。

齊宣王問卿。孟子曰：「王何卿之問也？」王曰：「卿不同乎？」曰：「不同。有貴戚之卿，有異姓之卿。」王曰：「請問貴戚之卿。」曰：「君有大過則諫，反覆之而不聽，則易位。」王勃然變乎色。曰：「王勿異也。王問臣，臣不敢不以正對。」王色定，然後請問異姓之卿。曰：「君有過則諫，反覆之而不聽，則去。」

余觀此一章，孟子因事而諫也。夫齊宣王問卿，孟子第當言卿之職可也，乃問王所問指何卿而問。王有卿不同之對，孟子即有貴戚、異姓之説，蓋齊宣之心以謂爵位吾所固有，晏然如日之在天，雖有失德，其如予何？故孟子對貴戚〔一〕反覆諫不聽，有易位之説，

〔一〕「貴戚」，原作「異姓」，據四庫全書本改。

正以中王自安之病也。王勃然變乎色，是易位正中其病，故心爲之動摇，色爲之變亂也。孟子第以「王勿異也。王問臣，臣不敢不以正對[一]」數語以愷康之。其語如春風和氣，自然悦樂。孟子造化乃如此之妙，始以易位變動其自安之心，終以數語開悦其忿怒之意。其變動也，肅然如秋；其開悦也，煖然似春。春秋造化之柄，盡在孟子奏對之間。學不如此，其能用天下乎？自易位之言一入齊王之心，初入則色變，既定則言深。想易位之言困於心，衡於慮；凡有念慮酬酢，其敢自肆乎？此齊宣所自知，非語言所能形容也。一言之益，其大矣哉！既又問異姓之卿，乃曰反覆諫不聽，則去。既而孟子不旋踵而去，夫反覆不聽，在異姓則去，在貴戚則將易位矣。齊王之心豈不岌岌乎？

張良嘗得此意矣。觀夫諸將偶語於沙上，高祖自複道而見之，以問張良。良曰：「陛下與此屬共取天下，今已爲天子，所封皆所愛故人，所誅皆平生仇怨。今軍吏計功，以天下爲不足用遍封，而恐以過失及誅，故相聚謀反耳。」上曰：「爲之奈何？」良曰：「取上所素不快，計群臣所共知最甚者一人，先封以示群臣。」於是高祖置酒，封雍齒，群臣

〔一〕「對」字下原有「王」字，據四庫全書本删。

皆喜，曰：「雍齒且侯，吾屬無患矣。」夫沙上偶語，未必謀反也。天下已定，高祖亦厭亂矣，故良因事納諫，以去高祖報怨之心，與孟子論貴戚易位之説同矣。余深觀孟子之學造化如此，故得以發之。

張狀元孟子傳卷第二十六

告子章句上

告子曰：「性，猶杞柳也。義，猶桮棬也。以人性爲仁義，猶以杞柳爲桮棬。」孟子曰：「子能順杞柳之性而以爲桮棬乎？將戕賊杞柳而後以爲桮棬也？如將戕賊杞柳而以爲桮棬，則亦將戕賊人以爲仁義與？率天下之人而禍仁義者，必子之言夫！」

異哉，告子之論仁義也！夫性，則仁義也。居之則爲仁，行之則爲義。仁義乃性之自然，非私意所能爲也。告子之意以謂性本無仁義，乃矯揉以成仁義耳，故有杞柳桮棬之說，又有以人性爲仁義之說，猶以杞柳爲桮棬之說。當其設辭譬喻，其大體則若無瑕，而其微處則大害名實。孟子學造淵微，識高宇宙，止以一語盡破其邪見，而仁義之路廓如也。其語安在？曰：將戕賊杞柳而後以爲桮棬是也。夫性即仁義，而杞柳非桮棬，欲爲桮棬，必斬杞柳而爲之。審如告子之説，欲爲仁義，亦將斬伐人性而爲之乎？告子其學簡略，其見偏頗，私立名言，撓亂大道。嗚呼！學不可不講也久矣！如告子論性之説，一時譬喻似若发揚聖學，爲足以矜式，然其微處乃害道如此。則君子之於學，其可語之不精，擇之不詳乎？易曰：「差之毫釐，謬以千里，故君子言必慮其所終，行必稽其所敝。」蓋謂是也。孟子之學深造自得，故見微知著，睹始知終，隘伯夷而不恭下惠，狄許行而禽獸楊墨，亦如於杞柳而知戕賊之失也。學不如是，何足以觀古今？

告子曰：「性猶湍水也，決諸東方則東流，決諸西方則西流。人性之無分於善不善也，猶水之無分於東西也。」孟子曰：「水信無分於東西。無分於上下乎？人性之善也，猶水之就下也。人無有不善，水無有不下。今夫水，搏而躍之，可使過顙；激而行之，可使在山。是豈水之性哉？其勢則然也。人之可使爲不善，其性亦猶是也。」

告子之論性，錯指習爲性；孟子之論性，乃性之本體也。觀其借水論性，以謂決諸東方則東流，決諸西方則西流，謂性隨所之而見爲善爲惡，初無分也。嗚呼！善惡，習也，安可以習爲性哉？孟子以「人無有不善，水無有不下」闢之，所謂天下之至論矣。夫人之性，即仁義禮智信也。以赤子入井卜之，則人性本體之善可知矣。是孟子之論善，非如告子與惡對立之善也，直指性之正體而言耳。然而叔魚之生也，其母視之，知其必以賄死；楊食我之生也，叔向之母聞其號也，知必滅其宗；越椒之生也，子文知若敖氏之鬼不食，何也？曰：此其氣習也，非性也。所謂習者，非一時之習，乃氣稟之習也。繁弱之矢，力之激也，必至百步而後止；江湖之水，風之激也，必至數日而後定。叔魚、食我之生，非性不善也，其習之深，正當其激而不已耳。孟子所謂「搏而躍之，可使過顙；激而行之，可使在山。是豈水之性哉？其勢則然也」。蓋指此而言耳。若夫后稷之生也，其母無災，其始匍匐也，則岐岐然嶷嶷然；文王之在母也，母不憂，既生也，傅不勤，既學也，師不煩。此人性之本也，此孟子之所謂善也。凡爲人類者，皆當如此。不幸而爲叔魚、食我者，非其性也，習也，正孟子所謂其勢則然也。然則何以直造性善之地哉？曰：

在講學。

告子曰：「生之謂性。」孟子曰：「生之謂性也，猶白之謂白與？」曰：「然。」「白羽之白也，猶白雪之白；白雪之白，猶白玉之白與？」曰：「然。」「然則犬之性，猶牛之性；牛之性，猶人之性與？」

孟子學入精微，思極深眇，所以隘伯夷不恭下惠，禽獸楊墨，妾婦儀秦，蚓仲子而貊白圭，狄許行而直夷之者，皆以其精微深眇，不可亂也。學而未至此，則必爲邪說所亂，暴行所移。告子之學，擇焉而不精，語焉而不詳，雷同苟簡，就所見而言，而不入於精微之義，不極乎深眇之思。至於以義爲外，以言爲先，不知探賾索隱、鈎深致遠乃儒者之學也。說者謂其出入儒墨之學，理或然也。觀其立言曰：「生之謂性。」夫有生皆有性，此言未爲過也。然人與草木鳥獸蟲魚等有生也，而其間草木之性與鳥獸不同，鳥獸之性與蟲魚不同；至於同是草木，而其間性亦自不同；同是鳥獸，同是蟲魚，其好惡嗜慾之性亦自不同。豈可以「生之謂性」一語，盡該天下萬物之性哉？孟子知其學不精微，思不深眇，必害名教，必陷偏頗，乃以語警之曰：「生之謂性，猶白之謂白與？」乃對之曰：「然。」果苟簡雷同。無所分析，至於如此。又問曰：「白羽之白也，猶白雪之白；白雪之白，猶白玉之白與？」又對之曰：「然。」是告子之意，以人與草木鳥獸蟲魚同一性也。豈非害名教而陷偏頗歟？夫白羽、白雪、白玉，雖等是白色，然比而觀之，其間不同處迥然與天地相遼。惟義入精微，思極深眇者，乃能分大體於錙銖，辨異同於毫末。事事如此，所以極天下之邪說，不能亂其心；舉四海之暴行，不能移其見。告子雷同如此，苟簡如此，宜乎以儒學墨，以義爲外，以言爲外，以言爲先也。誠如其所見，以白羽、白雪、白玉等爲一白，則其以犬之性爲牛之性，以牛之性爲人之性無疑矣。嗚呼！此豈非害名教而陷偏頗乎？使其說行，則人與禽獸一等耳。禽獸可獵，人亦可獵矣，此夷狄豺虎之見也。夫豺虎不分人獸，一等而食之。使人人如告子之見，去而莫反，遠而難追，則斯民將如何哉？爲血爲肉，同與禽獸登鼎俎而充滋味矣，豈不害事乎？荀卿有性惡禮僞之說，此亦學不精微，思不深眇，雷同苟簡之病也。不知其說一行，其弟子李斯祖述之，得志於秦。以性爲惡，乃行督責之政；以禮爲僞，乃焚六經之籍，坑天下之儒。荀卿亦豈謂其學遂至於此哉？故罪嬴秦者，當罪李斯；而罪李斯者，當罪荀卿；罪荀卿者，當罪其學不精微，思不深眇，遽立名言以亂天下。以荀卿而觀，則夫告子之説，孟子豈得不窮探而極詆哉？然則士大夫學問當如之何？武王曰：「惟天地，萬物父母；惟人，萬物之靈。亶聰明，作元后。」其分别如此，豈肯與人畜同一性哉？惜乎告子不之知也！

告子曰：「食色，性也。仁，内也，非外也；義，外也，非内也」。孟子曰：「何以謂仁内義外也？」曰：「彼長而我之，非有長於我也；猶彼白而我白之，從其白於外也，故謂之外也。」曰：「異於白馬之白也，無以異於白人之白也；不識長馬之長也，無以異於長人之長與？且謂長者義乎？長之者義乎？」曰：「吾弟則愛之，秦人之弟則不愛也，是以我爲悦者也，故謂之内。長楚人之長，亦長吾之長，是以長爲悦者也，故謂之外也。」曰：「耆秦人之炙，無以異於耆吾炙。夫物則亦有然者也，然則耆炙亦有外與？」

告子先以墨子之學亂其中，故所見顛倒，殆似不可告語者。此學非而博，順非而澤，言僞而辯，行僻而堅，執左道以亂政者，先王皆在所殺而不以聽。至於百家之説，申、商之學，非先王之書，悉禁無習者，董仲舒所以發憤也。告子遊孟子之門，爲日久矣，而左道之論、非聖之説略無忌憚，公然信之而不疑。嗚呼！不知在先王之世，明盛之朝，人可誅可禁之數乎？亦可怪也！然先王所以待之如此之嚴者，則以亂人心術，難遽洗除也。故曰：「生於其心，害於其事；作於其事，害於其政。」學士大夫可不以告子爲戒乎？夫食色，人欲也，乃指爲性，與前人牛同性之説合矣。今又昌言仁内非外，義外非内之説，以叩孟子，且有彼長我長，彼白我白，皆因於外之説，直以義爲外而不疑。學問乖疏，識見偏頗如此，良可憐也！孟子恐其人馬不辨，一等而長之，又從而白之，使人畜莫分，以害名教，故有無以異白馬之白、長人之長以箴之。且指義之極處而爲之言曰：「長者義乎？長之者義乎？」夫彼長我長，惟人爲然。使草木犬馬在長者之傍，彼豈知長者當尊敬乎？然則彼長我長，我長者果誰乎？當自知仁義之所在矣。乃執迷不反，遂非不悛，而曰：「長楚人之長亦長吾之長。」反覆無稽，紊亂名實。噫！長楚人之長，長吾之長，其長之者其誰耶？終日馳騖四海，奔走九州，認路人爲至親，而其家庭之間，堂寢之奥，父母兄弟之親，乃生平未曾識也，豈不顛沛乎？孟子憫之，故有秦炙吾炙之説，以指其歸。且耆炙者其誰耶？即長人之長者是也。炙有秦吾，而耆之者無秦吾；亦猶長有楚吾，而長之者無楚吾，隨所寓而見耳。使告子識耆之者，則識長之者，識長之者，則義之在内，夫復何疑？奈何邪説深入，淪肌膚而浹骨髓，豈易掃除乎？物則亦有然，謂耆炙之間亦有斯理也。學不精微，思不深眇，乃於日用處失之，可不爲之大哀邪！

孟季子問公都子曰：「何以謂義内也？」曰：「行吾敬，故謂之内也。」「鄉人長於伯兄一歲，則誰敬？」曰：「敬兄。」「酌則誰先？」曰：「先酌鄉人。」「所敬在此，所長在彼，果在外，非由内也。」公都子不能答，以告孟子。孟子曰：「敬叔父乎？敬弟乎？彼將曰：『敬叔父。』曰：『弟爲尸，則誰敬？』彼將曰：『敬弟。』子曰：『惡在其敬叔父也？』彼將曰：『在位故也。』子亦曰：『在位故也。庸敬在兄，斯須之敬在鄉人。』」季子聞之曰：「敬叔父則敬，敬弟則敬。果在外，非由内也。」公都子曰：「冬日則飲湯，夏日則飲水，然則飲食亦在外也？」

季子豈亦學墨者乎？何其見識顛沛，與告子同也。仁義禮智信皆性中發用，必欲以義爲外者，其意欲以尊敬爲外事，不知所以尊敬者出於誰耶？公都子對曰：「行吾敬。」亦可謂善對矣。季子乃有鄉人伯兄之問，又有酌則誰先之問。公都子有敬兄之對，又有先酌鄉人之對，皆名對也。季子見識顛沛，必欲紊亂是非，以遂其私説，亦可謂繆用其心矣！何以知之？觀其指所敬在此，指所長在彼，以謂義果在外，亦可笑矣！彼其敬之者、長之者自何而來耶？此理亦易明矣。公都子雖學於孟子，然而其學未入乎精微，其思未極乎深眇，一爲季子所亂，便茫然不知所答。孟子乃代答，其説有敬叔父敬弟之問，又逆知有敬叔父之對；又有弟爲尸則誰敬之問，又逆知有敬弟之對；又有惡在其敬叔父之問，又逆知其有在位之對；又有庸敬、斯須之敬以極其繆説。季子聞此發藥之論，可以盡弃鄙見，廓然入吾大道中矣。乃復執迷不復，遂非不悛，於無稽之中轉肆無稽。乃有「敬叔父則敬，敬弟則敬」，意以敬皆因外而生，又以其説爲得策，强自解曰：「義果在外，非由内也。」季子死矣，使其有靈，吾將提耳而誨之曰：敬之者虚空耶？墻壁耶？抑人耶？有人則有敬，是敬由人生，非虚空、墻壁能敬叔父敬弟也。不知人之所爲敬者自何而來乎？長者在前，尊敬之心肅然自生，必謂之外，可乎？公都子因孟子代答之說，其心了然不復疑閡。乃有冬日飲湯，夏日飲水之說，豈亦在外之對，大明敬之者在我而不在外，亦可謂入吾聖賢閫奧中矣。然則孟季子乃公都子之藥，不因季子無稽之問，何以得寤義之精微深眇處乎？彼季子固吝之病何時而可瘳也？哀哉！

公都子曰：「告子曰：『性無善無不善也。』或曰：『性可以爲善，可以爲不善。是故文武興，則民好善；幽厲興，則民好暴。』或曰：『有性善，有性不善。是故以堯爲君而有象；以瞽瞍爲父而有舜；以紂爲兄之子且以爲君，而有微子啓、王子比干。』今曰『性善』，然則彼皆非與？」孟子曰：「乃若其情，則可以爲善矣，乃所謂善也。若夫爲不善，非才之罪也。惻隱之心，人皆有之；羞惡之心，人皆有之；恭敬之心，人皆有之；是非之心，人皆有之。惻隱之心，仁也；羞惡之心，義也；恭敬之心，禮也；是非之心，智也。仁義禮智，非由外鑠我也，我固有之也，弗思耳矣。故曰：『求則得之，舍則失之。』或相倍蓰而無筭者，不能盡其才者也。詩曰：『天生蒸民，有物有則。民之秉彝，

好是懿德。』孔子曰：『爲此詩者，其知道乎！故有物必有則，民之秉彝也，故好是懿德。』」

孟子言性善，深合孔子之論，而超百家諸子之上。是其所見人人皆可以爲堯舜，其補於名教也大矣！告子以性爲無善無不善，此不識性之正體者也；或以謂性可以爲善，可以爲不善，以文武民好善，幽厲民好暴實之，此論染習，非言性也；或以有性善，有性不善，以堯爲君而有象，瞽瞍爲父而有舜，紂爲兄之子且以爲君而有微子啟、王子比干，此論氣習，非論性也。論染習，論氣習，與夫不識性之正體者，皆非善論性者也。其善論性者莫如孟子。夫孟子之所論性善者，乃指性之本體而言，非與惡對立之善也。夫性善何自而見哉？於赤子入井時可以卜矣。今人乍見孺子將入於井，皆有怵惕惻隱之心。怵惕惻隱忽然而發，已墮於情矣。性發爲情，乃爲怵惕惻隱；以情卜性，可以見其爲善矣。夫惻隱、羞惡、恭敬、是非，人皆有之，其用則爲仁義禮智，此性之所固有者，外物〔一〕豈能鑠之哉？然而至於不仁、不義、無禮、無智者，非天性也，特出於不思，墮於陷溺，卒使至美之才終爲弃物，吁可惜

〔一〕「物」，原作「務」，據四庫全書本改。

也！如告子輩不知，乃不能指其正體，而忍以私意紊亂之，可勝歎哉！使告子之説行，則善、不善皆無與於性。如或者前説行，則其罪一歸於君上而不知自責；如或者後説行，則善、不善皆歸於天而無與於人事。傷名敗教，莫此爲甚！惟孟子有性善之説，則人皆知本有堯舜之資，特出於不思耳。思之如何？求吾性善之本而已矣。使求之不已，一旦豁然，則耳目口鼻皆無虚弃，仁義禮智隨事發生，豈不大哉？故孟子有求得舍失、倍蓰無筭之説，欲人自盡其至美之才耳。且引詩物則、秉彝、好德以證其性善之説。夫有物必有則，夫物所以引吾善也。物者，情也。民之秉彝也，故好是懿德。夫秉彝，性善之謂也。故所好者無他，懿德而已矣。性善之論復何疑哉？荀卿、揚雄認人欲爲性，故或謂惡，或謂善，韓愈又分爲三品，皆聖門罪人也，惡足以知性？

孟子曰：「富歲，子弟多賴；凶歲，子弟多暴，非天之降才爾殊也，其所以陷溺其心者然也。今夫麰麥，播種而耰之，其地同，樹之時又同，浡然而生，至於日至之時，皆熟矣。雖有不同，則地有肥磽，雨露之養，人事之不齊也。故凡同類者，舉相似也，何獨

至於人而疑之？聖人與我同類者。故龍子曰：『不知足而爲屨，我知其不爲蕢也。』屨之相似，天下之足同也。口之於味，有同嗜也。易牙先得我口之所嗜者也。如使口之於味也，其性與人殊，若犬馬之與我不同類也，則天下何嗜皆從易牙之於味也？至於味，天下期於易牙，是天下之口相似也。惟耳亦然。至於聲，天下期於師曠，是天下之耳相似也。惟目亦然。至於子都，天下莫不知其姣也。不知子都之姣者，無目者也。故曰：口之於味也，有同嗜焉；耳之於聲也，有同聽焉；目之於色也，有同美焉。至於心，獨無所同然乎？心之所同然者何也？謂理也，義也。聖人先得我心之所同然耳。故理義之悦我心，猶芻豢之悦我口。」

孟子見天下之人皆天地之德，陰陽之交，鬼神之會，五行之秀氣。深知人性善，超然異於群生；深識先王所以設爲學校，以輔相裁成之意；深識以聖賢孝友之資，而至於爲愚不肖。所以有堯舜與人同之説，有聖人與我同類之説，有牛山之喻，有不能盡其才之歎，使孟子得志，將取三代學校之制，擇其可行於時者行之。高者，使由此爲聖賢；下者，猶不失爲孝友必矣。其爲學校也，如之何？自禮樂射御書數而教之，以至於格物、知至〔一〕、誠意、正心、修身、齊家、治國、平天下，夫何有不肖之人乎？故有富歲多賴〔二〕，凶歲多暴之説。富歲，即先王之時；凶歲，即六國之時也。又有麰麥之説，其推而極於聖人與我同類之説。又引龍子之説，引易牙之説，天下之口相似、耳相似之説。又充而極於口同嗜，耳同聽，目〔三〕同美，心同然之説。其意止謂人皆可以爲聖人耳。夫心同然，則性善之説也。以其性善，故心所同然者，理也，義也。何謂理？何謂義？理即義之本體，義即理之見於用者。惟性善可以悦理義，悦理義所以可以爲聖人也。且麰麥之豐耗，以地肥磽、雨露、人事之不齊；子弟之善暴，以富歲凶歲之不齊；則人之爲聖賢愚不肖，則以學與不學之不齊。使地有高下，均得雨露栽培，則麰麥何爲而不豐？使人之常心均得遇富歲以自適，則子弟何爲而不善？人之善性均得學校之教育，則天下何爲而不爲聖賢孝友哉？嗚呼！孟子性善，故見聖人與我同類；荀卿性惡，故至李斯而焚書坑儒，行督責之政，而秦遂至於亡。則夫孟子之學真得孔子之正統者歟！

〔一〕「知至」，四庫全書本作「致知」。
〔二〕「賴」，原作「善」，據四庫全書本改。
〔三〕「目」，原作「身」，據四庫全書本改。

孟子曰：「牛山之木嘗美矣，以其郊於大國也，斧斤伐之，可以爲美乎？是其日夜之所息，雨露之所潤，非無萌蘖之生焉，牛羊又從而牧之，是以若彼濯濯也。人見其濯濯也，以爲未嘗有材焉，此豈山之性也哉？雖存乎人者，豈無仁義之心哉？其所以放其良心者，亦猶斧斤之於木也，旦旦而伐之，可以爲美乎？其日夜之所息，平旦之氣，其好惡與人相近也者幾希，則其旦晝之所爲，有梏亡之矣。梏之反覆，則其夜氣不足以存；夜氣不足以存，則其違禽獸不遠矣。人見其禽獸也，而以爲未嘗有才焉者，是豈人之情也哉？故苟得其養，無物不長；苟失其養，無物不消。孔子曰：『操則存，舍則亡；出入無時，莫知其鄉。』惟心之謂與？」

昔伯樂見鹽車之馬而增歎，卞和抱荆山之璞而悲泣，則以千里之馬而乃屈於鹽車，連城之璧而乃埋於塊石故也。馬、玉乃乘駕操執之用耳，識者尚爲之眷眷。况仁義禮智皆生於人，其用固有大於玉與馬者，而世無識者，使淪胥陷溺爲愚不肖，可不爲之大哀耶！天下皆以民爲無知，民爲至愚，民爲蚩蚩，而孟子獨見其爲天下之至寶，人人具有仁義禮智之性，人人可以爲士君子，爲聖人。上之人不知保護愛惜，使仰不足以事父母，俯不足以畜妻子。或使之爲盜賊，或陷之於刑罰，或驅之於死地，以快其并兼進取之心；或坑四十萬於長平，或斬二十四萬於伊闕，以取英雄謀策之名。遂使斯民無復聞聖賢之學，而朝不謀夕，放意於愚不肖之地，以自苟其平生。孟子静觀默察，欲援之於聖賢之域而不可得，徒發於嘯歌言語，以遂其區區之志焉。此所以有牛山之喻，有日夜所息，雨露所潤，萌蘖之生之説，又有斧斤之伐，牛羊之牧之説，此蓋言山之性無非美材，而困於牛羊斧斤之壞，不得遂其性也。又有存乎人者，豈無仁義之心之説；有放其良心，猶斧斤於木之説；有日夜所息，平旦之氣，與人相近之説；又有旦晝梏亡之説，有夜氣不存，其去禽獸不遠之説。此蓋言人有仁義之心，而時君世主不知教養之，而乃有前數者之病。雖其日夜之所息，心開智長，童冠勝於幼年，四十勝於三十，其平旦之氣清明静一，亦知善之可好，惡之可惡。然自平旦之後，接物遇事，父垂老而母多病，妻號寒而兒啼飢，而又下[一]有權謀以道其詭詐，上有吞并以啟其鬬爭。自朝至夕，無復人理，去而復來，止而又作，如桎梏之拘係，左右先後進退前卻而不得少休息

[一]「下」，原作「上」，據四庫全書本改。

於仁義之地。旦晝已過，事則已矣，夜氣之生，無所抑遏，宜得遂志於天與之仁義矣。然而梏亡之甚，猶江湖之浪，風雖息而勢未定，繁弱之矢弓已弛而力方來，夜氣微薄，豈能當此旦晝梏亡之勢乎？是以萝寐紛紜，境色顛沛，凡理不當爲而事害名教者，皆安行而樂爲之。其去禽獸特夢覺之間耳，相去幾何哉？事至於此，則亦已矣。嗚呼！世之士不探其本心而觀其末迹，乃以謂民無知，民至愚，民蚩蚩，未嘗有聖賢之才，豈不厚誣天下乎？夫山本有美木，人本有仁義之心。斧斤牛羊凌踐斬伐，使美木無自而生，安可誣山爲無美木乎？非禮非義軒輊推挽，使仁義無自而生，安可誣人爲無仁義乎？使山有厲禁，牛羊不得而入，則干雲蔽日之材，可以爲明堂之用矣；使人有教育，非禮非義不到其前，則聖賢孝友可以爲國家之用矣。故又有「苟得其養，無物不長；苟失其養，無物不消」之説，又引孔子操存舍亡，惟心之謂之説，夫心有何物哉？仁義而已矣。有禮義以涵養之，則所謂操也，將見仁義不可勝用矣；無禮義以防範之，則所謂舍也，將見愚不肖隨在而有矣。心出入有何時哉？操養之，則可使至於聖賢；背舍之，則可使極於愚不肖。嗚呼！以天下爲心者，其於斯民豈可忽哉？於孟子之言，亦惡可不三復而味之哉！

張狀元孟子傳卷第二十七

孟子曰：「無或乎王之不智也。雖有天下易生之物也，一日暴之，十日寒之，未有能生者也。吾見亦罕矣，吾退而寒之者至矣，吾如有萌焉何哉？今夫奕之爲數，小數也；不專心致志，則不得也。奕秋，通國之善奕者也。使奕秋誨二人奕，其一人專心致志，惟奕秋之爲聽；一人雖聽之，一心以爲有鴻鵠將至，思援弓繳而射之，雖與之俱學，弗若之矣。爲是其智弗若與？曰：非然也。」

此一段深憫齊宣爲沈同、陳賈、王驩及稷下諸子所壞也。夫沈同、陳賈以兵謀進，王驩以寵幸進，淳于髡、田駢、慎到以卓詭荒唐之説進，惟孟子一人獨以堯舜之道啓沃齊宣耳。指易牛爲王者之心，齊宣悟於言下，有戚戚之説，不可謂無其萌也。使齊宣一意孟子，盡聽其所爲，如陳賈、沈同、王驩、稷下諸人一皆聽孟子之號令，一則孟子，二則孟子，如齊桓之任管仲。朝夕晏見無非正心誠意之學，而因物而省，因機而會者，又非一事。則易牛之心加於百姓，刑于四海，堯舜之道坦然在前，直而趍之，不復回顧。率諸侯事周王以復文武之緒，夫何難之有？惟孟子進，則易牛之心見；孟子退，而沈同、陳賈、王驩、稷下諸子各以其私雜然並進，則易牛之心或亂於兵謀，或亂於寵幸，或亂於卓詭荒唐之説，此一暴十寒之喻，孟子所以昌言而不隱也。是則孟子進，則齊宣之智明；孟子退，而沈同之徒進，則昏昏不辨，每見其不智也。且夫學奕者尚貴乎專心致志，豈有欲治天下國家，不一意於聖賢，而雜以衆小人之論，其能治乎？孟子嘗以此意，有一齊人傅之，衆楚人咻之之説，殆亦爲齊王而發也。嗚呼！

孟子曰：「魚，我所欲也；熊掌，亦我所欲也，二者不可得兼，舍魚而取熊掌者也。生，亦我所欲也；義，亦我所欲也，二者不可得兼，舍生而取義者也。生亦我所欲，所欲有甚於生者，故不爲苟得也；死亦我所惡，所惡有甚於死者，故患有所不辟也。如使人之所欲莫甚於生，則凡可以得生者，何不用也？使人之所惡莫甚於死者，則凡可以辟患者，何不爲也？由是則生而有不用也，由是則可以辟患而有不爲也。是故所欲有甚於生者，所惡有甚於死者，非獨賢者有是心也，人皆有之，賢者能勿喪耳。一簞食，一豆羹，得之則生，弗得則死。嘑爾而與之，行道之人弗受；蹴爾而與之，乞人不屑也。萬鍾則不辨禮義而受之。萬鍾於我何加焉？爲宮室之美，妻妾之奉，所識窮乏者得我與？鄉爲身死而不受，今爲宮室之美爲之；鄉爲身死而不受，今爲妻妾之奉爲之；鄉爲身死而不受，今爲所識窮乏者得我而爲之，是亦不可以已乎？此之謂失其本心。」

此一章專主羞惡而言，行羞惡之心，則義不可勝用矣。夫以平居而論，莫重於死生；以羞惡而論，莫重於義。士大夫當以義爲重，以義爲重，則以死生爲輕。王衍拜石勒，哥舒翰降安禄山，李元平拜李希烈，此皆以死爲重。而異時深入微眇之説，掃除青海之英、高談闊論之資，皆掃地矣。顔杲卿罵安禄山，顔真卿死李希烈，段秀實以笏擊朱泚，此皆以義爲重，而彼凶威虐燄、長刀大戟、烈火沸湯，視之如平地矣。王衍以下，至今爲士大夫唾罵，皆羞道而喜攻之。至聞杲卿諸公之名，見杲卿諸公之像，則端心凝慮，肅容正冠，再拜稽首，瞻仰跂慕，恨不得與之同時，親見其人焉。以是而觀，死生爲重乎？義爲重乎？此孟子所以有舍生取義之説，而反覆比較，以謂生亦我所欲，然所欲有甚於生者，其惟義乎！義之可欲有甚於生，吾敢爲苟得耶？死亦我所惡，然所惡有甚於死者，其惟不義乎！不義可惡有甚於死，吾何敢辟患耶？然羞惡之心人皆有之，非獨賢者有是心也。特識輕重，不爲死生所亂耳。何以知人皆有羞惡之心哉？簞食、豆羹，得之則生，弗得則死，是性命係於此矣。然嘑爾而與之，行道之人寧飢死而弗受，以嘑爾之非禮，吾寧餓死耳；蹴爾而與之，雖乞人寧餓死而不以爲意，以蹴爾之非禮，吾寧餓死耳。是羞惡之心人皆有之。以羞惡爲重，故以死生爲輕。雖行道、乞人之無知，亦知所輕重矣，而况士大夫哉？夫能辨禮義，弗受於簞食；而不辨禮義，受之於萬鍾。向也瀕於死而不受，今也爲宫室、妻妾、所識而受，何於簞食時而見禮義如此之明，而於萬鍾時見禮義如此之暗乎？豈非失向來之本心乎？此孟子所以深指羞惡之心人人具有，第識之於逆，而違之於順耳。逆順雖不同，其害禮義一也。簞食嘑爾蹴爾，此非禮義之見於逆意也，故雖行道、乞人皆能辨之；萬鍾之來，其名甚美，此非禮義之見於順意也，故雖士大夫之高明者亦墮其中焉。此無他，逆意者切於心，故雖行道、乞人，羞惡自然而見；順意者亂其位，故雖士大夫，亦陷溺而不知焉。是則遇逆意者，不待於學而自明；至於順意之事，非學造精微者不能不惑也。惟致知格物之學，以誠意正心修身齊家治國平天下，則非禮義之來自順自逆，如伯樂之識馬，卞和之識玉，其駑駘下乘，珉石珷玞，豈能亂吾之智思乎？故欲舍生取義，而不爲逆順所亂而失其本心者，不可不講學也。此又孟子之遺意。

孟子曰：「仁，人心也；義，人路也。舍其路而弗由，放其心而不知求，哀哉！人有雞犬放，則知求之；有放心，而不知求。學問之道無他，求其放心而已矣。」

孟子談仁義其微眇如此，學者不可不辨也。夫以人心爲仁，則凡目之所以視，耳之所以聽，鼻之所以嗅，舌之所以嘗，四體之所以知苛痒者，皆出乎心，心即仁也。儻遡流而上，惟精惟一，惟時惟幾以究之，一旦人欲斷絶，心之正體发見，然後知仁果人心也。然而大體已見，未有功用也。由此順流而下，以其所以發見者坐照萬理之所在，森然如通邑大都，東西南北，高揭明示，膏車結駟以往來乎其間。或進或退，或出或處，無所蹊徑背馳以失其本宗者，此所謂「義，人路也。」夫有仁然後有義，使義不自仁中來者，不爲爲我之義，則爲孑孑之義，爲火妻灰子之義，軒然以人欲爲之，不知已悖於道矣。讀孟子者當加意焉，當讀之曰：「仁，人心也；義，人路也。」則知所謂義者自仁中出也。夫人皆有是心，心皆有是路，然而舍其路而弗由，放其心而不知求，此孟子所以哀之也。然欲由其路，當求其心。心本是仁，放之於聲色，放之於貨利，放之於驚懼間，則人欲爲主，顛倒錯亂，如日月本明，爲雲霾曀霧所蔽，則所向皆昏暗矣。惟雲霾一斷，曀霧四開，則本體光輝照臨天下，九州、寰海、五嶽、四瀆皆碁分星布，整整乎不可亂矣。故學者有志於道，不憂人路之不明，但憂人心之未覺。學問之道，所以止在求其放心，而無與於求路也，則以路自心中出，義自仁中來故也。夫世之所謂學問者，止知講書五車，揮毫萬字爾，不知聖賢之門不以此爲高也。孟子今曉然指之曰：「學問之道無他，求其放心而已。」所謂無他者，當加意識之，不當苟簡也。此蓋言所以爲學問者，此心不可少動也。於不動處，本心見焉，求其放心莫此爲徑。求者誰乎？於不動處求之者，則不必思馳宇宙，力竭歲時，而人心得矣。此學者當自體之，非余言語所能辨也。

嗚呼！孟子之談仁如此，而世之儒者止欲以愛恕兩字爲仁，豈不小乎？識孟子人心之仁，然後知「克己復禮」，「其言也訒」，「居處恭，執事敬，與人忠」，以至恭寬信敏惠，與夫博學、篤志、切問、近思之所以爲仁矣。其徑如此，而學者不加意焉，豈不悲夫！

孟子曰：「今有無名之指，屈而不信，非疾痛害事也，如有能信之者，則不遠秦楚之路，爲指之不若人也。指不若人，則知惡之；心不若人，則不知惡，此之謂不知類也。」

孟子曰：「拱把之桐梓，人苟欲生之，皆知所以養之者。至於身，而不知所以養之者，豈愛身不若桐梓哉？弗思甚也。」

此二章孟子言人拙於見近而工於見遠也。心近於一身，身近於桐梓，愈近則愈忽，愈遠則愈工，何哉？心地不明，不識輕重之義也。夫心比身，則心爲近；身比桐梓，則身爲近。今惡指不若人而不知惡心不若人，愛桐梓而養之而不知愛身而養之，其顛沛如此，則以身心太近而不見也，使之見心之可惡如見指之可惡，見身之可愛如見桐梓之可愛，何患其身心之失路哉？惟其太近而不見，所以知惡指而不知惡心，知愛桐梓而不知愛身也。然則以何道而使之見心如見指，見身如見桐梓乎？曰：無他道焉，反所以見指與見桐梓者，默觀其心之念慮、身之履踐爲如何。凡念慮之起，履踐之初，皆察其始，察其終，察其微，察其著，使念慮無所逃，履踐無所失，則邪妄滅迹，仁義油然而生矣。凡一毫之惡，皆在所惡而去之；一毫之善，皆在所愛而護之，久而念慮皆正，履踐皆明，心爲仁義之宗，身由仁義之路，而聖賢所藴一皆印於念慮履踐間耳，豈不盛哉？孟子言知惡指而不知惡心，知愛桐梓而不知愛身，而未言其所以處之者當如何，意欲學者自得也。故余發孟子未言之意，以告吾黨之士云。

孟子曰：「人之於身也，兼所愛。兼所愛，則兼所養也。無尺寸之膚不愛焉，則無尺寸之膚不養也。所以考其善不善者，豈有他哉？於己取之而已矣。體有貴賤，有小大。無以小害大，無以賤害貴。養其小者爲小人，養其大者爲大人。今有場師，舍其梧檟，養其樲棘，則爲賤場師焉。養其一指而失其肩背，而不知也，則爲狼疾人也。飲食之人，則人賤之矣，爲其養小以失大也。飲食之人無有失也，則口腹豈適爲尺寸之膚哉？」

聖王之世，天下之士皆以養心爲先；六國以來，天下之士例以養身爲主。養心者，自禮樂射御書數直而上之，以格物、知至〔二〕、誠意、正心、修身、治國、平天下，可謂識所養矣；養身者，恣口腹之欲，快聲色之奉，列第康莊，坐謀輜車，腰佩六印，手揖雙璧，軒然以爲榮耀，可謂失所養矣。夫仁義禮智皆生於心，而以身履踐之，然後爲聖賢君子。今乃以所以養心者養其身，至無尺寸之膚不愛，無尺寸之膚不養，而不知一體之間有貴有賤，有小有大。以貴賤論，則心爲貴而身爲賤；以小大論，則心爲大而身爲小。養身而不知養心，則爲小人，爲不善養者矣；養心而薄於養身，則爲大人，爲善養者矣。此孟子有賤場師之説，又有狼疾人之説，又有飲食之人之説，此蓋深譏養身而不知養心者也。自古聖賢，如吾孔子飯蔬飲水，曲肱而枕，養其身者止如此耳，乃曰「樂亦在其中」，不知所謂樂者自何而來哉？顏子一簞食，一瓢飲，在陋巷，養其身者止如此耳，乃曰「不改其樂」，不知所謂樂者自何而來哉？惟其所以樂者在心而不在身，此所以爲聖爲賢，爲萬世標的也。且曰「吾嘗終日不食，終夜不寢」，養身者肯如此乎？又曰「士志於道而恥惡衣惡食者，未足與議」，養身者肯信此乎？使六國之士以其陰謀權變、縱横捭闔、卓詭荒唐

〔二〕「知至」，四庫全書本作「致知」。

之説以邀養身之具者，移以養其心，則心所念慮，心所願欲，心所趍鄉，一皆知其所自起而辨其所自來。或闔或闢，或變或移，使邪心妄慮不得投其隙，則聖王之用皆將得之於一心之間矣。惜哉！其倒置而不知自反也！此孟子所以爲養身養心之説以憐當世之士焉。

公都子曰：「鈞是人也，或爲大人，或爲小人，何也？」孟子曰：「從其大體爲大人，從其小體爲小人。」曰：「鈞是人也，或從其大體，或從其小體，何也？」曰：「耳目之官不思，而蔽於物，物交物，則引之而已矣。心之官則思，思則得之，不思則不得也。此天之所與我者，先立乎其大者，則其小者弗能奪也。此爲大人而已矣。」

心體至大，惟思能入之。蓋心之官爲思，以思爲官，則心爲主矣。耳之官爲聽，目之官爲視，心之官爲思。耳目之官其職在視聽，而無思在其中，則視爲色所引，聽爲聲所引。一入聲色中，則聲色爲主，而視聽不見矣。聲色，物也，以聲色爲主，則是以物爲主矣。以聲引聲，以色引色，奔馳流蕩，去而莫挽，往而莫來，其爲小人也必矣。是以善學者任思而不任視聽，其視也以思視，故其視明；其聽也以思聽，故其聽聰。凡耳之所聽，目之所視，鼻之所嗅，口之所嘗，一以思爲主，是故行乎聲色臭味之中而不爲聲色臭味所亂。當聲色臭味之未經乎前也，吾則思其所以思者其誰耶？惟精惟一，惟時惟幾，一旦恍然霧除，霍然雲消，思慮皆斷，而心之大體見矣。然後知吾之所以爲天者在此。天既在我，卓然群物之上，卷舒闔闢，變化轉移，無往而不爲大。向來聲色臭味皆爲吾用而不能爲吾害，是故以視而制禮，以聽而作樂，以鼻之嗅者、口之嘗者出而爲進賢退不肖之用，亦何往而不大哉？孟子直指思以示人，可謂有功於聖學矣！然而孟子之言非私意也，乃天理也。此「思曰睿，睿作聖」所以載於九疇。

孟子曰：「有天爵者，有人爵者。仁義忠信，樂善不倦，此天爵也；公卿大夫，此人爵也。古之人修其天爵，而人爵從之。今之人修其天爵，以要人爵；既得人爵，而棄其天爵，則惑之甚者也，終亦必亡而已矣。」

此一章言士君子當識所輕重也。古之君子禮樂射御書數，知仁聖義、忠和孝友、睦婣任恤，體之於心，行之於身，形之於家，布之於鄉，以謂爲士君子法當如是。不謂比長書之，閭師族師書之，州長又書之，鄉大夫又獻之於天子，公卿大夫來臨，不容有辭也。豈士君子敢忽公卿大夫之尊爵哉？蓋爲士君子當知所先後，當知所輕重。仁義忠信、樂善不倦，此天所以貴我者，此我之所可勉也；公卿大夫，此人所以貴我者，吾何容心哉？人固可欺，而天不容有僞。故公卿大夫如商鞅、孫臏、騶忌、蘇秦、張儀、沈同、陳賈、王驩、稷下諸人，皆可以陰謀權變、縱横捭闔、卓異荒唐之説取之，豈非所謂人爵者耶？然人既得以貴之，亦得以賤之。故以公卿大夫爲貴，一旦小不合意，天子發怒，收其印綬，還其職事，則栖栖一庶人耳，豈非人可得而賤之乎？惟仁義忠信、樂善不倦，此事在我而不在人，取之愈有，酌之不竭，養之不盈方寸，舒之可充四海。旦而復旦，新而又新，充實光輝，則謂之大人；大而化之，則謂之聖人；聖不可知，則謂之神人。天子不能奪，諸侯不能取，其與公卿大夫之爵等級爲如何哉？此所以謂之天爵也。然而古之人修其天爵，如前三代之士，知造大人、聖人、神人之域而已，公卿大夫之名，其來其去一切任之，初無心於其間也，此所以謂之從之。從之者，任之也。當孟子時，人皆以賊心而修天爵，其意在要人爵而已。以穿窬之心假仁義忠信之行，此天之所誅者也。惟其初心之不正，此所以既得人爵而天爵亡矣。如夏侯勝以謂：「士患不明經，經術苟明，取青紫如拾芥耳。」夫明經術所以窮聖賢之心以證吾心也，而勝乃意在青紫，豈非穿窬之心乎？桓榮陳車馬於庭曰：「稽古之力也。」夫稽古亦所以窮聖賢之心以證吾心也，而桓榮意在得車馬，豈非穿窬之心乎？且商賈之蓄金玉穀帛，乘時射利，以要倍稱之息，人莫不鄙之。豈有爲士大夫明經稽古，而意在於邀取青紫、鈎索車馬乎？是乃裨販經術，懋遷古道，以取倍稱之富貴也，良可鄙哉！此風既成，道義益薄，稍有行孟子天爵之説者，世必共詆而力誹之。然而士君子當求知於心而已，求知於心，是求知於天也。區區紛憒，何足介意哉？此又不可不辨也。

孟子曰：「欲貴者，人之同心也。人人有貴於己者，弗思爾。人之所貴者，非良貴也。趙孟之所貴，趙孟能賤之。詩云：『既醉以酒，既飽以德。』言飽乎仁義也，所以不願人之膏粱之味也；令聞廣譽施於身，所以不願人之文繡也。」

此一章孟子深尊良貴而止天下奔競之心也。夫以公卿大夫爲貴而求之，不以道取之，非其義，爵則尊矣。静觀其身，有犬彘之不如者，竟亦何爲哉？天下有良貴，其惟人之心乎？夫耳目口鼻未足貴也，其所以用耳目口鼻者乃良貴也。故孟子以謂人人有貴於己者，所以指用耳目口鼻也。用耳目口鼻其誰哉？心而已矣。誠使以思而入之，惟精惟一，惟時惟幾，一旦豁然，念慮皆斷，心之本體見矣。居之則爲仁，由之則爲義，聞于衆聽則謂之令聞，譽于衆口則謂之廣譽。天下之貴其有過於此乎？夫公卿大夫之貴，上得以予之，亦得以奪之。天下之良貴與生俱生，誰得而予奪之乎？是故取之而愈有也，酌之而不竭也。雖衣襏襫，儼然有山龍之尊；雖操耒耜，肅然有圭璧之重；飯糗茹草，初不異於膏粱；蓽門圭窬，初不間於廊廟；雖眇然匹夫之賤，而傾然有王公大人之嚴。人之有貴於己者，其以是乎？孟子又引「既醉」之詩爲證，又有不願人之膏粱之味，不願人之文繡之説，豈夸大以眩世俗哉？天下之良貴，其法如是耳。是故舜「慎徽五典，五典克從；納于百揆，百揆時叙；賓于四門，四門穆穆。」夫子之得邦家者，所謂「立之斯立，道之斯行，綏之斯來，動之斯和」。何以使人如此哉？則以良貴所及，無往而不爲貴也。天下樂事乃有如此之大者，舉在於我，士君子何惜不一經營耶？

孟子曰：「仁之勝不仁也，猶水勝火。今之爲仁者，猶以一杯水，救一車薪之火也；不熄，則謂之水不勝火，此又與於不仁之甚者也。亦終必亡而已矣。」

孟子曰：「五穀者，種之美者也；苟爲不熟，不如荑稗。夫仁亦在乎熟之而已矣。」

前一章指齊宣王而言，後一章指爲仁者之法，不可不細考也。齊宣王易牛之心，猶一杯之水也；其闢土地，朝秦楚，莅中國，撫四夷之欲，猶一車薪之火也。推易牛之心以刑于寡妻，至于兄弟，以御于家邦，以至老吾老以及人之老，幼吾幼以及人之幼，則仁術遠大，進取之心自然消亡矣。孟子一指之下，端坐不行，不知見於運用施於四海，而謂仁不能勝不仁，區區易牛之心亦將淪胥矣。可勝哀哉！爲齊宣計，既悟易牛之心於言下，以此致知、格物、誠意、正心、修身、治國、平天下。凡飲食寢處，出入起居，顛沛造次，無不以易牛之心運用之，使心與機會，機與心通，日復一日，新而又新，放諸四海而準，塞乎天地之間。其斂而藏之也，不見其盈；其廓而充之也，不見其闕，如此則仁之機用熟矣。齊宣獨有易牛之心，而不能習熟往來，使於日用間無非此道。是猶有五穀美種，而無雨露之潤，耕耨之功，使成功廢於半塗，反不若荑稗之充飢也。既得仁之美種，當如農夫，實方實苞，是薦是蓘，薅荼蓼，去螟蠈，鋤稂莠，灌以滋澤，沃以土膏，使根深而苗〔二〕秀，脉潤而體堅，則千倉萬箱，可以爲一家慶矣。齊王儻能保此端緒，戒此驕盈，薅利欲之荼蓼，去邪説之螟蠈，除左右之稂莠，日灌禮義之滋澤，日沃師友之土膏，使易牛之心見於面，盎於背，施於四體，溢于中國，施及蠻貊。天之所覆，地之所載，日月所照，霜露所墜，凡有血氣者莫不尊親，則仁之道大熟，而其利充塞天下矣。嗚呼！乃知克己復禮之外又有熟之説也。此於穆不已，所以爲文王；坐以待旦，所以爲周公；終夜不寢，所以爲孔子；未見其止，所以爲顔子也。學豈有止法哉？

孟子曰：「羿之教人射，必志於彀；學者亦必志於彀。大匠誨人，必以規矩；學者亦必以規矩。」

學有要處，學而不知其要，雖終日孜孜，終年矻矻，至老且死，竟〔三〕亦何所得哉？夫

〔二〕「而苗」，原作「苗而」，據四庫全書本改。
〔三〕「竟」，原作「徑」，據四庫全書本改。

射之要在彀，百工之要在規矩。志在於彀，則有中微及遠之功；審規矩之宜，則天下之方圓皆自此而出矣。然則學者之彀與夫規矩之宜，其何在乎？亦曰心而已矣。夫天下萬事皆自心中來，使自禮樂射御書數以養此心，然後致知格物誠意以正此心。此心既正，則修身、齊家、治國、平天下無不可矣。是心者，射之彀，而百工之規矩也。論其大體，則天地陰陽皆自此範圍而變理，論其大用，則造化之功，幽眇之巧，皆自此而運動。學而不求其心，雖誦書五車，揮毫萬字，賦逼淩雲，才高吐鳳，於聖賢之道，天下國家之用，何所濟乎？顔子於孔門三千人中獨稱爲好學，達不如賜，果不如由，藝不如求，不知求所謂學者果如何哉？深考其原，特不遷怒，不貳過，專意積精於正心之學耳。一旦發爲邦之問，夫子乃以〔二〕三代禮樂告之，是待以王佐之才也。嗚呼！士大夫不學則已，學，舍正心，其何自入乎？孟子反覆借喻，以羿之教，大匠之誨，彀與規矩之説，意亦深矣！故余斷以正心之説，发孟子之遺意。

〔二〕下衍一「以」字，據四庫全書本删。

張狀元孟子傳卷第二十八

告子章句下

任人有問屋廬子曰：「禮與食孰重？」曰：「禮重。」「色與禮孰重？」曰：「禮重。」曰：「以禮食，則飢而死；不以禮食，則得食，必以禮乎？親迎，則不〔一〕得妻；不親迎，則〔二〕得妻，必親迎乎？」屋廬子不能對，明日之鄒以告孟子。孟子曰：「於答是也何有？不揣其本而齊其末，方寸之木可使高於岑樓。金重於羽者，豈謂一鈎金與一輿

〔一〕「不」，原無，據四庫全書本補。
〔二〕「則」字下原有「不」字，據四庫全書本删。

羽之謂哉？取食之重者，與禮之輕者而比之，奚翅食重？取色之重者，與禮之輕者而比之，奚翅色重？往應之曰：『紾兄之臂而奪之食，則得食；不紾，則不得食，則將紾之乎？踰東家墻而摟其處子，則得妻；不摟，則不得妻，則將摟之乎？』

此一章所問甚鄙，而對有禮之輕者，奚翅食重、色重之説。以行道之人弗受、乞人不屑之義考之，疑非孟子所對。問端鄙甚，無足解者，姑置之勿論。

曹交問曰：「人皆可以爲堯舜，有諸？」孟子曰：「然。」「交聞文王十尺，湯九尺，今交九尺四寸以長，食粟而已，如何則可？」曰：「奚有於是？亦爲之而已矣。有人於此，力不能勝一匹雛，則爲無力人矣；今曰舉百鈞，則爲有力人矣。然則舉烏獲之任，是亦爲烏獲而已矣。夫人豈以不勝爲患哉？弗爲耳。徐行後長者謂之弟，疾行先長者謂之不弟。夫徐行者，豈人所不能哉？所不爲也。堯舜之道，孝弟而已矣。子服堯之服，誦堯之言，行堯之行，是堯而已矣；子服桀之服，誦桀之言，行桀之行，是桀而已矣。」曰：「交得見於鄒君，可以假館，願留而受業於門。」曰：「夫道，若大路然，豈難知

哉？人病不求耳。子歸而求之，有餘師。」

曹交軀幹雄偉，而當一世學權謀詭詐、縱横捭闔、卓異荒唐之時，乃獨超然以堯舜爲問，亦可謂豪傑之士矣。然其間有食粟之説，自傷其無能也。孟子乃以匹雛、百鈞、烏獲、爲與不爲之説以大之，且徑指以堯舜之道，幾無餘藴。説者謂曹交，君弟也，理或然矣。何以知之？孟子告以「堯舜之道，孝弟而已矣。」而獨指弟而言不及於孝，豈非就曹交日用處徑指之哉？夫徐行後長者時，此心雍容優裕，即堯舜之道也；疾行先長者時，此心凌忽凶傲，即桀之道也。堯之服，雍容優裕之服也；堯之言，雍容優裕之言也；堯之行，雍容優裕之行也。服堯之服，以雍容優裕被於身；誦堯之言，以雍容優裕養其氣；行堯之行，以雍容優裕接於事，則吾自頂至踵，其體皆堯矣。孟子語之以此，豈非交資質之美與儀容相副乎？交一聞此言，便欲假館以安孟子，而願受業於門。不知有何所見，遽慕戀如此哉？則知曹交當時所得，有精神之造，言意之表，一迎而自解者，非言語所能形容也。孟子知其得於言下，故指之以此道今若大路然，豈難知哉？病在不求耳。子今既得路矣，歸而求之，豈不有餘師？師即吾心也。取之愈有，挹之不竭，子何假於人也？此又孟子欲其自得之也。夫士大夫之學莫若親近聖賢，其所得蓋有非書策所能寫者。如曾子一唯，子張書紳，齊宣王戚戚，滕文公不忘，曹交遽欲受業，皆一時解會，有不能自已者。故善言者曰：「閑習禮度，不若式瞻儀刑；諷味遺言，不若親承音旨。」蓋謂此也。然而聖賢之不世出也久矣，吾將如之何？曰：誦其詩，讀其書，不知其人可乎？玩語言之味，而眇眇乎聖賢之淵源，如孔子學琴，因音聲而見文王之形容者，斯亦聖賢之遺法也。余又表而出之。

公孫丑問曰：「高子曰：『小弁，小人之詩也。』」孟子曰：「何以言之？」曰：「怨。」曰：「固哉，高叟之爲詩也！有人於此，越人關弓而射之，則己談笑而道之；無他，疏之也。其兄關弓而射之，則己垂涕泣而道之；無他，戚之也。小弁之怨，親親也。親親，仁也。固矣夫，高叟之爲詩也！」曰：「凱風何以不怨？」曰：「凱風，親之過小者也；小弁，親之過大者也。親之過大而不怨，是愈疏也；親之過小而怨，是不可磯也。愈疏，不孝也；不可磯，亦不孝也。孔子曰：『舜其至孝矣，五十而慕。』」

觀六經者當先格物之學，格物則能窮天下之理，天下之理窮，則知至、意誠、心正、身修、家齊、國治、天下平矣，而况觀六經乎？蓋六經之言，皆聖賢之心也。吾自格物先得聖賢之心，則六經皆吾心中物耳。如是以論六經，則可否、與奪、抑揚、高下，迥出常情之外，超然照見千古聖賢之心。惟孟子之學如此，所以論詩與當時士大夫絶不相同，而合千古聖賢之意。且高子當時號爲明詩者也，然而以私見論詩，而不知以天理明詩。以私見論詩，故以小弁爲小人之詩，其意以此詩「有何辜于天？我罪伊何？」「行有死人，尚或墐之」，「君子信讒，如或醻之」，「君子不惠，不舒究之」之語，以謂其有怨親之言也。孟子以天理觀詩，見夫孺子之不見父母也，則悲棲哽咽，哭泣號咷，無物可以解其心者；既見父母，則且愠且笑。以此觀之，怨乎？慕乎？曰：慕也。慕不深則怨不極。大舜號泣于旻天，小弁不見悦於親，其酸辛悲苦，蓋所以慕親也。故孟子有越人其兄關弓之喻，且斷小弁之怨爲親其親之説。非孟子深明天理，何以知小弁之心如此哉？則夫格物之學，其六經之原也。公孫丑猶以私意誦詩，且問凱風何以不怨？凱風特無以慰父母耳，非若小弁得罪于親也。親可輕易怨乎？親之過小，遽有「何辜于天」之語，是忿厲之氣，不孝之子也。親之過大而不怨，是待之如路人，亦不孝之子也。惟深知格物之學，明天理之歸，則或怨或不怨，皆知心之所由歸矣。孟子不信雲漢之詩，無取武成之策，獨信其所得之學，而可否詩、書之言，其見識超邁，豈常情所可跂及也？固哉！高叟何足以議此乎？余因孟子論詩，乃推格物之學，以爲觀六經者之訓。

宋牼將之楚，孟子遇於石丘。曰：「先生將何之？」曰：「吾聞秦楚構兵，我將見楚王説而罷之。楚王不悦，我將見秦王説而罷之。二王我將有所遇焉。」曰：「軻也請無問其詳，願聞其指。説之將何如？」曰：「我將言其不利也。」曰：「先生之志則大矣，先生之號則不可。先生以利説秦楚之王，秦楚之王悦於利，以罷三軍之師，是三軍之士樂罷而悦於利也。爲人臣者懷利以事其君，爲人子者懷利以事其父，爲人弟者懷利以事其兄。是君臣、父子、兄弟終去仁義，懷利以相接，然而不亡者，未之有也。先生以仁義説秦楚之王，秦楚之王悦於仁〔一〕義，而罷三軍之師，是三軍之士樂罷而悦於仁義也。爲人臣者懷

〔一〕「仁」，原作「以」，據四庫全書本改。

仁義以事其君，爲人子者懷仁義以事其父，爲人弟者懷仁義以事其兄，是君臣、父子、兄弟去利，懷仁義以相接也。然而不王者，未之有也。何必曰利？」

孟子居鄒，季任爲任處守，以幣交，受之而不報。處於平陸，儲子爲相，以幣交，受之而不報。他日由鄒之任，見季子；由平陸之齊，不見儲子。屋廬子喜曰：「連得間矣。」問曰：「夫子之任見季子，之齊不見儲子，爲其爲相與？」曰：「非也。書曰：『享多儀，儀不及物曰不享，惟不役志于享。』爲其不成享也。」屋廬子悦。或問之。屋廬子曰：「季子不得之鄒，儲子得之平陸。」

大道之行，聖賢出處，天下信之而不疑。如伊尹五就湯，五就桀，自後世觀之，畎畝之夫驟加進用，豈不爲往來反覆、刺探窺伺之士乎？然湯安之，天下安之，雖桀亦安之而無少疑者，則以大道素明也。世衰道微，人各以私智自奮，不復尊信聖賢，以閭閻、下俚、駔儈、牙校之見上疑聖賢。嗚呼，吾道之難行亦已久矣！夫聖賢一出、一處、一默、一語、一見、一否皆循天理之自然，豈私情而可測哉？而屋廬子遊聖賢之門，乃陰伺默窺，以小人之見誣度孟子，且喜曰：「連得間矣。」此誠何心哉？夫聖賢所爲一一當道，使天下後世皆爲矜式，乃可喜也。今以孟子之任見季子，爲其守一國之權；之齊不見儲子，爲其爲相，此何等猥下之見！就使孟子如屋廬子之説，屋廬子當傷之可也，何喜之有？是樂人爲不善也。遊聖賢之門而操心如此，良可傷哉！而不知聖賢之見與不見皆自有説。昔淳于髡見梁惠王，屏左右獨坐，而再見之，終無言也。惠王怪之，客以語髡，髡曰：「固也。吾前見王，王志在驅逐；後復見王，王志在音聲，吾是以默然。」客具以報，王大駭曰：「嗟乎！淳于先生誠聖人也！前先生之來，有獻善馬者，寡人未及視，會先生至；後先生之來，有獻謳者，未及試，亦會先生來。寡人雖屏人，然私心在彼。」淳于一無稽之士，猶能承意觀色如此，況孟子學造精微，思入淵眇，其於人之神情，豈不能探賾索隱、鈎深致遠哉？故有「儀不及物」之説。然則其見與不見，季任、儲子之處心積慮，蓋孟子自知之。屋廬子不知何所見而悦也，且遽有「季子不得之鄒，儲子得之平陸」之説，此又以私意度之也。孟子之意豈謂是哉？余不敢盡發，留以待君子闡揚之，庶幾知聖賢不可以私智臆度也。

淳于髡曰：「先名實者，爲人也；後名實者，自爲也。夫子在三卿之中，名實未加於上下而去之，仁者固如此乎？」孟子曰：「居下位，不以賢事不肖者，伯夷也；五就湯，五就桀者，伊尹也；不惡汙君，不辭小官者，柳下惠也。三子者不同道，其趍一也。一者何也？曰：仁也。君子亦仁而已矣，何必同？」曰：「魯繆公之時，公儀子爲政，子柳、子思爲臣，魯之削也滋甚。若是乎賢者之無益於國也！」曰：「虞不用百里奚而亡，秦繆公用之而霸。不用賢則亡，削何可得與？」曰：「昔者王豹處於淇，而河西善謳；緜駒處於高唐，而齊右善歌；華周、杞梁之妻善哭其夫，而變國俗。有諸内必形諸外，爲其事而無其功者，髡未嘗覩之也。是故無賢者也，有則髡必識之。」曰：「孔子爲魯司寇，不用，從而祭，燔肉不至，不税冕而行。不知者以爲爲肉也，其知者以爲爲無禮也。乃孔子則欲以微罪行，不欲爲苟去。君子之所爲，衆人固不識也。」

聖賢視天理以爲去就，豈常情所可測哉？淳于髡不量力，不度德，以人欲而窺天理，以凡俗而議聖賢，多見其不知量也。夫聖賢所趣，各自有路，論其所歸，皆循天理而已。如伯夷之清，伊尹之任，下惠之和，雖所趣不同，要皆歸於天理而已。仁者，天理也。安可是伯夷而非伊尹、下惠？亦安可是下惠、伊尹而非伯夷哉？孔子於天理中又造化在其間，故可以仕，可以止，可以久，可以速，盡兼三聖之所造而時出〔一〕之，則又非世俗之所知矣。孟子，學孔子者也，其去其就又出乎三聖之外。三聖去就尚皆歸於仁，況孟子去齊，豈非仁者當如是乎？髡徒事脣脂，聶聶咕咕，安以先名實後名實之説，欲置孟子於不仁之地。豈有聖賢所爲，反爲淳于髡輕重乎？孟子有何必同之論。語已塞矣，不自知其不學，乃引公儀休、泄柳、子思爲問，以爲賢無益人之國，意蓋譏詆孟子，欲以取勝也。無稽庸鄙至此，何足與語乎？聖賢道襟德量，廣大宏濶，有誘人之心，無絶人之意，故以百里奚爲對，庶幾知賢者功用雖小，尚足以扶持頽弊，保護社稷，安可謂之無益也？髡亦可以已矣。其心爲理所奪，倉皇迫急，不復以義理爲問，乃大肆無稽，援引非類，以謂世無賢者，良可笑也！夫賢者，德之可久，業之可大，上配乎乾，下配乎坤。乃引謳歌雜流婦女恩怨，如王豹、緜駒，華周、杞梁之妻，以謂孟子不如此輩之有功，是何等鄙論

〔一〕「出」，原作「昔」，據四庫全書本改。

也！夫仁人者，謀其義[二]不謀其利，明其道不計其功。管仲九合諸侯，一正[三]天下，而曾西之所羞比，則是功利之不足道，而道德之可尊也。審如髡所言，曹操、司馬懿豈曰無功？自今觀之，果何如人哉？此曾西所以不敢遽比子路，而仲尼之門，五尺之童羞談霸道也。髡不以道觀孟子，而以功論聖賢，是何凡俗鄙猥之流哉？孟子引孔子之去魯以燔肉，微罪而行，其心不欲置魯於大過之地，尚使賢者之肯來其國，與夫交絶無惡聲，黜妻可再嫁之義同。其忠厚仁慈，幾與天地等。聖賢存心如此，豈衆人所能知哉？此余所以謂淳于髡以人欲而窺天理，以凡俗而議聖賢，多見其不知量也。嗚呼！聖賢所爲皆自有道，而世俗小人不自知其不學，動加詆訾，呼吸同類，唱和成風，使聖賢不得少施其所藴，哀哉！

孟子曰：「五霸者，三王之罪人也；今之諸侯，五霸之罪人也；今之大夫，今之諸

[二]「謀其義」，四庫全書本作「正其誼」。
[三]「正」，四庫全書本作「匡」。

侯之罪人也。天子適諸侯曰巡狩，諸侯朝於天子曰述職。春省耕而補不足，秋省斂而助不給。入其疆，土地辟，田野治，養老尊賢，俊傑在位，則有慶，慶以地。入其疆，土地荒蕪，遺老失賢，掊克在位，則有讓。一不朝，則貶其爵；再不朝，則削其地；三不朝，則六師移之。是故天子討而不伐，諸侯伐而不討。五霸者，摟諸侯以伐諸侯者也，故曰：五霸者，三王之罪人也。五霸，桓公爲盛。葵丘之會，諸侯束牲、載書而不歃血。初命曰：『誅不孝，無易樹子、無以妾爲妻。』再命曰：『尊賢育才，以彰有德。』三命曰：『敬老慈幼，無忘賓旅。』四命曰：『士無世官，官事無攝，取士必得，無專殺大夫。』五命曰：『無曲防，無遏糴，無有封而不告。』曰：『凡我同盟之人，既盟之後，言歸于好。』今之諸侯，皆犯此五禁，故曰：今之諸侯，五霸之罪人也。長君之惡其罪小，逢君之惡其罪大。今之大夫，皆逢君之惡，故曰：今之大夫，今之諸侯之罪人也。」

孟子學造精微，思入淵眇，静觀古今之變，如仰觀十二次二十八舍之在天，俯察五嶽四瀆滄溟之在地，得以品題名目之。如析木、大火、角、亢、氐、房、華、嵩、泰、衡、江、河、淮、濟，一經討論，千古是之，不可少變，其盛矣哉！如目五霸爲三王罪人，今之諸侯爲五霸罪人，今之大夫爲今之諸侯之罪人，閲實按據，科別區分，摠其罪而立其目，因其目而條其心，不知自何處見其然，何處得其要。余以是知學造精微而思入微眇也。其罪之著，不煩訓解，一讀可知。獨「逢君之惡，其罪大」，不可不辨也。以此知孟子不深罪當時之諸侯，而罪商鞅、孫臏、騶忌、蘇秦、張儀、沈同、陳賈、王驩及稷下諸子也。如伐燕之謀，王未有此心，而沈同發之；既齊王甚慙，而陳賈解之，則以惡逢迎人君之欲，於此可見。前後左右皆此輩流，所以使孟子有一暴十寒之喻，有衆楚人咻之之喻。是則諸侯所以爲五霸罪人，五霸所以爲三王罪人。端本清源，當案當時大夫之罪爲渠魁可也，此蓋春秋之法也。余又〔二〕因以發之。

魯欲使慎子爲將軍。孟子曰：「不教民而用之，謂之殃民。殃民者，不容於堯舜之世。一戰勝齊，遂有南陽，然且不可。」慎子勃然不悦曰：「此則滑釐所不識也。」曰：「吾明告子。天子之地方千里，不千里，不足以待諸侯。諸侯之地方百里，不百里，不

〔二〕「又」，原作「大」，據四庫全書本改。

足以守宗廟之典籍。周公之封於魯，爲方百里也；地非不足，而儉於百里。太公之封於齊也，亦爲方百里也；地非不足也，而儉於百里。今魯方百里者五，子以爲有王者作，則魯在所損乎？在所益乎？徒取諸彼以與此，然且仁者不爲，况於殺人以求之乎？君子之事君也，務引其君以當道，志於仁而已。」孟子曰：「今之事君者曰：『我能爲君辟土地，充府庫。』今之所謂良臣，古之所謂民賊也。君不鄉道，不志於仁，而求富之，是富桀也。『我能爲君約與國，戰必克。』今之所謂良臣，古之所謂民賊也。君不鄉道，不志於仁，而求爲之强戰，是輔桀也。由今之道，無變今之俗，雖與之天下，不能一朝居也。」

孟子以帝王之道觀戰國時，其風俗所尚，議論所及，無一合於道而善於民者。苟可以致其意，莫不罄盡底藴而告之，其用心亦已切矣。夫魯欲使愼子爲將軍，孟子預憂其闢土地，充府庫，約與國，戰必克，以殺人爲功業，首喻以不教民以禮樂而用之以征戰者，其名曰殃民。殃民者，堯舜所不赦也。正使大國如齊，王〔一〕一戰勝之，遂有齊南陽之地。以先王之法論之，亦所不可，况未必勝乎？勝與不勝，使兩國之民肝腦塗地，骨肉離

〔一〕「王」，四庫全書本作「今」。

散，父哭其子，子哭其父，兄哭其弟，弟哭其兄，以至妻哭其夫，其亦何忍乎！慎滑釐之意本在征戰，聞孟子之言，遽有「滑釐不識」之語。嗚呼！甚氣象傲很如此，此豈可與之言乎？自常人之情觀之，智者則默而不容，恃血氣者則辭氣怫鬱，與之較勝負矣。孟子乃意態閑暇，神情雍容，遂有「吾明告子」之言，有天子地方千里，諸侯地方百里，周公、太公封魯封齊，地極有餘，而止於百里之説。夫先王之制皆自天理中造化，多之則起侈大之心，小之則有狹隘之刺，随功高下而建置之，豈可少變乎？魯今方百里者五，是大違先王之制。使明王復興，魯當在所損，今又欲益之乎？雖不動一戈，不頓一甲，徒手而取之，猶犯先王之禁，而仁者不爲，况於殺人而求之乎？君子之事君，務以堯舜之道引其君於仁厚之地。所謂堯舜之道者，即所謂植桑種田，育雞豚，畜狗彘，謹庠序，修孝弟，使老者衣帛食肉，黎民不飢不寒，不負戴於道路，不轉死於溝壑是也。以此道引君，而遊乎仁厚之地，豈非士君子所當爲乎？觀孟子之言，略無忿怫之心，其道襟德量，超越常情甚矣！

孟子因慎子又感發當時事君之徒，而世俗所謂良臣者，闢土地，充府庫，如商鞅之徒；約與國，戰必克，如蘇秦之徒，而以古先哲王之時論之，皆謂之民賊耳。君不知鄉堯舜之道，不知志堯舜之仁，而求富之，求爲之强戰，是率民脂膏以富桀，殺人父子以輔桀，此何等風俗哉？孟子静觀，儻不大有變更以移易當時邪僻之見，由當時之所謂道，不變當時之風俗，雖得當時之天下，正如赴水蹈火，不可一朝居也。然則孟子之意將何在乎？將行堯舜之道，如植桑種田等事，且變天下風俗，使之父子相保，兄弟相扶，室家相好，鄉閭、族黨、親戚、朋友相往來，酒醴、牛羊、雞豚、狗彘相宴樂而已矣。若夫行一不義，殺一不辜，如當時之所謂良臣者，雖得天下，不爲也。聖賢之心蓋可見矣。

張狀元孟子傳卷第二十九

白圭曰：「吾欲二十而取一，何如？」孟子曰：「子之道，貉道也。萬室之國，一人陶，則可乎？」曰：「不可，器不足用也。」曰：「夫貉，五穀不生，惟黍生之。無城郭、宮室、宗廟、祭祀之禮，無諸侯幣帛饔飧，無百官有司，故二十取一而足也。今居中國，去人倫，無君子，如之何其可也？陶以寡，且不可以爲國，况無君子乎？欲輕之於堯舜之道者，大貉小貉也；欲重之於堯舜之道者，大桀小桀也。

讀此一章，乃見先王制作皆因天理之自然而爲之，如井田之法、學校之制、什一之征，窮天地貫古今不可改也。增之一毫則民病，損之一毫則國病。且夫伏羲畫八卦，止於乾、坎、艮、震、巽、離、坤、兑而已，至文王，方演之爲六十四卦。當黄帝、堯、舜時，止用八卦而已，而孔子繫易曰：「刳木爲舟，剡木爲楫，舟楫之利以濟不通，致遠以利天

下，蓋取諸渙。」「服牛乘馬，引重致遠，蓋取諸隨。」以至取諸大壯，

取諸大過，何也？蓋十三卦雖未演，而其象數已兆於冥冥之中矣，有待而發見也。以是

而觀，天理自然如此，則先王什一之制是猶十三卦之定數也。使學不到聖人則已，學造聖

人，必井田，必學校，必行什一之法，以至凡聖人車輿、服御、罇罍、俎豆，必一一行

之。雖時有不同，其「通其變使民不倦，神而化之使民宜之」之理，酌當今之所可行而通

變之，以合古今聖賢之心。蓋凡聖王法度，皆自其心中造化，一得聖王之心，則其法度必

自合於聖王之心。其法當如是也。如所謂「行夏之時，乘商之輅，服周之冕，樂則韶舞」，此

蓋聖人之心既見，則其觀時會通，參酌通變，爲此一王之法，亦猶十三卦之象數也，其可

變哉？白圭何人，乃欲以私智變先王什一之法，而爲二十取一之制？論其心，雖欲寬

民；論其法，乃出私智。一出私智則入夷狄中矣。嗚呼！私智之害人也如此。

孟子慮其不解也，故歷爲剖析，使知先王之心不可以輕易窺也。故有「萬室之國，一

人陶」之問，有夷貉「五穀不生，惟黍生之」之說，又有無城郭、宮室、宗廟、祭祀之

說，又有無諸侯幣帛饔飧，無百官有司之說，此蓋言夷貉特禽獸然耳。法度苟簡，二十而

一，何爲而不可？中國人倫所出，君子所居，天下倚人倫君子以治者也。紀綱肅然，法度粲然，猶天之有星辰，地之有河嶽。聖賢君子接踵而生，仁慈温厚，雍熙輯睦，風雅雍容，什一之法所以爲國之計也。而區區奮私智效夷貉以干譽於民，而廢養君子之法，豈所謂知道者乎？故又有輕堯舜之道者，爲大貉小貉；重堯舜之道者，爲大桀小桀之説。夫堯舜之道疑若難明矣，而止在什一中可見。則夫上下安帖，君民尊泰，不至有餘以害民，亦無不足以妨〔一〕公者，此正堯舜之道也。以此求之，則思過半矣。孟子指易牛爲王者之心，指好色、好貨、好勇、與百姓同之爲公劉、太王、文、武之心，今又指什一爲堯舜之道，其爲學者計亦切矣。士大夫有志斯道者，其於孟子安可忽乎？

白圭曰：「丹之治水也愈於禹。」孟子曰：「子過矣。禹之治水，水之道也。是故禹以四海爲壑，今吾子以隣國爲壑。水逆行，謂之洚水。洚水者，洪水也，仁人之所惡也。吾子過矣。」

〔一〕「妨」，原作「防」，據四庫全書本改。

余觀白圭傳，見其有「人弃我取，人取我弃」之説，載其能薄飲食，忍嗜欲，節衣服，與用事僮僕同苦樂，趨時若猛獸鷙鳥之發。故曰：「吾治生産猶伊尹、吕尚之謀，孫吴用兵，商鞅行法是也。」是故其智不足與權變，勇不足以決斷，仁不能以取予，彊不能有所守，雖欲學吾術，終不告之矣。想其爲人，不知天理之自然，而以私智角勝負，揣摩模寫，自以謂高一世。如欲二十取一，又自謂治水愈於禹是也。而不知其與天爲二，與道背馳，人中之蠹，而道中之賊也。夫禹順水之性以治之，故導江導河導渭導洛，皆注之於海，則以海者，水之道路也。白圭逆水之性而治之，苟一國之安，而決之於隣國之壑，使水逆行而失其性，其罪已不可勝誅，而以此心爲禹，可乎？夫水逆行，謂之洚水。洚水者，洪水也，仁人之所惡，而白圭以爲長。以此而觀，則凡圭殖財崇利，無非逆天理而得之，類皆如治水之法而已。使堯舜在上，當服羽山之誅。乃敢對孟子前自謂過於禹，則知當時風俗妄自尊大也久矣。

昔韓非立説於天下，曰：「堯之有天下也，堂高三尺，采椽不斲，茅茨不剪，雖逆旅之宿不勤於此矣。冬日鹿裘，夏日葛衣，粢糲之食，藜藿之羹，飲土甂，啜土鉶，雖監門之養不轂於此矣。禹鑿龍門，通大夏，疏九河，曲九防，決洚水致之海，而股無胈，脛無毛，手足胼胝，面目黎黑，遂以死于外，葬于會稽，臣虜之勞不烈於此矣。夫所貴於有天下者，豈欲苦形勞神，身處逆旅之宿，口食監門之養，手持臣虜之作也？此不肖之人所勉也。」嗚呼！欲觀天下之興亡，先觀風俗之厚薄。事至於非毀聖人，則天下將亡矣。故韓非非堯非禹，秦所以敢燒詩書、殺學士，而天下亡矣。韓非之風已見於孟子之時。夫陳賈以周公爲非聖；萬章以舜爲僞喜，伊尹割烹，孔子主癰疽；白圭自謂過於禹；陳臻之非孟子，屋廬子之間孟子，季孫異孟子，子叔疑孟子。事至於敢非聖賢，此所以積至於韓非之昌言，而秦之燒詩書也。西晉王衍笑文王之小心，詆山甫之匪懈，故有骨肉相賊，五胡亂華，而中州陸沈之變。余觀白圭之言，竊深悲世之將亡也。故余以謂事至非毀聖賢，天下將亡者，此也。五刑之屬三千，而非聖在所不赦，其慮深遠矣。

孟子曰：「君子不亮，惡乎執？」

古注曰：「亮，信也。」不曰信而曰亮者，亮有明意，以爲此信自明處而得之也。惟學而至於亮，則灼見先王之道，灼知邪説之非。如孟子羞比管晏，妾婦儀秦，蚓陳仲而狄許行，貉白圭而死成括，斷舜之怨爲慕，指舜之喜爲誠，辨伊尹非割烹，辨孔子不主癰疽，以至不信「血流漂杵」之書，不信「周無遺民」之詩。非其胷中高明，自信不動，安能確然自執，昌言判斷於天下而無疑哉？儻爲不然，見商鞅必喜刻薄之説；見孫臏，必喜兵革之説；見騶忌，必喜傾邪之説；見陳賈，必喜侵伐之説；見儀、秦，則心隨而爲縱横；見稷下，則心隨而爲荒唐卓詭。中無所守，飛如斷蓬，泛如漂梗，隨風高下，逐水南北。又烏能正人心，息邪説，拒詖行，放淫辭，其作用與孔子春秋，周公兼夷狄，驅飛廉，大禹决汝漢，排淮泗，同一幾用哉？然則亮之一門自何而入？吾嘗學於師矣，曰：自格物而入。

魯欲使樂正子爲政。孟子曰：「吾聞之，喜而不寐。」公孫丑曰：「樂正子强乎？」曰：「否。」「有知慮乎？」曰：「否。」「多聞識乎？」曰：「否。」「然則奚爲喜而不寐？」曰：「其爲人也好善。」「好善足乎？」曰：「好善優於天下，而况魯國乎？夫苟好善，則四海之内，皆將輕千里而來告之以善。夫苟不好善，則人將曰：『訑訑，予既已

知之矣。』訑訑之聲音顔色，距人於千里之外。士止於千里之外，則讒諂面諛之人至矣。與讒諂面諛之人居，國欲治，可得乎？」

嗚呼，聖賢憂天下之心何其深也！夫樂正子爲政於魯，何與孟子事，孟子乃爲之喜而不寐？余是以知聖賢憂天下之深也。常人之情，權欲在己，不欲在人。故舜宅百揆，則四凶不平；黄霸增秩，則王温舒譏笑。唯聖賢之心，見天下之善如己之善，見人之得志如己之得志。深玩喜而不寐之心，則聖賢所在蓋可得於千載之後也。學者於此一語不可忽也！

然孟子所以喜而不寐者，又有説也。夫樂正子强不足以決事，知慮不足以謀事，聞識不足以知事，孟子所以喜之者，以其有好善之心也。且好善之心言之則小，體之則大。秦穆公曰：「如有一介臣，斷斷猗其無他技，其心休休焉，其如有容。人之有技，若己有之。人之彦聖，其心好之，不啻如自其口出。是能容之，以能保我子孫黎民，亦職有利哉！」其樂正子之謂也！夫斷斷無他技，即所謂强不足以決事，智慮不足以謀事，聞識不足以知事者也。「其心休休焉，其如有容。人之有技，若己有之。人之彦聖，其心好之，不啻如自其口出」，即所謂好善也。且其心休休，其如有容，想見如房玄齡、黄叔度之爲人矣。「人之有技，若己有之。人之彦聖，其心好之，不啻如自其口出」，是視人之才爲己之才，視天下之德爲己之德，天下之有才者在職即如己之在職也，天下之有德者在位即如己之在位也。保子孫黎民，復何疑乎？是故英衛善兵，王魏善諫，而房玄齡獨無所長；郭林宗銓品人物，李元禮楷式後進，而黄叔度獨無所長。而世之論者以玄齡持衆美効之君，以叔度汪汪如萬頃陂。樂正子爲人如此，使之相一國，則一國之君子皆得效其所長；使之相天下，則天下之君子皆得效其所長。夫天下之君子皆効其所長，則天下雖大，運之掌握，蓋有餘裕矣。優於天下，豈不信乎？夫使天下之君子皆效其所長，則四海之士皆輕千里而來告之以善，此自然之理也。

若夫不好善之人，豈願聞之哉？人君如魏文帝謂漢文帝勝賈誼；宋明帝至使鮑昭爲累句詩，羊欣爲掘筆書；隋煬帝殺薛道衡，曰：「復能道『宫〔二〕梁落燕泥』否〔三〕？」殺

〔二〕「宫」，四庫全書本作「空」。
〔三〕「否」，原無，據四庫全書本補。

王冑，曰：「『庭草無人隨意緑』，復能道此語耶？」人臣如李林甫，知明皇喜盧絢，則賣盧絢，稱嚴挺之，則賣嚴挺之，使天下士君子無立足之地。秦穆公所謂「人之有技，昌疾以惡之，人之彦聖，而違之俾不達。是不能容，以不能保我子孫黎民」者，是也。人君事於此不類，姑特置之。夫李林甫惟不好見天下之有才德者，則當時在庭之士，類皆得牛仙客輩爾，讒諂面諛，相與爲惡。天寶之亂一開其端，河北自此非國家所有。連綿不已，徑以亡唐。以一李林甫不好善，而禍亂足以亡國。嗚呼！宜乎孟子聞好善者爲政，至於喜而不寐也。

陳子曰：「古之君子何如則仕？」孟子曰：「所就三，所去三。迎之致敬以有禮，言將行其言也，則就之；禮貌未衰，言弗行也，則去之。其次，雖未能行其言也，迎之致敬以有禮，則就之；禮貌衰，則去之。其下，朝不食，夕不食，飢餓不能出門户。君聞之曰：『吾大者不能行其道，又不能從其言也，使飢餓於我土地，吾恥之。』周之，亦可受也，免死而已矣。」

古之人自能言學唯，充而至於四十而仕，有何法哉？道合則服從，不合則去而已。顏子與夫子同心，亦有何法哉？用之則行，舍之則藏而已。古人言此法，孔、顏行此法，豈不明白簡易乎？然而孟子乃立爲三說，何也？以是知孟子源流自曾子忠恕而來，見當時如商鞅三説于〔二〕孝公，儀、秦縱横于〔三〕六國，意在揖相位，腰六印，快平生，報私怨，衒流俗而已，豈知進退去就之義哉？天下之士波蕩從之，喋喋呫呫，功業止在唇吻，道術止在駔儈爾。父詔其子，兄詔其弟，鄉閭之所指望，朋友親戚之所琢磨，亦止在於富貴而已，豈問其他哉？孟子將一以古人之學、孔顏之道責天下，則天下不勝其責矣。故立爲三說，以開爲善之路，挽而前之，使至古人之學、孔顏之道而後已。其用心豈不忠恕乎？故上焉者，「迎之致敬以有禮，言將行其言也，則就之」，此古人之學所謂道合則服從，孔顏之道所謂用之則行者也。「禮貌未衰，言弗行也，則去之」，此古人之學所謂不合則去，孔顏所謂舍之則藏也。「其次，雖未行其言也，迎之致敬以有禮，則就之；禮貌衰，則去

〔二〕「于」，四庫全書本作「干」。
〔三〕「于」，四庫全書本作「干」。

之。」此孟子開忠恕之門以收失幾之士也。「其下，朝不食，夕不食」，至「周之，亦可受也，免死而已矣」，此孟子又闢忠恕之路以收失節之士也。夫士大夫所學在道，道不合則去，舍之則藏。今不由此道，而徒戀其區區之禮貌，朝夕之哺啜，當去而不去，此亦可恥矣。孟子立爲此三説，使大無恥者知聖人之道有可入之路，而進於周之之説；已至於周之之説者，勉而進於禮貌衰之説；已至於禮貌衰之説者，勉而進於禮貌未衰之説，以合古人之學、孔顏之道而後已。

然則至古人之學、孔顏之道，其上又有事乎？曰：有。曰：其事如何？曰：可以仕則仕，可以止則止，可以久則久，可以速則速，金聲玉振，其變不一者，是也。其上又有事乎？曰：有。曰：如之何？曰：「維天之命，於穆不已」，蓋曰天之所以爲天也；純亦不已，蓋曰文王所以爲文王也。此孔子所以不厭不倦；顏子之所以未見其止也。學豈有止法乎？

孟子曰：「舜發於畎畝之中，傅説舉於版築之間，膠鬲舉於魚鹽之中，管夷吾舉於

士，孫叔敖舉於海，百里奚舉於市。故天將降大任於是人也，必先苦其心志，勞其筋骨，餓其體膚，空乏其身，行拂亂其所爲，所以動心忍性，曾益其所不能。人恒過，然後能改；困於心，衡於慮，而後作；徵於色，發於聲，而後喻。入則無法家拂士，出則無敵國外患者，國恒亡。然後知生於憂患而死於安樂也。」

常人以天委天，而聖人以人卜天。余觀孟子以「人恒過，然後能改」，與夫「入則無法家拂士，出則無敵國外患者，國常亡」，遂三隅知〔一〕「苦其心志，勞其筋骨」，以至「曾益其所不能」，乃天之將降大任。是常人付天於不可奈何，而聖賢止以人事爲天命而已，其深矣哉！然則有志君子其遇艱難，逢患難，登險阻，當安意定志以甘之，此乃天之降大任也。夫堯將授舜以天下，乃以九男事之，而嚚訟如丹朱者在其間；又以二女女焉，以天子女而下嫁於畎畝之夫；又與頑父、嚚母、傲弟交相從事於閨門之内，遊處之間，亦可謂難處矣。乃又以匹夫遽使慎徽五典，納于百揆，賓于四門，納于大麓，天下難事使歷試之，蓋不如是不足以合天意也。豈特大舜、傅説、膠鬲、管夷吾、

〔一〕「隅知」，四庫全書本作「後於」。

孫叔敖、百里奚爲然哉？天將付高祖以天下，必使之敗於彭城，敗於滎陽，敗於成臯，收兵而前，裹創而戰，然後付以三代之天下；天將付光武以天下，必使之迫於王郎，危於燕薊，滹沱河麥飯，蕪蔞亭豆粥，然後付以高祖之天下。然則觀天之意，豈固欲憔悴辛苦，怵迫困窮，然後付之以大任哉？蓋惟知艱難者然後知人之勤勞，其嘗凍餒者然後知人之飢寒，惟處窮危[一]者然後知人之困苦。高宗舊勞于外，所以爲商家中興之主；宣帝嘗在民間，然後爲漢室中興之主；此魯哀生深宮，所以有未嘗知憂之言；晉惠少爲太子，所以有不食肉糜之問。孟子觀天意乃至於此，嗚呼！世間禍患夫何足以動之哉？蓋孟子深得格物之學，即一身以觀，見恒有過者，方知其不善而改之；困於心，衡於慮者，怵迫無聊，然後幾用作焉；徵於色，發於聲者，羞惡無地，然後心術形焉。又即一國以觀，見入無法家拂士，出無外患敵國，放恣不收，俄而宗社絶滅矣。以一身而觀，而知怵迫羞惡之有益；以一國而觀，而知恣心快意之必亡。而超然知「勞其筋骨，餓其體膚，空乏其身，行拂亂其所爲，所以動心忍性，曾益其所不能」

[一]「危」，四庫全書本作「卮」。

者，乃天之成就推挽，將降以大任也。既又斷之曰：「知生於憂患而死於安樂。」一章之意此兩語盡之矣。嗚呼！人君如文宗者，一遇甘露之變，遂泣下霑襟，不復以天下爲事；人臣如賈誼者，一竄長沙，遂賦鵩弔湘，終悲哀而至於死。此皆所志狹小，不識天意所在。孟子之言其大後世褊隘之士也深矣！學者當細觀之。

孟子曰：「教亦多術矣，予不屑之教誨也者，是亦教誨之而已矣。」

此一章綴之於天降大任之後，是孟子體天以教誨也。夫「不憤不啓，不悱不發」，孔子之接孺悲，所以憤之使啓，悱之使發者也。孟子不屑之教誨，所以困之衡之，使作；徵之發之，使喻者也。猶天之「苦其心志，勞其筋骨，餓其體膚，空乏其身，行〔二〕拂亂其所爲，所以動心忍性，曾益其所不能」，而降之以大任也。夫人心何所不有？仁義禮智皆其固有之物也。然此四端生於憂患之中，而死於安樂之際。故深宫之中多不惠，而孤臣孽子多明道，至於有疢疾者有德慧術智焉。夫何故？困不深者思不發，憂不極者智不明。如

〔二〕「行」，原作「徑」，據四庫全書本改。

詩頌太平，不過數語，而疾讒遭難，如變之〔二〕君子，其言何其深切也！孟子時用此術以教人，蓋將以成就之也。昔郭林宗呵罵擲杯以待魏昭，華佗〔三〕激怒嘔血以治郡守，卒之魏昭爲善士，郡守獲安康，此孟子之遺意也。夫孟子之意得於夫子，而探賾索隱，鈎深致遠，乃見天之運用焉。學入精微，思極深眇如此，此所以在聖賢之列。

〔二〕「之」，四庫全書本作「雅」。
〔三〕「佗」，原作「他」，據四庫全書本改。

中庸説

中庸説卷第一

「喜怒哀樂未發謂之中，發而皆中節謂之和。」和即庸也，變和爲庸，以言天下之定理不可易也。此一篇子思所聞於曾子，聖道之尤粹者也。學者不可以不思。

天命之謂性，率性之謂道，修道之謂教。

性、道、教三者之難名也久矣。子思傳曾子之道，以其所踐履而自得者，爲天下後世别白而言之，使學者知所適從焉，其有功於名教也大矣。天命之謂性，此指性之本體而言也；率性之謂道，此指人之求道而言也；修道之謂教，此指道之運用而言也。天命之謂性，第贊性之可貴耳，未見人收之爲己物也；率性之謂道，則人體之爲己物而入於仁、義、禮、智中矣，然而未見其設施運用也；修道之謂教，則仁行於父子，義行於君臣，禮行於賓主，智行於賢者，而道之等降隆殺於是而見焉。中庸之名，立於此三者矣。天命之謂性，喜怒哀樂未發以前者也，所以謂之中；率性之謂道，此戒慎恐懼於不睹不聞，以養喜怒哀樂未發以前之理，此所以求中也；至於修道之謂教，則以天命之性、率性之道而見於用，發而皆中節矣，所以謂之庸也。子思立此三句，非見入深微，學臻聖地，其能爲此言乎？盛矣哉！

道也者，不可須臾離也，可離非道也。

此言道之所以爲道也。夫率性之謂道，則舍性而求道，皆非所謂道也。是則君子之求道，豈可須臾舍性而求哉！戒慎不睹、恐懼不聞可也。使其不睹不聞處微有私意間之，則非性之本位，而墮於人欲矣。人欲豈道也哉！故曰：「可離非道也。」蓋當其離處，即是非道，此率性所以謂之道。

是故君子戒慎乎其所不睹，恐懼乎其所不聞。莫見乎隱，莫顯乎微，故君子慎其獨也。

此指以率性之路不可須臾離之義也。惟性不可須臾離，故於不睹不聞處每致意焉。夫「戒慎乎其所不睹，恐懼乎其所不聞」，况於稠人廣衆、合堂同席之間，其有不戒慎恐懼者乎？此正合内外之道，不可須臾離之本也。夫不睹不聞，少致其忽，宜若無害矣。然而怠忽之心已顯見于心目之間，昭昭乎不可掩也。其精神所發，道理所形，亦必有非心邪氣雜於其間，不足以感人動物，而招非意之辱，求莫爲之禍焉。此君子所以慎其獨也。誠諸中，形諸外，不可掩如此。嗚呼！其可忽哉！惟一意戒慎恐懼，以養喜怒哀樂未發以前之理，此善求中之道也。

喜怒哀樂之未發，謂之中；發而皆中節，謂之和。中也者，天下之大本也，和也者，天下之達道也。致中和，天地位焉，萬物育焉。

中，衍天命之義。和，衍修道之義。喜怒哀樂之未發，此指言性也，故謂之中；發而皆中節，此所謂發也，故謂之和。中指性言，故爲大本；和指教言，故爲達道。未發以前，戒慎恐懼，無一毫私欲；已發之後，人倫之序，無一毫差失，此天地萬物之宗也。所以言天地位於此，萬物育於此。嗚呼！天地萬物皆在吾中和中，則中和之用亦大矣。學者不可不勉。

仲尼曰：「君子中庸，小人反中庸。君子之中庸也，君子而時中；小人之中庸也，小人而無忌憚也。」

天命之謂性，此所謂中也；率性之謂道，此所以養中也；修道之謂教，此所謂庸也。當喜怒哀樂未發以前，君子戒慎恐懼，此率性也；及喜怒哀樂已發之後，君子行人倫之序，此修道也。夫方當率性時，戒慎恐懼於不睹不聞處，此學者之事也。及其深入性之本原，直造所謂天命者在我，然後爲君臣、父子、兄弟、夫婦之教，以幸於天下。至於此時，聖人之功用興矣，此所以謂之中庸也。

然而君子、小人，名雖不同，豈無喜怒哀樂乎？喜怒哀樂未發時，君子則恐懼戒慎以率之，小人則何所不至哉，豈知所謂率也！喜怒哀樂已發時，君子則出爲君臣、父子、兄弟之教，小人則入於放辟邪侈矣，豈知所謂修也！謂小人無中庸之本則不可，謂小人能行中庸又不可，此不可不辨也。然而喜怒哀樂已發之後則謂之和，和何自而來哉？自中而已矣。中既爲和，則不得謂之中矣。不謂之中而謂之和，似於潛養之功爲弗著也。故謂之時中，以言和自中來也。時中，即和也。蓋中不可執一也，以時而已矣。如時可以仕，則仕爲中；時可以止，則止爲中；可以速，可以久，皆以時而爲中。中不可執一也。如此且合天下而論之，則洛爲中；自燕而望洛，則燕自有中也，而洛爲偏矣；自越而望洛，則越自有中也，而洛亦爲偏矣。故處天下時則當以洛爲中，至於處燕、越之地，各中其所謂中可也，豈可以執一哉！此所以謂之時中也。小人樂聞時中之説，乃同乎流俗，合乎污世。時尚縱横，吾爲蘇、張；時尚虛無，吾爲衍、晏。此竊時中之名，而略無忌憚者也，此所以爲小人也。然則君子之學其可不慎乎？

夫率性之謂道，既謂之率，則是已發矣，安得謂之中也？曰：率之爲言，以見無須臾離也。既未離本位，惡得謂之發乎！誠如是説，修道豈已離性而爲之哉？曰：吾嘗言之矣。率性之謂道，此學者之事也。至於聖人則自率性直造天命之本，於是有乾坤造化，制爲人倫之序以幸天下，此所謂和也，所謂天下之大本、達道，所謂天地位、萬物育，所以成中庸之名也。此不可以離、不離名之也。其理微矣，不可不致思焉。

子曰：「中庸其至矣乎！民鮮能久矣！」

戒慎恐懼以養其中，人倫之序以宣其和，惟聖人能終始之。至於尋常之人，一息之暫且不能安，而況久乎！夫天地位於此，萬物育於此，中庸之爲至德，可不言而喻也。

子曰：「道之不行也，我知之矣，知者過之，愚者不及也；道之不明也，我知之矣，賢者過之，不肖者不及也。人莫不飲食也，鮮能知味也。」

戒慎不睹、恐懼不聞以養其中，則發而中節，必爲人倫之序以宣其和，此中庸之本也。然知者知之太過，而愚者又不及知焉。既已知之太過，與夫不及知，其能行乎！此道之所以不行也。賢者行之太過，而不肖者又不及行焉。既行之太過，與夫不及行，此道之所以卒不明也。夫戒慎不睹、恐懼不聞，此養中之法也。太過於此，則失養中之法；不及乎此，安知養中之法？君子欲求中庸，要當於戒慎不睹、恐懼不聞中得味，則識中之本矣。

若夫不能守此法而用意過當，與夫一出一入而欲求中，是猶終日飲食而不知味也。味乎！味乎！當優游涵泳於不睹不聞時可也。

子曰：「道其不行矣夫！」子曰：「舜其大知也與！舜好問而好察邇言，隱惡而扬善，執其兩端，用其中於民，其斯以爲舜乎！」

知者過之，愚者不及，賢者過之，不肖者又不及。審如是「道其不行矣夫」，豈有是理哉！自有行之者矣。行之者其誰耶？大舜而已矣。舜所以爲大知者，以知戒慎不睹、恐懼不聞以養其中，而無過不及也。夫戒謹不睹、恐懼不聞，其所以爲養中者，乃在心術之内也。至於形之於外，則變爲好問，好察邇言，隱惡揚善矣。嘗試遡好問，好察邇言，隱惡揚善之心而上之，即戒慎不睹、恐懼不聞之心也。戒慎恐懼以養此中，則無過不及之端；「好問而好察邇言，隱惡而揚善」，此中則亦無過不及矣。執過、不及之端，而用其中於民，則民皆知戒慎不睹、恐懼不聞，其形之於外，則亦盡人之情也。好問，好察邇言，隱惡揚善，而不敢忽矣。舜之所以爲知者，以能用戒慎恐懼之心變而爲好問，好察邇言，隱惡揚善之實也。夫好問，好察邇言，則盡人之情，不敢斷以己意；隱惡揚善，則惡念消亡，善端融洩，其戒慎恐懼可知矣。此所以能盡中庸之道也。學者欲識中庸，當於舜觀之。

子曰：「人皆曰予知，驅而納諸罟擭陷阱之中，而莫之知辟也。人皆曰予知，擇乎中庸而不能期月守也。」

人皆用知於詮品是非，而不知用知於戒慎恐懼；人皆用知於機巧術數，而不知用知於喜怒哀樂未發已發之間。惟不留意於戒慎恐懼，故曰自驅而入於罟獲陷阱、嗜慾貪鄙之中而不自知；惟不留意於喜怒哀樂未發已發之間，故雖中庸之理潛見而不能期月守也。使移詮品是非之心於戒慎恐懼，其知孰大焉？使移機巧術數之心於喜怒哀樂未發已發之間，其知又孰大焉？此篇直指學者用知處，故舉舜所以爲大知之事在前，而又立此説於後，其左右表裏發明中庸之學也切矣。學者當審之。

子曰：「回之爲人也，擇乎中庸，得一善則拳拳服膺而弗失之矣。」

此人皆知機巧術數之爲知，而不知擇乎中庸，守以期月之爲知。惟顏子則進乎此矣，孔子所以稱之於守以期月之後也。夫喜怒哀樂已發未發之間，所謂中庸也，差之毫釐，繆以千里，其可不精擇之哉！顏子戒慎恐懼，超然悟未發已發之機。或於喜處，或於怒處，至於哀處樂處，一得天命之性。所謂善者，則深入其中，人欲都亡，我心皆喪。人第見其拳拳服膺而弗失耳，而不知顏子與天理爲一，無一毫私欲横乎其間，而不識不知我真無有矣，而况人欲乎？此中庸之妙也。舜發於好問，好察邇言，隱惡揚善之間，而顏子深居乎服膺拳拳之内，蓋所以表裏之也。非深造自得，誰能識之？

子曰：「天下國家可均也，爵禄可辭也，白刃可蹈也，中庸不可能也。」

均天下國家，辭爵禄，蹈白刃，感慨或能爲之，此血氣也，用以求中庸，難矣。中庸不在血氣中，惟戒慎不睹、恐懼不聞者能得之。故曰可均、可辭、可蹈，而不用此以能中庸也。有此則是血氣，非中庸也。嗚呼！余觀於易，乃知中庸之難守也。且均天下國家，辭爵禄，壯哉其勇也，而非所謂大壯。易曰：「雷在天上，大壯。」夫雷在天上，其壯爲如何哉？然而君子體此壯以在心，止於「非禮勿履」而已。是知均天下國家、辭爵禄、蹈白刃未爲壯，而守中庸者之爲壯也。且戒慎不睹、恐懼不聞，即「雷在天上，大壯」也，即「非禮勿履」也，即中庸也，即天理也，其可以血氣爲之乎？惟血氣消盡，中庸見矣。君子不可不察也。

子路問强。子曰：「南方之强與？北方之强與？抑而强與？寬柔以教，不報無道，南方之强也，君子居之。衽金革，死而不厭，北方之强也，而强者居之。故君子和而不流，强哉矯！中立而不倚，强哉矯！國有道，不變塞焉，强哉矯！國無道，至死不變，强哉矯！」

子路聞可均、可辭、可蹈，中庸不可能之語，以謂中庸之强當如何？夫子知子路之所謂强者不過血氣耳。中庸之中，非血氣所得停留者也，故設爲三問以斥血氣之强。南方之强、北方之强，與夫子路之强，皆血氣也，非中庸也。然而「衽金革，死而不厭」，謂之血氣之强可也。「寬柔以教，不報無道」，君子居之，是亦足矣，乃謂之血氣之强，何哉？蓋强當從戒慎不睹、恐懼不聞中來，則此强爲中庸之强。若乃山川風氣使之如此，而中無所得焉，豈非血氣云乎？子路天資好勇，其鼓琴也流入北鄙，其言志也則曰師旅。此北方之强也，故曰「而强者居之」。然則何以爲中庸之强也？曰「和而不流」，此喜怒哀樂之中節也，故其强矯然不撓；「中立而不倚」，此喜怒哀樂未發時也，故其强亦矯然不撓。惟戒慎不睹、恐懼不聞，潛養中和以至如此之强，故其見於用也，遇有道之世，則此中和不變於厄塞之節，故其强矯然不撓；遇無道之世，則此中和脅之以死，而亦不變其節，故其强矯然不撓。夫不變者，乃不流不倚之發也。矯之爲言，剛毅之貌，非矯揉之矯也。此一字係重輕，學者不可造次。夫中庸一以理爲主，非從戒慎恐懼中來，安得如此之妙乎？其與血氣之强相遠矣。子路聞之，得不悼其平時之無益，而潛養之不可已乎？學者不欲遇天下之變則已，如欲遇天下之變，其於中庸豈可不留意乎？

子曰：「素隱行怪，後世有述焉，吾弗爲之矣。君子遵道而行，半塗而廢，吾弗能已

矣。君子依乎中庸，遯世不見知而不悔，惟聖者能之。」

中庸之爲德，不可作也，亦不可止也。戒慎不睹、恐懼不聞，謂之作而非作，謂之止而非止，所以能養中庸也。「素隱」，謂終身行乎隱晦，中庸在隱晦則隱晦而已矣，安可作也？儻微有作意，至行怪以釣名，則非中庸也，此聖人所以不爲焉。「遵道而行」，謂率性也，中庸在率性則率性而已矣，安可止焉？儻有止意，至半塗而不進，則非中庸也，此聖人所以不已焉。欲識中庸要處，請於弗爲、弗已而味之。弗爲、弗已即戒慎恐懼也。彼其半塗而廢，君子則依乎中庸，依則弗已之謂；彼其素隱而行怪，君子則遯世不見知而不悔，不悔則弗爲之謂。夫所以能不悔者，中庸之力也。故曰：「惟聖者能之。」余嘗求聖人而不可得，今乃知止在喜怒哀樂未發處耳，豈不近乎！子思明示天下人以入路，且曰：戒慎不睹，恐懼不聞。聖人門庭蕩蕩，明白如此，吾儕何爲而不舉鞭乎？學者宜慎思之。

君子之道費而隱。夫婦之愚，可以與知焉，及其至也，雖聖人亦有所不知焉；夫婦之

不肖，可以能行焉，及其至也，雖聖人亦有所不能焉。

君子之道即中庸也。中庸不離喜怒哀樂未發已發之間，此日用所不免者也，豈非費乎？費，當爲費用之費。雖夫婦之愚、不肖，豈有無喜怒哀樂者乎？此所謂可以與知，可以能行者也。然而由戒慎不睹、恐懼不聞以養喜怒哀樂，使爲中爲和，以位天地、育萬物，雖聖人猶皇皇汲汲，自謂有所不知、有所不能焉，豈非隱乎？蓋自以爲知，自以爲能，則止矣。止，非中庸也。惟若有所不知，有所不能，則戒慎恐懼，其敢一日而已乎？此理微矣，力行者能識之，非口舌所能辨也。

中庸説卷第二

天地之大也，人猶有所憾。故君子語大，天下莫能載焉；語小，天下莫能破焉。

此中庸之所以爲大也。夫天地雖大，而不免有日月薄蝕、彗孛飛流、山川震動、草木倒植、寒暑失中、雨暘差序、水旱相繼、札瘥流行，此人所以不免有憾也。然則財成其道，輔相其宜，彌綸範圍，真有待於中庸耳。豈如中庸之君子，語其大則天地位焉，萬物育焉，人豈有憾乎！此天下所以莫能載也。語其小則跂行喙息、蠉飛蠢動，皆待之以順適，此天下所以莫能破也。夫中庸之道，贊天地之化育如此，而其要止在喜怒哀樂未發已發之間而已，而其所以入之之路又止在戒慎不睹、恐懼不聞而已。學者胡爲不少致思乎！

詩云：「鳶飛戾天，魚躍于淵。」言其上下察也。君子之道，造端乎夫婦，及其至也，

察乎天地。

夫君子之道，所以大莫能載小，莫能破，以其戒慎不睹、恐懼不聞，察於微茫之功也。戒慎恐懼，則於未形之先、未萌之始，已致其察矣。察之之至，至於鳶飛魚躍，而察乃在焉。夫能亂人之德而居人倫之先者，夫婦是也。欲識不睹不聞之實，當於夫婦而察之，故君子之察必造端乎夫婦。使夫婦之道正，則天地之道皆正矣。其要如此，安可不察耶！察之如何？非心一形，邪意一作，無不見其所自起，知其所由來，戒慎恐慎而不敢肆焉。察之既熟，豈特夫婦間哉！則几象生於見，形起於微，上際下蟠，察無不在。所以如鳶之飛于天，如魚之躍于淵，察乃隨飛躍而見焉，而況日月星辰之運動、山川草木之流峙乎！顧惟此察始於戒慎恐懼而已。戒慎恐懼以養中和，而喜怒哀樂已發未發之間乃起而爲中和。大含元氣，而天下莫能載；小入無間，而天下莫能破。察之之功如此，君子於慎獨之學其可忽耶？

子曰：「道不遠人，人之爲道而遠人，不可以爲道。詩云：『伐柯伐柯，其則不遠。』

執柯以伐柯，睨而視之，猶以爲遠。」

率性之謂道，道豈遠人哉？人具有此性，又安可舍己之性而求道哉？性外無道，道外無性。舍人之性而欲求道，猶適越而北向，趨燕而南奔。雖駕駿馬，乘輕車，卒歲窮年，殆見其無所得耳。夫「執柯以伐柯」，可謂近矣，然而猶以爲遠者，以性較之也。若人之性當幾即是，因體即明，非兩物也。伐柯而視柯，猶是兩物也。柯外有柯，豈非遠乎？若乃人即爲道，不待它求，其與伐柯異矣。聖人明辨細微至於如此，學者率性，其可不致精乎？

「故君子以人治人，改而止。忠恕違道不遠，施諸己而不願，亦勿施於人。」

人，即性也。君子既率性而得道。天下之人有不由乎道者，以迷其性也。君子則以我之性觉彼之性，其寓之簠簋、俎豆、制度、文章，以至鍾鼓、管磬、竽笙、環珮、元酒、大羹、焫蕭、鬱鬯之間者，無非觉其性也。使其由此以見性，則自然由乎中庸之道，而向來無物之言、不常之行，皆掃不見迹矣。夫君子所以區區如此者，止欲其率性、由道而已。既已率性、由道，復有何事哉？故得其改則止矣，此忠恕之道也。夫恕由忠而生，忠所以責己也。知己之難克，然後知天下之未見性者不可深罪也。故人有平生爲惡，使一見性本，不蹈前轍，則君子止矣，不復更責矣，豈非忠恕乎？忠恕去道如此之近者，以「施諸己而不願，亦勿施於人」而已。且吾已改過而率性，使人之責己尚不已，吾意豈不以其爲太甚乎！中庸道中無太甚也。由是可以知聖人之存心。

「君子之道四，丘未能一焉。所求乎子以事父，未能也；所求乎臣以事君，未能也；所求乎弟以事兄，未能也；所求乎朋友先施之，未能也。」

君子由戒慎不睹、恐懼不聞深致其察，故其形於外也。如大舜之好問而好察邇言，隱惡而揚善；如顔子之擇乎中庸，得一善則拳拳服膺而弗失；如詩人之察鳶飛魚躍；如君子之察乎天地。故自不睹不聞處察之，以至於世間人情無所不致其察。先察，知一己之難克，而後察，見天下皆爲可恕之人，不敢妄責備焉。每事先求乎己之所能行者，然後推之以善天下。几施諸己而不願者，亦不敢以施諸人；而已之所願者，則推而行之，與天下同其樂，此所以爲中庸之道。而深原其功，乃自於戒慎恐懼以致其察之功也。明乎此説，則君子之道四，如子事父、臣事君、弟事兄、朋友先施之，皆曰求者，蓋所以致其察也。人倫之大而致其察，則天下之理無遺餘矣。察子之事父，吾未能，安敢責父之愛子乎！察臣之事君，吾未能，安敢責君之禮臣乎！察弟之事兄，吾未能，安敢責兄之友弟乎！察朋友先施之，吾未能，安敢責朋友之必信乎！此忠恕之道也。夫自以爲能，則止矣，故終身不能。自以謂未能，則皇皇汲汲，其敢已耶？如前言聖人有不知、有不能，而此言未能，此意深矣，學者不可忽也。夫聖人常處於不知、不能、未能之地，以見其皇皇汲汲，無敢已焉之意，此所以無所不知，無所不能。且「於穆不已」，天之所以爲天；「純亦不已」，文王之所以爲文王。使聖人於君子之道四，自以爲能，則已矣。其責備於天下，豈不深乎？已非天之理也。如韓愈作羑里操曰：「臣罪當誅兮，天王聖明。」此深見文王之心，臣以事君未能之意；舜祇載見瞽瞍，負罪引慝，此亦子之事父未能之意。儻文王以爲能，則懟君；舜以爲能，則怨父。中庸之道於此二事可見矣。非於不睹不聞處深致其察，又烏能推之人倫若是其微哉？是故君子慎其獨也。

「庸德之行，庸言之謹，有所不足，不敢不勉，有餘不敢盡；言顧行，行顧言，君子胡不慥慥爾！」

自戒慎恐懼，事致其察，其發見於忠恕，是故其爲行也，則爲庸德之行；其爲言也，則爲庸言之謹。庸者，非不足，亦非有餘，適當其可者是也。夫惟戒慎恐懼，則不足者不敢不勉以至於此；有餘者不敢盡發以過於此。所謂中庸也，戒慎恐懼，則常致其察，是故當其言也，則於言察其行；當其行也，則於行察其言。顧者，察也。夫中庸之道如此，君子胡不戒慎恐懼，事致其察，以慥慥於此地乎？慥慥者，不已之謂也。

君子素其位而行，不願乎其外。素富貴，行乎富貴；素貧賤，行乎貧賤；素夷狄，行乎夷狄；素患難，行乎患難。君子無入而不自得焉。

忠恕之道其至矣乎！盡其在我，而不責於人。素其位而行，盡其在我也；不責備於人，不願乎其外也。涵泳乎忠恕之中，郁如三春，薰如醇酎，何所往而不可乎？素，猶雅素之素，舜之若將終身者是也。使終身富貴，則以忠恕之道行乎富貴，若堯是也；終身貧賤，則以忠恕之道行乎貧賤，若顔子是也；素夷狄，則以忠恕之道行乎夷狄，若箕子是也；素患難，則以忠恕之道行乎患難，若孔子是也。富貴、貧賤、夷狄、患難，皆天之所以命我者，吾其如之何哉？姑聽之而已矣。然吾有忠恕之道，無入而不自得，故盡其在我，不責備於人。是以戒慎恐懼，不敢使一毫私意介乎其心，而寬夷平易，優游怡愉，衎衎如也，融融如也，自得之道既在乎此。嗚呼，忠恕其至矣乎！

在上位不陵下，在下位不援上，正己而不求於人，則無怨。上不怨天，下不尤人，故君子居易以俟命，小人行險以儌幸。子曰：「射有似乎君子，失諸正鵠，反求諸其身。」

此言君子自戒慎不睹、恐懼不聞，醖釀成中庸之道，處上下天人之間，無所不用其忠恕也。其在上也，以忠恕待人，故不陵下；其在下也，以忠恕自處，故不援上。援者，欲己與之齊也。夫爲上所陵，爲下所援，而不以忠恕處其間，則不能無怨憾矣。君子力行忠恕之道，正己而不求於人，故處陵忽干援之中，其心泰然無絲毫之怨。以至身行於貧賤、憂患、禍難、喪失不可堪處之間，一皆以忠恕爲樂，若將終身于此而不動焉。夫何怨天尤人之有！此無他，君子居忠恕以應天命而已。易者，忠恕之謂。若夫小人，則不能安於忠恕，至於喪名失節以求合于上，卒不免於患難，徒使身名兩失而已，此行險以徼幸者也。其所以如此者，以其平時不知慎獨之學，不留意於戒慎不睹、恐懼不聞以養中庸之道，而察忠恕一貫之理耳。射有正鵠，賔射之侯，則謂之正；大射之侯，則謂之鵠。使吾内志正。外體直，持弓矢審固，則賔射必不出正，大射必棲於鵠，此必然之理也。使在我有杪忽之差，則在彼有尋丈之失矣。然則失諸正鵠，豈正鵠之罪哉？吾内志不正，外體不直，以至持弓矢不審固之罪也。猶之爲上所陵，爲下所援，不得處富貴安平，而每遇貧賤、憂患、禍難、喪失，若天所不祐、人所不歸者，豈上下天人之罪哉？皆吾戒慎恐懼不至，而中和之理不發見，不足以感發天下之幾也。使誠中和，天地且位於此，萬物且育於此，況上下天人之間乎！誠知此理，方且戒慎恐懼，正己之不給，又何暇責備於人乎？此所以爲中庸也。

君子之道，譬如行遠必自邇，譬如登高必自卑。詩曰：「妻子好合，如鼓瑟琴；兄弟既翕，和樂且耽；宜爾室家；樂爾妻孥」。子曰：「父母其順矣乎？」

此言君子推忠恕之効也。夫欲知戒慎不睹、恐懼不聞之効，當於忠恕卜之；欲知忠恕之効，當於父母卜之。使父母順適，則忠恕之効著矣，故有登高行遠之譬。夫行遠必自邇，登高必自卑，妻子兄弟，邇也，卑也。欲父母順適，必自妻子合、兄弟和始。豈非父母高遠而妻子兄弟卑近乎？使「妻子好合，如鼓瑟琴」，推之於兄弟，則「兄弟既翕，和樂且耽」矣。夫人爲人，「宜於室家，樂於妻孥」。想其爲人，曲盡在我之理，深識人情之微，莊肅恭謹，寛夷平易。以此心事父母，父母其有不順乎？使其不知戒慎恐懼之理，待己甚輕，責人甚重，則於妻子必不合，於兄弟必不和。一家之内，妻子兄弟如此，父母豈得順適乎？此不孝之子也。夫在妻子爲合，在兄弟爲和，在父母爲順，此一理也。今於妻子、兄弟、父母如此，原其所以，以不知忠恕之理也。不知忠恕之理，以不知戒慎不睹、恐懼不聞之理也。是以君子於慎獨之學不可須臾離。

子曰：「鬼神之爲德，其盛矣乎！視之而弗見，聽之而弗聞，體物而不可遺。使天下之人齊明盛服，以承祭祀，洋洋乎！如在其上，如在其左右。詩曰：『神之格思，不可度思！矧可射思！』夫微之顯，誠之不可揜如此夫。」

鬼神在明，則爲中庸；中庸在幽，則爲鬼神，其實一也。明則有禮樂，幽則有鬼神是也。夫中庸之要處在戒慎不睹、恐懼不聞，而喜怒哀樂森列于中，不可欺者，此鬼神之德也。是以鬼神之德雖曰視之而弗見，聽之而弗聞，然天地萬物森然，鬼神列于中，不可遺也。惟鬼神之德如此，故足以發天下之敬，使皆戒慎不睹、恐懼不聞，而齊戒以肅其身，明洁以敬其心，盛服以嚴其貌。洋洋乎！如在其上，在其左右。豈敢有一毫私意哉！此正養中庸之幾也。故引「神之格思，不可度思！矧可射思！」爲證。夫有度、有射，皆私意耳，非戒慎恐懼，其可以享鬼神乎？夫鬼神弗見聞，而使人聳然不敢起非心、邪意，儼然如在者，則以中庸之道發於幽者，不得不爾。嗚呼！微之顯，誠之不可揜，其狀乃如此！君子之於慎獨其可忽乎？

子曰：「舜其大孝也歟！德爲聖人，尊爲天子，富有四海之内。宗廟饗之，子孫保之。故大德必得其位，必得其禄，必得其名，必得其壽。故天之生物，必因其材而篤焉。故栽者培之，傾者覆之。詩曰：『嘉樂君子，憲憲令德！宜民宜人，受禄于天；保佑命之，自天申之！』故大德者必受命。」

夫戒慎不睹、恐懼不聞，其見於舜也，内則以養中和，外則發之於好問，好察邇言，隱惡而扬善，與夫大孝之德。夫所以好問，所以好察，所以隱惡，所以扬善，所以爲大孝，皆戒慎恐懼之形見也。此所謂誠諸中，形諸外，有不可得而已者。夫舜負罪引慝，祇載見瞽瞍，夔夔齊慄，非戒慎恐懼之形見乎？此所以爲大孝也。且應龍之翔，則雲霧滃然而起，震風薄怒，則萬空不約而號。使自戒慎恐懼發而爲大孝，以德則爲聖人，以尊則爲天子，以富則有四海之内，而宗廟饗之、子孫保之者，此必致之理也。夫何故以「大德必得其位，必得其禄，必得其名，必得其壽」？猶石韞美玉，則一山爲之葱青；水懷明珠，則一川爲之秀潤。天理如此，何足怪哉！蓋天之生萬物，初無容心也，因其材而成之耳。如鸞凰爲瑞物，自取尊榮；鵄梟爲妖祥，自取彈射；楩楠自取棟梁；蒲柳自取薪孌。天亦因其材而成之耳，豈能有所損益哉？栽者，本根深固，自取培益；傾者，本根搖動，自取顛覆，亦豈有心哉？是以知大德者，自取位禄名壽；而無德者，自取貧賤刑戮也。是位禄名壽乃大德之形見也，不如是，是吾德之未至也。故引嘉樂之詩爲證，而斷之曰「大德必受命」。其言判別不疑，此所以勉天下之爲德者，當始於戒慎恐懼，而以位禄名壽以卜德之進否也。世之論者曰：孔子大聖人，而名位禄不著；顏子大賢，而壽亦不聞。斯言欺我哉？曰學者讀書當識立言之體，方論大德受命之理。此天下之正理也，安得以孔、顏爲說？至於孔、顏，可謂天理顛倒，事之不幸者也。豈可以爲常談哉？然而孔、顏之位禄名壽亦豈可誣也！雖不得志於當時，而萬世之後，天子師事，巍然南面，尊主大國，合天下而拜之，大德者必受命，亦可知矣。君子第當論大孝、大德如何。至於位禄名壽至與不至，盍亦日日新，又日新，以警省其所未至乎？上以大舜當年爲則，下以孔、顏後世爲準，豈不韙哉！

中庸説卷第三

子曰：「無憂者其唯文王乎！以王季爲父，以武王爲子，父作之，子述之。」

戒慎不睹、恐懼不聞，則無適而不在中和，中和則無憂也必矣。古之人有享斯効者，其惟文王乎！夫中和之中，自當有賢父聖子，文王其見之矣。以王季爲父，是父所作者中和也；以武王爲子，是子所述者中和也。文王處賢父聖子之間，夫何憂哉！中和之見於人者，即文王可知矣。然則舜以瞽瞍爲父，以商均爲子，則中和將何處乎？曰：中和之見於人，當如文王之無憂。至於大舜父子，斯天倫之不幸也。不幸豈可以爲常乎？學者當知此意，中和之道無所疑矣。此不可不辯明焉。

「武王纘太王、王季、文王之緒，壹戎衣而有天下，身不失天下之顯名。尊爲天子，

富有四海之内。宗廟饗之，子孫保之。」

武王纘太王、王季、文王之緒，緒，即中和也。天命已逼，民心久竭，乃一戎商而有天下。嗚呼，豈得已哉！戎商，宜若非中和也。是何言歟？子思不曰喜怒哀樂未發謂之中，發而皆中節謂之和乎？武王一怒而安天下，此怒之中節也，此中和也，此太王、王季、文王之緒也。然而武王之舉危道也，聖人之不幸者也。其曰「不失天下之顯名」，與「必得」之言相並，則知武王之舉危道也，聖人之不幸也。然而又不失「尊爲天子，富有四海之内。宗廟饗之，子孫保之」者，則以出於中和，故其理當如是也。

「武王末受命，周公成文武之德，追王太王、王季，上祀先公以天子之禮。斯禮也，達乎諸侯、大夫，及士、庶人。父爲大夫，子爲士；葬以大夫，祭以士。父爲士，子爲大夫；葬以士，祭以大夫。期之喪達乎大夫，三年之喪達乎天子，父母之喪無貴賤一也。」

夫武王之中和，豈止行之於克殷一事而已哉！又於追王之事見之。夫追王乃中和所當然也。周公承文王、武王之中和，以行追王太王、王季之禮，與夫推追王之心，以行上祀先公以天子之禮，又推追王之禮，以下達乎諸侯、大夫，及士、庶人。如「父爲士，子爲大夫；葬以士，祭以大夫」是也。夫士而受大夫之祭，此追王之意下達於大夫也。使父爲庶人，子爲大夫，亦將葬以庶人，祭以大夫矣。此深察人子之心，以致意於其先也。審如是，父爲大夫，子爲士，葬以大夫，祭以士，抑吾貶吾親就士之禮耶？追王之意安在哉？曰：事各有稱。葬以大夫，是喪從死者之義；祭以士，是祭從生者之義。以己之禄祭其先人，此意與追王之心一等也。惟深思者見之。儻以世俗之心以榮辱吾親，非中和之道也。至於「期之喪達乎大夫，三年之喪達乎天子，父母之喪無貴賤一也」，皆喜怒哀樂已發之中節者也。此天理之自然者，不可加損焉。惟事事隱之於心，如追王，如祭以天子，如達乎諸侯，達乎大夫，達乎天子，無貴賤一也，皆輕重中節，天理自然，無一毫私意偏倚於其間。中和之形見於作用者如此，不可不致精以求之也。至於論名數之意，吕與叔辯之甚詳，此不復叙。

子曰：「武王、周公，其達孝矣乎！夫孝者，善繼人之志，善述人之事者也。春秋

修其祖廟，陳其宗器，設其裳衣，薦其時食。宗廟之禮，所以序昭穆也；序爵，所以辨貴賤也；序事，所以辨賢也；旅酬下爲上，所以逮賤也；燕毛，所以序齒也。踐其位，行其禮，奏其樂，敬其所尊，愛其所親，事死如事生，事亡如事存，孝之至也。」

祖廟、宗器、裳衣、時食、昭穆、貴賤、辨賢、逮賤、序齒、踐位、行禮、奏樂、敬尊、愛親、事死、事亡，雖施設隱顯未詳，然皆文王中和之所發見，寓於心志、事爲之間者如此。此文王之志、文王之事也。繼志述事者無他，第於戒慎不睹、恐懼不聞處致其察，以養中和之理，然後深見文王之所爲，一一皆天理中發見者。隨時損益，而不忘其中和之大，此文王之志、文王之事所以望於武王、周公者。而武王、周公所以爲達者，亦正以是也。此所以反覆具載於此篇，則以中庸之德當如是也。若夫名數之學、精微之義，則吕與叔、龟山先生辯之甚詳，此不復叙。

「郊社之禮，所以事上帝也，宗廟之禮，所以祀乎其先也。明乎郊社之禮、禘嘗之義，治國其如示諸掌乎。」

郊社之禮、宗廟之禮皆自中和中出，豈私智所爲哉？夫郊社之禮、禘嘗之義，此先王深知天神、地示、人鬼之心，而即國外之郊以祀天，國中之社以祭地，禘嘗之禮以享鬼神。不知先王居於何地，知天神自郊求，地示自社求，人鬼自禘嘗求哉？夫其數可陳也，其義難知也。明乎郊社之禮、禘嘗之義，治天下國家直推此而爲之耳。然而禮義徑自何而明哉？惟戒慎不睹、恐懼不聞以養中和，則天神、地示、人鬼之心皆見於此矣。且天地位於此，万物育於此，治國豈能出此理哉？是以君子慎其獨也。

哀公問政。子曰：「文、武之政，布在方策。其人存，則其政舉；其人亡，則其政息。人道敏政，地道敏樹。夫政也者，蒲盧也。」

文、武之政，即中和也；布在方策，書此中和也。有中和之君子，則見文、武之心，故其政舉。無中和之人，雖如方策所言一一行之，若王莽傳中所載，井田、賦禄之政，無不依三代制作，然篡逆之臣，豈嘗夢見中和？是以一切顛倒，天下大亂，適以資笑具而已。則其政息，復何疑哉？夫使人誠得中和之道，則不疾而速、不行而至，嚬笑之間，天下已丕變矣。人道敏政猶之地道焉，布種下實，未及頃刻，日夜之息，一經雨露之潤，則勃然而生，爲萌、爲芽、爲干、爲枝、爲葉，以至爲華、爲實。向來荒虛之地，一旦青葱秀潤，可攬可掬矣。以地道敏樹觀之，則人道敏政可見也。蓋地道亦已得中和故也。然政之變化何止如地道哉？繫乎其人如何耳。堯、舜率天下以仁，則人人如堯、舜，而比屋可封；桀、紂率天下以暴，則人人如桀、紂，而比屋可誅。真如蒲盧取螟蛉，祝之曰：類我！類我！久則皆似之矣。使以中和布之於政，發起天下之中和，則江、漢之女無思犯禮，兎罝之人莫不好德。人人有士君子之行，不難到也。此所以載此章於中庸焉。

「故爲政在人，取人以身，修身以道，修道以仁。仁者人也，親親爲大；義者宜也，尊賢爲大；親親之殺，尊賢之等，禮所生也。在下位不獲乎上，民不可得而治矣！」

政如蒲盧，蒲盧祝螟蛉，則螟蛉變爲蒲盧矣。爲政豈不在中和之人乎？有中和之人，則有中和之政。取中和之人，則當以身爲則。身中和，則取人亦中和矣。然則何以致身之中和哉？戒慎不睹、恐懼不聞以率性可也。率性之謂道，故修身以道，即中和見矣。然

「仁者人也，親親爲大；義者宜也，尊賢爲大；親親之殺，尊賢之等」，隆殺等降，有品節焉，一出於仁義而已矣。「仁，人心也；義，人路也。」義自仁中出，路自心中來，則所謂義又出於仁也。惟仁有品節焉，此修道以仁也。仁者，人也；義者，宜也，其意安在？曰：非矜私意，非行小慧，坦然與天下同其功者，此仁也。而其用莫大於親親；不高以絶物，不卑以累己，適然得萬事之理者，此義也，而其用莫大於尊賢。親有上下，故有隆殺；賢有小大，故有等級。隆殺、等級，禮自此而生矣。此所謂教也。「修道之謂教」，其是之謂歟？然則中和之理，何在而不然哉！

「故君子不可以不修身；思修身，不可以不事親；思事親，不可以不知人；思知人，不可以不知天。」

夫欲行文、武之政，不可以無人，而取人當以身，故身不可以不修。修身以何爲則？以事親爲則。事親以何爲則？以知人爲則。知人以何爲則？以知天爲則。何謂天？喜怒哀樂未發以前天也。戒慎不睹、恐懼不聞，於不睹不聞處深致其察，所以知天也；推知天之心以知人，則人之幽隱深微無不察矣，故賢、不肖洞然不可亂；推知人之心以事親，則親之幽隱深微無不察矣，故能先意承志、先事幾諫，而事親得其道也；事親得其道，則修身之効也；修身既効，則以此中和識天下之中和矣。故能取天下中和之人，以行文、武中和之政。然則子思首之以「天命之謂性」，意乃在此，其言豈不深密乎！學者其可以易而觀之哉！

天下之達道五，所以行之者三。曰：「君臣也，父子也，夫婦也，昆弟也，朋友之交也，五者天下之達道也。知、仁、勇三者，天下之達德也，所以行之者一也。或生而知之，或學而知之，或困而知之，及其知之一也；或安而行之，或利而行之，或勉强而行之，及其成功一也。」

和也者，天下之達道也。是君臣、父子、夫婦、昆弟、朋友之交，皆和之所發見也，故謂之達道。智，知此理而行；仁，觉此理而行；勇，决此理而行。君臣、父子、夫婦、昆弟、朋友之交，天下之所同，故謂之達道；知、仁、勇，一己所自得，故謂之達德。所以行君臣、父子五者，在知、仁、勇；所以行知、仁、勇者，在誠。一者，誠也。誠即喜怒哀樂未發以前是也。夫是誠也，或生而知之，若堯、舜是；或學而知之，若湯、武是；或困而知之，若太甲是。所以知之者，何物哉？誠也。知之耳，吾未能有行焉，是未能運用此誠也。然有安而行之者，亦若堯、舜是；有利而行之者，亦若湯武是；有勉强而行之者，亦若太甲是。夫行之者其何物哉？亦誠也。是行達道者知、仁、勇，行知、仁、勇者誠。知誠者誠，行誠者誠。夫誠一耳，何爲行知、仁、勇者誠，而又知誠者誠，行誠者亦誠哉？此蓋有説也。其説安在？曰：行知、仁、勇者誠也，以謂誠如是盡矣。而所以知此誠者其誰乎？即誠也。知之耳，未及行也。所以行此誠者其誰乎？即誠也。此聖人極誠之所在而指之也。行知、仁、勇者誠，知誠者將以爲它物耳，又是誠耳。知未及行，行誠者又將以爲它物耳，又是誠耳。誠字雖同，而行知、仁、勇之誠，不若知誠之誠爲甚明；知誠之誠又不若行誠之誠爲甚大也。嗚呼！誠之爲物如此，其可以淺易窺之哉！此「於穆不已」，天之所以爲天；純亦不已，文王之所以爲文王也。其深矣哉！

子曰：「好學近乎知，力行近乎仁，知恥近乎勇。知斯三者，則知所以修身；知所以修身，則知所以治人；知所以治人，則知所以治天下國家矣。」

行達道者知、仁、勇。知、仁、勇自何而入哉？此聖人所以又指以入知、仁、勇之路也。夫好學必有所見而然也，故謂之知；力行必以不能自已而然也，故謂之仁；知恥必斷然不爲也，故謂之勇。然而不直指好學爲知，力行爲仁，知耻爲勇，而曰近者，何也？近之爲言，以言不遠也。不遠，即在此而已矣。第知所以好學者誰？所以力行者誰？所以知耻者誰？則爲知、爲仁、爲勇矣。夫見於言語文字者，皆近之而已矣。唯人體之，識所以體之者爲誰，當幾而明，即事而解，則知、仁、勇豈他物哉？知斯三者，則直趨知、仁、勇之路，身豈有不修哉？知所以修身，則於天下之人皆當開導之，使自趨知、仁、勇之路。知、仁、勇天下所同有也，故知所以修身，則知所以治人。知治人之路不出乎知、仁、勇，則周旋四顧，其所以治天下國家亦不出乎知、仁、勇之路而已。嗚呼，豈不簡易明白乎！夫所謂學，所謂行，所謂恥，何也？即戒慎不睹、恐懼不聞之謂。學者不於此入，則泛然如萍之在水，逢風南北，有何所寄泊乎？此君子所以慎其獨也。

凡爲天下國家有九經，曰：修身也，尊賢也，親親也，敬大臣也，體群臣也，子庶民也，來百工也，柔遠人也，懷諸侯也。

夫知知、仁、勇，則知所以修身。推而極之，以至於治天下國家。其爲天下國家也，則散而爲九經。九經則知、仁、勇之用也。夫時當孟春，則不期而「魚上冰，獺祭魚，鴻鴈來」矣；時當孟夏，則不期而「螻蟈鳴，蚯蚓出，王瓜生，苦菜秀」矣。豈孟春、孟夏區區號令於魚、獺、鴻鴈、螻蟈、蚯蚓、王瓜、苦菜哉？一氣之行，其法當如是耳。審乎此，使不知知、仁、勇則已，如其知知、仁、勇，發於爲天下國家，則亦不期修身、尊賢、親親、敬大臣、體群臣、子庶民、來百工、柔遠人、懷諸侯矣。使一事不備，必知、仁、勇未盡其道也。誠使知、仁、勇皆盡其道，則此九經以次而行，不先不後，不遲不速，皆中其会矣。此天理之自然，非私智所能爲也。嗚呼！從戒慎不睹、恐懼不聞，發爲知、仁、勇，其極施於天下國家如此。然則「中庸之爲德，其至矣乎」之言，一一見矣，豈欺我哉？然而知知、仁、勇三者，則知所以修身，以至知所以治天下國家。今爲天下國家又先曰修身。夫前言修身，則能治天下國家；今爲天下國家又曰修身，何也？曰：中庸之道無止法也。此又「於穆不已」「純亦不已」之意，唯力學者乃能識之。

修身則道立，尊賢則不惑，親親則諸父昆弟不怨，敬大臣則不眩，體群臣則士之報禮重，子庶民則百姓勸，來百工則財用足，柔遠人則四方歸之，懷諸侯則天下畏之。

夫自中和之理發於君臣、父子、昆弟、夫婦、朋友之間，變其名爲知、仁、勇，又變其名爲一，又變其所以達道者爲九經，皆中和之作用，無往而不中節也。夫惟中節，故以之修身則道立，以之尊賢則不惑，以之親親則諸父昆弟不怨，以之敬大臣則不眩，以之體群臣則士之報禮重。體，若四牡之詩所謂「有功而見知則説」是也。知謂體悉之也。以之子庶民則百姓勸，以之來百工則財用足，以之柔遠人則四方歸之，以之懷諸侯則天下畏之。夫所以立，所以不惑、不怨、不眩，所以報禮重，所以勸，所以足，所以歸，所以畏，是乃中和之中節，故其效自爾也。使吾修身而道未立，吾親親而怨以至，吾懷諸侯而不畏，是吾於中和未至其極也。且致中和，則天地位於此，萬物育於此，九經其有不效乎！此君子所以慎其獨也。

無垢先生橫浦心傳録

無垢先生横浦心傳録卷上

甥于恕編　後學吴惟明校刊

士大夫學術須正，一或不正，往往操履皆邪。其爲利害不止及其一身，吁可畏也！然士夫孰不自以爲正？柰何其始辨〔二〕之不明，講之不詳，得其形似，執而不化，遂爲終身之害。只如教小兒，自其發蒙時教之以正，如曲禮言幼子常視母誑，亦此理也。漢景帝、晁錯教用術數，宜其亦不免也。故君子常用權而未嘗許人以權。

學問於平淡處得味，方可以入道，不然則往往流於異端，不識真味，遂致誤人一生。

齊太祖蕭道成以儉約率下，器用欄檻，盡易以鐵，曰：「使吾臨天下，十年當使黄金與土同價！」要之人主所爲，誰不趨向，況儉約美德？漢文躬率其民，海内富庶，貫朽

〔二〕張元濟校勘記：又「辨」作「辯」。

粟陳，此即黄金與土同價之驗。但患不爲之耳，何待十年？此又見之不透，守之未力，猶以世俗自累故也。商鞅一移徙木之令，而秦國莫不重其賞，一下棄灰之令，而秦國莫不畏其罰，以信故也。鞅假此信，尚能如此，況人主乎？況以禮義爲教化乎？

隋吏部尚書韋世康和靜謙恕，在吏部十餘年，時稱廉平。常有止足之志，謂子弟曰：「禄豈須多，防滿則退；年不待暮，有疾便辭。」其語甚有味。貪禄者多不防滿而益貪，安得不敗？好進者多竊減年，況有疾而不退，安得無失？如斯人之言，實近世士夫藥石。

蜀之費禕、宋之劉穆之、齊之王儉，皆才敏絶人，此天賦不可學也。然穆之之侈、王儉之放，又皆以無學爲病。

趙清獻帥蜀，乃獨以一琴一鶴一龜自隨，想其清致可知。及再帥蜀，縱鶴放龜，想又以此爲累矣。此是渠清入妙處。

先生讀子美「野色更無山隔斷，山光直與水相通」，已而歎曰：「子美此詩非特爲山光野色，凡悟一道理透徹處，往往境界如此。」

先生云：「洪忠宣公灝一日歸自虜中，忠節炳炳，有識稱歎。聖意方睿，將欲大用，秦公忌而斥之。」南安士子春試歸，且以秦氏子取高第爲美者，談不容口，乃嗟洪公之斥，因説及其子。先生不覺失笑，因謂之曰：「以名欺人，其如實何？」偶孫叔詣見過，因舉前話，孫亦一笑而去。越一日，士復有請，且以一笑爲問。先生云：「洪公諸子，藴藉有器識，不肯作時習語，往往自有知者。况此公見厄虜庭十餘年，艱險萬狀，死亦不畏，義氣凛凛，照映古人。秦公以私害之，不久天必伸之矣。不可以一時得失利害妄窺賢者用心。」問者見先生色變而退。

先生因語潘子賤舍人，老來力量持重，見渠作三戒説皆是履踐語。秦公勢正炎炎，冷處一角，笑傲泉石。秦公雖令人致語，亦不答。家甚貧，而處之晏然，古君子也。聞其死，吾亡石友矣。不覺爲之墮淚。

先生云：「南康李子勉，永嘉蕭德起，此二人胸中如鐵石，使臨大節，必有可觀。」一日，與趙元振談當世務，議論皆高人意表，亦經濟才也。然秦會之默默無一語，而陰鷙猜忌，又能成事，君子往往去之，與之盡力者，皆可知矣。

庾嶺舊傳有梅，往往詩人借此爲江南春信。予到此數年，因登嶺上，不見一枝，遂成一絶曰：

詩人常説嶺頭梅，往往春風自此來。我到嶺頭都不見，空將春夢又空回。

寄處南安寶戒院，終日閉門著書，未始輒出。一日策杖到院門，秋深芙蓉兩行，紅翠相映，照耀目光，遂成一絶曰：

苦無人事擾閑居，贏得終年學著書。今日欣然出門去，秋風吹意滿芙蕖。

有士夫見過，云：「近日仕宦習氣可惡，上下相蒙，只圖苟免，全無後慮。若不如此，則往往其禍先及，爲之奈何？」先生曰：「精金百煉則愈剛，爲器益利。人自不至誠，豈有不可爲者？小人爲不善，其心豈不自知？特無剛腸耳。吾歷仕雖不多，然盡誠於我，依公而行。人雖以我異已，然道理既是，但自愧恐，又安能尤人？試平心處之，當自知味。」

一士夫遠自江浙携家入廣赴調〔二〕，且以貧爲累，焦焦然見於顔色。因謂之曰：「貧不足爲公累，心爲公累耳。若公不入仕，又何以處？隨分節約，老幼均之，自可無累。若恣

〔二〕張元濟校勘記：又「調」作「任」。

口腹，欲快意，但恐私慾横生，無時可足。貪冒無耻，禍必及之。回視節約之樂，如在天上。請公先與此心斷之，便自無累。」

一士夫以改〔一〕官少一二紙舉狀，再三懇求，宛轉當路，其意甚切。因謂之曰：「某平生不能爲人宛轉，且據公入仕可言者，然後某亦可説。」斯人歷舉某事某事，曰：「是公合做底事。」又問其入仕幾時，及見其貧窶，細以爲問，皆一一言其所得若干、老幼若干、日用若干，語理甚真。知其爲廉勤之士，曰：「如此當爲公説。然自此後，不可失故步，又不可舉此常爲話柄。某一時倉卒間以言信公心，公不可以言欺此心。」

客有問：「侍郎在此處如何？」曰：「只如在鄉里閉門，讀書時都不知門外事〔二〕。」

或問：「學者多爲聞見所累如何？」曰：「只緣自家無主人。」

見盆中石菖蒲，因賦〔三〕：

清姿水石間，相得不可無。如人飽道義，其色長敷腴。不受塵土覆，自與人世殊。

〔一〕「改」，張元濟刊本作「居」字。張元濟校勘記：又「居」作「改」。
〔二〕「讀書時都不知門外事」，張元濟校勘記：又作「讀書時節不與户外事」。
〔三〕張元濟校勘記：又「賦」下有「曰」字。

我何愛軒冕，冒昧名利途。聖人惡絜身，名士多自汙。理亦顧其可，未應如此拘。往往不知者，假此爲穿窬。吾方存胸中，未敢執一隅。姑從吾所好，誰能復改圖。不若歸去來，無愧石上蒲。

見庭下草，因書古風：

秋風吹碧草，久客情如何？鄉關斷過雁，青山高嵯峩。然而夢寐間，往往長經過。夢覺亦我耳，所得初無多。天地存胸中，要當常拂摩。肯爲外物流，爲賦白雪歌。

予平生貧困，處之亦自有法。每日用度不過數十錢，亦自足，至今不易也。有客適自桂陽監來，言鄭亨仲日以數十錢懸之壁間，椒桂葱芥皆約以一二錢。問其所以，云：「吾平生苦貧，晚年登第，稍覺快意，便成奇禍。今學張子韶法，且要見舊時齏鹽風味，甚長久也。」予自謂此法不可傳，亦無人能傳者，而亨仲傳之，可付一笑。

吾友施彦執工於詩，一日見其賦柳，有「春風兩岸客來往，紅日一川鶯去留」，不見柳而柳自在其中，語亦工矣。而刁文叔賦春時旅中一絶，有「來時江梅散玉蕊，歸去𥹥麥如人深。桃花只解逞顔色，唯有垂楊知客心」。致思尤遠，不止工也。

吾與陳彦柔語天下無難事，與淩季文語天下無易事。彦柔期於必成，季文雖不敢期而爲之未始不力。然彦柔於作事中不無疎，而季文往往無不成者。古人如李廣、程不識之行師，兩者寬猛不同，而予心雖快李而深愛程也。

每憶與刁文叔夏夜清坐僧室，風竹泠泠然有聲，遂詠前人避暑詩。文叔笑云：「詩在言外，意與物遇，則詩已形於吾前。」予不覺失〔二〕笑。時此趣最難得。予觀其言詩，論及言外趣，真有作者風味，又何必於言語間求之。

施彦執作孟子發題云：「孟子有大功四，明浩然之氣，道性善，闢楊墨，黜五霸而尊三王，皆前聖之所未言，六經之所不載，有功於名教。」此説亦是一見，然謂之「功」，似亦未善。

或問：「死生之變大矣。義之所在，君子談笑赴鼎鑊。小人雖不知義，然亦有慷慨而不畏死者，是豈其真情耶？」先生曰：「君子畏義而不畏死，小人貪利而忘其死，非不畏也。入山澤不畏虎豹，涉江海不畏風波，此豈人情哉？利於樵蘇採捕，往往有所不覺。彼

〔二〕張元濟校勘記：又「失」作「發」。

冒刑法、不畏誅殺者，皆利爵禄之人也。君子無一點利慾〔二〕，所畏特義耳。此境不可不熟。」

南安皆白豕，不圈養，群走野食，時一啖其肉，則體間風疹浮起，終日爬搔不已。性愛豆乳，此有之，硬不可食。雖鄉中得菜子數種，地多砂石，不能入種。依僧舍得畝地，日以穢腴灌溉，所出稍勝。要皆苦硬，色類草而膚毛徑寸，啜其汁如服病散，時時不過。用熟泉漬飯，快一飽耳。思吾鄉，松菜如白蕈，豆乳滑甘如牛乳，藕芽、春筍、蓴虀、瓜齏皆非世間所有。古人望梅止渴，時一作想，亦不覺流涎，真可付一笑。

予平生惡殺，見活物必縱之。嘗記與高抑崇同舟入京師，時淮上多蟹，抑崇欲買食，而樊茂實相從，亦在舟中，且以先生戒殺爲言。抑崇不領〔三〕，自買數十隻，投釜煑之，置一盎中，箕坐大嚼，又旁呼樊子同食。樊子畏避不敢。頃刻獨盡。時楊先生在中路，到其所，因以仁爲問，且説抑崇暴殄之事。先生因云：「抑崇安可如此？子韶戒殺而子故殺，

〔二〕張元濟校勘記：又「利慾」作「利慾心」。
〔三〕張元濟校勘記：又「領」作「顧」。

何也？」少刻告退。先生獨見留，徐云：「子韶以周公爲仁人否？」曰：「安得不謂之仁人？」「公見他甚處是仁？」曰：「周公愛商民，不忍加刑，丁寧訓告，欲化以德。其後周家仁及草木，皆公之推也。」先生曰：「故[一]是。公不見他兼夷狄、驅猛獸，滅國者五十，是甚手段，此又不比殺蟹？舊常與高子説，恐以此默激公耳，公[二]又不可執著。」自此漸覺於仁上無拘礙，真良藥也，深中此[三]病。

解潛太尉貶南安，臨決之前，越一日，焚香[四]寂卧，令人來請，若有所言者。因往省之，曰：「太尉平日所懷莫有不足者否？」解公遂屏左右，垂淚云：「某平生唯仗忠義，誓與虜死，以雪國恥。以不肯議和，遂爲秦公斥遠，此心唯天知之。」因謂之曰：「無愧此心足矣，何必令人知？然人未有不知者。事有真僞、遲速耳。」解云：「聞侍郎此言，心下豁然。某今即去矣。」奄然而逝。予以謂武夫悍卒，其一念正氣，猶盤礴不下，以待

[一] 張元濟校勘記：又「故」作「固」。
[二] 張元濟校勘記：又「公」作「然」。
[三] 張元濟校勘記：又「此」作「予」。
[四] 張元濟校勘記：又無「焚香」二字。

人決，况吾儕讀聖賢書，安可於平日不正此心？此與「朝聞道，夕死」何異？

所居寶戒寺，依城址，多大蛇。一夕登厠，腳足若衝〔一〕門楔，身幾欲倒。躍然一物，其聲如鵞。以燭索之，乃一大蛇，竟〔二〕數尺，兩頰時時弛張，怒則煙焰噴人，齒如棘刺〔三〕，槎牙於外。予平日不殺，因令人殺之，而爲之語曰：「含怒畜怨，幻形至此，反汝真性，易生以死。」

南安一老兵長在左右，入夜時與子姪説文字，或至三鼓，老兵不去。因謂之：「汝老，自去眠。」其老兵忽云：「每聽侍郎説書，某自喜，眠不着，但恐諸小官人欲睡耳。」引至燭下，則兩目熒熒，口吻噏噏欲語，喜色滿面。小人中亦有警策者，到此乃見知於此人，良可發一笑。

或問：「老子所説如何？」答曰：「渠皆不論用處，一味向無用處論用。往往士大夫行到無着手腳處，便得其説而喜，平日自不善用，故喜其無用耳。如此則天下忠臣義士、

〔一〕張元濟校勘記：又「衝」作「衝」。
〔二〕張元濟校勘記：又「竟」作「長」。
〔三〕張元濟校勘記：又「刺」作「荊」。

壯夫節婦皆當打作一團。吾聖人門户中道理最曲折，何必如他？」

嘗見呂居仁論詩：「每句中須有一兩字響，響字乃妙指。如『身輕一鳥過，飛燕受風斜』，『過』字、『受』字皆一句中響字也。」某平生不能作詩，每讀樂天詩便自意明，但不費力處便佳耳。嘗舉以告居仁，居仁云：「不費力極難，用意到者自知。」

唐德宗惑於盧杞，雖播遷中，亦自謂天數。及杞遇赦，即移吉州長史，又移饒州刺史。時給事袁高應草制，執以白宰相，盧翰、劉從一不從，命別舍人爲之。制出，高執不下，復於正牙論其罪。陳京、趙需等繼奏之。上大怒，諫者稍退。陳京曰：「趙需等勿退。此國之大事，當以死爭。」上乃少解。遂一日，可袁高奏。以此觀之，德宗雖甚蔽惑，群臣爭之既力，必亦少省，宜其從之也。大抵人臣諫諍未説，皆如陳京，只能再三曲折，悉其是非，反覆論奏，人主豈得不感悟？往往多是微察一人指意，便自回避，不肯着力，見陳京所爲，真可仰羡，不可一味言德宗之失。如薛廣德之欲以頸血污車輪，言既未盡，乃便如此，此亦太甚。如陸宣公，如李泌，曲折説喻於德宗前，道理既明，安得不從？決然不可繼之，以死諫未晚也。

唐人專尚詞章，而李德裕家不置文選，所見亦超絶矣。觀其建議處事，皆經濟有用之學，人未易及。然朋黨傾軋之禍不能無容心，惜其不入聖賢之學耳。

唐德宗初即位，用法嚴，群臣恐懼，以山陵近斷屠宰。郭子儀隸人潛殺羊，携入城。左執金吾裴諝奏之。或曰：「郭公有大功，獨不能爲之地乎？」諝曰：「乃所以爲之地也。郭公勳高望重，上初即位，皆以爲群臣附之，金吾發其小過，以示郭公之威權不足恃也。上以尊天子，下以安大臣，不亦宜乎？」裴諝所見如此，非知大體者不能，不知者往往以爲訐過矣。「吾得李勉，朝廷乃尊」，「今日膽落於温御史」，冷處正合着火，非遠識不及。

或問：「湯學於伊尹，韓愈乃謂其傳自禹。楊雄自比孟子，是得其傳者，而愈以謂軻死無傳。不知雄孰傳之耶？至伊尹樂堯舜之道，是堯舜之道，尹所傳也，而愈於傳道之統，乃置伊尹而不問，何也？」先生曰：「禹之道，堯舜之道也。伊尹得之於心，因以授湯。置伊尹而言禹，亦無害也。楊雄雖自比孟子而愈以小疵譏之。其言無傳，則捨之矣。舉禹則伊尹在其中。自堯舜而下，皆舉其帝王，及文武之後，方及周公、孔子。故不欲以臣繼君，然道之所在，正不必分彼此。」

或問：「所見與所守二者孰難？」先生曰：「所見難。」或曰：「今學者往往亦有所見而不能守，則併與其所見而喪之。」先生曰：「不然，只是所〔二〕見不到故爾。今人於水之溺、火之烈，未有無故而入水火者，以見之審也。設陷阱而蒙之以錦繡，玩而蹈之者多矣。彼見畫虎而畏者，久則狎之。一日遇其真，則喪膽失魄，終身不敢入山林，其理可見。」

或問：「高祖於天下既平之後殺韓信、醢彭越、戮黥布，蕭何以無罪下獄，雖子房之賢，亦畏禍辭禄，辟穀不食，假爲赤松之遊。若陳平之多詐，略不見其疑之之意，而平亦不見畏忌之狀，此獨謂何？」先生曰：「當時之有智謀者，無如子房、陳平。子房已高蹈遠引，高祖欲籠絡他不得。獨有陳平在左右。白登之圍賴之而免。韓信之擒因之以成，目前且欲得其用，故未發意。及臨決之際，告吕后以『陳平智有餘，難以獨任』，此何意

〔二〕張元濟校勘記：又「所」作「人」。

哉？使更假高祖數年，天下無事可慮，則吾知其亦不免矣。」〔一〕

或問：「古人卓然獨見者，誰爲最？」先生曰：「伊尹。」或曰：「何謂？」先生曰：「伊尹去堯舜之世已遠，絶無師承。堯傳之舜，舜傳之禹，自此以往，寂寥數百載。伊尹斷然號於人曰：『予天民之先覺者也。』及湯學於尹，故湯得尹之傳，曰文武，曰周公，曰孔子，皆由此傳之也。不是獨見得到，何由敢自任如此。子細思之，不可泛語。」

或問：「晁錯知七國削之必變，而卒建削七國之謀；羊祜知平吳之後當勞聖慮，而首建平吳之策。使七國不削，吳不滅，漢晉其終無憂乎？」先生曰：「事勢到此有不可已。然使錯如主父偃之説，則不削自弱；羊祜如范文子之説，則不滅亦可。惜二子智所不及。」

或問：「唐高宗欲廢后立武昭儀，褚遂良等諫不聽，而李勣有『此陛下家事，何必問外人』。玄宗欲廢三王，張九齡諫不聽，而李林甫亦有『此陛下家事，非臣所宜預』之語。何二君不信遂良、九齡之諫，而一旦決於李勣、林甫之一言？」先生曰：「人君每事必與

〔一〕明抄本以上爲卷第一。

大〔二〕臣謀，以不可私也。高宗欲立武昭儀，是其私也，然不可不問褚遂良等，玄宗因武惠妃譖，欲廢三王，是其私也，然不可不問張九齡。當其問時，二君之心猶有所忌，不敢自私。而李勣以顧命大臣爲太宗所付託，乃以私情開其不畏，識見淺陋，操守不正，又何貴乎大臣？林甫之姦，得援以爲説，勣之罪大矣！」

或問：「事成於偶然，語得於不思，技精於無意，理會於適爾。然皆有終身而不可及，往往意愛神喜，自然不忘，乃若工寫規畫，朝誦夕記，目注心想，非不甚切，而旋即遺忘，何也？」先生曰：「不用意處，真情自見。用意則奪真矣。孟子于赤子入井時喻仁，此時真情便掩不得，雖頑嚚不肖者亦須發見。當如此察之，非言可盡。」

或問：「陳圖南謂种放云：『子名將起，然名者古今之美器，造物者深忌之，必有物以敗子之名。』後乃果然。不知士夫於名節當如何？」先生曰：「君子唯義所在，雖處汙辱，未始不榮。若求以全名，則必墮諂僞，往往先自受辱矣。此又不可與世俗論。」

或問：「『易無思也，無爲也。寂然不動，感而遂通天下之故。』若有感，心則有思

〔二〕張元濟校勘記：又「大」作「群」。

爲，心卻説『無思』『無爲』，何也？」先生曰：「當寂然不動時豈是土木？」

或問：「司馬牛以無兄弟爲憂，而子夏解之，及自喪子，乃有喪明之惑；陳孺子爲高祖謀，無不克勝，及畏禍及己，乃燕居深念而無以爲策；項羽英威蓋世，勇悍無比，及垓下之敗，悲歌感慨，不能自決；曹操平日鬼蜮百端，人不可測，及臨死之際，乃有分香賣履兒女子〔二〕之態。其故何也？」先生曰：「陳平、項羽、曹操平日求以勝人，於自己分上絶無一分自治之術，宜其禍難死生之際，真情自見。子夏學問未至，故亦有此患，所以一聞責之之語，則自悔不已，又不可與凡子比。」

或問：「東晉祖逖之役，黄河以南盡爲晉土；謝元淝水之勝，山東之衆，旋踵盡平，不可謂無機會也。而若思之代，道子之撓，遂使其功不成。苟無二子，功果成否？」先生曰：「自祖逖、謝元之後，亦豈無機會？然終不能成功者，其勢亦難耳。况其君皆無經世之大略，苟以自存而已。如宋文〔三〕，一或輕舉，遂爾狼狽。」

〔二〕張元濟校勘記：又無「子」字。
〔三〕張元濟校勘記：又「文」下有「藺」字。

或問：「山谷與王觀復書云：『詩文雖興寄高遠，而語言生硬，不諧音律，或詞氣不逮初造意時，此特讀書未精博耳。』或曰『謂今人往往讀書雖精博，而於詩詞多不諧音律，或詞氣不逮初造意』者，此病又在何處？」先生曰：「學能通倫類者少，須是達理便自得趣。不然，精博自精博，於詩全不幹事。穎悟者雖不甚讀書，下語便自可喜，又不知山谷當時所見以此理推之否？」

或問：「伊川云：『與善人處則壞卻人，與不善人處斯能成就人。』先生曰：『與君子處如在春風和氣中，鄙倍自消。』此意與伊川如何？」先生曰：「伊川此説是説他己分上事，且論我一時所見，若未到伊川地位，未必不錯會了。」

或問：「班固作漢文紀無可書之迹，但盡列其詔書，何也？」先生曰：「詔書，王言也。文帝平日務在躬行，所言無非實理，班固載之，深得其意。」

或問：「一日游定夫訪龜山，龜山曰：『公適從何來？』定夫曰：『某在春風和氣中三月而來。』龜山問其所之，乃自明道處來。不知春風和氣，渠認作何意？」先生曰：「便是天地發育時節，所見一草一木皆明道也。」

或問：「退之言『仁與義爲定名，道與德爲虛位』，如何仁義便説定名，道德卻説虛位？」先生曰：「此正是退之闢佛老要害處。老子平日談道德，乃欲搥提仁義，一味自虛無上去，反以仁義爲贅，曾不知道德自仁義中出，故以定名之實，主張仁義在此二字。既言行仁義之後，必繼曰『由是而之焉之謂道，足乎已無待於外之謂德』，亦未始薄道德也。特惡佛老不識仁義即是道德，故不得不表而出之。」

或問：「孔子言仁未始有定名，如言仁之本、仁之方，以剛毅木訥爲近，以克伐怨慾不行爲難，樊遲之問則異于子貢，司馬牛之問則異于子張，顏淵之問則異于仲弓，文子止得爲清，子文止得爲忠，管仲止得爲如，往往皆無一定之説。而先生論仁，每斷然名之以覺，不知何所見。」先生曰：「墨子不覺，遂於愛上執着，便不是仁。今醫家以四體不覺痛痒爲不仁，則覺痛痒處〔二〕爲仁矣。自此推之，則孔子皆於人不覺處提撕之，逮其已覺，又自指名不得。」或曰：「如此則義亦可説？」先生曰：「若能於義上識得仁，尤爲活法。」

或問：「王嘉以言事忤哀帝而慷慨就獄，不肯飲藥；王彧以宋明見忌，從容就死，

〔二〕張元濟校勘記：又無「處」字。

而不肯一奮。二公之意如何？」先生曰：「王嘉忍於就獄而死者，尚期所言有益於既死。王彧不復徇焦度之言者，深恐免死無益於得生。況二君皆庸暗，在我所處苟不自盡，則命義所在當如何耶？得正而斃，斯已矣。死亦不難，處死者難耳。」

或問：「先生平日處心忠厚，於一事一物必欲成就其美，故諸子姪皆以『厚』名，欲其不輕薄耳。以某觀之，忠厚之人大抵多寬緩容物，不甚迫切。每見先生疾惡太甚，於喜怒略不能少制，似覺不甚容與。往往人皆以先生爲剛躁，不知或自覺否？」先生曰：「所養至則有藏蓄，若作僞又非真情。理不順處自然不平，初無容心也。若見人之惡而不怒，不是作僞便是姑息。」

或問：「漢武帝如何主？」先生曰：「英主也。識霍光於不移步處，識金日磾于不轉盻處，此二人皆有定力，果能成大事。」

或問：「酈生長揖而見高祖，王猛捫虱而談天下事。世之好大言者，矜其意氣，亦多有之。而高祖、桓温未易以虚言動也。今高祖輟洗改容而禮酈生，桓温謂王猛『江東無卿比』，不知何所見而然？」先生曰：「英雄豪傑之士所言皆切中當時利害，無一語不機警感動人，况作意欲聞其言者，豈得不喜？此非常情可擬議，唯識見過人者可想見其情。高祖泗上亭長耳，子房云：『吾與他人言，皆不曉，獨沛公能知之，此殆天授。』以此推之，真不凡也。」

或問：「孔子於意、必、固、我皆云『母』，而門弟子便記以爲『絶』，如何？」先生曰：「『母』與『絶』便見門弟子與聖人學力有淺深，故下語有圓有〔二〕不圓也。」

或問：「漢景帝以梁王殺議臣，使田叔案之，案具而焚之，乃空來見帝。帝曰：『梁有之乎？』曰：『有。』『其事安在？』曰：『上毋以梁事爲問也。』曰：『何也？』『今梁王不伏誅是漢法不行也，伏誅而太后食不甘味，寢不安席，此憂在陛下。』上大然之。此非識見過人，安能爲此舉？然則人臣臨事皆當如此，可乎？又恐有小人得以容姦者，將何以辨？」先生曰：「士大夫貴有識，無識乃俗吏耳，何以處大事、决大議？彼拘於文法者，方以不得其情爲憂。既得之，更以不得即聞爲快。今案具而焚之，且説其道理如此，景帝安得不喜？丙吉夜卻使者，保護皇曾孫，田千秋獨明戾太子冤，皆見到理到，縱

〔二〕張元濟校勘記：又「有」字作「與」。

使小人有投姦者，其間自有曲折可見，未易能爾也。」

或問：「陳平、周勃皆爲文帝相，平始以勃不能對錢穀之問，責之。及勃以竇長君、少君所出微賤，當擇有節行者與之居，而平於此反無一語。夫宰相不對錢穀，此有司之事，在勃亦未爲失。外戚難制，失於防閑，則將爲國家之憂，正宰相事也。孰謂平之智乃不及於重厚之武夫乎？敢問其故。」先生曰：「陳平之智平日用於戰攻侵伐，無非以詐，及道理正當所在，往往又見不到。此周勃所以爲重厚。重厚者，無詐僞，故所見必正。」

或問：「子房躡足，而高祖曉其意，及叔孫通諫，欲易太子，甚于子房，而卒不從；千秋一言，而武帝悟其理，及申公『力行』之説與千秋等，而乃不聽；鄭公十漸之戒而太宗驚謂『誠有是事』，及高麗之伐過於十漸，而終不回。何前後之違，彼此之或異？」先生曰：「勢有緩急，情有通塞，心有勤怠，求全亦難。學道者則無此患。」

或問：「屈人以服己，不爭則怨；屈己以服人，不鬪則憾。力未屈則爭鬪，力已屈則怨憾，此人情也。而孟子論『以大事小者樂天，以小事大者畏天』，皆以爲然，何也？」先生曰：「聖人以天理爲人情，常人往往徇人情而逆天理，故爭鬪怨憾與畏樂不同。」

或問：「科舉之學亦壞人心術，近來學者唯讀時文、事剽竊，更不曾[二]理會修身行己是何事。」先生曰：「汝所說皆凡子也。學者先論識，若有識者必知理趣，孰非修身行己之事？本朝名公多出科舉，時文中議論正當，見得到處，皆是道理。汝但莫作凡子見識足矣。科舉何嘗壞[三]人？」

或問：「『木上有火，鼎，君子以正位凝命。』鼎在木火上，而以『君子正位凝命』言之，豈非取其不動故耶？」先生曰：「鼎處烈火上，如君子處倉卒擾攘中安然守正、不動聲色而內有所處。」

或問：「龍無羽而飛，蟬無喙而飲，兔無牝而育，蛇無足而行，蚓無首而穴，此理如何？」先生曰：「龍能變，蟬能吸，兔能望，蛇能擾，蚓首不鋭而能食壤，萬物豈有無故之理？但人不推之耳。」

或問：「高祖云『項羽有一范增而不能用』，似亦未盡。范增所言不過令羽急擊沛公

[二] 張元濟校勘記：明抄本「曾」作「肯」。
[三] 張元濟校勘記：又「壞」作「害」。

耳。不過示以玉玦，使殺沛公耳。此何術之踈也？及羽屠咸陽、殺子嬰，大鹵掠以失秦民之望，可諫而不諫；屠襄城使襄城之人無噍類，可諫而不諫；殺義帝江南，天下指爲不義，可諫而不諫。置其所可，而切切然從事於所未必可，識見如此，雖有此百輩，何益於存亡治亂耶？」先生曰：「孰羽所謂忠梗者，特增耳。尚不見用，其他可知。」

或問：「唐太宗欲觀起居注，史官褚遂良不從，庶可少沮其意，而房玄齡乃刪定高祖太宗實録上之，此豈玄齡所當爲者？」先生曰：「太宗大抵好名，必欲觀史，其意安在？賴遂良不從其説，少沮其意。故觀殺建成、元吉，事多隱微，謂玄齡曰：『昔周公誅管蔡以安周，季友酖叔牙以存魯，朕之所爲亦類是耳。』命削去浮辭，直書其事。苟非此公正之於前，太宗於此未必能發爲此言。而意忌之患，爲史者往往必不免。玄齡此舉深有愧於褚。」

或問：「宣帝置廷評未爲不善，而鄭昌以爲未善。其齋居決事未必得體，而反以爲得，如何？」先生曰：「既置廷評，自不必親決。所謂廷尉者，未必不諛上之指以爲得，豈昌思之不至乎？得其〔二〕説而不知又有一説也。」

〔二〕張元濟校勘記：又「其」下有「一」字。

或問：「法未嘗不便於民，而吏每至於害法，治吏者當如何？」先生曰：「仕宦者往往多以私意處法，故吏得以欺之。稍能以公心守正理，則人情所在，即是法意，吏安能欺之。」

或問：「盧懷謹推賢遜能，而當時以爲伴食，盧杞之姦邪，而德宗以爲清忠，如何？」先生曰：「聾俗之見、喜佞之君往往如此。」

或問：「子思之學出於曾子，曾子云『夫子之道，忠恕』，子思曰『忠恕違道不遠』。方其論道之際『道不可須臾離，可離非道』，『離』即『違』也，『須臾』即『不遠』也。今曰『違道』則道可離也，曰『不遠』則須臾離矣。其意語如何？」先生曰：「當曾子一『唯』之際，他人決不能及。門人之問，始言及此。若論曾子一『唯』，安可言傳？謂之『忠恕』，則已麗於名。道非可名也，但從忠恕去，於道不遠耳。」

或問：「慮人疑者常爲人疑，欲防人者必爲人防，恐生事者多被事擾，惡人擾者人每擾之，如何？」先生曰：「皆自有以致之。何如無慮無欲無恐無惡，便自泰然。此皆有心之過也。」

或問：「處事當如何？」先生曰：「速不如思，便不如當，用意不如平心。」

或問：「倉卒中、患難中處事不亂，是其才耶？抑其識耶？」先生曰：「未必才識了得。必其胸中器局不凡，素有定力，不然恐胸中先亂，何以臨事？古人平日欲涵養器局者，此也。」

或問：「近日監司責郡守、縣令、守令唯務事辦，往往有所不恤，故人情法意每每多失。其間有一執法守正者，動多拘礙，不敢容易。不以懦斥，則以不能見鄙。及違理背法，一旦事敗者則又處之幸不幸。此當如何？」先生曰：「做不得不如去。既任其職，只得守理守法，雖以懦斥，或以無能見鄙，於心無愧，人豈不知？若較之違法背理而自處於幸不幸者，一敗塗地，非特在我有愧，於人終豈無見察之理？豈可謂之幸不幸？」

或問：「不爭者未必不得，而人多好爭；欲速者未必能達，而人多欲速；行險者未必僥倖，而人多行險；冒進者未必見用，而人多冒進。其故何也？」先生曰：「人貴讀書者，則有思慮。有思慮，人往往不苟。不曾讀書與讀書不識理趣者，所爲便可見。」

或問：「丙、魏史稱其有聲，而傳無可載之事，如何？」曰：「宣帝紀中所載皆二公所謀，豈帝能獨爲之耶？觀史者當察之。」

或問：「儒行云『其過失可微辨而不可面數』，其輕重如何？」先生曰：「謂之辨足矣，必曰『微辨』，恐傷人心，故只微辨其意。若面數人過，是甚氣象。」〔一〕

或問：「孔明之智，司馬仲達觀其兵勢，曰：『真天下之奇材也！』然嘗六出師而不濟。夫不度其可濟而僥倖於勝，固未爲得。一不濟而再三用，又豈得爲智乎？」先生曰：「孔明之智不出於戰勝，而用於卻敵人之兵以自固其國耳。區區一隅之地，苟畏忌縮首以示怯於人，則吴魏之師日踵其門，既自救之不暇，何暇以勝敵哉？孔明之舉既足以自示其强，又足以塞敵人之攻，雖敗亦不甚而顧爲得策。不然則孔明未必如是之區區也。」

或問：「先生在越上作幕官，不肯受供給，館中進書，不肯轉官，人皆以爲好名之過。」答曰：「既受月俸，又受供給，偶然進書，隨例受賞，於我心實有不安，此亦本分事，何名之好？貪者往往皆不曾尋思，此心病也。心有病，人安得知？我知之，當自醫；别人既不自知病，反惡人醫病，猶婦人妬者，非特妬其夫，又且妬人之夫，其惑甚矣。」

〔一〕明抄本以上爲卷第二。

或問：「先生當官多與人議論不合，多不能久即欲歸，何也？」曰：「習俗壞人，正理難行，動多齟齬，不如歸來，多少快活。久而後漸漸病入矣，亟歸爲上。若欲行志，須當得君，州縣真徒勞也。」

唐玄宗置麗正書院，聚文學之士，有司供給頗優。中書舍人陸堅謂「養此屬縻費國用」，欲奏罷之。張説曰：「自古帝王當無事之時，莫不崇宮室、廣聲色，今天子獨延文儒，發揮典籍，所益者大，所損者少。」以此觀張説所言，甚見得到。秦皇、漢武、隋煬帝崇宮室，好聲色，其奢費爲如何，乃以此較費用，真俗吏也。

堯時，舜、禹、皋陶、益、稷在朝，皆賢人也，而共工、驩兜之小人亦同事，堯亦不問，當時亦不至害治。文、武時，周、召、畢公、君陳在朝，亦賢者也，而管叔、蔡叔之小人亦共政，文、武亦不問，當時亦不至害治。唐玄宗一用李林甫，罷張九齡，而崔群以爲治亂已分。此無他，君子小人之在天下，無世無之。明君在上，自不敢爲惡。人君心術一不正，則雖有千百君子，亦無益矣。其勢君子必退，小人必得志故也。

唐户部侍郎判度支張平叔上言「官自糶鹽」，又請「令所由將鹽就村糶易」，又乞「令宰相領鹽鐵」，又請「糴鹽多少爲刺史、縣令殿最」，又乞「檢責所在實户、團保，給一年鹽，四季輸價」，「行此策後，富商大賈或行財貨。邀截喧訴。所在杖殺」。賴韓退之辨析，事遂不行。小人謀利，只圖立事，更不顧人情。青苗之法，當時以爲大利，行之既久，爲害非細。況如此立法乎？觀退之所論大合人情。

或問：「狄仁傑能薦張柬之、姚元崇、亘〔二〕彦範、敬暉等，皆爲名臣，而不識婁師德，何也？」曰：「此皆卓然可見之材。婁公厚德之士，未易窺測，雖仁傑亦在其度内，餘人可知矣。彼淺心隘量者，真不可以識君子，而多詐不情之徒往往欲盜其近似，終不免於敗也。」

唐德宗猜忌，不委任臣下，官無大小，必自選用。宰相進擬，少所稱可。群臣一有譴責，往往終身不復收用。好以辯給取人，不得敦實之士。大抵人君見有不明，多生猜忌。自古帝王多稱聰明，明者，帝王之大德也。德宗胸中不甚明，故多疑，所以官多自用，宰相進擬，少所稱可，臣一有過，終身疑之，不復收用。辯給之人，信口快意，不復思慮，

〔二〕張元濟校勘記：明抄本「亘」作「桓」。

所以不疑。如玄宗用姚元之，憲宗用裴度，便自不同，然又卻不疑。盧杞此人必亦辯給多詐之徒，能中其幾，故信以爲清忠，皆是不明故耳。

唐代宗亦不可不謂之賢君，如河東道租庸、鹽鐵使裴諝入〔二〕奏事，上問：「榷酤之利，歲入幾何？」諝久之不對。復問之，對曰：「臣自河東來，所過見菽粟未種，農夫愁怨。臣以謂陛下見臣必先問人之疾苦，乃責臣以營利，臣所以不敢對也。」上謝之，拜左司郎中。且裴諝以租庸、鹽鐵爲任，既入奏事，問以歲入，此亦宜也。諝不對，以德宗處之，必疑其不知，未必不罪也。及其再問，乃反以『陛下不先問人疾苦，責臣以營利』。德宗於此，必謂其不了本職事而引他辭爲託矣。代宗方謝之，遷爲左司郎中，所見非常人可到。其他如治李輔國，不動聲色，胸中非苟然者。

唐人考官能於動容言辭之間而定高下，其人亦可重矣。如唐武后時，盧承慶爲太常伯，考內外官。一官督運遭風失米，承慶考之曰：「監運失米，考中下。」其人容色自若，無言而退。承慶重其雅量，改注曰：「非力所及，考中中。」既無喜容，亦無愧辭，又考

〔二〕張元濟校勘記：又「入」作「因」。

曰：「寵辱不驚，考中上。」自其詞色之間而遽加三易其考，非謬也，真情所寓，承慶以心察之也。若承慶者亦豈常流哉？但此法不可傳耳，恐人習以爲僞。

唐睿宗時御史楊孚彈糾不避權貴，權貴毁之，上曰：「鷹搏狡兔須急救之，不爾反爲所噬。御史彈姦慝亦然。苟非人主保衛之，亦爲奸慝所噬矣。」人多以御史挾私意行喜怒，此言一入，人主往往信之，遂使御史之權輕。睿宗之言真識大體。御史，天子耳目之官，耳目不及處幸而見告，反使小人摧折之，則其他不復可信矣。御史之權，利害甚大，不可不重，姦人之所窺伺，以爲輕重者也。

孟子於古聖賢中獨發一養氣之説，卓然超越，議論深邃。如言「勿忘，勿助長」，言「是集義所生」，言「配義與道」，言「至大至剛，以直養而無害」，皆自其平日履踐工夫中來，豈人所髣髴形似所可得者耶？韓愈言：「孟死無傳。」其傳深矣，真難其人也。楊雄作法言，草太玄，欲自比孟子，徒勞夢想耳。

爲士苟無識見，一味貪官爵，往往皆碌碌，如飛蛾投火，隨焰而滅，誠不足道。楊國忠方盛，或勸陝郡進士張象見之，富貴立可圖，象曰：「君恃楊右相如泰山，吾以爲冰山耳。若皎日一出，君得無失所恃乎？」遂隱於嵩山。吾今居嶺下，人皆以爲瘴鄉，吾居已十餘年。著書窮理，何愧嵩山之隱，亦甚安之，人不知耳。後人見國忠敗，方仰望之。張象此時只自知，人豈知之耶？未必不笑其迂也。得人不知，亦是幸事。

爲善而好名，乃是大患。若能涵養，消除其好名之心，方是爲善耳，不然則有作輟矣。「君子疾没世而名不稱。」然聲聞過情，又君子之所惡，是君子亦未能忘於名也。大抵好之則出於有心。人以名我實至故耳，我何容心哉？若乃無意於名，又欲掩閉抑絶，使之不著，又卻與好者相去無幾耳。

處道義中慣者，處勢利甚輕；處勢利中熟者，處道義則拘迫。道義可慣，勢利不可熟也，熟則無一點瀟洒氣，無非俗態耳。

士大夫不必孜孜務挾册看書，但時時與文人有識者每日語話，便自有氣象。終日應接時事，塵勞萬狀，適意處[一]少，逆道理處多。苟不時時洗滌，令胸次間稍有餘地，則亦汩没矣。

〔一〕張元濟校勘記：又「處」作「時」。

塵俗中稍有知者，厭倦世務，往往將佛書終日焚誦，雖於義未能遽解，然其清淨寂滅之説使之想像歆慕，亦能成就其善心。況士大夫智識去此輩甚相遠，得不自有所處乎？六經皆妙法也。

孔子既死，門人以有子似聖人，欲以孔子事之，唯曾子不可。觀有子辯「喪欲速貧，死欲速朽」之説，非所見過人，不能及此。時曾子亦有所惑，當時非子游親見其説，則曾子之惑未必遽回。而〔一〕曾子於此獨不肯者，其晚年學益深，見益至，於夫子一貫之道，默得心通，未可以一時所見決終身之得失也。

人心虛靜則明，雜擾則暗。明久則定，暗久則亡。亡者難反，定者難全。

道無形體，所用者是。苟失其用，用亦無體。

仁即是覺，覺即是心，因心生覺，因覺有仁。脱體是仁，無覺無心。有心生覺，已是區别，於區别中熟，則融化矣。

仁之一理，最是聖門親切學問。唯孟子識得，故曰：「仁，人心也。」

〔一〕張元濟校勘記：又「而」作「時」。

孔孟爲學者宗師，其於門弟子最能善誘。觀孔子於子貢、子路、曾子，及孟子於公孫丑、公都子、告子，其語言荅問處皆有曲折深意，警悟人處甚多，學者當〔一〕體認之，真自有益。

勇夫氣勝，烈士義勝。氣勝者當死不畏，義勝者處死不錯。

見道者如見故物，則他物不能易。聞道者如聞妻兒聲，則他人聲自不相投。

螻蟻、蚯蚓聚會横行，偶步其上，往往驚惻。獸游於野，禽墜於庭，荷戈角逐，爭欲掩捕，喜不自勝。何見於彼而不見於此耶？人唯其不善推耳。

堂之東廡依低簷有二鷰巢，其一空而一尚數子待餔乳，終日不歸，疑爲物所搏食。憐其悲鳴不已，遂移之空巢，冀其同類以爲己子而飼之也。已而鷰至，遽驚視不入，遂去，須臾復來，銜一物至，如乳餔狀。予喜其若是，則過之亦不訝也。更一二日，至其所，窺其巢則無聲，視其下，則諸子皆折翅、挺足、啟口、閉目、偃仆狼藉於地。細視之，其口中一一皆有棘刺梗其喉舌，不覺遂爲之嘆息。苟非其子，既不能飼，乃從而害之，微物尚

〔一〕張元濟校勘記：又「當」作「尚」。

容心如此，則人之忌嫉者，加以艱難險阻之際，欲其施愛推誠而無容心者，難矣。

董仲舒言「正心以正朝廷，正朝廷以正百官，正百官以正萬民」與公孫洪言「聲和則氣和，氣和則形和，形和則天地之和」應。正與其學問相去不遠。然二人心術邪正甚不同，信知語言之末，難以知人也。

東坡謂：「秦皇漢武於泗水欲求周鼎，與兒童之見無異。春秋時楚莊王問鼎之大小於周，齊與秦皆欲之。周人恐爲國之累，故毀鼎以免禍，而假神妖以爲説耳。」此説甚然。

東坡作文潞公德威堂銘言：「契丹使者耶律永昌、劉霄入覲，望見於殿門外，卻立改容曰：『此潞公也耶？所謂以德服人者。』及西羌首領温溪心請于邊吏，願獻良馬於公。

誠意所達，四夷皆知，畏愛敬仰，非智力所可及也。雖東坡又謂使者耶律云：「見其容未聞專門名家有其語，其綜理庶務，酬酢事物，雖精鍊少年有不如；貫穿古今，洽聞博記，雖專門名家有不逮。」使者拱手曰：「天下異人也。」東坡如此説，蠻夷如此言，信可想見其德威矣。朝廷有如此等人，如何不重？

於東漢君子無所容中，方見一黄叔度；於武后用法湯沸火熱中，方見一婁師德。平時言德宇寬洪，亦難以指名，非有養者，不能致此。

世之學者未能及前輩萬一，稍習文理，弄筆墨，便欲妄窺議前輩，非有學識過人者爲之斷，往往不自量者多矣。觀東坡荅舒焕書稱：「歐陽文忠公，天人也。恐未易過，非獨不肖所不敢當。天之生斯人，意其甚難，非且使之休息千百年，恐未能復生斯人也。世人或自以爲似之，或至以爲過之，非狂則愚。」以予觀之，東坡人物文章，於古人求亦難見其比，而其稱歐公乃如此，今人皆知東坡不可及，又安知東坡以歐公爲不可及耶？非識者不足以論此，淺學者未易輕議前輩也。

東坡言：「木有癭，石有暈，犀有通，以取妍於人，皆物之病也。予謫居無事，默自觀省，回視三十年以來所爲，多其病者。予今謫居於此已十年矣，而朝夕著書，作語不已，是方將啓其病者耳。不知異時之觀省，又知其病爲如何耶？亦當於此絶其源耳。」

秦少游未第，東坡在黄州作書與之云：「太虛方應舉求禄仕。應舉不可必，但宜多著書，不須及時事，書成當有知君者。」想喻此意是東坡欲薦之也。前輩猶以科舉爲不可必求，欲以他道成就人材，用心亦善矣。予困於場屋四十一，方得塵忝耳。不然則已老矣，況無知我者，何以自見。士之不幸者多矣，少游之遇東坡幸哉！

東坡謫居黄州，與秦太虚書云：「所居對岸武昌，山水佳絶。有蜀人王生在邑中，往往爲風濤所隔，不能即歸，則王生能爲殺雞炊黍，至數日不厭。又有姓潘者，作酒店樊口。棹小舟，徑至店下，村酒亦自醇釅。柑橘椑柿極多。大芋長尺餘，不減蜀中。外縣米斗二十，有水路可致。羊肉如北方猪牛〔二〕，麞鹿如土，魚蟹不論錢。祁亭監酒胡定之，載書萬卷隨行，喜借人看。黄州曹官數人，其家善庖饌，喜作會。太虚視此數事，吾事豈不濟矣乎！」讀至此，想見掀髯一笑也。予觀東坡所言，皆真情逸興，隨寓甚適。予居南安，所食止有白猪、大芋、土瓜。酒雖佳，予素不喜飲。魚蟹絶無，庖者亦難得。予平生又不喜游，然終日閉户，倚柱著書度日。見東坡所説，其樂無涯，予若在箇中，亦塊然一物耳，又不如自適其所樂也。自顧怪僻，良可大笑。

東坡言：「陳述古好論禪，自以爲至美，而鄙僕所言以爲淺陋。嘗語述古所談，譬之食龍肉，僕之所學，猪肉也。猪之與龍則有間矣。然公終日説龍不如僕之食猪肉實美而真

〔二〕張元濟校勘記：又「牛」作「羊」。

飽也。」東坡所言亦人情也，然人但未食龍肉耳，决非猪肉可比。然自其説也有味，如夫子聞韶至於忘味，未必不真有美處，此難以語人耳。東坡答畢仲舉恐亦自有意，豈仲舉於佛書未必有得而强爲之説故耶？

東坡云：「差饑而食，其味與八珍等，而既飽之餘，芻豢滿前，惟恐其不持去。」真如是矣。世之人一飽一暖之外，何苦營營求利不已。甚者蹈危險、忘君親、捐廉恥有所不恤。知保煖有厭足者少。」又言：「顔君巧於處貧。」以其言「晚食以當肉」爲有理。予平生氣習如此，所以能耐窮，免有貪心也。

東坡作清風閣記有「力生於所激而不自爲力，故不勞。形生於所遇而不自爲形，故不窮」。然到不自爲力、不自爲形處，非得道者不能，見識才智往往又使不得，便如水到渠成。善作詩者常云：「學詩如學仙，時至骨自换。」亦此理耳。

聖賢君子，人之所難及也，而學者必欲求如其所爲。愚鄙小人，人之所甚惡也，雖甚不肖者亦不忍甘受其名。以至死生一事，人之定分，不可易者，君子雖知其死之不可免，然求所以善其久生而不至於速死者，無所不至。大抵君子不委之以命，而以理斷命故也。

意思到而學力未到，所論難過人，但所成不能無工拙。小人於技巧絶有妙者，至論道理稍深處便懵然。是皆於形器間得之，捨形器則不能得矣。讀書守紙上語者，大略亦相似。

求物以足吾之欲，物有盡而欲無窮。物不勝欲，欲乃自窮，遂至於亡身喪家敗國者，皆欲窮之禍也。

神之與人，其禍福與吾善惡一也。唯其不明以告人，而因人之善惡以示勸戒，往往愚者不少自省，一切唯禍福之是求，以從事於祈禳之間。使之知善而獲福，惡而獲禍，凛凛報應，不差毫髮，則未有不悟者。但其間或有出於幸不幸，則愚者所以惑而終不解也。

處窮而慕達，處貧而慕富，處勞逸而慕安靜，一不安其所處而有慕心，使其處達必縱，處富必驕，處安靜必放曠。古人言「傃」之一字，亦深有意。

快意事孰不喜爲，往往事過不能無悔者，於他人有甚不快存焉，豈得不動於心？君子所以隱忍詳復不敢輕易者，欲彼此兩得也。

理之至處亦不離人情，但人捨人情求至理，此所以相去甚遠。

人之美稱於人不厭者，必其實之有餘者也。苟名浮其實，非特厭之，亦必毁之矣。有聞於人，尤爲學者之病，况求聞者，其病不可療矣。曾參之魯寂，不見其所聞，而悟道之敏，得於一「唯」。其間如子路之勇、冉求之藝、子貢之辨，名字藉藉。以一勇、一藝、一辨掩其所學，遂皆墮於大病，每每得夫子醫治，遂各少愈。子路至於「唯恐有聞」，子貢至於「言性與天道不得而聞」，皆病少愈之時也。如冉求乃有「鳴鼓而攻」之誚，則其病亦難療矣。

欲卜學之淺深，當察其所疑。有疑必有見，無疑則無見矣。見之深則所疑亦深，見之淺則所疑亦淺。因其疑而决其所見，未有不進者。

治道貴清淨，蓋公習黄老言也。曹參得以治齊，又推以治天下，而皆足以致其効。以仁義爲教，何嘗欲擾人？學者永〔一〕其説，往往從事於禮樂法度之末，而至意皆失。今即二典觀之，别有甚事？其言「時雍」，言「咸熙」，言「四夷來王」，廓廓然無一事。黄老特能持其一説，而漢得之，遂以大治。齊人申公以賢良召，對武帝以「治道不在多言，顧

〔一〕張元濟校勘記：又「永」作「求」。

力行如何」，此意甚佳。武帝方樂於紛紛而不美其説，此儒生學士皆得以進其無根之辨，而漢治以此衰也。六經之書皆堯、舜、禹、湯、文、武、周公、孔子所行所言，人自不推其至意所在耳，曷嘗有他説哉？一説耳，一意耳，一治耳。

予見人家子弟醇謹及俊敏者，愛之不啻如常人之愛寶，唯恐其埋没及傷損之，必欲使之在尊貴之所，故教人家子弟不敢萌一點欺心。其鄙下刻薄亦爲勸戒太息而感誘之，此平生所樂爲者。今人教人子弟，乃以主人厚薄爲隆殺，亦可笑矣。

予不喜飲酒而好啜茶，非特其性然，每於飲酒時見敗禮者多，而啜茶皆是食後，又既一飽，與醉無異。然清茶滌雪齒頰，神氣亦爽。或談論古人，或從容笑語，歡而不過，戲而不虐，情致閑淡，深有餘味，亦勝酒亂人敗禮矣。又未知飲酒者以我爲何？醒眼觀之，亦可以愧其不悟者矣。

東坡作寶繪堂記言：「君子雖嘗寓意於物而不留意於物。」此説甚然。何獨物也，道亦爾耳。釋氏言：「執著不得，放著不得。」此亦有理。學到自知，難以口説。

或問：「夾谷之會，與大禹治洪水，周公膺戎狄異否？」先生曰：「合如此故如此，何異之有？」

東坡作思堂記，而以不思爲樂，此殆公自謂者。天下事未有不經思慮而得者，學者門戶自此而入。予平生持此一字，每事必思，其味頗長。較與不思者，則多敗事矣。東坡老人所自謂，予有所不及也。孔孟教人，亦重此一字。

世人多好假而不好真。山川草木，舉目皆真形，往往目過而不省。及見尺絹幅紙塵埃損弊，髣髴有一草一木，名爲古人所畫，必迫視注想，意玩神怡，朝夕不能捨去。已固愛之，又畏人之見愛，且十襲深藏，不肯輕以示人，良亦可笑。蘇子由嘗言：「所貴於畫者，爲其似也。似猶可貴，況其真者。吾行都邑田野，所見人物皆吾畫笥也。所不可見者獨鬼神耳，當賴畫而默識。然人亦何用見鬼？」此言幾於得道者。東坡平日好畫，亦以此言爲真有理，豈非亦省乎？

佛氏說到身心皆空處爲上義。當孔子告顏子以「一日克己復禮，天下歸仁」。此是甚境界？或云「其愚」，或云「其坐忘」，而不知斯人物我都無了，如何擬議得？

東坡李太白碑記謂：「太白氣凌宇宙，使高力士脫靴殿上，識郭子儀爲人傑，豈不知永王璘之狂肆寢陋而乃附之，此必不然。」誠有此理，與孫之翰論褚遂良必不譖劉洎，皆以人情推之也。

司馬君實以謂：「故事，日食不滿分，或京師不見皆賀，奏以謂日食四方見京師不見，天意人君爲陰邪所蔽，天下皆知，而朝廷獨不知，其爲災當益甚，皆不當賀。」詔從之，遂以爲常。此一事非特有警於人君，而奉天之意，亦當然耳。天戒不知懼，則人君獨何懼乎？

司馬温公始爲并州通判，以仁宗國嗣未立，上書：「願擇宗室賢者，使攝儲貳，以待皇嗣之生，亦足以係天下之望。」疏凡三上，時諫官唯范鎮發其謀，其他無敢言者。信知公識見高遠，氣局不凡，所慮不止在州縣間也。此宗廟社稷大計，而獨能奮决不顧以建此議，士大夫當盡如此耳。後仁宗聞公言，曰：「得非欲選宗室爲繼嗣者乎？此忠臣之言，但人不敢及耳。」後卒建大議，毅哉！

温公因爭罷制置三司條例司及青苗、助役法，以書與荆公，且云：「忠信之士於公當路時，雖齟齬可憎，後必徐得其力。諂諛之人，於今誠有順適之快，一旦失勢，必有賣公以自售者。」其意謂呂惠卿也。對賓客輒指言其必覆王氏，後遂果然。賢者所見，真亦不錯。

賞非盡善，罰非盡惡。以賞而善，則有遺善；以刑[一]而惡，則多遺惡。爲治者假賞罰以爲之警策耳，而至意當出於賞罰之外。

君子之心常長厚，小人之心多刻薄。心之所存，治亂、安危、得失、成敗，所自生也，不可不戒。

詩人往往以淵明閑淡絶物，無意於世者處之。若以予觀之，又似不然。渠云：「採菊東籬下，悠然見南山。」此即畎畝不忘君之意。

商鞅三變其説者，用術；千秋一言而悟者，用情；姚崇以「十事要説」者，用意；賈誼以痛哭流涕者，用見。

世之所以難合者，以道異也。道非異也，見有高下。見之高者，必與下異。見之下者，必與上異。宜乎落落也！

〔一〕張元濟校勘記：又「刑」作「罰」。

氣以志使，性以習移；德以物喪，道以智賊；仁以欲敗，義以情乖。守志則氣定，戒習則性全；遠物則德固，去智則道純；省欲則仁見，折情則義行〔二〕。

人情易多玩，難則不苟。非苟難也，要當使品節條目一一森嚴，然後可以制其情絶其玩也。一郡守縣令下車之初，稍不自振，則人情已得而玩之。使其間痛加懲艾，往往徒增怨讟，惟不苟者爲上。

董仲舒對策，勸武帝更化，武帝異其對，而復策之。此亦是仲舒不審處。武帝更化甚矣。所恨者以其不能遵文景之恭儉也，乃復有更化之説，此所以深中武帝之欲。遂致用張湯、趙禹之徒，將高祖、文、景法度一切紛更之，以求出於祖宗之上，未必非仲舒之説啓之也。方朔何人，猶能近即孝文〔三〕之事以爲戒，所見真亦可喜。

頃嘗見邵德升分定録，凡神告夢讖爲人耳目聞見者，歷數其詳，且以警貪愚不安分之人，喪廉耻、圖僥倖，以至死亡而不悔，於名教亦有補矣。然此理亦甚易曉。不學而求

〔二〕張元濟校勘記：又「行」作「立」。
〔三〕張元濟校勘記：又「孝文」作「文景」。

名，無貨而爲商，不耕而欲食，雖三尺之童知無此理。然其間亦有偶然成名，無貲得貨，遊手坐食，則往往捨其正而求其幸，苟其得而忘其全〔二〕，忽其所不可而覬其所或可，此皆暗於理故耳。胡先生序春秋説有云：「君子以義斷命，而不委之於命，以理合天，而不委之天。」此説又有造化，不止於能安分守而已。

〔二〕張元濟校勘記：又「全」作「命」。

無垢先生横浦心傳録卷中

甥于恕編　後學吴惟明校刊

恕一日以所録呈舅氏，舅氏曰：「予言之發，初非意造，至求合於理，則規分矩畫，即已差殊。人之得於見聞與得之心者，其工拙勞逸自爾不同。聞見固予所不廢，然師此心久矣。故得之心而出之口，雖所説與前解不同者，往往亦不自知。然皆理到之語，初亦無難，及思其無難之理，又自不可得。吾甥受予言，予口輕授子，授受之間，不過口耳，隨即喪矣。吾甥當體予心，庶幾源深而流長。」

恕問舅氏：「平日師友弟子間，如淩季文、喻子才、樊茂實、汪聖錫，其人物如何？」舅曰：「季文醇厚謹畏，遇事有不可犯者。子才學問有理趣，和易而知幾。茂實沈静。聖錫敏悟，操履有守。」

憲自嶺下侍舅氏歸，至新淦，因會杲老，先生令拜之，憲云：「素不拜僧，未敢輒拜。」舅氏云：「汝姑扣之。」憲知其嘗執卷，遂舉子思中庸「天命之謂性，率性之謂道，修道之謂教」三句以問。杲老曰：「凡人既不知本命元辰下落處，又要牽他好人入火坑，如何聖賢於打頭一着不鑿破？」憲云：「吾師能爲聖賢鑿破否？」杲曰：「『天命之謂性』便是清淨法身，『率性之謂道』便是圓滿報身，『修道之謂教』便是千百億化身。」憲得以告舅，舅曰：「子拜何辭？」憲曰：「拜固不辭，不知杲公於父母不拜何義？」舅笑曰：「那得此法來？」憲曰：「杲公于父母無拜法，憲拜杲公何法？」舅笑曰：「子莫是禹聞善言否？」因笑而揖之。

恕問舅：「解論語如『見善如不及，見不善如探湯』。吾見其人矣，吾聞其語矣。『隱居以求其志，行義以達其道。』吾聞其語矣，未見其人也。『齊景公有馬千駟，死之日，民無德而稱焉。伯夷叔齊餓於首陽山之下，民到于今稱之。其斯之謂歟！』此一段不解。恕每見人多將『見善如不及』止『未見其人也』作一段解，自『齊景公』止『其斯之謂歟』作一段解，如此則全無意義。加以『其斯之謂歟』一句無着落處。又人多以『見善如不行義以達其道』『吾聞其語矣』『吾見其人矣』是解齊景公，『隱居以求其志，行義以達其道』『吾聞其語矣，未見其人也』是解伯夷，故斷之以『其斯之謂歟』也。夫景公見善如不能及，是怠而不進也。見不善如探湯，初雖畏之，探之不已，則漸入之矣，是漸入於惡也。夫於善而不進，於惡而漸入，其人如何哉？方景公欲待孔子以季、孟之間，及孔子告之以君臣父子而悅，不可謂不見善矣。然終不能用夫子，是不及也。貪利之心浸浸不已，積馬至於千駟，豈非於不善而漸入之乎？宜其無德而稱也。既見其人，又聞其語，其此之謂歟！伯夷『隱居以求其志，行義以達其道』，既聞其語。然伯夷隱而不仕，是未見其人，其斯之謂歟！不知此說如何？」先生曰：「措意如此，不錯會了甚好。」

恕問：「『上智與下愚不移』，如中庸云『雖愚必明』則是可移也，往往多不得其說。此意以謂困而不學，民斯爲下矣。不曰『愚』而曰『下愚』，以其不學，故愚而愈下耳。此所以不移也。困而學之，安知其不克念作聖乎？」舅曰：「此說有理。」

恕問：「舅氏解『晉文公譎而不正，齊威公正而不譎』，舉張横渠之說『重耳婉而不直，小白直而不婉』，以謂聖人觀人，不待以事爲問，要當以情性觀。事爲猶可勉强，情性不可欺人。其説然矣。及見石林葉少藴解此一段，取春秋首止與温之會，參酌情理，其説甚詳，且有味。其言威爲會而召世子，文爲會而召天子。威之不朝王，豈得已哉？世子既將廢，已朝而諫，王從則世子安，不從則廢，諫之從違未可知也。爲會而見世子，使天下諸侯曉然皆知世子之爲鄭，而共尊之，吾從而與之盟，雖有惠后之愛，襄王不得行其私己。已霸諸侯矣，諸侯孰不畏已？既可率人以會温，豈可不率之而朝京師哉？然文公不朝王而召王，其意蓋示天下，皆曰：『王猶從我，其誰敢不從？』是故因尊天子以示諸侯，則文公之志已可知矣。故威公召世子則正也。其不朝王，不得已也。文公不朝王，而因己之能霸脅諸侯，以召王而扶王室，以迹言之則正也。其所以召王則譎，其不朝于王者，可爲而不爲也。春秋書『公及齊侯、宋公、陳侯、衛侯、鄭伯、許男、曹伯，會王世子于首止』，俄而曰：『諸侯盟于首止。』夫別其文曰『會王世子』，再見諸侯也。盟而世子不與、辭繁而不殺者，其與威者可見矣。曰：『公會晉侯、宋公、蔡侯、鄭伯、陳子、莒子、邾子、秦人于温。』俄而曰：『天王狩于河陽。』變其文曰：『狩于河陽。』先言『温』而繼之以『狩』，則文於是乎病矣。諸侯莫大於桓文，桓文之舉莫大於此二者。孟子曰：『孔子作春秋，其事則齊威、晉文，其文則史。其義則丘竊取之。』意謂是也。不知石林此説如何？」先生曰：「見得到。」

舅，二卒守門，一朴而勤，一惰不任事。勤者貧，日與二飯。惰者不獲，則日詈勤者，使不受飯則已。舅因歎曰：「一飯之微，而惰卒乃忌如此，況進賢退不肖之地以爵禄富貴之榮，則凡惰而嫉者多矣。」「然則當如何？」曰：「逐惰者以安勤者足矣。」恕曰：「卒老而惰，所妬者一飯，逐之易耳。小人辨足以飾姦，諛足以固寵，陰足以害物。使惰焉而皆可逐，則君子固無所慮。然君子每墮小人術中而不悟者，特以逐之之易耳。要當冥〔一〕之以術，使墮者不至於詈勤者足矣。雖其妬心不能遽去，然使勤而蒙飯者有以周旋之，則惰者方以不任事自愧，尚忍從而詈之耶？想必以得食之故，矜喜作氣横挑其怒，故情有不自甘者。已而詢之，乃果然。然則君子而能安處小人，小人未必害君子。東漢之禍，豈皆小人之罪。」舅曰：「吾甥言入思慮。」

或問：「好古之士未嘗不欲行所學，及一旦入仕，往往與所學背馳，多不合時宜，豈

〔一〕張元濟校勘記：明抄本「冥」作「寘」。

所學未到耶？抑文章、政事兩塗也？」先生曰：「習俗便情，正理多礙，守道之士難施設耳。其間號爲巧官〔二〕者，多非純正之士，世俗之論又何足怪？至如見理不到，務爲乖僻，以取異於人者，則又非真好古之士也。古人行事又何常遠〔三〕人情哉？此又不可不察。」〔三〕

或問：「『師摯之始，關雎之亂，洋洋乎！盈耳哉。』往往説者皆以爲理亂之亂，全無義意。」先生亦不解其意，謂：「大師摯也，得商頌十二篇，以那爲首，今在詩之後。關雎在詩之首。亂，終也。記曰『武亂』，文〔四〕選有『亂曰』，亂，皆終也。商頌及關雎二詩，在厲王時，自那之始接關雎，自關雎之終接商頌，終始相承，則樂之音『洋洋乎！盈耳哉！』此言三百篇詩之終始也。此意如何？」先生曰：「然。」

或問：「漢武帝欲教霍去病兵法，而去病乃曰：『不至學古兵法，顧方略如何耳。』

〔一〕張元濟校勘記：又「官」作「宦」。
〔二〕張元濟校勘記：又「遠」作「違」。
〔三〕明抄本以上爲卷第四。
〔四〕「文」，原作「又」，據文意改。

唐明皇示韓幹以御府圖，而幹乃曰：『不願觀也，請以廄馬爲師。』用兵、畫馬，二子皆無所取法，而自得妙勝。然則學者讀書亦當如此否？」先生曰：「古人妙處，古人自不知如何，又卻按古之陳跡去索。去病胸中有活法，韓幹胸中有全馬。學者當置活古人在胸中，則自然與古人合矣。」

或問：「朝廷士夫議論紛紛，不能主其一說。間有所説甚當，而主之不力，又爲他説所勝。如此何以立〔一〕事？」先生曰：「能斷在君相，君相謀合，斷然行之，誰得而易？唐平淮蔡，專在憲宗、裴度二人，主張到了，故能成功。士大夫紛紛之論，特無人主之故耳。徒爲其説而不先卜其所主，無益也。然亦要君相明於見事，又不可苟也。」

或問：「先生每日耽看文字，朝夕忘倦，寢食俱廢，頗近乎癖矣。」先生曰：「使無味亦何必看。吾每看文字，但覺其中有味，故所以忘其他。今人好棊好酒，使我觀之，真亦鄙笑。然亦不知人之視我亦猶棊、酒耳。雖鄙笑，吾何恤焉。」

或問：「作善則吉，從惡則凶，如此則善惡便是吉凶否？」先生曰：「分之則有僥倖

〔一〕張元濟校勘記：又「立」作「涖」。

之心。」

或問：「中、和如何分？」先生曰：「中即和，作事合理，人情自不乖。」

或問：「退之三書，往往爲人所議。」先生曰：「不可以世俗見觀君子。」

或問：「觀文字如何觀？」先生曰：「先自家於所觀事理中具一見，不可隨其語去。恐古人亦有見不盡處，亦有用意深處，意在語外，則不爲語奪。」

或問：「孟子於戰國卓然自立一説，論浩然之氣，不知所傳何自？」先生曰：「孟子見蘇、張輩頤指氣使，榮辱諸侯，皆是一味血氣，故特發其胸中之所養者，以救當時學者之惑，而破其非。其曰『是集義所生』，又曰『勿忘勿助』，皆是其自下工夫處。」

或問：「子路，人告之以有過則喜；禹，聞善言則拜。喜與拜，似非人情者。」先生曰：「以人情觀之，則聞過而喜，聞善則拜，頗似不情。然二人胸中絶與衆人不同，故於善於過無分毫嫌忌，喜拜初不自覺。」

或問：「明道不除窗前草，欲觀生意；畜小魚，欲觀自得意。如何？」先生曰：「聊以適意耳，其自得處往往人不可知。此等機警，表裏相感發耳。」

或問：「先生常云『處名欲晦』，如何是晦底道理？」曰：「毋作意。」

或問：「堯舜吁俞之間，而君子、小人之狀皆不可逃，如何？」曰：「見得破時，全不費辭。」

或問：「敬有定體否？」先生曰：「敬在心，雖死不可變，易簀結纓是矣。」

或問：「人之處己當以何爲先？」先生曰：「操守欲正，器局欲大，識見欲遠，三者有一，便可立身。兼之者極難。雖然，有識見者，自別當以識見爲先。」

或問：「凡人如何處窮達？」先生曰：「能處窮，即能處達。」

或問：「『唯酒無量，不及亂。』既無酒量，而飲之不亂，何也？」曰：「德將無醉。」

或問：「『幼喜放，壯喜鬭，老喜貪。』何也？」曰：「氣血所使然耳。有所養者無此等事，時或有之，亦不至喜〔二〕矣。」

或問：「文簡公除端揆，而門無賀客，亦無宴會，真廟以謂『大耐官職』，此豈矯飾

〔二〕張元濟校勘記：又「喜」作「甚」。

者乎？」先生曰：「非有道者，器局不能如此。視富貴爲何等事，真若浮雲耳，於我何加益？」

或問：「學文者多矜，學道者多退，理歟？」曰：「文至退處，學方有趣，不獨道也。然文外又安得别有箇道？」

或問：「當患難之來如何處？」曰：「無事時理會道理令實。」

或問：「風竹竇泉，汀花澗草，音韻自諧，顔色可人，一見忽聞，至於想象其聲，模寫其狀，不能輒忘。至於絲竹交奏，葩華焕發，則藐然如不聞見，此是如何？」曰：「只是厭熟故耳。今貴家公子日處酒池肉林中，一旦進以佳茗，薦以蔬殽，則未有不喜，亦人情耳。若於幽境中常愛其趣者，固自不同於貴家公子也，亦必有間斷。」

或問：「富貴而矜，貧賤而歎。使處富貴如處貧賤，處貧賤如處富貴，則矜歎不發矣。」先生曰：「見得一者難。使顔子以貧賤處貧賤，又安得樂？顔子於此非特忘富貴，而〔二〕貧賤亦忘了。此人所以雖視之弗堪，而回則不改也。所見到此，便是樂天。」

〔二〕張元濟校勘記：又「而」作「即」。

或問：「天下安得皆賢，不妬賢亦賢矣。天下安得皆能，不爭能亦能矣。」先生曰：「賢者、能者，天下亦多，而不妬、不爭者絶少，此乃大賢能也，安可謂之『亦賢』。」

或云：「讀周、孔、子思、孟軻之書，學者未必歆孅[一]畏慕。如韓非、商鞅、蘇、張、鬼谷子之説，一聞其語，往往心動色變，或至驚喜神懾，此何故也？」先生曰：「純正之道，淡而無味，如日用飲食，可以安飽，所不可闕。至譎怪不正之書，可喜可愕，入人觀聽。如鄭、衛之聲，錦繡之章，一經耳目，則必好之。好之不已，必至狂惑喪志。反而回思，聖賢之言，方有味耳。故淡中知味最難。」

或云：「天道有常有變，人事有經有權，兵家有正有奇。是常者道之體，經者事之體，正者兵之體，或變或權或奇，特可以濟其所不及耳。而後世往往言天道者止論其變，言人事者止貴其權，言兵法者止學其奇，如何？」先生曰：「變、權、奇三者體中皆不能無，達者所不貴也，亦不可言也。後世專以此，此所以多失也。然所謂常也、經也、正也，不知其變與權與奇，則又不可以爲常、爲經、爲正。此湯、武、伊、周所以用之而不

〔一〕張元濟校勘記：又「孅」作「艷」。「畏」作「愛」。

敢以洩其機也。」

或問：「公山弗擾以費畔，召，子欲往。子路不説，曰：『末之也已，何必公山氏之之也。』子曰：『夫召我者，而豈徒哉？如有用我者，吾其爲東周乎？』此一段，先生解之不甚詳。見石林所説破左氏所記不狃與叔孫輒襲魯之事。及取司馬遷以不狃不得志於季氏，與陽虎合謀去三桓之説。夫以謀去三桓，不克而叛，乃畔季氏，非叛魯也。其後與叔孫輒奔齊，吴以邾故欲伐魯，而叔孫輒勸之。不狃曰：『非禮也。子以小惡而欲覆宗國，不亦難乎？』由是言之，非特不叛魯，蓋忠於魯矣。豈有勸之使不叛而自襲之者乎？此左氏之誤也。不狃既與陽虎謀之而敗，虎奔齊，不狃難以獨存，亦奔。虎與不狃謀去三桓，一也。陽虎欲見子而不見，不狃召子而欲往，不狃之用心必善於虎。而虎之竊寶玉、大弓，聖人已惡之矣。其欲往也，豈獨救其叛，固將以因其心而成之，不以其人也。君子之於道，有反經而合其權，則或廢於名而伸於實，非聖人不能處此，故非子路之所及。石林此説引據有理。」先生曰：「左氏之説固誤，如吾論其救仲梁懷之逐，吴子伐魯之問，其心甚善，故孔子始則欲往。及其以輕怒而使陽虎逐仲懷，則守善不固，故終亦不往。皆以其心推之，似亦有理。」

或問：「文帝躬行節儉，身衣弋綈，履革舄，然寵鄧通則賜以銅山，曾不少吝；武帝號爲知人，雖諧詼奏賦，皆極其選，然公孫之詐，終不少悟；宣帝綜核名實，惡人欺僞，而王成僞增戶口，反蒙顯賞。如何？」先生曰：「大綱既好，亦安得無不到處。特問其輕重如何耳。」

或問：「龜以靈喪體，鳥以翠喪羽。而魚之墨者將以蔽其形也，反以墨見取；麝之糞者將以混其馨也，反以糞見索。苟有其資者，既爲其身之累，隱其能者，又以其隱而得。物尚然耳，人將若何？」先生曰：「物之靈者，能一而不能二，人則異是矣。然亦有無龜鳥之美而矯飾表暴以自取禍敗者，往往又反爲魚麝所笑，此亦愚於物矣。」

或問：「更法與立法，其利害如何？」先生曰：「法弊而更，猶或有害。古人云『舉偏以救弊』，是惡其輒更也。至於一旦立法，利既未見，害將有不勝其弊者，此秦人之禍所以流毒後世也。聖人『神而化之，與民宜之』，故雖更，亦自不覺也。」

或問：「飛蛾投火，死者固不醒，其燋首顛墜，稍有可振者，則又復投其中，終不自醒，必死乃已。何也？」先生曰：「士大夫靈於物萬萬矣，一爲利慾所惑，喪身赤族，往往不悟，此乃學力不到，中無所主故也。微物何知？但當蒙絡其燈，使爲之隄防，可以免其必死耳。此聖人所以設紀綱法度、禮義廉耻以杜絶僥倖者，亦救無知者之一術也。」

或問：「先生手執一紙扇，過數夏，破即補之。一皮履汙弊闕裂，亦不易。頭上烏巾用紗不過一二尺許，乃以疏布漬以墨汁作巾，至夏間裹之，或致墨汁流面亦不問。筆用禿筆，紙用故紙，以至衣服、飲食，皆不揀擇，麄惡尤甚。人乍見者，必以爲不情，而先生處之，平生不改，此是性耶？抑愛惜不肯妄用耶？若使愛惜，亦不應如此弊陋，深所未曉。」先生曰：「汝且道我用心每日在甚處，若一一去自頭至足理會此形骸，卻費了多少工夫。我不被他使，且要我使他，此等話須是學道之士、修行老僧方説得。入〔二〕世人往往以我爲鄙吝，以我爲鄙陋，以我爲迂僻。我見世人役役然爲此身所擾，自早至夜，應副他不暇，特可爲發一笑耳。」

或問：「高祖與高起、王陵論劉、項得失，而高祖有『公知其一，未知其二』。太宗

〔二〕張元濟校勘記：又「入」作「今」。

與蕭瑀論周、秦修短，而太宗亦曰：『公知其一，未知其二。』夫二君既已知之，似不必問。今復問以未知者，豈非以卜其所知耶？」先生曰：「二君所見超絶，故所言皆有確論。如言用二傑，如言秦用詐力，此斷盡一時利害要緊處，所以皆有是言。」

或問：「近日士大夫奔競益甚，如何可抑？」先生曰：「既謂之士大夫，必自識廉耻。往往僥倖者得之，故有以啓其風耳。本朝文彦博對云：『若恬退守道者，稍加旌擢，則奔競躁求者，庶知廉耻。』其要又在君相，愛惜名器，不可輕付。古人行黜陟之法，嚴綜核之方者，正恐有一僥倖以啓其門。」

恕室中有二几，一黄一黑。黑者漆光涓[一]澤，易於受垢。黄者色多掩脢[二]，雖蒙塵未易即著，每入室，几光焕目，稍停視則隨即見塵。日令小童拂滌數四不已，其黄者往往一拂之後不復疑[三]目。意謂黑者可以藏垢，而黄者不容有塵，理乃反爾。一日以爲問，先生曰：「此便是『微之顯，誠之不可掩』，黑几體雖黑而中則明，其中，明處一塵不可，染

[一] 張元濟校勘記：又「涓」作「滑」。
[二] 張元濟校勘記：又「脢」作「晦」。
[三] 張元濟校勘記：又「疑」作「凝」。

便自見。彼黄者表裏既已不分，故於塵亦無辨。令心術長如黑几，其光幽然而存，淵然而靜，則外物安能逃。苟溺於其形而不務其内，則人亦必能指其瑕。當謹此心之用，庶無愧於此几。且使黄者不得藏垢自愚，以欺過目，汝其識之。」

恕几間有石菖蒲二盆，一青細踈秀，見之可愛。一麄短暗密，因置庭下，風口不省也。其青細踈秀者，時時滌拂剪剔，不使少有塵翳，然日愛而日病。青者黄，細者日腐，踈秀之狀歛落委敗，不復自持。因引目庭下，則向之麄短暗密者，泠泠飄風，奕奕泠〔一〕光，蘸水生意，敷榮絶，更可人意。因以爲問，舅曰：「子思言『率性』，楊子言『修性』，性又如何修得？是戕杞柳爲杯棬也。此便見楊子學問不及聖門弟子處，殆亦此〔二〕理。」

或云〔三〕：「教小兒以何術爲先？」曰：「先教以恭謹，不輕忽，不獵等，讀書乃餘事。若不先以此，則雖有慧黠之質，往往輕狂，後亦難教。然有資質者，父兄便教以學作文，事科舉，不容不獵等，皆其父兄無識見。子弟稍有所長，便恣其所爲，遂反壞其資

〔一〕張元濟校勘記：又「泠」作「冷」。
〔二〕張元濟校勘記：又「此」作「是」。
〔三〕張元濟校勘記：又「云」作「問」。

質，後來多不能成器。豈得一第便是成器耶？」

或問：「『原始反終以知死生之説。』如何是死生之説？」先生曰：「原反處是其説。」

或問：「『精氣爲物，遊魂爲變，是故知鬼神之情狀。』如何是鬼神情狀？」曰：「物變便是情狀。」

或問：「『生生之謂易』，如何是生生〔一〕？」曰：「於道理生處，不落死處，便是易。」

或問：「『天地之大德曰生，聖人之大寶曰位。何以守位，曰仁。何以聚人，曰財。理財正辭、禁民爲非，曰義。』於生、於位、於仁、於財皆以一語斷之，於義，既言『理財』又言『正辭』，既言『正辭』又言『禁民爲非』，何諄復如此？」曰：「此句最要切。於義上或不詳究，則『雖有粟，吾得而食諸』，民將不可治矣。所謂聚人、守位、大寶、大位皆用不得。」

〔一〕張元濟校勘記：又上「生」字作「易」，下有「先」字。依照張元濟校勘，此句應爲：「……如何是易？」先生曰：「於道理生處，不落死處，便是易。」

或問：「『子擊磬於衛』，疑其非真擊磬也。如少師陽、擊磬襄皆樂官，是以樂名官也。衛之賢者多仕於伶官，孔子嘗爲委吏，安知不爲擊磬之官乎？而乃謂其真擊磬，頗不近人情。」先生曰：「爲擊磬之官，而擊磬亦有之矣。」

或問：「曾子云：『士不可以不弘毅，任重而道遠。仁以爲己任，不亦重乎？死而後已，不亦遠乎？』此一段疑在一『唯』之前。方一『唯』之際，死生以之無有窮終，於此乃云『死而後已，不亦遠乎？』正是其用力時説話，非從容一『唯』之時也。」先生曰：「亦好。」

或問：「周公謂魯公：『君子不施其親，不使大臣怨乎不以。』意謂周禮『九族之親，不施于原野』，謂此也。周公曾誅管、蔡，是施其親，恐其子亦効吾所爲，故戒之以『不施其親』。周公曾以流言見逐，故又及於『不使大臣怨乎不已』，此父告子之言。不知此説如何？」先生曰：「不害理。」

恕問：「舅解子夏問詩於『禮後乎』一句，不解『乎』字意，故疑子夏所得正在此字。其據詩曰：『「巧笑倩兮，美目盼兮，素以爲絢兮」何謂也？』子曰：『繪事後素。』

子認『素以爲絢兮』以先繪衆彩，而後施以素也。大抵甘受和，白受采，忠信之人可以學禮。必先有其質，方可以從事於外，豈有先繪衆采而後施素者乎？故子夏〔二〕謂：『若如「繪事後素」之説，則禮當後乎？』『乎』者，疑辭也。孔子遂悟其失，曰：『起予者商也。』孔子於其言有所起發也。故删詩之際，於碩人章去『素以爲絢』一句，則可以見孔子之意矣。」舅曰：「此説有理。」〔三〕

恕問：「『某在斯，某在斯』雖是恐師不知席中人，故一一言之，然亦是使之就席不錯之意。古者群居五人，長者必異席，一席可以坐四人。孔子相師及席之際曰：『某人在斯，某人在斯』兩次，言則是兩人在此坐，孔子一人自不必言，如師亦自合坐第四位矣。師既無目，相之之道，非唯使之無失，然亦恐於我失其次，彼此欲當。子張以孔子不敢輒易，而每事致言爲問。乃曰：『然。』固相師之道也，以道當如此耳。不知如此説如何？」先生曰：「説得氣象亦得。」

〔二〕「夏」，原作「貢」，據張元濟刊本改。
〔三〕明抄本以上爲卷第五。

或問：「曾子既唯孔子一貫之説，及門人有何謂之問，乃荅以『夫子之道，忠恕而已矣』。曾子何不以此荅門人？」先生曰：「當其唯時，萬理皆無間斷，所見盡是道理。門人既非曾子所見，而曾子縱口所言，亦不知所以答之者。門人往往便於忠恕上尋一貫。雖一貫不離於忠恕，而忠恕又自有名字，有名字則有間斷，須當着迹去論。」或又問：「此理畢竟如何？」先生曰：「理到熟處，亦不可言傳，只管去影上尋，故轉覺相遠矣。且自去體認。」

或問：「『萬物皆備於我矣，反身而誠，樂莫大焉。』得非於誠上用功否？」曰：「須自知有我始得。我不自誠，於物上求誠，則我與物二矣，豈誠耶？」

先生云：「高祖云『不如子房、韓信、蕭何』，其不如處，便是能處。三子亦不知高祖之『不如』，亦以爲能耳。」

或問：「高祖於睢水、滎陽、成皋、鴻門，累墮危機，卒得脱者何？」先生曰：「高祖常處敗亡中作活計，如善奕者只於死處求生。羽一不勝，便至狼狽，以此可見。」

或問：「孔子言『性相近也』不明言其實。孟子乃曰『人性善』，何也？」先生曰：

「孟子源流甚正，認得不錯，但人不之思耳。孔子嘗曰：『天地之性，人爲貴。人之行莫大於孝。』孝即善也，其言豈無所自？」

或問：「古人云：『窮當益堅，老當益壯。』合如此否？」先生曰：「此又是於血氣上用工夫，才着力，便有怠時，若見得透人，正不如此費力。」

或云：「或者云：『知其爲小人，便當以小人處之。』如何？」先生曰：「既知其爲小人，復以小人待之，則我先爲小人矣。此何心哉？天下豈能一一皆君子，雖堯舜盛德之君，朝廷之上，猶有小人，堯待之無異心也。四凶爲惡於舜世，故不免誅戮，苟可以已，舜未必遽發也。」

或問：「恩自己出，怨將誰歸？」先生曰：「凡是既當理，何問恩怨？」

或問：「孳孳爲善者，舜之徒；孳孳爲利者，蹠之徒。欲知舜與蹠之分，無他，利與善之間也。如何是『間』？」先生曰：「不可將利心去爲善。」

或問：「託人以死生，如何？」先生曰：「且自卜看。」

或問：「不幸與小人處，如何？」先生曰：「常自撿點。」

或問：「看經史如何？」先生曰：「經是法，史是斷，我是守法斷事者。」

或問：「學問宗指如何？」先生曰：「顔子當於『不遷怒，不貳過』處求，曾子當於『日三省』處求，子貢當於『性與天道不可聞』處求，子夏當於洒掃應對處求。若子思、若孟子，當於不覩不聞、或去或不去處求。則如愚之得一『唯』之敏，政事之達，文學之科，以之贊化育之妙，養浩然之氣，此學之力也。此皆微指，當時時以心體之。」

或問：「孔子自門人之外往往皆不知，夫子甚至於欲害見忌，而獨儀封人有『天將以夫子爲木鐸』之語，不知儀封人何所見而然？」先生曰：「一楊子雲，舉世尚不知，以待後世，况以孔子之聖，豈易知耶？以堯之聖，孔子謂其『民無能名』，能名之者，特孔子耳。若使儀封人在弟子之列，識見當不在子貢下。」

或問：「何以免小人之禍？」先生曰：「小人之禍莫甚于東漢，然所以激成其禍者，乃君子也。切切然以攻之，而巧智百不敵其一，攻之不勝，禍裂四出。舜朝豈無小人？舉臯陶，則不仁者遠，何待與較勝負耶？蛇豕虎豹，害人爲甚酷，然被其害者常少，何也？遠之故也。今也，狂走藪澤，日處其窟穴中，叫呼奮怒，以出其毒，固知其不免矣。所以賢人君子立人之朝，不敢苟進者，先觀宰相如何人，然後可以卜吾之進退。」

或問：「如何是聖賢氣象？」先生曰：「聖賢自不知氣象如何。稍自涵養充實，則自然醞藉可觀。長沮、傑溺見仲由，即知爲孔丘之徒。仲由平日在聖門中行行，孔子以爲不得其死，一侍孔子，行便自各别。」

或問：「獨學無友當如何？」曰：「讀古人書，不可作死法看，如此則便是益友。」

先生讀子美詩，舉「色侵書帙晚，陰過酒鐏凉」。因云：「不問已知其爲竹詩。」或人因戲云：「若使軒前有芭蕉、梧桐，不免亦可借詠。」先生不覺失笑。

或問：「看古人書有入意處，便覺與古人無異。先生以謂果無異否？」曰：「凡古人書中用得處，便是自家行處，何問古今。只爲今人作用多不自胸中流出，與紙上遂不同。」

先生云：「看六經須先精求語、孟，便自有味。」

或問：「先生每見士大夫用術必惡之，然孟子嘗言『仁術』，又言『教亦多術』，今時人往往言『心術』『道術』『學術』『政術』『才術』之類，無非術也，此又何耶？」先生曰：「術者，聖賢作用之微權。孟子不合説破，遂爲小人泛用，流入譎詐，無所不至。故士大夫多爲術壞，故吾深惡之。須是於道理上認，令切當，雖曲折何害，不可容一毫僞心。」

或問：「蘇伯益從來氣直，學問不在諸門弟子後，先生亦素喜之。今以小不可而怒之甚，何也？」先生曰：「直固可喜，不遜亦不〔一〕惡。弟子於師，豈可悖慢，皆學問不進故耳。如汪聖錫自幼登上第，急忙來就我學，遂磨礱涵養，更不少露圭角，便見他不凡。不知蘇子在門墻幾年，而很氣猶未退，吾所以怒之者，亦是與一服良藥耳。孔子待子路，其理亦可推。子路每每來犯夫子，南子之見，既爲之不説；佛肸之召，又欲其不往；將正名也，則鄙之以爲迂；將之弗擾也，則疑其或非禮。故夫子每每怒之，既譏之以『無所取材』，又惡之以『不得其死』，以門人爲臣，則謂其『欺天』；因率爾而對，則謂其『不遜』。或言其『知德之鮮』，或退其在於『兼人』。其所以怒之者，蓋亦甚矣。故子路以此遂〔二〕日加提省，卒爲高第〔三〕。但〔四〕恐蘇子資質勝這藥力不得耳。」

〔一〕張元濟校勘記：又「不」字作「可」。
〔二〕張元濟校勘記：又「遂」作「逐」。
〔三〕張元濟校勘記：又「第」作「弟」。
〔四〕張元濟校勘記：又明抄本「但」作「吾」。

先生於書室中列本朝名公畫像，每晨起，必盥手焚香，率子弟拜之。且曰：「胸中稍有愧怍，見諸公亦何面目？」一日風雨大至，屋漏披〔一〕汙，狼藉滿地。先生見，驚愧，終日不樂。或度無以解之，因徐云：「諸公以先生禮意太勤，假風雨而去耳。」先生曰：「豈有此理。」或曰：「此心之外，安得君子？像畫之損，似不必過意恐悚。」先生曰：「『不誠無物』，君子之人，我豈問其死生。雖一語一言，凡其形迹所在，吾心敬之。」像畫乃韓魏公、司馬温公、趙清獻、蘇東坡數公耳。

或問：「王介甫作諫臣論謂：『不當以卑言尊，賤言貴。』東坡作萬言書謂：『姦臣之始，臺諫折之爲有餘。及其既成，干戈取之爲不足。』二公之意如何？」先生曰：「介甫欲塞絶言路，以行私意；子瞻欲開廣言路，以通下情。二公用心，公私不侔，於此可見。」

或問：「恩人而不望報，受人之恩而不圖報，二者之心如何？」曰：「望固不雅，圖以報人，猶望者之意，不如不忘其恩之爲差得，圖而不得，則每每不足於心，或恩於人，

〔一〕張元濟校勘記：又「披」作「被」。

其能不責報乎？」

或問：「巧不如拙，明不如晦，進不如退，動不如靜，其理如何？」先生曰：「如此則頑然如一石矣。當都去了『不』字，則道理自在。」

或問：「頃見程子山謂：『春秋乃中和之書。』其所見如何？」曰：「聖人用意近厚，往往如此，但刻薄者失之耳。」

或問：「近日士大夫氣多不振，曾無激昂一言論列天下大計，豈皆無人材耶？」先生曰：「大抵人材在上之人作成，若摧挫抑遏，往往此氣亦索。若道義[二]之士，不任其事，安肯自取僇辱？秦公排斥異己，大起告訐，此其志欲殺僇賢者，未必不反激人之言。子姑俟之。」

或問：「人有謗己，辯之則愈謗，不辯則有所不甘，當如何？」曰：「無媿此心足矣。辯之固不足，不甘只是所養未至耳。」

或問：「趙廣漢爲京兆尹，發姦摘伏，使姦宄無所錯。後人少有能繼者，大抵皆挾術

[二] 張元濟校勘記：又「義」作「德」。

用數，以此爲治，如何？」曰：「此豈君子所爲？但指摩吾心，使明白，無以私意亂公道。如揭明鏡于中庭，凡物至前，長短、小大、妍醜、肥瘠，一一自見。鏡何心哉，使物至則應，不必求以應物。」

或問：「先生每遇相識惠物，小則喜而受之，多則憂而卻之。人之惠物，亦出其美意，何必加憂？」曰：「吾家素貧，人以我貧而有惠，固其情也。然太多則啓吾之貪心，彼亦得以窺吾之胸次。吾非憂物，自憂以貪喪其本志。士大夫於利心，須令絶輕，然後可以入君子之域，於此等境界，切宜戒之。」

或問：「先生幼年處學舍，正當苦寒，衣衾不備，終夜看書不已，每至達旦。鄉里富人或以衣物見惠，力辭不受，或不得已受之，乃以與同舍之貧者，此豈其情耶？」先生曰：「士處貧困，正是用工夫時節。若不痛自節抑，則貪欲必生，廉耻盡喪，工夫安在？孟子曰『士尚志』，志之所在，豈可爲貧困奪了。於此時下得工夫，則器局漸漸涵養覺大，死生禍福，窮達得喪，便可無間斷。我豈矯情者耶？此士所合爲者。」

或問：「先生於兒時，夜行通衢，脚偶隱一物，取視，乃庚釵，復納脚下，久立不去。家人問之，亦不言。及一婦人倉皇而來，若有所失者，因急問之，婦人以小兒不荅而去。又呼之，云：『汝不失物否？』婦人遂回，乃使之取脚下物，婦人感謝，不顧而歸。行者群聚歎息，掩面即走。當時先生有意耶，抑無意耶？」曰：「他人之物，取之乃盗，幸而踏着，合還失人，故待其來。我時尚小，只知此理，又豈論有意無意。」

或問：「託人與受人之託，理當如何？」先生曰：「彼此自當推誠。然事偶有不如人意處，彼此亦當相察，不然遂爲終身怨尤。只如予舊在越上作幕官，相識趙庇民託印書，云：『旦夕納所資以請。』久而不至。吾家奉甘旨養弟妹之外，並無餘金。加以印書紙版工墨須便當以直先償之，資治一書，紙墨未易即辦，遂致稽緩，大蒙見憾，似可謂不見察矣。吾豈於人不推誠者，至此然亦無如之何。吾未嘗敢輕託人，若有託人者，往往須體此意，未始敢尤人也。若於其間，欲曲徇人情，以無爲有，則反致作僞，吾實不能。然交游能彼此相察者，便是通曉道理人。」

或問：「秦皇遣王翦伐楚，而翦數請美田宅爲子孫計；漢祖使蕭何鎮關中，而何買田宅以自汙。得非訪讒間，不得不如此耶？」先生曰：「只是自信不篤故耳。子儀爲上將，擁强兵，程元振、魚朝恩讒間百端，詔書一紙召之，無不即日就道。自信既篤，何恤人言？而二子惙惙如此，豈不反致人疑耶？此蕭何所以不免下獄者，高祖不可以此欺也。」

有志者，其規摹必先定；無志者，一切皆偶然。

學有所得，亦難言。言之所得，亦難盡。今謂所得可學、所言可盡，皆是用意中來。善畫者，於一枝一葉，意象思索，以僅得其似。而化工一陶，千枝競發，萬葉爭秀，濃纖小大，不失毫髮。其勞逸不同，而真僞自分。人之所得於心與得於人者，萬萬相遠，此可與知者道。

將以立天下之事，必先求所以信服天下之人。故舜選於衆，舉皋陶；湯選于衆，舉伊尹。既云『選於衆』，必是衆人推服故耳。後世止以皋陶爲刑官，觀其矢謨，觀其賡歌，往往出禹之上。舜稱之以「俾予從欲以治，惟乃之休」。舜之所欲治，而吾能從之，不言其功，而言其休美之至。乃若伊尹之所爲，撥衰而奮王，易亂以爲治，其經天緯地之功，又非可一二論。五就湯，五就桀，而天下不疑，廢君復立而當時無議，豈非信於人尤卓然者。後世用人如一言悟主，一歲超遷，朝奏暮召，初非素信，成得何事？

天下之事有勢有理。勢勝，則理亦不能行。乘其勢以行其理，則理尤快意。不然勢之方至，而吾伥伥，唯理之徇，雖是非得失自定於後，然一時亦不能遽逆也。不若待之以久，徐徐而後應之，爲得耳。

漢雖異秦，不能盡變秦之法制，文帝之俗則異秦矣。唐雖異隋，而不能盡變隋之法制，然太宗之俗則異隋矣。法制雖同，用意自別，亦不害其爲治。若其太甚者，則除之耳。

人之所見如登石梯，一級高一級，則一見高一見。有人未及登梯而輒論梯上事，皆出於臆度，非特人不信，往往渠亦自不信。

事不鍊者多憂，心不正者多懼，氣不全者多喪，學不博者多惑，志不定者多屈，養不深者多露，見不到者多陋。

好勝必愚，智者必不爭；好辦[一]必暗，明者必不言；好諛必貪，廉者必不苟；好怪必僻，通者必不異。

[一] 張元濟校勘記：「辦」當作「辨」。

山林之士忘進，市朝之士忘退，皆非見道。進退無意而唯其正，則善矣。才忘則必偏，偏必病。

人失則悲，得則樂，非能自爲得失也，而得失必有主，故所以致其悲樂者，以主之者致之也。有片玉而吾得之，樂因以寓；一旦失之，則悲亦隨至。是吾之所樂者，以此玉之得，而所悲者，以此玉之失。樂以玉得，而吾初不與其樂；悲以玉喪，而吾初不與其悲。得失亦初不與，而玉與之。反其初焉，則玉與吾較然二物耳，而吾切切乃欲斂其得失，悲樂於己，而故爲之得失悲樂，豈不踈且狂哉？故凡物交於前而情動於中，墮於得失悲樂之域者，安得不少反其初乎？偶欣然而書悲樂説。

宋會稽何子平爲海虞令，縣禄唯供養母一身，不以及妻子。人疑其儉薄，子平曰：「希禄本在養親，不在爲己。」此言誠然。人往往皆爲妻子之故，貪污無狀，爲世大僇。仕以行道，不然則爲養親，此乃吾所當然者，又豈爲過？但人行之者少耳。

淵明云：「雲無心而出岫，鳥倦飛而知還。」子美云：「水流心不競，雲在意俱遲。」若淵明與子美相易其語，則識者往往以謂子美不及淵明矣。觀其云「雲無心」

「烏倦飛」，則可知其本意。至於水流而心不競，雲在意而俱遲，則與物初無間斷，氣更渾淪，難輕議也。〔二〕

漢第五倫性至公，或謂倫曰：「公有私乎？」對曰：「吾兄子嘗病，一夜十往，退而安寢。吾子有疾，雖不省視，而竟夕不眠。若是者，豈得無私？」温公謂其「以此語人，乃見其公」。此亦聖人門中論直之意。今人論公，往往刻畫不恤，曾無聖門中一點氣，乃欲以此觀春秋，大失聖人指矣。要當如倫意觀之可也。

晉鄧攸遭賊所追，以弟亡，止有一子，因縛其子於樹，遂携弟之子而逃，後竟亡嗣。謝太傅曰：「天道無知，使鄧伯道無兒。」天豈無知，亦人情耳。度其勢不可俱，不得已而遺之路，猶顧眄而幸其及。乃忍而縛之樹，不使之逸，其亦殘忍甚矣。吾意其不情而有心也。及渡江得一妾，有寵，問之乃其外甥，遂終身不娶。天豈非以此愧其不情之心乎？

温公言：「娶妻不可不謹擇。既娶而防之以禮，不可不在初。」又云：「或驕縱悍突，訓勵禁約而終不從，不可以不弃。」今之士大夫有出妻者，衆必非之以無行。昔孔氏三出

〔二〕明抄本以上爲卷第六。

其妻。夫婦以義合，義絶則去之，奚虧於行，是皆深見其理。家道之興廢，盡在其妻。一或悍戾，上慢舅姑，下生嫉妬，家道自此而廢。既當審擇，又當身率以正，使化其心。嘗見有一宗女，悍戾可畏，嫁一士人，其士人以禮法身履而率，久而卒歸於正。其在夫所以御之如何，是又不可皆責婦人也。

人皆云：「仕宦多憂慮，閑居絶無事。」以予觀之則大不然。予一日之間，於家事一一欲當理，及看經史亦與古人商校議論，參之於心，稍得其理，則此慮頗適。不然則寢食俱廢，必思得其理，然後已。孰謂古人所謂「畎畝不忘君」者，其行事施設非得之於平居乎？

近日士夫家爭上侈靡，富者効之，無所不至。只一小官，相習成風。或一延客，酒不飲正數而飲勸杯，食不食正味而食從羹，果殽菜蔬雖堆列於前，曾不下筯，而待泛供。酒皆名醞，物必奇珍，以至器皿之類，必務鮮絜，每作一會，必費二萬錢。如此仕宦，安得不貪。貪必好貨取贓必矣。若仕宦貧者而輒爾所爲，有識者自當不赴，况又慕之喜之，爭譽其美，斯人可知矣。向見仇泰然盦，知明州，與一幕官相善，説話有味。一日問及公家幾口，用幾何，因荅：「家十口，日用一千。」曰：「何乃使許多錢？」因云：「早具少肉，晚菜羹。」驚曰：「某雖作太守，居常不敢食肉，只喫菜。公小官，何乃敢食肉。必非廉士。」遂爾見踈。仇公清介有素，得古人風味，真可法也。小官而侈，豈得爲廉。所見誠然，不爲過也。

予家世業儒，頗以清德顯。自予而家貧愈甚，不敢廢先業，尤力於修飾，期以無愧此心、無失此身、無辱先志而已。因戒諸子曰：「貧所忍無幾，謹身修學，猶不鄙於人。」予十四入鄉校，止以勤誦讀，不出户，加謹畏，遂爲學中所知。十八即爲人門客，教子弟，聚束脯，歸贍家。自此之後，教學不已，人皆爭請。予但以至誠勤於解説，篤於行義，工課之外，飭以禮法，自晨至暮，更不少憩。諸子弟以時令歸。工課既辦而躬行亦感，雖至難教者久而自不忍爲惡，此皆心法也。予老矣。予晚年得汝，非不愛惜。然每日勤勤苦苦教汝者，恐汝不知我初之苦辛，而一旦坐食讀書只覺無味，故説汝以我之少年經歷諸事。我今略戒汝數事，皆是我平日行者，於汝大有利益。一謹禮法，二存忠厚，三親正直，四勤學問，五守家業。一戒欺心，二戒不正，三戒喜諛，四戒溺愛，五戒習下。故存忠厚，親正直，勤學問，守家業皆本於守禮法。一不守禮法，便如無規矩準繩，雖甚工巧者，亦不能自立，况其他乎？至於戒不正、戒喜諛、戒溺愛、戒習下皆本於戒欺心。一欺其心，往往不正，喜諛、溺愛、習下紛紛而生，猶隄防不固，而既盈之水奔迸四潰，有不可遏者。諸子但能謹禮法，毋欺心，則副吾他日之望矣。紹興庚午六月四日書於南安傳舍。

或問：「孟子説：『行有不慊於心，則餒矣。』既是於心不慊，又卻説『餒』，如何？」先生曰：「不慊足矣，何必自有？」

見蘇養直書李彦達所編其詩後云：「讀之使人愧歎不能已已。自爾當屏棄筆墨，每遇勝日，有好懷，袖手哦古人詩足矣。青山秀水，到眼即可舒嘯，何必居籬落下，然後爲己物。」深體其言，甚有真趣。養直嘗云：「吾學詩三十年，每一篇成，讀三四過即毁去。」其求全如此。彼苟簡妄作，以珍其貨者，聞其語，得不少悟。嘗見沈元用問其不著述，荅云：「好處古人皆已道盡，吾胸中但涵泳其味足矣，何必竊以爲己有！」似與養直此語同。吾之著書，猶未免有「居籬落下」之僻。

言者道之贅，六經其贅道哉！囿於經則贅矣。離婁之明，師曠之聰，聞見之最高者。使二子語人以聞見則可，而不能使人如其所聞見。然自其所語而即之，則亦可以日進。聖人之教人，豈能使人之皆如己哉！亦欲於吾之教而漸入之耳。孔氏門人當時便有見其氣象者，如曰：「是魯孔丘之徒歟？」是也。

送大庾宰鄭公明序

春時百卉競秀，梅既太早，而牡丹又太遲，然清絶艷麗，獨二花爲之冠，彼百卉者往往皆不得並。雖求爲之並，而先後之相去，亦各絶望。故二花之在一時，或枕溪橫月，或亞籬落，風標雪態，綽約特異，遂使騷人墨客目動魂躍，求以賦詠而不可盡。至於落花流水，悵悵方寂，而玉井雕欄，堆紅擁翠，如漢宮新粧，寶髻綵鬟，斂袂而出，使人欣望而不敢迫視。則二花之先後雖異，而爲一時之勝，似非凡〔一〕卉可擬。吾喜子之早達，則借梅

〔一〕張元濟校勘記：又「凡」作「他」。

同候。既而艱於仕進，樂於自適也，則是珍其出，厭其群，而固欲後其時者。豈止與野桃山杏澗草幽花墮於無人之境耶！不然而擅其化助之長，且欲速其非時，雖幸有一日之喜，與夫時至而自華者，其可喜之狀皆不可以意匠〔二〕而言寫。然亦何苦而不少待其至也。吾子方從事於功名，故以此喻之。然予則姑舍是，但欲如蒼松古栢相老於泉石，而雪霜風雨之餘，顔色長不可改，則又視二花者爲身外事，不敢預其先後。姑書此以告别。

荅南安蔡秀才問道

中庸曰：「道不遠人，人之爲道而遠〔三〕。」是道之在人，初不遠也。爲之者，遠之耳。故繼曰：「人不可以爲道。」爲之者遠之，則不爲者將不遠乎？吁！吾固知道之不可爲也。道而可爲，則智者以巧，能者以敏，勇者以力，辯者以言，紛紛然，唯其意之所向，

〔二〕張元濟校勘記：又「匠」作「象」。
〔三〕張元濟校勘記：又「遠」下有「人」字。按：此處應無「人」字，張九成中庸説此句亦在「遠」字后點斷。

而皆謂之得道可也。然而至於决智而巧無所用，竭能而敏無所施，勇已疲而無所肆其力，辯已窮而無所容其言。則固有愚而不智、魯而不能、懦而不見其勇、木訥而不見其言者，往往得於心齋，悟於一唯，而處衆人之所惡，與夫近仁之説者，皆無事於爲者也。然則學之爲學，將廢而不講歟？抑不廢而自得其得也？予曰：學所以窮其理也。理固不外乎道。學所以窮理而不爲乎理，則是學可爲而理不可爲也。理不可爲而必學焉。由米之爲穀，穀未始非米也。而米藏於穀，則爲之杵臼，爲之簸颺，然後米可得矣。今不曰「穀」而曰「米，可以杵臼，可以簸揚」，則是以穀而爲米也。雖愚者亦知不必杵臼、不必簸颺矣，而尚待於人之言乎哉？其理既得而愚者亦有所不昧，則吾子亦曉人也，尚何後於愚者乎？予雖愚亦不得而强爲智者之説以愚人，不然則是自愚也，而可以愚人哉？

凡物之形於外者，常有以泄吾之真。吾逆知其形，而不爲之泄，則物初無奈我何，而吾固自若也。爲之凶惡暴横以泄吾之怒，爲之諛佞倩盻以泄吾之喜，爲之厄窮憔悴以泄吾之悲，爲之放曠快逸以泄吾之樂。此皆不明乎道，而〔二〕與物爲徒者也。至於有所養者，則喜怒哀樂初不足以動其心，而付之喜怒哀樂而已，我何容心哉？

視世間無非幻，而人處幻中不覺，乃認喜怒愛惡爲真。不知喜怒愛惡從何而生，以爲本有，則非物不形。以爲本無，則不可責之於木石。其間號爲自覺者，往往又是認幻爲覺。覺即幻也，無幻不覺，因覺知幻，則覺又〔三〕可認着，况喜怒愛惡乎？

書鼎肉事

予多蔬食，間一食肉，必薦祖廟。一日餉客，令庖人作鼎羊，必致修絜處，遂去故釜，創於庭樹之陰。火鼎方殷，芬香暢達，微見庖人以手加額，若有默禱之狀。須臾，忽聞有聲，詢之，云：「忽有鷹俯首一鳴，鼎味四出，流液於地，肉皆狼籍。群鷹翻飛，瞬息上

〔二〕張元濟校勘記：又「而」作「之」。
〔三〕張元濟校勘記：又「又」作「不」。

下，攫搏不已，其狀甚怪。」庖人甚有怒色，口若誚詈者，囁嚅不已。因叩之，乃云：「此間有窮神，某方禱之，旋即致害，意欲先薦故也。」因笑曰：「里諺以人之鄙者目爲『窮鬼』，是鬼亦有窮者乎？」予十日不食肉，今因餉客而得一食，亦既鄙矣。而又有所謂神之窮者以勝乎鬼。則窮神之説不得不書一笑。

南安附邑村中有李氏者，家畜二猫，各乳三四兒，更出迭入，交相爲乳。其家初見而怪之，朝夕若此，久亦爲常。一旦，猫爲犬所噬，其一者遂銜置一處，與其子合。子雖小，往往含忿作聲，有不相能意。猫母皆偏舐環抱，聲息繾綣，若安而若全之，不忍舍也。其乳力不能偏及，日瘠一日，而奔走迎護如初，遂終其離餔能食乃已。夫物性之暴烈莫甚乎虎，而猫似之，甚至有自餤其子者，而二猫之性乃爾，其一死而其次者義愛，猶類於人。然人有異母不子其子者多矣。視此猫，安得無愧！故爲之書。

書鄰翁聚財説

受形於天地者，俱是物也。人與物何異哉？物不能自有其物，猶人之不能自有其身也。人不能自有其身，而且欲爲物之有，切切猥吝，唯物之得。一日盜攘而去之，則又爲之悲苦怨懟，悼其既往而思以復得，甚而不得則爭奪相殺以喪其軀。而物之爲物初亦無所容其心，得之自爾，失之自爾，得失一付之人，而頑然往來其間，反致於長久而不喪者，孰謂人之靈乃累於物，而物反得以累人也耶？東鄰有一翁，聚財而吝之，且爲盜所竊，則又至於抑鬱以死，而所謂財者則又泛泛於得者之手，而任其去來。故爲之一笑而書。

唐玄宗以宋景〔一〕不與内侍交語而歎美之。唐武宗以杜悰不從監軍請選娼女入宮，而知其爲宰相材，皆是識見過人處。

〔一〕張元濟校勘記：又「景」作「璟」。

書呂秀才文後

文之難久矣。而子之用意不苟，則是欲工其文也。然工其文而不工其意，則固無取於其文。有人焉，濡筆布楮，握管下注，以俟喙之出。意迫句窘，則又耳聽目瞓，以幸其成。求其所謂，則牽合散斷，脉絡不貫，枝分體異，且欲收拾以爲一物，得於自者，未有不竊笑爲戲。此病於工文者之過也。今吾子方且修於身，孝於家，而得稱於宗族鄉黨，則是子工於意者密矣。工於意者密，則唯意所寓，凡詳復而温醇，畏内而舒外者，吾知其得於身也；氣和而下，禮曲而緩者，吾知其得於家也；不必而不失，不揚而不墮，不潔而不污，以自適其適者，則知其得於宗族鄉黨也。是以言不求備而自備，其體昭然，如世之用物，可以長久而不廢，則古人所謂「行有餘力，則以學文」者亦以兹歟？文而不爲用於世則已，果爲世之用也，則用之者必知之，知之者必好之矣。求唯知者之好，則無廢其工。故身也、家也、宗族鄉黨也，可以曲盡其意焉。而吾知唯子之好者必亟矣。

記夢

予未貶南安時，寓居臨安支邑鹽官小蘭若。忽一日夢水行陸步，遠至一所。城郭山川風俗人物的的在目，皆可坐想。已而亦寓一蘭若，似浥浥不樂者。覺輒記之，意不知所謂。不數日，有南安之命，及近南安城，舉目忽醒，夢中所見皆如舊遊。既入城，其人物風俗亦然。至入所寓僧舍，無一差錯，不覺歎息。事固有前定者，此亦不可預料，而一夢之間，隔數千里如在目前。人亦靈矣，豈造物者預以告我耶？勢有不可得免而預以告我。告我亦仁矣，仁於其所告，而不告於其所不告，則吾固將以不告者以謝其仁焉。不告者何？義也，命也。從事於義，命而委之。以其所告，則不告者，吾固得之矣，造物其如我何？

十二月二日無垢居士張某書於南安

近時士夫好自相標目。往往皆以伊川爲言，謂斯人者得其所謂仁，斯人者得其所謂學，如是者爲其指，如是者爲其心，標目紛然，實理皆喪，而形似之説，不復可辯。非學伊川，實禍之耳。東坡書樂毅後論以夏侯元目何晏爲神，而晏亦目元爲得易之深。及晏死曹爽之黨，元亦不免李豐之禍，「神」與「深」皆安在乎！士不務深造自得，乃以口舌之工作標目，宜其如捕風摶影，無益於用也。可不鑒哉！

伊川妙處，全在要人力行，所以不欲苦言。用〔二〕意深者，當自得之。言之又不免做夢。

或問：「唐穆宗時，錢徽典貢舉，西川節度使段文昌、翰林學士李紳各以書屬所善進士於徽。及榜出，所屬皆不預。文昌怨之，乃以不公譖於上，悉出之，徽亦貶。或使之奏文昌所屬書，徽曰：『苟無愧心，得喪一致，奈何奏人私書，豈士君子所爲哉！』即焚其書。或者皆以徽爲長厚。然使其所取既公，而有才者無辜見黜，於己之利害甚輕如他人何，况國家利害有大於取士者，亦將長厚不言耶？」先生曰：「事恐不實耳。實則自有公論。雖一時當眾別白，可快人意，然氣象不雅，豈君子所爲。若使臨大利害，倉卒幾變之

〔二〕張元濟校勘記：又「用」作「思」。

問，君子處此，亦有道理，决不至作小人態。只如武后禁屠宰，右拾遺張德生男，私殺羊，會同僚。杜肅懷一餤，上表告之。太后對仗，謂曰：『卿生男，甚喜，安得肉來！』德以實告。太后曰：『朕禁屠宰，吉凶不預。卿自今召客，亦須擇人。』出肅表示之。肅大慙，舉朝欲唾其面。公論爲如何，則爲肅者，小人之態，亦自羞見矣。」〔二〕

或問：「漢武、漢宣英威不可犯，宰相得善終者，唯公孫之佞，石慶之謹，然亦數被譴責。如趙、蓋、韓、楊之才，一麗於罪，有所不貸。汲黯數直諫，使之救火，則擅開倉以賑貧民；使之往閩越，則半塗而回，謂『不足以煩天子之使』；武帝欲有所爲，則責之以『陛下内多欲，而務施仁義』，奈何欲効唐虞之治，率意而言，無所顧忌，然武帝重之，不冠不敢見。夏侯勝或相字於宣帝之前，或泄禁中語，而帝愈信之。不知二君於二子如何獨然？」先生曰：「汲黯戇，夏侯勝質樸，皆是誠實人。二君聰明，决知其無他，故重之信之。唯誠實之人，久而愈可信重，只於交友間卜之，便自可見。」

或問：「孔孟一聖一賢，轍轘天下，周遊戰國，非不求進，而卒不肯遽進者，豈其情

〔二〕明抄本以上爲卷第七。

也？」先生曰：「君子之進，不敢苟也，必於義爲當，則終身爲榮，雖後世亦榮之；一或不當，終身受辱，雖後世亦辱之。如柳子厚、劉禹錫結王叔文，元稹結崔潭峻，一則斥逐不用，雖悔無益，一則爲武儒衡以青蠅見譏，書之史册，後人讀之，無不爲之愧汗。想其在當時，其心亦何以自處。李栖抗元載不得相，李鄘因吐突承璀得相而不願受，至今猶欽重其人。大抵人窮達貴賤皆有定分，切不可謬用其心，以自取千世笑端。

或問：「張耳、陳餘本相得，後以疑而相賊；王導、周顗本相善，後以疑而相害。二者孰是孰非？」先生曰：「張耳疑陳餘，而餘不疑張耳，由餘救兵不至，所以致其疑。王導疑周顗，而顗不疑王導，由顗有『今年殺賊奴，取金印如斗大』之言，有以致其疑。相識如不相察，往往疑得以入之。如導他日見顗奏表，乃方歎曰：『吾雖不殺伯仁，伯仁緣我而死。』使不見此，安知顗之本心！心相知者，所以少也，故管、鮑由此得名。」

或問：「唐德宗以强明自任，以蕭復爲輕己，以姜公輔爲賣直，動多猜忌。然爲裴延齡面欺，言者指陳其失，終不少省，雖知其誕，亦不加罪。此是如何？」先生曰：「德宗自奉天窘乏之後，還宫以來，唯務聚斂。聞人言利，心即喜悦，如日進月進，減刻吏禄，增益常賦，販鬻蔬果，使天下風俗一皆弊壞，是其溺於此之故，所以都不少省也。」

或問：「近日觀申屠嘉欲誅鄧通一事，見文帝處事甚善。」先生曰：「何謂？」或曰：「申屠嘉怒通於上旁怠慢，欲召誅之，此固嘉之意矣。及觀嘉使吏召通，上乃曰：『汝第往。』又云：『度丞相已困通。』然後赦之。如『汝第往』『度丞相已困通』之語，非帝先與嘉議之，安得有此？故一舉而倖臣不敢驕，宰相全其體，文帝亦不至於傷恩。處事如此，豈不盡善！夫嘉以材官蹶張，平日初無可稱，宜其慮不及此，此必文帝之議也。」先生曰：「如此觀史，方有眼目。」

或問：「漢宣嘗言：『漢家自有制度。』魏相亦務行漢家故事。君相所爲，皆不外此，遂成一代中興之治。武帝上慕唐虞、樂商周，其相如公孫弘又務爲大言，以侈其欲，然卒無實效。何也？」先生曰：「高祖、文、景規摹甚遠，何必過求！但武帝好作聰明，宣帝不作耳。」

或問：「先生解『子所雅言』，詩書執禮皆雅言也。不與上文，子曰『加我數年，五十以學易，可以無大過』相繼。似與文理不便。」先生曰：「如何？」或人曰：「子曰：

『五十以學易，可以無大過矣。』故門弟子記之曰『子所雅言』，是言易者，子所雅言也。至於詩書執禮，皆孔子所常言也，豈止于易乎？若以『子所雅言』繼詩書執禮，既於『所』字無義，又於『皆』字、『也』字亦無義。若連上文，則語意皆貫矣。」先生曰：「然。」

或問：「『文，莫吾猶人也，躬行君子，則吾未之有得。』先生所解，『莫』字有所略。而説者又皆以夫子『文則人不如我』，此又失之自矜，非夫子意。又以『躬行君子，則吾未之有得』爲未得其人，此尤失之薄人。愚意以謂：論文則吾莫如人，猶言不如也。至論躬行君子，則吾自度亦未有所得。庶幾氣象似孔門耳。又魯人以『文』爲『牟』，楊子方言云：『文莫，牟莫也。』『牟莫』者，勉强也。勉强則吾猶人，言躬行則未有得也。」先生云：「此説亦得。」

或問：「詩書在人心，議論在人心，先王之法度在人心。而秦人乃焚詩書以任法律，殺學士以絶議論，以術數而愚黔首。秦人非特愚人，亦自愚。」先生曰：「自愚則有之，人安可愚也！」

或問：「王恢一言而基禍於匈奴，嚴助一言而基禍於兩越，唐蒙一言而基禍於西南夷。仲舒三策而不悟，申公至論而不喜，汲黯忠諫而不悦。以武帝之明智，乃從於彼，不從於此，何也？」先生曰：「如其罷黜百家，非不從仲舒之言；不冠不敢見，非不知汲黯之直；聞申公之言而默然，非不知申公之〔二〕當。其心溺於好大，故王恢、嚴助、唐蒙之言所以易入耳。」

或問：「宣帝鄙儒生而任法吏，何故？」先生曰：「如趙、蓋、韓、楊之死，皆無一點人情。儒者以禮義爲教，安可不近人情。然其能用蕭望之，議論多從其説。凡儒者之多文少實者，爲所惡耳，未必盡棄之也。」

或問：「學者每病無所見，反病於所見，何也？」先生曰：「以所見而執所見，必以所見而病所見矣。」

或問：「去異端難否？」先生曰：「人多不識異端，所以難去。只如楊墨本學仁義，仁義豈是異端。唯孟子能辨之，故能去之也，不然未必不反溺其説。此所以去之覺難也。」

〔二〕張元濟校勘記：「之」字下似有闕字。

或問：「霍去病不學古兵法，而與孫吴暗合；趙括能讀父書，而有長平之敗。及考去病爲漢將，雖與匈奴略相當，不至於敗。然連年出師，疲弊國家，兵民俱困，其視長平之敗，相去無幾。如韓淮陰之爲背水陣，則以爲出於兵法，特諸君不察之耳。又豈以不學兵法爲得？」先生曰：「法固不可無，然亦不可執。當得法外意，可也。」

或問：「宣帝本始元年夏四月地震，詔舉文學；五月鳳集膠東千乘，赦天下。兩月之間，以地震則詔文學，以鳳凰集則赦天下，應天如此，如何？」先生曰：「堯不問洪水而明俊德，舜不問鳳凰而去四凶。俊德不明，無洪水不免於亂，四凶不去，有鳳凰何益於治。宣帝此舉其意安在！」

恕問：「佛氏以寂滅爲教，其徒未能泊然於飲食男女之欲。然乃欲以紙上死生禍福之説恐動其心，使入於善。彼世之小人，刑戮榮賞，日加而日督之，猶且求以幸免，孰謂無知之孩孺與夫鄙詐賤隸之人而欲以此化之耶！而其甚者，至於抑絶掩閉以成其姦，過於刑僇小人之所不爲者。世方敬其徒，而曾不察，不知此亦何理？」先生曰：「佛氏一法，陰有以助吾教甚深，特未可遽薄〔一〕之。吾與杲和尚遊，以其議論超卓可喜故也。其徒寧得皆善！但吾甥所見者，其徒之不善者耳。」恕曰：「理道妙處，如子思、孟軻之書，何減圓覺、楞嚴！必欲從事，其人頗非素心。」先生曰：「自來知吾甥每有惡之之語。執得堅時亦好，但恐見不透，後反爲其徒所冷笑。且更窮究，且更窮究。」

或問：「韓退之與劉秀才論史一書，歷言古人作史，不有人禍，必有天殃。柳子厚以書闢之，其説甚有理。觀退之所論似屈於理，以退之之明，何乃發爲此論？若以畏禍而不爲史，苟得直筆，雖死亦榮。退之守正，禍尚可畏耶？」先生曰：「此亦是退之説得未盡處，想其意亦不專在畏禍，但恐褒貶失實，足以貽禍，故遷就其説，而失之泥，宜爲子厚所攻。」

或問：「君子多不幸，小人多幸，何也？」先生曰：「君子與小人處，已是不幸，況於不幸敢求幸耶？然君子處心無歉，雖不幸猶幸也；小人處心以詐，一不幸則無所不至矣，故多幸。」

〔一〕張元濟校勘記：明抄本「薄」作「傳」。

先生曰：「唐太宗，御史大夫杜淹謂『諸司文案恐有稽失，令御史就諸司檢察』。上以問封德彝，德彝曰：『設官分職，各有所司。所司若有愆違，御史自應糾劾。若偏歷諸司，指摘過失，太爲煩碎。』淹無辭。太宗以問淹，淹曰：『天下之務，當務至公。德彝之言，真得大體。臣誠心服，不敢飾非。』如杜淹此語，乃國家之福。彼忌刻之徒，護短爭勝，不問道理當否，此事所以不濟也。姚崇善應變，而盧懷謹以伴食見譏，懷謹不以爲愧也。使懷謹肆爲矜誕，必欲自己出謀，以求亂其成議，特小人耳。朝廷皆如淹之服善、懷謹之不爭，則便是唐虞相遜之朝。唐虞之臣，非苟爲阿好也，亦以理而已。」

先生云：「胡藩謂劉裕曰：『劉將軍毅終肯爲公下乎？』裕默然久之，曰：『公以爲如何？』藩曰：『將百萬之衆，戰必勝，攻必取，毅固以此服公。然涉獵傳記，一談一詠，自許以爲英豪，是以薦紳白面之士，輻輳歸之，恐終不爲公下。』方裕聞藩言，默然久之之際，似亦以爲然。至其言『戰勝攻取，毅以此服公』，則裕之實能已可畏。及云『一談一詠，自許爲雄豪，白面之士歸之』，此又何足以爲裕畏！適所以啓裕之輕心耳。藩以此足以動裕心，則失之矣。若毅如此，乃自取禍敗，又何足以服人！宜裕一向置之而不問也。」

先生云：「三國魏時，或問盧欽曰：『徐邈當武帝時，人以爲通。自爲涼州刺史，及還京師，人以爲介，何也？』欽荅曰：『往者毛孝先、崔季珪用事，皆清素之士，于時皆變易車服以求名高。而徐公不改其常，故人以爲通。比來天下奢靡，轉相放効，而徐公雅尚自若，不與俗同，故前日之「通」乃今日之「介」也。』大抵道理見得到處，無施不可。三聖相傳，爲守一中，故無過無不及。如人能守貧，必能處富，只是一箇道理。使徐邈變於彼，亦必移於此矣。變易車服以求名高者，豈得爲無偏！而素尚既儉，而一旦徇時者，又豈得爲善乎？邈亦見道之士也。」

先生云：「元魏時，羅結爲侍中，總三十六曹事，時年一百七歲，精爽不衰。又典行宫，出入卧内，一百十歲乃聽歸老。朝廷每有大議，遣騎訪焉，又十年乃卒。魏主以其忠懿，親任之。自古未有如此長年而能任事，精力不衰者。既其所稟特異，而忠實過人，真異人也！近時士大夫早衰者多，加以聲色所蠹，精神耗散，未能少勞，旋則病作。斯人平日以忠懿自持，至使典宫掖，必非好聲色人。其自持亦有道矣，又不可皆歸之稟受。」

先生云：「房元齡、杜如晦在隋時，俱預選。吏部侍郎高孝基名知人，見元齡曰：『僕閲人多矣，未見有如此郎者。』見如晦曰：『君有應變之才，必任棟梁之器。』俱以子孫託之。若以容貌見異，此特一技之精，未容遽託以後。以二公平日所爲，而較孝基之言，雖不必容貌，固可坐想其非常人。孝基所見，必其人事中有卓然異人者。子孫之託未易輕云也。孝基豈鬻術之士，以是爲託子孫之道哉！亦察其必有以耳。」

先生云：「豪傑有謀之士，非特其氣吞强敵，而從容所言，皆足以深服兇暴之心，而陰殺其氣。方陳登爲吕布所怒，拔戟斫几，曰：『卿父珪勸吾協同曹操，結婚公路，今所求無成，而卿父子並顯重，但爲卿所賣耳！』登不爲動容，徐對之曰：『登見曹公言：「養將軍如養虎，當飽其肉。不飽，則將噬人」。公曰：「不如卿言。譬如養鷹，饑則爲用，飽則颺去。」其言如此。』布意乃解。使胸中無謀之士，一旦爲其所駭，苟無以荅之，與荅之不當，則死生不可保。若登者，又豈輕以一死試之哉！知吾之術可以處之，而彼之術決不能出吾謀故也。」

先生云：「人欲求名，名尤可畏。斂名在己，則非特君子責望者深，而小人必纖微指議。飭謹之士，往往救過之不暇，僅能自免，不然則不勝其口之紛紛也。名其可畏哉！」

先生云：「君子知君子，往往能以情恕。衆人不知君子，雖毫髮不能無疑。使其無疑，則其氣味亦必稍稍可喜矣。」

先生云：「予每與人語，未嘗不傾倒盡。高抑崇以予言太露，使人無進益。若微見其端，使之思而後得，則在此既省力，在彼頗知味。予以爲不然。爲其無所曉，故來相問。我不竭其所有告之，更欲微示其端，一或錯會，反以爲害。其間一語即曉者，豈易得耶？」

先生云：「人之念慮欲靜，要須盡窮理之學。理之不窮，而欲念靜，事來無處，則愈擾矣。若見得到底，人往往常覺靜，理定故也。亦有頑懶人，自會頓置閑事，不掛思慮者，然亦不可應物。」

先生云：「漢武帝幼聰敏，好議論老子之言，而異時所爲，乃紛然不靜。謂之『議論』，便以己意生荆棘矣，未必非聰明之過。靜有以激其動也。」

或問：「道果無形迹否？」曰：「道非虚無也。實用處通變者是。」

或問：「學者欲正心，如何下工？」曰：「須明乎善。不然，又恐錯認。」

或問：「以死生託人，如何？」曰：「先察其人平日負荷力量，方可。」

或問：「邵堯夫詩云：『廓然心境大無倫，盡此規摹有幾人？我性即天天即我，莫於微處起經綸。』此理説得盡。」先生曰：「孟子已説了。已説了，則無説。其第一句云『廓然心境大無倫』，料得堯夫於體認中忽然有見，故輒爲此語。不然，又是尋影子，畢竟於活處難摸索。『起經綸』之語決亦不是摸索不着者，然亦須自家體認得可也，他人語言不可准擬。」

或問：「陳烈行古禮，率子弟匍匐以弔蔡君謨，爲世俗譏笑，太不近人情。」先生曰：「今取鄉黨言誾誾、侃侃、踧踖、與與、色勃、足躩，豈不爲怪狀？但世俗以人視人故耳。」

或問：「中、和如何分？」曰：「中則和矣。不中則人情必乖異。」

或問：「人于窮時如何免怨尤？」曰：「理不一貫，將天人、物我都分卻，自然多怨尤。」

或問：「如何是浩然之氣難言處？」曰：「孟子反覆論之，不一而足，其言之難如此。如言『勿忘勿助』『是集義』『非義襲取』之際，不是孟子，他人形容不出。」

或問：「人經患難皆是不幸事？」曰：「患難亦是不經事人良藥，有一服可以治其終身之疾者，士大夫往往有之，柳子厚服此藥稍遲耳。」

或問：「六經與人心所得如何？」曰：「六經之書，焚燒無餘，而出於人心者常在。則經非帋上語，乃人心中理耳。不然，則子雲、韓愈、董仲舒、劉向之徒，何以得傳其書？」

或問：「人以晁錯爲愚，果否？」曰：「如其言『使天子自將而身居守』，則此言誠爲愚矣。然七國既反之後，景帝亦悔誅錯，使其果有此言，帝未必悔之。亦意當時，袁盎讒害之之語。以錯之智數，而一旦輒爾發此，雖甚愚者，不爲也，而謂錯爲之乎！議者亦不可不察。」

或問：「秦少游以班固譏司馬遷『退處士而進姦雄』『崇勢利而羞貧賤』，以爲有激而云。方遷陷於刑辟，以無財自贖，傷悼而寓其憤疾之意，所以進之崇之者，乃所以抑之卑之也。當時風俗不修廉隅，唯務財貨。而避世之士皆畏懦，無救人於〔二〕患難者，故及之耳。」曰：「如少游所説，固得其似，然作史以垂法萬世，豈可以己之私，律天下以不正！遷雖有憾，未必肯爲是舉。殆與兒童飾辭以報怨，而不慮長者之見嗤，何其陋遷如此哉！特遷氣俠〔三〕頗未入於道，故每見出奇快意之事，往往心喜，不能自制，故亦不知其失耳。固之所譏，未爲不當。」

或問：「宋璟不與宦者交一談，而陳寔送張遜之葬。等是宦者，或鄙之，或奉之，何也？」曰：「時有不可，危行而言遜，亦屈身以伸道。不然以明皇爲之君，而寔亦爲之，則與元稹因宦者而進何異？寔其得已哉！黨錮之禍，賴之多所全活，寔之意固有在也。君子當察其心。」

或問：「曹操不忍殺禰衡，而殺荀文若，何也？」曰：「自古英雄將以大有爲者，深忌殺士。曹操姦兇有餘，雖爲禰衡慢侮，終畏殺士之名，而送之他人，以嫁其禍。其言：

〔二〕張元濟校勘記：又「於」作「之」。
〔三〕張元濟校勘記：又「俠」作「恢」。

『孤殺之，如一狐鼠耳。然此人浪得其名，恐天下以爲吾不能容。』此非其真情也。至其殺荀文若，而卒見譏于世，何見於彼而不見於此耶？如衡之輕狂，固無足道，雖殺之，議者必亦無議，而操猶畏之。至若文若之賢，乃其所深忌者，則其殺之也，出於其本心，此又其自欺之姦，姑欲以欺人耳。人其可欺哉！」

或問：「晁錯言『五帝神聖，其臣莫及』『三王臣主俱賢』，其説如何？」曰：「益之戒舜曰『無怠無荒』，禹之戒舜曰『無若丹朱傲，惟慢遊是好』。以爲神聖，則其人皆將順之不暇，安得有此語？湯之於伊尹，學焉而後臣之。言五帝之神聖，則示爲臣者，皆無所責難；言三王之俱賢，則示爲君者，皆可以自用。殆非可以爲訓，反使五帝三王之美自此遂晦，不可不察。」

或問：「曹操與劉備語：『天下英雄，獨吾與公耳。』以操之姦雄卒不殺，縱之以成其志者，何也？」曰：「非不殺也。觀其出則與之同輿，坐則與之同席，固欲結其心以得其力，特未遽殺之耳。不然，則一聞孫權以土地借備，何爲方作書而落筆於地耶？殆其驚沮至此，有不覺耳。一孫權尚爾，加一劉備，則遂成鼎足之勢，於此特恨殺之不亟耳。」

或云：「闔閭以美人試孫武之術，穰苴請莊賈以自試其術，皆君臣相與逆探其心，以爲其術之用否。則與商鞅徙木之賞無異耳。夫兵乃死中求生法也，猶可以此用之。國家之治，而一切用此，吾固知其決裂太過，有所不恤也。」

或問：「范通以王濬爭功不已，説之以人或有問，則曰：『群師之力。』欲其以此爲謙。浩星賜以充國全師而歸，説之以『歸功二將軍』，亦欲其以此爲美。王濬不能從，而人以短王濬；充國不肯從，而以爲充國之美。何哉？」曰：「事體有不同，特未可以一槩論。王濬、王渾爭功不已，濬至見帝自陳，不勝忿怨，徑出不辭，人臣至此，亦甚不美矣。使其稍能謙遜，安得不爲美事！至充國，以七十之年，受宣帝征伐之計，數年於彼，全勝而歸。苟不析當時之利害，使明知其所以然而乃嫌伐一時之功，以欺人主，固宜不肯爲也。觀范通之説，則不失爲美。從浩星賜之言，祇所以爲佞耳。豈一人遠託之意哉！人臣立事，雖不可矜伐己功，然亦不可没。一時利害之實，亦在其所以處之哉！」〔二〕

〔二〕明抄本以上爲卷第八。

無垢先生横浦心傳録卷下

甥于恕編　後學吴惟明校刊

謝遜志説

龍泉謝遜志舉其名以求説，予爲之説曰：傅説教高宗以學，而首以遜志爲言。遜之爲言，順也。高宗方有志於帝王之治，然能順其所志者，則莫若學，故惟學則能順志矣。夫農、工之賤，亦莫不各有所志。志於農者農，志於巧者工。農而不學爲農，廢耒耜、棄耰鋤而曰農；工而不學爲工，捨規矩、去繩墨而曰工，則至有餓死無用而人擯斥之者，是豈無志之過哉？不學之過耳。

士之爲士，將以趨於智、於賢、於君子之徒者，豈得安肆怠廢，無所修飾，而可以冀其有成哉？

然爲學之要有三，而所以害之有四。博之見以强其識，審之理以實其心，行之勤以致其用。識明而理審，勤行而用著，則得矣。然蔽於所好則不能無害，矜於所長則不能無害，未然而然，不得而得，務以自欺，則不能無害。合是三者，而吾不能加之以思，則是不思而已矣。其害焉可復反哉！本之以三要，而力去其四害，則於學其庶幾矣。則子之所志者，吾知其不愧於古人。無曰「學所以順其志」，而流於異端邪説，則固非所以爲學矣。故三要、四害之辯，不得而不悉，吾子其詳擇焉。

理之得於心者，未必即得之於手；得之於手者，未必皆得之於心。然與其得之手，不若得之心，何哉？得之心有時而必得之手，手熟而不已則神不分，神不分則混然天成，無以加矣。徒得之手，而不唯其心之得，手不舉，則理之體亾矣。乃欲唯形似之求，以從事於點染之末，陋矣！如韓幹之畫馬，而識者謂其胸中有全馬，亦此理耳。學者無患理之不得於手，得於心者至熟焉，而自合矣。溝澮之盈，不頃息皆竭，無其源也，豈不諒哉？

字畫不必切迫古人爲奇，但得古人氣象、韻態，則便自雅致。東坡云：「小人之書字雖工，而人情終有盱睢側媚之態，不知人情隨想而見。」真有此理。書尺中惡札誠可惡，而求爲工而無韻者，俗狀尤可厭見〔二〕。故學不可無法，而執法亦必死。東坡、魯直皆得法而不死者也。

東坡書朱象先畫後謂：「閻立本如王子敬，則誰敢以畫師辱之？彈琴如阮千里，則識者知其不可以榮辱。」夫〔三〕不可以榮辱到此境，非得道者不能。不然，特一無廉耻人耳。立本以文學進，而工於畫，固以謬用其心。藝成而下，取辱自爾，其後之悔，真可爲人戒！不可以東坡言，而學者遷就其説，又爲立本耻也。

〔二〕張元濟校勘記：又「見」作「死」。
〔三〕張元濟校勘記：又「夫」作「矣」。

書李秀才公説

世俗之論，多服於無心，而君子則服於公。公固無心矣，往往有所抉擇，則以有心疑其不公。今於十人而擇其一之善，則九人者或及其一二，或不及而謬得其名，與夫忌而毁、矜而怒者，九人不無二三也。十人可以數計也，乃若自十而百，自百而千，積而上之，擇之愈詳，爭之愈衆，紛紛而不可較。吾以爲公也，是乃所以起其不公之論也。至於群千百而糊其名，錯其數，唯吾之所取，而唯其人之取。吾固取之以無心，而人亦不得以有心疑我。雖舉一盗跖，而顔子不敢怒；黜數伯夷，而爲盗跖者亦不爲之慊然。此世俗之論所以爲不公也。不决之君子，而孰决之乎？

苟非其招，虞人且不肯至，詭而不得其正，御者猶以爲羞，孔、孟取之，所以尚其志也。士之爲志，豈不優於虞人、御者哉？往往苟賤不廉，爲皂隸、僕夫所耻，其取辱於孔、孟宗風多矣。碌碌一生，死與草木俱腐，曾螻蟻之不若，尚得以人名耶？凡事不可不以自警。

憲問：「子云：『四十、五十而無聞焉，斯亦不足畏也已。』人皆以有聞於人。少正卯以僞爲魯之聞人，亦何畏？以君子言之，待其有聞於人而爲可畏，則凡隱德韜養之士皆不足畏，可也。某之意謂其自有所聞耳。『朝聞道，夕死可矣』，以聞道可貴如此。苟四五十而已無所聞，則其學問可知，故言其不足畏。不知此説如何？」答曰：「此理頗長，當作『聞道』之聞。」

里人有數子，而一子頗爽，愛其可以成器，然不擇師以教之。一日，見其逸遊，因叩其父，乃曰：「天材當自成。」日恣其所之，且資之金以足其欲。每客至，則必欣贊而輒出之，使誦其口之所得，慧黠真亦可喜。客去，則又置不問。其費日廣，其欲日熾，而里兒之利其資者，又皆諛導曲誘，以深其病，久而不反。後客至，索之不得，不得而怒，怒而力索，乃得之慱肆。其父怒甚，一旦笞之，笞之亟而子亦叛其常，悖色厲聲，顛躓不已。至其後，則飾詐巧詆，而前日之口誦者不復一記。餘子之愚朴自拘者，漸長而知敬，循循焉日求，唯詩、禮之教，回視前日之爽俊者，已若一泥中之鬪獸矣。吁！不教之害，小兒乃一至於此，豈其子之過哉？愛之者，害之也。愛之安能害之哉？不教而愛之，孰[二]得而不害？

世有良方，多苦其不傳。且醫方期於療病耳，苟可以療人之病，其意豈不甚善？然得其傳者，往往必吝之，而求其傳者，苟非親故及以利，則不授也。用意蓋亦陋矣！至於士大夫學術，乃天下治亂之原，其爲病也，豈不大於人一身之疾乎？然學之不精，其術亦謬，人未必唯其傳，而喋喋於牙頰，眩託沽價以求爲之售，而膚受小子以群和競趨之。既害其身、害其家，甚者推其害，偏及而不息。顧醫者秘其善方，雖在於苟利，然不至於害其身與及其人。而得其傳者，又可以收更生之功。今學術之苟傳，與人之苟得其傳者，皆足以致害。然方且習熟而不省，雖省而不能終去其害，非特見下於陋醫，而人之益其病者，皆[三]自斯人者而爲之也。傷哉！

[二] 張元濟校勘記：又「孰」作「焉」。
[三] 「皆」，原作「昏」，據張元濟校勘改。張元濟校勘記：又「昏」作「皆」。

予少年處鄉校，看書必至達旦，思亦不困。一夜寒甚，將四鼓，偶爾得意，看之尤力。見燈側亦類吾者，危坐於前，意以爲鬼物。更增膏燈，爍爍然有光。神驚，愈醒，瞪目而視之，其形不易也。須臾，定目靜觀，則不復有見。已而就枕〔二〕。來早，因以語同舍，同舍云：「此公之精神，爲公所役，故離形不能居，非鬼物也。」予後稍至四鼓則寢，神亦自安，想必有此理耳。

予老居煙瘴，親故相絶，賴有文字爲樂，粗不覺耳。忽思在鹽官，春時攜杖與陳彦柔、毛子文、汪聖錫到郊外，入僧舍，清坐談文，薰爐茶鼎，相對蕭然，雅趣各適。時聖錫書壁以記，字畫遒勁可喜。審思諸君，彦柔已作古人，而聖錫、子文相去甚遠，爲之悵然傷懷耳。彦柔才氣有餘，而止於如此，又不覺爲之歎息。

東坡作六一居士集序，論申、韓之禍，以較孟子闢楊、墨之功。且以推尊歐陽公，其意以當時尊荆公新學，以佛老之［無］〔三〕亂周孔之實故也。荆公之學，豈不自謂師于孔、

〔二〕張元濟校勘記：又「枕」作「睡」。
〔三〕「無」，原闕，編者據文義補。

孟？然執其近似，所得不化，往往與楊、墨無異。遂使天下學者紐爲一律，日益卑陋，將禍於人，以虧經世之用。非歐陽公開明大道，决其塞，暢其原，而洗滌其根芽，則人終不悟矣。是以數十年間，其漸染久者，猶釋氏云：「野狐涎一落胸腹，迷眩不覺，至死亦以爲是。」良可哀痛。吁！學者謹其所習哉！

未能不矜，安謂知道？未能忘得，安謂知義？未能輕名，安謂知德？知道者必不自矜，知義者必不好得，知德者必不沽名，此皆表裏之符也。

人家兄弟不足，多緣婦人女子。非有剛腸者，必有所惑。唐劉君長，瀛洲樂壽人，累世同居，兄弟至四從。妻因作計，使君長析居，後覺之，罵曰：「破我家乃汝也！」立出之，兄弟相聚如初。世如君長者，能有幾人？而君長之妻比比皆是。爲人兄弟者，不可以不覺。

唐張公藝九世不分，北齊、隋、唐皆旌表其門閭。高宗幸其第，問其所以睦族之道，書「忍」字百餘以進，其用意良深。然以予觀之，自忍之外，凡所以齊家之道，無一不至。及其有不率之子弟，故更加之以忍而盡矣。世之輕决者，雖可快意，往往大失事，況其家乎？漢文得此理，猶以此治天下，如待尉佗，待張武，待淮南王，待匈奴，皆無其禍，其用妙矣！

近世士大夫汲汲然營財利，廣田宅，積寶貨，叩其所以，往往言爲子孫計。至於請人教子，則謾不加省，甚者待之如幹人，他事皆責之辦。至有賢師稍加嚴束，則以謂薄其子而去之，且怒云：「吾子不教，亦不至餓死！」而所謂其子者，亦習見其父祖之意，而驕怠日廢。稍加長，則博弈聲色雜然交舉，一或禁之，則巧取詐竊，互〔二〕黨婢僕，賊害悖逆之節日以萌起，且幸其父祖之死以快所欲。是以其家恃父祖之未亡，姑得保守，一旦告殂，肉猶未冷，而交鬬爭訟，妄用公取，一旦蕩然，無復孑遺，狼狽四散，至不能衣食而轉丐於故舊，餓死於溝壑。其强者，或黥或奴〔三〕，爲人所驅役。使人見之，甚可嗟歎！此皆其父祖無識之故，貽禍至此。吾固無以遺子孫，但好學勤儉，足可傳永。吾家素貧，賴此以成立，子孫雖不能以及我，亦有田百畝，可以力耕而僅足，姑勉之而已。

〔二〕張元濟校勘記：又「互」作「友」。
〔三〕張元濟校勘記：又「奴」作「怒」。

或問：「先生解論語『則以學文』，云：『人之所以入孝出弟，信愛親仁，緣學先王之道故也。』文，謂先王之道。愚竊意孝弟信愛，人之天性，又豈待學道而能？而先王之道，又豈外於孝弟信愛？愚意『則以』字，是取法於此，以學文耳。『忠信之人，可以學禮』，是其本也。文即禮文耳。」答曰：「亦便於説。」

或問：「小人變生倉卒，如何卒治？」先生曰：「迫之則愈難治，姑以術緩之而已。昔文潞公知成都，偶大雪，會客帳下。卒倦於應待，有遺言者忿起，拆其井亭，共燒以禦寒。守衛軍將以聞，公曰：『今夜誠寒，更有一亭可拆，以付餘卒。』復飲如常。翌日，徐徐問先拆亭者，得實，皆杖脊，配之。夫使潞公當時不緩之，未必不激其兇焰。次日，徐究其實而治之，則伏刑者不敢怨，聚論者不敢非，非勿迫之驗耶？」

或問：「當官臨事如何？」先生曰：「切戒躁急。躁急則先自處不暇，何暇治事？加以猾吏姦民窺伺機便，以成其利，非特害人，於己甚害。」

先生云：「元魏顯祖大刑多令覆案，囚繫皆積年，群臣皆以爲言。顯祖曰：『滯獄誠非善治，寧不愈於倉卒而濫乎？智者以囹圄爲福堂，欲令其憂苦而思，思而矜恕。』此言

誠亦有理。今之頑惡小人，鞭撻有所不畏，至囚縶之，往往思悔者多。福堂之言，似亦不虛。」〔一〕

先生云：「秦王姚興以禿髮傉檀外内難作，欲因而取之。使尚書郎韋宗往覘之，傉檀與宗論當世大略，縱横無窮。宗退，歎曰：『奇才英器，不必華夏；明智敏識，不必讀書。吾乃今知九州之外，五經之表，復自有人也。』歸語其主，未易圖也。觀韋宗之言，不如此不可謂之英雄。如此等人，稟識特異，有聖人爲之依歸，則可以成大善。反之，則爲大惡。夷狄中如劉聰、石勒、苻堅、姚萇、慕容垂，豈易及耶？但能自興一代之績，不足以傳後。非特繼之者難，要皆無良法美意，特盡其智力耳。」

先生云：「東漢君子太好名，如李膺雖已禁錮，而天下士大夫欣慕，唯恐不及。更相標榜，互爲稱號，八君、八顧、八俊、八及、八厨之名出，而黨錮起矣，皆不見道之故。見道者必畏名。名非可好，從其自至，猶且辭之，况自相夸美乎？此取禍之自也。」

先生云：「唐文宗嘗謂宰相：『薦人勿問親疎。竇易直爲相，未嘗用親故。若親故果

〔一〕明抄本以上爲卷第九。

才，以避嫌而棄之，亦不可謂至公也。』」若論宰相，固當不問親踈，然人君能不以有嫌忌宰相，則善矣。不然，以唐太宗之聰明，猶欲魏徵存行迹，此豈知心無間之論？至公之道，尤當出自一人。」

先生云：「英雄所見大抵略同。李密説楊元感取關中，不取而敗；劉文靜勸李世民取關中，世民曰：『正合我意。』所見正如善奕碁者，一着不錯算；一着算不到，則敗矣。太宗之與元感，其見之優劣，自不可逃。」

先生云：「天下之事知其利而不慮其害，往往皆爲他日之患。唐高祖借兵於突厥，但藉其聲援，數百人之外，無所用之。以謂胡騎入中國，生民之大患，此見甚遠。譬如小人欲恩於君子，君子不肯受其恩者，恐其責報不已也。夷狄之與小人，其情一耳。是以既得天下之後，突厥求賂不已，至太宗蕩滅之乃已。不然，則五代之禍可驗。」

先生云：「天下有所謂勢，有所謂機。勢在我，機在彼。在我者，其勢不可以不壯；在彼者，機不可以不投。機得而勢不壯，雖可以驟勝而不能全功；勢得而機不至，雖可以立事而動之無名。故與其有可投之機，則不若先壯吾難拔之勢。東晉非無可投之機，往往雖舉而無益者，反顧無以爲地也。是以何承天告宋文帝以謂安邊固守之計，其意亦出於此耳。高祖之誅楚，太宗之掃隋，宋祖之承晉，皆以匹夫無貲，用他人之物。得之則爲己有，失之則非己物，故輕用而輕得之。不然，使三君於既得之後皆如其未得之初，則匈奴不和親，突厥不致幣，關中不遂棄矣。是亦有所重而不敢輕故也。」

先生云：「宋高祖之善戰，而猶不敢與魏敵，此其智非固有所不及也，特以强弱衆寡之勢既所不敵，而其國亦治而無釁，故終高祖之世不復萌進取之意。況其遣使致禮，方且有畏於我，我亦何苦而攻之？以文帝而視武帝，其能否固自可知。一旦不量力，聞書生好大之言，以輕動其心，非唯智者有所竊笑，而愚者亦知其不可。故一敗塗地，而元嘉之政遂衰，此兵法所以有知彼知己之説也。」

先生云：「爲國者不可無謀臣。高祖之良、平，太宗之房、杜，先主之孔明，苻堅之王猛，魏主之崔浩，石勒之張賓，皆取謀於斯人，所以能成功業。如斯等人，又須信任之，不可以人言間。觀數君之待遇，真不輕矣！」

先生云：「人君有過人之能者，常患其自用。所以太宗有『朕常兼將相之事』，此豈人君所當爲者？秦皇、隋文所以愈勞而無功也。漢高言『不如子房』『不如蕭何』『不如韓信』，繼之以『吾能用之』，能用人即人君之能也。若自用其能，則失之矣。」

先生云：「曹操之奸雄，動爲詭譎以籠絡人，故一時豪俊不能出其術，且俛首而爲之役。及其子之庸鄙，與操相去遼絶，彼司馬懿者已得以竊窺其藏鑰矣。高祖、光武皆以大度待人無僞，故足以得君子之誠心，雖傳之幼子弱孫，而藉人以扶持，終亦無慮，此心術所致也。」

先生云：「桓温北伐河上，與寮屬登平乘樓，望中原，歎曰：『王夷甫諸人不得任其責。』袁宏曰：『運有興廢，豈必諸人之過？』温作色曰：『昔劉景升有千斤大牛，噉芻豆十倍於常牛，負重致遠曾不若〔二〕一羸牸。魏武入荆州，殺以享軍。』温此言惡無實矜虚之士，深悼當時之事也。袁宏輩亦此流耳。往往於人事曾不加意，乃一付之時運。何充諸人，以驕縱酣醉相尚，遂爲燕使所鄙。爲國而皆如斯人，則何以爲國乎？流弊至此，誠可歎息。士大夫學問爲天下治亂之原，不可忽也。」

〔二〕張元濟校勘記：又「若」作「如」。

先生云：「智者常蹈人所必忌，犯人所甚危，而卒以成功者，事機之來，既已曉然在目，人雖知之，而我直履之。亦料人之以我必有奇術存乎其間，因忌以成欲，因危以成安，而人往往自疑而不决耳。曹操之征劉備，袁紹固欲躡之；官渡之戰，孫策固欲襲之；烏桓之伐，劉備固欲乘之。在操深類僥倖而不思者，然卒能遂其所爲，而在彼者亦終不能遂其所欲。智者之相遇，誠必有至計存乎期間，特未可以僥倖窺之也。宋高祖伐蠕蠕，入關中，曾不顧魏人之擣其虛，直犯其所忌而爲之。人雖爲裕危，而崔浩已料其必破。智者所成固如此也。」

先生云：「孫武之書十三篇，韓信、曹操、李靖、唐太宗皆出入乎其間。然其用處往往不合，而合處往往自有意。便〔一〕如衲子解悟，拈着觸着無不是道，求其意造，則不可得。必如數公，然後可以語兵法耳。故兵法不可學而可悟，學者千萬，悟者不一二也。」

先生云：「宣帝中興，雖魏相之力，然其刻薄處，亦相有以啓之，蓋其嚴刻故也。既已族誅霍光，而趙、蓋、韓、楊之死又皆不厭公論。觀黄霸以寬和爲政，而特稱治最，帝

〔一〕張元濟校勘記：又「便」作「復」。

乃顯賞之，則用其心亦自可佳。然行事之際有過當者，相不能隱其失也。」

先生云：「漢高託國于平、勃，武帝託國于霍光，皆無負其所託。唐之太宗，其聰明英武，亦高、武流也，及其屬高宗以李勣爲可用，而武昭儀之立乃自勣成之，以基唐室之禍，不知其何以取勣也？方其黜之也，度其或遲回顧望，則欲殺之，且言：『吾死之後，汝用之可以爲恩。』夫將託國於斯人，而待之之道其譎如此，豈非勣者亦用譎之士？信之有所未盡，姑以一黜之喜怒試其中心之誠僞，太宗亦疎矣哉！知之既不盡，則託之亦詎能盡乎？」

先生云：「東漢李膺得一時盛名，而郭林宗又爲膺所推重。方二人同舟而濟，諸士望之，識與不識皆指以爲神仙中人，士之喜自相標目如此。彼莘野、傅巖、渭濱二三公，方其隱處，亦豈無知者？諒不如此驚眩。然二公竟何所成？徒足以成一時之禍耳。盛德容貌若愚，觀二公所爲，真類兒戲，非有道之士也。」

先生云：「天地之間一氣相爲感通，凡祥瑞祅孽，皆氣所化。許氏説文謂：『吏冥冥犯法則生螟』，『乞貸則生蟘』，『抵冒取財則生蟊』。爾雅：『食苗心曰螟，食節曰賊，食根曰蟊。』亦有此理耳。雖然，吏既爲民之害矣，而天又化爲蟊、賊、螟蝱以害嘉穀，使民不得其食而死。爲之造物，司陰陽之權，以爲均齊一氣，何不以所害者害貪殘之吏乎？而乃故忍害斯民耶？此〔一〕又特未可曉。」

先生曰：「韋忠不就張華之辟，張象不爲國忠之謁，世間何其少也！以子厚之才而附叔文，以蕭至忠之美而諂事韋后者，何其多也？」

先生云：「羊祜與陸抗對境，使命常相通。抗遺酒，祜即飲之。抗病求藥於祜，祜以成藥與之，抗即服之。人或諫抗，抗曰：『豈有酖人羊叔子哉！』叔子固信矣，抗能信之，在叔子固可重，而抗尤可重。游雅與高允相處四十年，未嘗見其喜愠之色，賢者難知如此。若祜爲人所深信，近世所難得。如唐郭子儀有此風味。」

先生云：「曹操問士於荀彧，彧薦其從子攸及郭嘉，操得之，大喜，曰：『使我成大業者，此人也！』前人或論荀文若知操欲篡漢，不與之，遂及於難。然操之心孰不知之？而彧朝夕與之周旋，而不知者乎？况其薦荀攸、郭嘉二人，皆智譎之士，既薦之，則所以

〔一〕張元濟校勘記：又無「此」字。

輔之者，自當有深中操之欲，故喜之耳。或其能免人議乎？」

先生云：「周天元崩，劉昉欲令楊堅總知中外兵馬，昉草詔署訖，逼顏之儀連署，之儀厲聲曰：『主上升遐，嗣子幼沖，阿衡之任當在宗英。方今趙王最長，以德以親，合膺重寄。公等並受朝恩，當思盡忠報國，奈何欲一旦以神器假人？之儀有死而已，不敢誣罔先帝。』觀之儀之言，人臣當如此矣。一死何足道，苟得其死，死其所矣。嘗思顏真卿罵李希烈，段秀實以笏擊朱泚，義氣所激，視死如歸，豈復他思？」

先生云：「小人樂聞君子之過，君子耻聞小人之惡。樂者生刻薄，耻者存忠厚。」

先生云：「周之東遷，猶數百年宗主天下。晉之東遷，亦能扶持勉强，雖久而不廢。以周則前人之德澤甚深，以晉則雖不可以並周，然一時士夫猶爾歸心，而草竊之徒亦不敢遽起以爲亂。則維持天下，誠不可以無人才也。王導雖非卓然中興之佐，要亦能收一時人望，相與委曲綢繆，成就其所爲，亦憗憗乎其難矣。當時有志者及後世議論之士，皆深短其不力去西臺〔一〕流弊以大振刷。此逮衰病之人，氣息厭厭，稍能漸起，苟不積日累月以調

〔一〕張元濟校勘記：又「臺」作「晉」。

補其血氣，使之稍稍充實，乃一旦欲亟去其餘恙，針砭俱用，而人之力絶矣，尚安能復生耶？」

先生云：「天下之勢已成而不可變，乃欲一旦決而去之，非至於大利，必至於大害。庸庸者所以畏而不敢動，而高見深識之士所以審處而爲之謀也。晁錯之削諸侯，與裴度之平淮蔡，二者之決，其利一也。錯決之而害，度決之而利者，其間遲速緩急、審與不審故耳。」

先生云：「朝廷謀議，不可不審，大體一失，往往爲姦雄所窺。何進與袁紹謀誅宦官，盡召外兵。曹操聞而笑曰：『欲治其罪，當誅元惡，一獄吏足矣，何至紛紛召外兵乎？欲盡誅之，事必宣露，吾見其敗也。』已而果然。代宗得李泌，所謀皆當，不見圭角。李德裕亦善謀，皆不尋常。」

先生云：「裴頠薦平陽韋忠於張華，華辟之，不就。人問其故，忠曰：『張茂先華而不實，裴逸民慾而無厭，棄典禮而附賊后，此豈大丈夫之所爲哉？逸民每有心託我，我常恐其溺於深淵而餘波及我，況可褰裳就之哉？』大抵士大夫當具識見，不可少爲利慾所惛。張茂先、裴逸民當時號爲佳士，然一爲利慾所惛，往往亦自不知。韋忠心地静正，遂爲所識破，正所謂『如惡惡臭』，豈敢以身近之？其不就所招宜矣。士夫其無爲利欲所惛哉！士夫稍貪冒，便不足重，爲其身已落穢溷汙渠中，如何使人敢近？廉正之士如竹間清風露氣，灑灑襲人，觀之者已覺心目頓快，况處其間，豈不意愛心賞？」

先生云：「王猛以法治秦，苻堅歎曰：『吾始知天下之有法也。』然商鞅之治秦與猛無異耳。使孝公霸諸侯，國富兵强，誰之力也？後世往往以猛爲得，以鞅爲失，何也？堅之俗，夷狄也；孝公之民，中國之民也。夷狄素無法，一旦爲之，遂獲其治；孝公之民其怨之深矣，故不旋踵而敗。然任尚不能施平平之法而以剛致害，則夷狄之性，未信不變於異日也。幸而堅失於南伐，以失國而禍不發于北耳。故人得以成敗論之。」

先生云：「劉聰幼而雋異，嘗謂范隆曰：『吾常耻隨、陸無武，絳、灌無文。隨、陸遇高帝而不能建封侯之業，絳、灌遇文帝而不能興庠序之教。』觀聰此言，其胸中豈碌碌者？雖云夷狄，識見豈不傑然過人？真難爲人下也。如石勒嘗云：『大丈夫當磊磊落落，豈効曹孟德欺人家孤兒寡婦？』此亦豈常人語耶？」

先生云：「晉何曾謂晉武無經國遠圖，指諸孫曰：『此屬必及於難。』夫以曾之奢縱，日食萬錢，其所以爲子孫遠圖者何在？或者以其諸孫及禍，遂誣合其語。要之，亦曾有以遺其禍耳。」

先生云：「國家立中書、門下，恐事有不盡，故相駁正。然以君子處之，則和而不同；以小人處之，則便見違異，浸生猜嫌。全在一人力主其事。唐太宗謂黄門侍郎王珪曰：『置中書、門下以相檢察。中書詔敕或有差失，則門下當行駁正。人心所見互有不同，苟論難往來，務求至當，比來或護己之短，遂成怨隙。或苟避私怨，知非不正。順一人之情，爲兆民之患，此亡國之政也。』太宗此言深主此事。人君既如此，臣下安敢飾詐？雖有小人，亦不容其私矣。太宗真不世出之君也。今云過中則便自無慮，一或封駁，則人往往以爲異事，安可無君子以主之乎？」

先生云：「昔虢公敗戎於桑田，而卜偃知其必亡；厲公勝楚於鄢陵，而范文子聞之有憂色；羊祜以謂平吴之後，當勞聖慮。觀數子之論，然後知苻堅之亡，猶訝其不早耳。人或言其咎在伐晉，又言其寵用垂、萇以爲肘腋之患，皆非也。晉之勝出於幸，垂、萇之叛特以勢之既去，亦欲以乘僥倖耳。豈得爲至論？方其掃燕蕩蜀，席卷秦、涼，包舉西域，每一舉事，人以爲快，我以爲慮；人以爲得，我以爲忌；人以爲千百年之計，我以爲旦暮不可保也。方其用王猛，國大治。既舉一二國之後，能睦群方，講晉聘使，威行於外，政成於内，賞信罰明，治定功立，則黠桀難制之徒皆陰銷坐困之，固亦無所抵其隙矣。不知出此，而求快不已，此范文子之所深憂，而吾固知其亡形已具也。何在於伐晉、養寇之失哉？」

先生云：「禍福有幸有不幸，而善惡之理則一定。君子唯其一定之理而已，豈當論幸不幸耶？小人則一味圖僥倖，或僥倖而得福，往往不復以善惡爲定理矣。」

先生云：「國體如人之身，貴左右上下相副，不可一偏。不然，則受疾矣。如賈誼、陸贄、李泌、裴度皆善醫國體者，觀其措畫，無不投病。」〔一〕

先生云：「國家尊名節，乃是爲社稷宗廟大計。一時雖未見其効，而患難倉卒之際，國勢危如累卵，然後始獲其用。如顔真卿兄弟，夫豈多得？禄山之亂河北，二十四郡一

〔一〕明抄本以上爲卷第十。

時望風奔潰，止有真卿抗節不撓，而明皇初不識，此所以興歎也。」

先生云：「趙括善談兵，其父不能屈，然憂其不可用。夫不可屈則宜若善用也，而不可用，何哉？括得於言而不得於不言。以言而論，則雖孫武之書有不是過；苟舍其言，有終身學武之書而不免於敗者。古人善學武者，唯韓淮陰。淮陰得其用，故自淮陰言則可用；他人言之，未必合於武也。此言所以與用不同。」

先生云：「天下事有緩急先後，唯有識者乃能急其所當先，緩其所當後。不然，則往往倒置矣。昔秦之亡也，豪傑爭取金玉，而宣曲任氏獨窖倉粟。及劉、項相持，民不得耕，豪傑金玉盡歸任氏。以其初觀之，金玉若爲急矣，而任氏獨知其爲緩，非有識何以及此？遂使人之所急反以爲緩，而歸之於我。以是知緩急先後莫不有至理，唯識者得之耳。」

先生云：「晉王昶爲人謹厚，名其兄子曰默、曰沈，名其子曰渾、曰深，爲書戒之曰：『吾以四者爲名，欲汝曹顧名思義，不敢違越。夫物速成則疾亡，晚就則善終。朝華之草，夕而零落；松柏之茂，歲寒不衰。夫能屈以爲伸，遜以爲得，弱以爲强，鮮不遂矣。』觀昶所言，真謹厚君子也。予名諸子皆以厚，亦欲其不爲刻薄耳。心吾此言，凡發於口，必當應心，亦顧名思義之意。諸子無爲刻薄，以愧吾此言，當三復之。」

先生云：「古人論交，有君子若水，小人若醴之説。淡中未嘗無味，然於淡中得者少耳。小人之交，無非勢利。勢利一去，交情亦絶。昔東漢王丹，其子有同門生喪親，家在中山，白丹欲往奔慰。結侶將往，丹怒撻之，令寄縑以祠〔一〕焉。人問其故，丹曰：『交道之難，未易言也。世稱管、鮑，次則王、貢，張、陳凶其終，蕭、張隙其末，故知全者鮮矣。』時人服其言。夫以朋友喪親而遠奔其喪，固爲美事，然道里既遠，結侶以往，遠堂上之親，慕求名之舉。事有輕重，一或過當，則彼此相責太重，其後必失。王丹此言深見其理，往往小兒輩止見一偏耳。張、陳一惑於利害，相責太重，遂至以死相殘，初間交義安在？」

先生云：「齊明帝臨死，戒其子『作事不可在人後』，欲使之先事制人。此言一出，猜忌群臣，每行殺戮，無所顧恤，卒以此取禍。先主將决，囑孔明曰：『穉子幼弱，君才

〔一〕張元濟校勘記：又「祠」作「助」。

十倍曹伾[二]，欲取，取之。』孔明終身以忠奉其孤。此智者托國之遠謀也，而乃以猜忌殺僇爲可制人，豈智者之所爲乎？」

先生云：「蘇子由論梁武帝，及於史稱孔子以老子比龍[三]之説，似覺頗有所昵。若如此説，則道果虚無矣。『形而上者謂之道，形而下者謂之器。』若形器中非道，亦不能爲形器，又安可輒分之？形而上者無可名象，故以道言；行而在下散於萬物，萬物皆道，故不混言耳。」

先生云：「司馬温公論邴吉爲丞相，出逢群盗格鬬，死傷横道，過之不問；見牛喘而問之。以謂詰盗賊，守令之事；陰陽不調，此宰相職也。世以爲得體。士會爲政，晉國之盗奔逃于秦。盗賊不禁而曰責之守令。夫宰相所以調陰陽者，以人事得其序也。當時魏相上言有妻殺夫、奴殺主，此皆大變，則陰陽不和甚矣。漢法日蝕、地震策免三公。故吉無識，不知其本耳。至謂吉自知居相位無益於世，飾詐譎問，以掩其迹，恐未必然。觀吉

〔二〕張元濟校勘記：又「伾」作「丕」。
〔三〕「龍」，原缺，據張元濟刊本補。

之醇謹，雖有全皇曾孫之恩，而未嘗一語其事，似亦不可誣也。故爲辨之。」

先生云：「范蠡之謀吴，至十有八年；趙充國之伐先零，亦至於五六年。其間勾踐欲速發者數矣，而蠡終不肯；漢廷之臣沮其謀者多矣，而充國亦終不從。故二臣所以能成其功，不然，雖徒快於一勝，使其不勝，功亦遂喪。必如二子者，然後足以成之也。全勝其難哉！後世豈無二子？然如勾踐、宣帝能成就其所爲者，尤難耳。如裴度之伐淮蔡，德裕之平澤潞，亦君之力也。」

先生云：「武帝宰相類多誅死，獨公孫以諛免，石慶以畏免，帝亦知之，故恕之。既不出於諛與畏，而務以盡職從事於其間，苟才之不副，一有罪戾，不免於誅。故其嘗曰：『有才而不爲吾用，既用而不盡其才，不殺何爲？』可見能御人才矣。如汲黯果直，知其無他心，雖數犯之，亦無害也。真英主哉！」

先生云：「本朝張唐英論陳子昂作大周授命神樞頌，與楊雄美新之文無異，其諷諫武后而保佑中宗，乃其微旨也。以子昂之上書論當時事甚美，與雄之太玄、法言何異？至於美新之文特爲雄病，子昂而不爲此，孰得而議之？正義所在，古人不惜一死，死之累人多矣。故爲子昂惜，又爲唐英歎，其善周旋君子也。」

先生云：「張唐英論舊史，以姚璹與狄仁傑、王方慶同傳，楊再思與李、杜同傳，爲白黑不分，當矣。史臣褒貶之義安在？作史者欲得春秋之法，不然，則徒啓後世紛紛之議，何得謂之信史？」

先生云：「張唐英論武后之興，袁天綱言其『貴不可言』，李淳風言『當女主，王天下』，此殆武氏僭竊之後，姦諂之徒欲自掩其惡，乃神其事，故於袁、李等傳增飾其言。此論甚然。大抵天道好生，何苦生此毒厲以剝喪唐室而吞噬其子孫耶？所謂宋景有仁人之言三，而熒惑爲之退舍。言發於此而咎消于彼，有若影響。風雨之捷，天心亦仁矣。是何其忍如此耶？此理蓋昭然耳。仲舒之學不純，言三代受命之符，爲學者譏誚，則識暗者往往蔽之。吾儒之學，不可不正其論。」

先生云：「岑長倩以則天革命，請改皇嗣姓武，則天悅之。及張嘉福請立武承嗣爲太子，長倩不從，以謂皇嗣已立，東宮不可更立，以此獲誅。人皆以長倩不忠於唐，宜獲此報。張唐英獨言其所以存皇嗣者，固欲存唐室也，其不欲立承嗣者，恐皇嗣不得立也。其意與陳平順呂后之意同，而又有造化於其間，人之不察，乃真以爲不忠，誤矣。此亦深見一時之心，亦可謂生潛德之幽光，誠不誣也。」

先生云：「周勃之立文帝，與霍光之立宣帝，其功一也。勃一旦以微罪下獄，而光之死，宣帝猶不敢專其政，又從而封其子。文帝若薄而宣帝若厚也。求其情，然後知文帝之心欲以全勃，而宣帝之心欲侈霍氏之恣，扇其焰而撲滅之。不然，勃何以終其天年，而霍氏之族至於隕滅無遺種乎？」

先生云：「斷事雖欲〔一〕明敏，而成事者又須思慮深長。趙充國之處先零，裴度之處淮蔡，非一旦思慮可成者，是以能功成而無後悔。」

先生云：「漢武帝信公孫洪〔二〕之譖，而黜汲黯於淮陽；唐太宗捨李靖之薦，而不以魏證爲黜陟，使其見識有間矣。」

先生云：「人情之所甚難者，非智者不能處。婁師德以猛士應召，而語戒其弟，令唾

〔一〕「欲」，原闕，據張元濟刊本補。
〔二〕張元濟校勘記：又「洪」作「弘」。

面令乾，勿拭以增其怒。人皆以爲寬。當其處武后朝，羅織之獄起，君子無所容其喙，小人得以肆其姦，其跡蓋岌岌也。特假寬以寓其智，雖狄仁傑之賢，處其術而不悟，智哉！」

先生云：「觀王叔文傳而言陸贄在死友之數，然後世多指柳宗元之失，而往往不及贄者，决知贄之正不若二三公之貪冒無耻。而當時陽城之賢，必不獨言其賢。忠州之貶，至於不著書，闔戶不出入，人不識其面。平日有『上不負天子，下不負所學，皇恤其他』之言，則胸中可知矣。君子不以疑似之間失其平日之素。作史者自可删去此事。」

先生云：「張釋之賢，而官止於廷尉；蘇武之忠，而官止於典屬國。往往後世譏文帝、武帝用二子不盡。二君知二子之才當於此職，故任之，此正善用人者。豈若後世之處非其任耶？」

或問：「漢武以『才猶有用之器，有才而不肯盡用，與無才同，不殺何施』，及唐太宗以盧祖尚爲交州刺史，不肯行而斬之，還亦甚悔，而議者往往以此短太宗。二君得失如何？」曰：「二君皆英主，武帝善識人，故敢如此説；太宗殺祖尚雖頗决烈，然亦有以取之。」

論語絶句

子貢曰：「夫子之文章，可得而聞也；夫子之言性與天道，不可得而聞也。」

既是文章可得聞，不應此外尚云云。如何夫子言天道，肯把文章兩處分。

「立則見其參于前也，在輿則見其倚於衡也。夫然後行！」子張書諸紳。

算來只是弄精神，識破於時始悟真。表裹分明都見了，區區何必更書紳。

子曰：「克己復禮爲仁。一日克己復禮，天下歸仁焉。」

雖然此影不離形，莫向形中便認真。形影兩亡都不見，當於此處認斯人。

「如有所立卓爾。」

見得分明乃謂如，分明如此尚爲疏。莫於見處留形跡，方信心齋萬象虛。

子之武城，聞絃歌之聲。夫子莞爾而笑。

機緘固爾寓絃歌，不是知音不肯過。夫子聞之方莞爾，未知言偃意如何。

曰：「唯。」

門人唯諾亦尋常，彼此如何較短長。自是旁人不曾識，指爲鳴鳳在朝陽。

「其如示諸斯乎？」

此理尋常豈不知，奈何人不反思之。故應指掌從君示，想亦於斯勿更疑。

「吾與點也。」

於時舍瑟方鏗爾，豈意吾師亦喟然。此際風流人不識，只應蕭灑得心傳。

「朝聞道，夕死可矣！」

白首窮經恨不知，書生辛苦竟何爲？一朝聞道無餘事，若較尋常死亦遲。

「何器也？」曰：「瑚璉也。」

須知道體亦常虛，君子安能一器拘？賜也但知瑚璉貴，豈聞天地亦蘧廬。

子使漆雕開仕。曰：「吾斯之未能信。」子説。

所長孰不願施之，豈肯言吾未信斯？大是此心真不昧，斷知天地不容欺。

子曰：「道不行，乘桴浮于海。從我者，其由歟？」子路聞之喜。

行道嗟吾已矣夫，仲由從我[二]去乘桴。果然子路聞之喜，好勇如由亦自無。

「回也，聞一以知十；賜也，聞一以知二。」

豈是於回果弗如，只緣聞處尚多疏。若還真箇能聞一，安得其他更有餘？

子曰：「朽木不可彫也，糞土之墻不可杇也。於予與何誅？」

朽固難彫糞莫杇，於予材美亦何誅？欲令顧此深爲戒，言語之科首宰予。

顏子簞瓢。

貧即無聊富即驕，回心獨爾樂簞瓢。箇中得趣無人會，惆悵遺風久寂寥。

〔二〕張元濟校勘記：又「我」作「此」。

唯恐有聞。

子路何嘗肯不情，從人姑爾事虚名。所行唯恐復聞耳，既已聞之且力行。

「棖也慾，焉得剛？」

須知有慾不爲剛，血氣乘之反類狂。所以孟軻言直養，要令〔二〕無助亦無忘。

季文子三思而後行。子聞之，曰：「再，斯可矣。」

文子平生不妄爲，仲尼想亦喜聞之。或能再矣斯猶可，何况加之以三思？

「甯武子，其智可及也，其愚不可及也。」

武子人皆指作愚，不知愚意竟何如。雖愚到底無人識，始覺從來智者踈。

〔二〕張元濟校勘記：又「令」作「知」。

「願聞子之志。」

願乘車馬衣輕裘，便與顏回論不投。更得預聞夫子志，天高地下果難儔。

「有顏回者好學。」

三千七十固多哉，好學如何獨有回？若論不遷並不貳，更無人向此中來。

「回也，其心三月不違仁。」

孔子於仁論不違，回心三月亦如之。不違乃是回心事，心事如何子得知？

「不如樂之者。」

算來此亦是尋常，不比其他味較長。孔子絃歌顏子樂，大家相見没商量。

「智者動，仁者靜。」

仁智從來不可分，動中機向靜中存。自然形體難增損，不要猶添斧鑿痕。

子見南子，子路不悦。

未識機鋒莫浪猜，行藏吾只許顔回。苟能用我吾何慊，不惜因渠也一來。

子曰：「中庸之爲德也，其至矣乎！」

子思曾發用中機，此道須臾不可離。率性自然難損益，要之何慮亦何思。

「何事於仁！」

仁體從來大似天，事之方見失於偏。是何堯舜猶爲病，一或容心便不然。

「默而識之。」

不因聞見得心傳，此理於吾甚曉然。若使一流聞見裏，故知厭倦有時焉。

「吾不復夢見周公。」

向也於公隔一重，尋思長在夢魂中。如今已是心相識，爾自西行我自東。〔二〕

「依於仁。」

試看迷途一瞽蒙，若還無相豈能通？力行未到安身處，不免依他入箇中。

「富而可求也，雖執鞭之士，吾亦爲之；如不可求，從吾所好。」

富貴要之不可求，求之無不反招尤。何如且只從吾好，他若來時不自由。

〔二〕明抄本以上爲卷十一。

子在齊聞韶，三月不知肉味。

箾韶深寓舜之心，夫子聞之感亦深。三月遂忘於肉味，誰知千古遇知音。

子曰：「加我數年，五十以學易，可以無大過矣。」

讀易工夫恨不深，晚年方見聖人心。如何五十云無過，蓋欲從初學到今。

「吾無隱乎爾。」

日月光明滿六虛，奈緣蒙瞽以爲無。試教借問傍人看，可是吾曾隱爾乎？

子釣而不綱，弋不射宿。

射宿有心陰中物，釣綱終是不無心。固知夫子應無此，書此方知意亦深。

「我欲仁，斯仁至矣。」

仁在吾心一念間，苟差一念隔千山。故知罔克分狂聖，已見前賢露一斑。

「丘之禱久矣。」

子心俯仰一無欺，由也升堂尚不知。疾病如何猶請禱，孰分上下與神衹[一]。

子温而厲，威而不猛，恭而安。

欲識畫工真妙手，畫人須是畫精神。孔門諸子工無比，畫出當時活聖人。

「啓予足，啓予手。」

做人真箇亦誠難，臨死猶將手足看。今免一身非細事，一身之外更多端。

[一] 張元濟校勘記：「衹」當作「祇」。

「師摯之始，關雎之亂。」

看來商頌繼關雎，亂訓爲終始是初。試把初終篇較取，洋洋風雅豈爲虚。

「惟堯則之。」

巍巍蕩蕩仰神堯，賢智姦邪混一朝。無物不歸吾造化，去天安得尚遥遥。

「禹，吾無間然矣。」

檐板人多見一邊，聖心思慮甚周旋。方知大禹同夫子，彼此觀之無間然。

達巷黨人曰：「大哉孔子！」

游偏諸侯志不伸，困窮幾與死爲鄰。大哉博學稱夫子，獨有當時一黨人。

子絕四。

以毋爲絕絕非毋，自謂門人見處疎。若使聖人真箇絕，不知毋理卻何如。

「文不在茲乎？」

子云文不在茲乎，豈與常人論有無？興喪亦皆天意爾，匡人於此莫如予。

「無知也。」

吾於萬理已無疑，何必容心更去推。自此有無皆不立，有知翻以累無知。

「未可與權。」

君子常時亦用權，要之此法豈容傳？反經合道須君子，君子爲之乃自然。

鄉黨

一篇鄉党盡威儀，夫子尋常豈自知？若使區區故如此，其勞終亦不勝爲。

季路問事鬼神。

若欲言之固亦難，鬼神情狀若無端。要之行盡吾人事，彼此何嘗有兩般。

「由之瑟，奚爲於丘之門？」

曾點嘗聞鼓瑟希，仲由於此亦奚爲？二人風味還應別，不是知音必不知。

「屢空。」

道體從來只貴通，不容一物礙其中。柴愚參魯師由輩，未若顔回庶屢空。

「吾與點也！」

點爾何如鼓瑟希，舞雩之下詠而歸。喟然不覺令吾歎，豈與其他較是非。

「君子之德風。」

君子何嘗去小人，小人如草去還生。令鼓舞心歸化，不必區區務力爭。

「是聞也，非達也。」

聞達要之不必分，只緣聞處未嘗聞。子張若解聞中達，夫子何由尚爾云。

「子之迂也！奚其正？」

由言夫子何迂也，子謂由言亦野哉。道理不因相叩擊，如何説得許多來。

「王者，必世而後仁。」

既言一日歸顏子，王者如何必世仁？若論仲尼期月可，斯言乃是反其真。

「剛毅木訥近仁。」

墨子平生枉費工，謾將泛愛去形容。若觀木訥並剛毅，方見風流是箇中。

「必也狂狷乎！」

狂狷雖云執一偏，一偏所執尚能堅。不然欲與中行士，往往其中亦未全。

或問管仲。曰：「人也。」

嘗稱管仲以如仁，仁者要之即是人。未可以仁稱管仲，可於人上試經綸。

「使乎！使乎！」

夫子何爲發問初，答云寡過未能無。斯言可謂深而宛，所以重嗟累歎乎。

子貢方人。

區區用意在方人，所得從來未必真。我則於斯誠不暇，枉勞臆度費精神。

「知我者其天乎！」

此理從來自不疑，奈何於此不投時。若還上下相通處，不是天心亦不知。

「其如命何！」

只是人生少琢磨，厄於陳蔡尚絃歌。道之興廢皆由命，雖愬如公奈命何。

「有心哉，擊磬乎！」

衛多賢者仕伶官，擊磬如襄理一般。不審乃於聲上取，疑其此意太無端。

衛靈公問陣於孔子。

可笑靈公不自量，區區小國事交爭。遽然問陣於夫子，夫子聞之故遂行。

子張書諸紳。

子張聞語便書紳，太似胸中未識真。忠信篤欽[一]非外物，當於行處用精神。

顏淵問爲邦。

壯志如何便遽忘，故宜一旦問爲邦。行藏獨與吾夫子，不類當時狷與狂。

〔一〕張元濟校勘記：又「欽」作「敬」。

見不善如探湯。

試問如何是探湯，喻其漸入久無傷。顧於不善乃如此，深恐斯人志不剛。

陽貨欲見孔子，孔子不見。

公山召子猶將往，陽貨如何却矙亡？料得用心須有異，聖人去就不尋常。

又

公山陽貨本同謀，夫子如何較去留？須信人心有真僞，故將直筆記春秋。

「唯上智與下愚不移。」

性習自然分遠近，智愚安得便無移？困而不學民斯下，愚者要當且力爲。

「前言戲之耳！」

焉用牛刀去割雞，子游初見已無疑。既云學道應須愛，遂謂前言乃戲之。

「民無信不立。」

於兵於食皆云去，當使斯民信獨存。不爾此心先已喪，雖云兵食更休論。

「盍徹乎？」

哀公真自不尋常，雖是年饑亦較量。二猶不足如何徹，紬繹斯言味更長。

子路無宿諾。

一諾要之不可輕，古人於事貴能行。若還行得方爲諾，不爾徒言未必誠。

「必也使無訟乎！」

善勝不于常勝得，無方始向有方求。故知欲使人無訟，莫使情於聽處留。

「富哉言乎！」

有類癡人學着棊，諄諄誨爾反狐疑。回頭試問旁觀者，説得元來却甚奇。

「直在其中矣。」

大都禮儀本人情，若論人情莫若親。苟使於親無曲折，不知人視作何人。

「君子和而不同。」

謙抑從來不務爭，於人唯恐失其情。若於禮義愆違處，安得區區學面朋。

「亦可以爲成人矣！」

四者相資體亦成，體成須要得兼明。當知禮樂非文具，乃是其間造化名。

「如其仁！」

仁體從來不可名，方圓隨處便成形。要之自在初非力，以力爲之恐失經。

「丘何爲是栖栖者歟？」

丘何爲佞乃栖栖，此語粼深憐及仲尼。猶乃從容言疾固，胸中蕩浩不容窺。

「堯舜其猶病諸。」

若於君子能修敬，敬外無緣復有餘。子路不思三致問，病猶堯舜果何如？

「君子固窮。」

於時窮達何須較，在我行藏未易論。子路不知方慍見，更宜力學到師門。

「非歟？」「非也。」

參聞吾道無心語，只在當時一唯間。多學反嗟疑子貢，望雲猶隔數重關。

「辭達而已矣。」

楊雄苦作艱深語，曹操空嗟幼婦詞。晚悟師言達而已，不須此外更支離。

「某在斯，某在斯。」

豈是區區務相師，尋常一事不容欺。及階及席方皆坐，猶告之曰某在斯。

「君子有三戒。」

常追往日悔前事，復向如今念後來。幸爾平生無所好，喜於末句絶纖埃。

益者三樂，損者三樂。

損益由人好樂間，須於情竇着防閑。雞鳴舜蹠能分得，始向師門見一斑。

「君子有三畏。」

要之恐懼常修省，乃是吾心所必然。君子如云止三畏，又何終日却乾乾。

「問一得三。」

竊怪陳亢問伯魚，子今亦有異聞乎？喜云聞一得三理，料得其他未必如。

子曰：「諾，吾將仕矣。」

欲逃陽貨遇諸途，在我之言亦未踈。大抵行藏非汝事，孰云夫子主癰疽。

予欲無言。

如何夫子欲無言，此理疑其或未然。若看陰陽運行處，方知與物自周旋。

「商有三仁焉。」

既能委曲存商後，又不區區愛此身。以至爲奴作洪範，仲尼稱謂有三仁。

柳下惠三黜。

有道不妨三見黜，當時人恨以爲多。從來一向貪惏輩，讀此其如愧耻何？

「是知津矣。」

宣尼頗意在斯人，故爾令由去問津。大是斯人能會意，知津此語亦爲真。

耰而不輟。

看來桀溺與長沮，固是其言太闊踈。若論耰鋤全不顧，這般風味亦難如。

植其杖而耘。

體不勤勞穀不分，毅然植杖俯而耘。從前一向空檐板，大道元來亦未聞。

「無可無不可。」

夫子當時議逸民，舉皆未必見其真。唯吾無可無不可，所以巍然號聖人。

「不如仁人。」

能謀雖似周公聖，於紂興亡特未分。及至當時獲微子，武王方始決成勳。〔二〕

〔二〕明抄本以上爲卷十二。

横浦日新

横浦日新上

門人郎曄録

容天

孔子曰：「不怨天。」不怨天者，能容天也。人能容天，則無入而不自得矣。

中和

心無所倚則中，所倚在理則爲和，所倚背理則爲邪矣。

論語

凡讀論語當涵泳其言，然後有味。如師冕見，及階，孔子則曰：「階也。」及席，則曰：「席也。」至皆坐，則又告之曰：「某在斯，某在斯。」衆人見瞽者，則慢易之心生。今孔子以堂堂之軀待一瞽者，尚詳委如此，聖人氣象可知。予每涵泳此言，見聖人如三春。

禍福

爲善者常受福，爲利者常受禍。心安爲福，心勞爲禍。

韓文

韓退之生才〔二〕强人，而爲寒餓所迫，累數千言求官於宰相，亦可怪也。至第二書乃復

〔二〕「才」，原作「木」，據明萬曆本改。

自比爲盜賊、筦庫，且云「大其聲而疾呼矣」，略不知恥，何哉？豈作文者其文當如是，其心未必然乎？當與有道君子議之。

夾谷之會

觀孔子當夾谷之會，折强齊，郤萊人，戮侏儒，歸侵疆，此即大禹決汝漢，排淮泗，周公膺戎狄，驅猛獸之規模也。盛矣哉！

文集

書猶麴蘖，學者猶秫稻。秫稻必得麴蘖，則酒醴可成，不然，雖有秫稻，無所用之。今所讀之書，有其文雄深者，有其文典雅者，有富麗者，有俊逸者。合是數者雜然列于胸中而咀嚼之，猶以麴蘖和秫稻也。醞釀既久，則凡發於文章，形於議論，必自然秀絶過人矣。故經史之外，百家文集不可觀也。

儒行

儒行云：「其過失可微辨而不可面數也。」予曰不然。子路人告之以有過則喜，禹聞善言則拜。過失苦不自知，人能明以告我，此正儒者所願聞，安有可以微辨不可以面數哉？宜乎伊川疑其非聖人之書。

孔孟

孟子加齊卿相而不動心，孔子攝魯相事而有喜色，此二者殆未易以口舌議也。

浩然之氣

當戰國時，儀、秦輩爭以口舌取富貴，紛然如處鬼蜮中。孟子與公孫丑之徒方且歷論養浩之説，宜當時以爲迂闊。

子路大禹

子路人告之以有過則喜，禹聞善言則拜。蓋子路所以喜者，以子路日用間方自求其過，人適以其過告之，則中其悔過之幾，安得不喜？大禹所以拜者，以禹日用間方自求其善，人適以善言告之，則中其好善之幾，安得不拜？

明道

明道先生書窻前有茂草覆砌，或勸之芟，明道曰：「不可，欲常見造物生意。」又置盆池蓄小魚數尾，時時觀之，或問其故，曰：「欲觀萬物自得意。」草之與魚，人所共見，惟明道見草則知生意，見魚則知自得意，此豈流俗之見可同日而語！

禮樂

上古之世，人皆知其爲汙樽、抔飲，又豈知彝樽、象樽之理已萌於此？人皆知其爲蕢桴、土鼓，又豈知雷鼓、蕢鼓之理已萌於此？但後人能引而通之，此所以睎上古爲質而後世爲文爾。

禮運曰：「故玄酒在室，醴酒在户，粢醍在堂，澄酒在下。」自衆人觀之，或在室、在户，或在堂、在下，意謂聖人姑爲是文具，豈知此非聖人私意，乃天理所當然者。惟聖人深識天理，故天理當在室，聖人不敢用之於户；天理當在堂，聖人不敢用之於下。一或倒置，乃私意也，非天理也。

名

名者禍之基也，名高則禍愈深，然則處之有道乎？曰：晦。

吁俞

一吁一俞，治亂所係，不可忽也。放齊舉丹朱，堯曰：「吁！」驩兜舉共工，堯亦曰：「吁！」使堯於此而俞之，則小人得志，必將召禍而起亂矣。師錫虞舜，堯曰：

「俞！」僉舉伯禹，舜亦曰：「俞！」使堯、舜於此而吁之，則君子之道消矣，將何以致唐、虞之治乎？惟可吁則吁，故一吁而天下莫不畏；可俞則俞，故一俞而天下莫不服，此所以爲堯、舜之盛也。學者於此二字當熟味之，然後知聖人之一吁一俞，非苟然也。

兼弱攻昧

説者謂弱則兼，昧則攻，亂則取，亡則侮，此大不然。聖人之心豈以人之弱而反兼之，亡而反侮之乎？仲虺此言所以戒湯，非稱湯也。仲虺既歷陳桀之罪如此，湯之德如此，則伐桀之舉乃當然爾，何慚之有！凡此者所以慰安成湯之心也。然又恐成湯聞仲虺之言，意謂兵之可不用而例用之，則將有不戢自焚之禍。故又戒之曰：「兼人者必自弱，攻人者必自昧，取人者必自亂，侮人者必自亡。」在湯亦不可不戒也。後世如秦之并吞六國，可謂兼之、攻之、取之、侮之矣，然既得天下，不旋踵而復失，豈非兼人者反弱，攻人者反昧，取人者反亂，侮人者反亡與？知此，斯可以知仲虺之意。

二兵

子舊居橫浦，有二兵焉，一兵老不任事，一兵朴而甚勤。予念朴而勤者終日給侍左右，乃貧而無食也，遂與其二食焉。老不任事者乃朝夕詈之，必使其不敢受乃已。嗚呼！一食之微，無能昏耄之卒尚有妬心焉，况當進賢退不肖之地，欲人之安分也，難矣哉！然則如之何？逐昏耄者以安勤朴者，則吾事辨[一]矣。

敬無定體

敬無定體。平居無事，皆敬也；一念之惡，則非敬矣。

師

師者受人之託，其可自欺哉？自欺則欺人，欺人則欺天矣。

[一]「辨」，原作「辦」，據明萬曆本改。

利善

善者天理也，利者人欲也。舜、蹠之分，特在天理人欲之間而已。然天理明者，雖居利勢之中而不爲人欲所亂；人欲亂者，雖居仁義之中亦無一合於天理者，此又不可不辨。昔廖剛尚書問龜山先生以治心修身之術。先生以舜、蹠一章使剛求之。剛既退，謂先生門人曰：「此亦易曉爾，先生乃以此爲問，何也？」門人曰：「何不以子意之所解者爲先生言之？」剛即入，求見，先生曰：「子何來之數也？」曰：「適先生所問，剛已得之矣。」先生喜曰：「子何其敏也！盍爲我言之。」剛曰：「自早及暮孜孜爲美事者，舜之徒也；自早及暮孜孜爲不美事者，蹠之徒也。」先生曰：「子其詳之，不可忽也。吾正恐子悮以利作善會爾，其慎思之。」剛惘然。利善之難辨如此，吾黨試以此求之，爲善者心平易，爲利者心險巇。

正心

正心以成天下之本，行其正以成天下之務，此堯、舜、三代所以爲盛也。孟子知此理，故有離婁、師曠之説。

道

道非虚無也，日用而已矣。以虚無爲道足以亡國，以日用爲道，則堯、舜、三代之勳業也。

託死生

爲人而不可以託死生，非人也。一日之間變態百出，而欲其不背死也難矣。

君子小人

小人樂聞君子之過，君子惡聞小人之惡。君子、小人各以其氣，故君子喜君子，小人喜小人。君子忠厚，小人刻薄。與小人處，初甚苦之，久則安之。安之而熟則長慮卻顧，吾其爲君子矣，九夷之陋，亦可安也。詩曰：「他山之石，可以攻玉。」

經史

學者苟專意時文，不知研窮經史，則舉業之外叩之空空，亦可恥矣。蓋學經所以正吾心，觀史所以决吾行，安可昧爲不急之務？故前輩謂：「久不以古今灌溉胷次，試引鏡自照，面目必可憎，對人亦語言無味。」正謂此也。

鄭毅夫詩

毅夫云：「野色更無山隔斷，天光直與水相通。」此即干羽無而有苗格，簫韶奏而鳳凰儀，高宗思而傅説夢，成王悟而天反風之意。

檀弓

曾子曰：「其嗟也可去，其謝也可食。」學者欲識中道，試以此求之。

春秋

春秋一經非實録也，其間抑揚予奪，無非王道所寓。如書「翬帥師」「楚子麇卒」之類，皆有深意。且翬，魯國之公子，孔子止書曰翬者，以其不待君父之命，自會齊、鄭以伐宋，此逆亂之賊，非公子所當爲。故孔子削去公子二字，止書曰翬，以見其弑君之心自此而萌，則翬之無君久矣。至楚子麇雖爲靈公所弑，然孔子止書曰卒者，非隱其惡也，以靈公弑父自立，是滅天理者也。當時之人曾不以爲非，如子産之徒反皆有獻焉，則天理至此而掃地矣。孔子謂靈公篡弑之罪後世終不可掩，吾於此止書曰卒者，所以少存天理也。

桓公二年，書「滕子來朝」，説者謂隱公十一年稱侯，今稱子者，爲時王所黜，此大不然。使時王能黜侯爲子，是王法行矣，春秋不作可也。蓋篡弑之賊，乃天下之大惡，凡民罔弗憝者也。今桓公以弟弑兄，以臣弑君，罪固不容於誅矣。滕既不能討，反先鄰國而朝之，是同惡相濟也。故聖人於此削侯稱子，以正其惡。

桓公十五年，經書「鄭伯突出奔蔡。」伯突之奔，祭仲逐之也。聖人不書祭仲而書伯突者，蓋春秋一經澄源正本書也。祭仲逐君之賊，其惡不待貶絶而見，故聖人不書祭仲者，所以微顯也。至於己爲國君不能自保，至爲臣下所逐，可謂不君矣。故聖人特書「鄭伯突出奔蔡」，言其所以出奔者自取之爾，此所謂闡幽也。學者知微顯闡幽之義，則春秋一經思過半矣。

盡心

邵堯夫詩云：「廓然心境大無倫，盡此規模有幾人。我性即天天即性，莫於微處起經綸。」學者欲識盡心之説，當於此求之。

咸以正罔缺

「齊景公田，招虞人以旌，不至。」王良以詭遇而獲禽，雖若丘陵，弗爲。射御且然，況創業之主乎？先王以正啓佑於前，後王猶以不正繼之，況始於不正乎？然何者謂正？蓋以義則正，以利則邪。文、武之爲謨，皆義也，非利也。

歐蘇

歐公之文粹如金玉，東坡之文浩如河、漢，盛矣哉！

學問不可驕人

伊川云：「以富貴驕人，固非美事；以學問驕人，害亦不細。」〔二〕此真格言也。予聞尹彦明從學於伊川，聞見日新。謝顯道謂之曰：「公既有所聞，正如服烏頭，苟無以制之，則藥發而患生矣。」顯道之言誠可爲淺露者之戒！

自用

自用者惡聞其過，用人者樂聞其過。

陳烈怪僻

昔陳烈弔蔡君謨，謂其徒曰：「詩云：『凡民有喪，匍匐救之。』吾與二三子當行古禮。」於是匍匐而入，其家人見之者無不駭愕，君謨匿笑而受弔。好事者因畫爲匍匐圖，

〔二〕原文爲「以富貴驕人者，固不美矣；以學問驕人者，其害豈小哉！」

怪僻如此，謂之合禮，可乎？

國體

爲國家者當識國家之體。惟學精識遠者，則知國體矣。豈惟國家，一郡一邑亦自有體，第識之者鮮爾。

家語父子同訟事

父訟子爲不慈，子抗父爲不孝。慈、孝，天性也，今迷罔如此，豈非上失其道故歟？使不知歸咎于上，而徒懲艾於下，則父子之間仇怨愈深矣。故孔子不加以刑，乃同狴而囚之。蓋以爭訟之初血氣紛亂，雖父子有所不顧。及其同處于幽囚之中，未有不追悔者，故父自然憫其子，子自然憫其父，父子既已相憫，則慈孝之心從此發見矣。此三月之後，其父所以求止其訟，孔子亦從而釋之也。此聖人感移人心之妙，彼季孫輩何足語此！

二林

予聞林懿承云其弟叔豹幼時極昏，懿承深以爲憂。一日與之講書，叔豹忽發笑，懿承怒之，答曰：「某觀聖人之意似不如此。」懿承異其言，今述所見。叔豹舉筆疾書，懿承讀之，驚喜以至感泣。語其母曰：「吾弟如此，無患。」後叔豹軒軼上庠，卒爲名士。以此知人之才固有利鈍，教人者不可以其鈍而弃之，要當啓迪挑撻，使之日漸月化，則雖愚必明矣。

孔子

每讀論語，觀孔子進互鄉，見師冕，與鄉黨一篇，何其雍容如此！及爲魯司寇，少正卯非有顯然可指之惡，一旦誅之於兩觀，尸之於朝三日，又何其嚴肅如此！不如是何以爲孔子！

用明

用明於内者見己之過，用明於外者見人之過。見己之過者視天下皆勝己也，見人之過者視天下皆不如己也，此智愚所以分與！

名節

种放嘗見陳圖南，圖南曰：「子翌旦可復來。」放如期而往，圖南曰：「意謂子有僊風道骨，柰尚隔一塵。一塵謂五百年也。今子在稠人中已穎然，他日必白衣作諫議。然名者，古今之美器，造物者深忌，於天地間無全名。子名將起，或有物敗之，子其戒哉！」放之晚節果如圖南之言，以此知士大夫有名節易，全名節難。

吾無隱乎爾

「天何焉哉？四時行焉，百物生焉。」使天徒頹然在上，何足以爲天？惟其不言而四時行，百物生，故凡春生夏長，根荄枝葉，一皆天理之所寓。孔子於日用間視聽言動，出入起居，無非道之所在。群弟子由而不知，習而不察，所以疑聖人爲隱，故夫子指之曰：「吾無行而不與二三子者，是丘也。」觀是丘之一言，則知夫子平日機用盡於此而决之。當時群弟子自夫子一指之後，皆知用意以觀聖人，故鄉黨所載，上而朝廷，下而衣服飲食，莫不屢書特書者，正謂此爾。

窮達

窮達繫道之興廢，不爲己之貴賤。故有道之士，處窮而不悶。

唯酒無量不及亂

衆人飲酒有量，一或過量則亂矣。唯聖人不拘於量，故多寡皆不及亂。然聖人雖酒醺猶且不亂，平時可知。堯夫詩云：「醺醺未就十分醉，拍拍滿懷都是春。」此正不及亂之意。

三喜

幼喜放，壯喜鬬，老喜憂。

處富貴

真廟朝，向文簡除右僕射。麻下日，李昌武爲翰林學士。當對，上謂之曰：「朕自即位以來，未嘗除僕射，今日以命敏中，此殊命也。敏中應甚喜。」對曰：「臣今日早候對，亦未知宣麻，不知敏中何如。」上曰：「敏中門下，今日賀客必多，卿往觀之。明日卻對來，勿言朕意也。」昌武候丞相歸，乃往見。丞相方謝客，門闌悄然無一人。昌武與向親，徑入見之，徐賀曰：「今日聞降麻，士大夫莫不歡慰，朝野相慶。」公但唯唯。又曰：「自上即位，未嘗除端揆，此非常之命。自非勳德隆重，眷倚殊越，何以至此？」公復唯唯，終不測其意。又歷陳前世爲僕射者，勳勞德業之盛，禮命之重。公亦唯唯，卒無一言。既退，復使人往庖厨中，問今日有無親戚賓客宴會，寂無一人。明日再對，上問：

「昨日見敏中之意何如？」乃具以所見對，上笑曰：「向敏中大耐官職。」且仕宦至宰相，亦可謂極榮矣。文簡處之若無足以動其心者，其所養爲如何？後之學者平時高談闊論，自以謂富貴莫之能動。然有得一官而滿者，有得一薦而滿者，傷哉！

子貢善問

孔門惟子貢最爲善問。如冉有曰：「夫子爲衛君乎？」子貢曰：「諾。吾將問之。」及其入也，不問衛君，乃問齊、夷。夫子告以「求仁而得仁，又何怨？」子貢遂知夫子之不爲。又如子路問：「魯大夫練而杖，禮與？」夫子曰：「不知也。」子路以語子貢，子貢乃不指魯大夫而問，夫子遂答以非禮。觀此可以見子貢之善問。

學文

學文者多忌，學道者多退。退謂退遜。

患難

患難即理也。隨患難之中而爲之計，何有不可？文王囚羑里而演易，若無羑里也；孔子圍陳、蔡而絃歌，若無陳、蔡也。顏子簞食瓢飲而不改其樂，原憲衣敝履穿而聲滿天地下。至夏侯勝居桎梏而談尚書，陸宣公謫忠州而作集驗〔一〕，此無他，若素生患難中而安之也。中庸曰：「君子無入而不自得焉。」其是之謂乎！

惠即吉

惠即吉，逆即凶。非於順道之外復有吉，從逆之外復有凶也。張思叔，伊川高弟也。或問：「人而不仁，疾之已甚，何以謂亂？」思叔曰：「此亂在我，非在彼也。」使日用間規規以疾人爲心，則我之方寸已紊亂矣，非方寸外復有亂也，此即惠吉逆凶之意。

〔一〕明萬曆刻本，「驗」字下有「方」字。

好勝

好勝者常疑人，自勝者常怨人。

魏徵

汲黯之後，魏徵一人而已。然黯無學術，任直而言，惟徵則兼之，故能因機進諫。

是非

己以爲是，衆以爲非；己以爲非，衆以爲是。吾將何從？曰：學而已矣。學而明乎善，則是非不愧於聖人矣。否則，是非皆私心爾。奚擇焉？

學問

孔門學問非徒載之空言，必期見於行事。故子貢問孔子：「有一言而可以終身行之者乎？」孔子告之以「其恕乎！」子貢行此一語，平生銓品之心一旦消殞，至謂「紂之不善不如是之甚」。仲弓問仁，孔子告之以「出門如見大賓，使民如承大祭」。仲弓行此二句，至於可使南面。學云！學云！空言云乎哉！

二重

重名位者矜，重道義者安。

天將以夫子爲木鐸

儀封人一見夫子遽以爲木鐸者，以其見所未見，故驚而爲之語也。

仁義禮智

孟子曰：「仁義禮智根於心，其生色也，睟然見於面，盎於背，施於四體，四體不言而喻。」予有一事可實其説。游定夫訪龜山，龜山曰：「公適從何來？」定夫曰：「某在春風和氣中坐三月而來。」龜山問其所之，乃自明道處來也。試涵泳春風和氣之言，則仁義禮智之人，其發達於聲容色理者，如在吾目中矣。

聖賢氣象

伊川之學自履踐中入，故能深識聖賢氣象。如曰：「孔子元氣也，顏子景星慶雲也，孟子有泰山巖巖氣象。」自非以心體之，安能別白如此？

文正長厚

范文正公歸姑蘇，未至近邑，先投遠狀。或以爲太過，公曰：「維桑與梓，必恭敬止，敢不盡禮乎？」前輩長厚，大抵如此。

横浦日新下

門人郎曄録

王入太室祼

太室者，清廟中央之室。行祼禮於室内者，所以求神於陰也。先王祭祀之禮有求諸陽者，有求諸陰者，有求諸陰陽之間者。凡以祖宗之神無所不在，故孝子之誠亦無所不在。然先王所以知神之所在而求之，在繫辭固嘗言之矣：「仰以觀於天文，俯以察於地理，是故知幽明之故；原始反終，故知死生之説；精氣爲物，游魂爲變，是故知鬼神之情狀。」惟先王深知鬼神之情狀，此事神之際所以如此其精微也。

殿策

子兵火後與元用同舟歸錢塘。元用曰：「子詔曾作殿課否？」予曰：「未也。」元用曰：「廷對問目既多，不可泛答，當立一大意以總括之，庶幾首尾緼屬。」予心識其説，故元用答易數策，則每事以體元用數爲主。予答中興策〔二〕則每事以規模遠大爲上。後聖錫廷對，亦有自反之説。故元用呼聖錫爲嫡孫。

尚友

朋友講習，固天下樂事；不幸獨學，則當尚友古人可也。故讀論語如對孔門聖賢，讀孟子如對孟子，讀杜子美詩、蘇文，則又凝神靜慮，如目擊二公。如此用心，雖生千載之下，可以見千載人矣。

〔二〕答中興策即横浦文集中狀元策。

中

子思曰：「喜怒哀樂未發之謂中。」若曰不發，是無喜怒哀樂也；若曰已發，此乃和爾，亦非中也。惟言未發，所以見子思之精微。

杜詩

「色侵書帙淨，陰過酒尊涼。」讀此二句，不問已知爲竹詩。子美過人，正以此爾。

吕居仁詩

春日即事云：「雪消池館初春後，人倚欄干欲暮時。」此自可入畫。人之情意、物之容態，二句盡之。

慎獨

一念之善，則天神地示、祥風和氣皆在于此；一念之惡，則妖星癘鬼、凶荒札瘥皆在于此，是以君子慎其獨。

子貢銓品

家語弟子行篇見子貢銓品諸子，以對衛彌牟之問。其對既畢，曰：「凡此諸子，賜之所親覩者也。吾子有命而訊賜，賜也，固不足以知賢。」觀其「不足以知賢」一語，靄然如春風和氣，此豈無自而然？蓋子貢平日好方人，孔子嘗警之曰：「賜也，賢乎哉？夫我則不暇。」子貢得此一語，銓品之心頓然消殞。故始也，彌牟問之，則對以不知；中也，問之再三，然後舉數子以對；終也，則繼之以「固不足以知賢」。其言温晏如此，皆夫子一警之力也。

鄭公座屏

富鄭公年八十，大書座屏云：「守口如瓶，防意如城。」在公尚然，況他人乎？

謝靈運詩

靈運有「池塘生春草」之句，自謂神授。此固佳句，然亦人所能道者。第以靈運平日好彫琢，此句得之自然，故以爲奇爾。

孝文之治

漢哀帝時，王嘉上疏曰：「孝文時，吏居官者，或長子孫以官爲氏，倉氏、庫氏，則倉庫吏之後也。其二千石長史亦安官樂職，然後上下相望，莫有苟且之意。」觀此數語，可以想見孝文之治。

至喜亭記

予聞陳伯修云：「歐公畫錦堂記，無賢愚，皆知其美。若至喜亭記，自非具眼目者，未易知也。」

五代史

歐公五代史，其間議論多感歎，又多設疑。蓋感歎則動人，設疑則意廣，此作文之法也。

逆己之言

喜逆己之言，則怨消於冥冥，惡逆己之言，則禍成於不測。

學

君子之學豈志在取一第、效一官而已？飲食起居，皆宰相事業也。

涵泳

文字有眼目處，當涵泳之，使書味存于胷中則益矣。韓子曰「沉浸醲郁，含英咀華」，正謂此也。

陽必有陰

陽必有陰，晝必有夜，有君子必有小人，有中國必有夷狄，此自然理也。以此推之，何物不然？惟有道者能造化之，使不爲深害爾。

見賢思齊

賢、不肖，人所共見，惟孔子因見賢則轉爲思齊之説。吾能思齊則反求諸己，凡所未至無不爲矣；因見不肖，則轉爲自省之説。吾能自省，則反求諸己，凡類此者無不去矣。此聖人轉移之妙，不可不察。

語孟

六經之書浩博而難窮，故讀易者如無春秋，讀書者如無詩。學者莫若精語、孟，語、孟中得趣，則六經皆可觸類而知矣。

心

人皆有此心，何識之者少也？儻私智消亡，則此心見矣。此心見，則入孔子絶四之境矣。

君子

與君子處如在春風中，和氣漸漬，則鄙倍自遠，而粹然無疵矣。

大節

觀大節必於細事，觀朝廷必於平日。平日趨利避害，他日必欺君賣國矣；平日負約失期，他日必附下罔上矣。

讀書貴精

山谷答王觀復書云：「所示詩文皆興寄高遠，但語生硬不諧律呂，或詞氣不逮初造意時，此病亦只是讀書未精博爾。」以此知讀書雖貴博，然博而不精，亦無益也。

子西内前行

徽廟朝，張無盡當軸，是夕彗星滅，久旱而雨。唐子西作内前行，一時傳誦。其詩云：「内前車馬撥不開，文德殿下宣麻回。紫微侍郎拜右相，中使押赴文昌臺。旄頭昨夜光照牖，是夕鋒芒如秃帚。明日化爲甘雨來，宅家化作調元手。周公禮樂未要作，致身姚宋亦不惡。我聞二公拜相年，民間米斗三四錢。」

犀帶

予家舊畜犀帶一胯，文理縝密，中有一月影，遇望則見。蓋犀牛望月之久，故感其影於角。物之感移尚然，况人乎！

聖人作服

聖人作服必以日月、星辰、山龍、華虫作繪。宗彝、藻火、粉米、黼黻、絺繡者，豈徒然哉？所以通天地萬物爲一體也。

畫像

子謫嶺下，居無與游，憂過之不聞，學之不進也。乃於書室中置夫子、顔子像。適有淵明、曲江、萊公、富鄭公、韓魏公、歐公、温公、余襄公、邵堯夫、二蘇、梁况之、王顔霖、范淳夫、鄒志完、劉器之、龔彦和、陳瑩中、黄魯直、秦少游、晁無咎、張文潛諸畫像，乃環列于夫子左右。晨朝焚香瞻敬，心志肅然，其所得多矣。有一毫愧心，其見諸人也，若市朝之撻矣。

臺諫

介甫作諫臣論，謂「不當以卑言尊，以賤言貴」。大意欲行新法，故爲此説，以塞絶言路。至東坡作萬言書則曰：「姦臣之始，以臺諫折之而有餘；及其既成，以干戈取之而不足。」觀此可見二公之存心。

爲善

君子爲善期於無愧而已，非可責報於天也。苟有一毫覬望之心，則所存已不正矣，雖善猶利也。

氣

士大夫以氣爲主。氣一不振，則阿匼苟容，無不爲矣。

四不如

巧不如拙，明不如晦，動不如靜，進不如退。

春秋

近世春秋之學，伊川開其端，劉質夫廣其意，至胡文定而其説大明。

士風

習俗軟媚，此士風之大弊。

匿疑

顔子有若無，實若虚。况實無而虚者，其可匿疑以自欺乎？

觀史之法

如看唐朝事，則若身預其中，人主情性如何？所命相如何？當時在朝士大夫孰爲君子？孰爲小人？其處事孰爲當？孰爲否？皆令胷次曉然，可以口講而指畫，則機會圓熟，他日臨事必過人矣。凡前古可喜、可愕之事，皆當蓄之於心，以此發之筆下，則文章不爲空言矣。

易

易言吉凶悔吝之類，皆理也，非事也。天下雖未有此事，聖人已知有此理矣，故逆推之以示後世。

需[一]

「九五，需于酒食，貞吉。」需卦二體，乾下坎上，是乾之剛健遇險而未能進，故「需，須也」。今九五居至尊之位而息于險難，故曰「需于酒食」。蓋酒食宴樂，雍容之象也，言人君處險難之際正宜寬以待之，不當以驚憂自沮。如唐文宗當積弊之後，每朝群臣則泣下霑襟，魂飛氣索，此不知「酒食」之義也。

〔一〕論易以下諸条卦名爲編者所加。

比

「舍逆取順，失前禽也。」漢高祖有平城之圍，卒忍恥不報，此知「失前禽」之義也。唐太宗既平諸國，復親事遼東，謂之「舍逆取順」，可乎？

小畜

小畜初九言「復自道」，是一觸乎心，無非在道。此所謂「安而行之」也。九二言「牽復，吉」。則有勉强之意，已不若初九之自然，如顏子不貳過是也。

謙

「謙尊而光，卑而不可踰。」謙之爲德，無所不亨，故尊而能謙，則光大；卑而能謙，雖至下亦不可踰也。

「六二，鳴謙，貞吉。」謙德存諸中，凡發於言辭者，亦無非謙也。如孔子曰：「若聖與仁，則吾豈敢？」又曰：「吾何執？執御乎？執射乎？吾執御矣。」此皆「鳴謙」之義。

大有

大有一卦，乾下離上，「柔得尊位」之時。求之古人，如漢文帝是也。吴王不朝，賜之几杖；尉他稱帝，召貴其兄弟；張武受賂，賜以金錢。此皆以柔居尊之義。

豫

豫卦當上下悅豫之時，喪名失節者多。惟六〔一〕二一爻，介然如石，是不爲豫所動也，孔子所以稱其知幾。

〔一〕「六」，原作「九」，據周易豫卦改。

夬

「健而説，決而和」，不欲太猛故也。學中有一人作健而説義，破題云「君子有勝小人之道，而無勝小人之心」，極佳。

「居德則忌」，君子雖有德，當自韜晦，不可以德自居。儻自居其德，則小人必見忌。

「壯于前趾」，蓋初九應九四，立足既固，然後往可也。不然則外爻乃兑説，反爲小人以柔言貽禍矣，故言「壯于前趾」。趾，足也。

「惕號，莫夜有戎，勿恤。」莫夜，陰也。戎，小人也。有小人勿恤，當決去之。卦才言「健而説，決而和」。而爻言「勿恤」，與卦才異，此又不可以一概論。

咸

「咸其腓，凶，居吉。」六二，臣爻也。今以陰在下而應於五，故聖人有咸腓之戒。腓行則先動，人臣不守道以待上之求，而如腓自動，則失於躁進，非咸感之道也，安得不凶？惟安其居，則所感不失其正，故曰吉。求之古人，如伊尹耕于莘野，而成湯聘；傅說築于傅巖，而高宗夢；太公釣于渭，而文王訪。此正咸感之道也。

詩

古人作詩，所以吟詠情性，如三百篇是也。後之作者往往務爲艱深之辭，若出於不得已而爲之者，非古人吟詠之意也。

文選謝宣遠戲馬臺詩，造語雖工，然已不及建安七子有正氣矣。如「輕霞冠秋日，迅商薄清穹」，豈曰不工？何如子建云：「明月澄清景，列宿正參差。」

宣遠詠張子房詩有：「息肩纏民思，靈鑒集朱光。伊人感代工，聿來扶興王。」又曰：「爵仇建蕭宰，定都護儲皇。」又曰：「鑾旍歷頹寢，飭象薦嘉嘗。」「殯和忘微遠，延首詠太康。」此等詩句皆刻畫，殊無三百篇風致。

顔延年詩最平易，至應詔詩，乃作梗澁語，略無風雅，豈以謂應詔當如此耶？如北湖田收詩云：「帝暉膺順動，清蹕巡廣廛。」又云：「開冬睿徂物，殘粹盈化先。」又云：

「自饗報嘉歲，通急戒無年。」此何等語也？迄至于今，此體猶在。謝元暉遊東田詩曰：「魚戲新荷動，鳥散餘花落。」情辭閒暇，佳句也。王仲宣贈蔡薦有「瞻望遐路，允企伊佇」。又有「雖則追慕，予思罔宣。瞻望東路，慘愴增歎」之語，又有「中心孔悼，涕泗漣洏，嗟爾君子，如何勿思」之語。大有變風之思，雜之衛詩中，何有不可？

劉公幹贈從弟二詩興寄幽雅，有國風餘法。

嵇叔夜送秀才入軍詩閑雅俊豫，有古詩人之風。如「良馬既閑，麗服有暉」。又如「習習谷風，吹我素琴。膠膠黄鳥，鶴疇弄音」。又如「思我良朋，如渴如飢；願言不獲，愴矣其悲」之句，想見其風致。

沈休文詠湖中鴈云：「嗅流牽弱藻，斂翮帶餘霜。群動浮輕浪，單泛逐孤光。懸飛竟不下，亂起未成行。刷羽同摇漾，一舉還故鄉。」其形容物態如此，亦巧妙矣。

文字雕琢，則傷正氣，作詩亦然。如陶靖節云：「採菊東籬下，悠然見南山。山氣日夕佳，飛鳥相與還。此中有真意，欲辨已忘言。」此真得三百篇之遺意。

予友施彥執，讀杜詩至「風吹客衣日杲杲，樹攪離思花冥冥」而有得。子讀毛詩至「絺兮綌兮，淒其以風」而有得。

諸史

秦始皇用王翦將兵伐楚，翦請田宅甚衆。或者非之，翦曰：「王怛中而不信人。今空國中之甲士，盡以委我，儻不多請田宅爲子孫業，則王疑我矣。」

君臣至於此，衰世之風也。君不信其臣，故以術而御其臣；臣不信其君，故以術而防其君。君臣上下，無非以術相與，欲其終始無間，難矣！然當此時，三綱五常既以淪斁，使秦皇不疑其臣，則臣下必移其權；使王翦不防其君，則後日必被其禍。君臣之風喪，至此，天下可知矣。

漢哀帝時，給事中申咸毀薛宣爲不忠孝。宣子况爲右曹，數聞其語，遂令刺客楊明創咸面目，使不居位。明於是遮斫咸於宮門外，斷鼻唇，身八創。事下有司，御史中丞衆等

奏：「況知咸給事中，而公然令明迫切宫闕，創戮近臣於大道中。況首爲惡，明手傷，皆大不敬。明當以重論，及況皆弃市。」至廷尉，則議以爲：「律曰：『鬭以刃傷人，完爲城旦，其賊加罪一等，與謀者同罪。』況本爭私變，雖於掖門外傷咸道中，與凡民爭鬭無異。殺人者死，傷人者刑。」以爲今以況與明爲大不敬陷罪，恐非法意。

以予觀之，當取中丞而去廷尉，可也。何以言之？天下之事，當論其大而弃其小，當論其公而弃其私，非可常法拘也。禮曰：「以足蹙路馬芻，有誅。齒路馬，有誅。」夫路馬，天子之馬也。以足蹙其所食之草尚有誅，問馬之年亦有誅，況君之近臣乎？賈誼策曰：「『欲投鼠而忌器』，此善諭也。鼠近於器，尚憚不投，恐傷其器，況於貴臣之近主乎？」今申咸近臣也，近天子之臣猶且傷之，則何所不爲耶？中丞之議，真得其大者與公道也，此法外之意也。廷尉特守法之官耳，豈知所謂法外意乎？

晉王澄乃王敦之兄也。澄因以舊意侮敦，敦怒，使人殺之。

人徒見敦當元帝之世，在外擁强兵，内脅天子，始謂敦有無君之心。予獨於殺澄之際，已見其叛逆之兆。蓋平居忘其親，則他日必叛其君。今兄弟間以區區細故，遽執而殺之，敦之殘忍如此，卒死於叛逆，蓋無足怪！

當蘇峻之亂，温嶠遣使詣荊州，邀陶侃討賊。侃以不預顧命爲恨，不從。嶠屢以書督之，雖勉强進討，然欲歸荊州者屢焉。

方元帝之世，侃猶能起兵赴難。及王敦既死，侃有輕朝廷之心，故聞蘇峻之亂，不知與國同憂，乃以不預顧命爲恨。且人臣事君，要當有死無貳，豈可預顧命則盡臣節，不預顧命則坐視成敗？不忠之罪，孰大於此。

後趙王勒遣使詣涼州，拜張駿爲涼州牧，加九錫。駿恥爲勒臣，遂執其使而不遣。勒怒，發兵攻涼州。駿懼，稱藩。

張駿執石勒之使，是速禍而樹兵也。且勒雖出於夷狄，然亦姦雄之尤者。爲駿之計，莫若厚禮其使而遣之，且告勒曰：「向之所以稱藩前趙者，蓋以劉曜暴虐無道，專事殺伐，故不得不爲此，以息州境之民。今王誅滅祖約之族，以爲人臣不忠之戒，此與漢高祖戮丁公何異？豈劉曜輩可同日語哉！況某既爲晉臣，復受趙命，是蹈祖約之覆車，且懷貳心以事上也。爲人臣而懷貳心，亦王之所惡也。願王察之。」如此，則勒必喜，庶幾可以緩其師，而徐爲之謀。今計不出此，乃更執其使，此其所以致寇也。

庾亮欲移鎮石城，興兵討趙。王導許之，郗鑒、蔡謨等皆以爲不可。

晉以寡弱之師，一旦討强暴之寇，是無異驅群羊以攻猛虎，不格明矣。使王導不知利害，則導爲不智；知而許之，則導爲不忠。不智、不忠，何以爲導？予切料其意，蓋當是時，導與庾亮有隙，亮欲起兵以廢導。於此復沮其謀，適所以激彼之怒。故不若陽且許之，以快其情；陰使郗鑒等拒之，以絶其議。此乃君子之待小人，不得不然爾。觀史者，當逆其意可也。

王猛捫虱。

王猛可謂豪傑之士矣。方桓温入關，擁兵十萬，頤指氣使，人誰不服慄者？猛乃披褐見之，捫虱而談當世之務，旁若無人。每讀史至此，雖未見猛之智謀如何，施設如何，然當踞見温之際，固已氣蓋天下矣！使温能引猛以渡江東，則温之功有過於取關中矣。惜乎！温不及此。

燕吴王垂娶末杯女段氏，自以貴姓，不尊事可足渾后。后銜之，因誣以巫蠱，欲以連汙垂。燕主收段氏下廷尉考驗，段氏志氣確然，終無撓辭，掠治日急，辨答益明。故垂得免禍，而段氏竟死於獄。

段氏處幽囚之中，鞭笞箠楚，無所不至，卒無撓辭，以脱其夫，其勁氣亦可喜矣！然與其守節義於廷尉之前，孰若謹婦道於闈門之内乎？

燕泰山太守賈堅屯山茌，荀羨引兵擊之，遂擒堅。羨謂堅曰：「君父祖世爲晉臣，柰何背本不降？」堅曰：「既已事人，安可改節？君何忽忽相謂降乎？」卒罵羨而死。

管仲不死子糾之難，復委己以事桓公。春秋不非之、後世不罪之者，以其始雖非義，終能徙義也。賈堅世爲晉臣，既淪陷夷狄，今荀羨引兵擊之，正堅徙義之秋，固宜倒戈以迎晉師，庶幾無忝父祖。奈何反爲夷狄守節，卒罵羨而死？是知死，而不知所以處死也。烏可取哉！

王猛與大將鄧羌伐燕。羌之部將徐成犯法，猛欲誅成，羌請之，不從。羌怒，遂勒兵欲攻猛。猛急語之曰：「將軍止，吾恕成矣。」猛卒不殺成。將與燕戰，羌預求司隸校尉，猛拒之。至兩軍交鋒，羌乃高卧帳中，猛躬請之，且許以校尉，羌乃出戰。賴以破燕。

欲成大事必先小忍，故書曰：「必有忍，其乃有濟。」韓信自立爲假王，高祖因躡足而遂封之，此高帝之小忍也，故卒賴信以滅楚；吴王稱疾不朝，文帝不之罪，反賜以几杖，此文帝之小忍也，故終文帝之世，無諸侯之患；及景帝不勝其忿，用晁錯策，削列侯地，於是東南七國皆合兵以嚮京師，海内騷然，幾有不測之禍，此不小忍之過也。以至元帝不能小忍，故用刀協、劉隗，以促王敦之亂；庾亮不能小忍，故妄生猜忌，以促蘇峻之亂。今鄧羌以一部將，遽勒兵攻猛；兵未及戰，復求校尉，此皆人情所難忍者，惟猛能容之，故卒得其死力，以濟大功。不然，則禍起蕭牆矣，况滅燕乎！

李密與王世充戰，使邴元真守洛口。密兵敗，元真以城降世充。

方元真爲縣吏，以坐贓罷，則今日之降城，不足怪也！蓋贓吏之心，所主在利，見利則趨，利盡則逝。始也，利在李密，故事密；密兵既敗，則利在世充，故降世充。心乎爲利而已，豈知有主哉！

李密據洛口倉，流民就食，日以萬數。

隋失其鹿，豪桀並起而逐之。李密據洛口，王世充據東都，竇建德據山東，以至蕭銑、薛軌之徒，莫不各據險要，以爭進取。惟唐高祖用秦王策，獨決計入關。關中既定，遂尊立代王，以號令天下；除隋苛法，以陰結民心，收攬豪桀，以經營四方，則天下之柄已在唐掌握中矣。彼李密輩，雖横鶩於外，果何益哉！

劉武周兵勢甚鋭，關中震駭。上出手敕曰：「賊勢如此，難與爭鋒。宜棄大河以東，謹守關西而已。」秦王世民上表請行。

高祖可謂謬而無策矣！且唐所以能守關西者，以河東爲之障蔽也。今舉而棄之，則賊兵深入，是棄關西也，豈不謬哉！以此推之，高祖之取天下，賴有世民爾。不然，事未可知也。

李密乞降，上遣使迎勞，不絶於道。密大喜，謂其徒曰：「我擁百萬之衆，一朝解甲歸唐，其功大矣。唐豈不以一台司見處乎？」

李密謀叛之兆已見於此。蓋密既爲世充所敗，窮困來歸，正宜深自貶抑，以降者自處，可也。今乃恃其歸國之功，望以台司見處，設心已如此。使唐之待李密稍不如望，則忿怨生矣。此其所以卒叛也。

齊王元吉勸太子建成除秦王，曰：「當爲兄手刃之。」

世民之於元吉初未嘗以非理犯之，何爲遽至於此？蓋元吉包藏禍心，欲取建成以代東宫。其所忌者，獨世民爾。既去〔二〕世民，則事在元吉，以之圖建成，無不可者。是其欲去世民，乃所以去建成爾。

太宗納元吉妻于後宫，欲立爲后，魏證固諫而止。

嗚呼！太宗所爲如此，其瀆人倫甚矣！故後世子孫，則而象之。如高宗則以武氏爲后，明皇則以兒婦爲妃者，皆太宗有以啓之也。唐無家法，於此可見。

〔二〕「去」，原作「云」，據明萬曆本改。

附録

附録一

張九成佚文十一則

祭陳唯室文[一]

嗚呼，道之不明也久矣！言是道者雖多，而躬行者十不見其一二也；行是道者雖多，而知之者百不見其一二也。昔余遠竄，履艱難飽憂患，炯然若有知也，萬里歸來，莫與對談，尚有望于吾友也。吾友乃遽至於此，嗚呼，悲哉！死生常理，亦奚足悲？獨悵斯世之莫余知也。此余之所以悲也。有酒在尊，有肉在俎，庶吾友之或臨也。

[一] 收録於宋陳長方所撰唯室集，第五卷，四庫全書本。

昆山縣重修學記[一]

通直郎知平江府昆山縣事程公沂詠之，文簡公之曾孫，伊川先生之姪孫也。紹興二十八年七月十二日作書抵余曰：「沂聞爲政，莫先於教化，教化莫先于興學。吾邑有學，卑陋不治，甚不稱朝廷所以尊儒重道之意。學門之外有社壇，齋廳掩蔽於前，氣象不舒。沂乃移於社壇之西，闢其門牆，廣袤十餘丈，又以東隅建學外門，周植槐柳，增崇殿門，營治齋宇，氣象宏偉，殿堂齋廡，鼎鼎一新。遇月旦則率縣官詣學，請主學者分講六經，與諸生環坐堂上以聽焉。時知府事待制蔣公名其堂曰『致道』，並書學榜以寵賁之。」嗚呼！可謂盛矣。又曰：「先生昔學于大儒，其所見聞非俗儒比。願以其所聞者明告於我，我將有以大之。」

余曰：「吾老矣，久抱末疾，舊學荒落，顧何以副子之請。雖然，不可以虚辱也。輒

[一] 收録於紹定吴郡志第四卷。吴郡志纂者於此篇前云：「吴郡自古爲衣冠之藪，中興以來應舉之士倍承平時。後五縣皆興學，然其盛衰則系令之賢否。紹興間程沂爲昆山令，重修學，張九成作記。或謂九成托此以諷，遂不入石，集中亦不載，比訪得之附於後。」

以聞於師者以告左右，左右其擇焉。竊嘗以謂學者當以孔子爲師，以孔子爲師，當學孔子之學。孔子之學非爲博物洽聞、絺章繢句、高自標置、視四海爲無人，攘臂而言曰：『吾仕宦當至將相，吾富貴當歸故鄉，吾當記三篋於渡河，賦萬言于倚馬。』此正俗儒之學，孔子之學乃不如是。當熟誦孔子『若聖與仁則吾豈敢』之説，子夏掬溜播灑之説，孟子徐行後長者之説，以求孔子之心可也，是謂孔子之學。若乃學如馬融，如陸淳，博如許敬宗，文如班固，如柳子厚，亦可矣，而依梁冀，而助武氏，而事竇憲，而附王叔文，此吾儕之所羞道，而孔門之罪人也。詠之以爲如何？如其不然，當明以教我。」

赤兔荒洞銘〔二〕

聞吴錢塘侯全琮受封之後，隱居赤兔洞岩北麓。南巔爲書院，洞口爲肅兔亭，隴頭爲寶文塔。日夕躬耕蕣稼，以育赤兔十餘，隨娱自絜。遇人勿爲禮，人以禮加，則大歎曰：「是何網我也！」人競怪之。亡何四方學士咸集，人益異焉，觀者接踵。忽且飄

〔二〕收録於清談遷所撰海昌外志輿地志，四庫存目叢書影印浙江圖書館藏清抄本，史部第212册，第472頁。

然，舍其居塔亭院，引兔而去。追者如雲而馭，弗可返矣，洞跡用泯。俛惟先唐李氏昆季，倡明白鹿日有聲。予慕侯風，不遠數百里而來，志將莫之而會，莫之逢也。嗟吁長歎，銘曰：

不貴異物，惟彼異言。龜龍麟鳳，氣數罔愆。感物而動，哲人用權。嗟子曠世，辟地靈泉。四顧荒落，一日長煙。訪跡考老，侯兔登仙。兵鋒屢及，巢窟洞天。胡然天也，余彼後先。與物俱化，予志則然。有形弗踐，無像達玄。徵心于石，俟啟明賢。

別宗杲〔一〕

相別十七年，其間無不有。今朝忽相見，對面成老醜。人生大夢耳，是非安足究。欲敘惓惓懷，老大慵開口。公作湖南行，我赴永嘉守。重別是今日，南北又奔走。已歃相過盟，長沙不宜久。

〔一〕收録於釋祖詠等編大慧普覺禪師年譜，宋人年譜叢刊影印宋寶佑元年（1253年）刻本，北京圖書館出版社1999年出版，第22册，第426頁。本文作於紹興二十六年（1156年）。

題靈泉井〔二〕

高僧超物外，有戶晝常扃。海闊如天大，泉甘識地靈。一簾春月靜，半點越山青。便作歸歟計，移文休勒銘。

祭文〔三〕

洪皓卒，柩過南安，九成爲之祭文：

「維某年日月，具官某謹以清酌之奠，昭告於某官之靈。嗚呼哀哉！伏惟尚饗。」

其情旨哀愴，乃過於詞，前人未有此格也。

〔二〕收録於宋潛説友所編咸淳臨安志卷八十五寺觀十一，中國方志叢書影印清道光十年（1830年）刻本，第848頁。

〔三〕收録於宋洪邁所撰容齋隨筆卷一五。

頌一首〔二〕

春天夜月一聲蛙，撞破虚空共一家。正恁麼時誰會得，嶺頭脚痛有玄沙。

喻彌陀塔銘〔三〕

錢塘喻氏子生不茹葷，少好畫，學吴道子，臻其能，後專畫阿彌陀佛。無爲子楊次公喜之，呼爲喻彌陀，世因以稱焉。

年三十五歲，棄家學佛，名思淨。初禮開化定公爲師，次依靈芝照公祝發。二公皆有戒行，而師所志甚遠，不自以爲足也。即北城之外僦舍飯僧，期以百萬，日持鉢乞食，不避寒暑，心念精一，人天歸焉。不爲經藏，爲毗盧大閣，百鏡四垂，互相攝入，莊嚴雄飾，儼若天宫。庖湢井廁，莫不備具。郡移妙行院額以旌其勤。屬方臘、陳通之亂，煨燼

〔二〕收録於明吴之鯨所撰武林梵志第八卷。
〔三〕收録於明吴之鯨所撰武林梵志第四卷。

之餘，妙行巋然獨存，蓋雖賊不敢犯也。至金人入寇，始焚之。腊之來也，師徑造賊壘，願以一身代一城之命。誠心感動，賊悚然爲之少戢。每賊退，師輒收聚遺骸，大作佛事，香花熏沐，冢而藏之。其志堅確，表裏如一，積久純熟，不見間斷。至於隨機響答，自然殊勝。有部使者問：「師能畫彌陀，何不參問？」師即答曰：「平生只解畫彌陀，不解參禪可奈何。幸有五湖風月在，太平何用動干戈？」師爲兒時，游西湖多寶山，輒作念曰：異時當鐫此爲佛。其後遂爲「彌勒之像，欲及百尺，使水陸往來，得以瞻仰。門下侍郎薛公問：彌勒見在天宮，爲諸天説法。公于此鐫頑石，將奚以爲？」師曰：「咄哉頑石頭，全憑巧匠修。只今彌勒佛，莫待下生求。」其他發揚應接，往往如是。嘗以般若心經句爲一頌，其所自得，蓋不可以常法論也。

紹興七年十一月二十四日，趺坐而逝，年七十。其徒葬於院之法堂之右。前此僧有夢窣堵坡墜於地者，有夢白龍升天者，有夢衆神禮辭者。噫！此豈常人也哉？度弟子二百八十一人，師常以院宇未復爲念。既而弟子行超以判府丞相吕公之命，甲乙相繼主院事，行蹈建大藏水陸堂，行速建僧堂二十間，行全建法堂方丈，巍峨蔽虧，觀者動心，其盛矣哉！

余錢塘人也，知師爲詳，竊嘗悲學佛者比比，而務實者何其寡也？學律者以變古爲長，學教者以好勝爲務，學禪者以破戒爲通，其失佛意甚矣！而師惟實是務，不事虚飾，搏空手齋三百萬僧，架空地爲大刹宇，鑿空山爲佛，誓以有成。不自有其善，不自矜其能，故人無不信者，兹可尚也已。行全來請銘，銘曰：

大道不明，誰辨西東，卑者眩俗，高者譚空，課其實效，繫影捕風。
偉哉法師，唯實是務，飯無量僧，建大刹宇，捐軀贖命，指石爲佛。
厥志未已，厥身已没，誓千百生，終底其成。粤有法子，克肖其父，
殿堂樓閣，庖湢廊廡，後先出没，爲一佛土，咨爾子孫，勿墜其緒。

汪玉山讀龍川志引張九成語〔一〕

無垢昔與某言：「古人行事，信其大節，小疵當弗論。往往有曲折，人不能盡知者。如寇公正直聞天下，豈肯向人求官者？歐陽公志王文正墓，言其從公求使相，若此之類，

〔一〕收録於宋元學案横浦學案。

慎言之。」予聞宋子京爲晏臨淄門下士，而草晏公罷相制多貶辭。及讀龍川别志，悚然自失，乃知别有曲折，無垢之言益信。

王深甯困學紀聞引張九成語[一]

孝經引詩十，引書一，張子韶云：「多與詩、書意不相類，直取聖人之意而用之。是六經與聖人合，非聖人合六經也。六經即聖人之心，隨其所用，皆切事理。」

答何中丞伯壽書（其一）[二]

九成忽葉老親，此心痛割，欲死無路。四月十四奄經百日，顧此冤苦，無所舒豁。徑山老人道眼明徹，超然在生死之表，而一衆凡千七百人，皆不爲名聞，精心學道。宜飯此處，可以少慰先考之心。

[一] 收録於宋元學案横浦學案。
[二] 收録於大慧普覺禪師年譜第一卷。

答何中丞伯壽書（其二）[一]

人天寶鑒中引張九成答中丞何壽書，云：

九成與徑山往還太熟，抑亦有由。按諸故事，裴公休之[二]師黄檗，韓退之之師大顛，李習之之師藥山，白樂天之師鳥窠，楊大年之師廣惠，李和文之師慈照，東坡之師照覺，山谷之師晦堂，無盡之師兜率，抑豈與夫老嫗頭陁念南無洗廁籌等邪？徑山心地，一死生，窮物理，至於倜儻好義，有士夫難及者。天日在上，安可誣也？若好交名士，欲以吾儕取重於世者，此盜賊之所爲爾，而謂斯人爲之乎？既蒙警誨，自當稟承蓄凝於心。非平昔受知門下，輒倒胸中盡布左右，惟高明察之。

[一] 收録於人天寶鑒，續藏經一四八册，第54頁。
[二] 「之」，原作「乎」字，據文義改。

附録二

横浦先生家傳　張榕

公諱九成，字子韶，姓張氏。其先涿郡范陽人，篤孝至行，爲親複讎，時號孝子張家者，即公四世祖，檢校少保公藏英也。後徙開封。曾大父鑑，樞密直學士，工部侍郎。忠節表著，處勳臣二百四人中，尤大彰明。大父士壽，辭密學資蔭以授其次。窮泉石之勝，名利殊不屑意。樂錢塘湖山，因家焉。風度凝遠，精采秀發，元祐諸公守是邦，必造廬請交。父仲，贈右朝議大夫。少有大志，卓犖不羈，貧無資用，而賙人之急，雖解衣推食，弗憚也。生平恥言人過，樂誘以善道，鄉曲無少長，皆愛慕欣欣焉。晦德隱居，才用弗究。

公夙學天成，八歲默誦六經，通大指。朝議公積書坐傍，命客就試，或以經疑問難，公對答如響，且置卷斂衽曰：「精粗本末無二致，勿謂區區紙上語不足多，下學上達，某敢以聖言爲法。」辭氣不群，出人意表。諸老先生驚歎曰：「真奇童子也！」十歲擅文，時儕稱雄。十四遊郡庠，閉閤終日，寒折膠，暑爍金，不越户限。比舍生穴隙以視，則斂膝危坐，對寘大編，服膺匪懈，若與神明爲伍。乃更相敬服而師尊之。

宣和間游京師，杖策陪後乘者皆英流。公以經學魁薦從游，偕書貢于朝，時人榮之。楊龜山諸公講明大道，名重天下，聞公行誼，相與締交。時權要者威焰煽焯，知天下學士姗已，欲賓禮名流以自文。藉館閣厚幣致辭曰：「惠然肯來，當剡奏以臺閣相處。非惟禄及其親，而顯榮可立致。」公笑曰：「此言何爲至哉？王良羞與嬖奚乘，平日立身行己，廼爲今日貴游客耶？」館閣公縮恧而退。家儲無儋石，節操愈固，激衰立懦，爲世師表。

紹興庚戌，南宫校進士，士率狃舊習，破碎大道，惟公粹然出於正，遂裒然爲舉首。程文未刊，人皆口傳以熟，文風爲之丕變。時上圖中興，樂聞嘉言。公射策集英殿，曆論成敗興衰之理。且謂「要當以剛大爲心，毋遽以驚憂自沮。」其言宵人近習之不可邇，旨意切直。聖心感動，曰：「忠鯁可嘉，宜擢寘第一。」龜山貽書亦云：「廷對自更科以來未之有，非剛大之氣，不爲得喪回屈，不能爲也。」三復欽歎。以升甲，恩授宣教郎。

策言僞豫比之狐狸、鴟鴞。或傳以示豫，豫不勝忿，牓之康莊手劒以屬刺客，衆爲寒心。公曰：「欺天罔人，惡積禍稔，殆自斃矣。」後因陛對，上語之曰：「逆豫牓卿廷策，謀以致害，非卿有守，豈能獨立不懼！」故制詞有「逆賊聞風而竦懼」之語。僉判鎮東軍。公宿於簽廳，究心吏事，胥曹建白不能有所欺。嘗大書屋壁曰：「此身苟一日之閑，百姓罹無涯之苦。」浙東諸郡民訟有不決者，皆訴之監司，丐以授公，因言公「明敏無蔽，平反爲多。」時朝廷責成州縣，遣宣諭究察官吏。上親書功過，曆以授之。浙東宣諭朱御史異奏公治最，蒙恩職事修舉，轉奉議郎。任滿，許陛見，公力請于朝曰：「郡政皆守貳與掾屬簽議，某何功之有？」再辭不允。

民冒醝禁，事連旁郡。時禁令峻嚴，監司藉以督過，支連亡已〔一〕。府帥屬吏明知無辜，

〔一〕「亡已」，或爲「無已」。

莫敢辨析。公獨謂使者曰：「當坐者數人，餘家良民，遠處數百里外，若盡欲追繫，苛擾甚矣。」監司公曰：「彼首冒近制，必峻法以戒將來。」公曰：「朝廷立法以制姦宄。倘有觀望，使無辜例陷於罪，非惟某所不忍，亦非使君所樂爲。」監司公怒形於色，辭旨侵公。同僚履跗使從，公曰：「事不可行，豈宜苟徇？」即投檄而歸。

學士大夫聞公歸海昌，簦笈雲集，千里而遥。公遜辭而不獲，乃與言曰：「夫人幼而學之，壯而欲行之。大學平天下之道自格物入，夫子不逾矩之道自志學入。一心之所營，即經綸天下之業；一身之所履，即綏定國家之事。耳目乃禮樂之原，其可弗正？夢寐乃居處之驗，其可弗思？諸君曷亦深求而自得之，以無愧所學。」門人佩服是訓，奉以周旋，一時登顯仕爲聞人者，多公弟子列也。

未幾，除太常博士。陛對以正心術、用人才、收兵權爲説，論議激切。上深獎歎，因指左右曰：「此曹毁譖屢至，謂卿去國。朕意卿自布衣言事，忠直可嘉，必不如是。」公曰：「踈遠小臣，自非聖明灼見微隱，則舉族已殞鈇鉞。臣所居距闕下不遠百里，嫉臣者猶以不忠爲辭，况僻遠之人，飛文中傷，無以自辨。故凡毁譽之際，惟陛下加察。」改著作佐郎。是歲，樊光遠爲南宫首，汪應辰魁天下。公轉對，上曰：「朕妙選多士，而魁殿省者皆卿門人，深用嘉歎。卿以何術致然？」公曰：「昔夏侯勝矜語門人，謂『士患不明經，經旨苟明，取青紫如拾芥。』臣嘗鄙之。明經所以立身行己而致君澤民，倘以是爲取青紫之資，則得失亂其中，榮辱奪其外。始焉苟得，則終必患失。漢儒經學之弊正在於此。張禹、孔光沿襲爲常，而阿合苟容，以成漢室之變，是皆志在青紫所致也。臣不佞，不復以利禄之説聳誘其徒，惟知講明經術，景行前修，庶幾克盡忠孝耳。」上嘉歎久之。遷著作郎，辭。明堂進秩，恩請授朝議公五品服，奉祠幾年。直徽猷閣、提點浙東路刑獄公事。公謂：「秩卑職重，非所宜受，敢固辭。」改直祕閣。

言者詭辭中公，公丐休，致衆謂公：「贍生多闕，而滫瀡之奉爲急。」浩然捐禄，優游散地，人情所難，而公居之裕如，略無戚戚不安之狀。敬養備至，故親闈亦無間於喧寂也。久之，還著作郎，辭不得命，乃就職。尋除宗正少卿。公奏：「朝廷敦化，自親者始，玉牒當詳加刊正，以本支百世。」拜禮部侍郎，兼掌秋官。公謂：「天下節義，本於朝廷勸激，因條古今忠義死節表著之士，請爲廟食者數所，天下之義士奮焉。」

刑部吏斷天下死囚不以情，自公涖職，有情輕免死者甚衆。一日法寺以成案上〔一〕大辟，公閲始末，得其情，因請覆實，囚果誣服者也。奏黜之。時法官抵罰，而朝論欲以平反爲賞，公辭曰：「職在詳刑，而賣衆以邀賞，可乎？」

未幾，進侍經筵，以春秋授公，公辭再三。上曰：「朕知卿明大義久矣，復何辭？」一日論「日有食之」，因以危言闓切帝心。且曰：「日食之變本於惡氣，惡氣之萌本於惡念。不芟夷藴崇之，絶其本根，將奔騰四達。上觸乎天，則日月薄蝕，五星失序；下觸乎地，則菑及五穀，怪妖迭見；中觸乎人，則爲兵，爲火，札瘥備至。是則惡念之起，可不應時撲滅乎？臣願陛下正心術以格天心，實宗社無疆之福。」上聳然曰：「誠在朕念慮間，當爲卿戒之。」每進講畢，上獎諭賜留，公因開陳治道，啟沃無已。

上嘗論王道曰：「易牛，微事耳。孟子遽謂『是心足以王』，朕竊疑之。」公曰：「陛下不必疑，疑則心與道二。不忍一牛，仁心著見，此則王道之端倪。推此心以往，則華夏蠻貊，根荄鱗介，舉天下萬物皆在陛下仁政中，豈非王道乎？」一日，上問：「『籲俊尊

〔一〕「上」，原作「土」，據宋史宋高宗十一改。

上帝』，如何？」公曰：「陛下之心即上帝也。招徠賢俊，格非心於未萌之初，是迺所以尊之也。」他日，上語侍講陳淵曰：「朕于張某所得甚多。」

向子諲陛對，日昃未退。右史潘良貴越班厲聲曰：「向子諲以無益之言久勞聖聽！」叱之退者再焉。上驚而怒，欲抵良貴於法。中執法常同援良貴而論子諲。上怒，欲併逐之。廷臣慮逆鱗，無敢辨者。翌日，公侍金華，因論其事曰：「臣始聞良貴廷叱子諲，甚懼，因就問之，良貴曰：『日旰暑甚，子諲久對，朝膳未進，而流汗津津。良貴恐勞聖躬，情迫於中，不覺聲之厲也。』臣觀良貴之意正出於愛君。」上曰：「良貴用心卻如此。」繼云：「二人莫平日不相能否？」公曰：「臣舊不聞子諲名，曩任館職，良貴時爲少監，嘗指元帥府日録問良貴以向子諲何如人。曰：『好士人。』今臣所居與子諲相近。一日，子諲過臣云：『且得子賤在朝。』子賤，良貴字也。以此知二人初無不相得也。」上曰：「常同嘗薦子諲，今反論之。」公曰：「常同亦嘗薦臣。同之事，臣不當言。然前日之薦，以子諲之才可薦也；今日之論，乃國體也。」聖意漸釋，公因曰：「近朱震死，陛下命國公往祭之，尊師重道，天下歎仰。又命子諲治其葬，士大夫所以嘉子諲者，以其能眷眷於善類耳。今若以子諲之故逐右史，又逐中司，非所以愛子諲也。昔漢相公孫洪諂奉武帝，汲黯廷叱之。今子諲非洪比，而陛下又非以諛説取人。良貴猶廷叱，不顧其他。或有懷諂佞之心者，聞良貴在廷，得不警懼乎？」上悦。

秋，虜使議和。公謂宰相趙鼎曰：「虜人失信數矣。盟墨未乾，使者旋軫屬耳，而以無名之師掩我不備。今日財殫民困，彼必意吾衰弱而求和。張虚聲以撼中國，而虜情實且厭兵。彼誠能從吾所言十事，云云，則與之和，當使權在朝廷可也。」時議不一，趙公罷相。主議者繼問曰：「虜使議和，公意何如？」公復以前言答之。則謂公曰：「且同某成此事。」公曰：「事宜所可，某何爲異議？特不可輕易以苟安耳。」時又囑公同年以請，公曰：「講好息民，豈非盛德？但當使權在我，不可以怵迫受制於人。」一日，上問和議，公歷言其狀，辭至詳悉，且曰：「虜情多詐，願陛下審處其宜。議者不究後日之害，而欲姑息以求安，不可不深察也。」上欲用公，而衆議不合，乃乞補外。初擬以次對出守，嫉公者必欲廢置之，奏改祕閣修撰，提舉江州太平興國宫。上見公名得祠，謂輔臣曰：「與郡如何？」對曰：「若與郡，必力辭。不若先遂其志。」

公奉祠幾年，而不悦者毁之愈力。謫守邵州，時方盛暑，公聞命，不就舍，即驅車而行。至邵陽，廩庾虛乏，郡屬謂：「宜督酒稅之宿負、苗絹之未輸者以充入之。」公曰：「守不良，縱未能施惠斯民。獨奈何困民以自豐耶？」民聞而感之。是歲，常賦所入更先于他時。儲入益豐，乃計贏羨以養貧民之疾瘼、無歸者，取古人安濟之義以廣之，所活不勝計。蠻洞酋長獷戾傲岸，約之禮則拘，董之刑則怨。公至之日，明要束，寬細苛，撫綏安静，故族類相飭，與齊民等。

逾年，丁朝議公憂，喪葬祭禮爲世效法。怨者擠之，謫居南安軍。一日，高閌侍經筵，上問曰：「張某安否？」閌未及答，上即指公先所講一二處稱獎再三，曰：「朕每思不能忘也。」翌日，上問輔臣曰：「張某今在何處？」對曰：「張某頃以唱異惑衆，臺臣論罷。既與郡，乃乞祠，觀其意終不肯爲陛下用。」廷紳聞者，爲公危之。上曰：「張某清貧，不可無禄。」

公絶險徑行，了無愠懟之態。至則閉門謝客，以經史自娱。緼袍糲食，家人輩幾無以自存。親知聞之，爭餽遺以奉，公皆謝遣之。廣帥時致籯金，曰：「公平生無一毫妄取於人，今厄窮如此，敢以贏俸，致古人周急之義。」公曰：「贐惠不遺舊，友朋之義也。濫窮而苟取，吾何敢脂韋以適己爲悅哉？」悉歸之。君子謂公「誠樂道以自安者。」

橫浦炎方，雖苦寒，無雪，邦人或垂白莫之識，故癘疫爲多。郡有龍君廟，所祈必應。公曰：「吾無職隸，而歲耗廩禄，曷思所以惠之。」因禱焉。朝暾杲然，而陰雲倏起，晡時寸積矣。邦之童稚駭走觀瞻以爲異。洎春環城，妥然癘氣不作。邦人刊祝祠於廟所，又即其事而歌之。

虔寇陸梁豕突鄰壤，或以孤危請避之，公曰：「吾謫此邦，死，分也。何避爲？」守貳拒盗未得計，請於公曰：「此爲廣南要衛，失守則郡以南皆賊區，策將安出？」公曰：「僻小寡弱，難與爭鋒。今聞賊寨水南，夜募善遊者火攻之，俾其衆驚擾，則宵遁必矣。」計行，賊果散走。

謫居凡十四年，結閲掃軌，動止有則，談經自樂，手不停披。歲久，庭磚足蹟依然。公題於柱曰：「予平生嗜書，老來目病，執書就明於此者十四年矣。倚立積久，雙趺隱然，可一笑也。」後人鑱之。

紹興乙亥，聖上收攬威柄。複祕閣修撰，知温州。公被命則曰：「吾居横浦久，心實安之，不能忘也。」因自號横浦居士。

永嘉民困，聚斂斛米、疋絹，輸者率倍其入。公曰：「重賦以疲民，二千石責也。」斗、尺皆立定例。民欣然曰：「今而後知耕桑之利，而仰事俯育有餘樂矣。」民間歲有柑實，每霜後，郡例科市於民，以遺要權。胥正馳驅田墅間，迫民以應命，期會稍緩，則榜笞隨之。民或赭其所植以求免。長吏方且張樂，會僚寀，旨嘗孅惡，率以爲常。公曰：「奪民自媚，而縻耗以快其所嗜，吾安爲之？」遂罷柑宴。

俗尚褻語，老幼婦子叫號喧呶，不可禁止。識者患之。公爲教條，約民相戒飭，愷悌之化出於誠。斯民感悦，轉相戒語，故辭氣之間務爲遜順，而汙褻之俗頓革。郡民葬禮不遂，積數喪不克舉者，公詢之耆老，則曰：「貧不克葬，而一喪之舉，醵酤於官者數萬錢。破産從事，甫一遂耳。不幸而繼，則無所爲資。與其舉一而多輸，則寧累積而併入也。」公愀然曰：「殃民之害，使骼胔不掩，政之不良若此哉！」亟蠲酤禁，不越月，而葬典畢舉。老稚感泣曰：「使吾父母族屬瞑目於地下，使君之賜也。」政尚寬大，民不忍負，而吏無所欺，邦人傳誦，至今可覆。

大農不郵州邑豐約，例遣隸屬，誅責軍糧。承命者類皆藉勢淩駕，民益苦之。有傳宥者，躪轢諸郡爲甚。公威名素著，宥望而畏之，志不果遂，歸飾辭以自訴。公亦遺書大農，力詆其弊，因言：「郡民彫弱，不任重擾。」時執事者以聚斂爲尚，漫不加意，而督迫愈苛。公知不可止也，則曰：「吾老矣，尚何懷安若是？」即以疾祠。民挽車遮道，不得行。公特假小車以出，洎登舟而民始知，皆望望揮涕，若有所失。

歸甫數月，苦風痺，家人環公以泣。公書以示之曰：「吾平生踐履，今日愈覺有力，何乃爲兒女子呫呫涕泣耶？」疾稍間，設絳帳自居，訓子姪益虔，人莫知其疾也。有學説貽榕伯季，略曰：「余以經學訓汝，所以端本原，養情性，以正汝所入。若乃申、韓刑名，儀、秦縱横，耳不可有聞，目不可有見。操履醇正，深造自得，則吾身無在而非聖人矣。」巳卯季夏四日，謂榕先君九思曰：「明旦掃塋域，次日過汝。」邑人聞公之出，群喜聚觀曰：「公疾愈矣。」後二日間，讀晉公以束帶要玉帶事，慨然曰：「晉公罔君如此！人主服御，猶以智術取之。」因笑語榕輩曰：「曩夢人告余有『見玉帶時來』之句，此其時乎？」是夕，疾果作，卒於正寢，享年六十有八。

上聞訃惜，復敷文閣待制，贈左朝請大夫，官其子若弟三人。

公少失恃，弟四人，女弟三人，俱幼。公奉庭闈，俯育如一。至於嫁娶成立，始終無間言。然天資端重，見者敬憚，故閨門莫不謹飭。公娶林氏，早卒。馬氏其繼也。子三人，長伯厚，迪功郎，後公七年而没；次幼厚，承務郎，靜江府陽朔縣丞；孫厚，淮西總領所幹辦公事。孫男三人。

公自少至老，行誼粹白，躬行之實，如日月圭璧，不可掩没。雖爲布衣，天下已有公輔之望。大用不究識與不識，皆嗟咨涕洟。有論語説二十卷，孟子説十四卷，尚書説五十卷，中庸、大學説各一卷，孝經説一卷，經筵講義一卷，横浦家集二十卷。

榕天資樸騃，而提撕警策，蒙被大賜，敢頮沐拜手，書其行實論次，爲家傳云。

（原載於宋刊本横浦先生文集卷首）

横浦先生文集序　于有成

横浦先生舊自號無垢居士，無垢之號聞天下。横浦屬南安，謫居十四年，閉門著書。時人思之，又目曰横浦先生。先生墳墓在鹽官縣淨居院之側。往年，邑宰陳公恕被史越王之命，奉祝辭祭先生謂：「先生守永嘉日，王爲周博士。先生一見道同氣合，舉辭謂王『識超幾先，意傳經外』。及王當國，先生已亡故，遺文以致祭。」迄今詞板尚榜于庭楣也。七十年松楸，先生在天爲星辰，在人間爲聖賢，皆不可知。惟是先生學問、文章、操履、氣節，自紹興至于乾道，爲學士大夫之所尊仰者，一人而已。蓋斯道晦蝕之久，先生發揮而開明之，如盲者之得見三光，如聾者得聞古瑟之音，不爲無功於後學。厥後青出於藍，道學盛行，先生之至幸，豈與後學較短量長哉！

我聖天子御極，宰臣首奏先生爲渡江大儒，賜謚文忠，贈太師崇國公。成命一頒，天顔懽悅，三公百辟，莫不心生懽喜。夫豈有求而得之？宰臣之意，亦欲平後學之去取，尊先生之爲先哲，不以已久而忘之，不以已往而忽之。起其魂魄於九原，又將以激天下之爲善。其有功於世教也深！

先生著述，天下罔有闕逹，獨簡帖、字畫，得者稀少。先生筆下如三峽倒流，遇順傾寫。凡見之真草，横斜曲直，有張草聖之筆。刊之琬琰，燦然可觀，如龍蛇之奮蟄，如珠之走盤，亦足以增人意氣。書，心畫也，豈執筆學古人手法而後能爲之？

邑宰趙君汝皓下車未久，一日率同寮拜于墓下，重建墓亭，粉飾越王之詞板。又過淨居院，創先生祠堂，奉香火。寺僧源上人有藏先生簡帖十餘紙，即命工刊之。既而故家皆出所藏以獻，悉刻之不遺。先生長子伯厚早世。次子幼厚久居于廣，八十餘，老貧不能歸。幼子孫厚亦已亡。今爲先生守松楸，止有孫勛，重孫克仁而已。饑窮困乏，乃值邑宰撫存而禮遇之。士大夫識香臭、知所貴重如趙君，天下能幾人哉？簡牘成編，可當寶翫，見其字如見其人。然則，君之有德於横浦，何其盛哉！

有成，先生之彌甥也。祖妣乃先生之同胞妹，諸父受先生教育之恩。殘膏賸馥，沾丐有成多矣。備數周行，聞趙令君學道愛人，所貴尚又如此，不覺興起，引筆而詳爲之言。

紹定二年八月日，朝散郎守將作少監，兼權國子司業，兼景獻府教授于有成書。

（原載於宋刊本横浦先生文集横浦先生家傳後）

無垢先生横浦心傳録序　于恕

無垢張先生乃予之母兄，諱九成，字子韶。頃爲春官宗伯，以議忤時相，一斥嶺下十四年，寓横浦僧舍。平生無它好，唯嗜書不厭，雖階庭間草花敷榮，春聲喧晝，蕩流耳目，曾不一動盼側首。晚年目昏，立短簷下，展卷就明，向暮不已，石間雙趺隱然。南安守張公見而歎息，標記於柱，今猶在也。

予與憲弟自幼承訓，頗以警策，别於群兒。每一感念，情不自制，遂抱負琴劍，徒步三千餘里，抵嶺下。予既自喜得至，舅亦喜予之來。朝夕得侍坐席，講論經史，難疑答問，無頃息少置。從容之暇，則談及世故，凡近人情，合事理，可爲學者徑庭者，莫不備録。雖所説或與舊説相異，皆一時意到之語，不復自疑，故名之曰心傳。予後以思親歸。

季弟憲亦不憚勞遠，奮然獨往，其承教猶予前日也。遂各以所得合爲一集，初不敢以示人，止欲訓家庭子侄耳。予學生郎曄粗得數語，纂爲所録，而士大夫已翕然傳誦，信知舅氏一話一言爲世所重如此。

予老矣，守其樸學，固而不化，往往不與時習投，凡六舉於禮部而無成。遂匿影林下，時時提省此心，不致爲窮達得喪所累，以失其源流，則亦無愧於吾舅平日之教矣。故人刁仲聲來丞邑黄巖，一日訪予於山間，且道及昔時無垢講下從游之樂，意甚款適。予亦於田夫野老間聽聞其歌謠，知吾仲聲能推所學，以佐百里之化，皆醇和而篤實，簡約而寬厚，使人愛而不敢慢，使而不忍詐，風猷藹然可嘉，不謂其無所自者。既逢箇中人，不復秘其藏，因出以示之。即斂衽肅容，敬誦不能已，乃卓然有言曰：「無垢先生所學，皆醫天下士大夫良方，豈可收爲無用之藏？願公畀我，我當板行於世，與天下學士大夫共之。使胸腹間苟有所病，自可隨病用方，一投即去，所濟豈不博哉？」予欣然抵掌曰：「此予志也。」因以授之，遂書其略。

淳熙元年七月一日，甥于恕序

（原載於明萬曆四十二年吴惟明刊本横浦先生文集附無垢先生横浦心傳録卷首）

無垢先生横浦心傳録後序　刁駿

侍郎張公先生德行冠朝列，議論妙天下。凡學術之見於訓注講解者，無非發明六經之藴，而心傳先聖之道，真學者之軌範，當世之標凖！此已廣行於世，人人皆得而有之。至若師弟子疑難問答，微言奥義，率皆剖决無餘，以啓迪聾瞽之言，世蓋未有聞見之耳。

予幼年侍官海昌，寅緣得廁師席之末，提耳之誨，語汝之言，所以作成愚不肖而使不爲小人之歸者，實有自來。惟子稱兄穎脱不群，議論耿耿，獨出衆人之上。先生每當暇日招入寢室，語必移時，許以傳道，而未究其説。自兄云亡，每以其學不傳爲恨。予負丞黄山，而同舍于忠甫昆季隱居方巖，實先生之甥。頃嘗擔簦負笈，不遠千里皆至嶺下。其朝夕之所親炙者，所得尤更的切。籍記五六萬言，編以成書。予職事出郊，因訪其廬，忠甫以所集示予，且序而目之曰心傳録。如精金美玉，粲然溢目。予喜見之，肅容敬讀，如親侍訓誨，拳拳服膺，不忍釋手。所以開明昏聵、蕩滌茅塞者多矣。方知昔日先生告亡兄之言，於是而盡得。則理與心會，端若無間然者。在予今日，安敢泯其傳耶？雖然，昔日楊子雲作太玄，世無知之者。弟子侯芭收而藏之，且曰：「後世有楊子雲，必好之。」卒如其言，流傳不泯。今先生一話一言可以垂示永久者，顧不待予而獲傳。而忠甫兄弟家有記集，不以自寶，樂與賢者共之。予殊嘉其意焉，因出俸資。且率同志相與協力，命工鏤板，置之縣庠，庶幾四方士子均受先生之賜，而予與忠甫亦無愧於先生也。

學生黄巖丞刁駿敬書集後

（原載於明萬曆四十二年吴惟明刊本横浦先生文集後附無垢先生横浦心傳録卷尾）

張狀元孟子傳跋　張元濟

余爲涵芬樓收得張金吾所輯詒經堂續經解，獲覩先文忠公所著孟子傳二十九卷，與四庫著録同闕盡心上下篇。妄思蒐訪，冀成完璧，始爲流通。不幸燬於閘北之難，耿耿不能忘。先是得中庸説殘本於東瀛，知蘇州滂喜齋潘氏藏是書宋刊本，欲並攝影覆印。請於吾友博山，慨然許諾。所存亦二十九卷，蓋此爲人間孑遺祖本矣。宋諱「殷」「匡」「筐」「恒」「貞」「徵」「勗」「桓」「完」「慎」「敦」「譤」等字，均闕末筆。結銜題「太師崇國文忠公」，按宋史本傳，公之贈官予謚在寶慶初年，此必爲理宗時所刊。雖未避「擴」「廓」諸字，坊本疏率，無足怪也。

宋自神宗鋭意圖治，擢用王安石，剏行新法，朝議紛然，群起沮抑。大臣無格君之道，小臣以言事爲能，抗爭不已，相率引退，上下睽隔，群小競進。本欲求治，適以召亂。元祐更新，老臣柄國，用人行政，盡反熙豐之所爲，不以至誠相感，而惟意氣是尚。於是紹述之議起，朋黨之禍成，内爭不息，外患乘之，而宋室亦從此不振。

公生其時，追惟禍始，思爲懲前毖後之計，著爲是書，以爲謀國者告。故於「文王之囿」章，則謂孟子能用聖王之學，隨機應變，宛轉屈曲，終引之於正道；於「王之臣託其妻子」章，則謂孟子託物引喻，比類陳辭，不逆其耳，而深注其心；於「之平陸謂其大夫」章，則謂孟子開陳之際，匪亟匪徐，亹亹逼人，使人心服而意消；於「自齊葬於魯」章，則謂孟子養浩然之氣，至大，至剛，以直，擇之不精、語之不詳者以趯然遠去爲大，以憤然疾邪爲剛，以面折庭爭爲直，不加審處，動以折檻鎖諫、裂麻叩墀爲美談，而不知孟子所謂剛、大、直者不如是；於「去齊居休」章，則謂孟子周旋人情，諳練世務，上不起國君之疑，下不招小人之謗；於「仲尼不爲已甚」章，則謂使孟子得志，將引商鞅、騶忌、孫臏、蘇秦、張儀以訓誨之，使其改過遷善，將置之於士大夫之列，以爲吾用。其言之深切，意之懇摯，何莫非爲熙寧、元祐兩朝時事而發？吾知安石聞之，固必深自愧悔；即文、富、韓、吕、歐陽、司馬諸賢，亦豈有不爽然自失者也？馮休、李覯、晁説之、鄭厚叔輩，當時以排斥孟子爲事，公固不能默爾而息，然必謂是書之作專爲孟子鳴其不平，又豈能以意逆志者耶？

民國紀元二十有五年丙子六月，裔孫元濟謹識

（原載於四部叢刊三編張狀元孟子傳卷末）

中庸説跋　張元濟

余祖文忠公正色立朝，敦尚氣節，爲有宋名臣。著書垂教，卷帙宏富。其見於宋藝文

志者：尚書詳説五十卷，中庸説一卷，大學説一卷，孝經解四卷，論語解十卷，鄉黨、少儀、咸有一德論、孟子拾遺共一卷，心傳録十二卷，語録十四卷。見於郡齋讀書志者：孟子解三十六卷，唐鑑五十卷。見於直齋書録解題者：論語拾遺一卷，言行編、遺文共一卷。見於玉海者：重修神宗實録二百卷。見於家傳者：經筵講義一卷，横浦家集二十卷。雜見他書者：書傳統論六卷，春秋講義一卷，標注國語類編及唐詩該無卷數。其書名卷數微異者，不複舉。今四庫著録惟孟子傳殘本二十九卷，横浦集二十卷，其鄉黨、少儀、咸有一德論、孟子拾遺、心傳録、書傳統論、春秋講義即附載横浦集中，其他均不傳。

日本澀江全善經籍訪古志有宋槧中庸説六卷，藏普門院。余求之有年，不知其所在。歲戊辰東渡，故人内藤湖南語余，院在京都東福寺。既覯其書，已佚後半，請於寺憎攝影攜歸，才四十葉耳。曩讀朱文公集，謂公以佛語釋儒書，駁斥是書者殆及萬言，其徵引原文均合。蓋此即朱子所見之本。

公之爲學，於喜怒哀樂未發之前求其内心，有得勿止，更求其發而中節之用。其途徑與朱子容有不同，孰是孰非，非余所敢議。余獨痛夫儒釋之辨盛於當日，公之學説爲朱子所抨擊，致湮没而不彰，是書亦自宋迄今無復刊行。余既得諸海外，因覆印以餉今之學者，且冀其因有異同而得並存焉，則幸甚矣。

民國紀元一十有五年丙子四月，裔孫元濟謹識

（原載於四部叢刊三編中庸説卷末）

附録 三

宋史 張九成傳

張九成字子韶，其先開封人，徙居錢塘。游京師，從楊時學。權貴托人致幣曰：「肯從吾遊，當薦之館閣。」九成笑曰：「王良尚羞與嬖奚乘，吾可爲貴遊客耶？」紹興二年，上將策進士，詔考官，直言者置高等。九成對策略曰：「禍亂之作，天所以開聖人也。願陛下以剛大爲心，無以憂驚自沮。臣觀金人有必亡之勢，中國有必興之理。夫好戰必亡，失其故俗必亡，人心不服必亡，金皆有焉。劉豫背叛君親，委身夷狄，黠雛經營，有同兒戲，何足慮哉。前世中興之主，大抵以剛德爲尚。去讒節欲，遠佞防奸，皆中興之本也。今閭巷之人皆知有父兄妻子之樂，陛下貴爲天子，冬不得温，夏不得清，昏無所定，晨無所省，感時遇物，淒惋於心，可不思所以還二聖之車乎？」又言：「閹寺聞名，國之不祥也，今此曹名字稍稍有聞，臣之所憂也。當使之安掃除之役，凡結交往來者有禁，干預政事者必誅。」擢寘首選。楊時遺九成書曰：「廷對自中興以來未之有，非剛大之氣，不爲得喪回屈，不能爲也。」

授鎮東軍簽判，吏不能欺。民冒鹺禁，提刑張宗臣欲逮捕數十人，九成爭之。宗臣曰：「此事左相封來。」九成曰：「主上屢下恤刑之詔，公不體聖意而觀望宰相耶？」宗臣怒，九成即投檄歸。從學者日衆，出其門者多爲聞人。

趙鼎薦於朝，遂以太常博士召。既至，改著作佐郎，遷著作郎，言：「我宋家法，曰仁而已。仁之發見，尤在於刑。陛下以省刑爲急，而理官不以恤刑爲念。欲詔理官，活幾人者與減磨勘。」從之。除浙東提刑，力辭，乃與祠以歸。

未幾，召，除宗正少卿、權禮部侍郎兼侍講，兼權刑部侍郎。法寺以大辟成案上，九成閱始末得其情，因請覆實，囚果誣服者。朝論欲以平反爲賞，九成曰：「職在詳刑，可邀賞乎？」辭之。

金人議和，九成謂趙鼎曰：「金實厭兵，而張虛聲以撼中國。」因言十事，彼誠能從吾所言，則與之和，使權在朝廷。」鼎既罷，秦檜誘之曰：「且成檜此事。」九成曰：「九成胡爲異議，特不可輕易以苟安耳。」檜曰：「立朝須優遊委曲。」九成曰：「未有枉己而能直人。」上問以和議，九成曰：「敵情多詐，不可不察。」

因在經筵言西漢災異事，檜甚惡之，謫守邵州。既至，倉庫虛乏，僚屬請督酒租宿負、苗絹未輸者，九成曰：「縱未能惠民，其敢困民耶？」是歲，賦入更先他時。中丞何鑄言其矯僞欺俗，傾附趙鼎，落職。

丁父憂，既免喪，秦檜取旨，上曰：「自古朋黨畏人主知之，此人獨無所畏，可與宮觀。」先是，徑山僧宗杲善談禪理，從遊者衆，九成時往來其間。檜恐其議己，令司諫詹大方論其與宗杲謗訕朝政，謫居南安軍。在南安十四年，每執書就明，倚立庭磚，歲久雙趺隱然。廣帥致籯金，九成曰：「吾何敢苟取。」悉歸之。檜死，起知温州。戶部遣吏督軍糧，民苦之，九成移書痛陳其弊，戶部持之，九成即丐祠歸。數月，病卒。

九成研思經學，多有訓解，然早與學佛者遊，故其議論多偏。寶慶初，特贈太師，封崇國公，謚文忠。

（宋史卷三七四）

續藏經 張子韶傳

張子韶名九成，號無垢居士，錢塘人也。少好學，年十四入學宫，閉閤終日，寒暑不越户限，比舍生穴隙視之，斂膝危坐，若與神明伍，相與歎服。既而聞客談楊大年、吕微仲事，心慕之。謁寶印明禪師，問入道之要，寶印曰：「念念不舍，久久成熟，時節到來，自然證入。」令看柏樹子話，久之無省。謁善權清禪師問：「此事人人有分，箇箇圓成是否？」善權曰：「然！」子韶曰：「何故九成無入處？」善權出袖中數珠示之曰：「此是誰的？」子韶不能對。善權複袖之曰：「是汝的則拈取去，才涉思惟則不是汝的也。」子韶悚然。一夕如廁，正提柏樹子話，聞蛙鳴契入，作偈曰：「春天月下一聲蛙，撞破乾坤共一家，正恁麼時誰會得？嶺頭脚痛有元沙。」

會先忌日，就明靜庵飯僧，主僧惟尚纔見乃展手，子韶便喝，惟尚批其頰，子韶趨前，惟尚曰：「張學録何得謗大般若？」子韶曰：「九成見處只如此，和尚又作麼生？」惟尚舉「馬祖陞堂，百丈卷席」話詰之。敘語未終，子韶推倒桌子，惟尚大呼：「張學録殺人。」子韶躍起問旁僧曰：「汝又作麼生？」僧罔措，子韶毆之，顧惟尚曰：「祖禰不了，殃及兒孫。」惟尚大笑。子韶呈偈曰：「卷席因緣也大奇，諸方聞舉盡攢眉。臺盤趯倒人星散，直漢從來不受欺。」惟尚亦作偈印之。

紹興二年，擢進士第一，授鎮東僉判。明於聽斷。浙東諸郡訟有不决者皆訴之。民冒鹺禁，監司有所支連，子韶爭之不得，遂投檄歸。頃之以趙鼎薦召爲太常博士，遷著作郎，尋拜禮部侍郎。進對時，屢以正心術爲言，又推陳孟子保民之旨，高宗甚向之。會金人來議和，子韶持不可。爲執政秦檜所嫉，改秘閣修撰，提舉江州太平興國宫。

造徑山，謁大慧杲禪師，議及格物，大慧曰：「公只知有格物，不知有物格。」子韶請其説，大慧曰：「不見小説所載，唐人有與安禄山謀反者，其人先爲閬守，有畫像存焉。明皇幸蜀見之，怒令侍臣以劍擊像首，其人在陝西，忽頭落。」子韶言下領旨，題壁曰：「子韶格物，妙喜物格。欲識一貫，兩個五百。」一日又問曰：「前輩既得後，何故複理會四料揀？」大慧曰：「公之所見但可入佛，不可入魔，豈可不從料揀中去耶？」子韶遂舉克符問：「臨濟至人境兩俱奪，不覺欣然？」大慧曰：「余則不然。」子韶曰：「師意如何？」大慧曰：「打破蔡州城，殺卻吴元濟。」子韶廓然得大自在，嘗曰：「余聞徑山老人所舉因緣，如千門萬戶不消一蹋而開，或與聯輿接席，登高山之上，或緩步徐行，入深水之中，非出常情之流，莫知吾二人落處。余得了末後大事，實在老人處。此瓣香不敢孤負老人也。」

既復，謫守邵州。逾年，丁父憂歸，卒，哭後詣徑山飯僧，請大慧升座説法。而秦檜憾子韶不已，命言者劾子韶謗訕朝政，並連大慧。遂竄大慧於衡陽，子韶落職，安置【南安】（安南）軍。既至，閉門謝客，以經史自娱，縕袍糲食。親知饋遺，一切謝遣。【南安】（安南）〔二〕故少雪，歲多疫癘。子韶乃爲民禱于龍神，甫半日，得雪盈寸。寇擾鄰境，

〔二〕「南安」，原作「安南」。

或請避之，子韶曰：「吾謫此邦，死分也，何避爲？」因爲守貳畫計，以火攻之，寇散走。

居十四年，秦檜死，復秘閣修撰，知温州。大慧亦放還梅陽，至贛州維舟俟之，而子韶適至，連舟東下，至新淦而别。子韶論：「不愁念起，惟怕覺遲。」作偈曰：「念是賊子，覺是賊魁。捶殺賊魁，賊子何歸？堂堂大路，惟吾獨之。越南燕北，遼東隴西。撒手便到，何慮何疑。神劍在山，鍔冷光寒。魈夔罔兩，莫之敢干。此名真覺，秦時鍍轢。」大慧賡之曰：「説覺説念，翻背作面。無念無覺，何處摸索。起是誰起，覺是誰覺。豁開户牖，太虚遼廓。撒手前行不顧人，秦時鍍轢何時作？」

既至温，寬其賦斂，道以禮法，民大和悦。會户部遣吏督軍糧，子韶移書陳其害，户部持之。遂乞祠歸。明年大慧復領徑山，訪子韶于慶善院。子韶曰：「九成每於夢中誦語、孟，何如？」大慧舉圓覺經云：「由寂静故，十方世界，諸如來心，於中顯現，如鏡中像。」子韶曰：「非老師莫聞此論也。」子韶閒居，取華嚴善知識，日供其二回食以飯僧，又嘗供十六大天，杯中茶悉化乳。作偈曰：「稽首十方佛法僧，稽首一切護法天。我今供養三寶天，如海一滴牛一毛。有何妙術能感格？試借意識爲汝説。我心與佛天無異，一塵纔起大地隔。倘或塵消覺圓淨，是故佛天來降臨。我欲供佛佛即現，我欲供天天亦現。佛子若或生狐疑，試問此乳何處來？狐疑即塵塵即疑，終與佛天不相似，我今爲汝掃狐疑，如湯沃雪水消冰。汝今微有疑與惑，鷂子便到新羅國。」

歸數月，苦風痹，家人環之泣，子韶曰：「吾平生踐履，今日愈覺有力，何乃爲兒女子呫呫涕泣耶？」疾稍閑，設絳帳自居，訓子侄益勤。二十九年夏六月六日，語從子榕曰：「吾其逝乎。」是夕疾作，遂卒，年六十有八。朝命復敷文閣待制，贈左朝請大夫。子韶平生謹於法度，衣食器物率常用敝惡，或問：「此是性耶？」子韶曰：「汝且道我每日用心在何處？」既老讀書不輟，嘗倚柱就明，歲久雙趺隱然。

（續藏經居士傳卷三十二）

五燈會元　侍郎張九成居士

侍郎無垢居士張九成未第時，因客談楊文公、呂微仲諸名儒所造精妙，皆由禪學而至也，於是心慕之。聞寶印楚明禪師道傳大通，居淨慈，即之，請問入道之要。明曰：「此事唯念念不舍，久久純熟，時節到來，自然證入。」復舉趙州柏樹子話，令時時提撕。公久之無省，辭。謁善權清禪師。公問：「此事人人有分，個個圓成，是否？」清曰：「然。」公曰：「爲甚麼某無箇入處？」清於袖中出數珠，示之曰：「此是誰底？」公俛仰無對。清復袖之曰：「是汝底，則拈取去。才涉思惟，即不是汝底。」公悚然。未幾，留蘇氏館，一夕如廁，以柏樹子話究之。聞蛙鳴，釋然契入。有偈曰：「春天月夜一聲蛙，撞破乾坤共一家。正恁麼時誰會得？嶺頭腳痛有玄沙」屆明，謁法印一禪師，機語頗契。

適私忌，就明靜庵供雲水主僧惟尚禪師，才見乃展手，公便喝。尚批公頰，公趨前。

尚曰：「張學録何得謗大般若？」公曰：「某見處只如此，和尚又作麽生？」尚舉「馬祖升堂，百丈卷席」話詰之。敘語未終，公推倒桌子。尚大呼：「張學録殺人！」公躍起，問傍僧曰：「汝又作麽生？」僧罔措。公毆之，顧尚曰：「祖禰不了，殃及兒孫。」尚大笑。公獻偈曰：「卷席因緣也大奇，諸方聞舉盡攢眉。臺盤趯倒人星散，直漢從來不受欺。」尚答曰：「從來高價不饒伊，百戰場中奮兩眉。奪角衝關君會也，叢林誰敢更相欺？」紹興癸丑，魁多士，復謁尚於東庵。尚曰：「浮山圓鑒云，饒你入得汾陽室，始到浮山門，亦未見老僧在。公作麽生？」公叱侍僧曰：「何不只對？」僧罔措。公打僧一掌曰：「蝦蟆窟裏，果没蛟龍。」

丁巳秋，大慧禪師董徑山，學者仰如星斗。公閲其語要，歎曰：「是知宗門有人。」持以語尚，恨未一見。及爲禮部侍郎，偶參政劉公請慧説法於天竺，公三往不值。暨慧報謁，公見但寒暄而已，慧亦默識之。尋奉祠還里，至徑山，與馮給事諸公議格物。慧曰：「公只知有格物，而不知有物格。」公茫然，慧大笑。公曰：「師能開諭乎？」慧曰：「不見小説載唐人有與安禄山謀叛者，其人先爲閬守，有畫像在焉。明皇幸蜀，見之，怒，令侍臣以劍擊其像首。時閭守居陝西，首忽墮地。」公聞頓領深旨。題不動軒壁曰：「子韶格物，妙喜物格。欲識一貫，兩箇五百。」慧始許可。後守邵陽，丁父難，過徑山飯僧。秉鈞者意慧議及朝政，遂竄慧於衡陽，令公居家守服。服除，安置南安。

丙子春，蒙恩北還。道次新淦而慧適至，與聯舟劇談宗要，未嘗語往事。于氏心傳録曰：「憲自嶺下侍舅氏歸新淦，因會大慧，舅氏令拜之。憲曰：『素不拜僧。』舅氏曰：『汝姑扣之。』憲知其嘗執卷，遂舉子思中庸『天命之謂性，率性之謂道，修道之謂教』三句以問。慧曰：『凡人既不知本命元辰下落處，又要牽好人入火坑，如何聖賢於打頭一著不鑿破？』憲曰：『吾師能爲聖賢鑿破否？』慧曰：『天命之謂性，便是清淨法身。率性之謂道，便是圓滿報身。修道之謂教，便是千百億化身。』憲得以告。舅氏曰：『子拜何辭！』」

繼鎮永嘉，丁丑秋丐祠，枉道訪慧于育王。越明年，慧得旨復領徑山，謁公于慶善院。曰：「某每於夢中必誦語、孟，何如？」慧舉圓覺曰：「由寂靜故，十方世界，諸如來心，於中顯現，如鏡中像。」公曰：「非老師莫聞此論也。」其頌黄龍三關曰：「我手何似佛手？天下衲僧無口。縱饒撩起便行，也是鬼窟裏走。諱不得。我腳何似驢腳？又被黐膠粘著。翻身直上兜率天，已是遭他老鼠藥。吐不出。人人有箇生緣處，鐵圍山下幾千年。三災直到四禪天，這驢猶自在旁邊。煞得工夫。」

公設心六度，不爲子孫計。因取華嚴善知識，日供其二回食，以飯緇流。又嘗供十六大天，而諸位茶杯悉變爲乳。書偈曰：「稽首十方佛法僧，稽首一切護法天。我今供養三寶天，如海一滴牛一毛。有何妙術能感格？試借意識爲汝說。我心與佛天無異，一塵纔起大地隔。儻或塵銷覺圓淨，是故佛天來降臨。我欲供佛佛即現，我欲供天天亦現。佛子若或生狐疑，試問此乳何處來？狐疑即塵塵即疑，終與佛天不相似。我今爲汝掃狐疑，如湯沃雪火銷冰。汝今微有疑與惑，鷂子便到新羅國。」

（五燈會元卷二十）

張九成師友及門人

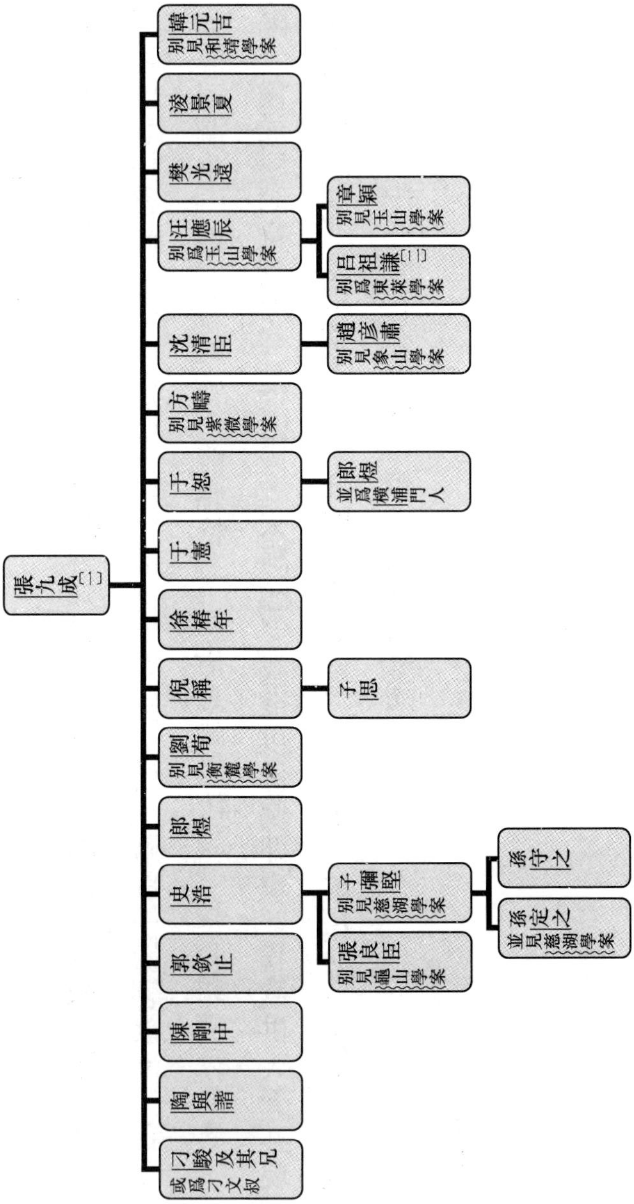

〔一〕龜山門人，二程再傳，安定、濂溪三傳，陸學之先。

〔二〕呂祖謙、章穎爲汪應辰門人，亦録於橫浦門下，以見橫浦學之流傳，亦管窺南宋道學之交流與傳授。

橫浦講友

喻樗

提舉喻湍古先生樗　別見龜山學案

張浚

忠獻張紫岩先生浚　別爲趙張諸儒學案

姚述堯

進士姚先生述堯

姚述堯，字進道，華亭人。在太學日，每夜必市兩蒸餅，未嘗食，明日輒以飼齋僕，同舍皆怪之。子韶問曰：「公所市蒸餅不食，徒以飼僕，何邪？」先生曰：「固也。某來

時，老母戒某之學，夜間饑則無所得食，宜以蒸餅爲備。某雖未嘗饑，然不敢違老母之戒也。」市之如初。參見北窗炙輠

梓材案：先生張孝祥榜進士，有蕭臺公餘詞一卷，見株竹垞北窗炙輠跋語。

葉先覺

葉先生先覺

施德操

施持正先生德操

施德操，字彦執，鹽官人，學者稱爲持正先生。與横浦遊從頗厚，文章學問亦其輩流也。病廢而没，識者悲之。生平論纂甚富，里人郎晦之煜偶得其孟子發題，輒鋟木以廣其傳，使學者嘗此一臠，亦可以知先生之大略云。

雲濠案：先生所著有北窗炙輠二卷。

謝山題北窗炙輠曰：持正先生顛末，略見於竹垞檢討之跋，然未足以發其書之藴也。是書巵言叢語，若出自不經意所爲，乃其于伊、洛再傳弟子微言，多所收拾，讀者未可以説部目之也。持正與横浦爲心交，顧横浦墮入妙喜之學，而持正獨否，則尤卓然不滓者矣。

梓材案：竹垞跋云：「彦執，張子韶之友也，病廢而没。子韶以文祭之云：『生平朋友不過四人，姚、葉先亡，公繼又去。』其和彦執詩云：『環顧天下間，四海惟三友。』三友者，彦執及姚進道、葉先覺也。」

横浦曰：「施彦執作孟子發題云『孟子有大功四：明浩然之氣，道性善，辟楊、墨，黜五霸而尊三王。皆前聖之所未言，六經之所不載，有功於名教。』此説亦是一見，然謂之功，似亦未善。」

又曰：「彦執工於詩。一日，見其賦柳，有『春風兩岸客來往，紅日一川鶯去留』不見柳而柳自在其中，語亦工矣。」

橫浦同調

楊璿

楊謹獨先生璿

楊璿字子平，鹽官人。安貧樂道，不妄取與，尤嚴謹獨之操，居暗室猶在康衢，學者稱爲謹獨先生。與同里施持正皆力行好修，里人向慕，邑令魏伯恂闢祠，合橫浦、持正祀之。參見兩浙名賢録。

橫浦門人二程三傳

韓元吉

尚書韓南澗先生元吉　別見和靖學案

淩景夏

尚書淩先生景夏

淩景夏，字季文，餘杭人。徒步從横浦遊，紹興二年同第，先生居第二。官至吏部尚書。

于恕曰：「舅氏平日師友弟子間，如淩季文、喻子才、樊茂實、汪聖錫，其人物如何？」横浦曰：「季文醇厚謹畏，遇事有不可犯者。子才學問有理趣，和易而知幾。茂實沈靜。聖錫敏悟，操履有守。」

樊光遠

知州樊先生光遠

樊光遠，字茂實，錢塘人。少從横浦學。紹興五年，南省奏名第一，除秘書省正字。上疏言：「今日士大夫之論，莫不以金人詭詐爲可憂。臣獨曰：詭詐不足憂，而信其詭詐，深可懼也。顧陛下勿以得地爲喜，而常以爲憂；勿罪忠讜，以養敢言之氣；勿喜迎合，以開濫進之門；勿盡民力，宜愛惜之，以固根本；勿沮士氣，宜聳動之，以備緩急。」時相秦檜將遂休兵，罷爲閬州教授。後召爲秘書丞，除監察御史，尋補外知嚴州。參咸淳臨安志。

施彦執曰：「餘嘗愛茂實謂『有一武王必有一伯夷，有一陳平必有一王陵，有一霍光必有一嚴延年，有一姚元之必有一宋廣平。』不如是，無複人道矣。」

汪應辰

文定汪玉山先生應辰　别爲玉山學案

沈清臣

秘監沈晦岩先生清臣

沈清臣，字正卿，鹽官人也。紹興丁丑進士，官國子録。有薦之召試者，執政或發笑曰：「安有張子蓋女壻可爲館職者！」遂罷，先生憤之。會以歸正人、王希吕爲諫官，先生上書言其不可，語侵宰相，孝宗大怒。時虞允文惡沈介，乃下先生于理，風使引之，先生不可，謫封州，益勵風節。晚乃召爲敕令局删定官。

孝宗欲行三年之喪，執政大臣皆主易月之説，諫官謝諤、禮官尤袤心知其不可，而莫敢盡言。先生疏陳六事：其一謂「三年終制，本之禮經行之，陛下不必以滿廷之説有所回惑」。其一謂「群臣請陛下還内之期，方下禮官集議。臣以爲當俟梓宫發引，始還大内」。其一謂「金人會慶節使，三省、密院引明肅升遐故事，請陛下見之。吏部尚書蕭燧以既罷百官慶壽，恐難以見使人，但可於小祥後二日引見于德壽宫素幄，是調停之説也，已有詔從之矣。竊考仁宗時嘗使契丹，遭鹵有喪，至柳河而還，鹵主不見也。夷狄尚知有禮，中原乃不如邪？况陛下居喪，與明肅時事體不同。望斷自宸衷，勿牽群議」。上大以爲然。是日，先生所奏八千余言，展讀甚久，知閤張嶷奏已展正，引例隔下，先生奏讀如初。移時，嶷云簡之，上目留先生，令弗卻。又良久，嶷奏進膳，先生正色謂曰：「所言乃大事！」讀竟，乃退。孝宗喜曰：「卿十年去國，今不枉矣！」於是命就館津遣金使，卻其書幣，金使感歎而去。其後雖以群臣五上表請還內，孝宗勉從之，于小祥後二日還內，設素幄奏事，而三年之喪遂定。及大祥，群臣三上表，引康誥冕服出應門語，請御殿，詔許於祔廟後行之。先生疏言：「陛下當堅持前此內殿聽政之旨。祔廟後御殿，終爲非禮。將來祔廟畢日，豫降御筆，截然示以終喪之志，杜絕輔臣來章，勿令再有陳請，力全聖孝，以刑四海。」上嘉納之。及祔畢，竟如先生所請，罷御殿禮，且斷群臣之請。論者謂：「是時儒臣林立，莫能成帝志，而力破滿朝淺薄之說者，庶寮一人而已。」尋充嘉王府翊善，以直諒稱。尋遷秘書監。

光宗即位，先生舊學在朝，趙忠定公倚之，宵人側目。被章去，黨論起，有造爲先生告人之言曰：「相公乃壽皇養子。」又言先生嘗告忠定曰：「外間軍民皆推戴公。」禍且岌岌，先生講學如故。尋卒。

先生少學于橫浦，既自嶺南歸，遷居苕上，甚以師道自重。獨其與門生問答，一語不契，輒使再參，頗近禪門，蓋亦橫浦佞佛之傳。同時如玉山、忠甫，皆能幹師門之蠱，惜先生之澄汰未盡也。然大節則不愧于聖人之徒矣。方姚愈以流言入告，先生與劉光祖、徐誼、游仲鴻並列，及頒黨籍，先生獨幸而免，殊不可考。宋史脱略，不爲先生立傳，今捃摭諸書以補之。

雲濠案：先生所著有晦岩集十二卷。

方疇

通守方困齋先生疇 別見紫微學案。

于恕

主簿于先生恕

于憲

于先生憲 合傳

于恕，字忠甫，□□人，無垢先生之甥也。其序横浦心傳録曰：「予與憲弟自幼承訓，頗以警策別于群兒。每一感念，情不自置，遂抱琴劍徒步三千餘里抵嶺下。予既自喜得至，舅亦喜予之來，朝夕得侍座席，講論經史，難疑答問，無頃息少置。從容之暇，則談及世故。凡近人情，合事理，可爲學者徑庭者，莫不備録。雖所説或與舊説相異，皆一時意到之語，亦不復自疑，故名之曰心傳。予後以思親歸，季弟憲亦不憚勞遠，奮然獨往，其承教猶予前日也。遂各以所得，合爲一集。初不敢以示人，止欲訓家庭子侄耳。予學生郎煜粗得數言，纂爲所録，而士夫已翕然傳誦，信知舅氏一話一言，爲世所重如此。予老矣，守其樸學，固而不化，往往不與時習投，凡六舉於禮部而無成，遂匿影林下，時時提省此心，不致爲窮達得喪所累，以失其源流，則亦無愧於吾舅平日之教矣。」

李春穎謹案：于恕、于憲，一説爲山東諸城人，其母爲無垢先生之妹，其父于定遠爲臺州判官，因寓居黄巖桃夏村。于恕凡六舉禮部而無成，後中特科，終昌國縣主簿。

徐椿年

主簿徐先生椿年

徐椿年，字壽卿，永豐人。紹興十二年進士，官宜黄主簿。横浦弟子。所著有尚書本義。

倪稱

常簿倪綺川先生稱

倪稱，字文舉，歸安人。受業横浦先生之門，而與芮祭酒友善。祭酒嘗曰：「文舉吾藥石友也。」

梓材謹案：先生紹興八年進士，官太常寺主簿。著有綺川集十五卷。

劉荀

知軍劉先生荀別見衡麓學案

郎煜

特奏郎先生煜

郎煜，字晦之，錢塘人。受學於橫浦，嘗輯橫浦心傳諸書。淳熙十四年，特奏得官，未任，卒。或謂先生世系與侍郎簡同譜，曰：「我家白屋，豈可妄攀華胄！」

梓案謹案：于忠甫稱先生爲「余學生」，其殆受學橫浦而卒業于于氏者。

李春穎謹案：橫浦文集、日新爲先生所輯，橫浦心傳録當爲于恕、于憲所録。

史浩

忠定史真隱先生浩

史浩，字直翁，鄞縣人。由進士除國博。因轉對，言：「普安、恩平二王宜擇其一以係天下望。」高宗納之。普安爲皇子，進封建王，以先生兼直講。一日，講周禮，言：「酒正歲終則會，惟王及後之飲酒不會，世子不與焉。以是知世子膳羞可以不會，飲酒不可以無節也。」王作而謝曰：「敢不佩斯訓！」

金人犯邊，下詔親征。王請率師爲前驅，先生以晉申生、唐肅宗靈武之事爲戒，王大感悟，立俾先生草奏，請扈蹕以供子職，辭意懇到。高宗知奏出先生，語大臣曰：「真王府官也！」曆遷右庶子。

孝宗受禪，累拜尚書右僕射，首言趙鼎、李光之無罪，岳飛之久冤，宜複其官爵，録其子孫。從之。張魏公浚乞幸建康，先生陳三説不可，與魏公異議。王十朋論之，出知紹興，遂予祠，自是不召者十二年。淳熙五年，複爲右丞相，帝曰：「自葉衡罷，虚席以待久矣。」先生蒙恩再相，唯盡公道。

劉文節光祖試館職，論科場取士之道，帝親批其後曰：「國朝以來，過于忠厚。宰相誤國，大將敗軍，未嘗誅戮。懋賞立乎前，誅戮設乎後，人才不出，吾不信也。」遣曾覿持示先生，先生奏：「唐、虞之世，四凶止於流竄，三考之法，不過黜陟。誅戮大臣，秦、漢法也。太祖待臣下以禮，迨仁宗而德化隆洽。聖訓則曰『過于忠厚』。夫爲國而底于忠厚，豈有所謂過哉？臣恐議者以陛下自欲行刻薄之政，歸過祖宗，不可不審也。」

及自經筵將告歸，薦江、浙之士十五人，如薛象先、楊敬仲、陸子靜、石應之、陳益之、葉正則、袁和叔、趙靜之、張子智，後皆擢用，不至通顯者六人而已。除太保，致仕，封魏國公。治第鄞之西湖上，帝爲書「明良慶會」名其閣，「舊學」名其堂。光宗禦極，進太師。紹熙五年卒，年八十九，謚文惠。嘉定十四年，追封越王，配享孝宗廟廷，改謚忠定。

先生喜薦人才，嘗擬陳之茂進職與郡，帝知之茂嘗毀先生，曰：「卿豈以德報怨邪？」先生曰：「臣不知有怨，若以爲怨而以德報之，是有心也。」莫濟狀王十朋行事，詆先生尤甚。先生薦濟掌内制，帝曰：「濟非議卿者乎？」先生曰：「臣不敢以私害公。」其寬厚類此。參史傳。

謝山題忠定鄮峰真隱漫録曰：「忠定最受横浦先生之知，故其淵源不謬。其爲相自屬賢者，特以阻規恢之議，遂與張魏公參辰。然忠定蓄力而動，不欲浪舉，不特非湯思退、沈該之徒，亦與趙雄之妒南軒者不同。而梅溪劾之，其言有稍過者。不然，忠定首請褒録中興將相之爲秦氏所陷者，而乃自蹈之乎？至其有昌明理學之功，實爲南宋培國脈，而惜乎舊史不能闡也。忠定再相，謂「此行本非素志，但以朱元晦未見用，故勉强一出耳。」既出而力薦之，并東萊、象山、止齋、慈湖一輩，盡入啟事。乾、淳諸老，其連茹而起者，皆忠定力也。其于文人，則薦放翁。其家居，則遣其諸子從慈湖、絜齋講學，又延定川之弟季文于家，以課諸子。故其諸子率多有學行可觀者，其不馴者，止同叔子申耳。吾考嗣是而後，宰輔之能下士者，留公正、趙公汝愚、周公必大、王公藺，皆稱知人，而忠定實開其首。忠定之功大矣。彼夫王淮之徒，以私昵阻正人，刱爲學禁，貽慶元以後之禍，等量而觀，豈不相去懸絶歟！今讀忠定之集，其資善堂諸文字，所以啟沃孝宗于潛藩者也；其兩府文字，則即吹噓諸老，不遺餘力者也；其歸田以後文字，所以優遊林下，舉行鄉飲酒禮，建置義田者也。中興宰輔如忠定者，蓋亦完人也已。

梓材謹案：謝山學案劄記：「宰輔家登學案者，南宋史忠定王家三世五人。」忠定子忠宣彌堅，從子文靖彌忠，獨善彌鞏，及忠定孫朝奉守之，并見慈湖學案。獨善孫蒙卿自爲靜清學案。

郭欽止

郭先生　欽止

郭欽止，字德誼，東陽人。從橫浦遊。輕財樂施，鄉井賴之。辟石洞書院，延名師以教子弟，撥田數百畝以贍之，後進多所成就。縣學創書閣，先生助之財，又置書籍輸之。

參東陽縣誌

刁駿及其兄

黄巖縣丞刁先生　駿

于恕無垢先生心傳録序言：「故人刁仲聲來丞邑黄巖，一日訪予於山間，且道及昔時無垢講下從游之樂，意甚款適。予亦于田夫野老間聽聞其歌謡，知吾仲聲能推所學以佐百里之化，皆醇和而篤實，簡約而寬厚，使人愛而不敢慢，使而不忍詐，風猷藹然可嘉，不謂其無所自者。既逢個中人，不復秘其藏，因出以示之。即斂衽肅容，敬誦不能已，乃卓然有言曰：『無垢先生所學皆醫天下士大夫良方，豈可收爲無用之藏？願公畀我，我當板行於世，與天下學士大夫共之。使胸腹間苟有所病，自可隨病用方，一投即去，所濟豈不博哉？』予欣然抵掌曰：『此予志也。』因以授之，遂書其略。」

刁駿無垢先生心傳録後序言：「予幼年侍官海昌，寅緣得廁師席之末，提耳之誨、語汝之言，所以作成愚不肖而使不爲小人之歸者，實有自來。惟子稱兄穎脱不群，議論耿耿，獨出衆人之上。先生每當暇日，招入寢室，語必移時，許以傳道，而未究其説。自兄云亡，每以其學不傳爲恨。予負丞黄巖[二]，而同舍于忠甫昆季，隱居方巖，實先生之甥。頃嘗擔簦負笈，不遠千里，皆至嶺下。其朝夕之所親炙者，所得尤更的切。籍記五六萬言，編以成書。予職事出郊，因訪其廬。忠甫以所集示予，且序而目之曰心傳録。如精金美玉，粲然溢目。予喜見之，肅容敬讀，如親侍訓誨，拳拳服膺，不忍釋手。所以開明昏瞶、蕩滌茅塞者多矣。方知昔日先生告亡兄之言，於是而盡得。則理與心會，端若無間然者。在予今日安敢泯其傳耶？雖然，昔日楊子雲作太玄，世無知之者，弟子侯芭收而藏之，且曰：「後世有楊子雲，必好之。」卒如其言，流傳不泯。今先生一話一言，可以垂

[二]「巖」，原作「山」，據文義改。

示永久者，顧不待予而獲傳。而忠甫兄弟家有記集，不以自寶，樂與賢者共之。予殊嘉其意焉，因出俸資。且率同志相與協力，命工鏤板，置之縣庠，庶幾四方士子均受先生之賜，而予與忠甫亦無愧於先生也。

學生黄巖丞刁駿敬書集後

李春颖謹案：刁駿早年跟隨其兄從學於横浦，其兄亦爲横浦門人。咸淳臨安志記載刁文叔嘗知鹽官縣，與張九成爲友。横浦文集中有游南路菩提寺次刁文叔韻：「高僧居物外，有户晝常扃。海闊知天大，泉甘識地靈。一簾春月静，數點列山青。便卜歸歟計，移文休勒銘。」其兄或爲刁文叔。心傳録中亦有兩條言及刁文叔：

吾友施彦執工於詩，一日見其賦柳有「春風兩岸客來往，紅日一川鶯去留。」不見柳而柳自在其中，語亦工矣。而刁文叔賦春時旅中一絶有：「來時江梅散玉蕊，歸去蕣麥如人深。桃花只解逞顔色，唯有垂楊知客心。」致思尤遠，不止工也。

每憶與刁文叔夏夜清坐僧室，風竹泠泠然有聲，遂詠前人避暑詩。文叔笑云：「詩在言外，意與物遇，則詩已形於吾前。」予不覺發笑時此趣最難得。予觀其言詩論及言外趣，真有作者風味，又何必於言語間求之。

陶與諧

陶先生與諧

横浦先生文集卷十四春秋講義，海昌縣學所講，門人陶與諧録。

陳剛中

陳彦柔先生剛中

陳剛中，字彦柔，閩清人，建炎二年進士。性慷慨，有志事功，累官太府寺丞。紹興初上書言：「民力凋瘵，國用匱乏，願罷冗食，去虚文，以足邦用。」遷太府寺丞。紹興八年詔侍從、台諫詳奏和金得失，主議恢復，忤秦檜意。胡銓上疏乞斬秦檜，貶韶州，剛中作啟賀行云：「屈膝請和，知廟堂禦侮之無策；張膽論事，喜樞庭經遠之有人。身爲南海之行，名若泰山之重。」又云：「知無不言，願請尚方之劍；不遇故去，聊乘下澤之車。」檜尤憾之，遂與張九成等七人同貶，謫知安遠縣。至縣適有嶺寇來擾，究心招撫。感瘴而没，其妻子扶柩葬於杭州龍井山風篁嶺之沙盆塢。

施德操北窗炙輠録稱之爲「英傑俊偉人也」。

宋詩紀事收録其詩陽關詞：「客舍休悲柳色新，東西南北一般春。若知四海皆兄弟，何處相逢非故人。」北窗炙輠録卷上亦載此詩。

横浦心傳録卷二言：「吾與陳彦柔語天下無難事，與淩季文語天下無易事。彦柔期於必成，季文雖不敢期而爲之未始不力。然彦柔於作事中不無疎，而季文往往無不成者。古人如李廣、程不識之行師，兩者寬猛不同，而予心雖快李而深愛程也。」

施氏家學

施先生庭先　别見震澤學案。

沈氏門人二程四傳。

節推趙複齋先生彥肅　别見象山學案。

于氏門人

特奏郎先生煜　見上横浦門人。

倪氏家學

文節倪齊齋先生思

倪思，字正甫，歸安人也。父稱受業横浦之門，先生傳父之學。成乾道進士，淳熙博學宏詞，累遷至秘書郎。

史氏家學

忠宣史滄洲先生彌堅

朝奉史先生守之

知州史先生定之　並見慈湖學案。

史氏門人

管庫張雪窗先生良臣　别見龜山學案。

汪氏門人

成公吕東萊先生祖謙　别爲東萊學案。

文肅章先生潁

章潁，字茂獻，新喻人。以兼經中鄉薦。孝宗嗣服，下詔求言，先生爲萬言書附驛以聞，禮部奏名第一，孝宗稱其文似陸贄。調道州教授，作周濂溪祠。以平宜章寇召對，除太學録。禮部正奏第一人，初任即召對者，自先生始。累遷左司諫。時右相葛邲當國，先生論邲不足任大事。從官議欲超除先生，俾去言職。光宗曰：「是好諫官，何以遷之？」

寧宗立，韓侂胄用事。先生以侍御史兼侍講，論趙汝愚無聽其去，禦史劾先生阿党，罷。先生家居久之，侂胄誅，累遷禮部尚書。考訂甲寅龍飛誣筆。丐去，奉祠。以嘉定十一年卒，年七十八。

先生操履端直，生平風節不爲窮達所移。党論方興，朱子遺以書曰：「世道反復，已足流涕，而握其事者，怒猶未已。然宗社有靈，公論未泯，異日必有任是責者。非公，吾誰望邪？」贈光禄大夫，謚文肅。參史傳。

祖望謹案：横浦再傳弟子，東萊而外，章公茂獻與齊齋足稱三傑矣。然齊齋之佞佛，明目張膽，不可收拾，是則横浦淵源之流極也。其中亦有粹言可以師法者，予節録數則焉。

附録四

施先生孟子發題　施德操

施德操，字彦執，鹽官人，學者稱爲持正先生。與横浦遊從頗厚，文章學問亦其輩流也。病廢而没，識者悲之。生平論纂甚富，里人郎晦之煜偶得其孟子發題，輒鋟木以廣其傳，使學者嘗此一臠。亦可以知先生之大略云。

孟子發題

天生聖賢，蓋將以祐斯文也，故其所作必卓然有所建明。余嘗竊怪夫自孔子没，諸子百家分散四起，操觚牘，挾徒黨，駕其説于天下，人人自以爲得聖人之道，其説卒不明，惟孟子一書乃與六經、孔氏之説并傳，世之學者至號之爲孔、孟。嗚呼，何其盛也！晚聞師説，始知其立言之意，果不與百家衆説同。其論道德之旨，果不詭于六經、孔氏之説。其所以有補于天下後世，其功果不細。而世之學者至號曰孔、孟，其説果不誣。嗚呼！天之行斯人也，其果有意于斯文乎！

古人謂其書包羅天地，揆敘萬類，仁義道德，性命禍福，燦然靡所不載，固也。然私竊論之，孟子有大功四：道性善，一也；明浩然之氣，二也；闢楊、墨，三也；黜五霸而尊三王，四也。是四者，發孔氏之所未談，述六經之所不載，遏邪説于横流，啓人心于方惑，則余之所謂卓然建明者，此其尤盛者乎！

自古聖人未嘗劇談性，是以諸子之説紛然其間，曰善，曰惡，曰混，曰三品，曰無分于善不善，爭論四出，要其歸，皆以氣爲性者也，豈真識所謂氣哉。孟子于衆説之中，獨發之曰：人性善。自孟子談人性善，始覺天下之人皆與天地等，皆與堯、舜等，雖頑嚚猥瑣，昏愚樸陋，皆得爲道德之歸，與向之爲善惡之論者，功用何如哉！此孟子所以爲知性之言，而大有補于斯人也。然後世談性，莫盛于釋氏。釋氏談性，明體而不明用，自喜怒哀樂以前，釋氏宜知之；喜怒哀樂已發以後，釋氏置之不論；此所以功用爲闕然。然則欲明性善乎，正在喜怒哀樂之後。不然，則寂然不動之時，善惡安在？孟子兼其用而發之，始覺四端之用，沛然見于日用間，堯、舜、禹、湯、文、武、周、孔子事業，皆自此建立。人性如此，古人未發也，孟子獨發之，此一大功也。

自古論道德者，自性命之理達之于父子君臣，自治心修身推之于天下國家，以至天地萬物，幽明鬼神，何所不至，特不言養氣。孟子于衆説之中，獨論浩然之氣。自孟子談浩然之氣，始覺聖賢所以爲聖賢，以有此氣。孰謂此氣？外物不困者是也。有一物可困于吾，則所存者喪矣。所以爲聖賢者如何？亦有是氣也。方充然自得于心，雖不可名狀，要其爲物，中正勇健，廣大堅固。故行之于富貴，富貴不能困之使淫；行之于憂患，憂患不能困之使戚；行之于聲色，聲色不能困之使流；行之于威武，威武不能困之使懼；行之于事物紛擾之地，則事物紛擾不能困之使亂。凡物之自外至者雖雜然并進，而吾之胸中卓然皆有所主，而非智力所及者。曾子之大勇，孟子之不動心，非以此氣存焉乎！故曰

「至大至剛以直」。世之人不明此氣，往往認其氣血之彊以爲浩然者，于是以倨傲爲大，以凌暴爲剛，以倖倖者爲直。若然，則世之凶人暴德，皆得浩然之氣矣。嗚呼噫嘻！孰能真識吾所謂直、剛、大之德乎，則外物不困，而天理渾然。故其氣之充于吾身也，睟然見于面，盎然發于背，沛然見于周旋動作之間。古人之大有爲于世者，皆出于此。其塞于天地，則日月爲之光明，山川爲之秀發，萬物爲之繁滋，祅祥疾癘爲之衰息。其氣如此，古人未發也，而孟子獨發之，此又一大功也。

當戰國之時，斯道既喪。邪説并作，于是有所謂縱横之家，有所謂刑名之家，有所謂楊、墨之家。縱横之家，翻覆變詐，舞一世于口舌之上；而刑名之家深刻慘毒，納天下于刀鋸之下。使當時之民没身塗炭水火之中而不能出，實二家之爲。至于楊、墨之家，雖云其道過差，然推其心，亦本于爲善耳，比之二家，豈不賢甚矣哉？然孟子置二家不問，反區區于楊、墨，其故何哉？蓋二家之失易見，而楊、墨之禍難知。譬若疾病然，發狂悶亂，惴惴若不朝夕，而未必能死；膏肓之病，四肢固無恙，飲食起居如平日，此庸醫之所忽，而倉公、扁鵲之所望而走也。何則？縱横之家，誰不知其翻覆之惡？刑名之家，誰不知其慘毒之惡？君子雖不問，終于破壞而已。至于墨子之兼愛，則近吾聖人之仁；楊氏之爲我，則近吾聖人之義。惟其在于近似，天下莫知其非，此孟子不得不辯也。且天下之道，莫大于君父。君父之道隆，則治之所由起；君父之道微，則亂之所由生。治亂之機，實係于此。墨氏之道，豈必無父；推其兼愛之過，必至于無父。楊氏之道，豈必無君；推其爲我之過，必至于無君。君子知微知彰，知柔知剛，推其所從來，極其所由往，必至于此，故孟子斷之曰「無父無君」，然後楊、墨之失方明，而異端之説方破，使天下後世人倫不隕，而天理以全，此又一大功也。

聖人之門，唯論一心術。霸者之心術何如哉？余嘗借桓公而論之。桓公九合諸侯，一匡天下，此五霸之雄也。然當時狄伐衛，力可救而不救；又狄伐邢，力可救而不救。及衛之亡也，率諸侯而城衛；邢之亡也，率諸侯而城邢。不救之于未亡之前，乃城于既亡之後，其設心以爲，救亂之功小，而存亡之功大，故棄其難而成吾功。聖人知其心，故于救邢書曰「齊侯、宋師、曹師次于聶北，救邢」，以明齊侯實無救邢之心，故擁兵而不進也。未亡之前，力可救而不救，待其宗廟既已煨燼，社稷既已顛覆，人民既已塗炭，乃徐起而收其存亡之功，此何心哉！公子慶父之亂，魯國幾殆，書曰「齊仲孫來」。春秋或書「來朝」，或書「來聘」，或直書「來」。諸侯以禮來則曰「來朝」，大夫以禮來則曰「來聘」，至直書「來」，蓋不與其來也，猶曰無禮云爾。夫齊仲湫來寧魯難，聖人曷爲不與其來？蓋仲湫之來，名爲寧魯難，實欲窺魯耳。何以知之？桓公問曰：「魯可取乎？」仲湫曰：「猶秉周禮。」聖人知其心，故書曰「齊仲孫來」。夫魯之難，仁人君子所以惻然動心者也，桓公乃外收寧難之名，内實欲乘危而取其國，此何心哉！苟爲不然，司馬子魚何爲謂宋襄公曰「齊桓存三亡國以屬諸侯，義士猶曰薄德。」由此觀之，五霸之心可知矣。孟子曰：「雞鳴而起，孳孳爲善者，舜之徒也。雞鳴而起，孳孳爲利者，跖之徒也。欲知舜、跖之分，無他，利與善之間也。」夫舜、跖之分，雖小夫、女子所能知；至善、利疑似，雖明哲有不辨。然則桓公城楚丘以存衛，城夷儀以存邢，使仲湫以存魯，豈非仁人君子之事？然推其心，爲利乎？爲善乎？將爲舜之徒乎？抑爲跖之徒乎？五霸之道如此，然當時不知，而惟五霸之爲貴，故孟子斷之曰「以德行仁者王，以力假仁者霸」，而天下之心術正。此又一大功也。

嗚呼！堯、舜之道，自孔子傳之曾子，曾子傳之子思，子思傳之孟子。自孟子得其傳，然後孔子之道益尊，而曾子、子思之道益著。其所以發明斯文，開悟後世者，至深矣！顧余不敏，何足窺其髣髴，是四者之功，所聞于師説如此。然則世之談孟子者，孰不曰仁義，而不知仁義果何物也。胡不于赤子入井之時，識其所謂人性善乎？胡不于無不慊心之時，識其所謂浩然之氣乎？胡不于其顙有泚之時，識其所謂楊、墨之非乎？胡不于齊王不忍觳觫之時，識其所謂王者之心，而黜其霸者之心乎？此皆聖人心術之要，孟子直指以示人。學者于此了然，能明此心而存之以誠敬，養之以持久，窮之以學問，而漸摩之以師友，則庶乎真識孟子之仁義矣。不然，雖白首七篇之中，猶曰未讀此書可也。

中外哲學典籍大全・中國哲學典籍卷
已出版書目

《讀禮疑圖》，〔明〕季本著，胡雨章點校。

《王制通論》《王制義按》，程大璋著，吕明烜點校。

《關氏易傳》《易數鈎隱圖》《删定易圖》，劉严點校。

《易説》，〔清〕惠士奇著，陳峴點校。

《易漢學新校注（附易例）》，〔清〕惠棟著，谷繼明校注。

《春秋尊王發微》，〔宋〕孫復著，趙金剛整理。

《春秋師説》，〔元〕黄澤著，〔元〕趙汸編，張立恩點校。

《宋元孝經學五種》，曾海軍點校。

《孝經集傳》，〔明〕黄道周撰，許卉、蔡傑、翟奎鳳點校。

《孝經鄭注疏》《孝經講義》，常達點校。

《孝經鄭氏注箋釋》，曹元弼著，宫志翀點校。

《孝經學》，曹元弼著，宫志翀點校。

《四書辨疑》，〔元〕陳天祥著，光潔點校。

《小心齋劄記》，〔明〕顧憲成著，李可心點校。

《太史公書義法》，孫德謙著，吴天宇點校。

《肇論新疏》，〔元〕文才著，夏德美點校。

《張九成集》，〔宋〕張九成著，李春穎點校。

更多典籍敬請期待……